1895 **Juin 2001** **N° 33**

DICTIONNAIRE DU CINÉMA FRANÇAIS DES ANNÉES VINGT

sous la direction de
François Albera et Jean A. Gili

Cineteca Bologna

Mostra Internazionale del Cinema Libero

Association française de recherche sur l'histoire du cinéma
Cineteca del Comune di Bologna/Il Cinema Ritrovato

Ce numéro de *1895* est publié en partenariat avec la Cinémathèque de Bologne à l'occasion de la quinzième édition de la manifestation « Il Cinema Ritrovato », *Mostra Internazionale del Cinema Libero* (30 juin-7 juillet 2001). Il accompagne la rétrospective préparée par Gian Luca Farinelli, « Le cinéma français des années vingt ».

LES AUTEURS

Fr.A.	François Albera	L.L.F	Laurent Le Forestier
T.B.	Tiego Baptista	S.L.	Sabine Lenk
B.B.	Bernard Bastide	É.L.R.	Éric Le Roy
M.B.	Mireille Beaulieu	É.L.	Éric Loné
A.B.	Abdelkader Benali	M.M.	Michel Marie
Y.B.	Youen Bernard	I.M.	Isabelle Marinone
F.B.	Frédéric Binet	V.M.	Vittorio Martinelli
N.B.	Nicole Brenez	J.-P.M.	Jean-Pierre Mattei
F.d.l.B.	François de la Bretèque	M.-E.M.	Marc-E. Mélon
M.C.	Michele Canosa	J.-J.M.	Jean-Jacques Meusy
A.C.	Alain Carou	C.M.	Claude Murcia
J.C.	Jacques Champreux	R.N.	Rémi Neri
J.Cho.	Jacques Choukroun	B.d.P.	Béatrice de Pastre
M.D.A.	Monica Dall'Asta	T.P.	Tangui Perron
Y.D.	Yves Desrichards	V.P.	Vincent Pinel
F.G.	François Garçon	F.P.	Francesco Pitassio
C.G.	Christophe Gauthier	P.R.	Philippe Roger
G.G.	Guy Gauthier	G.S.	Geneviève Sellier
K.G.	Karim Ghiyati	V.S.	Vanessa Sicard
J.A.G.	Jean A. Gili	C.T.	Christel Taillibert
L.G.	Laurent Guido	S.T.	Sandro Toni
N.H.	Noël Herpe	C.Tr.	Christophe Trebuil
C.H.	Christophe Herrchen	L.V.	Laurent Véray
P.M.H.	Pascal Manuel Heu	D.V.	Dimitri Vezyroglou
P.-E.J.	Pierre-Emmanuel Jaques	C.V.	Christian Viviani
J.K.	Jacques Kermabon	G.W.	Gilles Willems
J.L.	Jenny Lefcourt	T.M.W.	Tami Williams

INTRODUCTION

Cet ouvrage relève en un sens d'un paradoxe: il adopte la forme du dictionnaire, genre littéraire, mode d'exposition des connaissances qui présuppose qu'on a fait le tour d'une question, qu'on peut désormais en dresser l'inventaire raisonné en adoptant une entrée alphabétique où chaque article renvoie aux autres et où tous convergent vers la construction homogène, complète d'un domaine. Or notre ouvrage n'a ni la prétention, ni les moyens de telles ambitions! La forme du dictionnaire est plutôt ici l'indice d'une addition de connaissances partielles et inégales et elle masque des trous et des discontinuités.

Cet ouvrage et la forme qu'il adopte sont le fruit d'une commande de la Cineteca di Bologna à l'Association Française de Recherche sur l'Histoire du Cinéma destinée à accompagner l'édition 2001 de la manifestation « Il Cinema Ritrovato », où le cinéma français des années vingt occupe une section. Il vise à être un *vade mecum* qui permette aux spectateurs italiens et internationaux de « s'y retrouver ».

Il y avait là un défi lancé à l'AFRHC qui l'a relevé.

Défi car l'état des recherches sur cette période du cinéma français demeure encore, dans notre pays, fort provisoire. En dehors des synthèses opérées « à chaud » (Moussinac, Charensol, Bardèche & Brasillach) ou avec un certain recul historique (Sadoul, Mitry) dont on reparlera des communes approches, et en dehors de quelques tentatives ou incursions à rebrousse-poil (Fescourt, Lacassin), il faut se rendre à l'évidence: la seule tentative d'ensemble qui ne reconduise pas les idées critiques reçues et s'est efforcée d'embrasser l'ensemble du paysage, de le parcourir et de commencer de l'ordonner, est celle de l'Américain Richard Abel avec son monumental *French Cinema. The First Wave 1915-1929* (1984).

Dès lors, dans le court laps de temps à disposition (six mois!), ce volume ne pouvait prétendre combler ce retard, suppléer ce qui ne s'est pas fait jusqu'alors; il n'a d'autres prétentions que de poser des jalons (et l'ordre alphabétique peut alors se justifier), esquisser des directions, ouvrir des perspectives en tenant compte de l'état de la question en France aujourd'hui. Cet état, c'est celui de la dispersion et de la discontinuité, on l'a dit : la recherche universitaire prenant le relais des premières générations critiques et historiques et s'appuyant aussi sur l'ouverture des archives filmiques, la sauvegarde du patrimoine, les restaurations et les festivals, s'est mise à explorer des secteurs très divers de ce domaine en grand partie en friche.

Nous nous sommes donc adressés aux auteurs qui avaient déjà entrepris l'investigation d'un domaine sans chercher à rendre ces contributions singulières compatibles entre elles. Il en ressortira sans doute fatalement pour le lecteur un sentiment d'approches disparates qu'il lui faudra imputer à l'état des connaissances françaises sur cet objet – « le cinéma français des années vingt » – plus qu'à la négligence ou la légèreté des éditeurs !

Il faut cependant revenir à ce qui explique une telle situation.

Il y a quelques années encore, une *Histoire du cinéma français* en deux épais volumes omettait la période muette (tant ses « origines » que ce que d'autres appelèrent son « Âge d'or »), sautant d'emblée à l'Âge « classique » (années trente-cinquante) afin de mieux aboutir à « l'Âge moderne » (la Nouvelle Vague et la suite). Sans doute cette hâte est-elle en un sens le symptôme de ce qui est à la base de cette méconnaissance : le discours critique et pour une part historique français sur le cinéma français des années vingt demeure captif d'un parti pris évaluatif qui s'amorce à la fin de la guerre de 1914-1918 et qui devient hégémonique à la fin des années cinquante.

Disons-le, c'est la tradition critique française. Elle fait sa force et assure peut-être sa pérennité par là même ; elle n'en offre pas moins un obstacle majeur à une connaissance approfondie d'un objet. Ou plutôt, alors qu'elle n'a pas le même objet que la recherche historique, elle la handicape. Pourquoi ? Prenons Delluc en 1919, Charensol en 1929 : le discours critique reconduit les mêmes valeurs qui seront reprises vingt ans plus tard par les *Cahiers du cinéma* : déni du cinéma français, valorisation du cinéma américain au nom pourtant de « l'art cinématographique », oubli des paramètres industriels et commerciaux ou évocation ambiguë de leur place (dès Delluc on trouve la formule que Malraux « immortalisa » : « Par ailleurs le cinéma est une industrie. »). Cette construction intellectuelle – qui, évidemment, a une fonction dans le débat *esthétique* et joue un rôle incitateur pour les créateurs – aboutit à la distinction de quelques individualités (les créateurs, les artistes, au mieux les génies) et à l'oubli et du contexte, et des conditions matérielles comme de l'ensemble des protagonistes. C'est une critique de goût, évaluative en termes, disons, artistiques, qui veut oublier la nature de media de masse du cinéma, ses conditions concrètes, pour laquelle on n'a que répugnance. Une critique qui distingue dans la masse indifférenciée de ce cinéma « tout-venant », une Élite, des personnalités qui, associées, forment une « école »[1].

On se trouve ainsi face à des outils mutilants: l'École française (expression récurrente depuis les années vingt), l'École « impressionniste » (notion ambigument avancée pour distinguer les Français des Allemands par Langlois, dit-on, mais on trouve le mot chez Moussinac dès 1920), la Première Avant-garde, etc. On sait bien que toute cette construction s'est effectuée sur une exclusion que l'on déplore aujourd'hui, celle de Feuillade. On l'a, lui, « réhabilité ». Mais c'est le système de pensée qui l'avait exclu, ignoré et continûment méprisé qu'il s'agirait de ré-interroger. Delluc, Canudo s'esclaffaient quand ils parlaient de Feuillade, il servait de repoussoir. L'anti-art des dadaïstes et des surréalistes, on le sait, prit le contrepied de cette « volonté d'art » des esthètes, au nom d'un ordinaire du cinéma et de sa fréquentation qui, du moins, sut prendre la mesure de ce caractère de masse[2]. René Clair, allié de l'avant-garde avec *Entr'acte*, développe alors un point de vue singulier mais qui mérite qu'on s'y arrête. D'une part il préfère dire du cinéma qu'il est une industrie avant d'être un art, qu'on se hâte trop à vouloir l'élever à ce rang. Et puis comment ne pas souscrire à ces questions qu'il pose en 1924: « Les gens cultivés aiment peu les ciné-romans, mais est-il possible d'affirmer que les ciné-romans soient d'une valeur artistique inférieure à tel ou tel film pour "l'élite"? »[3]

1. La quatrième de couverture d'un volume anthologique intitulé *Vive le cinéma français !*, édité par les *Cahiers du cinéma* à partir de leur fonds d'articles et d'entretiens, sous la direction d'Antoine de Baecque, le dit à nouveau de la manière la plus explicite: « Les *Cahiers du cinéma* cultivent depuis leurs origines un rapport polémique au cinéma français, sévèrement critique et méfiant à l'égard d'un cinéma considéré dans sa globalité comme médiocre mais au sein duquel la revue distingue le travail de certains auteurs... ». L'introduction, dont ce texte reprend l'essentiel, dit même « certains auteurs élus » et ajoute le qualificatif de « prétentieux » au reproche de médiocrité.

2. Le débat perdure en 1951 quand Nino Frank, André Bazin, Alexandre Astruc joignent leurs efforts pour répondre à Man Ray, dévoilant d'ailleurs au passage le mépris dans lequel ils tiennent le cinéma des années vingt (*Cahiers du cinéma* n° 4, juillet 1951, pp. 25-27). La question tourne autour de ce « simple » fait: « aller au cinéma ». La proposition surréaliste était, on le sait, d'entrer au hasard et de ressortir de même; le respect de l'œuvre et de son auteur qui résulte de la légitimation du cinéma via ses institutions (ciné-clubs, salles de répertoire, revues) va évidemment à l'encontre d'une telle pratique. Pourtant: comment va-t-on au cinéma? qu'est-ce qu'aller au cinéma? etc. La situation présente du cinéma ramène ces questions au centre des recherches concernant le « fait cinématographique » envisagé dans ses dimensions sociales autant que discursives (les travaux sur le bonimenteur, la musique, les salles l'attestent). Quel est le statut du fragment de film?

3. *La Danse*, nov.-déc. 1924 (cité par Jean Mitry, *Le Cinéma expérimental*, Paris, Seghers, 1974, p. 95).

Il est bien d'autres exclusions – celle d'Antoine par exemple (qualifié de « nihiliste cinématographique »[4]), récemment redécouvert.

On peut apprécier cet état d'esprit en évoquant deux prises de position à l'orée et à la fin de la décennie qui nous intéresse.

En 1920, Moussinac titre sa chronique du *Mercure de France*: « L'éveil du Cinéma français ». L'auteur qui stigmatise le désintérêt des intellectuels pour le cinéma, affirme que « le cinéma existe » comme l'attestent quelques films américains comme *Intolerance, The Cheat*, Fairbanks, Charlot, mais que « le cinéma français n'existait pas encore » en dépit de frissons annonciateurs (*J'accuse, la Dixième Symphonie, les Travailleurs de la mer*...). Or « voici que tout à coup le cinéma français affirme sa volonté en des œuvres nouvelles. [...] Non content de profiter de l'exemple américain, il cherche à affirmer sa personnalité, une personnalité à vrai dire encore bien vague et hésitante, mais qu'on peut dégager de plusieurs films récemment présentés au public. » Moussinac met particulièrement l'accent sur deux films récents, « nouveaux et originaux », qui sont de L'Herbier et de Delluc. Encore ce dernier n'est-il que le scénariste d'un film – *la Fête espagnole* – dont Germaine Dulac n'a pas résolu « l'impressionnisme d'images » avec la maîtrise souhaitable. Mais il cite également Antoine, Baroncelli, Burguet, Deschamps, Gance, Krauss, Lacroix, Le Somptier, Mariaud, Mercanton, Nalpas, Poirier, Pouctal, Ravel, Roussel, Violet parmi ceux dont on peut attendre quelque chose et qui, pour certains, « ont prouvé que, techniquement, nous pouvions faire aussi bien que les Américains et que les Italiens... »

Cette ouverture contraste avec la sorte d'acharnement qu'on trouve chez Delluc: en 1923, celui-ci, inquiet d'un fléchissement du cinéma américain, l'attribue à l'argent et à l'incompréhensible attraction qu'exercerait sur lui le cinéma français! « Je ne comprends pas comment Paris, centre médiocre de cinématographie, ait pu et puisse encore exercer une attraction quelconque sur l'Amérique du Film... » Mais on retrouve la même sévérité chez Charensol en 1930.

Dans son *Panorama du cinéma*, celui-ci fait un bilan du cinéma mondial. D'entrée, il stigmatise toute intervention publique dans l'économie du cinéma en mêlant son goût pour le film américain et son mépris pour le français. Il développe, dans le chapitre consacré à la France, l'insigne faiblesse ou médiocrité de ce dernier: « La cape de *Judex*, le maillot de *Musidora* et le profil de René Navarre encombrèrent les écrans des 86 départements français. » Les ambitions de Gance sont des « erreurs », quant aux autres: Poirier, « malheureusement » – comme on avait dit

4. « Vous êtes mauvais, Monsieur Antoine, vous n'entendez rien à la composition cinégraphique! » (Jean Pascal, *Cinémagazine*, n° 23, 8 juin 1923).

« Victor Hugo, hélas ! » –, Raymond Bernard qui « n'est plus considéré... », Epstein, Renoir, Cavalcanti, Grémillon, Dulac, etc. ne sont que « belles promesses, hélas ! mal tenues », et il n'est même pas question de citer « certains noms fort appréciés par les commerçants du cinéma : Léonce Perret, Henri Diamant-Berger, André Hugon, Marco de Gastyne, Burguet, Ravel, Roudès, Desfontaines, Donatien, Etiévant, Duvivier, Roger Lion, Jean Kemm et les autres ». Que reste-t-il? René Clair et Jacques Feyder qui tournent désormais l'un pour l'Allemagne, l'autre pour l'Amérique : « Nous nous en félicitons pour eux et pour nous ». En 1928, le même bilan – qui comptait en revanche trois cinéastes « et c'est tout » – se terminait de manière plus abrupte encore : « Gance et Clair suivront en Allemagne ou en Amérique Jacques Feyder. Les autres mourront de faim. Et ce sera justice. »[5]

Espoirs déçus? Involution malheureuse du cinéma français? Point du tout. En 1925, Charensol avait déjà contredit Moussinac : « Quant au cinéma français, on peut dire qu'il n'a jamais existé »... (*les Cahiers du Mois*).

Deux remarques s'imposent. Dans ces deux textes qui « encadrent » notre période, on relève l'obsédante confrontation avec le cinéma américain qui domine le marché à la fin de la guerre de 1914-1918. Toute la décennie sera occupée par cette concurrence, à divers niveaux. Moussinac se félicite de voir le cinéma français exister en 1920 face aux « firmes américaines », « italiennes » et « allemandes ». Dans les années qui suivent on ne cesse de saluer les réussites françaises sous cet aspect : *la Sultane de l'amour* puis *les Contes des mille et une nuits* font « aussi bien » qu'Outre-Atlantique, puis la comédie à la française (René Clair, Rimsky) fait pièce à l'américaine. Ce conflit se déroule sur un fond économique jamais envisagé frontalement puisque considéré comme un mal nécessaire par rapport à l'Art. Pourtant, comme certaines rubriques le montreront ci-après, cette question n'est en rien secondaire.

La situation du marché français avant la guerre était celle d'une domination du cinéma français déjà fort concurrencé par les productions américaine et italienne. Pendant la guerre la situation s'aggrave pour le film français et, en 1920, il ne couvre plus que 15 % des besoins du marché, à égalité avec le film italien, tandis que l'américain représente 60 %. Après 1923, la disparition progressive du cinéma italien est remplacée par la production allemande jusque là interdite.

Pendant les années vingt, la production française s'inscrit donc dans un contexte de récession et de difficulté d'accès aux écrans. Des taxes de

5. Georges Charensol, « Le cinéma français », *le Rouge et le Noir « Cinéma »*, juillet 1928, p. 125-128.

20 % frappent les importations, on envisage des quotas jamais appliqués, un Comité de Défense du Cinéma Français se crée qui réclame un quota de 33 % de films français sur les écrans. L'initiative reste sans suite.

C'est dans ce contexte que la production plafonne à un niveau moyen généralement peu élevé avec une dégradation de la situation dans la deuxième moitié de la décennie comme le montre ce tableau de la production des films de fiction de plus de 1000 mètres (soit plus de 44 minutes à 20 images/seconde)[6] :

1919	103
1920	107
1921	120
1922	107
1923	128
1924	91
1925	84
1926	93
1927	59
1928	82
1929	69

D'autre part, Charensol et Moussinac évoquent des cinéastes assez nombreux qui constituent le tissu de ce cinéma français. Or aujourd'hui, que savons-nous de bon nombre de ces réalisateurs? Non seulement la plupart ne figurent dans aucun dictionnaire du cinéma en langue française, mais leurs films sont inconnus et – pour certains d'entre eux – nous n'avons trouvé personne qui pût se charger de leur consacrer une notice si modeste soit-elle (Malikoff – *Paname*, 1927; *les Aventures amoureuses de Raspoutine*, 1929 –, Evréïnoff, le grand metteur en scène russe de théâtre, auteur de plusieurs films dont *Fécondité* et *Pas sur la bouche*)! Mariaud qui a tourné une vingtaine de films – dont l'un est, en partie, d'Epstein –, Boudrioz pourtant perçu comme appartenant au même groupe que les « impressionnistes » (*l'Âtre* est classé parmi les dix meilleurs films de 1923 par *Cinéa-Ciné pour Tous* et l'année suivante la même revue le compare à Gance, Delluc, L'Herbier), Wulschleger qui a été le collaborateur de Machin, de Rimsky, de Cavalcanti, que pouvons-nous en dire au-delà de quelques informations factuelles?

6. Établi sur la base du *Catalogue des films français de longs-métrages* de la décennie établi par Raymond Chirat avec la collaboration de Roger Icart, Cinémathèque de Toulouse, 1984.

Autant dire que l'historiographie du cinéma français comme sa tradition critique ont incroyablement « rétréci » un domaine, une époque pour édifier un « panthéon » pour quelques-uns les coupant du milieu qui est le leur et des domaines voisins du divertissement populaire (café concert, music-hall, attractions, romans-feuilletons). Le combat esthétique a pu, dans l'ordre qui est le sien, « justifier » ces exclusives – comme à nouveau ce sera le cas au moment de l'émergence de la « Nouvelle Vague » – mais le commentaire critique actuel, délié de tout enjeu de ce type n'est que courte vue, conformisme de pensée.

Les années vingt sont en effet une époque aux lignes de force contrastées : on constate la présence simultanée d'un cinéma commercial qui essaie de rivaliser avec les productions étrangères (les *serials* de la Société des Cinéromans, les films historiques), d'un cinéma d'auteurs qui expérimente de nouvelles solutions stylistiques (Delluc, Gance, L'Herbier, Antoine, Epstein) mais aussi toute une partie de réalisateurs de qualité dont la visée est plus classique (Jacques de Baroncelli, Robert Boudrioz, Léonce Perret, Le Somptier, Raymond Bernard) sans compter les expériences proprement marginales (Man Ray, Fernand Léger, Marcel Duchamp). Enfin on voit débuter des réalisateurs qui connaîtront une pleine notoriété dans les décennies suivantes (René Clair, Jean Renoir, Jacques Feyder, Julien Duvivier) ou d'autres dont la partie la plus intéressante de la carrière se situe dans les années vingt (Dimitri Kirsanoff, Henri Chomette, Pierre Colombier). Mais surtout, un examen un tant soit peu attentif de ce milieu et des itinéraires des uns et des autres révèle combien ces catégories sont poreuses, combien les réalisateurs passent d'un secteur à l'autre, d'un genre à l'autre, combien le classement dont ils sont aujourd'hui l'objet – quand ils ne sont pas oubliés ! – les fige et les mutile.

D'autre part, pour un certain nombre d'entre ces cinéastes, frappe leur mobilitié géographique : une partie importante de leur carrière s'effectue en Italie, au Portugal, en Espagne, en Russie, aux États-Unis. La catégorie de « cinéma national » – avec la terminologie de l'époque en terme d'« écoles » – révèle ici sa fragilité. N'est-elle pas elle aussi une caractérisation rétroactive pour une part ou du moins qui demanderait d'être redéfinie en fonction de ces déplacements de cinéastes, d'acteurs, de producteurs en Europe et au-delà ?

Le renouvellement des approches historiques que les études sur le « cinéma des premiers temps » ont généré – puisqu'à son sujet le « modèle » artistique (auteuriste) ne pouvait fonctionner – suggère d'appréhender désormais autrement ce cinéma, cette période et sans doute toute période. Sans négliger les problématiques esthétiques développées par une minorité des cinéastes français de cette décennie, sans dénier un instant l'importance qu'il faut accorder à leurs ambitions ni l'apport qui fut le leur dans l'enrichissement du cinéma, il s'agit de changer d'angle. Considérer par exemple l'importance des acteurs – constamment déniée par les metteurs en scène pour des raisons qui leur sont propres (l'édification de leur système de valeurs créatrices) – avec les théories du jeu, du corps, qui sous-tendent leur pratique, celle des décorateurs, opérateurs, le rôle des maisons de production et de l'économie de ce cinéma, du financement initial à l'exploitation, la réalité des contraintes de genres voire des pratiques professionnelles, la diversité aussi du commentaire critique.

Il y a enfin un continent à retrouver – s'il n'est perdu –, c'est celui du public, de l'accueil de ces films, plus largement encore la question de la réception et du rôle social du cinéma de cette époque, ses interactions avec d'autres champs culturels ou spectaculaires, disons même son « intermédialité ». La construction de la légitimité culturelle du cinéma – entreprise par Canudo et les siens, établie par tout un ensemble d'institutions tels que ciné-clubs, revues, expositions, conférences... – est désormais bien connue. Qu'en est-il des autres dimensions du phénomène « cinéma français des années vingt »? Cela d'autant plus que l'approche « cinéphilique » des « Auteurs » pèche continûment à les envisager dans leur entièreté à chaque fois qu'ils se trouvent en rapport avec les conditions matérielles de leur profession: on dit alors que tel ou tel a « dû » consentir à tourner des films « alimentaires », films qu'on a coutume de passer sous silence. Or, pour la plupart des cinéastes « artistes » – et, à l'inverse, pour bon nombre de ceux qu'on rejette dans la géhenne du mercantilisme –, il s'instaure une dialectique souvent féconde entre recherches stylistiques ou thématiques novatrices *et* prise en compte des critères d'accessibilité du plus grand nombre, stéréotypes, formes éprouvées. Il n'est jusqu'à *Un chien andalou* dont on rate toute une dimension quand on néglige de le confronter au cinéma d'alors le plus « ordinaire ». Le combat de Buñuel et de Dali contre les clichés, les conventions ne fait pas de doute, mais il procède en partie de leur reprise critique ou de leurs références à une « autre histoire » du cinéma français, le « primitif », le burlesque anarchiste et destructeur des années dix. Songeons seulement à la vache qui trône dans le lit de *l'Âge d'or* et au tombereau de terrassiers buvant du gros rouge au milieu du « beau monde » de salons: on trouve celle-ci dans *Patouillard et sa vache*, et ceux-là dans *Bigorno couvreur*.

Ce dictionnaire associe jeunes chercheurs et spécialistes confirmés, universitaires, cinémathécaires, chercheurs indépendants – qui rencontrent souvent de grandes difficultés pour publier le résultat de leurs travaux tant les éditeurs français sont devenus frileux pour tout ce qui concerne le cinéma – en particulier le cinéma muet, *a fortiori* français. De même, il faut souligner l'étroitesse des intérêts consentis à leurs lecteurs par les critiques, commentateurs des programmes télé (et, par contrecoup, celle des programmateurs eux-mêmes)[7]. On observera ainsi que bon nombre des notices de ce dictionnaire sont les premières du genre concernant tel ou tel protagoniste.

Majoritairement, les contributeurs sont français mais d'importants apports italiens et quelques collaborations belges, suisses, allemandes, américaines les ont renforcés et enrichis. Pour une part cet ensemble témoigne des multiples études menées au sein de l'université via les mémoires de DEA et les thèses.

Mais les pistes balisées si elles élargissent le champ des préoccupations font également sentir la nécessité d'une synthèse. La situation actuelle est à l'éclatement de la recherche en mille entreprises sectorielles. Tout peut devenir sujet de recherche et le risque est grand de voir les historiens se borner à leur domaine de spécialité sans communication avec l'extérieur ni entre eux. La tâche qui s'annonce dès lors est de définir des lignes de force, des articulations générales, des visions d'ensemble. Pour cela il faudra cerner les enjeux tant esthétiques qu'économiques, culturels et politiques de cet objet afin de l'extraire de la nomenclature et du catalogue.

François Albera **Jean A. Gili**

7. Relevons avec d'autant plus de chaleur le travail à contre-courant de quelques-uns des programmateur s télé: Patrick Brion à France 3 (« Cinéma de Minuit ») et Jacques Poitrat à Arte dont « Le Muet du mois » a présenté dans des copies restaurées de nombreux films français des années vingt – *les Deux Timides* (octobre 1995), *l'Inhumaine* (décembre 1995), *la Femme et le pantin* (mars 1998), *Tire au flanc* (novembre 1998), *El Dorado* (mars 1999), *Casanova* (mars 2000), *Dans la nuit* (mars 2001), *le Capitaine Fracasse* (mai 2001), *Maldonne* (octobre 2001).

Avertissement

Ce Dictionnaire comporte deux types d'entrées accordées à deux types de traitement: d'une part des notices concernant des cinéastes – au sens que Delluc donne à ce nom, à savoir les réalisateurs (parmi lesquels on a retenu prioritairement ceux qui avaient réalisé trois titres et plus) mais aussi des producteurs, des maisons de production –, d'autre part des sujets plus vastes touchant à tel ou tel aspect du cinéma français des années vingt – économie, genre, presse, etc. Ces dernières entrées donnent lieu à des articles plus développés.

On ne trouvera pas ici, sauf exception, des noms d'acteurs, de techniciens, de scénaristes – faute d'espace suffisant et de temps pour s'y consacrer.

Les articles et notices – comme il est de règle dans un ouvrage de ce type – se renvoient les uns aux autres et se complètent. Afin d'éviter des redites, on ne trouvera pas, en conséquence, plusieurs fois la même information. Pour des raisons techniques, nous n'avons cependant pas pu matérialiser ces renvois aux différents noms et notions concernés. Le lecteur est évidemment invité à les établir de lui-même.

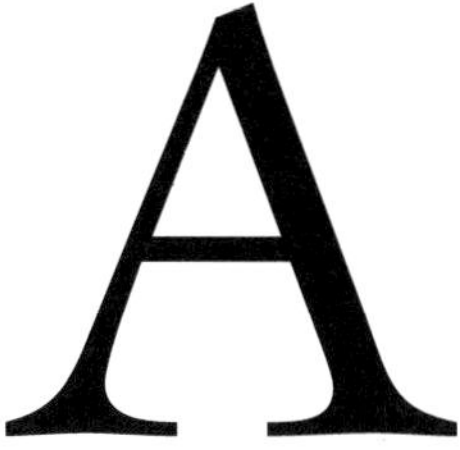

ACTEURS

En 1926, René Clair publie *Adams*, un fort curieux roman sous influence pirandellienne – et qui offre une série de brillantes variations, autour du thème du comédien en quête d'identité. Le personnage-titre est une *star* hollywoodienne qui se partage entre diverses incarnations (autant d'avatars de Douglas Fairbanks, de Charles Ray, de Harold Lloyd, de William Hart, de Charlie Chaplin et de Rudolph Valentino, ces derniers étant respectivement le dédicataire et l'inspirateur du livre…). Un an après la disparition de Max Linder, le visage idéal de l'acteur de cinéma ne saurait décidément être qu'américain – et cette fascination s'étend à toute une génération de cinéphiles, depuis les surréalistes subjugués par Pearl White jusqu'aux tenants de l'avant-garde qui s'exaltent pour Mae Marsh ou pour Sessue Hayakawa… Ce retournement de la faveur, critique autant que publique, est lié naturellement à la perte de vitesse de l'industrie française, devenue incapable de maintenir ses anciennes gloires ou d'en créer de nouvelles. Suzanne Grandais est morte en 1920, Léonce Perret est parti aux États-Unis, la plupart des célébrités de la scène d'avant-guerre ne se sont aventurées au studio qu'au soir de leur vie (Mounet-Sully, Réjane, Sarah Bernhardt) ou pour s'en éloigner bientôt (Mme Bartet, Le Bargy, Albert Lambert). Parmi ces prestigieuses recrues du Film d'Art, Gabriel Signoret est l'un des seuls à rester sur la brèche et à lancer un cri de résistance nationale : « Ah ! Qui dira jamais la grande misère du Cinéma français ! Le Cinéma français, qui, jusqu'en 1914, couvrait le monde de ses productions, marche aujourd'hui à la remorque du Cinéma américain ou du cinéma allemand, bienheureux quand l'un d'eux lui envoie ses vedettes, afin de déformer un personnage de notre patrimoine historique ou artistique […] ! Qui dira la peine qu'éprouvent les artistes français quand ils se voient condamnés à servir de piédestal à des vedettes étrangères qui n'ont sur eux que la supériorité d'être servies par une publicité savante et de se faire payer en dollars ? » (*Filma*, 15 juin 1926).

Cette revendication protectionniste resurgira tout au long de la décennie, et notamment fin 1923, lors de l'« affaire du Collier » : on s'émeut que l'actrice américaine Norma Talmadge vienne tourner au château de Versailles un film intitulé *l'Affaire du collier de la Reine*, et dont elle est la principale commanditaire... Il s'ouvre alors une polémique, où les plus libéraux défendront dans *Paris-Journal* la possibilité de tels échanges ; c'est le début d'une crispation collective autour de la problématique identité du cinéma français, qui s'accentuera à l'approche du parlant mais se focalisera bientôt sur les cinéastes émigrés d'Europe centrale. Parallèlement, on voit se constituer un discours de *légitimation* – qui tend à faire reconnaître l'acteur de l'écran au même titre que le comédien de théâtre. C'est dans cet esprit, par exemple, qu'Auguste Nardy soulève dans les colonnes de *Bonsoir* un grand débat autour de l'idée d'une classe cinématographique au Conservatoire... La plupart des réponses recueillies témoignent de l'ambition d'ennoblir une activité encore anarchique, mais aussi de développer un style de jeu spécifiquement adapté à l'écran ; c'est sur cette nécessité pratique qu'insiste entre autres Louis Feuillade : « Je conçois l'école idéale du cinéma comme une sorte de collège où l'enseignement de la culture physique tiendrait autant de place que l'enseignement de la mimique, et où l'on donnerait aussi des leçons de maintien appropriées à toutes les circonstances de la vie mondaine. Savoir se tenir au bal, à dîner, au jeu, à la chasse est nécessaire à l'acteur de cinéma. J'ai vu d'excellents comédiens porter la toge mais qui ne savaient pas se servir du téléphone et parlaient dans l'écoutoir... J'ai vu un illustre sociétaire monter à cheval du côté hors-montoir. » (*Le Cinéma et l'Écho du cinéma réunis*, 13 janvier 1921).

Force est pourtant de reconnaître, malgré l'abondance des vœux pieux et des pétitions de principe, que le cinéma français d'après 1918 ne favorise guère l'éclosion d'une nouvelle génération d'acteurs. Autant que les grands noms du Film d'Art, les vedettes des séries comiques ou des ciné-romans s'éclipsent peu à peu avec le répertoire qui les a vues naître... On voit bien se confirmer la popularité d'un Biscot, sur des bases plus sportives que réellement cinématographiques, avec *le Roi de la pédale* (1925) ou *les Cinq Sous de Lavarède* (1926) ; on voit bien se révéler, dans les derniers films de Feuillade, dans les premiers René Clair ou dans *les Misérables* d'Henri Fescourt (1925), le jeune talent de Sandra Milowanoff, qui passe de la fantaisie au drame avec un naturel inédit ; mais l'embourgeoisement du film français semble autoriser de moins en moins l'apparition de pures « bêtes de cinéma »... Au contraire, la famille de comédiens qui s'impose à l'écran à partir de 1920 reste sagement issue, comme aux temps héroïques de *l'Assassinat du duc de Guise*, d'une scène parisienne de bonne compagnie : si l'on excepte quelques transfuges du music-hall comme Raquel Meller ou Florelle, on fait généralement appel à des sociétaires du Théâtre-Français ou à des têtes d'affiche du Boulevard – qui servent aussi bien les recherches de l'avant-garde que les prétentions d'une production de prestige.

Les « cinégraphistes » français ont beau se faire les apôtres d'un cinéma pur, détaché de l'imitation de l'art dramatique, c'est encore au théâtre qu'ils vont chercher leurs principaux acteurs: c'est Eve Francis, digne interprète de Claudel ou de François de Curel, qui prête sa photogénie un peu compassée aux poèmes cinématographiques de son mari Louis Delluc. C'est Germaine Dermoz, mère noble au masque froid, rompue à toutes les nuances du drame psychologique, qui offre à *la Souriante Madame Beudet* (adaptation en 1923 par Germaine Dulac d'une pièce de Denys Amiel et André Obey) son art consommé des souffrances en silence. C'est Georgette Leblanc, égérie de Mæterlinck et diseuse mondaine, qui incarne en 1925 *l'Inhumaine* de Marcel L'Herbier à grand renfort de poses alanguies et d'expressions réfléchies… Cette revanche du « métier » théâtral, dans le cadre d'une avant-garde officiellement dévolue au pur langage des images, vient précisément trahir sa situation en porte-en-faux – et l'ambition persistante de s'appuyer sur une structure dramatique, alors même qu'on prétend n'y voir qu'un prétexte. On peut seulement citer deux purs produits de cette école impressionniste, et qui d'ailleurs auront du mal à lui survivre: Gina Manès, sans doute la seule grande « vamp » à la française de ces années-là, dont la sensualité féline irradie chez Gance, chez Epstein, chez Feyder, et dont la liberté d'allures et de jeu, la souplesse à la fois royale et canaille annoncent avec dix ans d'avance les éclats d'Arletty; et à l'inverse, le délicat Jaque-Catelain, prototype de l'éphèbe éthéré, qui fournit à L'Herbier un modèle de joliesse théorique et impersonnelle, plus doué pour refléter les jeux d'ombre et de lumière que pour faire exister un personnage. C'est du reste ainsi qu'il se définit lui-même, à la manière d'un instrument malléable: « Je considère que faire du cinéma ce n'est pas un métier, qu'il ne faut pas avoir de métier pour faire du cinéma; quand on a le métier, c'est-à-dire, quand on connaît mathématiquement les gestes et les attitudes qui correspondent à une émotion, on est artiste conventionnel, et c'est fini. Il faut savoir se renouveler, s'adapter, vivre, créer, s'enfiévrer… C'est pour cela que je n'aime pas souvent les artistes de théâtre qui viennent au cinéma avec leur autorité, leurs préjugés, et leur assurance… Moi, quand je crée un rôle, je tremble, j'ai peur, je vibre… il n'y a pas de métier, mais il y a des réflexes. » (*Cinémagazine*, 13 février 1925).

On pourrait voir là un *credo* de l'acteur selon les vœux de cette première avant-garde: une surface réfléchissante, capable de s'adapter aux plus subtiles intentions de la mise en scène sans affirmer une singularité trop manifeste. Mais parce que c'est Jaque-Catelain qui l'exprime, on voit bien les limites de cet idéal: de *Rose-France* à *Eldorado*, de *Don Juan et Faust* à *l'Inhumaine*, le jeune comédien promène chez L'Herbier une élégante absence, une figure désincarnée et docile. Si la notion de vedettariat tend à s'effacer à l'ombre d'une nouvelle génération de cinéastes, si la mode est au refus des effets expressionnistes, il ne semble donc pas que les interprètes y gagnent un surcroît de naturel: ils se définissent plutôt par la démonstration de qualités négatives, et par une empathie intellectuelle avec le cinéaste où s'estompe souvent leur personnalité. Il n'est pas jusqu'à l'orgueilleux Albert Dieudonné, très conscient de ses prérogatives (et passé lui-même de l'autre côté de la caméra, ainsi que Jaque-Catelain et quelques autres de leurs pairs), qui n'apparaisse en 1926 dans *Napoléon* comme un double hypertrophié de Gance, comme une projection flamboyante de son rêve mais qui s'en tiendrait à la stricte illustration de ses obsessions.

S'il est un monstre sacré qui domine les films de l'école française, au point d'alterner de savantes prestations chez L'Herbier ou Epstein et de plus spectaculaires compositions pour la « colonie russe » de Montreuil, c'est bien sûr Ivan Mosjoukine. Lorsqu'il arrive en France en 1920, il est auréolé de la gloire que lui ont valu ses grandes interprétations du répertoire, mais aussi les films de Bauer et de Protazanov: son aura est en quelque sorte celle d'un Lucien Guitry russe, qui conjugue (comme le grand acteur français dont il a repris quelques-uns des rôles) l'emprise sur le beau sexe et une sobriété calculée, concertée, visiblement virtuose. Mosjoukine appartient à cette famille de comédiens (qui est aussi celle d'un Harry Baur, d'un Jannings) où la simplicité se donne en spectacle, et où il importe avant tout de montrer le contrôle de soi. Aussi bien, il est peut-être moins à l'aise dans *le Lion des Mogols* ou *Feu Mathias Pascal*, où son jeu se distingue par une théâtralité affirmée, que dans ces grandes machineries destinées à le mettre en valeur (*Kean*, *Michel Strogoff*, *Casanova*), et où il peut déployer toute la diversité séductrice de son registre... Cette pratique de l'auto-anthologie est particulièrement impressionnante dans le second film qu'il réalise en France, et où il intègre à sa propre imagerie les expériences de l'avant-garde: *le Brasier ardent* (1923). Il y passe par tous les masques, depuis un prologue onirique qui le dépeint à l'héroïne sous la forme de prémonitions cruelles ou sensuelles (où l'on retrouve un peu du climat morbide cher à Bauer), jusqu'à une intrigue sentimentalo-policière fabriquée de toutes pièces – mais qui lui permet de donner tour à tour les expressions de l'amour naissant, de la passion contenue, de l'hystérie enfantine... Ce qui explique surtout l'extraordinaire popularité qui fut la sienne, tout au long des années vingt, c'est que son jeu est tout entier contenu dans le regard: un regard qu'il sait rendre hypnotique ou discret à volonté, dont il use comme d'un livre ouvert où tous ses sentiments deviennent visibles. À ce titre, il est sans doute la figure emblématique d'un cinéma qui prétend s'approprier l'exploration de la vie intérieure, et éclairer les obscurités de l'âme humaine; mais il y parvient par un luxe d'indications rhétoriques et d'intentions artistes, qui (bien plus sûrement que son accent slave ou sa vie dissolue), rendront son style définitivement démodé après 1930.

Que dire alors d'Huguette Duflos, qui dans le sillage déjà estompé d'une Gabrielle Robinne, s'affirme comme l'une des vedettes féminines les plus populaires – au sein d'un répertoire certes moins raffiné que celui de Mosjoukine, sous la direction de Charles Burguet ou d'André Hugon? Curieusement, elle tient à peu près le même langage qu'un Jaque Catelain (son partenaire en 1927 dans *le Chevalier à la rose* de Robert Wiene), en répondant à la question rituelle: « Que pensez-vous de ce métier? – Ce n'est pas un métier, c'est un art et combien passionnant. Je ne crois pas que ceux qui n'y voient qu'un métier arrivent jamais à être sincères dans leur interprétation. » (*Le Cinéma et l'Écho du cinéma réunis*, 13 mai 1921).

Pour autant, elle s'inscrit dans cette lignée d'acteurs passés de la scène à l'écran à la veille de la guerre, et qui continuent d'y reproduire les grâces fanées d'une Comédie-Française ou d'un Boulevard antédiluviens. Lorsqu'elle évoque ses premiers pas dans les studios, c'est toujours avec la condescendance affectée d'une sociétaire à part entière, qui s'impatiente ou s'amuse des contraintes d'un tournage – sans accorder à cet « art » autant d'importance qu'elle veut bien le dire, et en se souciant moins des subtilités du jeu cinématographique que de la diffusion de sa propre image. Pas plus que celle de Mosjoukine, sa gloire ne dépassera les premières années du parlant... Et certes la génération montante à partir de 1925 ne sera pas moins constituée de transfuges de la scène (il faudra en fait attendre les années 1935 à 40 pour voir s'imposer des « natures » de studio comme Gabin, Darrieux ou Morgan). Mais le retour des cinéastes français à un certain réalisme, l'évolution du goût dans l'art de l'acteur, l'approche même du parlant ouvrent la voie à des tempéraments plus authentiques. Ce sont au reste de respectables comédiens du Français qui donnent l'exemple: c'est Maurice de Féraudy, imposant dans *Crainquebille* un jeu humain et un minimum d'effets; c'est Silvain, interprétant dans *la Passion de Jeanne d'Arc* un évêque Cauchon d'une parfaite sobriété (auprès d'une Falconetti qui oublie à la lettre son « métier », pour se confondre une fois pour toutes avec la figure de Jeanne...). Et parmi leurs cadets de la rue de Richelieu ou des Boulevards, on assiste aux débuts prometteurs de Madeleine Renaud ou de Marie Bell, de Charles

Boyer ou de Pierre Blanchar... Autant d'acteurs qui sauront habilement gérer la transition du muet au parlant, en conjuguant leur expérience de la scène et l'exigence d'un jeu plus dépouillé.

Dans cette école de « futures vedettes », mais dont la plupart sont déjà rompues à la pratique des studios, deux noms se détachent – qui vont dominer les premières années du parlant sans être restés jusqu'alors inconnus du public cinéphile. C'est d'abord celui de Charles Vanel, qui a fait ses débuts à l'écran en 1912, qui se fait remarquer chez Jacques de Baroncelli (non sans s'aventurer lui aussi derrière la caméra), et qui imprime à tous ses rôles une exceptionnelle économie de moyens. Par exemple dans *la Maison du mystère*, *serial* réalisé en 1922 par Alexandre Volkoff, et où il oppose à la simplicité fabriquée de Mosjoukine une discrétion en demi-teintes; par exemple dans *la Proie du vent* de Clair (1926), où les gestes les plus minimes lui suffisent pour exprimer les désirs inavoués de son personnage. L'autre nom qui s'impose à la fin des années vingt, c'est celui de Gaby Morlay, éternelle jeune première depuis l'avant-guerre de 1914: on l'a vue auprès de Max Linder (*le Deux Août 1914*), on l'a vue avec Gaston Modot, dans une série dirigée par Burguet (*Pour l'amour de Gaby*, *le Chevalier de Gaby*), et qui accompagne ses premiers succès au théâtre. Après avoir paru dans quelques bandes (mélo)dramatiques, c'est dans le registre fantaisiste qu'elle s'affirme comme une vraie comédienne de cinéma: dans *Jim la Houlette, roi des voleurs* de Nicolas Rimsky et Roger Lion (1926), mais surtout dans *les Nouveaux Messieurs* de Feyder (adaptation en 1928 d'une pièce qu'elle vient de créer). Partagée entre deux âges de la séduction masculine (Henry Roussell, type en voie de disparition du « vieux marcheur » élégant, et Albert Préjean, qui annonce l'avènement de nouveaux lions, impulsifs et sans façons), elle échappe quant à elle aux canons de photogénie traditionnels, tout en proposant paradoxalement une interprétation anti-théâtrale. Pour une fois, le masque importe moins que le visage, et la sensibilité du jeu semble appeler la parole – non plus comme un support rhétorique qu'il faudrait pallier à force d'expressions signifiantes, mais bien comme la conséquence naturelle d'une vérité retrouvée. L'heure n'est pas encore aux stars, elle n'est plus celle de ces « modèles » un peu figés qu'a laissé poser le cinéma des années vingt, dans sa recherche tâtonnante de formes nouvelles: voici venu le temps de l'acteur comme figure familière, à qui tout un chacun pourra s'identifier. **K.G./N.H.**

ALBATROS (et l'École russe de Paris)

Après la guerre, la production américaine supplante la production française en France même où elle est réduite à 10 % en 1919. L'« empire »

Pathé est démembré. Pathé-Consortium-Cinéma distribue et exploite les films et les appareils de projection et Pathé-Cinéma s'occupe de la production et la commercialisation de la pellicule. Pour la production de films, il est prévu de s'adresser à des firmes indépendantes qui sont encouragées à voir le jour: elles seules prendront les risques financiers de lancer des productions, Pathé-Consortium intervenant *après*: ainsi fleurissent de nouvelles sociétés de production, parfois éphémères, comme Les Films Abel-Gance, Baroncelli, Diamant, Cinégraphic...

C'est dans ce cadre que les exilés russes, emmenés par Joseph Ermolieff, créent la société de production « Ermolieff-Cinéma » (Moscou-Yalta-Paris) en juillet 1920. La société qui loue un studio désaffecté à Pathé, demeure liée à cette maison qui distribue ses productions. Quand Ermolieff quitte Paris pour Munich et Berlin et laisse l'entreprise aux mains de Noe Bloch, Maurice Hache et Alexandre Kamenka, ceux-ci la transforment en « Société Albatros » en août 1922 (société anonyme au capital de 4000000 de francs).

En décembre 1922, *la Riposte* de Tourjansky est lancée par une publicité dont le sur-titre est: « Un film français ! », et l'emblème d'Albatros – l'oiseau dans un triangle – est sous-titré: « Ex-Ermolieff ». Ermolieff avait pris pour emblème un éléphant (en Allemagne il adoptera le Phénix), Kamenka lui substitue l'albatros avec une devise qui n'apparaît pas d'emblée mais lui sera ensuite associée: « Debout malgré la tempête ».

Kamenka a manifestement la prééminence sur ses deux collègues, sans doute parce que le financement d'Albatros dépend beaucoup de lui – et de son père banquier. En 1923, son frère, Boris est de loin le plus gros actionnaire de la société, suivi d'Abraham Givatovsky, Noé Bloch, Maurice Hache, Anastasie Kamenka, Alexandre Kamenka, Timoféï Givatovsky, Michel Kamenka et Otton Feldman.

Très vite les liens avec Pathé se redéfinissent: en décembre 1922, *la Riposte* de Tourjansky est distribué par Les Films Erka, puis *le Chant de l'amour triomphant* par E. Giraud, petite compagnie de distribution en difficulté qui est rachetée fin 1923, et transformée en « Les Films Armor ». Cette opération donne l'autonomie de distribution à Albatros. En 1924, *Kinotvortchestvo Teatr*, la revue en langue russe, liée à Albatros, publie l'information selon laquelle « Les Films Armor » a pour dirigeants M[arcel] Sprecher, S. Epstein et A. Kamenka, qu'elle a le monopole de toute la production Albatros et que ses buts ne se limitent pas à la distribution sur le territoire français mais ambitionne aussi de se développer à l'étranger.

Le tirage même des négatifs ne se fait plus comme auparavant chez Pathé-Cinéma – qui prie Albatros de retirer ses négatifs des laboratoires...

On envisage de quitter le studio de Montreuil (loué à Pathé) pour construire un nouvel établissement plus vaste et plus moderne à Malakoff.

En 1927, Albatros crée une société à responsabilité limitée pour l'exploitation de Groupes Électrogènes et d'une partie de son matériel électrique.

En mai 1928, la résiliation du bail du studio de Montreuil en juin de la même année, est annoncée par le Conseil d'administration et en avril 1929, Kamenka expose au conseil d'administration ses craintes pour l'avenir devant la situation créée par l'avènement du film sonore et face aux controverses avec l'Amérique en raison du « décret Herriot » visant à protéger le cinéma français (ce décret du 18 février 1928 qui établit un rapport équitable entre importation de films étrangers et exportation de films français. Les États-Unis vont partir en guerre contre cette situation et boycotter quelque temps la France ce qui favorisa l'implantation de la distribution allemande via L'Alliance Cinématographique Européenne, antenne française de la UFA). Il propose de « s'abstenir d'établir un programme de production et de se borner à un travail préparatoire d'étude de scénarios ».

Le rapport du 27 juin 1929 fait état d'une perte de l'exercice 1928 (qui porte sur la production de trois longs métrages et deux documentaires). Malgré la vente du terrain de Malakoff – destiné au projet de studio abandonné – qui l'a atténuée, cette perte est due au bouleversement subit que le sonore a produit : arrêt de la production muette, blocage des ventes de films muets à l'étranger, baisse des prix, etc., situation aggravée par les démêlés avec la censure qu'a connus le film de Feyder, *les Nouveaux Messieurs*, dont l'exploitation a été retardée de décembre 1927 à avril 1928, au moment où la crise éclate !

Peu avant l'arrivée du sonore qui va tout arrêter, Albatros a entrepris une politique de co-productions avec des pays étrangers, en particulier la Suède (*Lèvres closes*), l'Espagne (*la Comtesse Marie*), l'Allemagne (*le Procureur*), ce qu'on appelle alors une « production internationale ». En février 1927, Kamenka et Marcel Sprecher, directeur d'Armor, avaient séjourné à Berlin dans le but de préparer des accords sur la production et la distribution. Il s'agissait alors de résister à l'industrie américaine.

Durant ces quelques années, le développement d'Albatros se fait en direction d'une intégration au cinéma français où Kamenka veut occuper une place de pointe, accordée à la réputation que le groupe des Russes a gagnée. À cet effet, il émancipe la maison des productions qu'Ermolieff avait suscitées situées dans des genres établis : le *serial*, le film oriental, le mélodrame. En produisant *le Brasier ardent* de Mosjoukine, il vise à prendre place dans le courant du cinéma artistique, voire de l'Avant-garde. Le départ de toute une partie de son équipe – à commencer par Noe Bloch qui « débauche » pour Ciné-France et Wengeroff les réalisateurs Tourjansky, Volkoff, les acteurs Mosjoukinc, Kovanko et des techniciens et décorateurs – le conduit à se tourner vers les jeunes cinéastes français comme Epstein, Clair, Feyder et à co-produire un film avec L'Herbier. Il se distancie ainsi de cette origine russe ou de cette « spécialité » orientaliste où s'enfermeront certains membres de la « colonie » quand ils l'auront quittée (Volkoff, Mosjoukine, Bilinsky notamment).

La signification d'Albatros dans l'histoire du cinéma français des années vingt l'assimile souvent à ce qu'on a appelé l'« École russe de Paris ».

Cette expression – utilisée à l'époque – se retrouve çà et là, notamment sous la plume d'Henri Langlois; son contenu demeure pourtant flou: on y inclut volontiers des éléments extérieurs au studio de Montreuil proprement dit et on lui agrège des forces soit extérieures soit centrifuges: Protazanoff rapidement parti (chez Thiemann puis pour l'Allemagne avant de retourner en Russie), Tourjansky arrivé plus tard, indépendamment de la « troupe », et promptement séduit par Ciné-France-Film, Nadejdine qui n'a pas tourné de films en Russie et bien d'autres. Pour les acteurs, Koline qui venait du Théâtre d'art de Stanislavsky et du théâtre de cabaret la « Chauve souris » de Nikita Ballieff et n'avait aucune expérience cinématographique, Pierre Batcheff, lié aux Pitoëff et à des cercles d'extrême-gauche. On voit même parfois cité Kirsanoff qui n'a pas de rapport avec eux.

À peine Ermolieff avait-il posé en France les jalons de son entreprise, que Louis Delluc lui faisait occuper une place centrale. En 1919, dans son article intitulé « Ermolieff », il fait l'éloge des studios russes, d'une « conception cinégraphiste dont les Français ne savent presque rien... »

Pourtant cette foi en la venue des Russes ne trouvera guère d'arguments durant les quatre années qui suivent. Delluc admire Mosjoukine, c'est à peu près tout ce qu'on peut dire. Protazanoff, réalisateur du *Père Serge,* est prié de se débarrasser des traditions du film russe d'avant-guerre.

Le terme d'« école » est donc un peu abusif – Juan Arroy a même parlé de « cycle Albatros » (après le cycle Triangle, le cycle Svenska et *Caligari*) –, même s'il recouvre un phénomène réel. Dans une série d'articles intitulée « Les Russes et le cinéma », V. Mayer reprend un certain nombre d'idées qui ont cours sur cette « colonie » et qui forgeront entre 1920 et la fin de la décennie leur réputation.

« À cette époque où le cinéma français commençait seulement de se ranimer après les dures épreuves de la guerre, le petit studio de Montreuil devint bientôt un centre d'attraction pour tous les amis de l'écran. Il y régnait une ambiance d'activité et d'émulation qui ne pouvait laisser indifférent aucun de ceux qui l'approchaient ».

Kamenka, interviewé durant le tournage du *Lion des Mogols,* insistait au contraire sur ce que les

Russes devaient au cinéma français : « On a commis sur le film russe de graves erreurs, d'autant plus pernicieuses qu'elles sont à votre préjudice. Il est vrai qu'il y a chez vous une sorte de passion à vous détruire, pour exalter, par contraste, les œuvres étrangères, fussent-elles de valeur égale ou, plus souvent, inférieure. Il faut vous le confesser : sans la France, il n'y aurait pas de film russe. Nos plus belles productions ont été exécutées chez vous, dans vos studios, souvent avec vos metteurs en scène. Or, avant la guerre, le film russe était pratiquement inexistant. Il le serait sans doute demeuré sans la poussée bolchéviste qui, en 1919, contraignit Ermolieff et sa compagnie à quitter Yalta, en Crimée, pour venir travailler à Paris. Nous avions tout à apprendre. Je concède que nous avons été de bons élèves. Peu à peu, le contact avec vos artistes nous autorisa à plus de confiance et, peut-être aussi, à plus d'audace. »

L'activité de Montreuil génère cela dit un mouvement, une nébuleuse « russe » au-delà de Montreuil même, elle attire à elle des cinéastes et des acteurs français qui y recherchent (et sans doute y trouvent) quelque chose qui fait défaut dans les maisons de production françaises contemporaines, une certaine ligne directrice, en tout cas un travail d'équipe.

Charles Vanel comme Suzanne Bianchetti ont entre autres témoigné de cette atmosphère où les « émigrés couchaient dans les loges parce qu'ils ne savaient pas où coucher... C'était bourré de gens très bien, des ex-fonctionnaires, des avocats, des médecins... Le tailleur-raccomodeur était un général tzariste ; le cuisinier un pope ; le chef machiniste, un colonel cosaque ; l'électricien un prof de physique à l'université de Moscou. Tout cela parlait russe ».

« L'atmosphère que les Russes, exilés en France, ont su créer dans les studios où ils travaillent est bien la plus curieuse et la plus sympathique que l'on puisse imaginer. [...] Où pourrait-on, ailleurs que là, voir réunis, dans un labeur commun, un électricien qui, avant la Révolution, commandait un croiseur ou un torpilleur, un charpentier qui fut l'avocat des plus grosses banques pétersbourgeoises, un machiniste qui chargea les Allemands en Prusse orientale à la tête d'un des plus beaux régiments de cosaques de l'armée impériale, un régisseur qui était docteur en médecine et un accessoiriste qui, membre d'une famille princière aussi vieille que celle des Romanoff, était aide de camp du tzar ? »

« À Montreuil dans le Studio "Albatros", lit-on dans une revue, le travail ne se ralentit à aucun moment. Ce puissant organisme de production ne connaît pas de relâche. Tandis que Rimsky prépare son prochain scénario et Jacques Feyder termine le délicat travail de montage de sa dernière œuvre *Carmen,* le troisième metteur en scène, René Clair, tourne les intérieurs de son film *la Proie du vent.*

Comme toujours dans ce vieux studio qui fut, dit-on, le premier au monde, construit par les frères Pathé aux temps héroïques du cinéma, une atmosphère de cordiale compréhension et de parfaite communion règne en maîtresse.

Tous les membres de cette grande famille, à commencer par le metteur en scène lui-même, les vedettes Sandra Milovanoff, Liliane Hall Davis, Charles Vanel, Jean Murat et Jim Gerald. Les opérateurs Roudakoff et Gondois, le décorateur Meerson, ses aides et ses complices, les électriciens, les machinistes et ces héros obscurs – les régisseurs, tous sont animés par le même esprit sympathisant où le travail se fait rapidement, sûrement, gaiement.

[…] L'activité bat son plein dans la modeste verrière où tant de metteurs en scène ont déjà créé des films dont le monde entier a admiré les merveilles et dans lesquels tant d'artistes se sont créé une célébrité. N'est-ce pas là en effet qu'Ivan Mosjoukine commença sa carrière en France, aux côtés de Natalia Lissenko, Kovanko, Rimsky, Koline qui ont tous eu leur premier "trac" en France, dans ces murs.

Alexandre Volkoff fut également le pensionnaire d'"Albatros" au début de sa carrière de metteur en scène en France.

Ces murs ont donc de qui tenir. L'empreinte de génie s'est ancrée dans cette usine moderne de rêves et de poésie… »

Seule en France cette maison de production s'est constituée en studio au sens américain du terme : elle a des réalisateurs, des techniciens, des acteurs sous contrat, le directeur de la maison – Ermolieff puis Kamenka – joue un rôle excédant la seule sphère économique et commerciale (il est « directeur artistique »), on développe la pellicule sur place, visionne les *rushes* en commun, partage la plupart des tâches, tous les secteurs de la fabrication et de la diffusion du film sont abordés, jusqu'à l'affiche. Tant que l'esprit de studio règne, cette attitude génère aussi une revue et même une école d'art dramatique. La revue *Kinotvortchestvo* (sous-titre : *Kino* journal cinématographique mensuel en langue russe, auquel est accolé plus tard le mot *Teatr*) (1923-1926), d'abord intégralement en russe puis progressivement émaillée d'articles en français, est d'une qualité graphique recherchée : grand format, très illustrée, bien composée, ce n'est pas un journal ou un bulletin corporatif. Elle a pour rédacteur en chef Alexandre Morskoï – par ailleurs employé d'Albatros et à l'occasion figurant dans les films. Elle propose d'emblée des articles généraux sur la cinématographie « fille de Zeus et de Mnémosyne », « langage international », ou des articles critiques tel celui que Léandre Vincent (c'est-à-dire André Levinson) sur Griffith et des informations sur l'activité cinématographique des Russes émigrés tant à Paris qu'à Berlin ainsi que des contributions sur le décor et les affiches de Boris Bilinsky. Dès le premier numéro, appel est fait aux lecteurs pour qu'ils envoient des scénarios qui seront transmis aux studios.

Toutes les productions importantes d'Albatros font la couverture de la revue et sont présentées largement, ainsi que les cinéastes français qui viennent y travailler (Epstein, Feyder, Clair), mais on trouve aussi beaucoup d'articles et de photos sur Ladislas Starewitch, l'animateur de poupées ou sur Catherine Hessling dont la *Nana* de Renoir est abondamment évoquée, sur *la Rue sans joie* de Pabst, etc.

Le journal se présente rapidement comme un trait d'union entre le cinéma français et le cinéma russe d'URSS. La reconnaissance du pays par la France ouvre des possibilités commerciales et la revue est très attentive à promouvoir la diffusion des films émigrés en Russie, comme des films français en général (Lucie Derain déplore la prééminence américaine et allemande). La Compagnie franco-caspienne semble le véhicule privilégié de ces liaisons commerciales ainsi que la maison « Celtic » liée à Pathé. Les nouvelles d'URSS, régulièrement publiées, sont dénuées de toute appréciation critique ou polémique.

L'Académie du cinéma russe, créée en 1924 à Paris, a pour enseignants Nathalie Lissenko (exercices pratiques), Alexandrovski, administrateur d'Albatros (mise en scène), Madame Krassovski, ancienne maîtresse de ballet du Théâtre impérial de Pétrograd (danse et plastique), Maltseff, maquilleur d'Albatros (maquillage), le tout administré par le prince Malaçaieff. Quant au Studio d'Art cinématographique, Mosjoukine, Lissenko, Nadejdine y enseignent.

La plupart des Russes (Koline, Kovanko, Lissenko, Mosjoukine, Rimsky, Tourjansky, Volkoff) sont membres du Ciné Club de France né de la fusion du Club des Amis du 7e Art (CASA) de Canudo et du Club Français du Cinéma.

Dans les années trente, Kamenka édite des cours de technique cinématographique par correspondance dont les fascicules mensuels reprennent des exemples de trucages ou de prises de vue particulières dans les films Albatros (École universelle par correspondance, *Cours de Technique générale cinématographique*). **Fr.A.**

ANDREANI Henri (1872-1936)
Les moments les meilleurs de la carrière cinématographique de ce méridional (de son véritable nom Gustave Farrus) transplanté à Paris se situent indubitablement dans les années dix quand, après avoir travaillé comme acteur dans la compagnie du prestidigitateur Gaston Velle, il est engagé pour des fonctions administratives chez Pathé et qu'immédiatement après il devient assistant de Velle et de Zecca sur les films courts du début du siècle. Sadoul cite un *Faust* réalisé en 1910 par Andréani en collaboration avec Georges Fagot: « Film ingénu et grandiloquent, mais non privé toutefois d'une certaine efficacité. La scène dans laquelle Méphistophélès et Faust galopent dans une

vallée sauvage traduit un moment goethien d'une façon très cinémato-gra-phique ». En 1910 Andréani devient aussi son propre producteur et fonde les « Films bibliques », dont la publicité met en avant que les films auraient été étudiés et préparés par un groupe d'archéologues et d'historiens de la Bible. Dans ce projet, on peut inscrire des titres comme *Caïn et Abel*, *Absalon* (1911), *la Fille de Jephté*, *Rebecca (*1912), *la Reine de Saba*, *Esther* (1913). En 1912, après d'autres expériences, Andréani passe à la Société des Grands Films Populaires de Georges Lordier pour laquelle il dirige *l'Homme qui assassina* (1912) et *le Fils de Lagardère* (1913).

Typique représentant du cinéma français du début du siècle, metteur en scène de films en costumes tirés de légendes, paraboles religieuses, histoires romancées réduites à un « lever de rideau » et qui ne dépassent pas les trois cents mètres, Andréani est déjà dépassé quand la production cinématographique s'oriente vers des métrages plus longs. Et quand avec un film comme *les Enfants d'Édouard* (1914), il se met à affronter des bandes de 1200 mètres, cet étirement de l'histoire le pousse de toute évidence à diluer ses intrigues, comme le relève un censeur italien: « Il aurait été meilleur s'il avait comporté deux actes et non cinq interminables, comme nous l'avons supporté avec beaucoup d'indulgence. » (*Il Maggese Cinematografo*, Turin, janvier 1915). *Océan* (parfois appelé *les Enfants de la mer*), une production Silex de 1916, connaît une meilleure sortie.

Dans les années vingt, à part *l'Autre Aile*, qui apparaît dans toutes les histoires du cinéma parce que le sujet est de Ricciotto Canudo, le reste de l'activité d'Andréani se réduit à quatre films de niveau modeste. *Ziska, la danseuse espionne*, qui est l'histoire de Mata-Hari sous un autre nom, est considéré comme un film décadent, et la protagoniste Blanche Derval comme complètement inadéquate au rôle qui lui a été assigné. *Mimi Trottin* est un peu meilleur, tiré d'un roman de Maurice Nadaud, mais ici il y a la belle Louise Lagrange dans le rôle principal. Une Espagne maniérée sert de toile de fond à la brutalité des gitans qui agitent l'histoire de *Flamenca la gitane*. Avant son dernier film, *la Pente*, nous trouvons Andréani au sein de l'armada de collaborateurs de Gance pour *Napoléon*. Après quoi, on n'entend plus parler de ce pionnier. Il meurt dans la misère la plus noire en 1936, complètement oublié.

V.M.

Filmographie ♦ *Mimi Trottin* (1922); *Ziska la danseuse espionne* (id.); *L'Autre Aile* (1923); *Flamenca la gitane* (1926); *La Pente* (1928).

ANTOINE André (1858-1943)
Arrivé à Paris vers 1866, il est contraint d'abandonner ses études pour des raisons économiques. Attiré par le théâtre, il tente sans succès d'entrer au Conservatoire.

Employé à la Société du Gaz, il fait partie de la compagnie d'amateurs du Cercle Gaulois. C'est dans ce cadre qu'il crée, en 1887, le Théâtre Libre, « libre » parce que, les séances étant par abonnement, il n'est pas soumis à la rigidité de la censure théâtrale. La compagnie renouvelle le répertoire, repousse le vedettariat, recherche une nouvelle dramaturgie, et prône l'imitation de la réalité, tant dans le jeu des acteurs que dans la mise en scène. Comme Émile Zola, le jeune Antoine se rattache à l'école naturaliste. Un an après sa fondation, le Théâtre Libre met en scène *Cavalleria rusticana*, du vériste italien Giovanni Verga, puis *les Bouchers*, de Fernand Icres, un naturaliste français mort prématurément. À cette occasion Antoine introduit dans le décor de véritables quartiers de bœuf, selon les principes édictés dans *le Naturalisme au théâtre* (1881) et visant au respect des moindres détails de la réalité. Ces morceaux de viande écœurants font scandale, mais s'en tenir à cette anecdote ne rend pas compte de l'importance de la révolution théâtrale qui s'annonce. À partir du naturalisme de Zola, Antoine engage le Théâtre Libre sur le chemin d'un « théâtre de mise en scène » qui marquera le théâtre du XXe siècle au niveau international: en Italie comme aux États-Unis, à Berlin (où on fonde la Freie Bühne) comme à Londres (l'Independent Theatre) ou Moscou (le Théâtre d'Art, créé en 1898 par Stanislavski). Antoine propose des auteurs dramatiques étrangers inédits en France (Ibsen, Tourguéniev, Strindberg, Tolstoï, Verga) et obtient les nouveaux textes des auteurs les plus réputés de la littérature française (les Goncourt, Daudet, Zola lui-même).

Le succès économique n'allant pas de pair avec le succès culturel, Antoine quitta la direction de son Théâtre Libre pour être nommé d'abord directeur (avec Ginisty) de l'Odéon, et pour reprendre ensuite sa liberté d'initiative en ouvrant le Théâtre Antoine (1897-1906), avant d'assumer, seul cette fois, la direction de l'Odéon.

C'est en 1914 – après avoir démissionné, et après un bref séjour en Turquie – qu'il se consacre au cinéma. Avant son départ pour la Turquie, Antoine avait déjà pris part à Vincennes à la réalisation de quelques scènes de *Quatre-vingt-treize*, le film qu'il signera avec Albert Capellani en 1921.

Il s'agit d'une importante production de la SCAGL (Société Cinématographique des Auteurs et Gens de Lettres), une société liée à Pathé et dirigée par deux auteurs amis d'Antoine: Pierre Decourcelles et Eugène Gugenheim. C'est la SCAGL qui produira presque tous les films d'Antoine, sous la direction artistique d'Albert Capellani, qui, à son tour, paraît subir l'influence du Théâtre Libre d'Antoine, ainsi qu'on peut le remarquer dans *les Misérables* (1912). Les principaux réalisateurs et acteurs de la SCAGL participent aux films d'Antoine: Georges Denola et Henri Desfontaines en tant que collaborateurs, A. Numès et Henry Krauss en tant qu'interprètes ; et même les films réalisés par Krauss sont marqués par les théories d'Antoine (*le Chemineau*, 1915).

Au théâtre comme au cinéma, il est un formidable découvreur de talent : c'est avec lui qu'ont fait leurs débuts Julien Duvivier et Maurice Tourneur. Plus que les films qu'il a réalisés, ce sont peut-être ses théories qui ont marqué les réalisateurs de la SCAGL et le cinéma réaliste à venir (Stroheim, Renoir, le « réalisme poétique » français, le néoréalisme italien) : sortir des studios, tourner en plein air ; et pour les intérieurs, rétablir le « quatrième mur » (jouer de dos, s'il le faut) ; « c'est le cadre qui doit déterminer les personnages » selon Zola, et les personnages doivent être authentiques et de condition modeste ; avoir recours à des comédiens non professionnels ; en outre, pour les décors, pas de toiles peintes, que de vrais accessoires. Le cinéma n'est pas du théâtre filmé, parce que le théâtre d'Antoine avait déjà effacé les conventions artificielles de la scène.

Le corpus de ses œuvres est également constitué par ses interventions dans les revues de cinéma (1919-1921) et une célèbre interview dont la parution dans la *Revue Hebdomadaire* (1923) déclencha plusieurs polémiques.

À deux exceptions près : *les Frères corses* (coll. Komyta de Tokyo) et *Israel*, dont la copie est incomplète (Cineteca Nazionale de Rome), les films d'Antoine sont accessibles grâce au travail de reconstruction et de remise en valeur de Philippe Esnault. **M.C.**

Filmographie ◆ *Les Frères corses* (1915-1917) ; *Le Coupable* (1917) ; *Quatre-vingt-treize* (co. A. Capellani, 1914-1921) ; *Les Travailleurs de la mer* (1917) ; *Israel* (1918) ; *Mademoiselle de la Seiglière* (1919-1920) ; *L'Hirondelle et la Mésange* (1920, film jamais diffusé ; reconstitué en 1984 par Henri Colpi) ; *La Terre* (1921) ; *L'Arlésienne* (1922).

ARTS DÉCORATIFS

On peut envisager la place des Arts décoratifs ou de « l'Art Déco » dans le cinéma français des années vingt sous plusieurs aspects. D'une part les liens effectifs qui existent entre le courant moderniste des artistes décorateurs et le cinéma : d'un côté les décors, meubles, costumes qui apparaissent dans les films et sont signés Ruhlmann, Suë et Mare, Lepape, Mallet-Stevens, Poiret quand les décorateurs de cinéma ne s'en inspirent pas ou n'en créent pas eux-mêmes (Meerson, Bilinsky, Donatien) ; de l'autre côté la place reconnue au cinéma au sein des arts décoratifs par le biais des expositions au Musée Galliera, au Salon d'automne, grâce à l'action de Canudo et Moussinac et à l'accueil de Frantz Jourdain et Henri Clouzot notamment.

Ces deux aspects reposent en premier lieu – au sein du film – sur le décor et les costumes des films ainsi que sur un élément parafilmique, l'affiche de cinéma.

L'ensemble, d'autre part, participe d'une nébuleuse qui imprègne la thématique de films, inspire parfois leurs récits, caractérise en tout cas leur atmosphère et qui ressortit également de « l'esprit moderne », et qu'on peut appeler « le style Art Déco » (Michel Collomb).

Avant la fin de la guerre dans ses éditoriaux du *Film* qu'il reprend en volume en 1919, Henri Diamant-Berger – bientôt suivi de Delluc et Moussinac – attire l'attention sur le décor matériel du film. D'une part il fait appel – ou préconise de faire appel – aux artistes décorateurs, ensembliers, couturiers, etc. du moment pour qu'ils se chargent de ce secteur du film voué la plupart du temps au mauvais goût, d'autre part il met en avant l'intérêt que ces praticiens et ceux qui commercialisent leurs créations pourraient trouver au cinéma en raison de la valeur d'exposition du film. Le cinéma « vitrine » des arts décoratifs, telle est l'une de ses propositions.

Riciotto Canudo est, lui, le promoteur d'une entreprise plus ambitieuse encore : faire entrer le cinéma sous les espèces de ses images – fixes ou en mouvement – mais aussi des maquettes de décors et de costumes, des affiches, dans le musée. Cette dernière proposition s'inscrit évidemment dans la perspective de la reconnaissance du cinéma comme cinquième, sixième ou septième art. Sa singularité est de viser à une intégration dans des institutions artistiques reconnues susceptibles de hâter ou d'accomplir la légitimation culturelle et sociale du cinéma.

On a donc un double enjeu noué autour de la question de l'exposition : le cinéma expose les arts décoratifs, les Arts décoratifs exposent le cinéma.

Léon Moussinac – qui, comme critique, s'attache aux mêmes exigences que Diamant-Berger et Delluc s'agissant de l'environnement matériel du film – sera le plus actif dans ce domaine dans le cadre du Club des Amis du Septième Art (CASA) qui voit le jour en avril 1921. Il est associé à cette entrée du cinéma au Salon d'automne de 1921-1923, au Musée Galliera en 1924, à l'Exposition des Arts décoratifs en 1925.

Le Salon d'automne, créé au début du siècle par l'architecte Frantz Jourdain, expose les arts appliqués ou décoratifs et non seulement la peinture de chevalet et la sculpture comme le Salon des indépendants. Jourdain accueille donc volontiers le cinéma quand Canudo le sollicite en ce sens. Il l'accueille même « en triomphateur », écrit-il dans *Comœdia*. Dans un article il reprend l'argumentation selon laquelle ce qu'on voit dans les films en matière d'objets, de bibelots, de meubles est « dénué de goût, de valeur, d'esprit, d'imagination… C'est à hurler ! Le comité du Salon d'automne a pensé qu'il fallait violemment réagir… » La dimension « pédagogique » de cette démarche (éduquer le goût du public) n'est pas oubliée, au contraire !

L'année suivante, c'est au musée Galliera qu'a lieu l'exposition « L'Art dans le cinéma français ». Le directeur du musée, Henri Clouzot, s'est adressé, pour ce faire, à Mallet-Stevens et Moussinac.

Enfin, une année plus tard, le cinéma dispose d'une section à l'Exposition internationale des Arts décoratifs où est reconstitué un studio avec son décor et des maquettes.

Ces trois manifestations posent une intéressante question : que peut-on appeler « exposition de cinéma » ? C'est, pour partie, la projection d'une sélection de films, d'une sélection thématique de plusieurs extraits, c'est aussi l'accrochage de dessins préparatoires, esquisses ou objets même figurant dans les films (costumes). Au cours de la décennie les expositions – plus modestes que celles-là – se multiplieront selon les circonstances. Le décorateur et affichiste Boris Bilinsky, médaille d'or à l'Exposition des Arts décoratifs, expose ses maquettes de douze films (ainsi que les projets de *1975* de Mosjoukine) à la Galerie de France en 1930. Lors de certaines présentations de films d'avant-garde, celles d'*Un chien andalou* et de *l'Âge d'or* au Studio 28 notamment, on accroche dans le hall du cinéma des documents liés au film, des tableaux, des revues. Enfin dans bien des cas, les films d'avant-garde ont été montrés dans des circonstances qui diffèrent de la projection standard dans une salle commerciale : dans un théâtre, au cours d'une soirée de ballet (*Entr'acte*), d'une manifestation comme « le Cœur à barbe » (*le Retour à la raison*), de spectacles de lumières (*Fait divers*), sans compter les fameuses séances d'extraits commentés lors de conférences au Vieux-Colombier, les montages de fragments *ad hoc* de *la Roue* ou de *Cœur fidèle*, les « montages d'expressions » d'un acteur ou d'une actrice, etc. Ces différentes modalités d'exposition du film ont toutes en commun de l'appréhender en tant que fragment, catégorie explicitement énoncée par Man Ray dans sa présentation d'*Emak Bakia* pour la revue *Close Up*.

Le décor

Pour commencer la question du décor se pose dans son principe, celui de sa facticité par rapport à la réalité. Lionel Landry s'indigne qu'au nom des *Nibelungen* et de *l'Inhumaine* il faille « systématiquement renoncer à toutes les ressources qu'offre la nature » au motif que l'« art » exige « interprétation et transposition ». À l'opposé Juan Arroy voit dans la « stylisation » une étape décisive dans l'évolution du décor : « Maurice Tourneur, ayant étudié les principes de la *stylisation* théâtrale préconisée par Gordon Craig, Edgar Jones et Joseph Urban (en Amérique) et Max Reinhardt (en Allemagne) imagina de *styliser* les décors de cinéma, c'est-à-dire de leur donner un *sens* artistique, celui que la psychologie des personnages et de l'action exige. » Et de définir la stylisation comme soumission de l'œuvre à la « volonté créatrice de l'auteur » et comme technique « rhétorique » permettant à l'imagination du spectateur de « compléter mentalement ce que l'écran ne fait que lui suggérer ». Il s'agit par conséquent de ne représenter « que les grandes lignes, les lignes directrices. *Amplifier l'essentiel, supprimer le secondaire...* »

Colette, en 1917, devant *Mater Dolorosa* de Gance, saluait « un emploi neuf de la "nature morte", de l'accessoire émouvant... Nous y arriverons au décor significatif, au meuble plein d'arrière-pensées... Une chaise vide au fond d'un jardin, une rose abandonnée sur une table déserte, en faut-il plus au grand peintre Le Sidaner pour nous retenir, rêveurs, devant une petite table ? »

En dehors de ces dimensions « ontologique » et « sémiologique », la question du décor rencontre celle du studio, du « théâtre de prises de vue » et des questions techniques et financières qui lui sont liées. En Amérique des moyens colossaux permettent de reconstituer *Notre Dame de Paris* ou *Monte Carlo*, de pouvoir l'éclairer à loisir, ne pas dépendre du temps qu'il fait et autres aléas du tournage en extérieur. Robert Florey depuis Hollywood évoque ses souvenirs de tournage à Nice avec Louis Feuillade, Champreux, Sandra Milovanoff et l'attente angoissée du soleil... « Quand je pense à tout le temps que Louis Feuillade a perdu depuis qu'il tourne à cause de cette absence de lumière ! Ce n'est pas vingt ciné-romans qu'il eût fait avec l'installation américaine, ce serait cent... »

Il y a d'autre part l'aspect technique du décor. En passant de la toile peinte ou des objets et meubles en semi-relief qui abondent dans le cinéma des années dix, se pose la question de la reconstitution d'un lieu et d'un milieu en volume. Quenu, chef technique des ateliers de décoration de Pathé-Consortium-Cinéma à Joinville, expose « l'esprit et la technique » du décor en insistant sur le choix des matériaux et sur les techniques de travail, induisant une certaine esthétique « naturelle » fondée sur la vraisemblance. Max Frantel parle de la construction, Juan Arroy consacre plusieurs articles au décor ou aux décorateurs sous cet angle (rôle de la lumière, processus de travail du dessin à la maquette, de celle-ci à la construction).

Enfin, il y a la dimension esthétique, le choix des objets disposés pour meubler un espace, la conception d'ensemble du décor.

« Le décor est un élément du drame aussi important que la lumière, le mouvement et l'expression individuelle... », commente Moussinac qui voit là le lien avec l'art décoratif contemporain, avec des architectes d'intérieur qui militent pour une rénovation du goût sur les bases d'un modernisme « tempéré » et perpétuent l'innovation viennoise en la matière – rupture avec l'Art nouveau et ses surcharges, ses volutes et ses arabesques, emprunts à un cubisme devenu style : « Un Mare, un Suë, un Ruhlmann un Nathan, un Follot, un Francis Jourdain un Groult un Pierre Chareau seraient certainement très heureux de collaborer avec certains de nos metteurs en scène ».

Mais l'intervention du décorateur, dès lors qu'elle relève d'un projet plastique défini, peut-elle s'autonomiser et valoir pour elle-même ?

Ce débat va se cristalliser un temps sur le cas exemplaire du *Cabinet du Dr Caligari* : pour Canudo « [...] il n'y a guère qu'en Allemagne qu'on fasse appel à des peintres capables de donner aux décors de chaque genre de film une construction spécifique appropriée à l'effet que le film cherche à produire... Heureusement que le décorateur chez nous commence à se spécialiser et à apprendre les éléments de la construction "photogénique". Dans *l'Atlantide*, un peintre, Orazi est parti en Afrique avec J. Feyder... Parmi les meilleures maquettes expérimentées dernièrement dans un ordre plus intime, il faut citer celles de Mallet-Stevens pour *le Secret de Rosette Lambert* de R. Bernard, celle de Mare pour *le Carnaval des Vérités* de L'Herbier et de Lepape pour la *Villa Destin* du même ».

En revanche pour Moussinac, « il y a, dans le film allemand, des parties qui ne sont pas du cinéma, mais du théâtre et de la peinture : du théâtre quand, le jeu des lumières étant insuffisant, on a l'impression de se promener avec les acteurs parmi des murs de toile et des cadres de carton ; de la peinture quand il nous apparaît une petite ville exactement *peinte* sur un fond, ni mieux ni plus mal que dans un tableau de chevalet, mais avec le charme des couleurs en moins. Au contraire, chaque fois que la lumière baigne le décor et lui prête si bien ses valeurs que ce décor semble vivre, nous participons pleinement à l'émotion et à la beauté de l'image ».

Il s'agit pourtant de sortir de ce dilemme qui revient à apprécier la qualité des objets et décorations « exposés » sans suffisamment considérer la conception d'ensemble des espaces filmés, leur construction. C'est en passant du paradigme pictural, qui inspire plus ou moins toute l'approche du décor jusque là, au paradigme architectural qu'on y parviendra. Aragon dans *la Révolution surréaliste* de 1925 stigmatise le décoratif (« bientôt... on ne peindra plus que pour *aller* avec un ameublement... »), tandis que Buñuel écrit : « l'architecte à tout jamais remplacera le décorateur » (1927). Après les décorateurs issus des Arts décoratifs et du Conservatoire national des art et métiers – comme Robert-Jules Garnier et Donatien – ou les Russes de Montreuil plus ou moins issus de la tradition du « Monde de l'art » – comme Ivan Lochakoff puis Gosch, Schildknecht – qui introduisent la modernité dans le décor du film, après les interventions ponctuelles d'artistes ou d'artisans qui « accrochent » avec goût leurs œuvres aux cimaises du film (les Delaunay, Chareau), ce sont de nouveaux venus qui occupent une place croissante dans le cinéma français: après Mallet-Stevens qui demeure pour partie lié à la première période, Boris Bilinsky, Pierre Kéfer, Alberto Cavalcanti, Lazare Meerson.

L'affiche
Comme le décor, l'affiche de cinéma donne lieu en cette décennie à des débats et des controverses quant à sa qualité artistique. Et là aussi le mouvement d'intérêt pour le film, dont le CASA fut l'un des pôles principaux, ainsi que l'événement de l'Exposition des Arts Décoratifs de 1925 jouent un rôle de catalyseur.

Moussinac, qu'on a déjà vu prendre la plume pour réclamer l'avènement d'un décor moderne, est l'un des premiers à attirer l'attention sur l'affiche et à mettre en lumière la contradiction qu'il peut y avoir entre la qualité et les ambitions artistiques des films d'un L'Herbier, d'une Dulac, d'un Delluc ou d'un Le Somptier et la vulgarité des affiches censées inciter le public à aller voir ces films. Leur mauvais goût, écrit-il, détourne les passants.

La solution la plus courante consiste à prendre une photo quelconque parmi les scènes de violence ou de meurtre, de l'agrandir, de la déformer et de la colorier. Or, s'indigne-t-il, l'affiche commerciale est par ailleurs « parvenue à la plus vive perfection ». Il cite l'exemple de Cappiello et l'usage devenu courant, non seulement au théâtre mais dans le commerce et l'industrie, de recourir à une publicité qui soit le fait d'artistes.

Leonetto Cappiello, italien de Livourne venu à Paris en 1898, avait commencé dans la caricature comme nombre des dessinateurs d'affiches, mais son style se distingua rapidement de celui de ses collègues par ses qualités de mise en page et surtout sa recherche de lisibilité obtenue par le contraste entre la figure et le fond. Pour lui, le personnage ou l'objet doit être traité comme une *tache*. Les couleurs être les plus frappantes tout en demeurant secondaires par rapport à la composition globale qui doit offrir une « ligne » faisant de l'ensemble un idéogramme.

Cette recherche de l'efficacité et de la lisibilité opéra un changement capital dans l'affiche et donna rapidement lieu à des recherches dans des instituts de psychologie aux États-Unis et en France. À Paris, l'Institut économique de l'École Sainte-Geneviève crée une chaire de publicité et une thèse s'y soutient en 1912.

Après la guerre, la mode (Paul Poiret) et les spectacles (les Ballets russes de Diaghilev) voient arriver des peintres ou des décorateurs comme Bakst, Picasso, Derain, Gontcharova mais surtout des affichistes professionnels qui se réclament de Cappiello tout en s'inscrivant dans la postérité du cubisme, du purisme et d'un constructivisme tempéré et qui évincent radicalement les arabesques de l'Art nouveau de Chéret, Mucha et autres. Ce sont Carlu, Colin, Cassandre et Loupot qui infléchissent les règles de composition du côté de la géométrie, en particulier quand ils auront à traiter des sujets modernes comme les transports et les moyens de communication: automobile, paquebot, train, avion, journal, radio. Ils vont exalter les catégories modernes de la vitesse, le rythme, la fonction. Quand Cassandre crée un caractère typographique (Bifur), il en parle comme d'un « moteur à explosion pour remplir une fonction déterminée – non pour orner ».

Comme dans le cas de la décoration, le changement de paradigme est capital: à la peinture succède l'architecture – que certains ont étudiée sinon pratiquée (comme Coulon et Carlu) et, qu'en tout cas, tous intériorisent en adoptant ce concept de construction et en situant délibérément leurs productions graphiques dans le milieu urbain sur le mode de la confrontation ou de la mise en scène (ce dernier terme est appliqué par Blaise Cendrars à Cassandre). Rejoignant architectes, décorateurs, ensembliers, ces graphistes entreront à l'U.A.M. (Union des Artistes Modernes) à sa création.

Cependant, si l'on excepte un article de 1927 de Boris Bilinsky – lui-même l'un des principaux dessinateurs d'affiches, cette préoccupation demeure largement minoritaire dans le milieu du cinéma.

Dans les années vingt, chaque grande maison d'édition a ses dessinateurs attitrés généralement recrutés dans le milieu des caricaturistes ou des illustrateurs comme il était de tradition en France (depuis Willette, Forain ou Barrère), qui exécutent sur commande d'après photographie ou après vision du film deux ou trois affiches par titre dans deux dimensions principales (120x160 et 160x240). En 1924, ce sont Armand Rapeño (Aubert), Vaillant (Gaumont), Vila (Grandes Productions Cinématographiques), Barrère, Mariani et Gus Bofa (Pathé-Consortium), Poulbot (Paramount). On peut aussi signaler Donatien (par ailleurs metteur en scène et décorateur), Orazi (également décorateur) et Villefroy. Chez Albatros, Kamenka confie ce travail à Boris Bilinsky, décorateur et dessinateur de costumes, Jean-Adrien Mercier (diplômé des Arts décoratifs de Paris en 1923), Alain Cuny (qui sort des Beaux Arts) ou à Pierre Chenal.

Dans le paysage général de l'affiche française de cinéma celles d'Albatros se distinguent; souvent trois affiches sont réalisées par trois artistes différents qui rivalisent d'invention graphique et d'audace colorée. Il existe par exemple une affiche pour *les Aventures de Robert Macaire* signée Bilinsky, une signée Mercier et une troisième Cuny; pour *Carmen* également, pour *la Proie du vent* par Mercier et Bilinsky, etc.

Dans un article de 1927, Bilinsky définit avec concision sa conception de l'affiche « moderne ». Il part pour cela de la « rue » comme spectacle, « grande exposition de tableaux; les tableaux ce sont les affiches. En autobus, tramway ou taxi vous parcourez les rues – salon d'exposition! Les couleurs hurlent, les dimensions frappent ». De cette situation, il tire un certain nombre d'exigences pour l'art graphique : celui de produire *un maximum d'effet en un minimum de temps* et pour cela se fonder sur une unité de base, *la tache de couleur*. Celle-ci doit sauter aux yeux, créer un effet durable (« être à longue portée ») et ressortir à une composition efficace (« simplification des contours, concentration du dessin – son schéma seulement ») comportant un minimum de mots.

Cette référence à la « psychologie expérimentale » dans un texte très fidèle aux principes de Cappiello (la tache) et en connivence avec Carlu (*Monsavon*), provient manifestement des réflexions gestaltistes alors en vigueur dans certains cercles artistiques allemands (notamment au Bauhaus) et dans *l'Esprit nouveau* de Le Corbusier et Ozenfant.

Par ailleurs, participant aux activités du Cercle artistique russe avec Bilibine, Simon Lissim, Alexandra Exter et Lochakoff (entre autres), et aux réunions des peintres russes à l'Institut russe de l'industrie artistique, Bilinsky a travaillé à des films attachés au « mouvement des formes et des couleurs abstraites dans le rythme pur » cherchant à « écraniser » la musique. Dans un texte de 1925, il adopte une position très offensive sur la place de l'artiste-peintre au cinéma proposant de passer du modèle pictural au modèle musical pour aborder l'image : appel à l'avènement d'un nouveau peintre des rythmes qui supplante le metteur en scène « bellelettriste » et théâtral, recherche du côté du dessin animé et des poupées, champ d'action du « peintre-rythmographe ». Cette déclaration fait écho aux préoccupations de l'avant-garde cinématographique « abstraite » de Ruttmann à Richter et Eggeling et à Malévitch en Russie, Léger en France – dont il reprend la formule « l'erreur, c'est le scénario ». **Fr.A.**

AUBERT Louis (1878-?)

Félix de son véritable prénom, Louis Aubert est véritablement l'homme heureux du cinéma français des années vingt. Avec Jean Sapène et Bernard Natan, il fait partie des hommes nouveaux qui, au sortir de la guerre, assurent la relève d'une industrie cinématographique française marquée par un net ralentissement d'activité et par le retrait progressif des deux géants d'avant-guerre, Pathé et Gaumont. Nettement plus influent que Natan, mais beaucoup plus discret que Sapène, Aubert occupe une place à part dans le paysage cinématographique français des années vingt, qu'il doit à l'originalité de son parcours, de la distribution à la production.

Né en 1878, il a à peine trente ans lorsqu'il prend la direction d'une maison parisienne de distribution, en 1908, au moment où, sous l'impulsion de Pathé, la vente des films est remplacée par leur location et où émerge un secteur indépendant de la distribution. En 1911, il fonde les Établissements Louis Aubert qui, malgré la diversification du groupe au cours des années vingt, resteront le fer de lance de sa politique industrielle. Aubert est l'un des principaux distributeurs français des années dix et vingt. Ses programmes présentent les films des plus grandes sociétés italiennes, danoises, et même allemandes et américaines, avant que celles-ci ne choisissent d'implanter directement des agences en France.

Dès 1910, cependant, Aubert comprend la nécessité, pour développer son entreprise de distribution, de contrôler un réseau d'exploitation. Il commence par acquérir un cinéma de la rue de Charonne, à Paris ; c'est le point de départ de ce qui constituera dans les années vingt un des principaux circuits de salles français, bâti grâce à une politique d'acquisition audacieuse à une époque où l'exploitation est un secteur fragile. C'est ainsi qu'entre 1925 et 1928, il rachète à Serge Sandberg la plupart de ses grandes salles parisiennes, ce qui lui permet de constituer l'Omnium Aubert, une filiale spécialisée dans l'exploitation. À la fin de la décennie, ce circuit, réparti entre sept sociétés, est constitué de vingt salles, totalisant près de 28 000 places. Il s'agit essentiellement de très grandes salles (quinze d'entre elles ont plus de 1 000 places) parisiennes, mais le circuit Aubert est également présent à Lyon, Marseille et Bruxelles. Elles font partie des établissements les plus fréquentés dans les années vingt, avec un taux de remplissage d'environ 80 % en 1927 et un chiffre d'affaires global de 30 millions de francs, pour un capital de 10 millions. Aubert ajoute en outre à cette activité d'exploitant celle de fabricant de matériel de projection et de tirage. Le projecteur « N. M. Aubert », présenté en 1928, est ainsi salué par la presse spécialisée comme un des meilleurs d'Europe, et notamment l'un des plus silencieux.

Les recettes de ses activités de distribution et d'exploitation permettent rapidement à Aubert d'investir dans le secteur de la production. Il le fait cependant avec parcimonie, cette branche d'activité étant, de loin, la moins rentable. Sa formule de prédilection est celle de la co-production avec des réalisateurs-producteurs indépendants, comme Pierre Marodon (*la Chambre du souvenir*, 1920, et *Salammbô*, 1924), André Hugon (*la Princesse aux clowns*, 1925) ou Donatien (*Mon curé chez les riches* et *Mon curé chez les pauvres*, 1925, et *Simone*, 1926), auxquels il sert aussi de distributeur. De la fabrication de matériel à l'exploitation, Aubert est donc présent à tous les maillons de la chaîne. Celui de la production est cependant son point faible, qui l'empêche de rivaliser avec la société des Cinéromans de Jean Sapène. Aubert, en effet, ne possède pas de studio, et ne peut donc pas entreprendre une politique rationalisée et programmée de production de films. La croissance économique de son groupe lui donne les moyens, à partir de 1927-1928, d'envisager son extension.

Entre temps, il a acquis une place stratégique au sein de la corporation.

Vice-président de la Chambre syndicale française de la cinématographie dès 1910, il en devient président en 1926, après la tentative manquée de Jean Sapène pour mettre la main sur ce puissant organisme corporatif. C'est donc sous son mandat, et en partie grâce à ses talents de diplomate, que s'effectuent le rapprochement avec les pouvoirs publics et l'élaboration, en 1927-1928, de la nouvelle législation du contrôle des films et des projets de contingentement. Il gagne ainsi la confiance de l'administration publique et devient même, en 1926, conseiller du commerce extérieur auprès du ministre du Commerce et de l'Industrie. C'est pourtant à la fin de 1928, au moment où il s'apprête à présenter glorieusement le premier film français en partie sonorisé (*l'Eau du Nil*, de Marcel Vandal) et la superproduction nationale de l'année (*la Merveilleuse vie de Jeanne d'Arc*, de Marco de Gastyne), qu'il se démet de ses fonctions à la tête de la Chambre syndicale, au profit du producteur Charles Delac. Cette démission s'explique par ses choix industriels, qui prennent à la fin des années vingt une ampleur particulière.

Dès la fin de 1928, en effet, Aubert prépare la fusion de son groupe avec la Franco-Film de Robert Hurel, société de production et de distribution en pleine ascension. La Franco-Film, propriétaire des vastes studios de la Victorine, à Nice, vient ainsi de passer un accord avec Gaumont pour l'exploitation de ses salles, et d'acquérir en outre la Société Cinématographique Monopole, propriétaire d'une dizaine de salles à Lyon et dans les grandes villes du Midi. Elle a aussi passé des accords de distribution importants avec des firmes américaines, allemandes et britanniques. De son côté, courant 1929, Aubert réunit toutes ses sociétés d'exploitation dans une seule firme, l'Omnium Aubert, et porte le capital de son groupe de 10 à 25 millions de francs, avant de fusionner avec cet allié de choix en octobre. Le groupe ainsi formé, Aubert-Franco-Film, dispose ainsi d'un des meilleurs réseaux de distribution, d'un parc de 51 salles à Paris et en province, et de studios susceptibles de servir de base à une politique de production systématique. La concentration verticale est réalisée, et on assiste aux premiers pas d'une *major* française constituée sur le modèle hollywoodien.

C'est dans les mois qui suivent la constitution d'Aubert-Franco-Film que la machine s'emballe, avec l'accélération des négociations entre le nouveau groupe et la société Gaumont, qui aboutiront, en juin 1930, à la création du supergroupe Gaumont-Franco-Film-Aubert (GFFA). C'est aussi ce moment que choisit Aubert pour quitter la direction de son groupe. Désormais englobé dans un processus qu'il ne maîtrise plus, il s'écarte définitivement de l'activité cinématographique. Ses pas le mènent alors vers une carrière politique modestement entamée, dans les années dix, comme conseiller municipal de Talmont, en Vendée, dont il deviendra député dans les années trente.

Sa trajectoire originale et son ascension constante durant les années vingt font de Louis Aubert un capitaine d'industrie hors du commun. Son départ subit, en 1929, contribue à l'identifier davantage encore à cette *décennie des possibles.* **D.V.**

AUTANT-LARA Claude (1901-2000)

Durant les années vingt, Claude Autant-Lara débute en des lieux et sous des formes quelque peu étonnants si l'on songe à ce que sera sa prolifique carrière de cinéaste à partir des années trente et surtout quarante à soixante-dix, du côté de la critique sociale. Autant-Lara est en effet avant tout décorateur et dessinateur de costumes, assistant-réalisateur et auteur de deux films et d'un documentaire dont un seul subsiste.

La participation d'Autant-Lara aux décors et aux costumes de films signés Marcel L'Herbier (*Rose France, le Carnaval des vérités, Villa Destin, Don Juan et Faust, l'Inhumaine, le Diable au cœur*), Jaque-Catelain (*Marchand de plaisirs)*, Jean Renoir (*Nana*), Malikoff (*Paname*), sa collaboration avec René Clair sur *Paris qui dort* et *le Voyage imaginaire* sont loin d'être négligeables.

Formé à l'école des Arts décoratifs puis des Beaux-Arts – où il rencontre Carette –, Autant-Lara est d'abord influencé et instruit par le milieu du théâtre-laboratoire « Art et Action » qu'animent ses parents, la comédienne Louise Lara, sociétaire de la Comédie-Française (dont elle démissionne en 1920) et l'architecte Édouard Autant. Claude, dont le style s'apparente au cubisme et au modernisme alors en vogue, dessine les affiches-programmes, crée des maquettes de décors et conçoit le projet d'une revue, *Le Bon Européen,* en utilisant les relations de ses parents auprès du monde artistique: Cocteau, Bakst, Cendrars, Satie, Stravinski, Larionov, Kisling, etc.

Il est ainsi conduit à rencontrer Marcel L'Herbier dont « Art et Action » avait monté la tragédie « en pourpre et en or », *l'Enfantement du mort*, en 1919. La société de production de L'Herbier, Cinégraphic, est le deuxième lieu d'apprentissage du jeune homme. Il y rencontre Rob Mallet-Stevens, Alberto Cavalcanti et Fernand Léger. À 23 ans, il y réalise son premier film, *Fait divers* (1924) qui appartient à la mouvance « avant-gardiste » voire au cinéma expérimental. L'auteur se fait fort de narrer une histoire de trio amoureux, un adultère, l'expression de la jalousie et le désir de meurtre sans le secours des titres, par la seule combinaison des images, leurs associations, le montage, les truquages, surimpressions, ralenti, accéléré, etc. Si le manifeste du cinéma futuriste de 1916 envisageait l'hypothèse d'un film où ne joueraient que des gros-plans de mains et de pieds, Autant-Lara réalise ce programme à l'ouverture de son film: des mains gantées, des gestes lents ou prestes suffisent à signifier la rencontre amoureuse, la demande en mariage, l'effusion. Ce laconisme, ces images ayant presque valeur de hiéroglyphes, enchantèrent Antonin Artaud, interprète du film, qui le mettait au-dessus des œuvres d'Epstein car, disait-il, on n'y trouve ni « fait », ni « anecdotes » mais une « émotion d'images » « d'une rigueur absolue ». À l'inverse Robert Desnos, défenseur des intertitres, le jugea raté.

Le film pour autant ne se borne pas aux seules ressources des procédés optiques ou figuraux (métonymie, métaphore, *pars pro toto*), il s'appuie aussi sur le jeu de trois acteurs d'importance : outre Antonin Artaud déjà cité, Madame Louise Lara, la mère du cinéaste et Pierre Barthet, trois corps, trois visages, trois types de jeu très caractérisés dont la caméra capte la photogénie autant qu'elle construit la représentation sur la base de conventions, de codes. Lors d'un épisode dans un dancing, le décorateur Autant-Lara donne sa mesure en une scène à la perspective accusée, graphique et à la décoration Arts Déco affichée dont se souviendra bien plus tard Jean-Christophe Averty. C'est Arthur Honegger qui écrit la partition musicale de ce film que le réalisateur retravailla à l'aide des ondes Martenot. Si la sortie du film aux Ursulines s'avéra incompatible avec ce type d'expérience elle fut, semble-t-il, tentée lors des « séances de lumière » d'Art et Action où des projections et compositions lumineuses de Man Ray et des projections colorées d'André Girard alternaient avec des documentaires, du théâtre et *Fait divers*.

Du deuxième film d'Autant-Lara, *Vittel* (1926), documentaire dont il ne souffle mot ni ses biographes et commentateurs, on ne sait rien. Par contre le troisième, *Construire un feu* (1927-1928), occupe une place considérable presque mythique. Avec ce film en effet, Autant-Lara expérimentait une invention technique due au Professeur Chrétien, l'hypergonar. Ce procédé d'anamorphose de l'image par un objectif – dont le CinémaScope reprendra le principe dans les années cinquante – permettait d'une part d'élargir l'image au double à la projection après l'avoir réduite à la prise de vue et d'autre part de pouvoir disposer sur la pellicule non plus une seule mais trois images, de faire de la sorte éclater l'espace de la représentation. Gance avait abordé le problème en recourant à trois écrans et trois projecteurs. Lara expérimentait une solution d'un autre ordre en ne recourant qu'à une seule pellicule démultipliée. Le film adaptait une nouvelle de Jack London contant la marche vers la mort d'un chercheur d'or du Grand Nord surpris par le froid et opposant à son destin une détermination finalement vaine. Malheureusement le film, dont quelques projections privées rencontrèrent l'admiration de plusieurs, eut une carrière avortée et se vit éclipsé par l'arrivée des films parlants. Le négatif fut détruit par le laboratoire.

Le réalisateur, endetté et incompris fut manifestement très affecté par cet enchaînement fatal d'accidents et de déconvenues. Il s'exila aux États-Unis où il tourna des versions françaises de films comiques – dont deux Keaton – avant de revenir en France reprendre difficilement une carrière interrompue qui ne prit son essor que durant l'Occupation et après la guerre dans une direction très différente de ses débuts. **R.N.**

Filmographie ◆ *Fait divers* (1923); *Vittel* (1926); *Construire un feu* (1927-1928).

AVANT-GARDE(S)

Rien n'est plus malaisé que de donner une définition admissible par tous du cinéma « d'avant-garde » français au cours des années vingt ou mieux de ce qu'on appelle parfois simplement « l'Avant-garde ». La notion connaît plusieurs acceptions qu'il serait imprudent de prétendre réunir car elles s'excluent le plus souvent. Pourtant le terme connaît dans la période considérée un usage ou des usages et cela suffit à admettre la pertinence de son emploi. On distinguera par conséquent la définition que peut tenter de donner l'historien *a posteriori*, afin de permettre la saisie du phénomène, et l'autodéfinition des protagonistes dans le moment même.

Écartons pour commencer une assimilation fréquente et trompeuse, celle qui confond « modernité » et « avant-garde », voire « nouveauté » ou « expérimentation » et « avant-garde ». Ce dernier terme comporte en effet un certain nombre de traits qui lui sont propres et qui définissent un type d'attitude, de pratique de la part des artistes qui s'en réclament qu'il ne sert à rien de diluer dans la nébuleuse de « l'innovation » formelle.

A priori le cinématographe *ne peut pas* être d'avant-garde au sens que ce mot a pris dans le domaine des arts et lettres à la fin du XIXe siècle, comme on va le voir.

On a coutume de distinguer deux modalités de l'art « d'avant-garde », l'une politique et l'autre esthétique; elles ont pourtant toute deux un rapport au politique et au social. Au début du XIXe siècle les saint-simoniens assignent à l'art une tâche d'avant-garde à la tête du mouvement social. C'est à cette acception-là que s'en prit avec ironie Baudelaire – en une formule qu'on cite volontiers à contresens –, quand il stigmatise le caractère « militaire » de l'expression. Ce lien de l'art et du politique, s'il inféode le premier au second « au service » duquel il est mis pour l'annoncer voire l'éclairer, n'en demeure pas moins présent dans l'autre modalité quoique en un tout autre sens, car les artistes « politisent » le champ artistique en y important des pratiques éprouvées dans le mouvement social, mais à d'autres fins cette fois: pour faire triompher leurs convictions esthétiques. Cette dimension « combative » est en effet inhérente à la notion: quand Théodore Duret rassemble, en 1885, ses textes sur Manet, Monet, Sisley, Renoir et l'art japonais des estampes, il intitule l'ouvrage « Critique d'avant-garde » car il entend se battre pour « l'école moderne », les nouveaux peintres, les visions originales. Les artistes, eux, ne se disent pas « à l'avant-garde ». En revanche quand ils se grouperont, énonceront une doctrine et combattront pour la faire reconnaître ou mieux: triompher, quand ils seront militants d'une cause à venir, ils entreront dans la problématique de l'avant-garde. Baudelaire énonce la modernité à partir de la nouveauté, l'étonnement, la surprise, l'exotisme même mais du moment présent. On connaît son engouement pour le dessinateur et aquarelliste Constantin Guys, prototype du *reporter*-photographe, qui sait saisir « la beauté passagère, fugace, de la vie présente », soit « la modernité ». En revanche il récuse toute idée de « progrès ».

Le parangon du mouvement artistique d'avant-garde, c'est le futurisme italien qu'emmène Marinetti. La proclamation d'une doctrine qui vise l'hégémonie dans le champ artistique, littéraire, théâtral, le music-hall, le cinéma, la vie sociale et use de moyens tels que le manifeste, la manifestation, la démonstration publique, la volonté d'influer au niveau international en développant des sections locales, en investissant la presse de tous les pays (le Manifeste de Marinetti de 1909 est traduit dans une dizaine de langues et diffusé presque simultanément dans le monde entier), l'adoption de pratiques de lutte violentes, l'invective, l'attaque *ad hominem* et une visée globalisante, empruntent à la pratique des groupes révolutionnaires en particulier ceux du mouvement ouvrier (avec ses Internationales, ses manifestes, sa presse, ses sections, etc.). On est loin, avec Marinetti, des disputes entre Parnassiens et Symbolistes... Ou plutôt on assiste à la « relève » de l'échec symboliste justement qui est, comme l'écrit Mallarmé à Mauclair à la lecture de son *Soleil des morts* où il figure en Calixte Armel, « la défaite de l'Élite ». Défaite, décadence qui s'exaspéra en cette fin de siècle dans la recherche de connivence avec l'anarchisme, Blanqui, les lanceurs de bombes que soutinrent les Fénéon, Gourmont et autres « mallarméens » de *la Revue blanche* jusque dans les prétoires.

Au vrai le lien de l'art moderne et de la politique n'a pas alors disparu il s'est reformulé: on traite les impressionnistes de « communards », quoiqu'ils revendiquent une « peinture pure », comme le cubisme sera « boche » et l'abstraction « judéo-bolchévique ». Au début du XXe siècle, parvenus à l'autonomie de leurs champs respectifs mais payant cette autonomie d'une « relégation sociale » (Bourdieu), les mouvements d'avant-garde se caractérisent par leur pratique politique: groupes, alliances, exclusions, cause, visées extra-artistiques, voire projet de dissolution dans le social ou la « vie » au terme du combat engagé. Dada, le mouvement surréaliste, l'internationale constructiviste pour ne citer que les principaux, ne se limitent pas à ajouter quelques « ismes » à l'échelonnement des styles.

Le cinématographe, né sous les auspices à la fois de la technique ou de la science « amusante », et des spectacles de masse, le divertissement populaire, n'offre guère de points communs avec « les autres arts » à cet égard. Il est de surcroît anonyme, répétitif, cherche le plus grand dénominateur commun, n'engage *a priori* aucun projet d'ordre esthétique : comment se constituerait une avant-garde en son sein ? En deux temps mêlés ou deux mouvements si l'on préfère. D'une part les artistes d'avant-garde vont s'intéresser à lui : ils fréquentent les spectacles cinématographiques qui sont de nature à ébranler l'ordre académique à l'égal du cirque, du music-hall et des spectacles ou manifestations nées de la société urbaine et de masse. En ce premier temps, le cinéma et sa nouveauté (vulgarité, choc, vitesse, discontinuité de la représentation) sert de levier aux peintres ou aux écrivains pour bouleverser leur domaine : Jarry, Braque, Cendrars, Delaunay... De cet aspect témoigne éloquemment le texte intitulé « Cinématographe » que publie la revue de Picabia *391* dans son numéro de février 1917 sous la signature de Gabriele Buffet : « Le cinéma est devenu un élément essentiel de la vie moderne... Les éléments les plus disparates de la vie moderne y trouvent leur place... Le film, avant tout, est actif... L'intrigue avance par une succession de faits à signification directe... Cette succession s'inscrit dans la mémoire sous une forme vibrante... » Mais l'article s'achève sur cette question : « Vers quelle destinée s'orientera-t-il ? »

Puis, en un deuxième temps, ces artistes s'avisent de la nécessité de s'emparer du cinéma. L'un des deux textes qu'Aragon donne à *Film* en 1918 le dit explicitement : « Avant l'apparition du cinématographe, c'est à peine si quelques artistes avaient osé se servir de la fausse harmonie des machines et de l'obsédante beauté des inscriptions commerciales, des affiches, des majuscules évocatrices, des objets vraiment usuels. [...] Ces courageux précurseurs, qu'ils fussent peintres ou poètes [Baudelaire, Jarry, Picasso, Braque, Gris...] assistent aujourd'hui à leur propre triomphe. [...] Mais seul le cinéma qui parle directement au peuple pouvait imposer ces sources nouvelles de splendeur humaine... » Conclusion : il est indispensable que le cinéma prenne une place dans les préoccupations des avant-gardes artistiques et que peintres, poètes, décorateurs, sculpteurs y interviennent si l'on veut ramener quelque pureté dans l'art du mouvement et de la lumière.

Cependant ces interventions avant-gardistes dans le cinéma donnent-elles lieu à un mouvement d'avant-garde au cinéma qui ait ses lieux, ses manifestes, ses organes d'expression, ses pratiques propres, son militantisme ? Selon les termes mêmes du critique Vuillermoz, il faut au cinéma des « castes, écoles, cénacles, groupements rivaux, des schismes esthétiques et des petites chapelles », il faut de « ces troupes de choc, généralement sacrifiées, qui emportent d'assaut des positions redoutables que des unités territoriales viendront le lendemain organiser méthodiquement et élargir » (1918). Encore celui-ci n'évoque-t-il qu'un « bouillonnement » précurseur, une « avant-garde » au sens faible du mot, qui tire le gros de la troupe derrière elle.

Aragon comme Reverdy, Pierre-Albert Birot, Soupault, Léger, etc. en distinguant au sein de la production cinématographique ce qui ressortit à « la beauté moderne » – qu'ils préconisent – de ce qui relève de l'esthétisme – qu'ils combattent – ouvrent un autre front.

Cette disjonction commande la mouvante et provisoire proximité qu'entretiennent certains réalisateurs qui veulent artistiser le cinéma « de l'intérieur » et ces intervenants extérieurs : Gance, Dulac, Delluc fréquentent – inégalement – ces mouvements artistiques, L'Herbier s'y frotte, Epstein s'y pique. Il y a des « passeurs » comme Cendrars, auteur d'un *ABC du cinéma*, qui seconde Abel Gance et introduit Fernand Léger sur le tournage de *la Roue*, fait venir Epstein à Paris ; il y a Delluc qui a donné la parole à Aragon dans son journal. Il y a René Clair qui collabore avec Picabia dans *Entr'acte*. Mais cette alliance fragile est fondée sur une ambiguïté de base : les cinéastes qui veulent renouveler le cinéma français vont développer un projet esthétique quand les artistes d'avant-garde s'efforcent de dépasser cette catégorie, notamment en s'appuyant sur certains caractères du cinéma que les cinéastes auront à cœur de pacifier voire de récuser. On voit ce paradoxe éclater à propos de Chaplin qui semble faire l'unanimité : les premiers Charlot, violents, gratuits, mécaniques, cruels sont préférés aux films de plus en plus sentimentaux, humanistes. Robert Desnos regrettera sans cesse la virulence native du film comique anarchiste du type Boireau, Onésime que n'oseront jamais égaler les burlesques américains (comme l'a reconnu Mack Sennett). Le cinéma d'action, le comique destructeur, le document sont joués contre le psychologisme, l'emphase, la reconstitution mais tout autant l'allégorie et le symbolisme qu'affectionne Gance, le maniérisme de L'Herbier.

L'appropriation du cinéma par les artistes et littérateurs d'avant-garde n'a pas pour dessein de renouveler celui-ci mais de le « purifier » par expropriation, en l'arrachant à ses pesanteurs narratives, commerciales, que ce soit par la pratique spectatorielle (entrer au hasard des salles, ressortir de même), le commentaire ou la critique, la rédaction de scénarios « intournables » ou la réalisation hors-norme. On pourrait même dire que le cinéma d'avant-garde a pour but la destruction du cinéma, comme le film de Man Ray *le Retour à la raison*, conçu dans le cadre d'une manifestation Dada, s'y applique en démontant tous les constituants du filmique (temporalité, mouvement discontinu restitué, saisie photographique, etc.).

Pour Man Ray, Picabia ou Léger il n'y a pas lieu de délimiter un espace propre au film, pas plus qu'ils n'admettent de cantonner leur travail au tableau de chevalet. On insiste insuffisamment quand on évoque *Ballet mécanique*, *Entr'acte* ou *Anémic cinéma* sur le fait qu'il ne s'agit pas à proprement parler de films destinés à une exploitation en salles de cinéma, fussent-elles « spécialisées ». Ils ont été conçus hors de l'institution cinématographique, sont modelables au gré des circonstances, peuvent se mêler à d'autres spectacles ou expositions. Les considérer « en eux-mêmes », c'est constituer une catégorie formelle qui ne correspond pas à leur usage d'alors. Même un petit film comme *Fait divers* d'Autant-Lara est projeté au théâtre « Art et Action » parmi des « spectacles de lumière » d'André Girard et de Man Ray qui visent à supplanter le décor.

La pratique canudienne des projections d'extraits – moments rythmiques, photogénies mécaniques, expressions d'acteurs, etc. –, que poursuivra le Vieux Colombier, accommode en quelque sorte certains aspects de cette position anti-institutionnelle par laquelle on peut définir toute avant-garde (P. Bürger).

Aussi l'appellation d'Avant-garde appliquée à Gance, Delluc, Dulac, Epstein, L'Herbier peut-elle se discuter : ces cinéastes développent sans aucun doute un discours sur le cinéma qui les distingue de l'ensemble de la production commerciale, un discours de type élitaire mais ils ne se situent pas moins à l'intérieur du marché où ils ne réalisent que faiblement l'idéal qu'ils expriment par écrit. Gance dit sans ambage : « Pour arriver [au] résultat prodigieux [que j'entrevois], je serai obligé d'être commerçant et commercial comme les autres... »

Cette «avant-garde»-là acquiert même les caractéristiques d'un «genre» ou d'un «style» avec la généralisation de procédés techniques ou figuraux qui viennent ponctuer bon nombre de films narratifs et à la dramaturgie traditionnelle : montage accéléré, surimpression, ralenti, etc. viennent exprimer le rêve, l'ivresse, le rythme musical d'un orchestre ou l'emballement d'une automobile ou d'un manège. Pierre Henry dans *Cinéa* « naturalise » ces procédés en les inscrivant dans l'évolution du cinéma : « Le “montage” ultra-court donnant l'impression de simultanéité commencé jadis par Mack Sennett, puis préconisé par Jules Romains et réalisé voici deux ans par Gance (*la Roue*) et Charles Ray (*Premier Amour*) semble maintenant adopté par la plupart des réalisateurs... » En ce sens-là, on peut certes parler d'une « industrie soutenant le style du film d'avant-garde » (Bordwell), mais c'est après avoir réduit le terme à son niveau le plus faible. En décembre 1924, Epstein plaide d'ailleurs « Pour une Avant-garde nouvelle » qui rompe avec ce qui lui semble devenu les « tics » ou les stéréotypes de cet « avant-gardisme ». Une « grammaire » à la portée du « premier venu » renchérit Raoul Ploquin : « L'ère du cinéma mécanique est passée. La vulgarisation de la technique a rendu surannées les audaces d'autrefois. Le premier venu est à même, à présent, d'effectuer un montage rapide au cours d'une scène de lutte ou de poursuite, de réaliser une déformation au cours d'un songe, une surimpression au cours d'une évocation ou d'un récit. L'avant-garde d'hier, dont [Epstein] fut un admirable apôtre, est l'arrière-garde d'aujourd'hui. » Renversement classique dès lors qu'on fait de l'avant-garde un « style » : il se démode…

Cette partition entre l'école moderne ou moderniste dont L'Herbier et Epstein sont les fleurons – car beaucoup d'éléments les rattachent à l'esthétique Art Déco – et l'avant-garde, emmenée par les artistes s'étant approprié le cinéma, trouve une provisoire jonction avec les deux films « limites » et qui firent scandale pour des raisons opposées de Buñuel et Dalì – *Un chien andalou* – et de Dulac et Artaud – *la Coquille et le clergyman*. Le premier, qui dynamite le cinéma psychologique de l'époque (y compris celui d'Epstein), s'inscrit dans la perspective surréaliste et, au contraire des films de Man Ray qui n'y furent jamais admis, il est reconnu comme tel par le groupe. Le second, que la réalisatrice veut engager dans le cinéma pur pour lequel elle milite, est renié par son scénariste et fait l'objet d'un discrédit du groupe surréaliste.

La contradiction n'est cependant pas d'ordre stylistique, elle passe par une divergence politique à tous les sens du terme. Le groupe surréaliste – et Buñuel et Dalì le rejoignent, venant d'Espagne – inscrit toute sa démarche dans la perspective révolutionnaire d'une subversion sociale qui lui a fait rechercher l'alliance avec le parti communiste. Buñuel adhèrera à l'Association des Écrivains et Artistes Révolutionnaires – comme Pierre Batcheff, l'acteur d'*Un chien andalou,* – et au PC espagnol. Après un nouveau film provocateur visant à discréditer toutes les valeurs morales, religieuses et sociales du monde bourgeois (et qui est interdit par le préfet de police), *l'Âge d'or*, il se tourne vers le document « brut » avec *Las Hurdes*.

Le cinéma d'avant-garde se politise de diverses manières à la fin de la décennie, notamment en adoptant une démarche documentaire engagée sur le modèle des réalisateurs soviétiques : Boris Kaufman, frère de Vertov, lui aussi membre de l'AEAR, collabore avec Jean Lods, cinéaste communiste, commence un film sur les Halles qu'il n'achève pas, co-réalise ensuite avec l'anarchiste Jean Vigo un pamphlet contre les faux-semblants du carnaval de Nice ; des photographes comme Germaine Krull (épouse de Joris Ivens) et Elie Lotar passent à leur tour au documentaire.

Outre les ciné-clubs et les associations de spectateurs comme Spartacus ou Les Amis du Cinéma qui remplacent à la fin de la décennie le modèle du CASA de Canudo plus esthète, la tentative la plus avancée d'autonomie de production et de diffusion du cinéma d'avant-garde est tentée autour de deux manifestations de l'année 1929, l'une située à Stuttgart, l'exposition Film und Foto, l'autre à La Sarraz en Suisse, le Congrès international du cinéma indépendant. **Fr.A.**

B

BARLATIER Paul (1880-1940)
Le nom de Paul Barlatier reste lié à ceux de Vorins, Marodon et Champavert qui, dans les années vingt, œuvrent dans le giron de la société d'édition marseillaise Phocéa-Film pour développer la production locale. Réalisateur et scénariste depuis 1918, Barlatier dirige la section Lauréa-Film et met en scène, dans les studios de la Croix-Rouge, plusieurs drames édifiants, dont le plus représentatif est sans doute *Hors de la boue*. Dans ce film, un souteneur et sa protégée recueillent une petite orpheline qu'ils maltraitent, jusqu'au jour où celle-ci les amène à comprendre que le salut est dans le travail. « Travail, travail, rédemption » martèle alors un intertitre. La technique de Barlatier est certes maladroite (il affectionne les longs plans de coupe sur les expressions exacerbées des comédiens), mais l'utilisation des décors naturels confère aujourd'hui un intérêt documentaire à ses films. Peut-être conscient de ses limites, il s'assure, en 1923, l'aide de collaborateurs pour mettre en scène ses scénarios. Avec G. Mouru de Lacotte, Barlatier réalise *Âmes corses*, probablement son seul sujet d'inspiration vraiment régionale, et, avec Charles Keppens, *Mes pt'its* et *la Course à l'amour*, sympathique comédie tournée entre Nice et Évian. Dans la même veine, il signe également quelques courts métrages comme *le Trésor*, qu'interprète Georges Péclet. En 1924, alors que disparaît la société Lauréa-Film, Paul Barlatier semble cesser toute activité dans la mise en scène d'œuvres de fiction. **É.L.**

Filmographie ◆ *Le Gage* (1920) ; *La Falaise* (1921) ; *Fleur des neiges* (id.) ; *Hors de la boue* (id.) ; *L'Ampoule brisée* (1922) ; *Âmes corses* (1923) ; *Mes p'tits* (1924) ; *La Course à l'amour* (id.) ; *L'Aventureuse* (id.).

BARONCELLI Jacques de (1881-1951)
Jacques de Baroncelli a comme particularité d'avoir inauguré, en 1915, une double carrière de « critique » et de producteur-réalisateur de films. Homme lettré, descendant d'une famille aristocratique d'origine florentine établie en Avignon (Vaucluse) au XVe siècle et anoblie par le pape Léon X, Jacques de Baroncelli

aurait sans doute préféré s'illustrer dans les sphères littéraires. Quelques nouvelles, poèmes et une pièce, publiés au seuil de l'âge adulte, témoignent de cette inclination. Le destin en décida autrement. Et si la ruine de sa famille l'obligea à « monter à Paris » dès 1908 pour y gagner sa vie comme journaliste (notamment à *L'Éclair* d'Ernest Judet), puis comme cinéaste (1915-1947), il ne se départira jamais de son amour des Belles Lettres. Lamartine, Sainte-Beuve et Chateaubriand, entre autres, l'accompagneront tout au long d'une vie riche en heures de lecture et en amitiés littéraires, notamment avec Jean Giraudoux.

De 1915 à 1917, Jacques de Baroncelli fait ses gammes derrière la caméra, enchaînant à un rythme soutenu drames de guerre peuplés d'espions (*la Maison de l'espion*) et drames moraux (*la Faute de Pierre Vaisy*), produits au sein de sa propre société, les Films Lumina. *La Nouvelle Antigone* (1916) suscite déjà la curiosité de Delluc, tandis que *le Roi de la mer* (1917) attire l'attention de Colette. Tenté un instant par l'Avant-Garde (il signe le scénario de *la Cigarette* de Germaine Dulac) et la défense d'un « cinéma pur », il opte finalement pour un cinéma populaire, d'inspiration naturaliste (*le Retour aux champs*, 1918), plus proche de sa sensibilité. « Il faut rester simple et vrai, et penser davantage à émouvoir qu'à émerveiller », sera sa profession de foi en la matière.

Entré au Film d'Art comme simple réalisateur en 1918, Baroncelli devient directeur artistique de la société en 1920, sous le règne de Louis Nalpas, et ceci à la suite d'un voyage d'études dans les studios américains au printemps 1919. Il ramène dans ses bagages les fameux *sunlights* qui vont désormais remplacer les lampes à arc et, surtout, la comédienne Fanny Ward (*Forfaiture*), qu'il dirige dans deux longs métrages, *la Rafale* (1920), d'après Henry Bernstein, et *le Secret du Lone Star* (1920). Le nom de son interprète n'ayant pas suffi à pénétrer le marché américain – comme Baroncelli l'avait d'abord imaginé – le réalisateur revient à des ambitions franco-françaises. En 1921, sa grande année au Film d'Art, il adapte avec succès *le Rêve* de Zola (dont il fera un remake parlant en 1930) et *le Père Goriot* de Balzac.

Début 1922, Baroncelli quitte le Film d'Art et part en Belgique honorer un contrat avec la Belga-Film. Accompagné des frères Chomette comme assistants (Henri et René, le futur René Clair), il tourne le court métrage *la Femme inconnue*, mais surtout *le Carillon de Minuit* (1922), une histoire passionnelle tirant tout son parti des décors (canaux, beffrois) et des pratiques culturelles locales (colombophilie).

L'aventure de la Belga-Films ayant été peu concluante, Jacques de Baroncelli rentre à Paris fin 1922 avec le ferme désir de reconquérir son indépendance. Sa tentative de trouver des capitaux français s'étant soldée par un échec, il crée la Société belge des Films Baroncelli (souvent abrégée en Films Baroncelli), à Bruxelles, le 16 décembre. Société anonyme au capital de 250 000 francs Belges, elle est constituée grâce à un apport du fondateur et des cessions d'action, notamment à la Banque Union Crédit de Liège, qui manifeste ainsi son désir d'encourager la création d'une industrie cinématographique belge.

Entre 1923 et 1930, Jacques de Baroncelli va ainsi signer douze films au sein de cette société, gérée par un conseil d'administration. Douze films réalisés avec une régularité de métronome, au rythme immuable de deux longs métrages annuels, produits de façon autonome pour les six premiers (de *la Légende de Sœur Béatrix* au *Réveil*), puis en association avec les Cinéromans-Films de France de Jean Sapène pour les six suivants (de *Nitchevo* à *la Femme et le Pantin*). Grâce à cette alliance, Baroncelli apporte à sa société l'oxygène qui lui manquait, bénéficie des modernes studios de Joinville-le-Pont, d'une bonne distribution assurée par Pathé-Consortium et du circuit Lutetia qui regroupe les plus belles salles de Paris.

Des douze films réalisés au sein de cette société, la grande majorité sont des adaptations littéraires. De ce fait, Baroncelli est souvent amené à défendre dans la presse son droit à « transcrire » (il préfère ce terme à « adapter ») des œuvres déjà existantes, à faire office d'illustrateur ou d'« ymagier ». Il invoque notamment l'absence d'auteurs susceptibles d'écrire directement pour l'écran et la pression d'une industrie cinématographique toujours impatiente de tirer profit du succès d'un roman ou d'une pièce.

Baroncelli prétend toujours faire œuvre d'auteur par le biais de ses choix d'adaptations et de leur organisation thématique. « La presse a loué *Nitchevo*, constate-t-il dans une lettre de 1925, mais personne ne s'est avisé que le film était le troisième volet d'un triptyque : *Pêcheur d'Islande – Veille d'armes – Nitchevo* [...]. *Pêcheur*, c'était la mer "sentimentale". *Nitchevo*, c'est la mer "cérébrale". » Ailleurs, il élargit cette même idée à une dimension cosmique : « La terre dans *Nêne*, l'eau dans mes quatre derniers films, l'air, il ne me restera plus qu'à traiter le feu, pour avoir épuisé les quatre éléments, qui sont aussi ceux de la photogénie. »

Adaptations ou scénarios originaux (Baroncelli en écrit cinq sur les douze films de cette période), ce début des années vingt marque le sommet de son œuvre avec deux titres : *Nêne* et, plus encore, *Pêcheur d'Islande*. Tirés de deux romans célèbres – le premier d'Ernest Pérochon, le second de Pierre Loti – les deux films ont en commun d'inscrire une histoire dramatique dans un environnement (la campagne pour le premier, la mer pour le second) qui est plus qu'un simple décor. Pour ces deux films, Baroncelli tirera le meilleur parti de ses atouts : des sujets naturalistes avec lesquels il a de réelles affinités, la complicité de Louis Chaix, son fidèle chef opérateur (il signera 18 films pour Baroncelli, entre 1920 et 1933), et des interprètes expérimentés qui connaissent toutes les subtilités de ce mode d'expression : Sandra Milovanoff pour les deux films, Charles Vanel pour le second.

La décennie années vingt va se conclure par deux expériences malheureuses qui vont hypothéquer l'avenir du cinéaste. En 1928, Baroncelli tourne *la Femme du voisin* et *la Femme et le pantin*, d'après Pierre Louÿs, avec le nouveau procédé Keller-Dorian de film en couleurs, utilisé en 1947 par Jacques Tati pour *Jour de fête*. Mais, devant l'impossibilité technique de tirer la moindre copie en couleurs, les deux films seront exploités en noir et blanc.

Les années trente seront plus incertaines et moins créatives (*remakes*, divertissement, naturalisme et exotisme camarguais) et les années quarante qui restent prolifiques sont souvent mal inspirées hormis une *Duchesse de Langeais* adaptée par Giraudoux.

Après quelques années d'inactivité forcée, Jacques de Baroncelli meurt à son domicile parisien d'un arrêt cardiaque, le 12 janvier 1951, à l'âge de soixante-neuf ans. **B.B.**

Filmographie ◆ *La Rafale* (1920) ; *Le Secret du « Lone Star »* (id.) ; *La Rose* (court métrage, id.) ; *Flipotte* (id.) ; *Champi-Tortu* (id.) ; *Le Rêve* (1921) ; *Le Père Goriot* (id.) ; *Roger-la-Honte* (1922) ; *La Robe déchirée* (court métrage, id.) ; *Le Carillon de minuit* (id.) ; *La Femme inconnue* (court métrage, 1923) ; *La Légende de Sœur Béatrix* (id.) ; *Nêne* (id.) ; *La Flambée des rêves* (1924) ; *Pêcheur d'Islande* (id.) ; *Veille d'armes* (1925) ; *Le Réveil* (id.) ; *Nitchevo* (1926) ; *Feu !* (id.) ; *Duel* (1927) ; *Le Passager* (id.) ; *La Femme du voisin* (1928) ; *La Femme et le Pantin* (id.) ; *L'Arlésienne* (1929).

BENOIT-LÉVY Jean (1888-1959)
C'est sur les conseils de son oncle Edmond Benoit-Lévy que Jean, né le 25 avril 1888 à Paris, s'oriente vers une carrière dans le tout jeune secteur de la cinématographie. Il commence son apprentissage dans les Laboratoires Pathé et Gaumont, puis il s'initie à l'art de la mise en scène en travaillant en tant qu'assistant auprès de Pierre Frondaie tout d'abord (*Montmartre*, 1910), puis pour le compte des Établissements Lordier à partir de 1912. Le déclenchement de la guerre met momentanément fin à son activité cinématographique.

En 1920, Jean Benoit-Lévy est nommé secrétaire général de la société parisienne Omnia-Pathé. Là, sur les traces de son oncle avec qui il a longtemps travaillé à la Société d'instruction populaire, l'ensemble de son activité va se concentrer vers la cinématographie éducative. Convaincu du grand pouvoir de persuasion de l'image animée, il se montre en effet empressé de mettre ce potentiel au service de la culture, de la science et par là même de la société tout entière. En compagnie de l'opérateur Edmond Floury – qui sera l'un de ses plus fidèles collaborateurs – il réalise ainsi plus de trois cents films sur les thèmes les plus variés (enseignement technique, orientation professionnelle, géographie, hygiène, pratiques agricoles, etc. Il réalise aussi un certain nombre de films chirurgicaux, en collaboration avec quelques-uns des plus éminents chirurgiens de l'époque). Parmi les productions qui marquent le plus cette période, mentionnons *Pasteur* (1922), un documentaire consacré au grand savant français qu'il réalise avec Jean Epstein, encore totalement inexpérimenté.

En 1928, Jean Benoit-Lévy fonde sa propre maison de production, l'Édition Française Cinématographique, dont la vocation est de produire des films d'enseignement, d'éducation et scientifiques.

L'une des principales caractéristiques du cinéaste Jean Benoit-Lévy est d'avoir toujours gardé à cœur cette volonté de mettre le film au service de fins éducatives, et cela même quand il délaissera la production non-fictionnelle proprement dite (documentaires, films éducatifs et d'enseignement) pour la mise en scène de longs métrages de fiction. L'ensemble des films « spectaculaires » qu'il réalise ainsi entre 1927 et 1939, le plus souvent en collaboration étroite avec Marie Epstein, ont pour point commun de transmettre des idées, des valeurs, des comportements, à travers la mise en situation de personnages. Citons *Âmes d'enfants* (1927) sur les vertus de l'hygiène pour la santé des enfants, *Peau de Pêche* (1928) sur les bienfaits de la vie à la campagne en opposition avec la vie insalubre et trépidante de la ville, ou encore *Maternité* (1929) sur le bonheur de fonder une famille, illustré à travers le contre-exemple d'une femme qui décide de ne pas avoir d'enfant. Fidèle à ses principes, il continuera tout au long des années trente à réaliser des films dans le même esprit, dont les plus renommés restent aujourd'hui *la Maternelle* (1934) et *la Mort du cygne* (1936-37).

Il théorisera d'ailleurs ses conceptions relatives aux fonctions sociales et éducatives du cinéma, dans un ouvrage au titre emblématique publié en 1944, *les Grandes missions du cinéma*. Ce n'est pourtant pas la première fois qu'il s'adonne à l'écriture, puisque l'on retrouve sa signature au cours de l'entre-deux guerres dans quelques articles de revues spécialisées. Son esprit missionnaire se traduit aussi par de nombreuses participations à des conférences sur la question du cinéma éducatif, ainsi que par l'organisation de rencontres autour de la projection de ses films.

Ce prosélytisme mis au service de l'éducation populaire et de l'élévation de l'humanité par la culture se manifeste aussi par une participation active à différents organismes internationaux, dont en particulier la Commission Nationale française de coopération intellectuelle, et le

Comité français de l'Institut International du cinéma éducatif dont il occupe le poste de secrétaire général. D'une façon générale, il entretient de nombreux contacts avec les milieux de la cinématographie éducative étrangers, européens comme d'Outre-Manche.

En 1940, frappé par les lois antisémites, il se réfugie en zone libre, avant que la fondation Rockefeller lui propose de quitter la France pour les États-Unis, où il commence à enseigner le cinéma au sein de la New School for Social Research.

De retour en France, Jean Benoit-Lévy reprend son activité de réalisateur, n'oubliant aucunement ses objectifs éducatifs qu'il cherche à présent à appliquer au nouveau média qu'est alors la télévision. Il meurt en pleine activité, le 2 août 1959, à l'âge de 71 ans. **C.T.**

Filmographie ◆ *Pasteur* (co. Jean Epstein, 1922) ; *Âmes d'enfants* (1927) ; *Peau de pêche* (1928) ; *Maternité* (1929).

BERNARD Raymond (1891-1977)
Fils cadet du célèbre humoriste et homme de théâtre, Tristan Bernard (1866-1947), Raymond Bernard a, au début de sa carrière, prolongé l'œuvre de son père au cinéma. Auteur des scénarios originaux des premiers films de son fils (*le Ravin sans fond*, 1917 ; *le Traitement du hoquet*, 1918 ; *le Gentilhomme commerçant*, 1919), Tristan Bernard marque naturellement de son empreinte boulevardière les récits de ces premières œuvres dont aucune copie ne subsiste aujourd'hui. Les protagonistes sont caractéristiques d'un théâtre à la mode : selon le quiproquo, baron, baronne, comte ou comtesse parlent mariage, héritage, adultère ou emprunt – thèmes et personnages omniprésents dans les films suivants de Raymond Bernard. Jusqu'en 1923, deux types d'œuvres se distinguent : d'une part, les adaptations des pièces de Tristan Bernard (*le Petit Café*, 1919 ; *Triplepatte*, 1922 ; *le Costaud des Épinettes*, 1923), de l'autre, les scénarios originaux du réalisateur lui-même (*la Maison vide*, 1921) ou de son père (*le Secret de Rosette Lambert*, 1920 ; *l'Homme inusable*, 1923 ; *Décadence et grandeur*, id.). En fait, la mise en scène de Raymond Bernard ne fait pas de différence entre les adaptations et les scénarios originaux et, ses films reprennent les thèmes et les personnages issus du vaudeville, son style adopte des principes cinématographiques enseignés par les films américains, notamment *Forfaiture* (*The Cheat*, Cecil B. DeMille, 1915), référence cinématographique pour la génération de jeunes réalisateurs qui émerge après la Grande Guerre. Raymond Bernard n'échappe donc ni à un héritage familiale ni à l'influence esthétique d'un cinéma très populaire ; deux enseignements classiques que le jeune réalisateur perpétuera avec maîtrise.

Dès *le Petit Café*, qui sort en salles en décembre 1919, Raymond Bernard démontre ses capacités à mettre en scène, notamment grâce à des compositions spatiales soignées et à sa direction d'acteur. Celle-ci résulte non seulement de son apprentissage des techniques d'interprétation pour la scène dispensées par Marie Samary, mais aussi de la confiance qu'il témoigne en ses interprètes ; il dirigera Max Linder, Henri Debain, Charles Dullin, Armand Bernard ou Édith Jehanne avec succès. La qualité de ses films émane en outre de la faculté qu'a le cinéaste de s'entourer de collaborateurs talentueux : Robert Mallet-Stevens puis Jean Perrier pour les décors, Raoul Aubourdier, Marc Bujard ou Jules Kruger pour les prises de vue, enfin Henri Rabaud qui écrit spécialement la musique des films produits par la Société des Films Historiques. La première partie des années vingt verra cette concentration de talents trouver un des exemples les plus réussis dans *Triplepatte*. Ce film est d'ailleurs la première production de la Société des Films Tristan Bernard qui en produira quatre entre 1922 et 1923, tous réalisés par Raymond Bernard. En dépit de leur origine théâtrale ou de leur composition originale par l'homme de théâtre, l'art cinématographique de Raymond Bernard atteint sa maturité dans ses œuvres et ne doit plus rien à l'art théâtral de son père. Le comique de Tristan Bernard souvent issu du dialogue se convertit, au cinéma, dans la gestuelle particulière d'Henri Debain (interprète de Triplepatte, aristocrate ruiné, poussé au mariage par un usurier), soutenu par des gros plans quand le visage se fait plus expressif que le corps. De surcroît, le découpage des espaces se soumet à l'intimité du protagoniste afin de provoquer le rire : une entremetteuse poursuit le héros dans ses appartements, passant de la chambre à coucher à la salle de bain où le rideau de douche joue à la fois le rôle de paravent et celui de cloison derrière laquelle se réfugie Triplepatte pour y rechercher la tranquillité. En 1923, les films de Raymond Bernard reposent sur un comique de situation plus raffiné que le burlesque, il est en cela l'héritier du cinéma de Max Linder. Mais, si le cinéaste est un remarquable artisan, il n'a pas pour autant imposé un style particulier.

Dans la seconde moitié de ces années vingt, Raymond Bernard est appelé à réaliser des drames historiques auxquels sa technique efficace et classique s'adapte parfaitement. Deux d'entre eux sont produits par la Société des Films Historiques (*le Miracle des loups*, 1924 ; *le Joueur d'échecs*, 1927). Créée dans le but de répondre aux productions étrangères qui, selon certains, dénaturaient l'histoire de France, cette société est née à l'initiative d'Henri Dupuy-Muzuel (1885-1962), journaliste et auteur des romans à l'origine des films. Le troisième titre (*Tarakanova*, tourné en 1929) est également adapté de l'un de ses ouvrages mais il est produit par Gaumont-Franco-Film-Aubert.

Des trois, seul *le Miracle des loups* traite de l'histoire de France (les conflits opposant Louis XI à Charles le Téméraire), les deux autres ont lieu en Pologne et en Russie sous le règne de Catherine II. En revanche, tous trois mêlent des intrigues sentimentales et des événements spectaculaires. Le plus impressionnant est cependant *le Miracle des loups* dans lequel les reconstitutions de la bataille de Montléry, des combats du siège de Beauvais et de la séquence dont le film porte le titre, sont parfaitement dirigées. Celles-ci joignent aux combats de troupes sur de vastes espaces, des conflits individuels dans des remparts en feu tout en préservant le caractère humain de ces engagements. De même, *le Joueur d'échecs* et plus encore *Tarakanova* privilégient le caractère sensible des protagonistes au dépend des opérations de forces qui se réduisent progressivement à la portion congrue : dans *Tarakanova* le réalisateur s'applique essentiellement à peindre le très émouvant portrait sentimental d'une Bohémienne, interprété par Édith Jehanne, qui est manipulée par des opposants de Catherine II.

C'est sans doute en préservant un peu de la sensibilité des personnages qui évoluent dans des espaces saturés d'apparat, que le cinéma de Raymond Bernard s'épanouira pleinement par la suite, avec des commandes réussies (*les Misérables*, 1934) ou des films plus personnels comme le méconnu mais pourtant admirable *Cavalcade d'amour* (1940).

C.Tr.

Filmographie ◆ *Le Secret de Rosette Lambert* (1920) ; *La Maison vide* (1921) ; *Triplepatte* (1922) ; *l'Homme inusable* (1923) ; *Le Costaud des Épinettes* (id.) ; *Décadence et grandeur* (id.) ; *Le Miracle des loups* (1924) ; *Le Joueur d'échecs* (1927) ; *Tarakanova* (1930).

BERNÈDE Arthur (1871-1937)
Figure montante de la littérature populiste du début du siècle, Arthur Bernède cherche à prendre pied dans l'industrie cinématographique peu avant 1914. Indépendant voire franc-tireur, il ne rallie pas la Société cinématographique des auteurs et gens de lettres (SCAGL) de Pierre Decourcelle comme la plupart de ses confrères mais appelle les industriels à « faire appel aux auteurs, qui ont pour métier de chercher et de trouver des idées nouvelles, et spécialement à ceux qui ont déjà écrit pour le peuple ».

En 1916, la rencontre avec Louis Feuillade offre à Bernède la première opportunité de profiter de la vogue du « roman-cinéma » lancé en décembre 1915 par *les Mystères de New York*. Le metteur en scène des *Vampires* et le romancier conçoivent ensemble les douze épisodes de *Judex* et signent un contrat avec *Le Petit Parisien*, le quotidien au plus fort tirage, pour la publication d'un feuilleton en synchronie avec le passage du film sur les écrans. *Judex*, en janvier 1917, est le premier grand roman-cinéma français capable de concurrencer les *serials* américains distribués par Pathé et publiés parallèlement en feuilleton par *Le Matin* ou *Le Journal*. La collaboration de

Bernède avec Feuillade sur les *Judex* est des plus fructueuses.

Bernède l'abandonne pourtant pour participer à la fondation de la société des Cinéromans en septembre 1919. Il est l'un des pivots de l'entreprise, non seulement par sa célébrité, mais parce qu'il entraîne avec lui *Le Petit Journal*, dans lequel il publie habituellement ses feuilletons, et son éditeur Tallandier. Pendant la période René Navarre, il écrit *Impéria* (1920), *l'Homme aux trois masques* (1921) et *l'Aiglonne* (1922). Les deux premiers empruntent au fonds commun du roman populaire début de siècle : amour trompé, trahison, vengeance. *L'Aiglonne* tirerait plutôt son inspiration de l'ancien mélodrame : le film raconte l'histoire d'une fille illégitime de Napoléon, élevée chez les royalistes, qui participe à un complot contre l'Empereur avant de découvrir sa véritale identité. Par son sujet historique (inspiré du complot de Malet contre Napoléon), *l'Aiglonne* annonce le nouveau cours qu'adopteront bientôt les Cinéromans. D'après le témoignage de Pierre Gilles, c'est d'ailleurs Bernède qui aurait suggéré à Jean Sapène de se spécialiser dans le film à costumes pour se distinguer de ses concurrents.

Lors de la réorganisation de la société en 1922, un service des scénarios est créé, à l'imitation des méthodes de production d'outre-Atlantique et d'outre-Rhin. Bernède en est la figure dominante. Henri Fescourt, jeune metteur en scène cultivé, rapporte dans ses mémoires que « la présence de Bernède à la tête de ce service entretenait une crainte : celle du maintien de vues populaires dans le sens que l'on donnait à ce terme en matière de librairie. Il n'en fut rien. Bernède conservait leur note aux films à épisodes, mais il fit rarement opposition au choix de sujets intéressants et même hardis. »

Selon un témoignage de Jean-Louis Bouquet, l'un des principaux scénaristes de la société, chaque scénario résultait d'une « cuisine » dans laquelle Bernède pesait d'un poids prépondérant « en raison de son âge, de sa notoriété, de son ancienneté dans la maison ».

Graphomane frénétique, ce dont témoignent ses manuscrits conservés, Arthur Bernède tire lui-même des feuilletons de ses scénarios pendant leur tournage. Les sujets d'aventures historiques se succèdent : *Mandrin* (1923), *Vidocq* (1924), *Surcouf* (1925). De sensibilité anarchisante, Bernède s'identifie à ces personnages à la fois frondeurs et justiciers. Dans *Jean Chouan* (1925), il n'opte pas clairement pour un camp mais pose en repoussoir le jacobinisme incarné par la citoyenne Fleurus. *Belphégor* (1926) marque la fin de la veine historique et un paradoxal retour au roman à mystères, à un moment où le film à épisodes connaît un reflux définitif. Bernède y ressuscite le détective Chantecoq, héros d'un feuilleton réalisé par Henri Pouctal en 1916. Le film à épisodes est en déclin, et pourtant Bernède se montre incapable de passer à des formes plus ramassées. Après *Poker d'as* (1927), il sera encore l'auteur malheureux d'un ultime essai pour adapter le genre au parlant (*Méphisto*).

Plus que de grands talents de scénariste, il convient certainement de reconnaître à Bernède un rôle majeur dans le dépassement de la « crise du sujet » qui paralysait le cinéma français à la fin de la guerre. On doit à Maurice Dubourg la découverte, dans une œuvrette du romancier, d'un passage révélateur de la coïncidence de vues dans laquelle Bernède se sentait avec Sapène : « Le cinéma t'attirait parce que, tu me l'as souvent répété avec raison, c'est à la fois une industrie et un art… et que rien ne saurait tenter davantage un homme d'action qui a l'amour des belles choses… Mais tu as tout de même compris les difficultés de ce genre d'entreprise, au lieu, comme tant d'autres, de « faire joujou » et de dilapider des sommes considérables dans l'exécution de films destinés faute d'expérience et de soins à un fatal insuccès, tu t'es entouré de compétences nécessaires, tu as surveillé, contrôlé, assumé l'affaire à laquelle tu t'étais voué tout entier… et en moins de temps qu'un snob amateur aurait mis à se ruiner, tu as mis debout une œuvre qui, sous ton impulsion rigoureuse et éclairée, n'a pas tardé à devenir une des firmes les plus puissantes d'Europe. Grâce à toi, le cinéma français s'est relevé de la crise terrible qu'il traversait. »

Des discours d'une teneur comparable se retrouveraient sous la plume d'Henri Fescourt ou de Jean-Louis Bouquet. On ne saurait mieux dire la part essentielle jouée par les Cinéromans dans la cristallisation, au cours des années vingt, d'un discours de l'artisanat responsable, opposé à l'avant-garde, et ce qu'il doit à la culture professionnelle des romanciers populaires. **A.C.**

BÉTOVE (1884-1965)
Ce pseudonyme apparaît, mystérieux, en 1933, aux génériques de films sonores compilant des bandes muettes « primitives » pour s'en moquer. Bétove y est un bonimenteur déchaîné témoignant peut-être de ce que fut ce personnage récemment redécouvert du cinéma « des premiers temps » bien que ses activités alors fussent tout autres.

Michel-Maurice Lévy était en effet compositeur de musique et chef d'orchestre avant la guerre de 1914. Prix de Rome, il dirige les grandes auditions wagnériennes au Trocadero. La guerre vient mettre un terme rapide à ces perspectives…

« On ne voulait plus d'artistes sérieux, on voulait "rigoler"… », rapporte un chroniqueur à son sujet. Aussi notre homme, pour gagner sa vie, propose ce qu'il appelle des « pitreries musicales » et, depuis ce jour, sous le pseudonyme de Bétove, il se fait un nom par ces parodies « savantes » où il chante dans toutes les langues sans en connaître aucune, rencontrant en particulier le succès avec la valse de *Faust*. Les pastiches de musiciens connus sont également l'un de ses points forts, car, instantanément, il sait improviser une parodie qui donne de façon saisissante l'illusion de la musique des maîtres qu'il caricature.

Telle est la biographie qu'on trouve de Bétove en 1923, à l'occasion de la création à Lyon de son opéra en trois actes, *le Cloître*, sur un livret d'Émile Verhaeren. Bétove tentait là de « revenir » à la musique sérieuse et d'échapper à son personnage de rigolo, sans y parvenir de toute évidence puisque la suite l'y ramène. Dans *la Nouvelle Revue* du 1er mai 1934, Paul Carrère, sous le titre « Bétove », évoque sa carrière et cite deux vers de Maurice Rostand à lui consacrés :

> « Digne de Beethoven, il s'appelle Bétove
> Et son éclat de rire est beau comme un hélas ! »

Par ailleurs, écrit Carrère, « il n'est pas de manifestation artistique de la vie moderne qui puisse laisser indifférent ce passionné de l'Art. Le cinéma devait donc le séduire, dans ses rapports étroits avec la musique. Il dirigea l'exécution musicale de films comme *Civilisation* à Paris, conçut des adaptations très remarquées pour des scénarios d'Abel Gance, de Diamant-Berger. Il écrivit aussi lui-même, de la musique pour de grands films… »

Dans *Les Cahiers du mois* de 1925 consacré au cinéma, on l'interroge sur les rapports de la musique et du cinéma et sa réponse, brève et sous forme épistolaire, témoigne d'une exigence déçue voire désespérée : « Lorsque tous les gens de cinéma comprendront *ce que c'est que le cinéma, ils se serviront de la Musique comme nous nous servons de l'oxygène pour vivre.* Mais sectaires et veules comme la plupart des hommes qui construisent, ils désirent devoir tout à leurs efforts vers le néant momentané plutôt que de devoir une parcelle de millième de millimètre de triomphe à quelqu'autre chose (fût-ce de la Musique) qui leur soit apporté ».

Parmi les films dont Bétove compose la musique, on trouve *Vingt ans après* de Diamant-Berger, 1922 (où il joue un rôle), *Éducation de Prince* de Diamant-Berger, 1927 (où il joue également aux côtés d'Edna Purviance, Albert Préjean et Pierre Batcheff) ; plus tard, *Gosse de riche* de M. de Canonge (1938). **Fr.A.**

BOUDRIOZ Robert (1877-1949)
Robert Boudrioz, auteur d'une vingtaine de films sur une période que l'on peut situer essentiellement dans l'entre-deux guerres, a surtout marqué par son activité de scénariste. En effet, selon l'*Enciclopedia dello Spettacolo*, peuvent lui être attribués plus de trois cent cinquante scénarios à partir de 1907 pour Pathé où il est actif pendant une dizaine d'années. Il est difficile d'exprimer un jugement sur cette contribution copieuse, d'une part parce que la majeure partie de ces films a été perdue, d'autre part parce

qu'il n'existe pas de documentation précise qui puisse établir quels sont effectivement les films qui sont sortis de l'imagination fertile de Boudrioz, dont il faut aussi rappeler qu'il fut le parolier de nombreuses chansons.

« Homme chétif, candide et plein de courage » – ainsi le définit Henri Fescourt dans *la Foi et les montagnes* –, Boudrioz passe à la mise en scène en 1916. Son premier film *Français ! N'oubliez jamais !*, un pamphlet propagandiste tourné à quatre mains avec Roger Lion, fut considéré comme violent et la censure imposa quatre cents mètres de coupes. L'année suivante, chez Éclair, où Boudrioz est passé après avoir quitté Pathé, c'est le directeur de la Maison, Jourion, qui lui offre de mettre en scène *l'Âpre lutte*, un scénario que Boudrioz avait préparé pour Roger Lion. Il en résulte un bon film, avec Maurice Lagrenée et Renée Sylvaire. D'autres travaux suivent en 1919 : Fanny Lear qui adopte la formule du « drame mondain » et qui s'inspire de la pièce de Mailhac et Halevy, *Zon* une petite comédie et *Un soir* qui marque les débuts de Germaine Fontanes.

C'est ensuite en 1920 le tour de *l'Âtre*, une œuvre qui compte dans l'histoire du cinéma français, même si la bêtise des distributeurs retarde de deux ans la sortie du film. Produit par Abel Gance, sur une idée et un scénario d'Alexandre Arnoux, interprété par les deux protagonistes virils que sont Charles Vanel et l'énergique Maurice Shutz, *l'Âtre* est heureusement parvenu jusqu'à nous. Le film a été restauré il y a quelques années par la Cinémathèque française. L'histoire se passe à la campagne et le film donne un aperçu des mœurs paysannes décrites minutieusement dans le texte d'Arnoux et portées à l'écran avec tout autant de soin par Boudrioz. À propos du film, dans leur *Histoire du cinéma*, Jeanne et Ford notent un « réalisme outrancier dont Émile Zola avait fait son unique loi », alors que René Clair s'exprime ainsi : « Voilà un film français où se manifeste un effort vers la simplicité. Réjouissons-nous. Le réalisateur qui a créé cette courte vision – et d'autres aussi sombres et directes – devrait dans l'avenir recourir uniquement à l'expression visuelle pure. Il en connaît le simple secret » (*Théâtre et Comoedia illustré*, 1923). Malheureusement, le souhait de Clair ne se réalisa pas.

« O délicieux, ô chimérique Boudrioz – écrit encore Fescourt – qui gâche sa carrière à courir après des fumées de millions que lui avaient promis des groupes financiers internationaux », et qui malheureusement n'arrivèrent jamais. Les films qui suivent, *Tempête* avec Mosjoukine, *Vivre* une coproduction franco-allemande, le documentaire *Record du monde* et quelques autres, également au début du parlant, sont seulement des travaux corrects, correctement scénarisés, mis en scène et interprétés. Boudrioz signe son dernier film en 1935. Dix ans après, peu avant sa mort, il cherchait tenacement à réaliser une nouvelle version de *l'Âtre*.

V.M.

Filmographie ◆ *Zon* (1920) ; *Tempêtes* (1922) ; *L'Âtre* (id.) ; *L'Épervier* (1924) ; *La Chaussée des géants* (terminé par Jean Durand, 1926) ; *Trois Jeunes Filles nues* (1928) ; *Vivre/Der Schöpfer* (id.) ; *Record du monde* (1930).

BOURGEOIS Gérard (1874-1944) Né à Genève de parents français, Gérard Bourgeois débute comme acteur de théâtre et aborde le cinéma comme directeur artistique pour la société Lux en 1908, où il tourne de nombreux films, se spécialisant dans le genre historique avec des titres comme *Un drame sous Richelieu, le Conscrit de 1809, Dans la tourmente.* En 1911, il passe chez Pathé où il dirige encore quelques films historiques (*Latude, la Jacquerie, Cadoudal*) avant de s'affirmer avec un long métrage, *les Victimes de l'alcoolisme* (1911), dont le sujet reprend un thème très en vogue à l'époque, déjà traité par Capellani dans *l'Assommoir* (1909) et par Griffith *dans Drunkard's Reformation* (1909). De par sa longueur de mille mètres, le réalisme soigné des scènes et l'interprétation des acteurs, le film de Bourgeois représente un saut qualitatif dans la production Pathé, à tel point que Sadoul le définit comme : « le chef-d'œuvre du naturalisme cinématographique français d'avant 1914 ». Bien entendu inspiré du roman de Zola déjà adapté par Capellani, le film est présenté par la publicité comme une œuvre d'un « cru réalisme ». « Nous assistons à cause du redoutable poison, à la pénible décadence d'un père de famille, dont les fils mal éduqués et médiocrement nourris sont eux aussi condamnés à l'alcoolisme ou à la tuberculose. Cette forte leçon sociale s'articule dans un drame aux situations douloureuses et à la conclusion tragique ». Bourgeois utilise un découpage traditionnel fondé sur une scansion par tableaux, mais il réussit à le mettre en mouvement grâce à l'utilisation systématique de la profondeur de champ, à laquelle le jeu des acteurs donne sens. On retrouve le même procédé dans un remarquable long métrage de la même année, *le Roman d'une pauvre fille*, efficace mélodrame dont le réalisme est accru par diverses prises de vues en extérieur.

Nick Winter contre Nick Winter (1911) scellc la rencontre entre Bourgeois et le feuilleton policier, un genre auquel il allait rester fidèle jusqu'à la fin de sa carrière. Après *Chéri-Bibi*, inspiré du personnage crée par Gaston Leroux et *les Apaches*, tous deux de 1913, en 1917, il dirige pour Éclair les six épisodes de Protéa IV, *les Mystères de Malmort*, titre de la quatrième série de la saga commencée par Victorin Jasset et interprétée par Josette Andriot. L'unique fragment conservé de ce film aux aventures mirobolantes, témoigne d'une sensibilité à l'exemple du *serial* américain (il s'agit d'un *cliff-hanger*, un finale « en suspension » peu fréquent dans les films à épisodes français), conjuguée à la technique française de la composition en profondeur. Le résultat est une séquence étrange, amusante comme une bande dessinée, mais dérangeante comme les meilleurs moments de Louis Feuillade.

Après la parenthèse de *Christophe Colomb*, une superproduction tournée en Espagne, qui malgré les efforts notables fournis pour la reconstitution des célèbres caravelles se traduit par un insuccès, Bourgeois se dédie à nouveau au *serial* d'aventure *le Fils de la nuit* (1919), une histoire qui se déroule au Maroc où le héros vengeur du titre se trouve à la tête d'une bande de Touaregs. La crise des films à épisodes le pousse à se replier sur les « films d'époque » pour lesquels il peut s'appuyer sur son expérience du genre des films historiques (*Un drame sous Napoléon*, 1921). Les derniers films sont un hommage à deux grands mythes du *serial* sensationnel: *Terreur* (1924), distribué aux États-Unis sous le titre *The Perils of Paris*, est la dernière interprétation de Pearl White après son départ d'Hollywood et son installation définitive en France, *Face à la mort* (1925) est interprété par Harry Piel dans une de ses célèbres compositions de détective sans peur. **M.D.A.**

Filmographie ◆ *Un drame sous Napoléon* (1921); *Terreur* (1924); *Face à la mort* (1925).

BRUNEAU Adrien (1874-1965)
Atypique, la première confrontation d'Adrien Bruneau avec le cinéma détermina certainement son militantisme en matière d'enseignement, mais aussi, plus largement, sa volonté d'inscrire l'art cinématographique au cœur d'une éducation à la vie.

Pendant la guerre, il est chargé d'établir les cartes des positions ennemies par l'étude des photographies aériennes. En superposant les calques, il réalise de véritables dessins animés.

Cette expérience et la révélation des films de Comandon le conduisent à redéfinir le sens même du « voir ». Le film est le livre qui permet d'analyser rapidement l'essentiel, de développer la mémoire visuelle et de stimuler l'imagination. La compréhension du monde s'en trouve plus prégnante, la création plus innovante. Adrien Bruneau, professeur de dessin à l'École Boulle et aux Arts décoratifs, expérimenta sa méthode au sein de l'école libre, gratuite et ouverte à tous, « Art et Publicité », qu'il fonde en 1920. Un film qu'il édite chez Gaumont en 1921, *l'Enseignement du dessin et le cinématographe*, témoigne de sa pédagogie. Il y juxtapose extraits de films présentés à vitesse normale, accélérée ou ralentie, travaux d'élèves s'y rapportant et citations des grands maîtres de l'art occidental.

Fort de cette relation au cinéma à la fois professionnelle et émerveillée, comme en témoigne Jean Epstein avec qui il travaille en 1921 à la mise en scène de *Pasteur*, Adrien Bruneau apporta un soin particulier à la conception d'une série de films mettant en valeur les écoles professionnelles municipales. Extrême attention au cadrage, fondus enchaînés, utilisation du ralenti, teintages, cartons-frontispices sont convoqués pour que l'esthétique s'allie au pédagogique. L'instrumentalisation du cinéma par l'enseignement ne peut se faire aux dépends des qualités propres au cinéma. Parti pris qu'il rendra manifeste en organisant la section consacrée au « Cinématographe au service de l'Enseignement de l'Art » de l'exposition *l'Art dans le Cinéma Français*, au musée Galliera en 1924, et qui le guidera dans la constitution des collections de la Cinémathèque de la Ville de Paris et de la Cinémathèque Nationale de l'Enseignement professionnel, (toutes deux réunies sous sa direction à partir de 1926). Bien que dévolue à la formation des enseignants, Adrien Bruneau ouvrit la salle de la Cinémathèque de Paris aux projections et conférences des « Amis du cinéma », manifestant par là même que pédagogie, cinéphilie et cinéma d'expérimentation œuvrent également à édifier « l'honnête homme » de demain. **B.d.P.**

BUÑUEL Luis (1900-1983)
Luis Buñuel naît à Calanda, en Aragon. Peu après sa naissance, la famille s'installe à Saragosse, mais Luis retournera régulièrement au village. L'expérience de la brutale réalité aragonaise – paysage de rocs et de terre, caractère rude des habitants – constitue l'un des éléments majeurs de la formation du jeune garçon. C'est là que les animaux – notamment les insectes – lui révèlent un mode de vie qui le fascinera toute sa vie ; c'est là qu'il découvre la mort (la vision d'une charogne d'âne resurgira dans *Un chien andalou*) ; c'est là qu'il entend, chaque année lors de la Semaine Sainte, battre les tambours trois jours durant (ils apparaîtront dès *l'Âge d'or*).

De 1906 à 1908, Buñuel fréquente le collège du Sacré-cœur de Saragosse, puis étudie chez les Jésuites jusqu'à l'âge de quinze ans, formation répressive qui le marquera durablement: « Les deux sentiments essentiels de mon enfance, qui perdurèrent avec force pendant l'adolescence, furent ceux d'un profond érotisme, tout d'abord sublimé dans une forte religiosité, et une constante conscience de la mort. »

Il a le goût du sport, de la musique également – il étudie le violon dès l'âge de douze ans et accourt aux concerts de Wagner avec sa partition, goût qui ne déclinera qu'avec l'apparition de la surdité. Cette période, il l'évoquera à la veille de sa mort avec nostalgie: « J'ai eu la chance de passer mon enfance au Moyen Âge, cette époque « douloureuse et exquise », comme l'écrivait Huysmans. Douloureuse dans sa vie matérielle. Exquise dans sa vie spirituelle. Juste le contraire d'aujourd'hui. »

En 1917, Buñuel entre à la *Residencia de Estudiantes*, où il restera jusqu'en 1924. Ce séjour sera décisif pour son orientation. La Résidence, institution bourgeoise et libérale, accueille étudiants et professeurs, lesquels cohabitent dans un climat d'ouverture culturelle et de tolérance. Buñuel a peu d'efforts à faire pour adopter le « style résident », désinvolte et inquiet, libre et provocateur. Il côtoie là de nombreuses personnalités espagnoles et étrangères du monde culturel, mais surtout il rencontre Federico Garcia Lorca et Salvador Dali, qui vont vite devenir des amis intimes. Sous l'influence de Lorca, il abandonne les études d'ingénieur que lui avait imposées son père pour éviter qu'il se consacrât à la musique, et s'inscrit en Lettres. Ses goûts le portent entre autres vers Cervantes, le récit picaresque, mais aussi Perez Galdos et, d'une façon générale, vers la tradition « noire » de la culture espagnole – dans laquelle s'inscrira son œuvre – de Quevedo à Goya. Quant à Dali, il sera son premier collaborateur et lui apportera sa grande capacité de création et son « aérodynamisme moral », selon sa propre expression. C'est aussi l'époque où Buñuel dirige le premier ciné-club espagnol à la Résidence, où il fréquente assidûment les « tertulias » littéraires, notamment celle de « l'ultraïste » Ramon Gomez de la Serna, inventeur des « greguerias », constamment à la recherche de nouvelles formes, et qui exercera une influence considérable sur toute cette génération. Tout en étudiant l'entomologie avec Claudio Bolivar, Buñuel se met à écrire des textes proches à la fois du style de Gomez de la Serna et du surréalisme. Attiré par la « capitale littéraire » et les horizons nouveaux, il part pour Paris, en 1925, avec une recommandation de la Résidence des étudiants pour la Coopération intellectuelle de la Société des Nations. Ni la SDN ni la France n'ayant d'argent, au lieu de s'initier à la politique internationale, il se consacrera au cinéma. Pour lors, il continue d'écrire des poèmes, « luxe de fils à papa » contre lequel, d'ailleurs, il s'insurge. *Un chien andalou* est le titre qu'il choisit de donner à un recueil de textes en vers et en prose. Avec le titre, nombre d'idées et d'images réapparaîtront à l'occasion de son premier film.

Déjà, en Espagne, Buñuel était attiré par le cinéma. Il avait une prédilection particulière pour Méliès et le cinéma comique nord américain, et une dévotion marquée pour Buster Keaton (son goût pour le gag se manifestera dès ses deux premiers films). C'est à Paris que son intérêt pour le cinéma se transforme en vocation : « C'est en voyant *les Trois Lumières* de Fritz Lang que je sentis, sans l'ombre d'un doute, que je voulais faire du cinéma. » Il s'inscrit alors à l'Académie du Cinéma que vient de créer Jean Epstein, dont il devient l'assistant pour *Mauprat* et *la Chute de la Maison Usher*. Parallèlement, il rédige des critiques cinématographiques pour la *Gaceta Literaria* et *les Cahiers d'art*. C'est aussi l'époque où il découvre l'œuvre de Sade, qui exercera sur lui une influence considérable. Invité à Cadaquès par Salvador Dali, il écrit avec lui le scénario d'*Un chien andalou*, et le tourne avec l'argent que lui a donné sa mère. La projection du court métrage aux *Ursulines* en 1929 lui permet de s'intégrer au groupe surréaliste, enthousiaste et admiratif, et qui reconnaît en Buñuel l'un des siens. De la rencontre entre le cinéma français d'avant-garde et le surréalisme était déjà né, en 1926, une première tentative, *la Coquille et le Clergyman*, réalisé par Germaine Dulac d'après un scénario d'Antonin Artaud. Mais c'est *Un chien andalou* qui est reconnu aussitôt comme le premier chef-d'œuvre surréaliste, bientôt suivi de *l'Âge d'or* (1930).

« Je n'étais pas surréaliste à mon arrivée à Paris, avoue Buñuel, je me figurais que c'était un truc de tapettes. Je lisais leurs trucs pour rigoler. » C'est donc à partir de sa première réalisation qu'il commence à côtoyer le groupe et sa doctrine. L'exploration du contenu latent de la vie à laquelle le surréalisme se livre, la quête d'une « surréalité » où cessent d'être contradictoires le rêve et la réalité, la raison et la déraison, la volonté farouche de délivrer l'homme de toutes les entraves morales, sociales, idéologiques qui musèlent son imagination et frustrent ses désirs, semblent trouver dans le cinéma leur langage adéquat, capable d'abolir, grâce à sa spécificité technique, les lois physiques, spatiales et temporelles : « Le cinéma a été pour nous une immense découverte, au moment où nous élaborions le surréalisme. [...] Nous considérions alors le film comme un merveilleux mode d'expression du rêve. [...] Plus encore que l'écriture, plus encore que le théâtre, le film, à mes yeux, conférait un pouvoir supérieur à l'homme. Tout semblait être permis au cinéma », déclare Philippe Soupault. « C'est là que se célèbre le seul mystère *absolument moderne* », écrit André Breton, qui exalte notamment le pouvoir du cinéma de « concrétiser les puissances de l'amour qui restent malgré tout déficientes dans les livres, du seul fait que rien ne peut y rendre la séduction ou la détresse d'un regard, ou certains vertiges sans prix » (*L'Âge du cinéma*, 1951).

Il n'est guère étonnant, dans ce contexte, qu'*Un chien andalou*, qui apparaît comme une vertigineuse plongée dans les contrées mystérieuses de l'inconscient, soit reconnu immédiatement comme une production surréaliste, et que *l'Âge d'or*, qui prend violemment le parti de l'amour fou contre toutes les formes de l'aliénation, se voie accueilli avec la même ferveur enthousiaste par Breton et ses amis. Il serait toutefois inexact de réduire la rencontre entre Buñuel et les surréalistes à une idylle sans nuages. La position de ces derniers à l'égard du cinéma renfermait dès le début une ambiguïté qui peut en partie éclairer l'éloignement ultérieur. Breton raconte comment il s'entendait tout spécialement avec Jacques Vaché

« pour n'apprécier rien tant que l'irruption dans une salle où l'on donnait ce que l'on donnait, où l'on en était n'importe où et d'où nous sortions à la première approche d'ennui – de satiété – pour nous porter précipitamment vers une autre salle où nous nous comportions de même, et ainsi de suite. » Un tel rapport au cinéma – qui nie la globalité du texte pour ne chercher dans un film que les brefs instants susceptibles de déclencher l'excitation ou la rêverie – ne va guère dans le sens d'un réel intérêt pour l'œuvre cinématographique. C'est d'ailleurs, au bout du compte, la déception qui l'emporte. En 1930, les surréalistes ont retenu peu de choses du 7e art, parmi lesquelles *Un chien andalou* et *l'Âge d'or*, « qui se situent au-delà de tout ce qui existe ».

Buñuel, à cette époque, s'il considère le cinéma d'un autre œil, partage encore les comportements surréalistes, leur radicalisme, leur intransigeance, dont il est lui-même victime à propos du scénario d'*Un chien andalou* que Paul Éluard lui demande de publier dans un numéro de la revue belge *Variétés*, consacré au surréalisme. Buñuel l'ayant déjà remis imprudemment à la *Revue du Cinéma*, éditée par Gallimard, Breton le convoque à une « petite réunion » avec le groupe, lequel l'envoie à l'imprimerie de Gallimard casser les plombs au marteau. Buñuel obtempère (mais le numéro est déjà imprimé), lui-même capable de comportements similaires. Preuve en est la lettre – cosignée par Dali – qu'il adresse en 1929 à Juan Ramon Jiménez, écrivain consacré de la génération de 98, à propos de son célèbre et populaire récit : « [...] Spécialement MERDE ! pour votre *Platero y yo* [...] Et pour vous, pour votre funeste action, également MERDE ! »

L'intolérance de Breton, les fréquents rappels à l'ordre et les « excommunications » finiront tout de même par lasser Buñuel, qui cesse de participer aux activités du groupe au début des années trente. Le surréalisme, en tant que vision du monde (Benjamin Péret est probablement le poète dont il est le plus proche), laissera toutefois des traces profondes dans son œuvre : « Ce qui m'est resté, c'est d'abord ce libre accès aux profondeurs de l'être, reconnu et souhaité, cet appel à l'irrationnel, à l'obscurité, à toutes les impulsions qui viennent de notre moi profond. Appel qui retentissait pour la première fois avec une telle force, un tel courage, et qui s'entourait d'une rare insolence, d'un goût du jeu, d'une vive persévérance dans le combat contre tout ce qui nous semblait néfaste. De tout cela, je n'ai rien renié. [...] Ce qui m'est resté du surréalisme [...] c'est une exigence morale claire et irréductible à laquelle j'ai tenté, à travers vents et marées, de rester fidèle. » **C.M.**

BUREL Léonce-Henri (1892-1977) **et les opérateurs**

Dans *les Coulisses du cinéma* (1929) Georges-Michel Coissac présente les principales professions du cinéma. Il insiste notamment sur l'importance de l'une d'entre elles, trop souvent occultée, celle d'opérateur. En effet le travail d'éclairage et de prise de vue occupe une place centrale dans la création cinématographique tout en étant largement méconnue. Selon Coissac, en plus d'être ignorée du public, le travail de l'opérateur est souvent minimisé par les réalisateurs eux-mêmes. Trop fréquemment ceux-ci prennent les directeurs de la photographie comme de simples exécutants, au lieu de les considérer comme des partenaires à part entière. Pour Coissac, c'est grâce à une collaboration renforcée entre le réalisateur et l'opérateur, dès l'élaboration du scénario et du plan de tournage, que le niveau artistique du cinéma français s'élèvera. De plus, une meilleure préparation devrait permettre une rationalisation des tournages et provoquer ainsi une baisse des coûts de production.

La relative indifférence dont pâtissent les professions cinématographiques dans les années vingt, notamment celle d'opérateur, s'explique, entre autres, par la structure éclatée de la production française. Loin de la division des tâches et de la spécialisation professionnelle des studios américains, le cinéma français travaille au coup par coup, en fonction des productions en cours. Engagés film à film, les opérateurs ne travaillent que rarement au sein de structures stables. Nombreux sont ceux qui restent inoccupés pendant de plus ou moins longues périodes. Le relatif anonymat découlant de ce système est encore renforcé par l'importance accordée alors avant tout aux metteurs en scène. Menant une lutte pour que les réalisateurs soient reconnus à part entière comme des créateurs, la critique célèbre des auteurs en négligeant souvent le caractère collectif de la création cinématographique. Seul le travail de quelques opérateurs est alors reconnu comme d'importance. Dans son *Histoire du cinéma*, Mitry cite les noms de Léonce Burel, Joseph Mundviller, Émile Specht, Gibory, ainsi que D. Johnstone, M. Bujard, M. Duverger, E. Pierre, R. Guychard, P. Guichard, P. Portier, J. Kruger, Bourgassoff, Toporkoff, R. Maté.

Mais Léonce-Henri Burel est sans doute la principale figure des années vingt considérée comme digne d'attention, aux côtés de Jules Kruger, Fédote Bourgassoff.

Après des études de Beaux-arts à Nantes, Burel exerce les professions de photograveur, phototypiste-portraitiste et finalement d'opérateur. Après un séjour à la société Éclair, il passe chez Cosmograph, au département scientifique, puis aux Films populaires. C'est au Film d'art qu'il éclaire ses premiers films importants, notamment *Alsace* de Pouctal en 1915. C'est dans une production de cette même société que Gance et Burel collaborent sur *l'Énigme de dix heures* (1915). Ils se retrouvent ensuite aux génériques de seize films. Parmi leurs premières collaborations, *la Folie du Docteur Tube*

(1915) est le plus frappant par ses diverses déformations optiques. Mais ce sont les titres de la fin de la décennie qui retiennent avant tout l'attention des commentateurs : *le Droit à la vie* (1917), *Mater Dolorosa* (1917), *la Dixième symphonie* (1918) et *J'accuse* (1919).

On convient de reconnaître dans ces films l'influence exercée par *The Cheat* de C.B. De Mille, sorti auparavant à Paris. Outre qu'ils suivent une structure mélodramatique relativement proche de celle du film américain, *le Droit à la vie* et *Mater Dolorosa* présentent des caractéristiques similaires. Le recours à des gros plans de visages illuminés par des éclairages directionnels très vifs, le fait qu'à plusieurs reprises les comédiens soient pris sur des fonds noirs tout en étant éclairés de côté, sont les principaux procédés permettant un tel rapprochement. La présence massive de gros plans et de plans moyens, à l'inverse de la plupart des films français de l'époque, sont la marque distinctive des bandes que signent Gance et Burel. Qualifiés de « rembrandtisme », ces éclairages sculptent les personnages en jouant du contraste entre des zones de grande obscurité et des parcelles de forte intensité lumineuse. Le recours à un éclairage directionnel puissant, grâce à des sources d'éclairage électriques, tranche avec les habitudes des plateaux de tournage français, dont l'appareillage est souvent considéré comme vétuste, en comparaison des studios allemands et américains.

À ces procédés dont le caractère novateur est souligné par tous les historiens, *J'accuse* ajoute l'usage d'une série de plans symboliques, visualisations des poèmes composés par un des personnages. Ils forment une série de tableaux au sein du film qui lui confère un aspect particulièrement singulier, surtout en regard des plans de guerre, considérés alors comme d'un rare réalisme. On note en outre la présence de nombreux mouvements de caméra, souvent très rapides et dont l'élaboration dépend largement de l'habileté de l'opérateur.

La collaboration entre Burel et Gance reprend sur le tournage de *la Roue* et de *Napoléon vu par Abel Gance*. Sur le tournage du premier, il semble que ce soit les scènes de chemin de fer, notamment près de Nice, qui peuvent lui être attribuées. Quant à *Napoléon*, il semble que ce soit le triptyque qui l'ait occupé au premier chef. Il aurait même tourné une partie en couleur et en 3D. Mais ces deux films doivent plus à leurs opérateurs principaux, Bujard et Duverger pour le premier, Kruger pour le second, à la tête d'une impressionnante cohorte d'opérateurs chevronnés.

Entre *la Roue* et *Napoléon*, Burel collabore de manière régulière avec deux autres réalisateurs importants : André Antoine et Jacques Feyder. Pour Antoine, il réalise la photo de *Mademoiselle de la Seiglière* (1920, avec comme autres opérateurs : René Gaveau et René Guychard), *la Terre* (1921, avec Paul Castanet et René

Gaveau) et *l'Arlésienne* (1922), voire *l'Hirondelle et la mésange* (1920) auquel Burel aurait peut-être participé. Les commentateurs soulignent le sens du paysage qui se dégage de ces films et insistent sur le pictorialisme de nombreux plans qu'ils rapprochent de certains peintres, en particulier Millet.

Avec Feyder, Burel travaille sur trois films majeurs de la décennie : *Crainquebille* (1922), *Visages d'enfants* (1923) et *l'Image* (1925). Dans leurs recensions de *Crainquebille*, les critiques retiennent les nombreuses scènes tournées aux Halles, en extérieur, les parties nocturnes, ainsi qu'une séquence de procès et un cauchemar ayant nécessité un truquage compliqué, réalisé conjointement à la prise de vue et au tirage. Quant au second, ils louent avant tout le rendu des paysages alpins, cadre irréaliste de ce mélodrame. On peut relever la variété des procédés mis en œuvre, du cadrage en contre-plongée au mouvement de caméra qui suit un des personnages. La place centrale accordée à la subjectivité d'un enfant, selon lequel s'organise le point de vue, justifie, voire naturalise l'emploi de figures visuellement très marquées. Enfin dans *l'Image*, l'importance du regard est indiquée par le titre même du film. Le récit se construit autour de la recherche, par trois hommes, d'une même femme dont ils ont vu la photo. Ce type de mise en abyme place la photographie, donc le travail de l'opérateur, au cœur même du récit.

À ces collaborations, menées avec trois réalisateurs parmi les plus importants du cinéma français muet, s'ajoute une série d'autres collaborations ponctuelles. Suite à *Napoléon*, Burel travaille sur quelques grosses productions comme le *Casanova* de Volkoff où abondent les prouesses visuelles, effets de transparence et d'ombres chinoises, ou le *Michel Strogoff* de Tourjansky (1926). Il photographie aussi *l'Équipage* (1928, M. Tourneur), *Vénus* (1929, L. Mercanton), etc. Burel s'adapte parfaitement au sonore et poursuit une carrière importante, alternant collaborations ponctuelles ou suivies. Il travaille notamment avec Rex Ingram pour trois films.

On attribue à Burel la réalisation de trois films dont *la Conquête des Gaules* en 1922. Le film, signé Marcel Yonnet et Yan B. Dyl, relate un tournage dans lequel un opérateur est chargé de reconstituer l'épisode historique avec des bouts de ficelle. Film réflexif, s'il en est !

Burel décède en 1977, ayant assuré la photographie de plus de 130 films, parmi lesquels des Bresson. **P.-E.J.**

BURGUET Charles (1872-1957)
Né Charles Lévy, Charles Burguet est le fondateur en 1912 des *Films Azur* à Nice, qui a duré jusqu'en 1914. Acteur de 1894 à 1906, directeur du Théâtre Réjane (1906-1908), directeur artistique des casinos de Nice, Vichy et Évian jusqu'en août 1914. Il entame une carrière de réalisateur par le biais du documentaire, en

1908 pour le Film d'art, mais on lui attribue une cinquantaine de films de 1912 à 1917, de courts-métrages de fiction aux genres variés. Pour Gaby Morlay, il tourne plusieurs titres à la Gaumont (avec Jacques Feyder pour autre interprète) avant de devenir l'un des personnages incontournables du cinéma français, tant du point de vue artistique que du point de vue associatif. En 1916-17, il entre au Film d'art, aux côtés de Vandal et Delac et signe plusieurs titres (*les Yeux qui accusent*, *la Course au flambeau*) pour lesquels il s'assure une solide réputation de technicien et de consciencieux réalisateur. Il se fait un nom et avec René Le Somptier, réalise l'une des plus célèbres bandes de l'art muet: *la Sultane de l'amour* en 1919. Cette œuvre ampoulée et coloriée au pochoir reconstitue des décors des mille et une nuits au milieu du Nice exotique du début du siècle. Ce film a de nombreux défenseurs, et non des moindres. Ce vrai triomphe permet à son jeune réalisateur, après un autre film très remarqué, *l'Ours*, de rejoindre la Phocéa à Marseille. Il y rencontre Suzanne Grandais, alors jeune ingénue, fraîche et souriante, surnommée « la Mary Pickford à la française ». Ensemble, ils tournent *Gosse de riche* (1920) une comédie enlevée, bien supérieure aux films français habituels et enchaînent avec *l'Essor*, un *serial* en dix épisodes et 10 000 mètres, chargé d'aventures et de riches inventions formelles qui en font une véritable réussite. Malheureusement, le film est plus connu pour le drame du 28 août 1920: un grave accident de voiture, à la fin du tournage. Si Burguet en a réchappé, la belle Grandais et l'opérateur Marcel Ruette en sont morts. La jeune actrice avait pourtant reçu une lettre anonyme, mais n'y avait prêté aucune attention.

Ce n'est que deux ans après que Charles Burguet revient au cinéma avec la troisième adaptation des *Mystères de Paris*, d'après Eugène Sue. C'est de nouveau un *serial* en douze épisodes aux qualités esthétiques indéniables et une kyrielle d'interprètes les plus renommés de l'époque: Huguette Duflos, Gaston Modot, le jeune Pierre Fresnay... et de véritables clochards parisiens pour la figuration. Son film suivant, *la Bâillonnée* (1922) est loin d'atteindre les qualités attendues. Tirée de Pierre Decourcelle, en sept épisodes, la bande est des plus académiques. Les films suivants sont du même format, sans invention ni originalité, et plutôt orientés vers le populaire et la recherche du public: *la Mendiante de Saint Sulpice* (1923) avec Gaby Morlay et Charles Vanel que produit sa jeune société « les films Charles Burguet », puis de nouveau une adaptation larmoyante de Xavier de Montépin, *la Joueuse d'orgue* (1924) suivi de *Faubourg Montmartre* (id.) d'après Henri Duvernois, et interprété de nouveau par Gaby Morlay. Ce film relève un peu la production d'un réalisateur aux confins du commercial. *Barroco* (1925) et *Martyre* (1926), tous deux interprétés par Charles Vanel achèvent la carrière de Charles Burguet qui termine sa carrière avec *le Meneur de joies* en collaboration avec René Navarre (1929) qui coproduit et interprète le film. Entre temps, ce proche de Camille de Morlhon sera donc président de la Société des Auteurs de Films de 1925 à 1940 et membre de la Commission de contrôle des films durant les années vingt. Durant cette période, son nom apparaîtra souvent dans nombre de revues professionnelles dans lesquelles il est un ardent défenseur de la production cinématographique française.

À l'aube des années trente, il s'est retiré dans une magnifique maison moderne d'Auteuil, se reconvertissant dans la production jusqu'à la fin de sa vie. Il disparaît en 1957, mais où? à Nice, à Paris? **É.L.R.**

Filmographie ◆ *La Sultane de l'amour* (1919); *L'Ours Gosse de riche* (1920); *L'Essor* (id.); *Les Mystères de Paris* (1922); *La Bâillonnée* (id.); *Les Mendiants de Saint-Sulpice* (1923); *La Joueuse d'orgue* (1924); *Faubourg Montamartre* (id.); *Barroco* (1925); *Martyre* (1926); *Le Meneur de joies* (1929).

C

CANUDO Ricciotto (1877-1923)
Ricciotto Canudo jouit de la réputation flatteuse d'être l'un des premiers écrivains et théoriciens du cinéma, sinon le premier. Après la guerre de 1914-1918, il édite à Paris une revue mensuelle, *la Gazette des Sept Arts* où le cinéma est baptisé « Septième »: l'expression fit fortune comme on sait !

Il faut pourtant se garder de ne considérer chez Canudo que ce rapport au cinéma: ses écrits sur le théâtre, la danse, le ballet et le music-hall, ainsi que sa production littéraire romanesque et poétique comptent tout autant, dans la perspective qu'il définit lui-même comme celle d'une « esthétique totale » dont la base est formée par une philosophie de la musique, « religion du futur ». Il faut même considérer cette perspective pour comprendre la place qu'il accorde au cinéma et la visée esthétique qui est la sienne.

Cette synthèse de tous les arts, cette « esthétique totale », visent, selon lui, à résorber la rupture entre esthétique, religion et morale due à l'individualisme de l'époque romantique et de l'école décadente.

Le « Manifeste de l'art cérébriste », qu'il publie dans *le Figaro* en 1914, est développé ultérieurement dans *Hélène, Faust et nous. Précis d'esthétique cérébriste* (1920). Dans ce manifeste il refuse « l'art pour l'art » et revendique un retour à la vie, via un engagement continu. Il refuse l'immobilisme, le dogmatisme, affirme que dans l'art « marquer le pas c'est reculer », appelle les forces de renouveau et encourage la redécouverte des « arts primitifs » et des cultures orientales. La Musique seule le peut car elle compose des états toujours plus vastes de l'Individu, le répandant dans la nature avec de la matière rythmée vivante.

Les deux concepts fondamentaux du cérébrisme canudien sont: « suggérer et non définir », car « l'Infini ne peut être exprimé que par l'Indéfini ».

Il accorde à l'esthétique une importante fonction sociale dans ce dépassement de l'individu et accorde un rôle « d'opérateur culturel » à l'artiste, exalte l'essence démocratique de l'art, demande à l'État d'être garant de la liberté de l'artiste et de la protection du patrimoine.

Établi à Paris depuis 1901, ce journaliste et poète italien, proche d'Apollinaire, publie une étude sur le cinéma le 25 novembre 1908 dans un journal italien de Florence, « Trionfo del Cinematografo ». En mars 1911, c'est le *Manifeste des Sept Arts* – où figure le cinéma – dont il donne lecture à l'École des Hautes Études, en présentant *l'Enfer* de Giuseppe de Liguoro d'après *la Divine Comédie.*

Le 25 octobre 1911, il publie un essai sur le cinéma intitulé *la Naissance d'un Sixième Art – Essai sur le Cinématographe.* En 1913, avec J. Reboul et G. Boissy, il fonde la revue *Montjoie*; où il promet au cinéma un avenir « d'immenses symphonies plastiques mouvantes ».

Après s'être engagé volontairement comme soldat et y avoir gagné une décoration, Canudo, en avril 1921, fonde le CASA, « Club des Amis du Septième Art » qui comptent parmi ses membres des artistes et cinéastes « d'avant-garde »: réalisateurs (Delluc, Dulac, Poirier, L'Herbier, Cavalcanti, Epstein), critiques (Moussinac, Wahl, Landry, Jeanne, Pierre Scize), écrivains (Faure, Arnoux, Cendrars, Cocteau), peintres et architectes (Gromaire, Mallet-Stevens, Léger), musiciens (Honegger, Ravel, Roland-Manuel, Maurice Jaubert), et acteurs (Eve Francis, Jaque-Catelain, Jean Toulot, Harry Bauer, Gaston Modot).

L'activité principale du CASA consiste avant tout en dîners, conférences et débats; après quelque temps, Canudo publie *la Gazette des sept arts*; et surtout il organise des projections privées de films.

Ainsi c'est sans doute moins comme « premier théoricien » du cinéma ou « esthéticien » que Canudo eut une influence capitale, c'est comme organisateur de ces séances et des prolongements qu'il sut leur donner en direction du monde artistique.

Son coup d'éclat sera en effet – avec l'aide de Moussinac – de persuader le directeur du « Salon d'Automne », Franz Jourdain, d'accueillir une exposition de cinéma en 1921, 1922 et 1923. Lors de la première session, il procède à une sélection d'extraits de films regroupés selon des « écoles » stylistiques que sont: le réalisme, l'expressionnisme, le rythme cinématique, le cinéma pictural.

Cette initiative permettait de faire le départ, au sein d'un film, entre l'artistique et le prétexte narratif jugé secondaire voire superflu. Grâce à cet « isolement » de l'instance stylistique, Canudo parvint, pour des artistes et des intellectuels que la nature narrative du film rebutait par sa banalité, à rendre tangible sa dimension esthétique « pure ». Léger découvrit les parties purement rythmiques et plastiques de *la Roue* de Gance « nettoyées » du symbolisme et du mélo. Epstein rendit plus tard hommage à Canudo d'avoir créé ce type de projection. Quand, l'année suivante, Moussinac réédita ce coup d'éclat au Musée Galliera avec « l'exposition de l'art dans le cinéma français », le mouvement de reconnaissance du cinéma était accompli et le CASA donna naissance aux ciné-clubs.

Canudo disparut prématurément en 1923 mais son initiative avait déjà pris le large : « La semence était jetée, écrit Fescourt : des clubs se formèrent qui réunirent les amateurs du cinéma, et ils arrivèrent de tous les milieux artistiques. On y projetait des films méconnus, des films de recherche, des documentaires. On ouvrait des discussions sur la valeur de ces œuvres : c'est ainsi que naquit le Ciné-Club de France.

La création de salles « spécialisées » – telles que le Vieux Colombier – fut un prolongement direct de l'action initiale de Ricciotto Canudo. Elle la compléta car, tandis que le CASA visait d'abord à créer le contact entre les artistes et les cinéastes, ciné-clubs et salles spécialisées élargirent l'audience cinématographique. » **C.H.**

CARRÈRE René

Formé à l'École des Beaux-Arts, René Carrère est un disciple de Benjamin Constant. Spécialisé dans le portrait, il fixe les traits d'acteurs et de personnalités de son temps (Musidora, Jeanne Provost, Maud Loti, Colette) ; ses nombreuses récompenses lui valent de devenir membre du jury de la Société Nationale des Beaux-Arts. Blessé au début de la Première Guerre mondiale, il abandonne la peinture pour se consacrer au cinéma. Acteur dans *les Chacals* (1917) d'André Hugon auprès de Musidora, il retrouve celle-ci comme réalisatrice sur le plateau de *Pour Don Carlos* (1920), film dans lequel il assure les fonctions de décorateur et de maquilleur. « Le premier maquilleur en date – écrit Francis Lacassin – fut certainement le grand portraitiste René Carrère qui, houpette en mains et palette poudrée, suivait attentivement tout ce qui pouvait déflorer la beauté : une mouche, une poussière, une perle de sueur. »

Après la fin de la guerre de 1914-1918, les studios cinématographiques se développent dans le midi. De nombreux artistes s'installent à Marseille et à Nice et s'intéressent au cinéma. Musiciens et peintres trouvent une lumière naturelle qui les inspire et leur permet aussi de tester de nouveaux procédés de couleurs. La Corse profite de cet intérêt et la beauté de ses paysages en fait naturellement une terre d'images. Les syndicats d'initiative de l'île, la société du PLM (Paris Lyon Méditerranée), les films Éclair et de grands quotidiens encouragent et aident cette initiative. Celle-ci est soutenue par les artistes, les hommes politiques et les industriels, parmi lesquels on trouve un des homme les plus riches de France, le parfumeur François Coty, et de nombreux ministres. Des concours de beauté sont organisés et, en 1920, la première reine des provinces de France est élue, c'est une Corse, Pauline Pô.

Dans les années vingt, l'île de beauté accueille de nombreux tournages. Outre ceux de Gennaro Dini, Henry Krauss, Henry Roussell évoqués ailleurs, on peut noter que Paul Barlatier vient en Corse en 1921 sollicité par le syndicat d'initiative de Bastia. De son côté, René Carrère est amené à fonder la Société des Films Carrère et Cie et à produire trois films, disparus aujourd'hui, interprétés par Pauline Pô, *l'Éternel amour* (1921), *Prix de beauté* (1922), *Corsica* (1923). Dans *l'Éternel amour*, des essais ont été tournés en couleurs par A. Herault, industriel installé à Neuilly sur Seine. À ce que l'on sait, le film montre les plus beaux sites de l'île de Corse tout en racontant une histoire inspirée par les mœurs et les paysages insulaires. Ricciotto Canudo publie une critique élogieuse de *Corsica*; dans un article de *Paris Midi*, paru le 6 juillet 1923 sous le titre « Le Film latin », il explique: « Saluons de toute notre émotion ceux qui ont conçu et réalisé le film *Corsica*, il forcera les écrivains français et italiens à mieux regarder autour d'cux, à mieux essayer de comprendre et de représenter les ondoiements psychologiques et poétiques de leur propre pays, enfin de mieux étudier l'harmonie absolue qui existe entre tout paysage et les êtres qui le choisirent dans les siècles et y perpétuèrent leur race. » Canudo ajoute que *Corsica* « n'est et ne saurait être que cela: la Corse. Un film corse. Un film latin. Le peintre René Carrère a été bien inspiré et il a su faire du mélodrame de madame Vanina Casalonga cette tragédie visuelle qui nous présente l'âme d'un peuple enfermé et puissant ». Le texte de Canudo fait écho aux théories d'Antoine sur le cinéma. Afin de donner une vérité aux personnages décrits dans les films, il faut connaître leur environnement, les filmer dans des décors naturels choisis pour que le spectateur découvre avec intérêt leurs motivations profondes aiguisant ainsi sa curiosité.

Nombreux ont été les élèves d'Antoine qui ont assimilé ses préceptes longuement décrits avant la guerre et qui sont repris par de nombreux cinéastes. On peut citer Jean Hervé (1884-1966), jeune comédien qui s'intéresse au cinéma. Acteur chez Antoine, Louis Delluc et Marcel l'Herbier, sociétaire de la Comédie-Française, il utilise les congés que lui accorde le théâtre pour tourner des films et crée une société de production cinématographique, Les Films Artistiques Jean Hervé. Hervé tourne successivement – ses films sont malheureusement tous perdus – *Colomba* (1920), *le Pauvre Village* (id., tourné en Suisse), *le Témoin dans l'ombre* (1922), *les Deux Soldats* (1923), *l'Étrange Aventure du Dr Work* (1924), *le Secret du camélia* (1929). Jean Hervé, dans son premier film *Colomba*, engage comme assistant Édouard Chimot pour aller filmer en Corse. Ce dernier est un peintre et un graveur sorti de la même école que René Carrère. Chimot tourne deux films, *Survivre* en 1923 et *l'Ornière* en 1924. Restauré par le Service des Archives du Film, *l'Ornière* est un beau mélodrame interprété par Gabriel de

Gravone. Après ce film, Chimot reprend son métier de dessinateur et d'illustrateur.

Gabriel de Gravone utilise sa célébrité pour favoriser la venue de tournages en Corse. Pauline Pô et lui vont être des ambassadeurs soucieux de représenter leur île et de trouver des possibilités de la valoriser en y invitant des artistes internationaux de renom. William Delafontaine, assistant de Gabriel de Gravone sur son unique film, *Paris, Cabourg, Le Caire… et l'amour* (1926), produit par le Dr Markus (Delafontaine a été aussi directeur de production d'Abel Gance pour *Napoléon*), tourne un documentaire en couleurs, *Mateo Falcone*, et quelques scènes en couleurs de *l'Infidèle* de Georg Jacoby (autre titre : *Ma vengeance m'appartient*, 1928). Ces productions franco-allemandes sont produites par le même Dr Markus. Le procédé en couleurs est le Keller Dorian abandonné à cause de sa difficulté de tirage.

En Corse, un Sartenais, Jean Sarté, produit *Amour et vendetta*, un film réalisé par René Norbert (né Raoul Ottavi à Alger en 1889) entièrement filmé en extérieurs et interprété par des acteurs connus comme José Davert et Gaston Norès. Seul essai de ce genre, ce film régional reste sans suite. Sa distribution arrive avec la crise de 1924-1925 sur la Côte d'Azur, période difficile qui voit les studios fermer. Les sociétés diminuent leurs productions et préfèrent distribuer des films venus d'outre Atlantique. **J.-P.M.**

CAVALCANTI Alberto (1897-1982)
La carrière plus que prolifique de Cavalcanti est extrêmement divisée tant géographiquement (France, Grande-Bretagne, Brésil, Autriche, RDA, Roumanie, Italie…) que dans ses options génériques ou esthétiques (du film poétique au documentaire, du pamphlet politique au fantastique ou au policier, etc.). Sa première période française s'étend de 1922 à 1934, « les année vingt » y occupent donc la plus grande place.

Brésilien venu en Europe faire des études d'architecture, Cavalcanti se rend à Fribourg peu avant la Première Guerre mondiale puis à l'École des Beaux-Arts de Genève où il reçoit sa formation d'architecte. À la fin de la guerre il est à Paris, entre dans un bureau d'architecte, puis tente un retour au Brésil. La vision de *Rose France* de L'Herbier le convainc de prendre contact avec le cinéaste et, de retour en Europe, il devient, en 1923, l'un de ses collaborateurs au sein de Cinégraphic. Il est décorateur sur *Résurrection* (inachevé) de L'Herbier puis sur *l'Inondation* de Delluc. Il est alors intégré au milieu artistique du cinéma moderniste, fréquente Eve Francis, Emy Linn, Philippe Hériat. L'expérience de *l'Inhumaine* (1924) est cependant décisive car ce film qui rassemble et expose, comme en autant de « pavillons » de l'Exposition des Arts décoratifs, la fine pointe du modernisme architectural, décoratif, musical et romanesque le conduit à travailler avec Robert Mallet-Stevens et Fernand Léger, lui qui, comme Claude Autant-Lara, débute. C'est dans l'inventivité très particulière du décor et des accessoires de *Feu Mathias Pascal*, l'année suivante, que l'on mesure la personnalité singulière de Cavalcanti – qui, de surcroît, influera heureusement sur Meerson qui débute à son tour en l'assistant. Comme toujours – alors – chez L'Herbier, coexistent des styles divers tant dans l'interprétation (qui va du burlesque au tragique, du mécanique à l'intériorisation) que dans la mise en scène et les partis pris de représentation, confinant à un éclectisme assumé, proclamé. Le décor de Cavalcanti oppose des intérieurs naturalistes (salle à manger de la ferme au début) et des paysages réels, profonds, à des espaces fantastiques, piranésiens (la bibliothèque) et, surtout, il adopte des postulats constructifs : enfilades de carrés concentriques dans un couloir, objets démesurés (vasque, lampe tétraédrique) inversant l'échelle des figures, recourant à des fausses perspectives, disproportions, toiles peintes. Entretemps, Cavalcanti a été assistant et décorateur sur *la Galerie des monstres* de Jaque-Catelain et il s'initie au montage avec *Au Pays du scalp* du marquis de Wavrin et *Voyage au Congo* d'Allégret consacré à Gide, en 1925. C'est l'année suivante qu'il passe à la réalisation avec *le Train sans yeux* adapté d'un roman de Delluc qu'il juge plus tard « une mauvaise histoire ». Avant même que ce long-métrage – interprété par Gina Manès, actrice de plusieurs films d'Epstein – ne sorte, il tourne et montre un court-métrage qui lui accordera une place décisive dans le documentaire de création : *Rien que les heures*. Ce film s'inscrit dans le courant du cinéma « de ville » dont Ruttmann, Ivens, Vigo, Kaufman seront les hérauts et en offre en quelque sorte un « modèle » : la vie de la cité du jour au lendemain, d'un quartier riche à un quartier pauvre, l'anonymat, le travail et le loisir, les rencontres et les drames quotidiens, scandée par l'écoulement du temps, les divisions de l'horloge. Cavalcanti n'est certes pas le premier, dans la filiation de l'unanimisme de Jules Romains, à évoquer de la sorte la vie de la cité moderne comme un organisme : tant René Clair, dans *Paris qui dort,* que René Hervil dans *Paris,* l'ont, entre autres, déjà fait ; mais la forme ramassée de *Rien que les heures* le distingue néanmoins de ces prédécesseurs. Ce petit film deviendra rapidement un classique des ciné-clubs et convaincra John Grierson d'inviter Calvalcanti en Grande-Bretagne.

C'est avec *En Rade* produit par Braunberger en 1927 – avec Catherine Hessling, alors épouse de Renoir, Nathalie Lissenko, liée auparavant à la « colonie » russe de Montreuil, Philippe Hériat et Pierre Batcheff que L'Herbier avait arraché aux Pitoeff – que Cavalcanti acquiert sa place dans le cinéma français. Un peu à la manière des premiers titres d'Epstein et de Delluc, ce film brille moins par l'originalité de son récit – puisant au fonds d'une littérature populiste – que par l'atmosphère qu'il installe en se fondant sur la poésie des lieux (café, port, bateau) et la typologie des personnages (une serveuse, une blanchisseuse, un docker, un simple d'esprit) que traversent la nostalgie de l'ailleurs et des amours inouïes. Dans son film suivant, *Yvette*, cet équilibre apparaît moins respecté. Le récit, emprunté à Maupassant, supporte moins, en effet, d'être mis au second plan, et un *casting* très hétérogène n'arrange pas les choses. En revanche le petit film réalisé à la faveur d'une interruption de tournage due à la pluie, *la P'tite Lilie*, qui reprend la trame simpliste d'une chanson et qu'interprètent excellemment Renoir et Catherine Hessling, est une réussite. Les personnages sont des figures mécaniques qui avancent par à-coups sur un fond homogène, celui d'une toile de jute dont la texture donne à l'ensemble un caractère à la fois faux et âpre. À la fin de la décennie, Cavalcanti réédite ce type d'exercice avec *le Petit Chaperon rouge* (1929) avec, à nouveau, Renoir, Hessling et Pierre Prévert, produit par Renoir lui-même. Auparavant il accepte la proposition de réaliser avec Wulschleger un *Capitaine Fracasse* d'après Théophile Gautier que devait tourner Maurice Tourneur de retour d'Amérique. Cavalcanti dit qu'il eut beaucoup de problèmes avec le décorateur russe Alexandre Benois (rendu célèbre par Diaghilev et que Gance avait engagé sur son *Napoléon* avec d'autres) et que l'apparition du cinéma sonore vint perturber sérieusement la réalisation. Il souhaite en effet sonoriser tout ou partie du film mais, timorée, la production s'y refuse. La même année, Cavalcanti tourne *la Jalousie du barbouillé* d'après Molière, sans parvenir non plus à lui adjoindre du son. Son parti pris demeure ici d'envisager les personnages comme des marionnettes. Avant *le Petit Chaperon rouge*, finalement son premier film sonore (musique de Maurice Jaubert), il supervise *Souvenirs de Paris* (ou *Paris la Belle*) de Marcel Duhamel et Pierre Prévert avec des chansons de Jacques Prévert (achevé en 1959) et travaille à une adaptation de *Tire au flanc* d'après un vaudeville de Mouezy-Eon que réalise Renoir.

Cavalcanti, dans les années trente se rendra en Grande-Bretagne et participera à l'essor du mouvement documentaire. Dans un texte postérieur (1948), il aura soin de relier son expérience française dans le mouvement d'« avant-garde » (les guillemets sont de lui) qui visait à sortir le cinéma français de la sentimentalité et de l'artifice et la rupture avec le cinéma commercial anglais qu'institua le GPO Film Unit. **Fr.A.**

Filmographie ◆ *Le Train sans yeux* (1926) ; *Rien que les heures* (id.) ; *En rade* (1927) ; *Yvette* (id.) ; *La P'tite Lilie* (id.) ; *Capitaine Fracasse* (1928) ; *La Jalousie du barbouillé* (id.) ; *Le Petit Chaperon rouge* (1929).

CENDRARS Blaise (1887-1961)
Pseudonyme de Frédéric-Louis Sauser, écrivain d'origine suisse,

naturalisé français en 1916. Né à La Chaux-de-Fonds, Suisse, en 1887, mort à Paris en 1961. De sa mère, anglaise, il tient la sensibilité et le goût pour la réflexion; de son père, la passion pour les voyages, les entreprises irréalisables et l'alcool. Dès sa prime enfance il voyage beaucoup avec sa famille (séjour présumé en Egypte, puis Naples, Neuchâtel, Bâle, Paris) avant de fuguer en Allemagne d'où il rentre pour repartir rapidement à Saint-Pétersbourg, cette fois avec l'autorisation de ses parents. C'est en 1904 et il ne rentrera en Suisse qu'en 1907. On peut donc supposer que le jeune Frédéric Sauser a pris part, d'une façon ou d'une autre, à la première révolution russe, celle de 1905, avec la grève générale d'octobre, la mutinerie du cuirassé « Potemkine » à Odessa, la défaite de Tsushima contre les japonais.

À la fin de l'année 1906 il rencontre Hélène avec laquelle il entretient une correspondance de quelques mois, jusqu'à la mort tragique de la jeune fille en juin, un mois après le retour de Cendrars à Neuchâtel. Déjà en Russie il avait commencé à lire tout ce qui lui tombait sous les yeux, habitude qu'il maintient en Suisse tout en faisant des petits métiers et en étudiant la philosophie et la médecine. C'est à l'université de Berne qu'il rencontre la jeune juive polonaise Fela Poznanska, qui deviendra sa femme en 1914.

Dès 1910 toutefois Cendrars a repris sa course à travers le monde (Paris, Londres, Bruxelles, la Pologne, la Russie, New York, etc.) et entrepris en même temps (déjà en 1904, peut-être) la rédaction d'un livre « fantôme » qu'il prétend avoir été édité par un ami en Russie, *Novgorode, la légende de l'or gris et du silence* (que personne ne verra jusqu'à 1997, année où ce livre a été retrouvé et publié pour la première fois en français). En 1911, il signe pour la première fois du nom de Blaise Cendrars (« de braise et de cendres », expliquera-t-il) le texte *Hic, Haec, Hoc*. Après un long séjour à New York, il rentre à Paris où il fréquente Apollinaire, Jacob, les Delaunay, Chagall, Cocteau, Soutine, Ricciotto Canudo, le poète t'Serstevens, etc. Entre 1912 et 1914 paraissent *Pâques à New York*, et *la Prose du Transsibérien et de la petite Jehanne de France*, avec des « couleurs simultanées » de Sonia Delaunay, et de nombreux articles et poèmes publiés dans des revues françaises et allemandes.

En juillet 1914 il signe avec Canudo « l'Appel aux étrangers amis de la France » et s'engage dans l'armée avec d'autres étrangers volontaires. Après la déclaration de guerre, il part à pied pour le front, où, en 1915, il est grièvement blessé et perd son bras droit. En décembre il recevra la médaille militaire et la croix de guerre.

Il fait sa convalescence à Paris, et, en 1916, est naturalisé français. C'est dans cette période qu'il connaît et fréquente Jacques Doucet, Breton, Desnos, Aragon, ainsi que Pascin,

Léger et Picabia. Parution en 1918 de *le Panama et l'aventure de mes sept oncles*, et, en 1919, de *Dix-neuf poèmes élastiques*, *Du monde entier*, *la Fin du monde filmée par l'ange Notre-Dame*. Sortie du film d'Abel Gance *J'accuse*, auquel il avait collaboré et dans lequel il joue un cadavre. Il reprend sa collaboration avec Gance en participant au tournage de *la Roue*. Le documentaire *la Vénus noire*, projet d'une société italienne qui l'avait appelé à le diriger, n'aura pas de suite.

Ses activités se multiplient : de l'écriture aux éditions, du cinéma aux conférences, des articles à la musique. Il ne cesse de rencontrer des gens, d'organiser des expositions, de faire des voyages et d'imaginer les manières les plus bizarres de trouver de l'argent : il sera exportateur de café et vendeur de terrains au Brésil, reporter pour *Le Jour* (reportage sur la pègre), et pour *Paris-Soir* à Hollywood, correspondant de guerre pour l'armée anglaise puis à bord d'un sous-marin, etc.

C'est dans la période de l'entre deux guerres, que Cendrars écrit ses grands livres : *l'Or* (1925), un succès immédiat, le livre préféré de Staline, dit-on, *Moravagine* (1926), *Petits contes nègres pour enfants blancs* (1928), *les Confessions de Dan Yak* (1930), *la Vie dangereuse* (1938), etc. Ses récits autobiographiques, mélanges de reportages, de rêves, de désirs ou purement de mensonges, ont considérablement contribué à sa mythologie personnelle d'aventurier de l'esprit et de la parole. Il meurt en 1961, quatre jours après avoir obtenu le Grand Prix Littéraire de la Ville de Paris.

Le cinéma fut pour Cendrars une sorte d'envoûtement archétypique, il concentrait dans le même procédé technique tous les attraits qu'il avait toujours suivi sans aucun souci : l'évidence de la réalité, le merveilleux du rêve, la force de l'émotion, le rythme du récit, la nouveauté du voyage, le pari d'un mensonge. Il s'est donc jeté dans le cinéma comme dans toutes les entreprises de sa vie, avec passion. C'est l'enthousiasme qu'on remarque dans ses essais consacrés au cinéma, *ABC du Cinéma* (1921) et Hollywood, la Mecque du cinéma (1936) où il raconte son amour pour le cinéma en tant qu'affaire « de lumière et d'effluves » et « de faits mystérieux qui semblent indiquer que la pellicule peut être sensible à des impressions qui échappent à nos sens et même à notre science ». Cendrars évidemment ne pouvait pas se passer d'essayer lui-même de faire du cinéma, car « faire du cinéma, c'est une passion comme se piquer à la morphine. Une fois qu'on y a goûté, on n'a plus moyen d'y renoncer ». Il y avait goûté, au cinéma, juste après la première guerre en collaborant avec Gance au scénario de *J'accuse*.

Cendrars travailla aussi au film suivant de Gance, *la Roue*, qui, tout en mettant en scène une classique histoire mélo, proposait en même temps une véritable esthétique de la machine, plus conforme à un certain sentiment de l'époque qui voyait la nature sous sa forme inhumaine et, par cela même, séduisante : l'homme étant désormais épuisé, c'est dans les machines qu'il faut trouver l'énergie et la puissance de la modernité. Dans cette perspective, les images les plus percutantes du film de Gance étaient dues à Cendrars, et ce fut grâce à lui que Léger, ayant vu et aimé le film, comprit les possibilités du cinéma dans le cadre de son optique de travail et fut poussé à réaliser *Ballet mécanique*. Cendrars suggéra à Léger que le cinéma permettait, par le biais du gros plan et du montage, de dégager des objets leur énergie normalement cachée.

Après la Première Révolution mondiale (la peinture), après la Deuxième Révolution mondiale (invention de l'imprimerie), voici la Troisième Révolution mondiale, le cinéma, le héraut d'une nouvelle humanité. Le cinéma sera donc, selon Cendrars, le langage de l'homme à venir, qu'il utilisera comme une force capable de déceler ce qu'il y a de plus mystérieux dans la nature et dans la société (*l'ABC du cinéma*). **S.T.**

CENSURE

Le langage officiel de l'administration publique française ne parle jamais, dans les années vingt, de censure du cinéma : il y a juste « contrôle des films ». Cette litote recouvre pourtant bien des pratiques par lesquelles un État démocratique a voulu préserver la nation de l'influence supposée dangereuse de certaines images animées en interdisant la projection de films.

Jusqu'à la Première Guerre mondiale, le cinéma était assimilé à un spectacle forain, et donc à un « spectacle de curiosité », selon les termes de l'article 11 de la loi des 16 et 24 août 1790, qui soumettait ces représentations à l'autorisation municipale. De plus, en vertu de l'article 99 de la loi du 5 avril 1884, les maires pouvaient interdire, en application de leurs pouvoirs de police locale et sur injonction des préfets, tout spectacle susceptible de troubler l'ordre public (pour la Seine, la loi de 1790 conférait ce pouvoir au préfet de police). Il n'existe pas alors de censure centralisée, la seule qui aurait pu être appliquée, celle des théâtres ayant définitivement disparu en 1906. Maires et préfets, avec l'encouragement du ministère de l'Intérieur, multipliaient alors les interdictions, en particulier pour les films représentant des actes criminels. Enfin, selon l'article 6 du décret du 6 janvier 1864, l'ouverture de salles consacrées aux « spectacles de curiosité » – les projections cinématographiques y furent assimilées par la suite – était soumise à une autorisation préalable de l'autorité municipale, à la différence des salles de théâtre, que le même décret libérait de cette autorisation.

C'est le décret du 2 août 1914, déclarant l'état de siège sur l'ensemble du territoire et transférant à l'autorité militaire les pouvoirs de police des préfets et des maires, qui ouvrit la voie à une première centralisation de la censure cinématographique. Celle-ci fut prise en charge, à partir de 1916, par une commission de cinq membres, fonctionnaires du ministère de l'Intérieur et dépendant directement du gouvernement. Dès 1917, cependant, une commission mise en place par le ministre de l'Intérieur fut chargée de réfléchir à une évolution de la censure. Cette réflexion fut certes limitée par l'impossibilité de toucher à la loi de 1884, qui appartenait à l'ensemble des grandes lois républicaines, mais elle déboucha sur le décret du 25 juillet 1919, premier texte législatif concernant « le contrôle des films cinématographiques ».

Le décret de 1919 représente un pas en avant important : il institue la règle du visa d'exploitation pour les films cinématographiques, visa délivré par le ministre, non plus de l'Intérieur, mais de l'Instruction publique et des Beaux-Arts, après avis d'une commission. Cette commission est composée de 30 membres, dont au moins un tiers nommé par le ministre de l'Intérieur, qui garde ainsi un contrôle certain sur la censure. Les autres membres sont d'ailleurs pour la plupart des fonctionnaires d'autres ministères, des parlementaires ou des magistrats. Il est néanmoins notable qu'au sortir de la guerre, la censure se mue en *contrôle*, et que, par ce passage de l'Intérieur à l'Instruction publique, elle ne soit plus assimilée à une simple répression policière, mais intégrée à une politique d'éducation sociale.

Cette première censure cinématographique centralisée et institutionnalisée ne fait pas obstacle, cependant, aux pouvoirs d'interdiction locale des préfets et des maires, qui ne se privent pas d'en user, tout au long des années vingt, y compris à l'encontre de films ayant reçu le visa, et parfois sur encouragement de leur ministre de tutelle… En 1921, par exemple, les préfets du Var et des Alpes-Maritimes interdisent par arrêté la projection de tous les films représentant des scènes « portant atteinte à la moralité publique », mais aussi ceux représentant des actes criminels, ce qui réduit singulièrement le choix des exploitants. Cela donne lieu à de très nombreuses poursuites, mais aussi à de nombreux appels devant la Cour de Cassation et le Conseil d'État, qui confirment toujours la légalité des interdictions locales par arrêté préfectoral.

De son côté, le ministère de l'Intérieur, se considérant comme garant de l'ordre public, s'autorise ainsi à passer outre les décisions des autorités responsables de l'attribution du visa, y compris, parfois, dans le cadre national. C'est le cas, par exemple, pour *l'Homme du large*, de Marcel L'Herbier (1920), visé par le ministre de l'Instruction publique et des Beaux-Arts, mais interdit sur circulaire du ministère de l'Intérieur à cause d'incidents survenus lors de la projection dans les salles. Le film ne peut sortir qu'après que

L'Herbier et son producteur, Gaumont, n'ont consenti à plusieurs coupures, concernant des scènes portant atteinte aux bonnes mœurs (une main sous une jupe) et à la réputation de l'administration publique (la corruption d'un gardien de prison). La même année se produit un autre cas d'interdiction par le ministère de l'Intérieur; il concerne *Li-Hang le Cruel* (Édouard-Émile Violet, 1920), qui a provoqué des protestations de la part de l'ambassade chinoise à Paris. Celle-ci maintient sa demande d'interdiction après les coupures effectuées par le réalisateur, et le film ne peut sortir librement qu'en 1923, après un profond remaniement de son montage.

De son côté, la Commission de contrôle des films instituée par le décret de 1919 fait essentiellement la chasse aux œuvres licencieuses, comme *la Garçonne* (Armand du Plessis, 1923). Cette adaptation pourtant très édulcorée du roman déjà très moralisateur de Victor Margueritte ne put jamais obtenir de visa d'exploitation en France. Mais la Commission se fait aussi le porte-parole d'une censure plus politique. À partir de 1927, alors qu'Albert Sarraut, ministre de l'Intérieur du gouvernement d'Union Nationale de Raymond Poincaré, déclenche une vaste campagne de répression anticommuniste particulièrement dirigée contre les moyens de propagande du mouvement ouvrier français, l'administration des Beaux-Arts refuse le visa à la quasi-totalité des films soviétiques, et notamment au *Cuirassé Potemkine* (Sergueï Eisenstein, 1925) et *la Mère* (Vsevolod Poudovkine, 1926).

Enfin, la censure centrale s'exerce aussi contre les films étrangers supposés porter atteinte à l'identité nationale et à l'honneur de la France. C'est le cas, par exemple, de *Madame du Barry* (Ernst Lubitsch, 1919). La Commission de contrôle des films, et avec elle une partie de la classe politique, s'émeuvent de ce qu'un film allemand présente la Révolution française sous un jour sombre et haineux: la maîtresse de Louis XV y est présentée comme une victime innocente d'un déchaînement de violence. Plus que l'attachement à une version hagiographique de la période révolutionnaire, il faut y voir l'extrême susceptibilité des pouvoirs publics français vis-à-vis de l'image de la France dans les films étrangers, surtout lorsqu'il s'agit de films allemands. Il est en effet notable que le *Napoléon* d'Abel Gance (1925-1927) ne fut pas censuré, alors que plusieurs épisodes révolutionnaires – notamment la journée du 10 août 1792 – y sont montrés sous un jour peu favorable, l'objet du film étant de montrer la nécessité de l'intervention de Bonaparte pour mettre de l'ordre dans l'agitation et la confusion des périodes conventionnelle et directoriale. La vigilance de la Commission de contrôle au sujet de la représentation de la France ne s'exerce pas seulement en direction des films allemands: le film américain *Beau geste* (1927) est ainsi interdit à la projection en France pour avoir présenté une image négative, voire tendancieuse, de l'armée française (le sergent Lejaune, de la Légion étrangère, y est peint sous les traits d'une brute cruelle). Ce film est d'ailleurs l'objet d'échanges diplomatiques relativement tendus entre la France et les États-Unis.

Commission de contrôle et administration des Beaux-Arts, ministère de l'Intérieur et pouvoirs municipaux et préfectoraux, les instances de censure cinématographique sont donc multiples dans les années vingt. Malgré l'apparente centralisation instituée par le décret de 1919, tout film, même pourvu de visa, est menacé par l'arbitraire d'une interdiction locale, voire nationale. Ce système est violemment dénoncé au cours de la décennie par la presse spécialisée, soutenue par les exploitants, qui demandent l'abolition des censures locales et l'assimilation du cinéma au théâtre. Or, le théâtre est doublement libre : non seulement pour l'ouverture des salles, qui se fait sous le régime de la simple déclaration préalable, mais aussi pour la représentation des œuvres, qui n'est plus contrôlée par l'État.

Les débats qui s'engagent, à la fin de 1927, entre la corporation, la presse et les pouvoirs publics, à l'occasion de la mise en chantier de la réforme du statut du cinéma par Édouard Herriot, ministre de l'Instruction publique et des Beaux-Arts du gouvernement Poincaré, sont assez confus. Une bonne partie de la presse spécialisée plaide pour l'abolition pure et simple de la censure, et notamment pour la levée de l'interdiction pour les films soviétiques, y compris de la part de journalistes non communistes, qui estiment que la révolution esthétique portée par ces œuvres ne peut être ignorée, et qu'elle est dissociable de leurs intentions politiques. D'autres journalistes, comme Paul-Auguste Harlé, directeur de *la Cinématographie française*, réclament l'instauration d'un système de visa sélectif suivant le type de public concerné, comme en Belgique où il existe une catégorie de films librement exploités mais « interdits **au** moins de seize ans ». Les membres de la corporation – producteurs, distributeurs, exploitants – ne réclament pas tant la suppression de la censure centrale, qu'ils jugent nécessaire, que celle des censures locales, jugées nuisibles et arbitraires. Les pouvoirs publics, quant à eux, Herriot en tête, refusent d'envisager une abolition de la censure ; à l'exception des députés communistes, qui dénoncent son utilisation politique par le pouvoir, tout le monde s'accorde, dans la classe politique, pour affirmer la nécessité du maintien d'un contrôle de l'État sur la diffusion des films.

Le décret Herriot du 18 février 1928 modifie cependant profondément les modalités de ce contrôle. Le texte libère d'abord l'exploitation cinématographique de l'autorisation municipale préalable : l'ouverture des salles de cinéma, à l'instar des établissements théâtraux, est déclarée libre, et se fera sur simple déclaration. Il s'agit, dans ce domaine, de l'avancée décisive tant attendue – et d'ailleurs chaleureusement saluée – par les exploitants, et du point extrême de la libéralisation du régime de l'exploitation : aujourd'hui encore, l'ouverture des salles de cinéma est régie par le texte du décret Herriot.

Mais l'assimilation du cinéma au théâtre s'arrête là : le contrôle des films est maintenu, et il dépend toujours d'une commission centrale sous la tutelle du ministre de l'Instruction publique et des Beaux-Arts. Là encore, cependant, ce texte témoigne d'une véritable libéralisation. Tout d'abord, la nouvelle Commission de contrôle des films voit sa composition transformée, et soumise au principe de parité entre les représentants des pouvoirs publics et ceux de la corporation : sur 32 membres, 16 sont en effet des fonctionnaires (dont 5 de l'Instruction publique et 4 de l'Intérieur, qui voit son influence maintenue, quoique considérablement réduite) et les 16 autres sont des professionnels du cinéma (producteurs, exploitants, auteurs, acteurs) ou des journalistes spécialisés. Ainsi, les deux parties se retrouvent à égalité au sein de la Commission, ce qui est un signe tangible de reconnaissance à l'égard de la profession de la part des pouvoirs publics, mais aussi une marque de confiance. La censure, élaborée en commun par les représentants de l'État et ceux du cinéma, devient presque une autocensure. De plus, l'objet officiel de cette censure n'est plus en premier lieu le maintien de l'ordre public, mais la préservation « des intérêts nationaux en jeu, et spécialement l'intérêt de la conservation des mœurs et traditions nationales ». Une sorte d'Union Sacrée se forme donc autour de l'idée nationale.

La libéralisation que représente le décret Herriot a toutefois des limites. Ce texte met fin, en particulier, à l'espoir d'une disparition des censures locales. Le ministre a beau préciser, par la suite, que ce pouvoir ne pourra être exercé qu'à des fins strictement locales, la loi de 1884 n'étant pas abrogée, les maires et les préfets pourront continuer à l'appliquer comme bon leur semble. En outre, dans un autre ordre d'idées, la corporation elle-même n'est pas entièrement représentée, puisque la Commission comprend des producteurs, des auteurs, des exploitants et des acteurs, mais aucun distributeur. Il n'en reste pas moins que le principe de parité représente un pas en avant décisif des pouvoirs publics en direction de la reconnaissance du statut social du cinéma.

D'autant plus que – et c'est là le changement le plus important apporté par Herriot au contrôle des films – la Commission devient souveraine dans le domaine de la censure. En effet, celle-ci passe par l'attribution d'un visa d'exploitation accordé par la Commission après examen du film. Or, ce visa est toujours attribué *in fine* par le ministre de l'Instruction publique, mais sur avis *conforme* de la commission, ce qui signifie, en termes juridiques, qu'il est contraint de se conformer à sa décision. Il ne s'agit donc plus d'une simple commission consultative, mais d'un organisme de contrôle tout-puissant, ce qui donne d'autant plus de force à sa nature paritaire.

Le décret Herriot constitue donc un point central dans l'évolution des rapports entre les pouvoirs publics français et le cinéma, en ce qu'il exprime une reconnaissance officielle de l'art et de la corporation cinématographiques, et qu'il crée les conditions d'une libéralisation de la censure. Dans son application, cependant, cette nouvelle législation montre vite ses limites. La nouvelle Commission de contrôle ne se montre pas, en effet, plus libérale que l'ancienne, notamment vis-à-vis des films soviétiques, qui sont toujours interdits à la diffusion. Le caractère flou du texte qui différencie les représentations publiques, soumises à l'obtention du visa, et les représentations privées, qui en sont exemptées, permet même au ministre de l'Intérieur de faire interdire les projections de films soviétiques dans le cadre pourtant associatif du ciné-club des Amis de Spartacus, en octobre 1928.

C'est surtout l'affaire des *Nouveaux Messieurs* (Jacques Feyder, 1928) qui vient démontrer les limites de la libéralisation de la censure. Le film est adapté d'une pièce de Robert de Flers et Francis de Croisset qui avait triomphé trois ans plus tôt au théâtre, et qui dépeint l'ascension d'un cadre syndical devenu ministre du Travail dans un gouvernement de gauche. Feyder a beaucoup atténué le ton, souvent antiparlementaire, de la pièce ; il en a gardé l'esprit bon enfant et cocasse, notamment dans la scène qui constitue le clou du film, où un député endormi en séance voit en rêve un hémicycle peuplé de ballerines. Il n'a pas renoncé, cependant, à décrire le monde politique avec une grande précision et un souci évident de réalisme dans ses références au contexte de son époque. C'est justement ce réalisme qui a provoqué la réaction des pouvoirs publics dès la présentation du film, en novembre 1928.

On peut supposer, d'après les récits de l'époque, qu'un fonctionnaire du ministère de l'Intérieur ou de la préfecture de police, membre de la Commission de contrôle, s'inquiétant du portrait des parlementaires dressé par le film, a fait part de ces inquiétudes au Président de la Chambre, Fernand Bouisson, ou directement à son ministre de tutelle. Selon une autre version, Bouisson lui-même aurait été prévenu de ce que certaines séquences le moquaient personnellement, et s'en serait plaint auprès de la place Beauvau. Toujours est-il qu'André Tardieu, nouveau ministre de l'Intérieur, prend la décision d'interdire l'exploitation publique du film. De fait, il contourne les termes du décret Herriot, selon lesquels la Commission de contrôle est souveraine pour l'attribution du visa. Mais il argue de ses pouvoirs de police générale pour suspendre l'autorisation d'exploitation et fait entériner le retrait du visa par la Commission. Le film ne sortira qu'en avril 1929, après coupures.

Il est difficile d'expliquer cette interdiction, d'autant plus que ses principaux artisans – Tardieu, Bouisson – n'ont probablement pas vu le film dans sa première version. C'est donc sur des rumeurs d'atteinte à la dignité de parlementaire que semble avoir été fondée cette décision d'une exceptionnelle dureté. L'interdiction est également difficile à justifier en droit. La Commission de contrôle est la seule habilitée, par les termes du décret Herriot, à délivrer ou refuser le visa d'exploitation. En fondant sa décision sur ses *pouvoirs de police générale*, Tardieu joue donc sur les mots, et tout se passe comme s'il disposait, au niveau national, des mêmes pouvoirs que les maires et les préfets au niveau local selon la loi de 1884, c'est-à-dire du pouvoir d'interdire la représentation d'un film. Cette acrobatie juridique repose peut-être sur une jurisprudence bien maîtrisée; la société Albatros, producteur du film, n'ayant pas fait appel devant le Conseil d'Etat, il est impossible de savoir si cette jurisprudence aurait résisté à son examen. Sa signification politique, en revanche, est très claire: malgré la libéralisation instituée par le décret Herriot, les pouvoirs publics – et en particulier le ministère de l'Intérieur – gardent la haute main sur la censure cinématographique. Les archives de l'administration des Beaux-Arts recèlent ainsi des traces d'une réticence fondamentale, de la part de ses fonctionnaires, à abandonner la censure, conçue comme un pouvoir quasi régalien, à une commission paritaire. Quand la représentation nationale est en jeu, seul l'État dispose.

À la fin des années vingt, malgré une modification de la législation obtenue de haute lutte par la corporation et la presse spécialisée, la censure cinématographique apparaît donc comme un instrument toujours aussi arbitrairement utilisé par les pouvoirs publics. Le cinéma, dont l'influence est considérée comme plus dangereuse que celle des autres médias, reste sous le contrôle de l'État. **D.V.**

CHAMPAVERT Georges

Le personnage Champavert reste mystérieux. Parfois dénommé « de Champavert », il serait né et mort à Nice sous le nom de « Davin de Champclos ». Domicilié sur la Côte d'Azur, cet homme a laissé une œuvre souvent raillée par ses contemporains. Sa carrière s'étale de 1917 à 1928, mais aucun film majeur ne se détache de ses sept longs-métrages. Ignoré par les historiens, même Henri Fescourt l'occulte de ses mémoires pourtant riches d'informations et de précisions. On peut seulement supposer, en l'absence de sources fiables, qu'il était originaire du sud de la France.

Il débute en 1917 à l'Éclipse (série Prismos) avec *Un vol* puis *l'Unique*

Aventure de Maître Petit-Pethon. Les Deux Jarretières (1918) « dont la seule qualité est d'être inqualifiable » (Louis Delluc) ne permet pas encore d'apprécier les qualités du cinéaste. *Mea culpa* (1919) produit par la Phocéa-film est interprété par une artiste hors pair : Suzanne Grandais. Tourné à Marseille, il bénéficie d'une publicité de qualité, qui s'inscrit dans le schéma de la « Nouvelle série artistique Suzanne Grandais ». Il enchaîne film sur film, presque tous interprétés par Geneviève Felix et Juliette Malherbe. *La Phalène bleue* (1919, produit par l'Eclipse, série *Prismos*) intrigue Louis Delluc qui lui attribue des qualités pour la mise en relief des paysages. Mais *l'Œil de Saint Yves* (id.), drame breton dont il est l'auteur, le classe dans les tâcherons sans conviction. Le film est sage, classique, sans relief. *Le Passé renaît* continue dans le même registre, en s'inspirant du cinéma américain mais avec moins de qualités formelles. Avec *le Remous* (1920) puis *la Hurle* (id.), Georges Champavert se fraie, comme quelques autres, un chemin solitaire dans le cinéma français. *L'Évasion* (1922) d'après Villiers de L'Isle-Adam, précédant *le Porion,* n'est qu'une adaptation sans génie. *La Neuvaine de Colette* (1925) est produite par l'auteur et sa jeune société, les Films Champavert, et tournée à Nice, studio de la route de Turin, et sort dans la plus grande indifférence. L'année suivante, Georges Champavert donne des signes de faiblesse. On le dit malade. Il reprend à Alfred Machin un film de commande, *Florine, la fleur du Valois*, qu'il n'arrive pas à mettre sur pied ; Donatien lui succède et met le film en boîte en quelques semaines. Champavert tourne à Nice deux courts métrages, *On a besoin d'un plus petit que soi* puis *Tant va la cruche à l'eau* en juin 1927, tournés eux aussi route de Turin et tout autant oubliés. Il disparaît et réapparaît deux ans après, avec une mystérieuse *Ginette et le petit bouchon* (1928). **É.L.R.**

Filmographie ◆ *Le Remous* (1920) ; *Hurle* (id.) ; *L'Évasion* (1922) ; *Le Porion* (1923) ; *La Neuvaine de Colette* (1925) ; *Ginette et le petit bouchon* (1928).

CHAMPREUX Maurice (1893-1976)

En 1916, de retour du front, réformé et sans travail, et bien que n'ayant aucune compétence particulière dans ce domaine, grâce aux relations amicales que sa mère entretient avec Madame Gaumont et au fait que Léon Gaumont manque cruellement de personnel masculin, il est engagé à vingt-trois ans pour diriger le service de tirage des films aux studios de la Villette. Mais Gaumont paye fort mal. Pour arrondir ses fins de mois, il apprend à se servir d'une caméra et réalise des bandes d'actualités puis un documentaire sur la région d'Arcachon et l'exploitation de la forêt par les soldats canadiens (1917).

Le premier film de Louis Feuillade auquel il participe en tant qu'opérateur est *Vendémiaire* en 1918. Pour le film suivant, *Barrabas,* il porte le titre de « directeur technique de la prise de vue ». Il sera ainsi le chef opérateur de tous les films de Feuillade jusqu'à la mort de celui-ci, dont il a épousé la fille Isabelle en 1922.

Son premier long métrage – *Après l'amour*, avec Blanche Montel et André Nox, bien accueilli de la critique et du public, date de 1924 (sortie en 1925). La même année, il co-signe *Lucette* avec Feuillade, puis l'année suivante *le Stigmate,* en six chapitres, qu'il terminera seul.

En 1925, il tourne *le Roi de la pédale*, « grand film sportif en six étapes », scénario de Henri Decoin et Paul Cartoux et *Bibi la Purée*, « grand ciné-roman en cinq chapitres » (sortie en 1926) d'après la pièce d'André Mouezy-Eon, deux projets de Feuillade que la mort l'avait empêché de réaliser. Ces deux *serials* ont pour vedette Georges Biscot.

En 1927, il passe à la Société des Cinéromans où il réalise en huit chapitres *les Cinq sous de Lavarède*, d'après Paul d'Ivoi, (sortie en 1927), toujours avec Georges Biscot.

En 1928, il est rappelé par Léon Gaumont pour expérimenter le procédé sonore Gaumont-Petersen-Poulsen. Avec l'assistance technique de Robert Beaudoin, gendre de Léon Gaumont, il met en scène plusieurs courts métrages parlants. Mais le procédé Gaumont-Petersen-Poulsen ne connaîtra jamais d'exploitation commerciale régulière. Plusieurs de ces films, adaptations de pièces comiques en un acte du boulevard, *Asile de Nuit, Rosalie,* d'après Max Maurey, *La peur des coups* ou *La cinquantaine* d'après Courteline, etc. (1929), seront donc par la suite projetés en procédé standard, d'autres en version muette.

En 1930, Maurice Champreux réalise pour la Gaumont-Franco-Film-Aubert un documentaire sonore de long métrage, *Au pays des Basques*, « film chantant et sonore ». C'est malheureusement encore le Gaumont-Petersen-Poulsen qui est utilisé et, après une présentation de gala au théâtre des Champs-Elysées, le 12 décembre 1930, *Au pays des Basques,* ne connaîtra qu'une exploitation en version réduite et en son standard.

Maurice Champreux quittera le cinéma en 1936, après avoir réalisé, outre plusieurs courts métrages, neuf films de long métrage qui tous connaîtront de très honorables résultats commerciaux et dont le plus remarquable est sans doute *Judex* (1934), remake en une heure trente, du *serial* de Feuillade. **J.C.**

Filmographie ◆ *Après l'amour* (1924); *Lucette* (coréal. Louis Feuillade, id.); *Le Stigmate* (1925); *Le Roi de la pédale* (1925); *Bibi la Purée* (id.); *Les Cinq Sous de Lavarède* (1927); *Asile de nuit* (1928-1929); *Rosalie* (id.); *La Peur des coups* (id.); *La Cinquantaine* (id.).

CHENAL Pierre (1903-1990)
Avant de devenir un des metteurs en scène les plus représentatifs du

cinéma français des années trente, Chenal découvre le cinéma par le biais du dessin d'affiches (on lui doit quelques très belles images), il fait aussi des caricatures pour *l'Intransigeant*. Très ami de Jean Mitry, qui signe lui aussi affiches et caricatures, ils tournent ensemble en 1928 *Paris cinéma*, un court métrage – on dirait aujourd'hui un *making-of* – sur les tournages dans la capitale dans lequel on découvre notamment le plateau du *Capitaine Fracasse* d'Alberto Cavalcanti et Henri Wulschleger (on y voit Pierre Blanchar et Charles Boyer) et celui de *Quartier latin* d'Augusto Genina: « À la gare de Lyon – raconte Chenal –, on montrait le tournage de nuit de *Quartier latin*. Trois trains démarraient simultanément: dans le premier, Carmen Boni agitait son mouchoir en direction du monsieur qu'elle abandonnait sur le quai; le deuxième tirait les wagons sur lesquels on avait installé les sunlights pour éclairer la scène. Sur le toit d'une voiture du troisième train, notre petite équipe filmait le tout. »

Après ce film, Chenal réalise en 1929, grâce au mécénat de Charles de Noailles, *Un coup de dés*, court métrage d'avant-garde avec Edmond T. Gréville en jeune marié à gibus. Le film est malheureusement perdu. Chenal enchaîne avec *Une cité française du cinéma*, sorte de film publicitaire pour Pathé dans lequel on voit les usines, les produits et le matériel d'exploitation de la marque au coq. En 1930, le cinéaste poursuit son travail avec une publicité pour le magazine *Cinémonde, Un grand illustré moderne*, et avec trois documentaires sur l'architecture, *Architecture d'aujourd'hui*, *Bâtir*, *Trois chantiers*, films pour lesquels il obtient la collaboration du Corbusier: « Le Corbusier s'est prêté avec beaucoup de gentillesse à mon désir de le filmer, entouré de ses élèves et de ses maquettes. »

Après un ultime court métrage, *les Petits Métiers de Paris* (1931), Chenal réalise en 1932 son premier long métrage, *le Martyre de l'obèse*, d'après le livre d'Henri Béraud, et enchaîne avec des titres aussi marquants que *Crime et châtiment* (1935), *l'Homme de nulle part* (1937), film tourné en Italie, la *Maison du Maltais* (1938) ou *le Dernier Tournant* (1939). **J.A.G.**

CHOMETTE Henri (1896-1941)
Bien que trop souvent dans l'ombre de son frère cadet, le cinéaste phare René Clair, et malgré son désobligeant surnom de « Clair-Obscur », Henri Chomette reste une figure emblématique du cinéma des années vingt. Cinéaste d'avant-garde, il réalise les premiers films français de tendance « abstraite » (1925-1926) en s'appuyant sur des théories clés du mouvement, théories auxquelles il contribue lui-même par des écrits importants. Sur un plan commercial, il participe, à la fin de la décennie, aux innovations techniques pour le cinéma en couleur et réalise le premier film

sonore tourné en France, *le Requin* (1929).

Sa passion pour le cinéma naît en 1912, où passant un séjour difficile dans une famille d'accueil de Heidelberg (Allemagne), Henri se réfugie dans les salles obscures. Mobilisé en Roumanie pendant la Première Guerre mondiale, il entre en contact avec les Services cinématographiques de l'armée roumaine. En 1922, Chomette fait ses débuts dans le cinéma français aux cotés du réalisateur Jacques de Baroncelli pour lequel il est tour à tour figurant, assistant réalisateur ou encore chargé de ventes. Après une première collaboration en avril 1922, en tant qu'acteur, sur le film *Roger-la-Honte* (Films d'Art), Chomette, accompagné de son frère René, suit Baroncelli en Belgique comme premier assistant sur le tournage de *la Tour du silence*, futur *Carillon de Minuit* (1922). L'originalité de ce film réside dans l'utilisation des décors naturels et pittoresques, notamment des tours et canaux flamands. D'avril 1923 à juin 1924, la collaboration continue sur les tournages en France de *Nène* (1923), *la Flambée des rêves* (1924) et *Pêcheur d'Islande* (1924 – Société des Films Baroncelli). Ces trois films, qui utilisent les quatre éléments (Baroncelli déclarent qu'ils sont « aussi ceux de la photogénie »), montrent un fort penchant naturaliste qu'on retrouvera chez Chomette.

Henri Chomette continue son apprentissage comme assistant réalisateur de Robert Boudrioz sur *la Chaussée des Géants* (1925), puis assiste Jacques Feyder, autre metteur en scène de tendance naturaliste, sur *Gribiche* (1925).

En 1925, Henri Chomette prend son envol. Après le succès d'*Entr'acte* (1924), film de René Clair projeté pendant l'entracte des Ballets Suédois, le Comte Étienne de Beaumont, mécène, demande à Chomette de réaliser un court métrage pour ses *Soirées de Paris*. C'est également à cette époque que Chomette publie le premier d'une série d'articles qui révéleront sa conception du cinéma « intrinsèque » ou « pur ». S'inspirant des théories de Germaine Dulac (notamment de la « symphonie visuelle ») et des « films absolus » de Walter Ruttman, Chomette réalise *Jeux des reflets et de la vitesse* (1925 ou 1926), dont les prises de vues sont attribuées à Man Ray. C'est uniquement en juin 1926, au Studio des Ursulines, qu'on retrouve la trace de cette œuvre projetée sous le titre *Un film d'objets* et accompagnée d'une partition de Roger Desormière. Après *Retour à la Raison* (1923) de Man Ray, *Ballet mécanique* (1924) de Fernand Léger et *Entr'acte* (id.) de René Clair, films à tendance dadaïste et syntaxique, le film de Chomette innove par sa recherche plastique et de rythme pur.

Jeux des reflets et de la vitesse, film expérimental qui met en relation les formes et mouvements du monde actuel avec l'appareil cinématographique, est composé de deux parties distinctes. La première, basée sur des jeux de lumière à travers des cristaux, porte le titre « À quoi rêvent les jeunes films? » (parodie du film britannique *À quoi rêvent les jeunes filles?*), et la deuxième plus rythmique (images de forêts, de rails et de la Seine prises respectivement à partir d'une automobile, du métro et d'un bateau-mouche) s'intitule « Jeux des reflets et de la Vitesse ». Cette deuxième partie comporte la mémorable séquence de montage rapide de plans de ponts. Un désaccord avec le Comte de Beaumont, qui décide de conserver seul la copie du film, pousse Chomette à en tourner un autre dans le même esprit, *Cinq minutes de cinéma pur* (1926). Ce dernier, qui met fin aux essais purement cinématographiques de Chomette, incarne encore aujourd'hui, par son titre, le mouvement du « cinéma pur ».

D'une certaine façon, les deux premiers films de Chomette rejoignent les œuvres de Baroncelli et Feyder. En particulier, l'utilisation des décors naturels comme « sujets principaux » s'inscrit bien dans une tendance naturaliste. Ce n'est donc pas une surprise si, début 1927, Chomette part avec l'équipe de Feyder pour la forêt d'Angkor (Indochine), afin de repérer les sites de tournage d'un long métrage (inspiré du *Roi lépreux* de Pierre Benoît) qui promet d'être « à l'Asie ce que *l'Atlantide* est à l'Afrique ». Si le projet de fiction est abandonné pour des raisons financières, les « notes de voyages » filmées, intitulées *Au pays du roi lépreux* (1927), avec la nature même comme personnage principal, constituent un important document du cinéma naturaliste.

À son retour, Henri Chomette abandonne provisoirement le cinéma naturaliste pour se consacrer à son premier long métrage commercial. Son film, *le Chauffeur de Mademoiselle* (1927), au succès modéré, souffrit, contre son gré, de coupes exigées par le producteur. Le film se distingue par son caractère bien français et l'utilisation d'effets originaux. Chomette participe ensuite, épaulé par les mêmes producteurs, à la mise au point d'un procédé de cinéma en couleur. Dans ce cadre, Chomette prépare un film d'essai, combinant le mouvement cinématographique et la couleur, qui s'inscrit dans le prolongement de ses films du « Cinéma pur ». Finalement, le procédé et, par conséquent, le film ne verront jamais le jour en raison de l'engouement provoqué par l'arrivé du sonore.

En 1929, en collaboration avec Georges Chaperot, Chomette écrit un scénario intitulé « Voyages » qui semble reprendre l'esprit naturaliste de ses premiers films. Utilisant les décors maritimes de Rouen et du Havre, il réalise *le Requin* (1929), premier film « sonore » tourné sur le sol français. Ce film, que Chomette conçoit avec des passages chantés, accompagnés de séquences de « cinéma pur », se voulait une démonstration de sa théorie selon laquelle « un beau film parlant doit, avant tout, être un beau film muet ». En réalité, *le Requin*, n'est que partiellement parlant, comprenant

« seulement quelques chansons, une fin parlante et une adaptation musicale synchronisée ». À nouveau mécontent des coupes apportées à son film par les producteurs, Chomette demande que son nom soit retiré du générique. Le déficit du film compromettra, par la suite, sa carrière en France.

Dans les années trente, Chomette s'exile à Berlin pour réaliser des versions françaises des films allemands : *le Petit Écart* (1931), *Autour d'une Enquête* (1931), *Au bout du monde* (1933), *Nuit de mai* (1934) et *Donogoo* (1936). Il lui arrive même de faire quelques apparitions, comme acteur, dans ses propres films. Ses derniers films réalisés en France, *Prenez garde à la Peinture* (1933) et *Êtes-vous jalouse?* (1937) furent des réussites mineures. Sa position de plus en plus virulente et antisémite l'éloigne encore plus de l'industrie française et du destin qui lui était promis après la période muette des années vingt. Il meurt prématurément de la typhoïde en 1941 à Rabat (Maroc), après avoir travaillé au Service cinématographique des armées.

T.M.W.

Filmographie ◆ *Jeux des reflets et de la vitesse* (1926) ; *Cinq minutes de cinéma pur* (id.) ; *Le Chauffeur de mademoiselle (1927) ; Le Requin* (1929).

CHOUX Jean (1887-1946)

On ne mentionne généralement le cinéaste Jean Choux qu'à partir de *Jean de la lune*, adaptation d'une pièce de Marcel Achard au début du sonore, dont le succès est attribué à Michel Simon, son interprète principal. Mais c'est oblitérer une part importante de ses activités cinématographiques, qui se sont déroulées d'abord à Genève, puis à Paris à partir de 1925.

Dès 1908, encore étudiant en droit, Choux publie des poésies dans la revue *Au foyer romand*, puis dans *les feuillets* ou *la Revue des idées*, qu'il rassemblera dans un volume en 1924, *la Louange des arbres, des eaux et des monts*. Ces textes se rattachent au courant de « l'helvétisme », nettement traditionaliste et régionaliste. Choux s'y révèle un chantre du paysage. En 1914, il consacre une étude à Ramuz dans *le Mercure de France*. Cette activité littéraire s'est poursuivie durant une importante partie de sa carrière puisqu'il publie en 1932 un traité d'esthétique : *Michel-Ange et Paul Valéry*.

En 1920, il assure l'intérim de la critique de cinéma au quotidien *la Suisse* inaugurée une année plus tôt par le mystérieux SINE. Il en devient titulaire officiel de la chronique « Devant le film » le 3 janvier 1921, fonction qu'il exerce jusqu'en 1925 après une interruption destinée à la réalisation de son premier film.

Au rythme d'un article par semaine, Choux rend compte des films programmés à Genève, ville où est diffusé l'essentiel de la production cinématographique occidentale. Plutôt que de passer en revue l'intégralité des programmes, il préfère opérer une sélection et ne retenir que les films les plus importants à ses yeux, ceux qui correspondent à son idéal artistique. Son but est d'inciter les lecteurs à aller voir ces films. Plutôt que d'expliquer, il préfère, dit-il, rendre compte des impressions nées de leur visionnement et en proposer une retranscription. À un film lyrique correspond un ton lyrique. Tout en reconnaissant les limites de cette position – on ne peut pas faire rire en rendant compte d'un comique –, Choux s'efforce d'illustrer la diversité et la profondeur des émotions éprouvées au cinéma, capable de faire naître des idées d'ordre métaphysique. En effet, à ses yeux, l'art cinématographique se caractérise par son « idéalisme ». En effet, en ne retenant qu'un aspect des choses représentées, le cinéma les évoque, et ce faisant, les allège, les idéalise : « Toutes choses apparaissent sur l'écran comme l'esprit les voit en imagination, dans le rêve ou le souvenir », écrit-il en 1920. Cette idéalisation est intrinsèquement liée à la technique cinématographique : en variant la taille des plans, elle éloigne ou rapproche les éléments filmés, leur donne une valeur propre. Choux insiste particulièrement sur le caractère idéal que prend le visage au cinéma, car il donne à voir l'âme, le drame intérieur. Proche des représentants de « l'impressionnisme » français, comme Epstein, il affirme que le cinéma est l'art assurant au mieux la visualisation des pensées des personnages. Il peut construire un discours double : celui de l'action assorti d'un commentaire, sorte d'interprétation née dans la conscience d'un des personnages. Enfin, en saisissant l'homme plongé au sein de la nature, le cinéma est idéaliste car il montre la vie une et universelle, l'homme réuni à la nature.

Avant son départ pour Paris, Choux assume également ponctuellement, des tâches de conférencier. En 1921, lorsque le film documentaire *les Mystères du ciel* de L. Forest passe dans une salle genevoise, il accompagne les images d'un commentaire explicatif. En juin 1922, en soutien à la Fondation caritative « Pour l'avenir » une série de conférences-projections est organisée où il présente, en collaboration avec son collègue William Bernard, un ensemble d'extraits de films illustrant les progrès de l'art cinématographique.

Choux cinéaste

Dans sa chronique du 8 août 1921, Choux donne un texte d'imagination. Il propose une « citation imaginaire » tirée d'un *Hebdo-Film* daté de 1932. Un film, tiré d'une nouvelle de Ramuz, *le Feu à Cheyseron*, viendrait de sortir. Production suisse, ce serait l'adaptation du « scénario tout fait » que constitue la nouvelle. Grâce à la création d'une école de cinéma, de studios bien équipés et d'un important capital, une industrie nationale du film aurait pu voir le jour : « Le folklore national, la littérature et l'histoire offrirent aux scénaristes leurs inépuisables ressources. [...] Toute la Suisse, enfin, prêta la somptueuse étoffe, velours et soie, l'étoffe chargée et plissée de son sol lourd de beauté et lourd de vie que l'écran, depuis dix ans, semble auner et déployer à nos yeux émerveillés. » La fable s'achève sur le rappel des réussites esthétiques de la décennie écoulée et souligne la bonne marche économique de l'industrie cinématographique ainsi que de l'hôtellerie, grâce à la publicité assurée par les films tournés dans le pays.

C'est, en quelque sorte, le programme que Choux se donne dans son premier film: *la Vocation d'André Carel*, connu également sous le titre *la Puissance du travail*, sorti en 1925, premier rôle de Michel Simon alors acteur chez les Pitoëff, où Thérèse Reignier, épouse de Choux, était elle aussi actrice. Mais plutôt que les paysages escarpés suggérés par Ramuz, c'est le Léman qui sert de cadre au film. Stylistiquement le film se rapproche des modèles français que le critique louait dans ses chroniques, notamment Louis Delluc, Marcel L'Herbier et Jean Epstein. Une scène est exemplaire à cet égard, moment d'ivresse, où la caméra adopte le point de vue d'un personnage saoul et cherche à rendre sensible la griserie et le déséquilibre. Enfin un montage recherché, musicaliste, caractérise le déroulement du film.

Ce partage entre un « message » moral, voire moraliste, et une forme hautement élaborée est caractéristique de la production de Choux dans les années vingt. *La Terre qui meurt* (1927) est une évocation des menaces pesant sur une famille paysanne vendéenne, où l'on retrouve le sens du paysage déployé dans *la Vocation d'André Carel*. *Le Baiser qui tue* (1928) met en garde contre les dangers que fait courir une syphilis non soignée à une jeune famille. Un rêve prémonitoire évoque les horreurs encourues par la mère et l'enfant, et la possibilité de les éviter si les conjoints se soignent. *Chacun porte sa croix* (1929) est un mélodrame édifiant où un athée réalise les bienfaits apportés par la religion et l'église. *Espionnage ou la guerre sans armes* (1929) narre l'histoire d'une espionne qui se sacrifie pour la patrie et *la Servante* (1930) relate la vie d'une servante dévouée corps et âme à un jeune homme, dont le père était peintre.

À l'exception du *Baiser qui tue*, dont le scénario a été co-écrit par un médecin, Choux écrit tous ses films, qu'ils soient des scénarios originaux ou adaptés de romans. Les trois films réalisés en 1928-1929 sont produits par la société Isis et photographiés par Ganzli Walter qui signe aussi *la Servante*. **P.-E.J.**

Filmographie ◆ *La Vocation d'André Carel* (1925); *La Terre qui meurt* (1927); *Le Baiser qui tue* (1928), *Chacun porte sa croix* (1929); *Espionnage ou la guerre sans armes (1929).*

CINÉ-CLUBS

C'est dans *Phono-Ciné-Gazette* que Edmond Benoît-Lévy annonce la création du premier « ciné-club » le 14 avril 1907. Dans cette expérience sans lendemain, comme plus tard dans le premier Ciné-club de France où le rôle de Delluc s'avère au demeurant moins important qu'on ne l'a dit, la part des professionnels du cinéma est prépondérante. Ce n'est qu'au mitan des années vingt que l'acception du terme devient celle que nous connaissons encore aujourd'hui, une assemblée de cinéphiles ayant pour but la diffusion de la culture cinématographique, par le biais de séances de projections précédées d'une présentation et suivies d'un débat.

Dans la décennie qui a suivi la Première Guerre mondiale, le cinéma s'est constitué en culture autonome et a secrété par là-même une sociabilité qui lui était propre. Retracer l'histoire du « premier âge d'or » des ciné-clubs, c'est donc s'attacher à cerner l'évolution des usages suscités par le septième art tout en s'interrogeant sur la nature de cette culture nouvelle et singulière, la cinéphilie.

Il est d'usage de dater la première séance de ciné-club du 12 juin 1920 au cinéma de la Pépinière. Sous l'égide du *Journal du ciné-club* fondé par Louis Delluc et Georges Denola s'y trouvaient en effet réunis amateurs et critiques, auditeurs attentifs d'Antoine, venu présenter « le cinéma d'hier, d'aujourd'hui et de demain », et d'Émile Cohl qui dévoila pour l'occasion quelques « trucs » utilisés dans ses dessins animés. Louis Delluc, absent, n'assista pas non plus aux séances des 3 juillet et 30 octobre 1920. D'abord retenu par le tournage de *Fumée noire*, il s'est par la suite éloigné d'une entreprise dont la principale ambition était de soutenir la diffusion de la nouvelle revue. Certes, en 1921-1922 Delluc tenta d'instituer à nouveau des projections destinées aux lecteurs de sa revue. Ces « matinées de Cinéa » furent toutefois sans lendemain immédiat puisque au début de l'année 1923 Delluc, en proie à d'importantes difficultés financières, s'effaça définitivement du comité de rédaction au profit de Jean Tedesco. Appoints publicitaires indispensables à la fidélisation d'un lectorat insaisissable et mal défini – les « cinéphiles » – ou embryons de groupes de pression professionnels en faveur du cinéma, les premiers ciné-clubs étaient également mus par le désir de soutenir et d'améliorer la production cinématographique nationale « de qualité » contre la vulgarité du film à épisodes et la concurrence américaine. En témoigne le très célèbre Club des Amis du Septième Art (CASA), dont le créateur et l'infatigable animateur fut Ricciotto Canudo.

S'il ne fait aucun doute que Louis Delluc comprit le premier que le cinéma était à même de secréter des structures sociales et une culture esthétique entièrement nouvelles, il revient à Canudo d'avoir su convaincre « l'élite intellectuelle » des qualités artistiques du cinéma, non seulement en l'inscrivant dans la continuité des autres arts (il en est à ses yeux – rappelons-le – la synthèse), mais aussi en s'insinuant dans une sociabilité héritée du passé et en se glissant dans des manifestations apparemment inadaptées à l'art nouveau. Cette étape dans la légitimation du cinéma suffit à expliquer la réussite du CASA.

Au cours de cette première phase de l'histoire des ciné-clubs, le combat en faveur des intérêts bien compris de la profession n'en reste pas moins prévalent dans nombre d'associations. C'est le cas du Club français du cinéma réuni pour la première fois en mars 1922, avant le dépôt officiel de ses statuts le 15 décembre 1923. Issu d'un groupement informel baptisé « le Canard aux navets » (apparu en mai 1920) et regroupant des personnalités aussi diverses que Jean-Louis Croze, Eve Francis, Michel Carré, Jean Pascal, René Jeanne, Boisyvon, Louis Delluc, Germaine Dulac, René Le Somptier ou encore Louis Nalpas, le Club français du cinéma a pour ambition d'appuyer l'activité professionnelle des principaux représentants de ce que l'on a coutume d'appeler la « première avant-garde ». Plus encore qu'un simple club, c'est donc un syndicat qui réclame une réforme de l'exploitation cinématographique, la reconnaissance du statut « d'auteur de films » et l'essor d'une critique digne de ce nom. Il se propose en outre de « présenter des œuvres d'élite à un public d'élite » par l'organisation de soirées où l'on projette les films de Gance, Epstein, Delluc et Dulac, et surtout en juin 1924, pour une unique présentation publique et dans un montage provisoire, *l'Hirondelle et la mésange* d'André Antoine.

C'est au confluent du groupement d'intérêts corporatifs et de l'assemblée cinéphile que se crée le 10 novembre 1924 le Ciné-club de France, résultat de la fusion du CASA et du Club français du cinéma. Autour de René Blum qui succède début 1925 à Léon Poirier figurent les critiques Léon Moussinac et René Jeanne, les cinéastes Henry Roussel, Germaine Dulac et Marcel Silver, le comédien Jean Toulout, l'écrivain et comédien Philippe Hériat et le directeur du Cinéma du Colisée, Malleville. À l'image des ciné-clubs qui l'ont précédé et dont il constitue en quelque sorte la synthèse, le Ciné-club de France « a pour but l'étude, le développement et la défense de l'art cinégraphique », il s'assigne également comme objectif la coordination nationale et internationale des manifestations et efforts tendant à faire du cinéma un art digne de ce nom ; à cette fin il entend organiser « des présentations privées et publiques, des conférences, des séances démonstratives, des réunions ». Fort d'un incontestable rayonnement dans les deux premières années de son existence, ce club n'entend pas toutefois s'agréger la cinéphilie plus populaire qui commence à se cristalliser dans diverses publications ou associations. Il reste fidèle aux principes qui ont animé le CASA, séduire et amener les intellectuels à défendre et aimer le cinéma par tous les moyens. Élitaire plus que véritablement élitiste, le Ciné-club de France se situe en retrait d'une volonté de diffusion massive de la culture du film.

Hors de ces regroupements corporatifs au demeurant essentiels à l'élaboration d'un discours esthétique sur le septième art, il convient de ne point occulter les ciné-clubs créés par des revues destinées à un public plus large que celui de *Cinéa* ou *Ciné pour tous*. Jean Pascal, directeur de *Cinémagazine*, prend le premier l'initiative d'y allier dès le 25 avril 1921 une Association des Amis du cinéma. D'abord réservé aux abonnés de la revue, ce ciné-club dont la longévité est remarquable pour l'époque (son existence est attestée au moins jusqu'en 1929) est un jalon essentiel de l'émergence d'une cinéphilie de masse. À la différence du Club français du cinéma ou du Ciné-club de France, il se présente comme une fédération de spectateurs, par ailleurs lecteurs fidèles de *Cinémagazine*. Il s'inscrit en outre dans un courant pédagogique qui préconise l'utilisation du cinéma en milieu scolaire. Tout au long des années Vingt seront donc organisées au nom de l'Association des conférences sur le cinéma scientifique ou pédagogique; s'y croiseront les pionniers du cinéma éducateur, Victor Perrot, Collette ou Adrien Bruneau. En janvier 1927, le siège social de l'Association est même transféré à la Cinémathèque de la Ville de Paris, 14 rue de Fleurus; des séances destinées aux enfants des écoles s'y déroulent hebdomadairement. Mais l'originalité essentielle de l'Association des Amis du cinéma est de combiner cette perspective pédagogique avec une démarche véritablement cinéphile: les lecteurs de *Cinémagazine* peuvent y « échanger leurs idées », correspondre, se rencontrer à l'occasion de visites de studios ou de projections exceptionnelles, faire pression enfin sur les exploitants pour l'amélioration du programme des salles.

Très vite, l'Association des Amis du cinéma essaime en province, des statuts particulièrement souples permettant en effet aux lecteurs de créer des filiales dans leur ville – sept membres suffisant à constituer un bureau indépendant de la direction parisienne. Dès le printemps 1921, *Cinémagazine* annonce donc l'adhésion de Lyon, Marseille, Bordeaux, Lille, Toulouse, Nancy, Rouen, Constantine, et même celle de Bruxelles. Quelques-unes de ces filiales devaient jouer un rôle important dans l'histoire du mouvement ciné-club. C'est le cas des Amis du cinéma de Montpellier dont le dynamisme réussit à occulter un temps l'activité de l'association parisienne. Fondée en avril 1925 par le docteur Paul Ramain, la section montpelliéraine des Amis du cinéma privilégie le cinéma d'avant-garde et de répertoire et contrebalance de la sorte l'absence de salle spécialisée dans la ville. Paul Ramain institue un répertoire ou « conservatoire ambulant du film », fortement inspiré de celui du Vieux-Colombier, comprenant aussi bien des films suédois qu'allemands, français (et plus particulièrement proches de la « première avant-garde ») qu'américains.

En 1923 Paul Perret, directeur de *Mon film*, lance les Amis du film français dont les buts sont analogues à ceux des Amis du cinéma. De la même manière en effet sont organisées conférences et projections parisiennes ou filiales de province, de même également les adhérents se voient proposer un insigne distinctif qui leur permette de se reconnaître aux abords des salles. À Perpignan, une section des Amis du film français développe une intense activité à partir de juillet 1925, allant jusqu'à créer un hebdomadaire cinématographique, *l'Entr'acte*, qui entre juillet 1926 et juillet 1927 se fait l'écho de la programmation et de la cinéphilie locales. Cette émulation entre deux revues – *Mon film* et *Cinémagazine* – relativement proches quant à leur contenu n'a d'égal que le souci de procurer des avantages à leurs lecteurs ; elle est incontestablement la source d'une large diffusion d'usages et de goûts qui constituent le fondement d'une pratique cinéphile populaire.

Dans les clubs rassemblant la profession cinématographique ou dans ceux qui surent se tourner vers les spectateurs, les séances de projection restaient toujours soumises aux mêmes règles, et si le film faisait l'objet d'une présentation proche de la conférence savante, il n'était pas question de prolonger la séance par un débat. C'est la grande innovation de la Tribune libre du cinéma, apparue lors de l'Exposition internationale des Arts décoratifs à l'automne 1925. Depuis 1917, le Club du faubourg dirigé par Léo Poldès avait pour principe de laisser libre cours au débat dans des réunions le plus souvent houleuses où l'on abordait les sujets les plus divers, de la vocation religieuse à l'émancipation féminine, en passant par l'épineuse question de la censure cinématographique. Fort de cette expérience, Charles Léger a l'idée de convier aux présentations de leurs œuvres les metteurs en scène eux-même, soumis en fin de soirée à un feu roulant de questions. C'est donc au sein de la Tribune libre du cinéma qu'éclot le « protocole cinéphile », archétype de la séance de ciné-club où présentation et débat encadrent la projection. Contrairement à ses prédécesseurs, Charles Léger n'a point doté la Tribune libre de déclaration de principe ni de manifeste, mais la liberté qui y prévaut attirera jusqu'en 1932, année de sa disparition, de jeunes cinéphiles, parmi lesquels il convient de mentionner Jacques Cottance (Brunius, né en 1906), Jean George Auriol (né en 1907), Marcel Carné (né en 1909), Jean Dréville (né en 1906), Edmond T. Gréville (né en 1906), Jean Grémillon (né en 1901), Jean Mitry (né en 1904), Louis Chavance (né en 1907) ou Jeander (né en 1909). À son meilleur – dans les années 1928-1929 – la Tribune libre du cinéma revendique quatre-cents adhérents et organise des projections régulières salle Adyar dans le VIIe arrondissement.

De manière analogue, la plupart des clubs créés dans la deuxième moitié des années vingt ont fait du débat un axe de leurs activités. Charles Léger a bien fait entrer la cinéphilie dans sa maturité en arrêtant une fois pour toutes un usage social et culturel adapté au septième art, aux antipodes des pratiques héritées des siècles précédents. C'est la preuve la plus éclatante que le cinéma lui-même est constitué en culture autonome, dotée de ses goûts et de son propre système de références, les « classiques de l'écran ». D'abord soucieux d'accéder plus facilement à ces derniers mais aussi animés du légitime désir de projeter leurs films dans de bonnes conditions, les animateurs de ciné-clubs ont de plus en plus associé leurs efforts à ceux des salles « de répertoire » ou « d'avant-garde », dont le nombre va croissant au cours de la décennie.

En matière de coopération entre une salle et un club, ce que Jean Tedesco avait réalisé entre 1924 et 1926 au Vieux-Colombier, en partenariat avec le Ciné-club de France, faisait figure de modèle. À cet égard, il n'est pas innocent que l'élection des membres sociétaires de ce dernier club ait eu lieu le 16 décembre 1924 dans la salle du Vieux-Colombier. C'est là que se déroule également le cycle de conférences de la saison 1925-1926, organisé par Moussinac au nom du Ciné-club de France. On y projette en outre, à l'occasion de séances strictement réservées aux adhérents, documentaires et fictions en provenance d'Union soviétique, dont *le Cuirassé Potemkine* le 13 novembre 1926. À partir de 1927-1928, les ciné-clubs prennent l'habitude d'intervenir directement dans les salles spécialisées : le Club de l'Écran (créé en 1928) animé par Pierre Ramelot coopère avec l'œil de Paris (ouvert en avril 1929), puis avec le Studio Diamant (ouvert en décembre 1928), les Grands spectacles d'art cinématographique (créés en décembre 1928) sous la tutelle de François Mazeline travaillent à une promotion de la même salle. Mais jamais la tentative de reconstituer un réseau cinéphile alternatif ne fut aussi poussée qu'avec le Film-club. Lancée le 10 mars 1928 au Studio 28 avec la projection de *Marines et danses*, essai sur triptyque d'Abel Gance et de *Trois dans un sous-sol* d'Abram Room, cette association est le résultat d'une étroite collaboration entre Jean George Auriol, son fondateur, et Jean-Placide Mauclaire, directeur de la salle. Du cinéma, dont le premier numéro paraît en décembre 1928, se fait naturellement l'écho des septième et huitième séances du club, mais dès février 1929, les liens se distendent sans que l'on soit parvenu à créer une dynamique analogue à celle de Tedesco qui – il est vrai – jouait un rôle éminent tant dans sa salle qu'à *Cinéa-Ciné pour tous* ou au sein du « Cinéma-club international » – expérience sans lendemain – qu'il tente de mettre sur pied au printemps 1928.

Au sein d'un mouvement de plus en plus riche et diversifié, plusieurs tendances se font jour, depuis la prédilection pour une cinéphilie rétrospective, déjà patrimoniale, jusqu'à l'instrumentalisation du cinéma au profit du politique, en passant par le goût exclusif pour l'avant-garde. Si la première est plutôt du ressort d'un certain nombre de salles spécialisées (le Ciné-latin ouvert en octobre 1927 sous les auspices de José-Miguel Duran en est le plus beau fleuron), l'attachement aux avant-gardes, qu'elles fussent esthétiques ou politiques, caractérise autant la Tribune libre que le Club de l'Écran ou le Film-club. S'y dessinent en outre des goûts singuliers dont la rémanence est frappante au-delà des guerres et des générations: tandis que l'on conspue les représentants de la « première avant-garde française », Marcel L'Herbier ou Jean Epstein, les films muets de John Ford et de Howard Hawks sont à l'honneur à la Tribune libre. D'une manière générale, l'admiration pour les films soviétiques alors visibles en France est largement partagée par les cinéphiles; elle est même la raison d'être des Amis de Spartacus dont l'étroite imbrication avec le Parti communiste français en fait un cas particulier qui l'inscrit tout autant dans l'histoire du mouvement ouvrier que dans celle de la cinéphilie.

De ce ciné-club créé en mars 1928 et dont l'activité cesse en octobre de la même année, il convient néanmoins de retenir l'impact non seulement à Paris mais aussi en banlieue et en province, puisque les statuts prévoient la création d'une section locale dès lors qu'il est possible de réunir deux cents membres. Appuyée par un bulletin mensuel, *Spartacus*, l'association distribue films soviétiques (*le Cuirassé Potemkine*, *la Mère*, *la Fin de Saint-Petersbourg*) et classiques internationaux (*le Trésor d'Arne* de Stiller et *Fièvre* de Delluc qui est racheté par les Établissements Spartacus pour une « ressortie » dans les salles de répertoire). Cette double préoccupation, politique et cinéphile, porte la marque de Léon Moussinac et de Jean Lods, attachés, comme le seront leurs successeurs de Ciné-liberté, à promouvoir l'éducation cinématographique des masses. Après la disparition de Spartacus, deux clubs, le Groupement des spectateurs d'avant-garde (en décembre 1928) et la Ligue internationale Noir & Blanc (en avril 1929) s'inscriront dans cette double tradition, posant les bases d'une contre-culture cinéphile.

La multiplication des clubs, la plus large diffusion de l'amour du cinéma, amènent les animateurs du mouvement à envisager un nécessaire regroupement de leurs forces. Pour ce qui concerne la France, le phénomène a eu lieu en deux temps. Du 2 au 7 septembre 1929 est convoqué à La Sarraz (Suisse) un congrès international du cinéma indépendant dont les délégués français sont, outre Robert Aron, l'un des instigateurs du congrès, Jean George Auriol et Jeanine Bouissounousse de *la Revue du cinéma*, Alberto Cavalcanti et Léon Moussinac qui représente le Film-club. Le congrès décide de la création d'une Ligue internationale du film indépendant « ayant pour but d'assurer un lien permanent entre les ciné-clubs et les organisations similaires en vue de faciliter l'exécution de leur tâche et de leur activité », doublée d'une Coopérative internationale du film indépendant à même de produire des films destinés à être exploités dans les clubs et les salles spécialisées. Si la seconde initiative ne sera guère couronnée de succès, il semble en revanche que le Congrès de La Sarraz eut pour principal mérite de précipiter la réunion des ciné-clubs français dans une fédération unique. Tel est l'objectif avoué du congrès des 13 et 14 novembre 1929. Une « Fédération des ciné-clubs de langue française » voit le jour qui rassemble dix-huit associations parisiennes (la Tribune libre du cinéma, le Ciné-club de France, le Phare tournant, le Groupement des spectateurs d'avant-garde), provinciales (Agen, Nice, Grenoble, Montpellier, Nancy et Bordeaux sont représentés) et même étrangères (le ciné-club de Genève, animé par Robert Guye, est adhérent de cette première fédération). D'abord élue secrétaire générale du mouvement, Germaine Dulac en devient présidente à l'issue du second congrès en 1930 qui en modifie également le nom; on parlera désormais de la Fédération française des ciné-clubs. C'est à Robert de Jarville qu'échoit la fonction de secrétaire général; lui incombe donc la création d'un catalogue de films susceptibles d'être projetés aux meilleurs tarifs dans les associations. Semblable innovation justifie encore l'existence des fédérations de ciné-clubs.

Cette dynamique fédérative survient à un moment de repli de la cinéphilie, parfois inquiète du désordre de certaines séances où le débat prenait la forme d'un règlement de comptes et désorientée par l'arrivée du parlant qui voit les salles spécialisées s'équiper en appareils de projection sonore. Le patient travail de légitimation de l'art muet auquel s'étaient livrés les militants cinéphiles depuis la fin de la guerre semble à refaire alors que déferlent sur les écrans pièces de théâtre filmées et œuvrettes sans ambition. Leur reste cependant l'espoir d'éduquer toujours davantage de spectateurs à l'art cinématographique, dans une perspective dont Robert [de] Jarville demeure le meilleur interprète: « [...] le public qui jusqu'alors allait au cinéma par simple distraction, par habitude, désire maintenant y aller pour s'instruire, le but des ciné-clubs est de l'y amener pour le cinéma lui-même, pour le cinéma qui serait l'art du mouvement et des images. [...] Il faut [...] créer des ciné-clubs nombreux qui permettent d'éduquer le public et de l'amener à accepter des films d'évolution ». Paroles annonciatrices de renouveau si l'on considère qu'elles furent prononcées par le futur fondateur – en 1935 – du Syndicat général des travailleurs de l'industrie du film CGT, acteur essentiel de l'aventure de Ciné-liberté. **C.G.**

CINÉGRAPHIC-FILMS
Marcel L'Herbier, voulant conquérir une véritable liberté de création, quitte Gaumont début 1922 pour fonder sa propre société de production. Le 13 mai 1922 naît Cinégraphic-F. L. Son caractère unique tient à son objectif : permettre aux meilleurs artistes modernes de réaliser des *films libres*. Les initiales F.L. signifient ainsi à la fois Films L'Herbier et Film Libre. Phonétiquement, « FL » évoque la Tour Eiffel, visuel choisi par L'Herbier pour le logotype, car symbole de modernité, mais aussi du caractère français de l'entreprise. Cinégraphic s'installe 9 rue Boissy-d'Anglas, dans des locaux loués par le vicomte Charles de Noailles et décorés par Michel Dufet. Le souci d'une cohérence esthétique est essentiel pour L'Herbier : le logo de l'entreprise fait écho aux panneaux décoratifs du siège social et à la typographie du générique des films, annonçant les recherches plastiques qui vont s'y dérouler.

Cinégraphic est une association en participation, qui semble avoir été transformée en 1925 en société à responsabilité limitée. L'Herbier, directeur artistique, a pour associés l'industriel Jean-Pierre Weiller et Éric Allatini, ami passionné de cinéma. Parmi les personnes ayant souscrit les parts les plus importantes, on trouve Maurice Bokanowski, avocat promis à une carrière de ministre, les collaborateurs du cinéaste Raymond Payelle (nom véritable du comédien, et plus tard écrivain, Philippe Hériat), qui prend le titre de secrétaire général, et Alberto Cavalcanti.

Soucieux d'assurer de larges débouchés à ses productions, L'Herbier scelle en 1922 (sans précision de date) un contrat entre Cinégraphic et Paramount, contrat qui concède à Paramount les droits de distribution des films Cinégraphic pour la France et le monde entier. La firme américaine venait en effet d'ouvrir à Paris une agence de distribution, dirigée par le producteur Adolphe Osso.

L'Herbier espère pouvoir ainsi concrétiser ses ambitieux projets personnels : *la Cavalière Elsa* de Mac Orlan, *Notre-Dame de Paris* de Victor Hugo, *Résurrection* d'après Tolstoï… Seul *Résurrection* prend vie : le tournage commence courant 1922, mais il sera interrompu. L'Herbier réussira pourtant à tourner sous le label Cinégraphic cinq longs métrages, de *l'Inhumaine* (1923-1924) à *l'Argent* (1928).

Jaque-Catelain, interprète de nombreux films de Marcel L'Herbier, inaugure la production Cinégraphic avec *le Marchand de plaisirs* (1922), son premier film en tant que cinéaste, distribué comme prévu par Paramount.

Claude Autant-Lara (décorateur, puis assistant et costumier sur les tournages de L'Herbier depuis *Rose-France* (1918) passe lui aussi en 1923 de l'autre côté de la caméra pour Cinégraphic. *Fait-divers* est un brillant court métrage d'avant-garde, où le drame est visualisé par des gros plans isolant certaines parties du corps des personnages (pieds, mains, bouche…).

Fin 1923, le jeune René Clair propose à Cinégraphic un scénario qu'il vient d'écrire. Clair cherche à réaliser dans un style original son sujet (il s'agit du *Fantôme du Moulin-Rouge*), commandé par le cinéaste et producteur Henri Diamant-Berger qui exigeait une mise en scène « commerciale ». L'Herbier ne peut faire aboutir le projet; il indiquera plus tard que son distributeur (s'agissait-il encore de Paramount?) l'avait refusé. Clair réussira malgré tout à tourner le *Fantôme* en 1924 pour les Films René Fernand.

Cinégraphic produit ensuite le dernier film de Louis Delluc, ami proche de L'Herbier qui traverse alors des difficultés financières, *l'Inondation* (1923, superbe et mélancolique évocation d'une crue dans la vallée du Rhône). Mais Delluc meurt le 22 mars 1924, peu de temps avant la sortie du film, le 5 mai. Paramount ayant, semble-t-il, également subi des déboires financiers, le film est distribué par les Grandes Productions Cinématographiques. Par la suite, *la Galerie des monstres* (1924), second film de Jaque-Catelain cinéaste, produit naturellement par Cinégraphic, sera aussi distribué par GPC, *l'Inhumaine* (L'Herbier 1923-1924) et *Feu Mathias Pascal* (L'Herbier 1924-1925) par Armor.

Un autre collaborateur de Cinégraphic, Jacques Manuel, costumier et décorateur extrêmement doué (il a créé certains décors de *l'Inhumaine*), est chargé en 1925 par L'Herbier de réaliser un étrange documentaire-fiction. En effet, Charles et Marie-Laure de Noailles ont commandé à Cinégraphic un long métrage mettant en scène la villa que l'architecte Mallet-Stevens vient de construire pour eux à Hyères. Après ce premier essai, Jacques Manuel mettra plus de vingt ans pour réaliser deux autres films, *Une grande fille toute simple* (1947) et *Julie de Carneilhan* (1949).

Alberto Cavalcanti avait débuté dans l'équipe L'Herbier en dessinant certains costumes d'*El Dorado*. Il devient collaborateur à plein temps de Cinégraphic, décorateur et assistant-réalisateur. En 1925, L'Herbier acquiert les droits d'une nouvelle de Pirandello, « Lontano », que Cavalcanti a l'intention de mettre en scène. Mais pour des raisons matérielles, le film ne peut se faire, et c'est hors de la « ruche » de la rue Boissy-d'Anglas qu'il réalisera en 1926 son premier film, *le Train sans yeux*.

Après la réalisation, en co-production avec les Films Albatros, de *Feu Mathias Pascal* (d'après Pirandello, 1924-25), L'Herbier cherche à nouveau à s'associer avec un distributeur solide. Le 11 septembre 1925 Cinégraphic signe un contrat avec la Société des Cinéromans/Pathé Consortium, firmes étroitement associées et dirigées toutes deux par Jean Sapène. Sapène contrôle un important groupe de presse (*Le Matin*, *Le Petit Parisien*…) et s'est investit depuis 1922 dans la Société des Cinéromans. Les films

Cinégraphic bénéficieront ainsi des réseaux publicitaires de Sapène et du large circuit de distribution de Pathé Consortium. Sapène commande immédiatement à L'Herbier un « grand film moderne » : *le Vertige* (1926). Malgré des rapports souvent orageux entre Sapène et L'Herbier (le premier se débat avec des problèmes financiers qui l'obligent à privilégier des films très commerciaux, le second désespère de voir accepter ses projets pointus, tel *le Portrait de Dorian Gray*), trois films de L'Herbier verront le jour sous cette association : *le Vertige*, *le Diable au cœur* (1926-1927, co-production Cinégraphic-Gaumont British-UFA), enfin *l'Argent* (1928).

C'est au début de la production de *l'Argent* que Jean Dréville, jeune journaliste caustique et photographe de grand talent, propose à L'Herbier de réaliser un documentaire sur le tournage de son « superfilm ». Ce moyen métrage financé par Cinégraphic, *Autour de « l'Argent »*, est un exceptionnel document sur la genèse d'un grand film à la fin du muet.

Mais Cinégraphic, malgré certains grands succès comme *le Vertige*, possède un passif inquiétant. L'exploitation de *l'Argent*, superproduction au budget très lourd, semble en outre avoir été décevante. L'association qui, pendant sept ans, aura tenté de créer des films libres et différents, est finalement dissoute le 22 avril 1929.

En 1933, L'Herbier tente de poursuivre l'aventure de Cinégraphic en fondant Cinéphonic. Seront ainsi tournés en 1937 deux documentaires : *Midi* de Jean Dréville et *Explosion* de Juan Arroy. **M.B.**

CINÉMA COLONIAL

Depuis la naissance du cinématographe jusqu'en 1962, les colonies françaises ont servi de toile de fond à plusieurs centaines de films de fiction, de documentaires ou de bandes d'actualité. La plus grande partie de cette production concerne les pays du Maghreb et, à moindre mesure, l'Afrique noire et l'Indochine. Les difficultés du tournage en Afrique noire et en Asie, suite à l'éloignement et au manque d'infrastructures locales, ont fait des pays du Maghreb un espace cinématographique de prédilection. Avant l'ère des grandes fictions, que l'on peut dater de 1921 avec la réalisation de *l'Atlantide* de Jacques Feyder, le cinématographe représentait encore un outil d'enregistrement à caractère ethno-anthropologique. De même que les peintres orientalistes commencèrent par pratiquer d'abord une opération de prélèvement sur la population et sur le paysage des colonies, les opérateurs se rendaient en Afrique et au Maghreb surtout dans ce même but. Les croquis des peintres qui servirent plus tard de base à des compositions plus abouties, trouvent écho dans les quelques scènes de rue montrant les populations colonisée dans une sorte de spontanéité frappante ; des scènes « tournées sur le vif », selon les termes de Mesguich, l'un des plus brillants opérateurs de la Gaumont.

À l'issue de la Première Guerre mondiale, la proximité des colonies et le besoin d'une intégration de l'Autre dans le champ sémantique métropolitain s'imposent. *L'Atlantide* de Jacques Feyder, considéré comme la première grande mise en scène de fiction tournée entièrement dans le désert algérien instaure le film colonial comme un genre nouveau. Adapté du roman best-seller de Pierre Benoît (1919), *l'Atlantide* est une gigantesque production qui a coûté près de 2 millions de francs, et qui a consacré Jacques Feyder comme l'un des cinéastes français de renommée. La campagne publicitaire de cette réalisation s'est focalisée sur l'authenticité du paysage (« de vraies dunes de sables ») et par la capacité du cinéma à investir l'espace colonial au même titre que les troupes militaires chargées de sa « pacification ».

Une partie des films coloniaux français des années vingt s'emploie à évoquer toute une série d'événements abondamment médiatisés par la presse écrite. Les conflits entres les « tribus » et l'arbitrage conciliateur de la France, le pouvoir de législation et de contrôle exercé par les officiers militaires, ainsi que le rôle des médecins et des instituteurs dans la percée coloniale. C'est le cas des *Fils du soleil* (René le Somptier, 1924), de *l'Occident* (Henri Fescourt, 1927) ou de *l'Aventurier* (Maurice Mariaud, 1924). L'intrigue de ces films est construite autour du conflit qui a opposé pendant plusieurs années les troupes rifaines menées par Abdelkrim contre les autorités françaises et espagnoles dans le nord du Maroc. L'histoire de la conquête est transcrite dans ces films, tout comme dans *le Sang d'Allah* (Luitz-Morat, 1922), avec une précision et un souci documentaire manifestes, allant jusqu'à utiliser la population locale dans les rôles de figurants ou de protagonistes.

L'autre partie est constituée d'adaptations d'œuvres littéraires européennes – romans et pièces de théâtre – qui datent, dans leur majorité, du début du XXe siècle. L'aspect documentaire de ces récits, s'inspirant à leur tour de faits et anecdotes réels, constitue l'un de leurs traits communs. Ainsi, *l'Arabe* (Rex Ingram, 1924) s'inspirait d'une pièce d'Edgar Selwyn que Cécile B. De Mille avait déjà filmée en 1915. Des films comme *la Maison du Maltais* (Henri Fescourt, 1927), *les Hommes nouveaux* (Donatien et Édouard-Émile Violet, 1922) ou *Sarati le Terrible* (Louis Mercanton, 1922) et *Aux jardins de Murcie* (Louis Mercanton, 1923) sont également des adaptations d'œuvres littéraires. Quelques films seulement font exception et empruntent leur contenu dramatique à des contes ou légendes arabes ou à des faits authentiques relatés aux réalisateurs comme *le Désir* (Albert Durec, 1928), ou *Dans l'ombre du harem* portée à l'écran par Léon Mathot et André Liabel en 1927 et dont le contenu dramatique est tiré d'une pièce de Lucien Besnard elle-même adaptée d'un conte du célèbre recueil des *Mille et une nuits*.

Lorsqu'il s'agit de films transposant un récit arabe, aucun repère temporel n'est visible ou signifié, ce qui fait que l'intrigue est réactualisée sur l'écran et devient contemporaine de sa projection. Il arrive parfois qu'un cinéaste adapte une histoire locale qui renvoie à un passé lointain en y introduisant un personnage actuel représentant de l'ordre colonial (ingénieur français, médecin ou simple soldat). Le film produit alors un anachronisme entre l'espace traditionnel de telle ou telle colonie, réduit uniquement à l'environnement naturel d'un émir ou d'un chef de tribus, et l'espace proprement colonial signifié par la présence des colons.

La vision exotique qui marque ces films – même ceux qui s'ancrent profondément dans la réalité coloniale d'une manière encore emblématique – trouve ses origines et ses composants référentiels toujours dans la peinture orientaliste du XIXe siècle. Une approche documentariste dans laquelle le colonisé demeure encore étrange et étranger à la fois. L'Autre ne semble pas encore faire partie de l'espace colonial qui ne sera construit cinématographiquement que pendant les années trente avec l'apparition du son qui va constituer un outil supplémentaire pour la propagande. Alors que les films muets se contentent de signaler uniquement les lieux de tournage, ceux des années trente mentionnent en plus les organismes coloniaux qui coopèrent à la réalisation et n'omettent pas de célébrer les plus grands acteurs politiques, militaires ou religieux de la colonisation.

Si l'on considère les films coloniaux français des années vingt uniquement d'un point de vue idéologique, on s'aperçoit que très peu de films font une véritable apologie de la colonisation. Certes, en 1927, Jacques de Baroncelli réalise *Feu*, qui relate quelques épisodes de la guerre du Rif tout en exaltant l'esprit patriotique d'un officier de la marine française qui décide de faire couler le navire dans lequel se trouve sa bien-aimée dans le but de préserver les intérêts de la France. L'année suivante, Jacques Severac termine *l'Âme du bled* qui met en scène le jeu d'alliances entre un caïd de Marrakech et les autorités coloniales françaises dans la perspective de lutter contre les pillards et les résistants au sud du Maroc. Mais le premier film qui célèbre ouvertement la colonisation est *le Bled* de Jean Renoir (1929). Il s'agit d'un film de commande réalisé dans la perspective de commémoration du centenaire du débarquement des troupes française en Algérie. À travers le portrait d'un colon, le contenu dramatique de ce film s'organise autour d'une justification de l'acte colonial en le fondant dans une idéologie d'appropriation foncière elle-même légitimée par la valeur du travail.

En ce qui concerne l'Afrique noire, le cinéma colonial français des années vingt se résume à une série de films documentaires qui mettent en scène, dans un rapport tantôt exotique tantôt étrange, les cultures et les populations « indigènes ». En 1924 Paul Castelnau réalise *Continent mystérieux*, un film qui relate le premier raid Citroën à travers le Sahara. Un an plus tard, Léon Poirier est sollicité à son tour par Citroën pour réaliser le film de la traversée de l'Afrique en auto-chenilles, organisée sous le direction de Georges Haardt et Louis Audouin-Dubreuil. Il s'agit de *la Croisière noire* qui eut un grand succès lors de sa sortie en 1926. Ce film est un parcours enchaînant systématiquement des séquences de circulation en automobiles, les danses, les chasses et les rites sacrés ou guerriers des tribus africaines. Il s'emploie à montrer la puissance coloniale à travers la machine qui fonctionne comme l'instrument d'une véritable maîtrise spatiale du continent africain. Naviguant entre des images documentaires et une structure narrative purement fictionnelle, ce film présente une rupture manifeste dans l'autonomie des sociétés autochtones qui n'apparaissent plus comme des entités étranges, mais comme des sous ensembles fédérés et instrumentalisés par la poussée coloniale. *La Croisière noire* sera sonorisé en 1933 et Léon Poirier réalisera deux années plus tard le film de la deuxième expédition Citroën, *la Croisière jaune*.

Si le cinéma colonial français des années vingt possède une texture encore largement exotique, il constitue toutefois un réservoir référentiel de toute la matière idéologique qui sera exploitée pleinement par la poussée propagandiste des années trente. Une grande partie de ces films muets sera réactualisée par une série de réadaptations. Il est vrai que ce phénomène n'est pas propre au seul cinéma colonial, mais s'inscrit dans la perspective de doter certains films de la dimension sonore. Cette opération concerne surtout les films ayant connu un succès commercial important. Cependant, dans le cadre des films coloniaux de fiction, il ne s'agit pas d'une simple sonorisation mais d'une réadaptation complète de leur contenu dramatique, ainsi que des éléments qui définissent le temps des intrigues. Dans les six films réalisés en deux versions dans les années vingt et trente, aucun n'a fait l'objet d'une véritable reconstitution de l'époque où se déroule la première intrigue. Cette dernière passe systématiquement par un filtre temporel qui résulte d'une série de modifications et qui la réinstalle dans le présent. Tel est le cas pour *la Maison du Maltais*, *l'Occident*, *l'Atlantide*, *les Cinq Gentlemen maudits*, *les Hommes nouveaux* et *l'Aventurier*. Ce qui est particulièrement notable, c'est que les modifications en question affectent des registres identiques et ceci même lorsque la deuxième mouture est signée par le même réalisateur. Ces changements soulignent que ce n'est qu'à partir du début des années trente que le Maghreb apparaît comme un espace purement colonial et non plus étranger ou lointain. Désormais les personnages possèdent tous un rôle concret dans l'espace colonial, et leur catégorisation se calque sur celles qui peuplent de manière factuelle le Maghreb à cette époque. Les péripéties que déploient les intrigues s'inscrivent dans un ordre de proximité faisant de l'espace maghrébin un espace familier, pétri de toutes les influences de la civilisation européenne. Après la crise économique de 1929, l'identité nationale est également mise à mal. Le cinéma colonial fera de l'Empire français un autre espace d'identification, une sorte d'échappatoire pour la Métropole. Dès lors, la distance créée par la vision exotique des films muets par rapport au colonisé va s'estomper au profit d'une proximité qui va de pair avec la pacification totale des colonies. Ces dernières apparaîtront désormais comme le prolongement direct de la France métropolitaine.

A.B.

CINÉMA D'ÉDUCATION

Parent pauvre du cinéma de fiction, le cinéma « d'enseignement et d'éducation », comme on avait coutume de l'appeler à l'époque, contribua pourtant, au cours des années vingt, à redorer le blason cinématographique de la France, à une époque où l'irruption massive sur le marché de la florissante production hollywoodienne l'avait définitivement dépossédée de sa position de leader mondial. Au cours de la décennie qui sépare la fin du premier conflit mondial du 5 novembre 1928 – date officielle de l'inauguration à Rome de l'Institut International du cinéma éducateur, dont nous reparlerons plus avant – la France sera en effet universellement considérée comme le pays à la pointe en matière de cinématographie éducative.

Les origines – Démarches officielles

Les premières expériences destinées à introduire le cinématographe au sein du matériel didactique remontent aux toutes premières années du siècle. Celui-ci est tout d'abord investi par les conférenciers des œuvres d'éducation populaire, puis, dès 1907, par quelques enseignants innovateurs. Si jusqu'en 1914 ce phénomène reste le fait de quelques précurseurs isolés, la Première Guerre mondiale, paradoxalement, donne le coup d'envoi à l'institutionnalisation de ce mouvement. Dès le 3 juillet 1914, le président du Conseil municipal de Paris, Léopold Bellan, prononce un discours destiné à vanter auprès de ses collègues les mérites du cinéma scolaire. Cette exhortation porte ses fruits puisque le 23 mars 1916, un décret promulgue la mise en place d'une « Commission extraparlementaire du cinématographe à l'école », dont les travaux débouchent en 1920 sur la publication d'un rapport très complet sur les possibilités offertes par la cinématographie scolaire en France.

Ainsi, à l'aube des années vingt, la question de l'introduction du cinéma dans les écoles mobilise les milieux politiques, relayés dans leurs actions par la presse et les pédagogues. Concrètement, des crédits sont alloués par le ministère de l'Instruction publique au Musée pédagogique d'une part – de sorte à ce qu'il enrichisse sa collection de films – et à l'achat par les écoles de matériel cinématographique d'autre part, sous la forme de subventions correspondant de façon générale au tiers du prix d'achat de l'appareil de projection.

La production et la distribution ciné-éducative

De telles mesures supposent évidemment qu'elles soient relayées par une production massive et adaptée de films d'enseignement et d'éducation, le nombre d'écoles et de cercles éducatifs utilisant le cinéma augmentant de façon notoire au cours de cette période. Le secteur privé ne néglige pas ce marché puisque, très tôt, différentes maisons inscrivent à leur catalogue un certain nombre de films éducatifs, et commercialisent des appareils de projection spécialement conçus pour cet usage. Par exemple, dès le début des années dix, Pathé et Gaumont organisent leur propre département pour les films de non-fiction, suivis par Éclair avec sa célèbre collection « Scientia », ainsi que par la Compagnie Universelle Cinématographique, la Société d'exploitation cinématographique, la maison Larousse, etc.

La répartition de ces films au sein des catalogues respectifs de chacune de ces maisons est particulièrement éloquente quant aux différents domaines investis par cette production. Des rubriques distinctes regroupent ainsi les films de géographie et de voyage, les films agricoles et industriels, les films scientifiques, ceux d'histoire naturelle, d'hygiène, de sport, d'enseignement, les reconstitutions historiques, les films religieux, les actualités, etc.

Le secteur public se préoccupe aussi de développer une activité propre en matière de production cinématographique. C'est dans ce but qu'un service du film est ouvert en 1920 au sein du service des projections lumineuses du Musée pédagogique. Menant conjointement une activité de production, de conservation et de distribution, le Musée enrichit sa collection progressivement pour atteindre en 1926 le chiffre de 1 100 films. L'année suivante, des dépôts sont organisés dans les différentes régions de France afin de faciliter la distribution des films auprès des utilisateurs.

Parallèlement, les démarches poursuivies par l'infatigable Victor Perrot en faveur de la création à Paris d'une « cinémathèque municipale » aboutissent en 1920, avec la création – officieuse et sans crédit aucun – de la Cinémathèque de la Ville de Paris, qui s'installe dans une école communale de la rue Madame. Sa création officielle ne sera promulguée que cinq ans plus tard par un vote du Conseil Municipal du 14 décembre 1925, signant son déménagement dans les locaux d'une ancienne école primaire, rue de Fleurus. Centralisant une collection de films d'enseignement et d'éducation importante et variée, elle organise de façon régulière des prêts à destination des utilisateurs parisiens.

Le domaine spécifique de l'enseignement professionnel bénéficie en outre, suite à un accord entre l'État et la Ville de Paris, de l'ouverture en 1926 d'une Cinémathèque nationale d'enseignement professionnel, alors placée sous la direction d'Adrien Bruneau. Son activité comprend la gestion d'une collection de films liés à ses prérogatives ainsi que la mise en route progressive d'une production propre.

Cette évocation des différents organismes producteurs et/ou distributeurs de films d'enseignement et d'éducation ne peut faire oublier l'activité des différents ministères tels que celui de l'Agriculture (qui crée dès 1923 une Cinémathèque centrale agricole), de la guerre (à travers son Service cinématographique de l'armée), du Travail, de l'Hygiène, de l'Assistance et de la Prévoyance sociale, mais aussi des ministères de la Marine, des Travaux publics, des Affaires étrangères ou encore des Colonies.

Les offices du cinéma éducateur

L'originalité du paysage français en matière de cinématographie éducative réside à l'époque dans la vivacité de son secteur associatif, principalement représenté par les Offices régionaux du cinéma éducateur. Nés dans le giron de cinémas scolaires municipaux, ces Offices se constituent au cours des années vingt en associations loi 1901. Leur activité consiste en la location aux cercles éducatifs et aux écoles de « programmes cinématographiques » complets, constitués de longs métrages de fiction, de films comiques, de documentaires et de films éducatifs.

La prise en compte du combat d'influence que se livrent alors les promoteurs de ces Offices – des partisans de la laïcité dont l'action se situe en parfaite continuité avec l'action de la Ligue de l'Enseignement – et les représentants de l'Église – qui elle aussi cherche très tôt à mettre le film au service de sa propre propagande – est fondamentale pour comprendre le contexte dans lequel se développe ce mouvement. La virulence des propos que tiennent les deux partis à l'encontre de leurs adversaires respectifs est ainsi symptomatique de la façon dont les mouvements en faveur du cinéma éducatif s'inscrivent en droite ligne dans le combat engagé depuis le vote des lois Ferry pour le contrôle de l'éducation.

La suprématie française en question

Forte de cet arsenal étatique, associatif et privé, la France aspire au cours des années vingt à asseoir sa suprématie au niveau mondial en matière de cinématographie éducative. L'organisme qu'elle investit de cette mission est l'Institut International de Coopération intellectuelle, émanation de la Société des Nations. Ce dernier est en particulier l'instigateur d'un Congrès international de cinématographie organisé, du 27 septembre au 3 octobre 1926, au Palais Royal, à Paris. Au cours de cette réunion est discutée l'éventualité de la création d'un « bureau international du cinéma » rattaché à la Société des Nations, que les Français espèrent bien voir siéger à Paris le plus rapidement possible.

L'inertie des pouvoirs publics ne permet pourtant pas à ce désir d'être exaucé, et les Français se voient bientôt rattrapés sur ce terrain par l'Italie fasciste de Benito Mussolini, ce dernier ayant décidé de financer l'ouverture à Rome du « bureau » en question. Ce sera l'ouverture en novembre 1928 de l'Institut international de la cinématographie éducative, dont l'activité débordante détourne définitivement de la France l'attention internationale au profit de l'Italie.

La fin des années vingt

Cette déconvenue durement ressentie par les têtes de file françaises n'entrave malgré tout en rien le mouvement en marche pour une cinématographie éducative, même si ceux-ci n'auront de cesse de dénoncer une inertie croissante des pouvoirs publics au cours des années suivantes.

L'avènement du cinéma parlant à la fin de la décennie ne marque pas de rupture franche dans le domaine de la cinématographie éducative comme ce fut le cas pour la fiction. La première raison expliquant ce phénomène est liée au coût financier supposé par le renouvellement de l'ensemble du matériel cinématographique scolaire, frais que peu d'écoles ou communes peuvent alors supporter. D'un tout autre point de vue, on note aussi chez les enseignants une forte réticence à l'encontre de la sonorisation des films destinés à l'enseignement : ceux-ci voient en effet dans ce processus une façon de les désinvestir de leur fonction pédagogique, en leur ôtant la possibilité de commenter les films au cours de la projection.

Ces deux phénomènes conjoints expliquent que la production de films éducatifs muets ait perduré tout au long des années trente. Les films sonores finiront eux aussi par s'imposer dans les milieux scolaires et éducatifs, mais avec de nombreuses années de retard sur le cinéma de fiction. **C.T.**

CINÉ-ROMAN

La publication du premier roman adapté d'un film remonte à décembre 1915 quand, sur l'exemple américain, *Le Matin* lance le feuilleton des *Mystères de New York*, écrit par Pierre Decourcelle, en parallèle à la sortie des vingt-quatre épisodes sur les écrans. En fait, l'imprimé accompagne la découverte des films par les spectateurs depuis plusieurs années déjà. À partir de l'avènement du long métrage en 1912, les grands éditeurs de films appuient le lancement des fleurons de leur production par la publication de petits récits dialogués et richement illustrés. Mais ces brochures sont uniquement destinées à être distribuées en salles. En s'affichant à la une d'un grand quotidien, *les Mystères de New York* scellent la contamination de l'édition et de la lecture populaires par la culture audiovisuelle.

En dépit des apparences, le littéraire jouit encore d'une antériorité. Si, du point de vue de la création, le roman est « l'adaptation » et le film « l'original », du point de vue du spectateur, le premier précède le second. Le journal est en effet toujours en avance d'une semaine sur la sortie des épisodes. Le récit de film en feuilleton (ou « roman-cinéma ») apparaît comme une formule de transition entre les adaptations quasi-instantanées de romans à succès (*Fantômas* par exemple) et la novélisation des années vingt.

Le succès remporté par *les Mystères de New York* fait de nombreux émules dans la grande presse. À une époque où le tirage des plus grands titres approche ou dépasse un million d'exemplaires, le cinéma bénéficie d'un relais très puissant. Le roman-cinéma connaît sa plus grande expansion entre 1918 et 1922. 67 auraient été publiés entre mars 1921 et mars 1922, dont 51 liés à des films étrangers, essentiellement américains. Mais par contraste avec les années de guerre, les films français sont désormais ceux qui bénéficient du meilleur relais éditorial, du fait des intérêts pris par les groupes de presse dans l'industrie cinématographique nationale. Dirigée par Jean Sapène, la Société des Cinéromans a pour partenaires quatre des « cinq grands » de la presse parisienne : *Le Matin*, *Le Petit Parisien*, *Le Journal*, *L'Écho de Paris*. Quant à la société Pathé-Consortium, elle s'engage en 1920-1921 dans une politique ambitieuse – quoique éphémère – de production de films à épisodes, afin d'alimenter en romans-cinéma son principal actionnaire, le groupe Gounouilhou-Bourrageas, qui rassemble sous son égide neuf quotidiens de province. Les sujets, puisés dans la culture nationale, permettent de toucher un public plus bourgeois ou plus provincial que les romans-cinéma d'origine américaine.

Après sa parution en feuilleton, le récit de film est fréquemment repris en livraisons hebdomadaires dans l'une des collections spécialisées éditées par La Renaissance du Livre et Tallandier. Toutes deux privilégient également la production nationale dès 1917. Pour illustrer leurs fascicules, les éditeurs puisent abondamment dans le réservoir iconographique à leur disposition, donnant à l'illustration photographique une place inédite. En revanche, les retouches à la gouache éliminent fréquemment le grain de la photographie et les traits des visages, au bénéfice de la lisibilité immédiate de l'image.

Le film à épisodes revigore pendant quelques années le roman-feuilleton à rebondissements dans les journaux. Pour occuper leurs colonnes pendant de longues semaines, les quotidiens font appel à des valeurs sûres. Le roman-cinéma conforte donc la position de quelques plumes, tels Marcel Allain, Arthur Bernède, Gaston Leroux ou Guy de Téramond. Celui-ci est l'auteur de quatre romans-cinéma, soit cinq cents épisodes, entre mars 1918 et décembre 1920 !

La résurrection du genre rocambolesque est de courte durée : le discrédit qui frappe les films à épisodes en 1921-1922 déteint sur la presse. Les feuilletons tirés de films américains n'ont plus droit de cité dans les grands journaux ; ceux-ci ne traitent désormais plus guère qu'avec les Cinéromans et Gaumont. Exactement au même moment, la Renaissance du Livre et Tallandier commencent à publier leurs récits de films sous forme de volumes illustrés. La sérialité s'estompe progressivement : la novélisation change de statut en adoptant la forme du livre. Ferenczi, autre grand nom de l'édition populaire, les imite en lançant coup sur coup trois collections qui couvrent tout le spectre du cinéma – grands films et production courante, longs-métrages simples, moyens-métrages et films à épisodes.

Bien vite, la collection « Cinéma-Bibliothèque » de Tallandier éclipse toutes les autres. Plus de 350 volumes sont publiés entre 1921 et 1929. L'évolution de la politique éditoriale est révélatrice de l'institutionalisation d'un genre. Dans les premiers temps, le film sert surtout de prétexte à la réédition de classiques populaires (Jules Mary, Michel Zévaco, Pierre Decourcelle...) ou de feuilletons des Cinéromans. À partir de 1925, à l'inverse, les romans originaux représentent plus de 80 % des parutions annuelles. Deux exemples illustreront bien l'évolution : au début de 1923, Tallandier publie sans modifications *les Deux Orphelines* de Dennery alors que Griffith a pour le moins pris des libertés dans son adaptation ; au contraire, en 1925, *le Juif Errant* d'Eugène Sue est remanié par Jean Ricard pour correspondre à la version cinématographique. La spécialisation de la collection se perçoit aussi à travers le renouvellement des auteurs, journalistes de cinéma, scénaristes ou du moins représentants de la jeune génération des romanciers populaires.

L'année 1922 voit aussi naître plusieurs périodiques spécialisés, tels *Le Film complet* et *Ciné-Miroir*. Leur périodicité croissante (bi- puis tri-hebdomadaire pour *Le Film complet*) atteste leur succès, de même que l'irruption de concurrents (*Mon Film*, *Pour vous*). Offenstadt, à la tête des éditions de *Mon Ciné*, peut traiter d'égal à égal avec l'industrie cinématographique. Quoique bon marché, ces publications sont d'une mise en page moderne et inventive, qui valorise à l'extrême l'illustration photographique et, dans l'image, les corps en action.

La segmentation de l'offre cinématographique au cours des années vingt déteint sur le récit de film. La cristallisation des genres se traduit par l'apparition de publications spécialisées dans le film sentimental ou le western. Pour séduire un public soucieux de légitimité culturelle, la collection « Cinéma-Bibliothèque » de Tallandier s'enrichit en 1925 d'une deuxième série : elle offre aux films les plus dignes d'estime un accompagnement littéraire soigné, qui emporte même parfois les suffrages de la critique. De son côté, la revue *L'Illustration* lance *La Petite Illustration cinématographique*, qui complète le dispositif de légitimation quasi-officielle dont peuvent jouir des films tels que *Salammbô* de Pierre Marodon ou *Madame Récamier* de Gaston Ravel. Nationalisme culturel oblige, les films français dominent largement dans la deuxième série de « Cinéma-Bibliothèque » et dans *La Petite Illustration cinématographique*. Il en va différemment dans la collection « Le Cinéma romanesque » éditée à partir de 1928 par Gallimard à destination des cinéphiles : *Metropolis* de Lang et *Solitude* de Fejos y côtoient *la Petite Marchande d'allumettes* de Renoir et Tedesco et *la Passion de Jeanne d'Arc* de Dreyer.

Au total, on peut estimer à vingt au minimum le nombre de récits de films publiés chaque semaine en France à l'aube du parlant. Ce continent éditorial, considérable et oublié, a beaucoup à nous apprendre sur les conditions dans lesquelles le public, au pays de la lecture triomphante, a apprivoisé la nouveauté du récit cinématographique. **A.C.**

CINÉROMANS (Société des)
Dans le marasme où l'industrie cinématographique française se débat au lendemain de la guerre, le renouveau vient d'hommes de presse, désireux de tirer pleinement profit de la vogue des films à épisodes racontés en feuilleton dans les journaux. Probablement au printemps 1918, Jean Sapène, directeur du journal *Le Matin*, signe un contrat pour la publication d'un roman-cinéma inédit projeté par Gaston Leroux, le plus célèbre des feuilletonistes maison, et René Navarre, ancien acteur de Louis Feuillade passé à la mise en scène. Tourné et distribué chez Éclipse, *la Nouvelle Aurore* sort sur quinze semaines, d'avril à août 1919.

Sapène est ensuite l'organisateur de réunions visant à pérenniser cette association et à fournir chaque année au *Matin* un roman-cinéma de douze épisodes. Les ambitions sont revues à la hausse lorsque Sapène s'allie au *Petit Journal*, probablement par le truchement du romancier Arthur Bernède, puis réussit à convaincre *Le Journal* et *L'Écho de Paris*. La Société des Cinéromans est fondée le 30 septembre 1919 : Navarre, basé dans les studios de la Victorine à Nice, devra en principe tourner chaque année quatre romans-cinéma de douze épisodes. Le cinéma contribue ainsi à souder la politique d'entente menée par Sapène pour que s'apaise la guerre commerciale entre les grands journaux parisiens.

Le rythme de sortie des films et des feuilletons correspondants est soutenu. Pendant la saison 1921-1922, il y a en permanence un film des Cinéromans en cours sur les écrans et le feuilleton correspondant dans la grande presse. Soumis à cet impératif de productivité, le tour de force de Jean Sapène est de parvenir néanmoins à faire durer les Cinéromans. Car le public commence à se lasser des films à épisodes en général et de ceux dirigés par René Navarre en particulier, victimes de leur écriture inconsistante et de leurs mystères répétitifs. Sapène décide de se démarquer nettement de ses concurrents en optant pour le film à épisodes en costumes, gage de qualité et de fidélité à l'identité nationale. Sorti en février 1922, *l'Aiglonne* doit être considéré selon Pierre Gilles comme le signe avant-coureur de cette réorientation. Celle-ci se confirme seulement au début de la saison 1922-1923. À ce moment, Jean Sapène a racheté les parts de Serge Sandberg et de Charles Zibell et est devenu le « maître absolu de la situation », selon l'expression de René Navarre. L'écriture des scénarios dépend désormais d'un département spécialisé. Arthur Bernède, sa figure dominante, est entouré d'une « équipe de jeunes, ruisselant d'idées: Pierre-Gilles Veber, Albert-Jean, Armand Salacrou, Jean-Louis Bouquet, Marcel Yonnet… » (Henri Fescourt).

Richard Abel a bien éclairé les mécanismes de l'association avec Pathé-Consortium, puis du passage de celle-ci sous le contrôle de Sapène en 1924. La distribution des films de la société des Cinéromans en bénéficie. Sans renoncer dans l'immédiat au film à épisodes, Sapène commence en 1924 à produire des œuvres de prestige destinées à être projetées en une seule fois et labélisées « Films de France ». Ces films servent à dorer le blason de la société et, peut-être, à signer des contrats de programmation plus avantageux avec les directeurs de salles sur le modèle du « blockbooking » américain. Outre le bénéfice direct, la conservation d'un réseau d'exploitation étendu garantit la poursuite de la publication des feuilletons par la grande presse. Sur ces bases solides, la Société des Cinéromans profite de la détente franco-allemande pour se rapprocher de Westi, la firme de Hugo Stinnes. Celle-ci s'effondre cependant à l'été 1925, victime d'un krach boursier, avant que le premier grand film co-produit, *les Misérables*, ait pu être achevé. La saison 1926-1927 marque un temps d'hésitation. À la rentrée de 1927, la Société des Cinéromans abandonne son format de prédilection initial, tandis que les romans-cinéma disparaissent de la une des quatre quotidiens du « consortium de presse ». Sous la férule directe de Sapène, la production de longs-métrages simples s'intensifie alors pour atteindre un pic en 1928, grâce à la modernisation des studios de Joinville-le-Pont.

À partir des *Misérables* de Fescourt et surtout de l'arrêt des feuilletons, les adaptations du roman et du théâtre de l'avant-guerre prennent une place croissante aux dépens des sujets originaux. Le changement de cap par étapes de la Société des

Cinéromans pourrait être triplement symbolisé par *l'Argent* de Marcel L'Herbier en 1928 : le coût du film (presque cinq millions de francs), la transposition dans un cadre contemporain et la mise en scène par un grand nom de l'avant-garde représentent autant de paris audacieux. *L'Argent* marque aussi l'entrée sur scène de Bernard Natan, avec qui le film est coproduit. La fragilité financière persistante de Pathé-Consortium, les demi-succès remportés par les Films de France, les investissements indispensables pour franchir le seuil du parlant entraînent le retrait de Sapène au bénéfice de Natan, qui ne tarde pas à réviser la structure de l'ensemble. **A.C.**

CLAIR René (1898-1981)
Dans le paysage cinématographique des années vingt, René Clair assume un statut à la fois marginal et central. Au départ, le parcours intellectuel de René Chomette, cet enfant de la bourgeoisie parisienne, vient relayer celui de ses aînés immédiats : comme Delluc ou L'Herbier, il s'est éloigné d'une première vocation littéraire, encore tout encombrée de souvenirs symbolistes, pour chercher sur l'écran un langage réinventé – qui permettrait de faire justice des discours cacophoniques autour de la Grande Guerre. Comme Canudo ou Gance, il a voulu trouver dans les images muettes un espéranto idéal, capable de réconcilier tous les peuples par l'appel à l'inconscient collectif, capable aussi d'opérer le syncrétisme de tous les arts et de proposer une forme d'expression aussi musicale que plastique... Ce sont tous ces thèmes d'époque que l'on reconnaît dans ses premières chroniques, données à *L'Intransigeant* en 1922 et 1923, puis à *Films*, annexe de *Le Théâtre et Comœdia illustré* (dont il est le rédacteur en chef sous la houlette de Jacques Hébertot, de fin 1922 à fin 1924) : en opposant l'énergie sensuelle du cinéma américain au bon goût sclérosé de l'écran français, en vantant l'imagination créatrice d'un Griffith, d'un Chaplin ou d'un Stroheim aussi bien que la beauté des stars d'outre-Atlantique, le jeune cinéphile ne fait jamais que poursuivre le rêve de ses pairs, celui d'un septième art qui ne devrait plus rien aux vieilles catégories rhétoriques et s'imposerait par la seule vertu du mouvement.

En même temps, Clair a tôt fait d'échapper aux incantations dogmatiques de la première avant-garde, pour revendiquer une cinéphilie plus régressive et plus ludique : à l'heure où les « cinégraphistes » français dédaignent les ciné-romans et prétendent faire table rase du « cinéma impur » d'avant 1914, l'éditorialiste de *Films* va au contraire proposer un véritable retour du refoulé, et, par delà les expériences frelatées du film d'Art, une reconnaissance du film primitif en tant qu'art déjà constitué. Chez lui, la création d'un nouveau langage passe par un retour à la case départ, par le fantasme d'un art retombé en enfance et rendu aux balbutiements d'une grammaire élémentaire. C'est ce qu'exprime d'entrée de jeu le choix de son pseudonyme, qui justifierait à lui seul une glose lacanienne : René Clair se veut bel et bien l'homme de la renaissance et de la clarté, par qui le cinéma pourrait retarder l'entrée dans l'âge adulte et ne s'habituer que peu à peu à la lumière. C'est ce qu'exprime un célèbre manifeste, où il ne propose rien moins qu'une réforme à l'envers et une réécriture de l'Histoire : « S'il est une esthétique du cinéma, elle a été découverte en même temps que l'appareil de prises de vues et le film, en France, par les frères Lumière. Elle se résume en un mot : "mouvement". [...] Quand les frères Lumière ont voulu démontrer la valeur de leur merveilleuse invention, ils n'ont pas présenté sur l'écran un paysage mort ou un dialogue entre deux personnages muets : ils nous ont donné *l'Arrivée d'un train*, *Une charge de cuirassiers* et cet *Arroseur arrosé* qui fut le père du film comique. Si nous voulons que le cinéma croisse en force, respectons cette tradition oubliée, revenons à cette source. » (*Comœdia*, octobre 1924).

En 1924, une telle profession de foi a de quoi surprendre : elle fait de Clair une sorte de mauvaise conscience de l'avant-garde, qui déjà distingue les avatars du film d'Art sous les oripeaux de l'impressionnisme filmé (comme en témoignent les flèches précoces qu'il décoche au Gance de *la Roue*, au L'Herbier de *Don Juan et Faust*), et qui inaugure l'ère du regard en arrière, de la nostalgie d'un cinématographe d'avant le déluge. En cela, cet ancien interprète de Feuillade se rapproche de la contre-culture d'un Desnos ou d'un Soupault, redécouvrant un répertoire populaire que la cinéphilie officielle a voulu oublier (c'est l'époque où l'on commence, au studio des Ursulines, d'exhumer à nouveau les bandes d'avant 1914...). Surtout, il offre une tribune polémique à une seconde avant-garde, celle de Feyder ou d'Epstein, mais aussi à l'école populiste que vont bientôt mettre en place son ami Grémillon, ses futurs assistants Carné ou Lacombe. À cet égard, son discours critique n'aura pas eu moins d'influence que ses débuts cinématographiques : l'un des premiers, il aura préconisé une soumission des recherches visuelles à l'efficacité de la narration, invité à dépasser le clivage entre les préciosités de l'écriture artiste et les nécessités de l'industrie, recherché enfin une réconciliation de la poésie et du réalisme.

C'est la même « révolution rétrospective » qui assure le retentissement de ses premiers films, et lui prête dès l'âge de vingt-cinq ans une figure tout ensemble provocante et rassurante... En donnant presque simultanément à l'automne 1924 *Entr'acte* et *Paris qui dort*, il s'impose comme un iconoclaste de bonne compagnie : s'il illustre les fantaisies dadaïstes de son ami Picabia, c'est pour les réinscrire dans la tradition familière de la course poursuite d'avant-guerre, et dans un montage serré qui ignore le hasard. S'il imagine un démiurge dont le rayon diabolique endort Paris, c'est pour se moquer gentiment du caligarisme, et pour expérimenter toutes les distorsions du rythme comme à la recherche d'un temps suspendu. D'emblée, le cinéaste autant que le critique s'installe dans les coulisses de l'avant-garde, et la regarde évoluer par en-dessous, à l'accéléré ou au ralenti (avec ce voyeurisme ironique que consacre la caméra d'*Entr'acte*, en filmant les dessous d'une danseuse à barbe de l'autre côté d'une vitre...). Aussi bien, après le scandale mondain d'*Entr'acte* au Théâtre des Champs-Elysées, après le succès d'estime de *Paris qui dort*, le jeune réalisateur mettra un certain temps à marquer sa singularité : avec *le Fantôme du Moulin-Rouge*, il s'efforce en 1925 à une conjugaison maladroite du drame réaliste et du fantastique ; avec *le Voyage imaginaire* (1926), il systématise jusqu'à la caricature son goût des échappées intemporelles et du merveilleux enfantin – non sans imaginer une savoureuse visite au musée Grévin, où Charlot lui-même et le Kid se voient intégrés à une promenade parodique dans les représentations historiques. En revanche, on a tendance à sous-estimer ses deux tentatives restées confidentielles de l'année 1926 : *Adams*, roman dédié précisément à Chaplin, et qui offre un brillant apologue sur l'identité de l'acteur et les faux-semblants de l'industrie hollywodienne (pour se conclure déjà sur une démystification moraliste des prestiges de l'écran) ; et *la Proie du vent*, premier film pour la société Albatros – dont Clair se souviendra comme d'une simple épreuve de bonne volonté commerciale, mais où il trouve le moyen de suggérer une alternance subtile de la réalité et du rêve, du désir amoureux et du détail implicite.

Mieux encore : c'est en réalisant pour Albatros deux adaptations théâtrales, dans un registre aussi éloigné que possible de son idéal de naguère, que le jeune cinéaste va paradoxalement imposer sa personnalité. En transposant dans les années 1890 le vaudeville de Labiche et Marc-Michel *Un chapeau de paille d'Italie*, il s'essaie à un pastiche du style Pathé qui tombe à point nommé en 1928 : c'est l'heure où une France atteinte par la crise commence de se retourner sur la « Belle Époque », c'est l'heure où une industrie cinématographique menacée par le parlant commence de se replier sur des structures théâtrales rassurantes. Le film apparaît dès lors comme l'emblème d'un burlesque à la française, qui redécouvrirait par des procédés purement visuels toutes les ressources d'une tradition rhétorique... Et cette avancée à rebours est confirmée en 1929 par *les Deux Timides*, version modernisée d'une autre pièce de Labiche : Clair semble vouloir y conjurer l'avènement des talkies, en affrontant l'art dramatique sur son propre terrain et en montrant jusqu'où l'image peut se faire elle-même langage. Ce postulat lui inspire notamment un prologue virtuose, où deux plaidoiries concurrentes sont reprises au pied de la lettre par une succession de « tableaux » saturés de sens – en passant par une parodie affolée du triple écran de Gance... Dès la fin du muet (et avant même de devenir un auteur exemplaire par son usage mesuré du verbe), René Clair aura donc relevé avec succès les défis de l'avant-garde – mais pour les inverser, pour les ramener vers une forme populaire, pour légitimer l'éveil à l'âge adulte et l'apprentissage du classicisme.

N.H.

Filmographie ◆ *Paris qui dort* (1924) ; *Entr'acte* (id.) ; *Le Fantôme du Moulin-Rouge* (1925) ; *Le Voyage imaginaire* (1926) ; *La Proie du vent* (1926) ; *Un chapeau de paille d'Italie* (1928) ; *Les Deux Timides* (1929) ; *La Tour* (id.).

COISSAC Georges-Michel (1868-1946)

L'histoire du cinéma doit se pencher sur sa propre histoire, et parmi ses précurseurs, Georges-Michel Coissac est sans aucun doute l'un de ses représentants les plus éminents. Né le 20 février 1868 à Chamboulive, un village de Corrèze, il commence sa carrière professionnelle en tant qu'enseignant et conférencier au sein de la Société d'Instruction populaire. Cette activité l'amène naturellement à utiliser, comme cela était monnaie courante à l'époque, les projections lumineuses dans ses cours et ses conférences. Ayant découvert le cinématographe des frères Lumière, et si l'on en croit ses propres dires, il introduit dès 1897 les projections animées au sein de son matériel pédagogique.

Parallèlement à cette œuvre propagandistique, Coissac entre dès 1892 dans les services administratifs de *La Maison de la Bonne Presse*, organisme d'obédience catholique dont la mission consiste à répandre la parole chrétienne par le biais de différentes publications périodiques. Trois ans plus tard, il y crée un « service des projections » destiné d'abord à produire et à distribuer des plaques de verre pour lanterne magique, puis des films, afin de soutenir l'œuvre d'éducation apostolique organisée par l'Église dans l'ensemble du pays.

En janvier 1903, Coissac est nommé rédacteur en chef d'un nouveau mensuel, *Le Fascinateur,* présenté comme « l'organe des récréations instructives de la Bonne Presse ». L'objectif de cette revue consiste alors à démontrer les vertus éducatives des projections animées, dans le but explicite de lutter contre la propagande laïque menée sur ce même terrain par les conférenciers de la *Ligue de l'enseignement* et autres organismes similaires, fidèles défenseurs des valeurs républicaines et des principes chers à Jules Ferry. À la tête de cette publication, Coissac défend pendant plus de dix ans les intérêts catholiques, prônant le recours au cinéma au sein de son œuvre de propagande, considérant celui-ci comme un instrument de fascination et de persuasion sans égal. La mobilisation générale marque la fin définitive de sa collaboration au *Fascinateur*, étant crédité pour la dernière fois en tant que rédacteur en chef dans le numéro du 1er août 1914.

Le premier conflit mondial signe pour Georges-Michel Coissac le début d'une seconde période de sa vie. Au lendemain du conflit, rejetant en bloc l'ensemble des valeurs qui sous-tendaient son action au sein de *La Bonne Presse*, il devient l'un des plus fervents apôtres de la cause républicaine, scientiste et internationaliste. Il fonde en 1919 une nouvelle revue mensuelle, *Le Cinéopse*, qui se propose au moment de sa création comme « l'organe mensuel de l'industrie cinématographique – la projection, la photographie, l'optique ». Chacun des exemplaires de cette publication, d'une moyenne de 80 pages par numéro, s'emploie à traiter du cinéma sous des aspects aussi variés que la production, la distribution, l'exploitation, la fabrication des appareils, les laboratoires, ou encore les studios. Si l'ensemble du phénomène cinématographique est pris en considération, la question du cinéma éducatif et didactique occupe malgré tout une place de choix au sein de ses préoccupations. Collaborant de près avec les éminents représentants du courant républicain, dont un certain nombre de francs-maçons, Coissac devient ainsi le promoteur de valeurs qui se situent totalement aux antipodes de ses premières activités rédactionnelles. Ce nouveau positionnement idéologique semble lui valoir la reconnaissance de la profession puisqu'en 1919, il se voit nommé directeur de l'Association professionnelle de la Presse cinématographique.

C'est aux éditions du *Cinéopse* que Georges-Michel Coissac publie en 1925 *L'Histoire du cinématographe des origines à nos jours*, ouvrage synoptique de 604 pages qui, dans sa volonté d'embrasser de façon exhaustive le phénomène cinématographique, constituera pendant de nombreuses années un modèle pour ses successeurs. Cet ouvrage le consacre comme le principal « historiographe » du moment, selon la terminologie employée à l'époque.

L'activité rédactionnelle de Coissac se poursuit l'année suivante par la publication – de nouveau aux éditions du *Cinéopse* – du *Cinématographe et l'enseignement. Nouveau guide pratique*, ouvrage non moins imposant de 564 pages dans lequel il propose un bilan de la situation de la cinématographie éducative et expose ses propres conceptions en la matière.

Collectionnant les titres de membre de la Commission nationale française de coopération intellectuelle, de membre correspondant de l'Institut International du cinéma éducateur de Rome, de membre du Comité français de ce même Institut, Georges-Michel Coissac constitue pendant toute la période de l'entre-deux guerres une figure centrale du monde de la cinématographie, entretenant des relations privilégiées avec les plus grands chercheurs, scientifiques et journalistes de l'époque, mais aussi avec les grands industriels tels Léon Gaumont, Charles Pathé, Pierre-Victor Continsouza, Louis Aubert, Charles Delac ou André Debrie.

Le déclenchement de la seconde guerre mondiale interrompt la publication du *Cinéopse*. Coissac décède en mars 1946, quelques jours seulement avant que ne paraisse le premier numéro de la seconde époque du *Cinéopse*. Sous l'impulsion de son gendre Paul Souillac et de sa petite-fille Paulette Souillac, la publication de ce mensuel se poursuit jusqu'en 1967, mais sans jamais qu'il ne retrouve la place qu'il occupait dans l'univers du cinéma du temps où il se trouvait sous l'égide de son fondateur.

C.T.

COLOMBIER Pierre (1896-1958)
« Ce travailleur acharné, qui passe au studio, quand il le faut, seize ou dix-huit heures par jour », tel est le portrait que Pierre Lazareff se plaisait à dresser d'un metteur en scène qui déploya, durant près de vingt ans de carrière, toute son énergie et sa fantaisie à servir, de manière exclusive, ce genre populaire qu'est la comédie.

C'est le 19 mars 1896, à dix-sept heures, qu'à Compiègne Monsieur Eugène Alphonse Colombier et Madame Louise Marie Rabot ont la joie d'annoncer la naissance de leur premier fils Pierre Charles Henri, aîné d'une fratrie de quatre enfants. Il mène une enfance heureuse au sein d'une famille bourgeoise (son grand-père et son père sont architectes de renom), puis s'engage très jeune dans l'Aviation durant la Première Guerre mondiale. Il fait des études aux Beaux Arts et aux Arts Décoratifs, mène une activité de peintre tout comme Maurice Tourneur ou Marco de Gastyne, mais surtout se distingue comme caricaturiste dans des revues fantaisistes telles que *Fantasio* ou *La Vie Parisienne*, où il suit les traces de son parrain, le grand dessinateur Albert Guillaume.

Nous sommes en 1921. Léon Gaumont, qui a repéré chez Colombier des idées amusantes et un coup d'œil comique au travers des deux petites fresques qu'il vient de lui vendre, lui propose un engagement au moment précis où *Fantasio* vient de s'entendre avec la puissante firme pour produire de petites comédies d'un esprit gai et parisien devant retracer les aspects pittoresques de la Capitale. Sa carrière est lancée, et celui qui orthographie mystérieusement son prénom Pière et même Pièrre pour son dernier long métrage, s'improvise l'artisan complet des deux opus de la Série « Fantasio » qui portent les titres du *Paradis perdu* et du *Pendentif*. Il reste chez Gaumont jusqu'en 1924, et s'impose rapidement comme l'une des valeurs sûres d'un genre dont la presse regrette la présence trop anecdotique sur le marché français. Il y développe un savoir faire personnel déjà très habile: une grande liberté de composition laissée à ses acteurs dont il essaie avant tout de saisir le naturel, que ce soit Marguerite Madys ou Dolly Davis; un montage vif et rythmé soulignant parfaitement les différents rebondissements des amusants scénarios dont il est l'auteur, mais au fil directeur souvent extrêmement ténu ; un soin tout particulier apporté à la photographie et aux décors dont il est le concepteur ; un bon équilibre entre scènes de studios et tournages en extérieurs qu'il enregistre souvent avec un souci extrême de réalisme. Il a souvent recours à de petits artifices de mise en scène tels que le teintage, la surimpression, la pixillation (*le Pendentif*, 1921 ; *Monsieur Lebidois propriétaire*, 1922), ou le dessin animé, comme c'est le cas lors de sa collaboration avec Lortac dans *les Étrennes à travers les âges* (1923). Il se lance même dans l'expérimentation du cinéma parlant en 1922 pour *le Troisième au-dessus* dont la présentation au cinéma Madeleine laisse le public dubitatif.

Sa formation initiale de caricaturiste lui permet d'explorer, sous forme de charmants marivaudages, les différentes facettes de la vie parisienne et mondaine. Ces petites comédies de mœurs mettent souvent en perspective les différents acteurs de la vie sociale dans leur volonté d'ascension ou de cohabitation. Ainsi, dans *Monsieur Lebidois propriétaire* (1922), un jeune couple bohème parvient-il à acquérir un luxueux petit hôtel en roulant son riche propriétaire. Les ambitions ne sont pas toujours satisfaites comme dans *Petit hôtel à louer* (1923) où de modestes employés ont vite fait de regagner leur condition d'origine pour avoir mal su gérer leur fortune providentielle. Il aime tout particulièrement inscrire ses récits dans le milieu de la bourgeoisie aisée dont il aime tourner les mœurs en dérision. Dans *Par dessus le mur* (1923), un riche père de famille accepte de donner la main de l'une de ses filles à condition que son futur gendre lui accorde celle de sa mère, veuve ; dans *Soirée mondaine* (1924), un couple de noceurs mondains se rendent à un bal Apache pendant que de vrais Apaches cambriolent leur propriété.

En 1924, Colombier quitte Gaumont et intègre dans son équipe son jeune frère Jacques, amené à devenir un des plus fameux décorateurs du cinéma français. Son apport est considérable dans les réussites de son frère, conférant une beauté formelle incomparable à des réalisations telles que *le Mariage de Rosine* (1924), *les Transatlantiques* (1928) ou *Dolly* (1929) en concevant de magnifiques ensembles Arts Décoratifs.

Il multiplie alors les collaborations. Après un passage aux Cinéromans/Films de France, il décroche un succès exceptionnel avec *Paris en cinq jours* (1926) tourné pour la prestigieuse firme Albatros en collaboration avec Nicolas Rimsky. Ce film, sans conteste l'un des plus réussis de sa carrière muette est un témoignage passionnant sur le Paris des années vingt. En ironisant sur le tourisme américain à destination de la Capitale, Colombier et Rimsky parviennent à donner une dimension très réaliste à la folle agitation culturelle qui y règne à cette époque, en construisant une belle mise en scène, parfois faite de clins d'œil aux recherches visuelles de l'Avant Garde française.

La même année, il rejoint son ami Donatien pour mettre en scène un scénario du célèbre revuiste Rip, *Au revoir... et merci !* (1926), petit conte philosophique sur les enjeux de l'amour, dans un cadre décoratif particulièrement luxueux, Donatien étant lui-même peintre, décorateur, antiquaire... et metteur en scène.

Dès l'année 1925, le sport devient un thème prépondérant dans les scénarios qu'il met en scène, voire parfois même central. Dans *Amour et carburateur* (1925), il est question de course automobile sur fond d'opportunisme, dans *Mots croisés* (1926), il nous emmène aux sports d'hiver, dans *les Transatlantiques* (1928), Aimé Simon Girard pratique la natation, l'aviron, les haltères et le ballon d'entraînement, enfin, avec *Dolly* (1929), Colombier nous parle de golf et d'aviation. Tout comme dans Paris en cinq jours, ces comédies nous présentent souvent d'amusantes caricatures de touristes américains de passage en France dans des sites aussi mondains que Deauville ou la Côte d'Azur.

À cette activité intensive s'ajoute le lancement d'une société de production les Artistes Réunis, pour laquelle il doit tourner de petits scénarios originaux avec Henri Debain et Marie Louise Iribe. Certainement débordé par ses projets en cours, il laisse la main à la comédienne, à qui on attribue d'ailleurs généralement la paternité de cette petite société.

Le succès des premières bandes réalisées par Colombier en début de carrière chez Gaumont ne se dément pas tout au long des années vingt, tant en terme critique que vis à vis du public. La teneur des éloges dont il fait régulièrement l'objet dans la presse se résument assez bien dans ce portrait dressé par *Cinémagazine* : « Il est l'esprit parisien fait homme, avec tout le raffinement, l'acuité, l'indépendance, la distinction, le tact que comporte le mot. [...] Qu'il soit dessinateur, décorateur ou cinéaste, Pière Colombier reste humoriste, et par là, atteint l'excellence de l'humour. [...] » Le plus bel hommage est peut-être celui formulé par le grand metteur en scène allemand Pabst quand il déclare que Colombier « est le plus joliment français de tous vos metteurs en scène. »

Fort de ces encouragements, le cinéaste peut se préparer en toute confiance aux bouleversements techniques qui s'annoncent en cette fin des années vingt, étant même celui qui réalise le premier métrage 100 % parlant 100 % français, *Chiqué* (1929). Les années trente lui apporteront la confirmation du succès public avant que la guerre ne vienne mettre un terme irréversible à sa carrière. **F.B.**

Filmographie ◆ *Paradis perdu* (1921) ; *Le Pendentif* (id.) ; *Monsieur Lebidois propriétaire* (1922) ; *Le Troisième au-dessus* (id.) ; *Les Étrennes à travers les âges* (CO. Lortac, 1923) ;

Petit Hôtel à louer (id.) ; *Par-dessus le mur* (id.) ; *Soirée mondaine* (1924) ; *Le Mariage de Rosine* (id.) ; *Amour et carburateur* (1925) ; *Paris en cinq jours* (co. Rimsky, 1926) ; *Au revoir... et merci !* (id.) ; *Mots croisés* (id.) ; *Les Transatlantiques* (1928) ; *Dolly* (1929).

COMÉDIE-FRANÇAISE

De 1900 à nos jours, ce sont plus de deux cents Comédiens français (pensionnaires et sociétaires) qui ont participé à des milliers de courts et longs métrages. Rares sont ceux qui ont débuté au cinéma avant d'appartenir à la prestigieuse troupe et – sans faire offense à leur qualité d'acteur et à leur photogénie – ils doivent à l'évidence au prestige de la Maison de Molière, leur première sollicitation par les maisons de production, avant de mener éventuellement des carrières parallèles. Les rapports de la Comédie-Française avec le cinéma se révèlent emblématiques de la position complexe des gens de Théâtre par rapport aux films, perçus dès les premières années du siècle comme des concurrents aux spectacles théâtraux. Pourtant, les membres du Français ne vont pas tarder à figurer dans des films et, à partir de 1908, avec la création du Film d'Art, un pont est dressé entre les plateaux de cinéma et la scène de la rue Richelieu. Dans l'histoire des rapports entre la Comédie-Française et le cinéma, la décennie 1920 ressemble à une période de transition entre la boulimie des participations dans les années 1910 et les débuts du parlant, où les Comédiens français vont à nouveau être présents en grand nombre sur les écrans.

Il existe un conflit dans la relation qui lie la Comédie-Française au cinéma. Globalement, tout indique que l'Administration officielle dans les années vingt est à peu près indifférente au cinéma. Les rares mentions faites au cinéma évoquent deux problèmes récurrents engageant directement le Théâtre-Français : les absences des comédiens pris par les tournages des films, l'utilisation, à ses yeux abusive, de la mention « de la Comédie-Française » suivant le nom d'un Comédien français sur les affiches, le matériel publicitaire, les génériques des films.

On sent une crispation chronique dans l'attitude de l'Administration, légitimée en partie par le nombre vertigineux de sollicitations des Comédiens français par les réalisateurs et les producteurs. Les jeunes pensionnaires attirés par le cinéma comprennent généralement vite que l'administration voit d'un mauvais œil leurs escapades et plusieurs comédiens comme Louise Lagrange quittent finalement la scène du Français pour les plateaux de cinéma. René Jeanne rapporte ses propos dans un article paru en 1931 dans *l'Écho du Nord* : « Malheureusement on ne « tourne » pas un film sans être obligé d'aller au studio ou de quitter Paris pour certaines scènes de plein air qui ne peuvent pas toutes se passer au Bois de Boulogne. Si bien qu'un beau jour l'Administrateur général de la Comédie-Française, M. Émile Fabre, me convoqua dans son bureau et très paternellement, mais très énergiquement, m'intima l'ordre de ne plus me livrer à aucun travail cinématographique. – « Comment faire ? » murmurai-je désemparée. – « Comment font les autres ? » rétorqua avec un sourire méphistophélique, l'Administrateur général. Je ne cherchai pas à connaître la réponse que comportait cette question et je quittai la Comédie-Française. »

Pourtant on pourrait penser que la Comédie-Française gagne à ce que ses comédiens figurent sur les écrans, les affiches, dans les revues spécialisées… Il y a à l'évidence un retour de notoriété et on imagine que le public aime à retrouver sur scène celui ou celle qu'il a admiré au cinéma. Manifestement, la question ne se pose pas en ces termes dans la décennie vingt. L'apport au vu de l'Administration est déséquilibré : la réputation de la Comédie-Française contribue plus au prestige du cinéma que le contraire, rappelons combien à l'époque la renommée de la Comédie-Française est grande. Dans l'opinion publique, cette institution est synonyme de sérieux, d'acteur culturel chargé de conserver ni plus ni moins que le patrimoine théâtral, les grandes pièces du répertoire. D'ailleurs, quand apparaît en 1926 l'idée d'ouvrir une salle de cinéma consacrée uniquement aux grands films, le rapprochement avec la Comédie-Française se fait automatiquement, orienté par le nom même de cette salle : la Cinédie Française.

Si l'on étudie de près les compositions des troupes de la décennie 1920, année après année, on constate qu'il est possible de regrouper sociétaires et pensionnaires en plusieurs groupes : les vedettes du cinéma des années dix qui ne tournent quasiment plus dans les années vingt (Albert Lambert, Léon Bernard, René Alexandre et Gabrielle Robinne) ; les Comédiens qui ont beaucoup tourné avant, beaucoup tourné après et presque pas dans la période qui nous concerne, se consacrant exclusivement au théâtre (André Brunot, Catherine Fonteney, Mary Marquet, Berthe Bovy, Roger Monteaux, André Bacqué) ; ceux qui terminent leur carrière sur les écrans dans les années vingt (Émile Dehelly, Jeanne Delvair, Henri Mayer, Sarah Bernhardt) ; et ceux qui la débutent avant de devenir les vedettes du parlant (Marie Bell, Madeleine Renaud, Pierre Bertin, Jean Debucourt, Maurice Escande, Fernand Ledoux, Pierre Fresnay) ; enfin, ceux qui tournent très peu voire pas du tout pour différentes raisons : pas de sollicitations, manque d'intérêt pour le cinéma, mauvaise réputation… (Béatrice Bretty, Berthe Cerny, Colonna Romano, Georges Le Roy, Béatrix Dussane). Parmi les Comédiens français de ces années, moins de dix tournent régulièrement. Édouard de Max figure au générique de plusieurs films dont *l'Ami Fritz* (1919, René Hervil), *les Trois Mousquetaires*

(Henri Diamant-Berger, 1921) et sa suite *Vingt Ans après* (Henri Diamant-Berger, 1922). Il a été pendant près de dix ans un des tragédiens de tout premier plan, ainsi lorsque Maurice Chevalier dans *le Mauvais Garçon* (Henri Diamant-Berger, 1922) se rend au théâtre pour assister à une représentation de *Britannicus*, il va naturellement applaudir Édouard de Max et Marie Bell sur la scène du Français, qui jouent ainsi leur propre rôle de comédiens. Maxime Desjardins continue dans les années vingt sa carrière de manière aussi régulière que dans les années dix, tournant dans chacune de ces décennies une vingtaine de films. Interprète de Mario Lazare dans *J'accuse* de Gance (1919), on le voit successivement dans *les Trois Mousquetaires* (Henri Diamant-Berger, 1921), *Vingt Ans après* (Henri Diamant-Berger, 1922), *les Mystères de Paris* (Charles Burguet, 1922), *le Cœur des gueux* (Alfred Machin et Henry Wulschleger, 1925)... Pour Maxime Desjardins, comme pour Maurice de Féraudy, le principal souci affiché lors d'entretiens ou de textes écrits dans la presse, est de s'adapter au jeu cinématographique, de ne pas amener sur les plateaux son savoir-faire appris et exercé tous les soirs au Théâtre. Ainsi, Desjardins insiste par exemple sur le ridicule des comédiens qui pendant l'enregistrement de la scène, disent un texte: « À quoi bon vociférer dans le vide des paroles de colère qu'on n'entend pas, quand on peut des yeux et des sourcils faire voir clairement la pensée qui vous anime? À quoi servent ces lèvres qui remuent sans émettre de son? [...] À quoi bon faire croire à l'infériorité du cinéma en tant qu'art muet alors que ce mutisme est peut-être une supériorité? » (*Mon ciné,* 11 août 1922).

Avec une vingtaine de films dans les années vingt, Thérèse Kolb est la sociétaire qui a le plus tourné dans cette période. Entrée à la Comédie-Française en 1898, elle l'a quitte en 1923, et a ainsi la liberté de tourner beaucoup plus. Utilisée dans l'emploi « des mères, des rôles de genre, caractères et soubrettes », on la retrouve à l'écran dans des rôles similaires: *l'Ami Fritz* (René Hervil, 1919), *le Crime de Sylvestre Bonnard* (André Berthomieu, 1929), *Ces dames aux chapeaux verts* (André Bertomieu, 1929)... Huguette Duflos, interprète des ingénues sur scène (Marianne de *Tartuffe*, Elvire de *l'Avare*...), est dans les années vingt la principale vedette du cinéma provenant de la Comédie-Française, qu'elle quitte sur un procès en 1927. La place qu'elle tient dans la presse est assez révélatrice des rôles qu'elle interprète à l'écran. Les articles vantent en effet son élégance naturelle, son charme, la mondanité de ses soirées d'amis: « Elle personnifie la beauté française dans tout ce qu'elle peut avoir de séduisant, d'exquis, de doux, de fin, d'élégant » (*Cinéma et Écho de Paris*, 13 mai 1921). Citons les rôles de la Princesse Olga dans *la Princesse aux clowns* (André Hugon, 1925), la grande Duchesse Aurore dans

Koenigsmark (Léonce Perret, 1923), Lily dans *Lily Vertu* (Daniel Bompard, 1921).

Bien qu'en fin de carrière, Maurice de Féraudy apparaît dans une dizaine de rôles de premier plan durant cette décennie. Très à l'aise dans les personnages de modestes, de gens simples, Maurice de Féraudy est apparu au cinéma sous les traits du timide et maladroit Thibaudier (*les Deux Timides*, René Clair, 1928), M. Jouvenel (*le Secret de Polichinelle*, René Hervil, 1923) et Crainquebille (*Crainquebille*, Jacques Feyder, 1922). Réalisateur de quelques films dans les années dix, il explique dans l'extrait d'entretien qui suit ces deux aspects : à la fois, son registre de prédilection et le refus de n'être qu'un acteur sur le plateau : « J'éprouve un grand bonheur chaque fois qu'il m'est donné d'incarner une âme simple, de camper un brave homme, un modeste, dont la psychologie parfois plus difficile à extérioriser qu'il ne paraît au public, est toujours si attachante à fouiller. Et fouiller son personnage, n'est-ce pas là le travail véritable, la préoccupation constante de l'artiste cinématographique, j'ajouterai même : de lui seul ? Ma conviction là-dessus est d'ailleurs bien établie. Considérant qu'un film est l'œuvre de plusieurs et non l'œuvre d'un seul. Je n'accepte du réalisateur aucun conseil, aucun avis sur tel ou tel geste, telle ou telle expression avant de m'être rendu compte par moi même que ce geste ou cette expression répondent bien à ce que je ressens et à ce que je veux faire ressentir aux autres. » (*Mon Film*, 2 novembre 1934, texte paru deux ans après sa mort).

En marge de ces parcours, certains comédiens ont eu un lien atypique avec le cinéma. Deux visages ont d'abord traversé la décennie vingt : Eugène Sylvain dans le rôle de l'abbé Cauchon dans *la Passion de Jeanne d'Arc* (1928) de Carl Dreyer et Louise Lara filmée par son fils Claude Autant-Lara dans *Faits divers* (1924). Avec Maurice de Féraudy, Jean Hervé est l'autre grand sociétaire à être passé derrière la caméra. Il tourne cinq films dans cette décennie qui n'ont malheureusement pas laissé de grands souvenirs, tout en poursuivant sa carrière d'acteur (dont *la Terre* d'Antoine 1921, *Feu Mathias Pascal* de L'Herbier 1924). Enfin, Charles Le Bargy est un per-sonnage unique dans l'histoire Comédie-Française/Cinéma : principal artisan de la fondation du Film d'Art en 1908, ses apparitions se font de plus en plus sporadiques et, dans les années vingt, son rôle dans *Madame Récamier* (Gaston Ravel, 1927) est l'une de ses rares prestations.

La décennie vingt n'est finalement pas celle où les Comédiens français sont le plus sollicités, pourtant elle donnera naissance au seul film où toute la troupe sera réunie. À l'occasion du tricentenaire de la naissance de Molière (1922), Jacques de Féraudy tourne *Molière, sa vie, son œuvre*, riche document où tous les membres importants apparaissent dans leur emploi, interprètent leur rôle fétiche. Sans grande originalité, le film se présente sous la forme d'une succession de tableaux venant illustrer la vie de Molière. Débute ensuite le véritable feu d'artifice de scènes jouées par les Comédiens français : Silvain dans *Tartuffe*, Léon Bernard dans *Le Malade imaginaire*, Maurice Escande dans *Don Juan*, Pierre Fresnay dans *Le Dépit amoureux*, Maurice de Féraudy dans *Le Bourgeois gentilhomme*… Le film se termine par le couronnement du buste de Molière.

À la fin de la décennie, la Comédie-Française va à nouveau s'interroger sur les conséquences pour la Maison de l'apparition du cinéma parlant. Les premiers comptes-rendus des Comités d'Administration révèlent un mouvement de panique : « Les sociétaires de la Comédie-Française s'interdisent de paraître dans aucun film parlant dont le sujet ou le titre seraient empruntés au répertoire de la Comédie, qu'il s'agisse du répertoire classique ou moderne. Dans tous les autres cas, l'autorisation peut être donnée aux sociétaires de paraître dans un film parlant, à la condition, toutefois, qu'il n'y ait qu'un seul artiste de la Comédie-Française dans ce film. » À noter que quatre voix se sont même prononcées pour l'interdiction totale aux Comédiens français de paraître dans un film parlant (compte-rendu d'une Assemblée générale tenue le 29 juillet 1929 et transmise telle quelle à la presse). Dans un article paru le jour de cette réunion, Émile Mas, observateur attentif de la vie de la Comédie-Française, donne son point de vue sur la position à adopter face au cinéma parlant : « … J'estime que les sociétaires ne doivent pas, en compagnie d'acteurs étrangers à la Société, se livrer à des travaux, des essais, dont le résultat peut être médiocre et compromettre ainsi non seulement leur réputation, mais aussi le bon renom de la Maison qu'ils exposent en dépit de tout dans toutes les manifestations de leur art et de leur métier. » (*Petit Marseillais*, 29 juillet 1929). Finalement, on retrouvera souvent plusieurs membres du Français dans le même film, mais en revanche, la proposition officieuse d'Émile Mas sera en fait plus suivie que les propositions officielles. Avec le cinéma parlant, ces comédiens vont rechercher un cinéma de qualité et par là même édifier un emploi de prédilection et entrer dans l'âge d'or des rapports liant la Comédie-Française au ciné-ma, allant de l'apparition du parlant à la Nouvelle Vague. **K.G.**

CRITIQUE (quotidiens, revues spécialisées)

Si les premiers exercices de critique cinématographique ne datent pas du lendemain de l'Armistice – il est d'usage d'en faire remonter la pratique aux alentours de 1908 – les années 1916-1929 n'en marquent pas moins la vigoureuse efflorescence. Certes, tout au long de la décennie, la critique reste concurrencée au sein même des revues spécialisées par la publicité rédactionnelle, le combat pour son indépendance demeure l'un des plus ardus qu'elle eut alors à mener, mais, grâce notamment à son implantation dans les quotidiens généralistes, il lui revient d'avoir su diffuser auprès du grand public une réflexion esthétique sur le cinéma et déployer un large arc où se sont inscrites les différentes couleurs de la palette cinéphile.

Dans les mois qui ont précédé la Grande Guerre, de nouvelles rubriques consacrées au cinéma ont vu le jour dans les colonnes de la presse quotidienne. Les journalistes qui en furent les titulaires manifestaient parfois plus d'indépendance que leurs confrères de la presse spécialisée et corporative, bien souvent assujettie à des directeurs liés à la production ou à l'exploitation cinématographique (que l'on songe par exemple à Edmond Benoît-Lévy et à *Phono-Ciné-Gazette*). Rien de bien surprenant donc que le ton fût parfois plus libre dans les quotidiens. De plus, la multiplication des chroniques cinématographiques dans la grande presse correspond à un élargissement de l'assise des spectateurs et témoigne de l'espace vacant laissé par le repli corporatif d'un certain nombre de revues apparues dans les années 1900. On peut donc considérer que l'inadaptation à un nouveau lectorat dont firent preuve *Kinéma*, *le Cinéma et l'Écho du cinéma réunis* ou encore *le Courrier cinématographique* ouvrit le champ au *Journal*, à *Paris-Journal*, au *Matin*, et au *Petit-Parisien* dont les rubriques cinématographiques furent créées respectivement les 17 octobre, 19 octobre, 28 novembre, et 12 décembre 1913. La plupart de ces publications en ont interrompu la parution à la déclaration de guerre, avant de les reprendre progressivement entre 1915 et 1917, concurremment à d'autres titres comme *Excelsior* (3 décembre 1915), *le Gaulois* (3 mars 1916) et surtout *le Temps* où officie à partir du 10 septembre 1916 Émile Vuillermoz. Cette grande plume va accompagner les combats de la critique et demeurer une référence pendant toute la décennie.

Hors des quotidiens, *le Film* dirigé par Louis Delluc domine incontestablement le paysage de la critique cinématographique à la fin de la guerre. Créé le 27 février 1914 par André Heuzé, la publication en avait été également interrompue en août. Ce n'est qu'en février 1916 qu'Henri Diamant-Berger reprend le titre et décide d'y ménager une place importante à la critique de films. Entouré de Colette mais aussi d'Abel Gance, de Jacques Feyder, de Jacques de Baroncelli et bientôt de Louis Delluc qui accède à la rédaction en chef le 9 juillet 1917, Diamant-Berger conçoit une revue hebdomadaire luxueuse, imprimée sur papier couché avec des pages en couleurs et des photographies. Pour la première fois, un membre de la profession cinématographique ne s'adresse pas exclusivement à ses semblables mais il se tourne vers un public, certes parisien et bourgeois, en engageant à son égard un travail d'explication et de légitimation du cinéma. De ce point de vue *le Film* anticipe sur les projets cinéphiles des années vingt, qu'ils dussent être menés sous la forme d'un ciné-club ou sous celle d'une revue. Au *Film* enfin apparaît un discours critique autonome. Il est théorisé par Diamant-Berger qui considère que le cinéma est une forme d'art et s'efforce d'isoler ses caractéristiques afin d'analyser et d'évaluer ses œuvres les plus singulières. C'est aussi dans les colonnes du *Film* que l'on peut lire les premiers articles faisant la part belle à l'évolution rétrospective du cinéma et que l'on s'interroge pour la première fois sur l'avant-garde et la nécessaire définition d'un *corpus* de films classiques.

Au-delà du cas particulier du *Film*, l'éclosion des revues spécialisées demeure l'un des faits marquants des années 1919-1921. Louis Delluc – encore une fois – donne le ton avec le *Journal du ciné-club* en janvier 1920 puis *Cinéa* en mars 1921. Un encart figurant dans le sixième numéro de ce dernier hebdomadaire recense l'ensemble des titres consacrés à « l'art muet » en juin 1921, ce qui permet d'évaluer à quinze les revues spécialisées alors existantes. Elles se divisent en deux catégories, les organes corporatifs (la *Cinématographie française* administrée à ce moment par Jean Weidner, *Hebdo-film animé* par André de Reusse, *le Cinéopse* de Georges-Michel Coissac, *le Courrier cinématographique* fondé par Charles Le Fraper ou encore *l'Écran*, « journal officiel du syndicat français des directeurs de cinématographes ») et les périodiques destinés au public – un lectorat que l'on a encore du mal à définir et que l'on qualifie déjà de « cinéphile » (outre *Cinéa* et *le Film*, déjà cité, mentionnons le Cinéma dirigé par Lordier, *Cinémagazine* de Jean Pascal et Adrien Maître et Filma, bimensuel de Millo). Quant à *la Gazette des Sept Arts* de Ricciotto Canudo, sa première livraison date du 15 décembre 1922. Un certain nombre de critiques, plus habitués des colonnes de la presse spécialisée, n'en poursuivent pas moins une collaboration assidue dans la presse quotidienne, comme Louis Delluc à *Paris-Midi* puis à *Bonsoir* ou encore Léon Moussinac à *L'Humanité* à partir de 1923, y trouvant un moyen de rémunération plus stable que celui des revues cinématographiques.

Aux journaux précédemment cités, il convient donc d'ajouter seize quotidiens ou revues généralistes qui disposent d'une chronique cinématographique au début des années vingt: citons *Bonsoir* (Pierre Scize et Marcel Achard), *Comœdia* (Jean-Louis Croze), *l'Information* (Lucien Wahl), *l'Intransigeant* (Boisyvon), *le Journal des débats* (Gustave Fréjaville) et *le Crapouillot* (Jean Galtier-Boissière et René Bizet). Enfin, les revues intellectuelles vont elles-mêmes ouvrir leurs pages à la critique de cinéma. Léon Moussinac fait figure de précurseur puisque c'est au *Mercure de France* d'Alfred Valette, le très prestigieux organe du symbolisme, qu'il tient l'une de ses premières chroniques régulières, à partir du 15 mai 1920. Il ouvre de la sorte la voie aux chroniques qu'assurera Jean Prévost dans la *Nouvelle Revue française* à partir de 1925. D'une manière générale, la dernière décennie du muet voit s'épandre largement les discours sur le cinéma, et les critiques ne manquent pas de supports pour accueillir leurs textes. Au fil des années, la critique cinématographique n'en aura pas moins à livrer plusieurs combats qui contribuent d'ailleurs à l'inscrire dans le débat culturel de l'époque.

En premier lieu, la survie même des revues spécialisées s'avérait parfois extrêmement difficile. Entreprises fragiles, soucieuses de fidéliser leurs lecteurs en instituant des groupements associatifs visant à leur attribuer quelques avantages, les périodiques cinématographiques non corporatifs ont connu des fortunes diverses, allant de la disparition pure et simple (*le Journal de ciné-club*, *la Gazette des Sept arts*) à la fusion avec un autre organe de presse (*Cinéa* et *Ciné pour tous* en novembre 1923 par exemple). De fait, les premières revues cinématographiques à connaître une relative stabilité financière ont une vocation corporative. On estime leur tirage moyen à deux mille exemplaires. Bien vite, d'autres journaux surenchérissent dans l'attraction des lecteurs et s'adressent directement aux spectateurs du « cinéma du samedi soir ». Reprenant à leur compte la tradition du feuilleton populaire publié au « plancher » des grands quotidiens du XIXe et du début du XXe siècle, *le Film complet* (créé en novembre 1922) ou plus tard *la Petite illustration cinématographique* se spécialisent dans la publication de films en feuilletons, les « ciné-romans ». Dans un registre un peu différent, *Mon ciné* (apparu en 1922 sous les auspices du groupe de presse Offenstadt) constitue un témoignage unique de l'apparition du star-system. L'un des titres les plus représentatifs de ces publications grand public est *Ciné-Miroir*, lancé le 1er mai 1922 par Jean Dupuy, directeur du *Petit Parisien*, quotidien du consortium de Jean Sapène dont la puissance s'étend du *Matin* à la Société des ciné-romans. Jean Vignaud, qui préside aux destinées de l'hebdomadaire, s'adresse ouvertement à un public familial et en rythme les pages d'interviews, de portraits de vedettes et de compte-rendus de films. Toute critique est bien entendu bannie de ce genre de publication où l'on se contente de célébrer la qualité des productions françaises de l'époque, en particulier lorsque le film concerné est produit ou distribué par la Société des Ciné-romans. La publicité rédactionnelle est si transparente qu'elle ne dissimule même pas sous l'apparence d'une critique de film, au contraire des rubriques cinématographiques des quotidiens du consortium. Sans atteindre la dimension caricaturale de *Ciné-Miroir*, nombre de revues spécialisées sont soumises au bon plaisir des sociétés de distribution ou d'exploitation qui leur louent des pages de « réclame » ; bien souvent elles se voient alors dans l'obligation de sacrifier à la publicité rédactionnelle pour survivre, et ce jusque dans les titres de bonne tenue comme *Cinéa-Ciné pour tous* ou *Cinémagazine*.

C'est donc non sans risque, et quoi qu'il en soit à rebours de ces considérations éditoriales, que les chroniqueurs des journaux les plus cinéphiles usent parfois d'une certaine liberté de ton : ils déplorent la médiocrité de la production française et appellent les spectateurs à contrecarrer l'inintelligence de la programmation en boycottant les salles dont la qualité des films laisse à désirer. Le *Journal du Ciné-club*, *la Gazette des Sept Arts*, *Ciné pour tous* puis *Cinéa-Ciné pour tous*, voire *Cinémagazine* ou *Mon film* jouent par conséquent un double rôle : d'une part ils forgent au fil des articles les fondements de la grammaire et de la syntaxe du cinéma, de l'autre ils manifestent le désir permanent d'éduquer le public. Pierre Henry, rédacteur en chef de *Ciné pour tous*, insiste à plusieurs reprises sur la nécessité pour les spectateurs d'aller revoir les films, de fréquenter longuement les salles, d'acquérir en somme une culture et un goût cinématographiques. Moussinac estime quant à lui dans une allocution prononcée au Salon d'automne de 1922 qu'au contraire des intellectuels qui n'y comprennent pas grand-chose, les cinéphiles, et au premier chef les critiques, ont pour mission, non de désigner une image comme « expressive dans son ordre, son mouvement ou son sujet », mais de « déterminer quels éléments plastiques peuvent concourir à sa beauté ».

C'est là tout l'enjeu de l'élaboration d'une esthétique cinématographique dont l'érection au rang des arts constitue l'indispensable préalable. On a vu que *le Film* en son entier tendait, au point d'en faire une pétition de principe, à désigner le cinéma comme un art. Ce souci de légitimation l'emporte largement chez les plus marquants des critiques de la première moitié des années vingt, Pierre Henry et Léon Moussinac en tête, mais aussi Louis Delluc, Émile Vuillermoz, Lucien Wahl, Lionel Landry ou encore Jean Tedesco. Il se manifeste par un combat incessant pour la promotion des œuvres de qualité, jugées dignes d'appartenir à l'art muet et d'en élever le niveau d'exigence, la lutte contre les ciné-romans, les mélodrames et les feuilletons populaires qui cantonnent le cinéma à un domaine d'expression hérité du pire théâtre du XIXe siècle ou du roman-feuilleton, en un mot par la proclamation de l'autonomie et de l'intégrité du septième art par rapport à ceux qui l'ont précédé.

Dans ce contexte conflictuel où deux discours – l'un promotionnel, l'autre critique – s'affrontent parfois violemment, les journalistes cinématographiques n'ont eu de cesse de dénoncer les conditions dans lesquelles un certain nombre d'entre eux était contraint d'exercer leur art. Lorsqu'à l'automne 1926 Léon Moussinac lance pour le compte de *l'Humanité* une enquête sur la critique cinématographique, les réactions sont désabusées, à l'image de celle de René Bizet pour qui « les dix voix qui essayent de se faire entendre sont étouffées par les cent voix dorées des agents de publicité qui se camouflent en critiques ». Et en effet, il n'est pas rare que les sociétés de distribution soudoient les éditorialistes de la presse corporative qui n'y voient pas grand mal puisque d'une part il s'agit d'asseoir la solidité financière de leurs titres et de l'autre de contribuer au rayonnement de l'industrie cinématographique nationale dont ils sont les porte-paroles. Charles Le Fraper au *Courrier cinématographique*, André De Reusse à *Hebdo-film* et Jean Chataigner à *la Critique cinématographique* sont les plus visés par les attaques des journalistes indépendants dont la virulence atteint des sommets à *Photo-ciné*, *Cinégraphie* et *On tourne*, les trois revues fondées et dirigées par Jean Dréville en 1927-1928. De jeunes critiques, Hubert Revol, Michel Gorel et Cecil Jorgefélice, y lancent de fougueux assauts contre l'inféodation de leur profession aux grandes maisons de production et de distribution. Il n'y a là rien de particulièrement étonnant lorsque l'on sait que l'Association professionnelle de la presse cinématographique où l'on retrouve les fines plumes de la presse corporative (Jean-Louis Croze, André De Reusse, Charles Le Fraper, Paul-Auguste Harlé, Georges-Michel Coissac, etc.) était dotée d'un certain nombre de présidents d'honneur parmi lesquels Jules Demaria (président de la chambre syndicale de cinématographie et des industries qui s'y rattachent), Edmond Benoît-Lévy, Léon Gaumont, Charles Pathé et à partir du 11 avril 1928 Jean Sapène, président de la Société des Cinéromans.

Or un mois plus tôt, le 20 mars 1928, Léon Moussinac avait été condamné par le Tribunal civil de la Seine à cinq cents francs de dommages et intérêts pour une critique défavorable de *Jim le Harponneur*, film américain distribué justement par la Société des Cinéromans. On comprend dans ces conditions que les membres de l'Association professionnelle de la presse cinématographique n'aient guère été empressés de défendre leur confrère. Furieux de cette passivité, les critiques indépendants se rassemblent d'abord de manière informelle par un appel dans la presse en date du 14 avril 1928 puis au sein de l'Association Amicale de la Critique Cinématographique le 12 mai suivant. Emmenés par le jeune Carlo Rim (il a 23 ans), Marcel Achard, Alexandre Arnoux, André Beucler, René Bizet, Pierre Bost, Boisyvon, Georges Charensol, Henri Clouzot, Elie Faure, Jean Fayard, Edmond T. Gréville, Lionel Landry, André Levinson, Léon Moussinac, Henry Poulaille, Jean Prévost et Charles de Saint-Cyr, ainsi que quelques cinéastes (René Clair et Germaine Dulac notamment) réitèrent leur attachement à la liberté de la critique et s'inquiètent des conséquences du procès intenté par Jean Sapène à Moussinac. Ce dernier l'emporte finalement en appel en décembre 1930, non sans avoir eu recours aux services du vieux Syndicat de la presse artistique présidé par Frantz-Jourdain et qui regroupait les critiques d'art de la fin du XIXe siècle.

Cette affaire eut deux conséquences majeures: d'une part, elle consacra dans son verdict définitif l'indépendance de la critique cinématographique par analogie avec la critique artistique et c'est ici que le rôle du Syndicat de presse artistique doit être apprécié à sa juste valeur, par ailleurs elle contribua à fragmenter définitivement la presse cinématographique en deux pôles antagonistes, l'un dévolu à l'information corporative au prix de quelques compromissions avec l'industrie du cinéma, l'autre voué à l'exercice de plein droit d'une critique affranchie de toute inféodation. La frontière ainsi dessinée ne l'était pas aussi clairement jusqu'aux années 1928-1929, même s'il faut reconnaître que jusqu'à cette date, une grande partie des journalistes de cinéma s'était attachée avant tout à en définir les caractéristiques singulières, qu'ils s'exprimassent dans les revues corporatives, les quotidiens ou la presse cinéphile.

Bien mal armés au départ pour analyser des « images mouvantes » irréductibles aux critères d'analyse traditionnelle des beaux-arts, les premiers critiques ont tenté de rabattre la nouvelle expression sur des formes dont ils avaient l'habitude – littérature, musique ou théâtre – par la grâce d'un raisonnement analogique qui s'efforçait de définir la singularité de l'acte de création cinématographique. Émile Vuillermoz y distingue deux actes fondamentaux: en premier lieu la conception du scénario, le découpage et la mise en scène, en second lieu la « composition du film », son ordonnancement général et le montage. Deux idées-forces de l'esthétique naissante du cinéma se trouvent ici fédérées, celle d'une expression plastique encore en devenir et celle d'une analogie entre le cinéma et l'écriture. À l'instar de Victor Perrot qui, dans un retentissant article, avait comparé l'invention du cinéma à celle de l'imprimerie, Vuillermoz tend à considérer l'art nouveau comme une « écriture idéographique », chaque film devenant alors un objet à déchiffrer, décrypter puis interpréter, comme on le ferait d'un livre. Ce *topos* permet aux critiques d'offrir une grille de lecture des films dont les effets stylistiques sont désignés par autant de concepts forgés à partir de l'analyse littéraire ou musicale: c'est le cas par exemple du rythme ou de la « photogénie », empruntée au vocabulaire de la photographie. Au fil du temps, les procédures techniques employées plus souvent qu'à leur tour dans les films français « d'avant-garde » sont désignées comme telles – la surimpression, l'utilisation du cache, l'ouverture à l'iris, le ralenti – et fondent une grammaire cinématographique. Les critiques des années vingt, ces cinéphiles « doctrinaires », n'ont eu de cesse de remettre sur le métier sa définition.

À partir des années 1923-1924, une première phase de légitimation de l'art cinématographique semble avoir été franchie. Le paysage qu'offrent les revues cinématographiques s'est éclairci, et en matière de critique, outre les rubriques quotidiennes ou hebdomadaires de la grande presse, *Cinéa-Ciné pour tous* tient le haut du pavé (elle sera supplanté après 1928 par une nouvelle revue, *Pour vous*, qui, sous l'impulsion d'Alexandre Arnoux réussit à concilier une très bonne tenue critique et la séduction d'un large public). Jean Tedesco, directeur de la revue, ouvre en novembre 1924 le cinéma du Vieux-Colombier voué à la redécouverte des films d'avant-garde méconnus et des classiques de l'écran. De nouvelles préoccupations se font jour dont l'histoire n'est pas absente. Le terme de culture cinématographique apparaît et devient même un élément consubstantiel de la bonne critique si l'on en croit Lucien Wahl qui demeure l'un des seuls journalistes de l'époque à avoir réfléchi sur ses présupposés théoriques et ses modalités pratiques. En 1925, dans un numéro spécial des *Cahiers du mois*, il estime en effet qu'un critique digne de ce nom doit « voir le plus de films possibles » et doit « connaître les classiques du cinéma, l'évolution du cinéma, c'est-à-dire l'avoir suivi avec attention depuis sa naissance ». Attachée à l'image, à sa composition davantage qu'au récit lui-même, la critique cinéphile des années vingt construit de la sorte une grille d'analyse ainsi qu'un *corpus* de références qui l'amènent à diffuser une connaissance exigeante du cinéma, aux antipodes des compromissions de la presse corporative.

Avec Robert Desnos, un vent nouveau souffle sur la critique. Ce membre actif du groupe surréaliste publie ses premiers articles sur le cinéma dans *Paris-Journal* (en avril 1923) avant d'officier au *Journal littéraire* à partir d'octobre 1924, puis au *Soir* en 1927-1928. Critique hors-normes par bien des points, Desnos s'est d'emblée inscrit en faux contre la critique « doctrinaire », théoricienne et avant-gardiste qui l'environnait. Enclin à privilégier l'expression du rêve ou de l'érotisme, exaltant l'amour et la puissance du fantastique à l'écran, il déploie les fastes d'une contre-culture cinématographique (les *serials* des années dix, Louis Feuillade, René Clair, Erich von Stroheim, les films soviétiques et bientôt Howard Hawks avec *A Woman in every port*) contre les cinéastes français de la « première avant-garde » (Abel Gance et surtout Marcel L'Herbier) et le cinéma expressionniste allemand qui brille alors d'ultimes et bien pâles feux.

De même Hubert Revol et Cecil Jorgefélice dans *Cinégraphie* et *Photo-ciné*, non contents d'attaquer la presse cinématographique, s'en prennent violemment à la médiocrité de la production française, tandis que Georges Charensol qui collabore à *Jazz* (en 1929-1930) et au numéro spécial sur le cinéma du *Rouge et le Noir* (juillet 1928) déplore que le cinéma français de qualité ne se limite qu'à quelques films et quelques auteurs (René Clair, Jacques Feyder et Abel Gance à cause de *Napoléon*). Au-delà d'une poussée de radicalisme dont l'année 1928 est le témoin (procès Moussinac, création de l'Association amicale de la critique cinématographique, bilans navrés de la production cinématographique nationale), la fin du cinéma muet voit donc émerger un discours critique neuf dont Robert Desnos est sans conteste le précurseur.

Instruite par une expérience autobiographique des salles obscures, la génération qui émerge à la faveur de *la Revue du cinéma* (les deux premiers numéros de Du cinéma sont édités par José Corti avant qu'à l'instigation de Robert Aron Gallimard ne reprenne le titre en février 1929) est imprégnée de la magie des salles de banlieue ou de quartier et de la nostalgie des séances populaires des années dix où elle découvrit Feuillade et *les Mystères de New York*. Autour de Jean George Auriol, d'André Delons, de Louis Chavance, de Brunius, la Revue du cinéma qui disparaîtra en 1932 marque un certain accomplissement de la contre-culture cinéphile dont les jalons avaient été posés dès le mitan des années vingt: l'exercice critique – chez Auriol et chez Delons en particulier – y prend une nouvelle forme et devient semblable à une « intimité partagée », où s'ajoute à la mise en œuvre des théories esthétiques une sorte de démarche autobiographique in progress. Elle témoigne également d'une inclination affirmée pour la rétrospection et l'histoire du cinéma: après l'organisation d'un gala Méliès salle Pleyel le 16 décembre 1929, un numéro spécial est consacré au grand homme et l'on y lit des articles consacrés à Étienne-Jules Marey ou Émile Reynaud. Alors qu'une époque du cinéma – la période muette – prend inéluctablement fin, les jeunes cinéphiles qui travaillent à la Revue du cinéma prennent un virage encyclopédique et réussissent à conjuguer sauvegarde et mise en valeur de films ou de personnalités plongés dans l'oubli. L'histoire de la critique cinématographique dans les années vingt se clôt de la sorte par un retour non dénué d'ambiguïté, mais riche de promesses, sur les premiers temps du cinéma.

C.G.

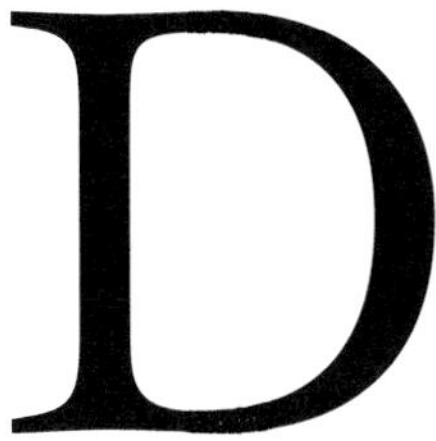

DECOURCELLE Pierre (1856-1926)
D'une famille d'artistes (son père Adrien et son grand-père Adolphe-Philippe, dit d'Ennery, étaient des dramaturges à succès), Pierre Decourcelle commence sa carrière comme acteur de vaudevilles et comme critique au *Gaulois*, publiant ses billets sous le pseudonyme de Chouflery à partir de 1884. Toujours au *Gaulois*, il publie en 1886 son premier roman-feuilleton, *le Chapeau gris*, et devient rapidement l'une des figures les plus représentatives de ce genre littéraire pour la Belle Époque. Après *les Deux Gosses* (1881), adapté de Louis Mercanton en un cinéroman de huit épisodes en 1924, il collectionne succès sur succès, avec des titres comme *le Crime d'une sainte* (1889-1890), *le Curé du Moulin-Rouge* (1903), *les Ouvriers de Paris* (1904), *la Fille d'Alsace* (1908-1909). Une partie de sa considérable production, élaborée pendant quarante ans à des rythmes industriels, est de toute façon attribuable à une série d'écrivains qui étaient ses nègres, parmi lesquels Saint-Pol-Roux et Paul Bosq. Le début de son rapport avec le cinéma date de 1908, date à laquelle il donne vie avec son collaborateur Eugène Gugenheim à la Société Cinématographique des Auteurs et Gens de Lettres (SGAGL) concurrente de la société du Film d'Art mais liée comme celle-ci à Pathé. Fort du prestige dont il jouit auprès de ses collègues, Decourcelle réussit à obtenir de la Société des Gens de Lettres le droit d'adapter un grand nombre de romans populaires, faisant de la SCAGL une maison spécialisée dans la transposition d'œuvres littéraires. L'initiative de Decourcelle démontre que l'industrie cinématographique a beaucoup à gagner d'un accord avec les écrivains et, qu'entre le plagiat et la commande de coûteux sujets originaux, il existe une troisième voie facilement praticable et parfaitement légale. Parmi les *best-sellers* adaptés pour l'écran par les cinéastes actifs à la SCAGL (entre autres Albert Capellani, Michel Carré, Georges Monca, Henri Desfontaines, Georges Denola), il y a *les Misérables* de Victor Hugo (1912), *les Mystères de Paris* d'Eugène Sue (1912), *Sans Famille* de Hector

Malot (1913), *la Porteuse de pain* (1912) et *Sa Majesté l'Argent* de Xavier de Montépin (1913), *le Roman d'un jeune homme pauvre* d'Octave Feuillet (1911), *la Closerie des genêts* de Frédéric Soulié (1911), *l'Arlésienne* d'Alphonse Daudet (1909) et naturellement *les Deux Gosses* de Decourcelle lui-même.

Decourcelle illustre en ces termes le programme de la SCAGL: « Nous avons choisi les auteurs, nous avons retenu la crème: les noms les plus illustres d'hier aux côtés des contemporains les plus remarquables. [...] Pour les avoir avec nous, nous leur avons offert des conditions exceptionnelles. Nous avons fixé un prix au mètre, puisqu'il est impossible de payer autrement les droits d'auteur pour des films qui sont projetés à des millions de spectateurs, sur les îles Hawaii comme dans les steppes d'Ukraine. Dans les prés du bois de Vincennes, à deux pas du Donjon – dont les fossés nous ont servi pour reconstituer l'exécution du Duc d'Enghien –, nous avons construit un studio merveilleux, où une immense salle en verre nous permet tout aussi bien de tourner quatre films en même temps... Il ne nous manque rien, pas même une installation au mercure pour la lumière artificielle les jours sans soleil. »

Bien qu'indiquant la recherche de la qualité artistique comme l'objectif principal des productions SCAGL, Decourcelle insiste sur leur vocation « populaire », ce qui est un élément de différenciation par rapport au Film d'Art, qui à ses dires avait voulu « colorer d'aristocratie une industrie dont la véritable essence était démocratique ». Au-delà de la rhétorique, Decourcelle connaît bien ce dont il parle. Professionnel de l'industrie culturelle, il se trouve dans la position idéale pour comprendre que le marché littéraire pourrait tirer d'importants avantages de la synergie avec le cinéma. En ce sens, on ne saurait s'étonner qu'il revienne à Decourcelle de fournir le modèle le plus exemplaire parmi les produits de l'industrie française: le cinéroman. C'est encore à lui que Pathé s'adresse en 1915 pour la rédaction du feuilleton couplé aux vingt-deux épisodes des *Mystères de New York*, amalgame en version réduite des trois *serials* de Pearl White centrés sur le personnage de Elaine (1914-1915). Publié dans *Le Matin*, le roman de Decourcelle contribue pour une large part au succès du film et lance une formule massivement exploitée pendant une décennie entière. Grâce aux nombreuses transformations en nouvelles de films à épisodes qui, à partir de ce moment, se succédèrent sans trêve sur les pages des journaux, le feuilleton connaît une ultime période de popularité, ouvrant aux écrivains professionnels un marché sans gloire, mais aux dimensions énormes.

Dans les années vingt, Decourcelle signe encore les scénarios de nouveaux *serials*, les dix épisodes de *Quand on aime* de Henry Houry (1920), les sept épisodes de *la Bâillonnée* de Charles Burguet (1922), les quatre épisodes de *la Brèche d'enfer* d'Adrien Caillard

(1922), tous produits par la Société d'Éditions Cinématographiques ; cette même société produit *Tout se paie* d'Henry Houry (1920) d'après la nouvelle *l'Échéance* de Paul Bourget adaptée par Decourcelle et *le Crime d'une sainte* de Charles Maudru (1923) d'après le roman de Decourcelle. **M.D.A.**

DELLUC Louis (1890-1924)
Auteur de sept films, de dizaines d'articles, de nombreux recueils de nouvelles et de romans, Louis Delluc sut, en un nombre d'années extrêmement restreint, s'imposer comme le chef de file de ce qu'il est convenu d'appeler la « première avant-garde » cinématographique. On lui ajouta même l'encombrante distinction de père de la critique cinématographique. S'il ne fut pas le tout premier, Delluc fut bien l'un des meilleurs représentants de la cinéphilie des années vingt, mais il reste un cinéaste méconnu au regard de son œuvre critique. Sa mort précoce lui conféra une aura légendaire que des amitiés solides (Léon Moussinac, Louis Aragon) firent briller par la suite d'un plus vif éclat.

Né à Cadouin en Dordogne, Louis Delluc suit des études secondaires au lycée Charlemagne à Paris où il a pour condisciple Léon Moussinac. Comme René Clair quelques années plus tard, Delluc est d'abord tenté par la littérature et le théâtre ; il fait des vers et dès 1907 écrit *Dalma*, une tragédie qui ne sera pas publiée. Dès les années dix, puis parallèlement à sa carrière de cinéaste, Louis Delluc poursuit une œuvre de romancier et de nouvelliste dont les principaux jalons sont *la Guerre est morte*, *la Danse du scalp* (1919) et *l'Homme des bars* (1923). À l'image de la plupart des jeunes gens de sa génération, il n'éprouve donc que mépris pour le cinéma jusqu'à la découverte de *Forfaiture* (Cecil B. De Mille, 1915) en 1916. Désormais convaincu des possibilités expressives de ce que l'on n'ose encore qualifier d'art, il entame une carrière vouée à la défense et à l'illustration du nouveau langage cinématographique. Le 9 juillet 1917, il est engagé comme rédacteur en chef au *Film*, la prestigieuse revue qu'Henri Diamant-Berger a relancée en février 1916 et à laquelle participent Colette, Jacques de Baroncelli, Jacques Feyder, Raymond Bernard ou encore Abel Gance. Jusqu'à l'automne 1918 où son nom disparaît de la couverture, Delluc utilise habilement les compétences de ses amis, et en premier lieu celles de Léon Moussinac et de Louis Aragon qui y publient leurs premiers articles. En quelques mois, il transforme la revue – qu'il a « requinquée dans la mesure du possible » confesse-t-il à Moussinac – en une tribune des nouvelles conceptions cinématographiques, sous le vent de Griffith, Ince et Cecil B. De Mille. Une grande partie des articles donnés par Delluc au *Film* ont été réunis en recueil en 1919 dans *Cinéma et Cie*.

Alors qu'il écrit régulièrement, sous le même titre, à *Paris-Midi* depuis le printemps 1918 – chroniques hebdomadaires devenues quotidiennes en janvier 1919 – et qu'il collabore plus sporadiquement à *Comœdia illustré* de 1919 à 1921, il conçoit le projet d'une « revue cinématographique qui atteigne le grand public » et non les exploitants. Aux côtés d'illustrations nombreuses, de la publication des programmes parisiens de la semaine, de correspondances étrangères, de critiques dignes de ce nom ainsi que de scénarios, il souhaite créer un lieu de rencontres entre lecteurs qui remplisse un rôle d'office de renseignements et de diffusion de la culture cinématographique. Une première réalisation voit le jour le 14 janvier 1920 avec *Journal du ciné-club* et l'association qui lui est attachée. Mais accaparé par le tournage de *Fumée noire*, Delluc s'en éloigne dès le mois de février et son nom disparaît de la couverture du numéro 7. Il renouvelle l'expérience en 1921 avec *Cinéa* (le premier numéro est daté du 6 mai) où, entouré de Lionel Landry, André Daven, Lucien Wahl, Eve Francis, Philippe Hériat, Jean Tedesco et Léon Moussinac, il s'efforce de donner corps à son projet initial. Hebdomadaire, la revue est ponctuée d'aphorismes dus à Delluc lui-même et chargés d'en traduire l'esprit (citons par exemple « le cinéma est une industrie, c'est entendu, mais industrie n'est pas synonyme de brocante » ou encore « un mode d'expression ne prend toute sa valeur que lorsqu'il sert à exprimer quelque chose »), elle tend à rassembler tous les partisans de l'art cinématographique et en premier lieu les « cinéphiles » (le mot figure dans le courrier des lecteurs du numéro 3), soit par l'organisation de concours de scénarios ou d'affiches, soit par des projections exceptionnelles, les fameuses « Matinées de *Cinéa* ». Et si ces dernières n'ont été qu'au nombre de deux, elles n'en ont pas moins fait événement : le 14 novembre 1921, c'est *le Cabinet du docteur Caligari* (Robert Wiene, 1919) qui fait scandale, aucun film allemand n'ayant été présenté en France depuis la guerre, puis, le 16 mars 1922, *la Famine en Russie* (Nansen, 1921), sur les ravages de la guerre civile, est le premier documentaire à proposer des images en provenance de la Russie nouvelle. Cependant, Louis Delluc s'efface au profit de Jean Tedesco en novembre 1922. Il interrompt également sa collaboration à *Paris-Midi* à cette date ; désormais l'essentiel de ses textes critiques sont publiés au quotidien *Bonsoir*, dans la rubrique « Pellicules » qu'il tiendra jusqu'en février 1924, quelques semaines avant sa mort le 22 mars.

Delluc cinéaste

Le cinéaste a cherché dans sa courte carrière à exploiter toutes les possibilités expressives de l'art muet. L'apparent éclectisme de son œuvre ne l'empêche pas de revêtir quelques évidentes caractéristiques communes : minceur volontaire du scénario (*le Silence*, *la Femme de nulle part*, *Fièvre*), prédilection pour des personnages tourmentés dont le passé pèse sur le présent (*le Silence, le Chemin d'Ernoa, la Femme de nulle part*), démonstration virtuose et utilisation intensive des ressources techniques de son art: ainsi *le Silence* est-il presque entièrement construit sur un flash-black – le personnage principal, dans l'attente d'un rendez-vous galant, se souvenant des circonstances dans lesquelles il a tué sa femme – tandis que *Fièvre* semble travailler presque exclusivement montage et rythme, les deux films se jouant à leur manière de l'espace clos dans lequel ils se déroulent.

Aussi bien conviendrait-il de redécouvrir aujourd'hui l'œuvre filmée de Louis Delluc à la lumière de ses travaux de critique. Or, comme l'ensemble des cinéphiles de sa génération, il a été frappé par la perfection formelle des films de Thomas H. Ince, de Cecil B. De Mille et de David W. Griffith. Ince, tout particulièrement, à qui il rend un vibrant hommage dans de nombreux articles et dont il loue la pureté des images, l'attention portée au détail et le lyrisme sans grandiloquence. Rythme et gros plan y fondent la possibilité d'une expression proprement cinématographique que le concept-clé de « photogénie » résume à lui seul, photogénie dont Delluc disait volontiers qu'elle se traduisait par une « mise en avant des choses ». Le cinéma français, en revanche, n'a point droit à ses égards car, à la notable exception d'Abel Gance, de Marcel L'Herbier, de Germaine Dulac mais aussi de Max Linder et d'Antoine, la médiocrité à ses yeux l'emporte. La cinéphilie dellucienne, presque exclusivement tournée vers l'Amérique, est donc portée à une exaltation des moyens techniques qui contribuent à faire du cinéma un art autonome, largement émancipé du funeste mimétisme théâtral qui caractérise la production hexagonale.

Voilà qui permet de regarder les films de Louis Delluc comme autant de tentatives de mise en pratique de ces conceptions cinématographiques. De fait, les meilleures de ses œuvres explorent passionnément les voies ouvertes par le cinéma qu'il aimait. Dans *le Silence* ou *la Femme de nulle part*, il travaille les rapports du passé et du présent, s'efforçant de traduire à l'écran les états d'âme de personnages traversés par le remords ou le doute, et c'est une tentative d'offrir au cinéma les moyens qui l'autorisent à traduire des sentiments qui se passent de paroles. Pour *Fièvre*, il reconstitue l'atmosphère interlope – que l'on retrouve dans certaines nouvelles de *l'Homme des bars* – d'un bouge marseillais. Tourné en dix jours en février 1921, le film connut un grand retentissement en raison de la censure qui le frappa (Delluc fut dans l'obligation d'en modifier le titre original, *la Boue*). La ténuité de l'intrigue, ramenée à sa plus simple expression comme pour mieux faire ressurgir les moyens expressifs du cinéma (une rixe éclate dans le bar et provoque la mort de l'un des personnages), le huis-clos du film, son montage serré, ont été perçus par les contemporains comme un véritable tour de force. À la mort de Delluc, *Fièvre* devait d'ailleurs l'emporter largement au panthéon des critiques, son ultime opus, *l'Inondation*, n'ayant guère été apprécié en raison d'une intrigue très mélodramatique. Et pourtant, après l'artificialité intentionnelle de *Fièvre* ou du *Silence*, le cinéaste, comme dans *le Chemin d'Ernoa*, retournait aux décors naturels en reprenant à son compte une démarche cinématographique proche de celle d'Antoine dans *la Terre*: un mélodrame sombre qui se déploie dans une nature hostile, admirablement filmée (ici la Vallée du Rhône en crue) où personnages et paysages trouvent une harmonie étonnante, où le réalisme le partage avec l'onirisme, et où Louis Delluc, enfin, apparaît comme le chaînon essentiel entre André Antoine et Jean Vigo. **C.G.**

Filmographie ◆ *Le Silence* (1920); *Fumée noire* (id.) ; *Le Chemin d'Ernoa* (co. René Coiffard, id.); *Fièvre* (1921); *Le Tonnerre* (id.) ; *La Femme de nulle part* (1922); *L'Inondation* (1923).

DESFONTAINES Henri (1885-1931)

Desfontaines se classe parmi les petits maîtres du cinéma muet français pour qui la principale ambition était moins une affaire de style qu'une volonté de faire correctement son métier, indépendamment du sujet à traiter. Venu du théâtre, il aborde la réalisation vers 1910 et se spécialise dans les reconstitutions historiques. Après la guerre, il s'éloigne des sujets dits « artistiques » et se consacre à des genres plus populaires pour Éclipse et, surtout, la série « Pax » de Gaumont: le film policier (*Autour du mystère*, tourné dans les Flandres), la comédie (*Son Altesse*; *Château historique*) ou encore le mélodrame (*la Fille des chiffonniers*). Desfontaines, qui a travaillé pour le service cinématographique de l'armée, est alors contacté par le Ministère des Colonies pour participer à une mission de propagande cinématographique en Afrique Équatoriale Française. À son retour, il rejoint la Société des Cinéromans où, sous les auspices de Louis Nalpas, il réalise plusieurs films à épisodes, parmi lesquels *Belphégor*, sur un scénario d'Arthur Bernède, dont l'esprit feuilletonesque enthousiasme les foules, et *le Capitaine Rascasse*, savoureux cocktail d'humour et d'aventures interprété par un Gabriel Gabrio haut en couleurs. Le cinéma de Desfontaines se caractérise surtout par un évident souci de clarté dans la réalisation, la sobriété de la direction d'acteurs, mais aussi un certain talent pour capter l'atmosphère des lieux qu'il filme (la ville minière d'*Autour du mystère*, la cité des chiffonniers de Montmartre, sans oublier bien sûr le musée du Louvre dans *Belphégor*). Tandis que de sérieuses difficultés financières compromettent l'avenir des Cinéromans, Henri Desfontaines, renonçant au film à épisodes, choisit de commémorer les dix ans de l'armistice à travers *le Film du poilu*, mélange de fiction et d'images d'actualité qu'il lègue aux générations futures. Ce sera sa dernière mise en scène. Deux ans plus tard, il revient au métier d'acteur sous la direction de ses amis Fescourt (*la Maison de la flèche*) et Tourjansky (*l'Aiglon*) puis meurt peu de temps après d'une pneumonie. **É.L.**

Filmographie ◆ *Autour du mystère* (1920) ; *Les Trois Lys* (1921) ; *Chichinette et Cie* (1921) ; *Son Altesse* (1922) ; *La Fille des chiffonniers* (1922) ; *L'Espionne* (1923) ; *L'Insigne mystérieux* (1923) ; *Château historique* (1924) ; *Vers Abéché la mystérieuse* (documentaire, 1924) ; *L'Espionne aux yeux noirs* (1926) ; *Belphégor* (1927) ; *Le Capitaine Rascasse* (1927) ; *Poker d'as* (1928) ; *Le Film du poilu* (1928).

DIAMANT-BERGER Henri (1895-1972)

Né en 1895, avec le cinématographe, Henri Diamant-Berger lui voue très tôt son existence. Après des débuts dans le journalisme, il écrit quelques scénarios sous les conseils d'Eugène Gugenheim, co-fondateur de la Société des Auteurs et des Gens de Lettres. Sa rencontre, au début des années dix, avec André Heuzé, pionnier du cinéma français, qui offre à ce jeune homme une place privilégiée dans son équipe de tournage, s'avère déterminante. Leur collaboration se poursuit lors de la création de l'hebdomadaire illustré *Le Film* en 1914. Simple critique dans un premier temps, Diamant-Berger est nommé rédacteur en chef dès 1916. Mais Heuzé ne pouvant plus diriger la revue en ces temps de guerre, son disciple, rapatrié pour cause de blessure, prend sa succession. Diamant-Berger réunit autour de lui les jeunes cinéastes et les intellectuels français, tels Abel Gance, Jacques Feyder, Jacques de Baroncelli, Raymond Bernard, Germaine Dulac, ou encore Colette. En 1917, il confie le poste de rédacteur en chef à son ami Louis Delluc. Tous partagent la même ambition, « [se] débarrasser de la médiocrité qui sévit dans [leur] milieu », afin de démontrer que le cinéma est un art. Diamant-Berger réalise alors des films de moindre qualité, selon son propre aveu, tout en défendant les idées de Riccioto Canudo. Ses amitiés avec Louis Delluc, figure de l'avant-garde des années vingt, et Raymond Bernard, cinéaste populaire, symbolisent parfaitement cette duplicité *a priori* contradictoire et pourtant caractéristique de ce jeune critique cinéaste.

Enfant prodige, Diamant-Berger ne l'est pas, cependant sa précocité apparaît tout à fait remarquable. À 25 ans, il a déjà mis en scène de nombreux films, écrit divers scénarios et deux ouvrages théoriques sur le cinéma, dirigé pendant trois ans l'une des plus prestigieuses revues cinématographiques de l'époque. Au début des années vingt, cette soif de travail le conduit à la tête d'un projet considérable, l'adaptation à l'écran du plus célèbre roman d'Alexandre

Dumas, *les Trois Mousquetaires*. Sans doute, a-t-il hérité ce goût pour le grand spectacle d'André Heuzé, lui-même réalisateur de la première version du *Bossu* en 1913. Ambitieux, Diamant-Berger prépare, lui, un film de douze épisodes d'une heure chacun, et réunit d'énormes moyens pour sa réalisation, sans oublier une importante campagne de publicité. Qu'il s'agisse du critique ou du cinéaste, la presse spécialisée ne cesse de le mettre au devant de la scène. En 1921, *Cinémagazine* publie non seulement nombre de ses articles sur les spécificités du cinéma, mais aussi des reportages décrivant les diverses étapes de tournage des *Trois Mousquetaires*. « Tour à tour journaliste, critique d'art, metteur en scène visualisateur comme il aime à se qualifier, M. Diamant-Berger est parmi les plus entreprenants et les plus actifs, un des hommes sur lesquels l'industrie cinématographique peut le plus compter », se plaît à écrire un confrère de *Cinémagazine* pour le présenter en 1921. Impossible alors d'ignorer l'ascension populaire du cinéaste, il conquiert un large public avec les aventures de d'Artagnan, dont les acteurs deviennent de véritables vedettes. Ils sont régulièrement en couverture de *Cinémagazine*, accordent de nombreuses interviews, et leurs admirateurs peuvent se fournir en cartes postales à leurs effigies. Au vu de ce succès Pathé-Consortium, qui traverse des difficultés financières, décide de produire d'autres grands films. Denis Ricaud, nouvel administrateur général de la société, lance un programme de « superproductions ». Bernard Deschamps tourne *l'Agonie des Aigles*, Le Prince réalise *l'Empereur des Pauvres*, quant à Diamant-Berger, il prépare la suite des *Trois Mousquetaires*. Pour *Vingt Ans Après*, il met à nouveau en place un décor et une machinerie considérables. Plus de 12 000 mètres de pellicule sont tournés, 3 000 perruques sont confectionnées pour les nombreux figurants et artistes, 35 acteurs forment sa troupe régulière qu'il déplace des reconstitutions aux décors naturels, comme le château de Chenonceaux. Ce deuxième volet, d'environ trois millions de francs, sort pour Noël 1922. Unissant encore une fois le succès public au poids financier, Diamant-Berger assoit sa réputation de cinéaste populaire et force l'admiration des Américains. Il va d'ailleurs s'expatrier, entre 1924 et 1926, acceptant la proposition de Jules Brulatour, administrateur de la Paramount. Pourtant, il est amené à se défendre contre ce que sous-entend l'étiquette de « cinéaste populaire » pour « le tout Paris ». Diamant-Berger déclare alors ne pas croire à l'opinion de cette élite, pour lui « *Vingt Ans Après* est un film de cape et d'épée qui espère amuser les plus grandes masses possible sans abdiquer toute prétention artistique ». En effet, s'il conçoit le cinéma comme un spectacle vivant sous le regard du public, il n'en reste pas moins un art pour lequel il s'est battu en tant que critique.

Ses ambitions artistiques apparaissent plus particulièrement dans son projet de réaliser un film sans aucun titre. Selon lui, « le jour où l'on écrit directement pour le cinéma, les idées se présentent de telle sorte que les titres sont rares ». En ce sens, il prône la puissance expressive de l'image comme spécificité de l'art cinématographique. *Le Mauvais Garçon* n'est cependant pas accepté par les exploitants tel qu'il l'a conçu. Il doit ajouter des titres s'il souhaite voir son film dans les salles. Ayant pris le risque de le financer, l'artiste concède ses ambitions au producteur après avoir provoquer une certaine polémique entre les critiques favorables à son idée et ses détracteurs. Malgré cet échec, *le Mauvais Garçon* annonce une série de film qu'il produit lui-même, mettant aussi en scène Maurice Chevalier mais dans le registre plus inhabituel de la comédie. Cette initiative est d'ailleurs saluée par la critique.

Notons qu'à travers les Films Diamant, Henri Diamant-Berger participe d'une façon différente à la cinématographie française. Il produit par exemple *le Petit Café* (1919) de Raymond Bernard, *Un fil à la patte* (1924) de Robert Saidreau, *Paris qui dort* (1923) de René Clair, ou encore *Les Transatlantiques* (1927) de Pierre Colombier. Sa société lui donne l'occasion de tendre la main à de jeunes talents comme René Clair, de soutenir un ami comme Bernard, ou d'offrir aux spectateurs le premier film français de Max Linder. Mais prenant part à la production, l'écriture ou la réalisation, Diamant-Berger endosse des rôles plus ou moins conciliables. Il se retrouve dans une position inconfortable. Au lieu de jouir d'une liberté de création plus grande, il est partagé entre son souci artistique et la nécessité de rentabiliser son investissement. Par ailleurs, cette volonté d'aborder le cinéma à la fois à travers la critique, le scénario, la mise en scène et la production, rend délicate toute tentative de cerner ce jeune homme souvent taxé d'opportuniste, de « touche à tout ». Pourtant cette image n'empêche pas les critiques d'être en attente face à lui. À propos de *l'Affaire de la Rue Lourcine*, André Tinchant regrette « la banalité (du) film de Diamant-Berger, duquel nous sommes en droit d'espérer plus d'originalité ». Paradoxalement, réalisateur en majorité de comédie, il recueille les suffrages de la critique grâce au drame. *L'Emprise*, par exemple, force l'admiration des plus sceptiques. Robert Trévise apprécie « cette étude d'âme […] bien traitée et bien réalisée en action cinégraphique. Si Diamant-Berger ne nous [donnait] que des films de cette tenue intellectuelle, il serait un des premiers réalisateurs français », précise-t-il. Cette ambiguïté qui l'entoure donc, lui permet d'avoir un double statut dans le cinéma français des années vingt. À la fois défenseur du cinéma comme art et cinéaste populaire, Diamant-Berger rassemble deux univers considérés comme antagonistes aujourd'hui. Or, la confiance que lui ont accordé des comédiens comme Aimé Simon-Girard, Albert Préjean, Mistinguett,

Maurice Chevalier ou encore Edna Purviance, montre l'enjeu de ce double statut. Homme de théâtre, art noble, comme vedette de music-hall, acteur mondialement reconnu, tous l'ont suivi, lui donnant ainsi l'opportunité de participer pleinement à la cinématographie française des années vingt.

Par la suite, l'union du grand public et de l'art, comme il l'entend, ne se retrouve pas. Sa carrière se ponctue de succès, comme la version parlante des *Trois Mousquetaires* (1932), de films plus ou moins réussis artistiquement comme *Arsène Lupin Détective* (1937), et de comédies légères, telles que *Tout s'arrange* (1931), ou *Mon curé chez les pauvres* (1956). Il devient peu à peu « un des sans gloire des artisans français, ceux qui ont livré leurs batailles sur le front du commerce » (Michel Aubriant, 1959). **V.S.**

Filmographie ◆ *Les Trois Mousquetaires* (1921) ; *Vingt Ans Après* (1922) ; *Le Mauvais Garçon* (1923) ; *Gonzague* (id.) ; *Boubouroche* (id.) ; *Jim Bougne Boxeur* (id.) ; *L'Affaire de la Rue Lourcine* (id.) ; *Le Roi de la Vitesse* (1924) ; *L'Emprise* (id.) ; *Rue de la Paix* (1927) ; *Éducation de prince* (id.).

DINI Gennaro

Né à Naples, Gennaro Dini vient se fixer sur la Côte d'Azur. Il se marie à une jeune étudiante russe, Nina Orlove. Diplomate, ingénieur, architecte, sculpteur, musicien, peintre, il aborde le cinéma comme interprète de nombreux cinéromans tournés aux studios de la Victorine avec son épouse et leur fils Mario. On les trouve aux génériques du *Secret d'Alta Rocca* et de *Reine Lumière*. Dini s'initie à la prise de vues et s'adonne passionnément à la photographie aux côtés de Luitz-Morat. Il conçoit des affiches, notamment celle de *Valencia*, film allemand de Jaap Speyer avec Jean Murat.

De toute la production de Dini, deux films ont été retrouvés, un film muet, *Romanetti* ou *le Roi du maquis* (1924) et un film sonore, *les Vagabonds magnifiques* (1931). Le premier est un documentaire mêlé de fiction. Le réalisateur vient interviewer en Corse un bandit réputé. Il le présente et ce dernier raconte ses exploits. Commence alors une fiction interprétée par des acteurs connus du grand public. La conception du sujet est originale. Il y manque une conscience politique mais on entrevoit ce qui aujourd'hui s'est vulgarisé sur les écrans de télévision. Le film est de ce point de vue d'une grande modernité. Dans la restauration entreprise par les Archives du Film et la Cinémathèque de Corse, les scènes où apparaissent René Poyen, plus connu sous le nom de Bout de Zan, ont disparu. Le tournage en 1924 a fait grand bruit dans la presse de l'époque. Faire un film sur un bandit condamné à mort ! Un bandit très médiatique puisqu'en 1925, il reçoit Abel Gance dans le maquis lors du tournage de *Napoléon*. *Romanetti* a-t-il été censuré? En tout cas, le film ne sortira qu'après le décès de Romanetti en 1926 et sous un nouveau titre, *Hors-la-loi*.

Auteur complet, Gennaro Dini écrit ses scénarios et dessine lui-même ses décors. Il crée la Société des Films Dini domiciliée à Nice. Ces films témoignent d'une prédilection pour les sujets populaires et les mélodrames. Après deux films parlants, la carrière de Dini se termine en 1932. **J.-P.M.**

Filmographie ◆ *Expiation* (autre titre: *Paternité*, 1922); *La Nuit d'un vendredi 13* (1923); *Romanetti* (autre titre: *Le Roi du maquis*, 1924, exploité en 1926 sous le titre *Hors-la-loi*); Âme de femme (autre titre: *Leurs destinées*, 1926); *Les Capes noires* (autres titres: *Amour de perdition* ou *Justice*, tourné au Portugal, 1928); *Quand l'ombre descend* (1929).

DISTRIBUTION

La distribution occupe une place centrale et déterminante dans l'activité cinématographique: ce sont en effet les distributeurs qui maîtrisent la mise des films sur le marché, c'est-à-dire, indirectement, la composition des programmes offerts aux spectateurs. Le distributeur Charles Gallo définit ainsi, en 1928, son secteur d'activité comme « l'organisme régulateur de l'industrie » cinématographique.

Le système de la distribution des films tel qu'il existe dans les années vingt remonte à 1907, date à laquelle Charles Pathé a remplacé, le premier, la vente de films, qui avait cours jusqu'alors, par leur location. Ce moment historique fut celui de la disparition progressive du cinéma forain, qui fonctionnait sur l'achat direct des films au producteur, et de l'émergence de l'économie moderne du spectacle cinématographique, organisée autour des trois pôles de la production, de la distribution et de l'exploitation dans des salles spécifiquement destinées aux projections cinématographiques.

Jusqu'à la Première Guerre mondiale, la location des films ne dispose pas de cadre réglementaire autre que celui du Code civil, qui régit la responsabilité contractuelle. Les termes des contrats entre producteurs et distributeurs et entre distributeurs et exploitants pouvaient donc varier sensiblement d'un cas à l'autre. C'est en février 1919 que la section des loueurs de la Chambre syndicale française de la cinématographie adopte le premier « règlement des loueurs », qui constitue le premier pas vers une harmonisation des pratiques dans le domaine de la location, et donc vers la mise en place d'une *police des mœurs* au sein de la corporation. À la fin des années vingt, d'intenses négociations aboutissent à des modifications, qui restent marginales, de ce règlement.

Le paysage de la distribution dans la France des années vingt est très varié. On compte environ 450 agences de location (dont plus de la moitié à Paris), qui correspondent en fait à près de 180 groupes, réunissant parfois plusieurs raisons sociales.

On trouve environ vingt sociétés étrangères de distribution établies à Paris. Les firmes américaines sont une quinzaine à s'installer en France, comme dans les autres grands pays européens, dans le courant des années vingt. Quelques distributeurs indépendants, tout d'abord, se lancent seuls dans l'aventure, comme Fred Kellerman et sa société Excella Film. Plus couramment, les sociétés de petite ou de moyenne importance se sont regroupées et se sont fait représenter par des intermédiaires, comme le Français Jacques Haïk, concessionnaire, entre autres, de Columbia. De leur côté, les *majors* se donnent davantage de moyens en créant des sociétés françaises, ce qui leur permet de distribuer non seulement leur production, mais aussi des films français ou d'autres nationalités. C'est ainsi que Paramount, Fox-Film, Universal, United Artists, Erka Prodisco, First National et Vitagraph, le distributeur de Warner Bros., ont toutes une agence parisienne, ou même une filiale constituée en société anonyme française, comme Fox-Film, Universal, Vitagraph ou la société française Paramount, dirigée par Adolphe Osso. Il existe enfin un cas d'alliance entre une société américaine et une société française : l'association Gaumont-Metro-Goldwyn, scellée en 1925, mais qui prend fin en septembre 1928, les deux sociétés reprenant leur indépendance et la firme américaine, devenue la Metro-Goldwyn-Mayer, gardant une agence à Paris.

Les sociétés allemandes de distribution installées à Paris sont essentiellement au nombre de trois. La plus importante est l'Alliance cinématographique européenne (ACE), société française créée en 1926 par des distributeurs allemands, dans le but de diffuser largement la production d'outre-Rhin, et en particulier celle de la Ufa, à laquelle elle est affiliée. L'ACE devient rapidement le plus important distributeur de films allemands sur le marché français, avec son concurrent direct la Luna-Film. De taille plus modeste, la Mappemonde-Film distribue aussi bien des films allemands que des films anglais. Les distributeurs britanniques n'étant pas implantés en France, la distribution des films d'outre-Manche est en effet confiée à des firmes américaines, allemandes ou françaises, comme c'est le cas, par ailleurs, pour les films italiens.

Du côté français, les deux firmes dominantes sont les Établissements Louis Aubert et la société des Cinéromans de Jean Sapène, qui dirige en outre la société Pathé-Consortium-Cinéma (PCC) depuis 1924. À eux deux, ces groupes contrôlent la diffusion de plus du quart de la production française sur le marché national. Ils ne sont véritablement concurrencés dans ce domaine que par Alexandre Kamenka, qui dirige la société des Films Albatros et contrôle le distributeur Armor. Ces trois sociétés sont d'ailleurs des sociétés de production, qui pratiquent donc l'auto-diffusion, suivant en cela l'exemple des *majors* hollywoodiennes. Il faut noter, à cet égard, la trajectoire originale de Louis Aubert, qui est distributeur et exploitant au départ, avant de devenir producteur, à la différence de Kamenka et de Sapène, qui se sont assuré, avec l'acquisition d'un circuit de distribution, un débouché pour leur propre production.

Ces trois sociétés doivent néanmoins compter, en ce qui concerne la distribution des films étrangers, avec d'autres firmes de taille moyenne, qui font preuve d'un certain dynamisme et réussissent à s'imposer sur le marché en se spécialisant plus ou moins dans la distribution de films allemands – les Films ANC d'Alex Nalpas, la Sofar, l'Est-Europe-Films de Giovanni Seyta – ou américains – Félix Méric –, voire en conservant un certain éclectisme, comme les Sélections Maurice Rouhier, les Établissements Georges Petit, la Star Film de Charles Gallo et Jean de Rovera, ou la Super-Film de Roger Weil. Il existe aussi un grand nombre de petites firmes – en général des sociétés de production – qui distribuent occasionnellement ou régulièrement des films, mais le plus souvent en très petit nombre, et qui peuvent rester quelques années sans activité de distribution.

On note enfin l'apparition furtive, mais significative, des réseaux cinéphiles – ciné-clubs, salles et revues spécialisées – sur le marché de la distribution à la fin des années vingt. Le Studio 28, le Studio des Ursulines, le Vieux-Colombier ou le Ciné-Club de France, par exemple, pratiquent ainsi une forme de distribution-exploitation spécifique de la diffusion des films d'avant-garde et de recherche et, marginalement, des films soviétiques autorisés par la censure. Ces films trouvent ainsi de plus en plus de réseaux structurés susceptibles de leur assurer une diffusion échappant à la confidentialité des cercles cinéphiles et de rééquilibrer la distribution, tout au moins à Paris, en diffusant une part plus large de films de recherche, tout en diminuant, au profit d'autres cinématographies, la part, ailleurs écrasante, des films américains et allemands.

Par le biais de la distribution, c'est en fait une bataille entre producteurs qui se joue. Les sociétés américaines de distribution établies à Paris sont en effet les têtes de pont de la concurrence hollywoodienne, dans sa stratégie de pénétration des marchés européens ; il en est de même pour les sociétés allemandes. De leur côté, les distributeurs français ne disposent pas de semblables structures pour l'exportation. En 1928, par exemple, les films français représentent moins de 16 % des importations américaines et 10 % des importations allemandes, alors que les films américains et allemands représentent respectivement 55,7 et 21 % des importations françaises. Cette inégalité de traitement reflète la solide organisation commerciale des firmes américaines et allemandes, par ailleurs liées entre elles par des accords bilatéraux. Les firmes françaises sont loin de pouvoir faire face à une concurrence si fortement structurée.

Il faut ajouter à cela un relatif éparpillement du champ de la distribution en France. Pour la saison 1927-1928, par exemple, 54 distributeurs se partagent la distribution de 440 films, ce qui donne une moyenne à peine supérieure à 8 films par distributeur. Près de la moitié des sociétés présentes sur le marché ne distribuent en effet qu'un ou deux films durant cette saison, ce qui confirme l'existence d'une structure à deux vitesses: les petites sociétés de distribution et les distributeurs occasionnels – producteurs, ciné-clubs, voire cinéastes... – coexistent avec des firmes de très grande taille, françaises ou étrangères, qui se partagent l'essentiel du marché. Cette coexistence témoigne de la vitalité des petites structures et de la subsistance, dans les années vingt, d'une relative ouverture du marché du film, qui n'est pas encore monopolisé par les grandes sociétés. À cet éparpillement correspond néanmoins un encombrement du marché, qui rend difficile l'amortissement des films.

Suivant les catégories de films et les types de société, les modes de distribution varient considérablement. La distribution des films américains est nettement plus concentrée que celle des films français, éparpillée entre de nombreuses firmes de petite ou de moyenne taille. Les dix principales sociétés françaises contrôlent ainsi moins du tiers du marché en 1927-1928, alors que les sept principales sociétés américaines distribuent près de la moitié des films.

Ainsi structuré, le marché français du film présente, durant les années vingt, un visage très mouvant. Il se rétracte au cours de la décennie, en passant d'une moyenne d'environ 700 films distribués par an jusqu'en 1925 à moins de 600 films par an de 1926 à 1928, avant la crise provoquée, en 1929, par l'arrivée des premiers films parlants. C'est en partie pour cette raison que la part des films français sur le marché national est en sensible augmentation: elle passe de 10 à 16,5 % dans la seconde moitié de la décennie, malgré la stabilisation de la production, durant cette même période, entre 80 et 90 films. La situation n'est certes pas brillante, et le film français apparaît nettement dominé sur son propre marché; mais il fait preuve d'un dynamisme certain qui lui permet d'opposer une résistance à cette domination, et qui contredit les discours alarmistes de la presse spécialisée.

La part des films américains ne cesse de décroître tout au long de la décennie: en passant de 85 à 55,7 %, elle perd plus du tiers de son importance. Cette diminution est particulièrement sensible à partir de 1927, date à laquelle les films allemands font une percée spectaculaire sur le marché français en triplant leur part, qui passe de 5,7 % en 1926 à 15,7 % en 1927, propulsant la production allemande en deuxième position derrière les films américains, et devant les films français. En 1928, malgré la poursuite de la progression française, les films allemands confirment cette deuxième place en grignotant encore des parts de marché, pour arriver au cinquième des films distribués en France. Enfin, les films en provenance d'autres pays européens, parviennent à se hisser à une place non négligeable : de moins de 4 % de parts de marché jusqu'en 1925, ils atteignent entre 7 et 8 % à la fin de la décennie. Cette progression est d'abord soutenue par les importations de films italiens, qui s'essoufflent cependant à partir de 1927, et dont la relève est prise par les films britanniques.

Dans ce contexte, les grands circuits de distribution se caractérisent par des pratiques commerciales agressives, qui font l'objet de violentes critiques de la part des exploitants. Leurs doléances visent essentiellement les grandes sociétés américaines, qui ont sur le marché une position privilégiée, puisque les productions qu'ils louent à l'étranger sont déjà, pour la plupart, largement amorties par les bénéfices réalisés aux États-Unis, ce qui leur permet de pratiquer des tarifs très bas, proches du *dumping*.

Les deux pratiques les plus couramment dénoncées sont le *block-booking* et le *blind-booking*. Le *block-booking* (ou « programmation en bloc ») consiste à louer les films en série et non individuellement ; l'exploitant qui veut s'assurer la location de la superproduction incontournable se trouve ainsi dans l'obligation de louer en même temps un ensemble de films de moindre envergure et de moindre rentabilité. Cette pratique est permise par le fait que les grands distributeurs américains sont intégrés dans des *majors* à concentration verticale, et que leur rôle est par conséquent d'écouler la production du studio. Pour chacun de ces studios, le *block-booking* permet donc de s'assurer artificiellement une place importante sur le marché. Mais il trouve aussi son sens dans la politique concertée des producteurs et distributeurs américains, en créant ainsi une dépendance du marché français à l'égard de la distribution américaine, prise collectivement. Le *blind-booking* (ou « location à l'aveugle ») est le corollaire du *block-booking*. Il consiste, puisque la production d'une société est louée en bloc, à ne présenter aux exploitants, en projection corporative, qu'une partie de cette production, voire seulement la superproduction qui draine derrière elle les films de moindre importance. Les exploitants sont ainsi contraints de louer des films qu'ils n'ont pas vus, d'autant plus que les présentations corporatives prennent, à la fin des années vingt, une tournure particulière : les distributeurs les suppriment bien souvent purement et simplement, et quand les films sont tout de même présentés, il devient courant que les sociétés de distribution, au lieu de programmer plusieurs films à la même séance, présentent un film par jour, rendant impossible à l'exploitant l'exécution de sa tâche de visionnement. Il n'existe aucune législation empêchant ce genre de pratiques, que ce soit au niveau national ou au niveau international.

De même, aucune réglementation n'empêche les distributeurs de remanier le montage des films. Universal présente ainsi à Paris, en juin 1928, deux versions du film *l'Homme qui rit*: l'une dont la fin est conforme au roman d'Hugo, et l'autre dotée d'un *happy end*. Les firmes américaines n'ont pas le monopole de cette pratique: le distributeur français P.-J. de Venloo impose ainsi à Jean Grémillon, réalisateur de *Maldone* (1927) et à Charles Dullin, producteur et interprète du film, d'accepter « tous les sacrifices qu'il jugerait nécessaires afin d'assurer la pleine réussite commerciale du film ». Cela signifie, en fait, l'établissement d'une seconde version, remontée et sensiblement plus courte, de manière à plier l'œuvre aux normes esthétiques et matérielles de l'exploitation commerciale. Mais il arrive que cette modification du montage soit dissimulée au public. La version de *la Danse rouge* (Raoul Walsh, 1928) présentée par la Fox-Film à Paris en octobre 1928 diffère ainsi sensiblement de celle présentée à Londres deux mois plus tôt: par un remontage et une substitution des intertitres, qui permettent au film de conserver à peu près la même longueur et, surtout, d'obtenir le visa d'exploitation, l'intrigue, qui se situait en Russie au moment de la révolution de 1917, est transposée dans un pays imaginaire agité par des conspirations de palais. Dans un autre registre, le film allemand *Loulou* (Georg Wilhelm Pabst, 1928) est tellement transformé pour sa distribution en France qu'il en est rendu méconnaissable pour ceux qui l'ont vu en Allemagne. Les transformations vont dans le sens d'une moralisation de ce film sulfureux: la maîtresse de l'héroïne devient son amie d'enfance, son amant n'est plus le fils, mais le secrétaire de son mari, et la dernière séquence, où Loulou s'abandonne avec extase entre les mains meurtrières de Jack l'Éventreur, est tout simplement supprimée, cette version *ad usum Delphini* se terminant sur le défilé de l'Armée du Salut, qui suggère le repentir et le rachat de la femme perdue…

La presse spécialisée a beau s'émouvoir, régulièrement, de ces « tripatouillages », comme du maintien du *block* et du *blind-booking* et de la suppression des présentations, les grands circuits de distribution font régner, au sein du marché français du film, un ordre dont ils sont les seuls maîtres.

La distribution des films d'avant-garde n'échappe pas à ces problèmes, comme le montre l'exemple de Jean Epstein. Epstein dirige sa propre société de production – les Films Jean Epstein –, mais cette société, déjà endettée, n'est pas en mesure d'assurer la distribution de ses films. Ainsi, pour *la Chute de la Maison Usher* (1928), il doit faire appel à un intermédiaire – Giovanni Seyta, qui dirige la petite société Est-Europe-Films – pour assurer sa distribution. Bien que ne faisant pas partie des grands circuits, Seyta impose à Epstein le principe d'une distribution en deux versions: celle du montage original effectué par Epstein, et une autre, remontée et augmentée de quelques intertitres, destinée au public moyen. En outre, Seyta insiste auprès d'Abel Gance pour qu'il rédige une préface au film, de manière à faire du nom de l'illustre réalisateur un élément supplémentaire de publicité.

Epstein se retrouve d'ailleurs dans la même situation pour la distribution de ses trois films précédents: *Mauprat* (1926), *Six et demi onze* et *la Glace à trois faces* (1927). Il se trouve pris dans un engrenage dont le point de départ est une dette qu'Epstein est dans l'incapacité de rembourser. Sa créancière rachète donc, en échange d'une partie de sa créance, la propriété de ces trois films. Le contrat, signé en février 1929, stipule que, s'il est prévu de consulter Epstein avant un éventuel remontage de ses films, c'est l'avis de la nouvelle propriétaire qui l'emporterait en cas de désaccord. Ainsi, le réalisateur-producteur, surendetté, se retrouve dépouillé non seulement du contrôle financier, mais aussi du contrôle matériel et moral sur la diffusion de ses œuvres.

Il existe pourtant de petits distributeurs plus désintéressés, et surtout plus respectueux des œuvres qu'ils diffusent. Epstein reçoit ainsi, en 1928, une proposition de Maurice Champel, directeur d'une société de distribution bordelaise spécialisée dans « les films de valeur » et qui connaît une expansion certaine à la fin des années vingt. Champel souhaite distribuer *la Chute de la Maison Usher*, dans le cadre d'une politique de distribution relativement originale, qui consiste à sortir en exploitation publique et commerciale des films ordinairement classés à l'avant-garde. Il parie donc sur la viabilité de ces films dans le système de la distribution commerciale, qui les ferait échapper à la confidentialité des ciné-clubs. Peut-être Epstein aurait-il apprécié de voir son œuvre ainsi mise en valeur, mais cette proposition lui parvient à un moment où d'autres se sont déjà saisis de sa distribution.

Cette subtile conciliation des impératifs commerciaux et d'une véritable prise en compte des qualités intrinsèques des œuvres est cependant rare, dans un contexte où la distribution des films en France est essentiellement dominée par des firmes, puissantes ou non, pour lesquelles le film est avant tout un objet de commerce. **D.V.**

DOCUMENTAIRE

Le documentaire a quelque peine à se trouver une place dans la France des années vingt. Les premiers films de Lumière semblaient lui tracer une voie royale, mais les opérateurs se limitèrent longtemps à la simple chasse aux images, tandis que le spectacle cinématographique s'appliquait délibérément à concurrencer le théâtre ou le roman. Le mot, dont on trouve la trace en français depuis 1911, ne s'installera que vers 1926 après un détour par l'anglais et son adoption par John Grierson. Le double programme généralisé fait la part belle au long métrage, sacrifiant le plus souvent le court métrage, domaine d'élection du documentaire, obligé de se réfugier dans les entreprises soucieuses de leur personnel, les institutions éducatives, et, vers la fin de la décennie, dans les salles dites « d'avant-garde ». Qu'il soit éducatif ou artistique, le documentaire, produit d'une commande ou du mécénat, a laissé plus de traces dans les catalogues ou dans la presse que dans les archives : à titre d'exemple, les documentaires réalisés par le grand cinéaste Jean Grémillon ont disparu, à l'exception de *Chartres* (1923).

Bien que certains films puissent glisser d'une catégorie à une autre, on peut distinguer quatre courants principaux : scientifique, exotique (dit « au long cours »), populiste, expérimental (ou « d'auteur »).

Le documentaire scientifique

Très tôt, le cinéma s'est intéressé aux phénomènes scientifiques, et particulièrement à ceux qui échappent à la vision directe. Le pionnier incontestable de la microphotographie fut, dès 1911, le Dr Jean Comandon (*la Vie des microbes dans un étang*, 1930). Son nom fut éclipsé par un autre aventurier de l'observation du monde animal, Jean Painlevé (*la Pieuvre*, 1928; *le Bernard-l'hermite*, 1930), dont la carrière se poursuivit jusque dans les années soixante.

On peut classer dans cette rubrique les films de vulgarisation scientifique, destinés à l'enseignement scolaire ou postscolaire, dont le propagandiste infatigable fut Jean Benoit-Lévy (*Pasteur*, 1922, CO. Jean Epstein), par ailleurs connu pour ses films romanesques à sujet colonial ou éducatif.

Le documentaire au long cours

C'était le temps de l'Empire, dont l'exposition coloniale de 1931 fut l'apogée. C'était aussi le temps de l'automobile, qui expérimentait ses techniques lors de « croisières » continentales, tout en assurant la publicité des marques. La palme revient à Citroën dont on retiendra, pour ces années, *la Traversée du Sahara en autochenilles* (Paul Castelnau, 1923) et *la Croisière noire* (Léon Poirier, 1926). L'Afrique fut parcourue en tous sens, et quelques titres connurent un succès éphémère ou durable, comme *Voyage au Congo* (1929), de Marc Allégret, qu'accompagnait André Gide, *Voyage au désert* (1929), de Pierre Ichac, *Chez les buveurs de sang* (1931) du baron Gourgaud.

Le documentaire « populiste »

Il faut prendre le mot « populiste » dans le sens qu'il avait alors. C'était un courant littéraire (doté d'un prix) qui se proposait de prendre ses sujets parmi les classes sociales oubliées de la « grande » littérature. Sans revendiquer d'affinités particulières, certains documentaires peuvent relever de cette tendance. Ils s'attachent en particulier au Paris populaire et à sa banlieue, s'aventurant parfois en province. *Les Halles* (1927), de Boris Kaufman, frère de Dziga Vertov est caractéristique du genre, mais l'influence de l'auteur, opérateur de talent, s'étend bien au-delà. Citons encore *la Zone* (1928), de Georges Lacombe, *Harmonies* de Paris (1928), de Lucie Derain, *Visages* de Paris (1928), de René Moreau, *Paris-Cinéma* (1929), de Pierre Chenal, *Autour de l'argent* (1929) de Jean Dréville (deux films sur les coulisses du cinéma), et surtout *Nogent, Eldorado du dimanche* (1929), de Marcel Carné. *La vie des travailleurs italiens en France* (1926), de Jean Grémillon, perdu comme les autres films du même cinéaste, reste le simple indice d'un patrimoine disparu. Un véritable chef-d'œuvre, études sur Paris (1929), d'André Sauvage, retrouvé tardivement, témoigne de la vitalité d'un courant qui s'égara ensuite peu à peu, au cours des années trente, dans une mythologie française figée.

Le documentaire d'auteur

« Documentaire » était une appellation flottante, qui recouvrait les exposés les plus laborieux tout autant que les films fascinés par le mouvement, les objets, le réel directement photographié, sans forcément distinguer les formes pures des informations à visée éducative. Fernand Léger, auteur de *Ballet mécanique* (1923), ramassait en une formule – en y incluant les documentaires – ce front commun contre le film commercial dominant: « C'est une réaction directe contre les films à scénario et à vedette ». Très loin de là, la même année, Dziga Vertov formulait le même refus, et en 1923 encore, Robert Desnos s'émerveillait du « va-et-vient des pistons et des bielles » en proclamant son indifférence aux finalités pédagogiques de films très éloignés de l'avant-garde.

À la fin des années vingt, un mouvement non concerté réunit d'autres cinéastes marqués, eux, par l'effervescence artistique de l'époque. Comme les artistes regroupés dans ce qu'on a appelé l'« École de Paris », composée essentiellement d'étrangers, les cinéastes de cette autre « école » non déclarée venaient souvent d'au-delà des frontières. Boris Kaufman, en correspondance régulière avec son frère, exerça une influence que renforcèrent les films de l'Allemand Walter Ruttmann, et les théories des constructivistes et des futuristes. Assez loin de la définition la plus triviale du documentaire, ces films ont en commun de filmer la réalité en direct pour soumettre le résultat de leurs prises à un montage raffiné.

Si *Ballet mécanique* (Fernand Léger, 1923) ouvre le bal, il faut attendre le milieu des années vingt pour discerner la tendance. *Jeux des reflets et de la vitesse* (1925), de Henri Chomette (frère de René Clair) précède de peu un film du Brésilien Alberto Cavalcanti, *Rien que les heures* (1926), qui construit un Paris frénétique comme le Berlin de Ruttmann ou le Moscou de Vertov.

Les dernières années de la décennie sont particulièrement fécondes, avec Paris célébré comme la ville moderne par excellence : *la Tour* (1928), de René Clair ; *24 heures en 20 minutes* (1928) et *Champs-Élysées* (1929), de Jean Lods, toujours assisté de Boris Kaufman ; *la Marche des machines* et *la Nuit électrique* (1929), de Eugène Deslaw (d'origine ukrainienne), témoignent de ce bouillonnement éphémère qu'on rapprochera de la prospérité parallèle des formes de documentaire plus classique.

Loin de Paris, quelques films s'inscrivent encore durablement dans l'histoire du documentaire : *À propos de Nice* (1929), de Jean Vigo (associé à l'incontournable Boris Kaufman), subtil mélange de critique sociale et d'audace formelle, accompagné d'un manifeste resté célèbre, ou *Marseille Vieux Port* (1929), du Hongrois Lazlo Moholy-Nagy, un des maîtres du constructivisme.

Dans la Bretagne profonde, Jean Epstein (né à Varsovie) réalise selon des méthodes inédites *Finis Terrae* (1929), un film souvent rapproché du fameux *Man of Aran* (1934) de Robert Flaherty en oubliant de préciser qu'il le précède de quelques années.

Malgré un contexte peu favorable (public limité, financement réservé aux entreprises prestigieuses, critique indifférente), la fin des années vingt peut aligner quelques noms essentiels à l'histoire du documentaire français : Alberto Cavalcanti (*Rien que les heures*, 1926), qui rejoindra John Grierson à Londres ; Jean Painlevé (*la Pieuvre*, 1928), qui associera science et spectacle ; André Sauvage (*Études sur Paris*, 1929), pionnier du direct et talent prometteur que découragera la courte vue d'André Citroën censurant *la Croisière jaune* en 1932 ; Jean Vigo et Boris Kaufman (*À propos de Nice*, 1929), relais du mouvement européen, l'un théoricien autant que praticien, l'autre technicien hors pair.

G.G.

DONATIEN (1887-1955)

Né Charles Émile-Bernard Wessbecher, Donatien est l'artiste le plus multidisciplinaire du cinéma français des années vingt : cinéaste, interprète, producteur, décorateur, costumier, monteur, mais aussi peintre, affichiste et céramiste...

Fils d'industriels alsaciens, il s'engage dans la décoration de pièces de théâtre après des études artistiques et ouvre en 1918 une boutique et des ateliers à Paris et Deauville. On y apprécie matières précieuses, fleurs, fourrures, fers forgés, étoffes, bibelots et meubles art déco. Il prend le pseudonyme de Donatien, signe des décors de théâtre et accède au cinéma avec *Rose-France* (1919) de Marcel L'Herbier, qui lui offre la conception de ses premiers décors. Donatien se forge alors une solide réputation par l'aménagement d'appartements, la création de meubles, papiers peints ou tissus aux côtés d'une collection d'objets médiévaux et chinois anciens, activité qu'il conservera jusqu'en 1929.

Après un premier essai mineur (*Une histoire de brigands*) en 1920, il devient l'*alter ego* de Édouard-Émile Violet sur plusieurs titres à des postes différents (décorateur, acteur, costumier, monteur). Le jeune cinéaste a pour égérie Lucienne Legrand, jeune starlette de talent qui est son unique interprète. Ensemble, ils formeront un couple soudé et complice, partageront la vie, la décoration et le cinéma. À l'écart de la profession cinématographique en raison de son indépendance d'esprit, sa personnalité de caméléon est marginale dans le cinéma français des années vingt : il est le *seul* artiste à relier autant de fonctions. On peut parler de cinéma à la première personne, ses créations étant contrôlées par lui, de l'écriture au montage. Une véritable boulimie. Une volonté farouche de tout diriger, de tout maîtriser, d'être un auteur par excellence.

Son œuvre cinématographique, très éclectique, fait alterner films ambitieux (comme *les Hommes nouveaux*, avec Édouard-Émile Violet, d'après Claude Farrère ou *Pierre et Jean* d'après Maupassant) et films intimistes (*Nantas*, *Simone*) tout en étant très personnelle et même parfois fort singulière. Il doit beaucoup à Louis Aubert, qui l'a soutenu et aidé dans ses productions. Il tourne au Maroc, en Pologne, en Italie, ou en Espagne, accepte même des commandes. Ainsi, il met en scène en 1927 deux fresques historiques à contre-courant de la production française, tournés à Nice : *Florine, la fleur du Valois* (repris à Alfred Machin et Georges Champavert) et *le Martyre de Sainte-Maxence*. Le premier se déroule au XIVe siècle à l'époque d'Étienne Marcel, tandis que le second se passe en 440... Pour *le Château de la mort lente* (1926), d'après une pièce d'épouvante d'André de Lorde et Henri Bauche, il conçoit des décors de science-fiction, invente des formes excentriques et utilise des matériaux nouveaux. Pour imprimer encore plus son empreinte, il apparaît au générique : on le voit au montage, pellicule entre les mains avec la surimpression *une réalisation de Donatien*. Cette attention pour la typographie se distingue aux génériques et intertitres de ses films qu'il signe comme un tableau, une maquette de décor ou une céramique, une couverture de livre ou une affiche de film. Sa griffe se décline sur toutes ses œuvres.

De nombreuses photographies de travail témoignent de la méticulosité apportée par Donatien à la décoration dans ses films : meubles et accessoires sont valorisés par des effets de lumière raffinés. En 1925, il souligne l'essence de son approche : « [...] Je suis surpris, nous avoue Donatien, du peu d'importance que généralement, en France, on accorde à la décoration. Le cinéma est avant tout un régal des yeux ; la composition des tableaux, des ensembles doit donc être l'objet d'un soin particulier. Un des reproches que l'on peut faire à une grande partie de notre production est un manque d'harmonie, de richesse et d'élégance. La faute en revient à ce qu'on ne s'adresse jamais à des spécialistes, à des peintres, à des sculpteurs, à des décorateurs connus. On se contente trop du "ça ira toujours", sans penser que nous sommes à une époque où l'on se doit de ne rien négliger pour faire très bien. » (*Cinémagazine* n° 21, 22 mai 1925). La griffe de Donatien en architecture et décor d'intérieurs, qui n'écarte pas le style « tapissier » avec l'emploi récurrent des tissus, plaquages, tapis et coussins, témoigne d'une modernité peu courante dans le cinéma français.

Après une collaboration avortée en Allemagne, où il tourne tout de même une partie de *Miss Edith Duchesse* (1928), il revient à Paris et tourne pour la Franco-Film *l'Arpète*, comédie raffinée d'après la pièce de Mirande et Quinson.

Il met en scène en 1930 *Pogrom* (en Palestine, Tunisie, Grèce et Côte d'Azur) dont le négatif brûlera au laboratoire Éclair à Épinay… En 1932, il réalise avec difficulté son dernier film, *Mon curé chez les riches*, qu'il a déjà adapté avec succès en 1925 avec *Mon curé chez les pauvres.*

Énigmatique, intransigeant, inclassable, il quitte les studios, ses ateliers et sa boutique pour revenir à la peinture et à la sculpture. Installé dans le Jura, il monte quelques pièces de théâtre, fabrique des objets en céramique. Arrêté par la Gestapo en 1940, il échappe de peu à la déportation.

En raison de son éclectisme, sa singularité ne sera jamais reconnue tant au cinéma que dans le milieu de la décoration. En définitive, sa personnalité protéiforme et secrète n'a pu se frayer une place dans le gotha cinématographique : à la fois dans le mouvement et en marge. **É.L.R.**

Filmographie ◆ *Le Château de la mort lente* (1926) ; *Florine, la fleur du Valois* (1927) ; *Le Martyre de Sainte-Maxence* (id.) ; *Miss Edith duchesse* (1928) ; *L'Arpète* (id.) ; *Pogrom* (1930).

DREYER Carl Theodor (1889-1968)

Par la force des choses, compte tenu des possibilités relativement modestes de la production danoise, Carl Dreyer est le premier grand cinéaste européen. Sur les neuf longs métrages muets qu'il réalisa, quatre ont été tournés au Danemark, les cinq autres le furent en Suède, en Allemagne, en Norvège et en France (voir la filmographie ci-après).

En avril 1926, Dreyer vient s'installer en France avec sa famille. Il y reste jusqu'en 1934 et réalise deux films : son dernier film muet, *la Passion de Jeanne d'Arc* (1927-1928) et son premier film sonore, *Vampyr* (1930-1932), qui appartient donc à la décennie suivante.

Le succès public du *Maître du logis* (1925) incite la Société Générale de

Films à prendre Dreyer sous contrat. Cette nouvelle société s'est constituée en 1925 pour reprendre la production interrompue du *Napoléon* d'Abel Gance (1925-1927) après le naufrage de la firme multinationale Westi. Présidée par le comte d'Ayen, dirigée par un émigré russe, Grinieff, la Société Générale de Films demande à Dreyer de célébrer une grande héroïne nationale, Marie-Antoinette, Catherine de Médicis ou Jeanne d'Arc. Dreyer porte son choix sur cette dernière dont on s'apprête à célébrer le cinq centième anniversaire et dont le procès de canonisation est tout proche (1920).

Les moyens ne sont pas épargnés. Commencé au printemps 1927, le tournage s'étend jusqu'à la mi-novembre de la même année. L'opérateur Rudolf Maté utilise 85 000 mètres de pellicule pour un métrage final de 2 210 mètres. « En novembre 1927, Dreyer confiait à un journaliste que *la Passion de Jeanne d'Arc* avait coûté 7 millions de francs, mais plus tard, après avoir fait les comptes on s'aperçut qu'en réalité 9 millions avaient été engloutis dans la réalisation – somme exorbitante en regard par exemple des 11 millions qu'avait coûté le *Napoléon* d'Abel Gance avec ses gigantesques scènes de bataille et ses projections sur triple écran. » (M. Drouzy).

Le montage de *la Passion de Jeanne d'Arc* se termine au printemps 1928. Le film est présenté à Copenhague le 21 avril et sort commercialement à Paris le 25 octobre. Il provoque un choc : sa forme cinématographique déroute le grand public tout en éblouissant les cinéphiles et les cinéastes.

Le film de Dreyer repose en effet sur des contrastes violents. Il déploie un avant-gardisme agressif qui se manifeste par des angles de prise de vues insolites, un décor outrageusement stylisé, un découpage morcelé utilisant presque uniquement le gros plan et un montage savant. Il frappe par son approche quasi documentaire des visages nus. Ce réalisme direct, cru, brutal, est rendu possible par l'usage de l'émulsion panchromatique et par l'absence de tout maquillage.

Le mélange détonnant de sophistication et d'appréhension directe des apparences représente l'un des deux paradoxes de *la Passion de Jeanne d'Arc* ; le second, le plus immédiatement évident, étant d'avoir réussi à faire d'un procès, et donc de la parole, la matière d'un film muet. L'ultime chef-d'œuvre du cinéma muet français appelle curieusement le cinéma sonore. **V.P.**

Filmographie ◆ *Blade af Satan Bog* (*Pages arrachées au livre de Satan*, 1919-1921) ; *Prästänkan* (*la Quatrième alliance de Dame Marguerite*, 1920) ; *Die Gezeichneten* (*Aimez-vous les uns les autres*, 1921-1922) ; *Der Var Engang* (*Il était une fois*, 1922) ; *Michael* (*Mikael*, 1924) ; *Du skal aere din Hustru* (*Le Maître du logis*, 1925) ; *Glomdalsbruden* (*Les Fiancés de Glomdal*, 1925-1926) ; *La Passion de Jeanne d'Arc* (1927-1928).

DULAC Germaine (1882-1942)
En tant que cinéaste, théoricienne et militante, Germaine Dulac (née Saisset-Schneider) joue un rôle fondateur dans l'évolution de l'art cinématographique. Elle réalise, au cours de sa carrière, une trentaine de films de fiction, un nombre équivalent de films d'actualité ainsi que plusieurs documentaires. On retiendra principalement de son œuvre *la Fête espagnole* (1919), *la Souriante Madame Beudet* (1923) et *la Coquille et le Clergyman* (1927), respectivement considérés comme le premier film impressionniste, le premier film féministe et le premier film surréaliste. À travers ses écrits, ses conférences et sa participation active au mouvement des ciné-clubs, elle milite avec ardeur pour la diffusion de « l'art cinégraphique » auprès d'un large public.

De son enfance privilégiée à sa formation précoce en photographie et musique classique, Dulac développe une grande passion pour tout ce qui touche à l'art, notamment l'opéra et la danse. De 1906 à 1913, elle débute sa vie professionnelle au journal féministe *La Française*, où elle rédige principalement des portraits de femmes et des critiques de théâtre. Elle fréquente alors les vedettes de l'écran du moment, dont Stasia Napierkowska qui la dirige vers le cinéma en 1914.

On retrouve chez Dulac, à travers ses écrits, l'influence des courants artistiques de l'époque, aussi bien le naturalisme et le symbolisme des pièces de théâtre d'Ibsen que le symbolisme des primitifs italiens, la musique classique (Wagner, Debussy et Chopin), la danse de voiles de Loïe Fuller ou les Ballets Russes. C'est également durant cette période qu'elle adopte certaines idées sociales progressistes qui joueront un rôle directif pendant toute sa carrière.

En 1915, après s'être associée à la production du film *la Lumière du Cœur* (1916) d'Edmond Van Daele, Dulac crée sa propre compagnie de production – nommé successivement Krishna, DELIA, puis DH Films – avec la collaboration de la poétesse et romancière Irène Hillel-Erlanger, sa future scénariste. Entre 1915 et 1920, elle réalise neuf films dont les tous premiers, malgré certains éléments théâtraux, témoignent d'une utilisation recherchée de la lumière et de la composition. À partir de *la Cigarette* (1918), Dulac entame un cycle de films en décors naturels où la « psychologie » des personnages prime. Elle se forge alors la conviction que le cinéma ne doit pas se borner à filmer la littérature ou le théâtre, mais doit être lui-même ». Dès 1917, elle publie « Mise-en-scène » (*Le Film*), le premier d'une longue série d'articles développant sa théorie du mouvement, du rythme et de la vie elle-même comme qualités propres de l'art cinématographique. Parallèlement, elle se lance dans le combat corporatiste, en tant que membre (1917), puis trésorière (1919) de la *Société des auteurs de films*.

En 1917, la rencontre historique entre Dulac et le critique cinématographique Louis Delluc donnera naissance à *la Fête Espagnole* (1919) et plus largement au premier mouvement d'avant-garde du cinéma français : l'impressionnisme. Ce film, que Dulac réalise d'après un « livret » de Delluc, exprime, dans un cadre réaliste aux décors naturels, la vie intérieure des personnages à travers un montage rythmé où le mouvement prend toute son importance. La séquence remarquable de la danse erratique d'Eve Francis entrecoupée d'un violent combat entre deux hommes épris d'elle, en est un exemple.

Pendant les années vingt, Dulac navigue entre films commerciaux, nécessaires à la survie de l'industrie cinématographique française, et films d'avant-garde qu'elle espère réunir dans le « Cinéma tout court ». Dulac se voue alors à l'éclosion des ciné-clubs. Elle prend des responsabilités, aux cotés d'Abel Gance et Ricciotto Canudo, dans le *Club des amis du septième art* (c.1921) où elle travaille à l'élaboration d'un esthétique cinégraphique « qui rehausse la perception globale du spectacle ». Co-fondatrice et secrétaire du *Club français du cinéma* (1922), elle défend le statut de l'auteur auprès de l'industrie et crée un « réseau alternatif » pour la « première avant-garde cinématographique ». Co-fondatrice et trésorière du *Ciné-club de France* (1924), et plus tard, Présidente de la *Fédération International des Ciné-clubs* (c. 1929-1930), elle s'efforce de sensibiliser un plus large public par des conférences et projections commentées.

Également concernée par des questions sociales, Dulac traite dans ses films des thèmes féministes liés à la liberté (*la Belle Dame sans merci*, 1920 ; *la Folie des Vaillants*, 1925 ; *Antoinette Sabrier*, 1926 et *Princesse Mandane*, 1928), au libre choix entre travail et famille (*Mort du Soleil*, 1921), à l'aspect oppressif de la mentalité bourgeoise (*la Souriante Madame Beudet*, 1923), au mythe de l'ascension social (*Gossette*, 1923 et *Princesse Mandane*, 1928). Elle aborde également des sujets comme l'intégration raciale (*Malencontre*, 1920) ou la persécution sociale (*le Diable dans la ville*, 1924). De même, elle considère que l'auteur peut exprimer sa personnalité artistique dans tous les genres, de la satire sociale au drame psychologique.

Dans *la Belle Dame sans merci* (1920), comédie sentimentale d'après un « argument » d'Irène Hillel-Erlanger, Dulac crée une disproportion entre le décor et les personnages (jeu de volumes). Dans ce film et plus encore dans *la Mort du Soleil* (1921), elle met au point plusieurs effets techniques impressionnistes (flous, fondus enchaînés, surimpressions, caches et contre-caches), auxquels elle attribue « une valeur suggestive équivalente aux signes musicaux », préfigurant son idéal d'une « symphonie visuelle ».

En 1923, elle réalise *la Souriante Madame Beudet* (1923) d'après une célèbre pièce d'avant-garde de Denys Amiel et André Obey. Ce film féministe, qui suggère à travers les « non-dit » la « vie intérieure » d'une femme, par l'articulation d'images subjectives et d'effets techniques (ralentis, prismes déformants), marque pour Dulac un aboutissement dans la mise en pratique de ses théories.

Dans *Gossette* (1923), cinéroman populaire en six épisodes, tourné en décors naturels, Dulac utilise des objectifs spécialement fabriqués pour elle et multiplie les effets techniques. Si son grand succès permet d'initier un large public à l'art du cinéma, Dulac demeure insatisfaite de s'être trop éloignée de son idéal cinématographique. Suivront donc deux films « plus artistiques », *le Diable dans la ville* (1924), d'après un scénario de Jean-Louis Bouquet, puis *Âme d'artiste* (1924), d'après *Rêve et Réalité* du poète Danois Christian Molbeck, un film plus international situé à Londres.

La Folie des vaillants (1925), « poème cinématographique » d'après une nouvelle de Maxime Gorki, marque un tournant dans sa filmographie. Dulac, voyant dans le cinéma un proche parent de la musique, se rapproche de son idéal d'une « symphonie visuelle » en réduisant l'intrigue et en simplifiant les décors. En 1926, elle travaille comme critique cinématographique à *La Fronde* (organe féministe de Marguerite Durand, avec laquelle elle envisage de créer un musée du cinéma). En 1927, elle fonde le journal *Schémas,* où elle défend ardemment ses théories d'un « cinéma pur » dépouillé « de tout sens trop humain pour donner plus d'espace aux sensations et aux rêves ». **T.M.W.**

Filmographie ♦ *La Belle Dame sans merci* (1920) ; *Malencontre* (id.) ; *La Mort du soleil* (1921) ; *La Souriante Madame Beudet* (1923) ; *Gossette* (id.) ; *Le Diable dans la ville* (1924) ; *Âme d'artiste* (id.) ; *La Folie des vaillants* (1925) ; *Antoinette Sabrier* (1926) ; *La Coquille et le clergyman* (1927) ; *La Princesse Mandane* (1928).

DULLIN Charles (1885-1949)

Il existe quatre bonnes raisons pour que l'on rappelle les liens qui unissaient Charles Dullin au cinéma : l'acteur de cinéma, avec sa quinzaine de rôles dont la moitié dans la décennie vingt ; le producteur d'un long métrage et d'un court métrage ; l'enseignant, qui a très tôt dispensé des cours de jeu cinématographique à ses élèves du Théâtre de l'Atelier ; enfin, le théoricien de cinéma occasionnel.

Comédien, metteur en scène, enseignant et animateur de troupe, Charles Dullin reste l'un des hommes de théâtre qui a manifesté le plus d'intérêt pour le cinéma. Parmi les huit films dans lesquels il joue entre 1919 et 1930, ses rôles dans *le Miracle des loups* (Raymond Bernard 1924), *le Joueur d'échecs* (Raymond Bernard, 1927) et *Maldone* (Jean Grémillon, 1928) sont les plus marquants. Des quatre membres du Cartel fondé en 1927 avec Georges Pitoëff, Louis Jouvet et Gaston Baty, auquel on se doit d'ajouter Jacques Copeau, figure emblématique du renouveau théâtral du début du siècle, Charles Dullin a eu la réputation d'être le plus pauvre, le plus éloigné des opérations lucratives. Pourtant, il endossera un temps la position du producteur. Très intéressé par le cinéma, caressant le désir de réaliser lui-même des films, il fonde une maison de production baptisée tout simplement La Société des Films Charles Dullin, et permet à Jean Grémillon de réaliser son premier long métrage (*Maldone*, 1927) et à Georges Lacombe de tourner *la Zone* (1928) qui fut son premier film. Jean Grémillon a non seulement bénéficié de la notoriété de Dullin mais aussi de la richesse de la troupe de L'Atelier (acteurs et techniciens). Les jeunes comédiens apprenant leur métier auprès de Dullin connaissent pour la plupart leur première expérience cinématographique sur ce film. Si pour certains metteurs en scène et enseignants de théâtre, le métier d'acteur se pratique essentiellement sur scène, Dullin, lui, n'éloignera pas ses élèves du cinéma, l'intégrant au contraire dans son programme d'enseignement. Charles Dullin a manifesté à plusieurs reprises son souci d'un jeu cinématographique n'ayant que peu à voir avec les exigences de la scène. Dans un texte paru en 1926 (« l'Émotion humaine », publié chez Alcan dans *L'Art cinématographique*), il met précisément le doigt sur ce qui, à ses yeux, constitue la principale cause d'un jeu mal adapté au cinéma. Parlant d'un acteur qui exagérait l'expression de ses sentiments au théâtre, il constate un peu amer « qu'en jouant gros, il était dans le vrai ». Plus loin, il ajoute à propos de ce même jeu transposé au cinéma : « Ce grossissement était nécessaire pour que le sentiment à exprimer parvienne au public sans être diminué, pour qu'il soit juste : en un mot pour faire vrai, il faut se résigner à être faux. Convaincus de ces principes, le jour où les acteurs de théâtre ont commencé à faire du cinéma, ils les ont appliqués et l'objectif leur a renvoyé des caricatures ! ». Sa démonstration se conclue par ce constat : « Le cinéma exige avant tout un jeu intérieur, il veut une âme derrière le visage. [...] Je crois qu'au cinéma l'acteur doit penser et laisser la pensée travailler son visage. L'objectif fera le reste ».

Fasciné par les acteurs américains comme William Hart (auquel Dullin ressemblait physiquement de manière troublante), il n'hésite pas à admettre que « cet art né chez nous, devait trouver ailleurs sa vraie signification. Les Américains l'ont compris les premiers. Ce sont eux qui nous ont révélé le cinéma et ils en ont fait leur art national ». Rappelons que Dullin s'amusait à reconnaître avoir toujours secrètement rêvé de jouer des westerns, d'être à l'écran un cow-boy, espérant ainsi regrouper ses deux passions : le jeu et l'équitation...

On peut retenir des activités cinématographiques de Charles Dullin, outre ses rôles, quelques remarques lucides sur l'éternelle problématique Théâtre/Cinéma. Loin de la condescendance de Louis Jouvet maintes fois exprimée, Dullin est l'un des rares metteurs en scène de théâtre à avoir défini le cinéma comme un art autonome n'ayant que peu de rapport avec le théâtre. **K.G.**

DURAND Jean (1882-1946)
Né à Paris le 15 décembre 1882, Jean Durand, fut tout d'abord journaliste, illustrateur, humoriste et acteur de café-concert avant de rejoindre Pathé par l'intermédiaire de Georges Fagot. Ses bandes comiques font sensation: le voici ensuite à la Lux et surtout chez Gaumont où sa troupe prend le nom de « Pouittes ». Ses films se distinguent par d'innombrables cascades, chutes et dégringolades réalisées par des professionnels du cirque et du music-hall. Il signe ainsi des dizaines de bandes comiques, dirige des séries (Calino, Zigoto, Onésime) puis les célèbres westerns interprétés par Joë Hamman et réalisés sous le soleil de Camargue, avec une œuvre très originale: *le Railway de la mort* (1914). Il est affecté au service cinématographique des armées durant la guerre et reprend du service dès 1919 en réalisant la série des *Serpentin* avec Marcel Levesque: *Serpentin reporter*, *manœuvre*, *au harem*… On y reconnaît des trouvailles formelles, et d'après Louis Delluc, des « idées remarquablement cocasses, clownesques, visuelles, justes ». La troupe des Pouittes éclatée par la guerre, Jean Durand se rend à Nice, à la Villa Liserb, sous les bons auspices de Louis Nalpas qui le remet en selle. À l'époque, il résume ainsi sa carrière, qui s'achèvera : « J'ai à répondre d'environ 400 scénarios dont je suis l'auteur et le metteur en scène. Les éditeurs, les auteurs, les artistes, les metteurs en scène qui comptent pénétrer en Amérique en copiant les Américains se fourrent le doigt dans l'œil. Au ciné, il faut se garder d'une formule: on doit traiter chaque scénario d'après son âme et chaque scénario doit avoir une âme. » La même année, il met en scène un cinéroman d'après Arthur Bernède: *Impéria* (1919) avec son épouse Berthe Dagmar, toujours aussi sportive. Delluc reconnaît encore le talent d'un cinéaste aux idées toujours pétillantes: « *Impéria* […] indique un effort sincère vers un art plus digne. Nous avons trop souffert des laideurs anciennes pour ne pas aider les tentatives populaires d'aujourd'hui. »

Après guerre, Jean Durand suit une voie en cours d'extinction: la série. Mais en fait des longs métrages, avec Berthe Dagmar pour interprète et crée pour l'occasion son éphémère société de production: *Marie chez les loups* (1921), *Marie la gaieté* (1920), *Marie chez les fauves* (1922), *Marie, la femme au singe* (1922). Curieusement, l'actrice donne ses traits à plusieurs personnages qui répondent du même prénom, mais sans lien direct à l'exception des aventures riches en rebondissements que Jean Durand lui a taillés sur mesure. Les dangers affluent, les animaux, comme échappés de chez Alfred Machin, hantent les décors et les malhonnêtes sont punis. À la même époque, Jean Durand publie des nouvelles et des reportages. *Face aux loups* (1926) le rapproche de Louis Nalpas, mais le film, une comédie dramatique larmoyante, est loin d'être de son univers. Sa carrière se ternit peu à peu: il accepte une commande. La reprise, la même année, de *la Chaussée des géants* ne lui apporte rien. Après Robert Boudrioz qui a engagé le film, il tente de sauver un tournage sinistré par des difficultés financières et la maladie des interprètes. Le scénario, tiré de Pierre Benoît, n'apporte rien de plus au film réalisé à Vienne (à l'instar de *Salammbô*) malgré la qualité des collaborateurs. En 1927, Jean Durand signe deux films d'inégale qualité. Pour *Palaces* (1927) produit par Bernard Natan, il est secondé de Berthe Dagmar, mais aussi de Jaquelux pour les décors et de Raymond Agnel pour la photo. Une œuvre qui ne semble pas avoir marqué autant que *l'Île d'amour* (1927), coréalisé et interprété avec Berthe Dagmar et avec la participation de Mistinguett et ses boys. C'est sous l'égide de la Franco-film (dont le service littéraire est dirigé par un autre pionnier, Camille de Morlhon) que Jean Durand termine sa carrière : *la Femme rêvée* (1928) puis *Détresse* (1929), tous deux interprétés par Alice Roberte, actrice aux dons multiples partageant sa carrière entre France et Allemagne. Ces films témoignent du regard vif d'un cinéaste populaire et léger, aimant l'action et l'humour. La carrière de Jean Durand n'atteint pas le cinéma sonore.

Passionné de littérature, amateurs de poésie (Baudelaire, Verlaine, Mallarmé, Rimbaud), le cinéma des années vingt n'a pas su tirer parti de ses qualités et de sa passion et de ses capacités. Naturel et délicat selon ses contemporains, il est décédé à Paris en 1946. **É.L.R.**

Filmographie ◆ *Marie la gaîté* (1920) ; *Marie chez les loups* (1921) ; *Marie chez les fauves* (1922) ; *Marie la femme au singe* (id.) ; *Face aux loups* (1926) ; *Palaces* (1927) ; *L'Île d'amour* (id.) ; *La Femme rêvée* (1928) ; *Détresse* (1929).

DUVIVIER Julien (1896-1967)
Né en 1896, Julien Duvivier est de la génération des Renoir, Epstein et Clair. Formé à l'école d'André Antoine, qu'il assiste notamment sur *la Terre* (1921), il ne garde pourtant pas dans ses premiers films les ambitions naturalistes du metteur en scène de *l'Hirondelle et la mésange* (1920). Si son premier film, *Haceldama* (1919), se déroule pour part dans une Corrèze explicitement filmée comme un territoire de western, sa production des années vingt semble avant tout dictée par des choix de commanditaires, sans qu'y perce une réelle volonté auteuriste – dont il se défendra d'ailleurs jusqu'à la fin de sa carrière. La veine prosélyte, et plus précisément catholique, est de loin la plus féconde, de *Credo* (1923) en *Agonie de Jérusalem* (1926), de *Divine Croisière* (1928) en *Vie miraculeuse de Thérèse Martin* (1929). Étouffé par ses intentions propagandistes, cette tendance « film d'art chrétien » hésite rarement au dogmatisme, au schématisme dialectique, dans un souci qui, dans ses meilleurs moments (*Credo*, *la Vie miraculeuse de Thérèse Martin*) est quasiment documentaire, mais où le refus de l'audace plastique ressemble

fort à une profession de foi. Duvivier fait ses gammes un peu à la manière d'un cinéaste américain, s'essayant à tous les genres, de la comédie rurale (*l'Abbé Constantin*, 1925) au roman-feuilleton (*le Mystère de la Tour Eiffel*, 1927), du film scientiste (*l'Œuvre immortelle*, 1924) au drame mondain (*le Tourbillon de Paris*, 1928; *l'Homme à l'Hispano*, 1926). La perfection technique de certains de ces essais permet de surprendre le réalisateur en flagrant délit esthétique, comme dans telle scène du *Tourbillon de Paris* où il illustre avec raffinement et conviction une interprétation des *Berceaux* de Fauré. Mais, de la vingtaine de films tournés en moins de dix ans, subsistent avant tout un *Poil de carotte* (1925) solaire et tourmenté, et une vigoureuse adaptation de Zola, *Au bonheur des dames* (1929). Le premier, trahison réussie de Jules Renard, se situe heureusement entre l'exaltation amère et panthéiste du Feyder de *Visages d'enfants* (1925) ou du Baroncelli de *Nène* (1924) et une sorte d'élégance fordienne dans l'usage métaphorique du paysage. Les grands maîtres russes (Dovjenko au premier rang, mais aussi Kouléchov ou Eisenstein) ne sont pas loin, que Duvivier, c'est sûr, connaît, comme le prouve la puissance expressive d'*Au bonheur des dames* qui combine une vision âpre du triomphe du grand capital avec un souci réaliste dans la description clinique de la mort du petit commerce et de ses officiants. En 1924, Duvivier, avec l'aide d'Henry Lepage, aura préparé avec *la Machine à refaire la vie* une sorte de ciné-conférence dont les thèmes montrent que, sans les retenir comme parti-pris cinématographiques, il avait une connaissance fine et complète des évolutions du cinéma des années vingt. Ramassant harmonieusement ses tentations mondaines et sa véhémence plastique, il signera dès 1930, avec *David Golder*, un passage au parlant dont la perfection ne souffrira guère discussion, et qui est plus comme l'achèvement de sa voie muette que la découverte du cinéma sonore. **Y.D.**

Filmographie ◆ *Haceldama* (1919) ; *L'Agonie des aigles* (1920) ; *Crépuscule d'épouvante* (id.) ; *La Réincarnation de Serge Renaudier* (id.) ; *Les Roquevillard* (1921) ; *L'Ouragan sur la montagne* (1922) ; *Le Logis de l'horreur* (id.) ; *Le Reflet de Claude Mercoeur* (1923) ; *Credo* ou *la Tragédie de Lourdes* (id.) ; *Coeurs farouches* (id.) ; *La Machine à refaire la vie* (1924) ; *L'Œuvre immortelle* (id.) ; *L'Abbé Constantin* (1925) ; *Poil de carotte* (id.) ; *L'Agonie de Jérusalem* (1926) ; *L'Homme à l'Hispano* (id.) ; *Le Mariage de Melle Beulemans* (1927) ; *Le Mystère de la Tour Eiffel* (id.) ; *Le Tourbillon de Paris* (1928) ; *La Divine croisière* (id.) ; *La Vie miraculeuse de Thérèse Martin* (1929) ; *Maman Colibri* (id.) ; *Au bonheur des dames* (id.).

E

ÉCLAIR

Marcel Vandal et Charles Jourjon créent en 1907 aux côtés de Pathé et Gaumont, la *Société française des films Éclair* à partir du fonds des Établissements Parnaland, une firme fondée en 1895.

À partir de moyens techniques réduits, de caméras Parnaland et d'un modeste catalogue de films, Jourjon et Vandal ont toutefois l'ambition de stimuler l'activité de leur société. Une organisation se met en place, permettant une expansion peu commune : on produit fictions, documentaires et actualités. Caméras, studio et laboratoire sont leurs corrollaires.

Le directeur technique et principal réalisateur de la société s'appelle Victorin Jasset (1862-1913). À Épinay, il réalise, parfois au milieu de la ville, des films d'action qu'il maîtrise d'une manière exemplaire. À ses côtés, Maurice Tourneur, Émile Chautard, Émile Cohl (père du cinéma d'animation en France).

On tourne des drames et comédies légères, des adaptations littéraires, on y fonde une école comique avec des personnages qui lui sont propres, la société Scientia, pour la vulgarisation scientifique. L'Éclair Journal voit le jour pour les actualités filmées en 1912.

Éclair s'est hissée en moins de sept ans à la troisième place de l'industrie cinématographique française, intégrant toutes les branches de cette activité, sauf la distribution. Après la guerre, Charles Jourjon rêve de remettre en marche l'infrastructure d'Épinay et cherche à louer l'ensemble des actifs de la société : immeubles, studios, laboratoires, collection de films, brevets, marque, fonds de commerce... Ce sont Louis Aubert, au nom de sa société et Serge Sandberg qui sont retenus le 10 avril 1918, et qui créent la Société industrielle cinématographique (S.I.C.), concessionnaire de la marque Éclair. On voit apparaître sur la scène d'Épinay une nouvelle équipe avec à la tête du Conseil d'administration, Serge Sandberg, à l'administration Charles Guernieri et comme fondé de pouvoir Jules Guérard. L'administration-direction revient à Charles Jourjon. On se remet au travail, on innove pour assister aux années les plus éclatantes de la société.

Rapidement, l'entreprise se déploie, la société se développe. Serge Sandberg et Charles Jourjon s'accordent: ce dernier prend en charge la partie laboratoire installée dans la propriété Lacépède, rue d'Enghien, ainsi que l'exploitation des caméras Caméréclair et celle d'Éclair-Journal. S'en suivront de nombreuses péripéties immobilières, des ventes et des faillites.

La société Éclair en tant que producteur, agonise en 1919 avant d'être reprise par la SIC. Cinq longs métrages de fiction sont tournés: *À côté du nid*, *le Fils de la nuit* (Gérard Bourgeois), *le Mystère de la villa Mortain* (Pierre Bressol), *Protéa ou l'intervention de Protéa* (Jean-Joseph Renaud), *Un soir* (Robert Boudrioz). Ces films n'apportent rien à l'histoire du cinéma français de cette année de transition chez Éclair. En 1928, le nom Éclair en tant que producteur réapparaît subitement avec *la Vierge folle* (Luitz-Morat, 1928), production de prestige lancée par Serge Sandberg qui n'a pas le succès escompté.

Les caméras Éclair

Entamée en 1912, la fabrication des caméras Éclair s'est poursuivie jusque dans les années soixante. À partir de 1918, la société Éclair a pris de nouvelles orientations, notamment en développant le pôle technique. Auprès de l'activité des studios et des laboratoires de tirage, la fabrication de caméras professionnelles ont pris de l'ampleur sous l'impulsion de Charles Jourjon, puis de son gendre Jacques Mathot qui lui a succédé en 1934. Au lendemain de la Seconde Guerre mondiale, Mathot, avec la complicité de l'ingénieur André Coutant, n'a eu de cesse de maintenir Éclair au premier rang des constructeurs de matériel cinématographique. Épinay a ainsi vu naître le projecteur de salon *Kinéclair* en 1913 (ancêtre du magnétoscope!), mais aussi une série de *Caméréclair* dès 1920 qui consacra la société comme numéro un des fabricants français. Ce grand succès reconnu provient du mécanisme de la caméra, à la fois d'une extrême robustesse, d'une douceur incomparable, de nombreuses options et de perfectionnements qui se sont succédés année après année, sans être concurrencé. Dès 1932, Éclair a proposé aux professionnels une caméra sonore légère, le *Caméréclair radio*, qui fut une nouvelle liberté pour les équipes techniques tandis que les Caméréclair six optiques protégeaient du bruit des caméras les appareils d'enregistrement du son par leurs imposantes caisses. C'est une nouvelle génération d'appareils qui a vu le jour à partir de 1947: la Caméflex, nouvelle caméra 35 mm, devenue la matrice de toute une série d'appareils réputés pour leurs exploits techniques: Paul-Émile Victor l'adoptera pour ses conditions de tournage extrêmes, spécialement au Groenland en 1948. Resteront aussi dans les annales le *Camé 300 reflex*, *l'Éclair 16 autosilencieuse*, la *Caméblimp*, la *Camé Twin*... Ces caméras ont, de même, permis la poursuite de l'Éclair-Journal jusqu'en 1940, modifiant le métier de ciné-reporter avec le parlant.

Avec près de trois cents salariés, les laboratoires et studios Éclair sont désormais au centre d'un pôle cinématographique et audiovisuel d'une quinzaine d'entreprises spécialisées qui domine l'activité économique de la ville. Au gré de son évolution, Éclair a suscité des activités de sous-traitance nombreuses. Aujourd'hui, des entreprises renommées dans des domaines précis de la création cinématographique travaillent en partenariat avec Éclair : les laboratoires Ciné dia, Sonodi, Emit, Montage films Thauvin... Le doublage des films étrangers, les développements techniques et technologiques du cinéma à Épinay, performances et atouts, les restaurations chez Éclair (*Jour de fête*, *les Parapluies de Cherbourg*...). **É.L.R.**

ÉCLIPSE

Les origines d'Éclipse sont à chercher en Angleterre. En 1898, Charles Urban crée avec Maguire et Baucus une maison de production et de vente de matériel (Edison) : la Warwick Trading Company. En février 1903, Charles Urban décide de prendre son indépendance et crée la Urban Trading Company. Production, distribution, fabrication d'appareils, commanditaire, il est spécialisé dans les films tournés dans le monde entier. Entouré de toute une série d'opérateurs, il diffuse des images du monde entier en Angleterre, et bientôt en France où ses représentants sont Raleigh et Robert. Mais Urban apprenant que ses associés français passent des contrats avec d'autres sociétés sans son autorisation va demander à l'un de ses opérateurs, américain, de créer une agence à Paris, 33 passage de l'Opéra. Il s'agit de George Rogers. En 1904, il devient le représentant légal de Urban à Paris. Opérateur, il tournera cette année-là une quarantaine de documentaires de plein air ou actualités, tournés en Russie et en Espagne (Saint-Sébastian). En 1905 et 1906, la production s'intensifie quelque peu avec environ 130 nouveaux films au catalogue. On peut y découvrir les premières fictions. La majorité des productions reste dévolue aux actualités, des images traditionnelles du Carnaval de Nice, de la coupe Gordon Bennett, et surtout au plein air, vues prises du Maghreb, d'Italie, de Suisse, de Paris, de New York...

Charles Urban a toute confiance en Rogers. Il l'autorise à transformer son agence en société anonyme. Le 30 août 1906, avec l'aide du financier Ernest May, il crée la Société Générale des Cinématographes Éclipse, au capital de 600 000 francs. Les premiers résultats sont exceptionnels. Le besoin sans cesse renouvelé des petits exploitants forains, la naissance des premiers théâtres cinématographiques, le petit nombre de sociétés productrices sur le marché, l'absence de concurrence venue de l'étranger fait que le premier exercice affiche un bénéfice de

1 007 865,32 francs. Une telle réussite conduit la société à développer son organisation et ses structures. Elle construit une usine de tirage et de développement à Courbevoie (juillet 1907). Elle crée des filiales à Berlin, Barcelone, New York, Moscou, Shanghai… Le siège social est trop petit. Éclipse déménage et s'installe 23 rue de la Michodière. Elle engage Georges Hatot comme metteur en scène pour ses films de fiction et récupère le studio du Parc des Princes, 32 rue de la Tourelle.

Surtout, Éclipse est devenue, en moins d'un an, beaucoup plus rentable que sa « maison mère », l'Urban Trading Company. Aussi, Charles Urban, davantage intéressé à développer le cinéma en couleurs naturelles de Smith et à soutenir une vision plus éducative, scientifique et coloniale au détriment d'un cinéma « d'amusement », décide de prendre du recul. L'Urban Trading Company devient filiale anglaise d'Éclipse. Dans le même temps, Éclipse absorbe une toute jeune société d'édition du nom de Radios.

Pour mener à bien cette stratégie de développement, la société à besoin de liquidités. En deux temps, elle va opérer à des augmentations de capital. Pour y parvenir sans difficulté, le conseil d'administration d'Éclipse va, dès le premier exercice, distribuer des dividendes substantiels: 34 francs par action de 100 francs, 40 francs par part de fondateurs. Les actionnaires ainsi encouragés, vont investir davantage. En 1908, le capital est porté à 1 million de francs, puis en 1909, à 1,5 millions de francs. Le marché, un temps flottant (1907-1908) en raison du passage à la location et à une surproduction passagère, va progressivement se stabiliser autour de quelques maisons de production. Si Pathé, Gaumont et Éclair sont les maisons phares, Éclipse arrive juste après, avec une stratégie de « suivisme », tant en matière commerciale qu'artistique.

– En 1910, le trust fermant les portes du marché américain, Éclipse parvient à contourner celui-ci en étant représenté par une société américaine.

– En 1911, la location s'étant généralisée, Éclipse passe un contrat avec l'AGC (Agence Générale Cinématographique).

– La société du « Film d'Art » obtenant des succès avec ses adaptations, Éclipse confie à Jean Marié de l'Isle la section des films historiques et artistiques.

– Éclair avec son « Nick Carter » créant la vogue des « policiers », Éclipse engage Pierre Bressol pour réaliser et interpréter la série des « Nat Pinkerton »

– Gaumont et Pathé ont des séries comiques de portée internationale. Éclipse, avec les séries des Arthème et Polycarpe, interprétés par les frères Servaës peut rivaliser.

– Pathé, Gaumont et Éclair ont leur journal d'actualité hebdomadaire. Éclipse tentera en 1913 de suivre en lançant sans succès « Éclipse Journal ».

Le marché français à la veille de la guerre est envahi par les productions étrangères, principalement américaines et italiennes. Éclipse grâce à cette politique de suivisme en matière de production et à une gestion prudente de ses administrateurs fait des bénéfices annuels allants de 200 000 à 350 000 francs, et ce, bien que les directeurs aient été remplacés. Paul Roux est limogé en 1910, George Rogers malade, quitte ses fonctions en 1912, remplacé par Frank Bates.

Le tournant de la guerre

La guerre prouvera l'importance de la place d'Éclipse dans la production nationale d'alors. Quand le Service Cinématographique des Armées autorise les sociétés d'édition à envoyer des opérateurs sur le front, Éclipse fait partie, avec Pathé, Gaumont et Éclair des sociétés choisies (l'ECPA possède un certain nombre de films tournés par des opérateurs Éclipse, et notamment Émile Pierre). Durant la guerre, Éclipse est l'une des seules sociétés capables de passer aux longs-métrages. La stratégie est simple. On prend une célébrité, de préférence féminine (guerre oblige), et l'on adapte un scénario dramatique autour de cette vedette. C'est ainsi que Éclipse produira pendant la guerre de très nombreux succès, et l'on peut voir alors sur les écrans Sarah Bernhardt dans *Mères françaises* et *Jeanne Doré*, Régina Badet dans *le Lotus d'or* et *Manuella*, Suzanne Grandais dans *Loréna*, *Oh! ce baiser*, *le Tournant* et *Midinettes*, Renée Carl et Harry Baur dans *Quand l'amour meurt*, Sacha Guitry et Yvonne Printemps dans *Un roman d'amour et d'aventures*, Jaque-Catelain dans *le Torrent*, Louise Colliney dans *Un vol étrange*.

La guerre rend complexe la distribution des films. L'AGC ne parvient pas à donner des garanties suffisantes aux dirigeants d'Éclipse. Ceux-ci choisissent dans un premier temps de changer de distributeur en fonction du film. Ils confieront leurs productions aux plus grands distributeurs de l'époque: Pathé, Gaumont, Louis Aubert, Charles Mary. La distribution est devenue primordiale pendant la guerre: les réseaux de salles s'étant considérablement rétrécis, la production nationale étant limitée, la production américaine ne l'étant pas... Dans pareil climat, faire confiance à des distributeurs différents représente certes l'avantage de bénéficier à chaque film d'un aspect événementiel, mais représente également l'inconvénient d'être fragilisé à chaque sortie. Éclipse n'a plus vraiment le choix. Elle va devoir faire comme Pathé et Gaumont: créer sa propre société de distribution. Pour se faire, elle va opérer à la même méthode utilisée dix ans plus tôt pour se constituer en maison de production: elle va naître d'une structure existante. En l'occurrence, il s'agit de la société Charles Mary. Gardant son équipe dirigeante (Messieurs Chuchetet et Laurent), Éclipse ouvre donc en août 1917 la Ciné Location Éclipse. Ainsi, Éclipse récupère tout un réseau national d'agences (Bordeaux, Lille, Lyon,

Montluçon, Nantes, Alger, Rouen...) à même de louer au mieux ses productions. Comme en 1908 avec le rachat d'Urban ou en 1909 avec le rachat de Radios, Éclipse va devoir, avec la création du Ciné Location Éclipse, augmenter son capital. Ainsi, celui-ci passe à 2 millions de francs en 1918, prévoyant dès cette date un passage prochain à 3 millions. Cette nouvelle augmentation annoncée sera effective en 1919.

La fin de la guerre a vu la stratégie d'Éclipse évoluer. Elle suit en cela l'ensemble du marché international de la production cinématographique qui s'est entièrement transformé: passage au long-métrage, importance prépondérante de la distribution. Un film comme *Suzanne* sera l'un des grands succès de l'année 1916 grâce à une présentation dans plus de 300 salles françaises et une exportation qui fera de Suzanne Grandais une star internationale.

Les marchés internationaux

Avant-guerre, l'économie française était encore dans une logique du XIXe siècle: privilégiant la production à la diffusion, les marchés nationaux aux marchés internationaux, valorisant des débouchés directs, les amortissements aux investissements... Éclipse a, même dans ses périodes euphoriques, toujours semblé avoir des difficultés dans sa façon d'appréhender les marchés étrangers. Son conseil d'administration en avait conscience. Dans plusieurs assemblées générales, ils informaient les actionnaires des difficultés qu'il peut y avoir à exporter, à maîtriser les filiales étrangères (témoin la fermeture en 1909 des agences de Shanghai et de Moscou). En 1908, George Rogers fit un voyage aux États-Unis, au Canada, au Mexique, en Argentine, au Brésil, en Inde, en Chine, au Japon en Sibérie et en Russie. « Ce voyage a pour objet d'étudier la situation des différents marchés... et de prendre des vues » (Rapport de l'Assemblée générale, 1908-1909).

On peut se demander quel crédit les directeurs des sociétés, américaines notamment, pouvaient accorder à ce « super opérateur-directeur ». Il semble que Rogers avait dans l'esprit, en allant dans ces pays, d'appréhender les goûts cinématographiques des publics locaux, et beaucoup moins de mettre en place des partenariats ou des rapports de force suffisants pour imposer la marque Éclipse auprès de potentiels clients. Dans le même temps, Charles Pathé et Léon Gaumont obtenaient davantage de garanties lors de leurs séjours à New York; garanties déterminantes pendant et après la guerre, quand le marché hexagonal seul ne suffit plus à amortir les productions nationales.

Les aléas de la distribution

En fait, les administrateurs d'Éclipse ont toujours pensé que la qualité de leurs films garantissait la pérennité de leur chiffre d'affaire. Mais la guerre rendant délicate voire impossible toute exportation de films français, les moyens de faire du profit consistaient en la rentabilité sur le seul territoire français des films français et en l'importation sur le marché hexagonal de films étrangers. C'est ainsi que Ciné Location Éclipse passa des contrats d'exclusivité avec des sociétés étrangères américaines telles Triangle et Monat Film, ou italiennes, telles Caesar et Ambrosio.

Cet équilibre entre productions nationales et internationales semble fonctionner si l'on en croit un article de la revue *Le Film* de 1917 qui rapporte que c'est grâce à Charles Mary puis à Ciné Location Éclipse que l'on a pu applaudir sur les écrans de France Francesca Bertini, Douglas Fairbanks, *Forfaiture*... Mais l'équilibre est précaire, l'équation fragile. « On nous reproche d'être à la fois loueurs et éditeurs, et de sacrifier notre édition française à notre location de films étrangers. C'est un enfantillage. Nous sommes beaucoup plus intéressés au contraire au succès des films français qui nous coûtent plus cher et qu'il faut amortir à tout prix. Voyez nos livres et vous verrez comment nous poussons les films français. Nous n'aurions pas de clients si nous n'avions pas en même temps des films américains. Quant aux bons films français, nous ne demandons qu'à en acheter s'il y en a à vendre en ce moment. » (*Le Film*, 6 mai 1918) Ce texte est de M. Laurent, directeur de Ciné Location Éclipse et explique clairement la nouvelle donne. Les sociétés de location sont tributaires de la qualité des films. Les films français, comme le dit aussi Charles Pathé la même année, n'ont pas la même qualité, la même valeur marchande que les productions américaines, allemandes ou suédoises.

Les aléas de la production

La production a changé. Le long-métrage s'est imposé, plus coûteux que les productions d'avant-guerre. Les méthodes de production ont évolué, mais Éclipse s'entête à produire comme avant-guerre.

Éclipse va tenter de garder une production soutenue, organisée autour des genres traditionnels:

– Les séries comiques: Agénor et Chalumeau reprennent les gags éculés de leurs prédécesseurs Arthème, Cunégonde ou Patouillard. Pour preuve, cette scène de *Chalumeau se lance* où l'on voit Lucien Callamand (Chalumeau) ramasser un mégot avec ses doigts de pieds qui dépassent de sa chaussure percée. Nous sommes loin de la poésie des Charlot de la même époque. La série « Dagobert » réalisée par Roger Lion et interprété par René Donnio (également interprète d'Agénor) a tenté de faire rire sur une heure. Le fait que cette série ne comprenne qu'un seul titre en dit long sur le succès remporté.

– Les documentaires: en 1919, Éclipse ramène des Indes toute une série de vues de plein-air. Ces images ne peuvent plus constituer que des premières parties, certes distrayantes mais insuffisamment rentables pour couvrir les frais d'opérateurs. Dès lors, Éclipse multiplie les rééditions de vues documentaires antérieures.

– Les dessins animés : Éclipse tente cette voie avec deux dessinateurs de l'époque : Benjamin Rabier et Zip. En tout sept titres de 1919 et 1920, dont il ne reste aucune trace et dont on ne parle guère dans les revues corporatives d'alors.

– Les actualités : après l'échec de l'Éclipse Journal de 1913, Ciné Location Éclipse décide de lancer une formule plus mode : à partir du 22 août 1919, le *Diamant Magazine* « réunira dorénavant tous les documents les plus récents sur la vie élégante du Tout-Paris. Le premier numéro, consacré à Deauville, montre les plus belles femmes de Paris, les personnalités les plus en vue, les modes d'été, l'heure du bain, la Potinière et le Grand Prix… » (*Le Courrier cinématographique*, 23 août 1919). Cette expérience ne semble pas avoir eu de lendemain.

Les longs métrages

Le coût d'un film de long-métrage est forcément important. Les maisons de production françaises, affaiblies par la guerre, n'ont plus l'assise financière suffisante pour produire quantité de longs métrages. Aussi, chaque film devient une aventure financière et des maisons de production se créent pour monter une, deux, ou trois productions. L'arrivée de cette multitude de petites sociétés oblige Éclipse à se positionner de deux façons.

– En produisant ses propres longs métrages dont elle développe au maximum la publicité par son service de distribution. On retrouve une dizaine de titres entre 1920 et 1923, parmis lesquels, nous pouvons citer : *la Bourrasque*, *Celle qui n'a pas dit son nom*, *le Comte de Griolet*, *le Dieu du hasard*, *le Droit de tuer*, *la Fleur des Indes*, *le Grillon du foyer*, *Kikou*, *la Petite Fadette*, *Son aventure*, *Toute une vie*.

– En distribuant certains films de ces nouvelles sociétés de production. C'est ainsi que l'on voit le nom de Ciné Location Éclipse aux côtés des Films de l'Alouette, de Ciné-Romans, de Sirius, du Lys Rouge, de Messidor Films, de Dal-Films, d'Albatros, de Devallee…

Rétrospectivement, aucun de tous ces films n'est resté dans les mémoires. Certaines copies, sauvegardées par le Service des Archives du Film de Bois d'Arcy font état de l'intérêt somme toute relatif de ces productions du tout venant de la production française d'alors. Si Éclipse a de très nombreux succès parmi les longs métrages tournés pendant la guerre, ses productions d'après-guerre sont moins significatives. Les efforts ne répondent plus qu'à une stratégie de production. Éclipse doit aussi orienter ses choix en matière de distribution, où la concurrence a beaucoup plus d'expérience, de relations, de crédibilité.

Déclin et faillite d'une société sans tête

En 1917, Frank Bates quitte Éclipse. La société ne s'en relèvera pas. On voit successivement M. Besse, qui ne restera que jusqu'en 1919, puis un dénommé M. Taudou qui dirige pendant quelques mois la société, puis M. Soulat. Ces changements répétitifs témoignent d'une fébrilité certaine. Il semble que Éclipse n'ait pas su ou n'ait pu garder alors les éléments moteurs de son équipe. Une jeune société marseillaise de location va particulièrement contribuer à fragiliser Éclipse: la société Phocéa. En 1918 et 1919, elle va engager les hommes et les femmes qui firent la renommée d'Éclipse: Suzanne Grandais, la plus grande vedette Éclipse, Louis Mercanton (directeur du théâtre chez Éclipse) et René Hervil, les scénaristes-réalisateurs les plus prolifiques de la société, et enfin Chuchetet et Laurent, les directeurs de Ciné Location Éclipse. Avec eux, ce sont les sociétés américaines et italiennes qui quittent Ciné Location Éclipse.

Sans direction solide, sans films étrangers forts, sans vedettes, sans organisation réelle, Éclipse ne pourra plus tenir longtemps. Parmi la trentaine de longs métrages distribués entre 1919 et 1922 par Ciné Location Éclipse, il ne semble y avoir eu aucun grand succès. Les pertes s'élèvent à 145 647,70 francs pour l'exercice 1919-1920, puis 241 288,10 francs pour l'exercice suivant. Le 20 octobre 1923, on apprend dans *Hebdo Film* (n° 399) que « l'Omnium EEG acquiert l'exclusivité de la marque Éclipse, sa production, son studio, et l'organisation des services d'exploitation, de location et les agences de France et de l'étranger. »

Conclusion

À la fin du XIXe siècle, l'industrie française avait su développer de nouveaux secteurs économiques telles l'industrie automobile ou l'industrie cinématographique. Ces réussites furent bientôt concurrencées par des sociétés américaines au marché local plus important et qui n'eurent pas à subir les conséquences économiques de la guerre. L'engouement extraordinaire du public pour le cinéma au début du siècle et la réussite industrielle exceptionnelle de quelques sociétés bien organisées ont amené des investisseurs à tenter leur chance dans l'aventure cinématographique. La société Éclipse sut se positionner de façon habile et efficace sur ce marché porteur. L'industrie cinématographique s'était développée majoritairement autour de productions de courts métrages. Le passage au long métrage réorganisa tout le paysage cinématographique. Pour une société de production française, les solutions se trouvaient dans l'équilibre entre une présence forte à l'international et un système efficace de distribution national.

Éclipse a trop tardé à se positionner sur ces deux créneaux et n'eut pas la maîtrise suffisante du véritable enjeu d'après guerre: la distribution de long-métrage, et cela sur un marché national fragilisé. *Le livre d'or de la cinématographie de France*, datant de 1922, présente Éclipse de la manière suivante: « Avant la guerre, cette firme fut une des quatre grandes. Depuis, elle a subi des difficultés sans nombres, imputables peut être, depuis le départ de MM. Bates, Laurent et Chuchetet, à l'inexpérience de directeurs improvisés. Malgré cela, la place de l'Éclipse est belle... » Trois ans plus tard, Georges-Michel Coissac dans la « première » histoire du cinéma ne cite même pas le nom d'Éclipse. Notre mémoire est éphémère ! **Y.B.**

EPSTEIN Jean (1897-1953)
Epstein, intellectuel et poète venu au cinéma par l'entremise de Cendrars, Léger et Gance, commence sa carrière en 1922 : il fait donc partie de la « deuxième génération » de ces nouveaux cinéastes qui marqueront la décennie, alors que L'Herbier, Dulac, Gance et certains plus oubliés comme Boudrioz par exemple, ont commencé dans les années dix. Epstein dont la formation initiale est scientifique est un théoricien enthousiaste du nouvel art dans un essai, *Bonjour cinéma !* (1921) dont il mesure la nouveauté à son caractère technique : « La Bell Howell est un cerveau en métal, écrit-il, standardisé, fabriqué... qui transforme le monde extérieur à lui en art. La Bell Howell est un artiste et ce n'est que derrière lui qu'il y a d'autres artistes : metteur en scène et opérateur ». Le théoricien occupe donc une place différente des autres créateurs eu égard à la machine – il dira plus tard son « intelligence » – dont il dépend : la caméra engendre la « photogénie », qualité nouvelle des objets filmés, elle est « animiste » (elle donne vie à l'inanimé). Le cinéma, « mode d'expression le plus moderne après la téléphonie sans fil », échappe à son auteur, le film « s'émancipe le plus vite possible de son concepteur avant même d'être achevé ».

Son entrée en cinéma s'effectue pourtant plus modestement avec un film consacré à Pasteur qu'il co-réalise avec Jean Benoit-Lévy en 1922. C'est un film de commande qualifié par lui de « froid comme un courant d'air » mais qui lui assure une reconnaissance professionnelle. En 1923, il signe un contrat avec Pathé-Consortium Cinéma pour réaliser trois longs métrages et un court qui sortent tous cette année-là : *l'Auberge rouge, Cœur fidèle, la Montagne infidèle, la Belle Nivernaise.*

Epstein devient l'un des jeunes cinéastes les plus prisés et ses audaces d'écriture en font la figure de proue de ce qu'on est convenu d'appeler l'Avant-garde. *Cœur fidèle,* écrit un critique de l'époque, a su instaurer une subjectivité donnée à partager au spectateur « de l'intérieur » et Jean Tedesco salue le cinéaste comme « l'imagier » qui s'oppose au « marchand » (qu'est Feuillade) avec sa *Belle Nivernaise.* Dans l'hiver 1923-1924, Epstein a participé à l'Exposition de l'art dans le cinéma français qui s'est tenu au Musée Galliera sous l'impulsion de Léon Moussinac. Outre affiches, photogrammes, dessins, scénarios, livres et revues, le musée accueille une série de conférences auxquelles participent Mallet-Stevens, Moussinac, L'Herbier, Lionel Landry et Jean

Epstein qui doit parler des techniques d'expression au cinéma, la fonction des différentes grosseurs de plans, distances et angles, les fondus, surimpressions, flous, déformations, image par image, etc. Il sera, en fait, remplacé par Germaine Dulac.

Dans une conférence, « l'Elément photogénique », Epstein présente « ses *Photogénies* », c'est-à-dire un montage d'extraits de ses films, composé pour l'occasion. Il a conçu le programme ainsi : conférence sur la photogénie en hommage à Delluc, « missionnaire de la photogénie » et projection en hommage à Canudo, « missionnaire du cinéma », qui « eut le premier l'idée, dans les séances du Salon d'Automne, de présenter au public des morceaux choisis de films, de constituer une anthologie du cinéma », isolant « le style de l'anecdote ». Cette dernière expression est l'une des clefs de la jeune génération qui reprend là un mot d'ordre qui appartint à l'impressionnisme, à Flaubert, à Mallarmé. Léger dira dans le même sens que « l'erreur au cinéma, c'est le scénario » comme « l'erreur en peinture, c'est le sujet ».

Le conférencier, écrivain et créateur « fait école », influence jeunes cinéastes et critiques en exaltant un cinéma « pur », « exclusif », ayant son domaine propre, autonome, spécifique. À cet égard, *Cœur fidèle* fait figure de modèle. Son sujet de départ est un mélodrame mais l'esthétique du film, son style, en fait un montage de situations et plus encore de sensations dont la séquence du manège est le point culminant.

Rapidement pourtant, Epstein juge le « stade mécanique » du cinéma dépassé, récuse les ressources techniques comme le montage accéléré, la suppression des sous-titres, l'expressionnisme du décor devenus des procédés « pompiers » et appelle à une « avant-garde nouvelle » recentrée sur « la photographie des illusions du cœur », l'impondérable, le sentiment. Il se distancie de Léger.

D'emblée le cinéaste poursuit un idéal d'indépendance qu'il n'atteindra – momentanément – qu'en 1926, lorsqu'il crée « les Films Jean Epstein ». Entretemps il confronte ce désir « d'indépendance » aux exigences de sociétés de production avec qui il doit composer : Pathé-Consortium Cinéma, Cinéromans, Albatros. Quelle est la part de conflit, de renoncement ou de concession à laquelle il sacrifie dans cette période ? Le contrat qui le lie à Pathé est assez contraignant : il doit se « tenir à l'entière disposition de [la] Société, [se] soumettre à ses règlements et aux instructions qui [lui] seront données ». Il s'engage à produire annuellement les films qui lui sont demandés sur des scénarios qu'il soumettra à l'agrément du producteur, ou sur ceux qui lui seront fournis.

Pathé contraint à une fusion avec les puissants Cinéromans, les films et Jean Epstein sont « vendus en bloc, meubles et immeubles » comme l'écrit Fescourt. Le dernier travail entrepris dans ce cadre de plus en plus étroit est *la Goutte de sang*, adapté de Jules Mary, qui est tourné à Nice. Avant la sortie, en août 1924,

Cinéromans dépossède Epstein de son film et rompt leur contrat, confiant le remontage du film à Maurice Mariaud – qui vient de tourner *l'Aventurière,* adapté d'Alfred Capus. Simultanément on apprend pourtant que le cinéaste va mettre en scène le prochain film d'Ivan Mosjoukine pour Albatros.

Epstein tourne alors quatre films pour Albatros entre 1924 et 1926 : *le Lion des Mogols*, *le Double Amour*, *l'Affiche* et *les Aventures de Robert Macaire*. Le premier est écrit avant sa venue (par Mosjoukine) et le dernier, dû à Charles Vayre, est une adaptation en plusieurs épisodes d'un texte de Benjamin Antier, Saint-Amand et Polyanthe, *l'Auberge des Adrets*, qui a déjà connu en 1906 une adaptation en 24 tableaux de Georges Méliès (*Robert Macaire et Bertrand*) ; *l'Affiche* et *le Double Amour* sont deux scénarios de sa sœur Marie-Antonine (1899-1995) (comme plus tard *Six et demi onze*).

Les genres reconnus auxquels appartiennent ces quatre films sont l'exotisme pour *le Lion*, le mélodrame pour *l'Affiche* et *le Double Amour* et le feuilleton amusant en costume pour *Macaire*. On peut ajouter qu'il avait été envisagé qu'Epstein tourne *Paris en 5 jours*, scénario de Michael Linsky, comédie drôlatique avec Rimsky qui le tournera lui-même avec l'aide de Pière Colombier (c'est dans ce film qu'une célèbre visite du Louvre à toute allure trouve sa première réalisation).

Qui dit genres dit *topoï* voire clichés, imagerie préalable, situations attendues, personnages convenus. Epstein en passe par là. Outre *Macaire* qui a déjà été adapté à l'écran et à la scène, *l'Affiche* prend pour objet de son récit un lieu commun, celui de l'affiche du bébé Cadum, « cet énorme objet » de la rue selon Léger, image qui a partie liée avec le cinéma depuis l'origine (car les opérateurs Lumière filment plus d'une fois – fût-ce par publicité clandestine… – des affiches de savons, et René Clair la reprend dans *Entr'acte*) et qui sert alors de référence obligée ou de repoussoir absolu.

À l'exception de *Macaire*, les trois films appartiennent aux tendances Arts Déco de l'époque (en 1925 l'Exposition des Arts décoratifs a été le point culminant de ce mouvement) : décor des bâtiments, des intérieurs, meubles, vêtements, tissus, bibelots. Et également thématique : drague, cabaret, automobile (vitesse), ville, cinéma, alcool… Epstein rencontre un jeune peintre décorateur, Pierre Kéfer qu'il s'attachera après son départ d'Albatros.

Il a déjà signé un nouveau contrat avec Kamenka en 1926 quand la possibilité financière s'offre à lui d'engager sous son propre nom – « Les Films Jean Epstein » – la production de *Mauprat, Au Pays de George Sand* et *Six et demi onze*. L'ambition artistique de *Six et demi onze* et de *la Glace à trois faces* est sans doute plus grande que celle des productions Albatros mais ces films n'offrent pas une solution de continuité avec la période précédente : *Six et demi onze* d'abord appelé *Un Kodak*, allie l'esthétique un peu dandy – mondanités, Riviera, music-hall, androgynes, voitures rutilantes – et une profonde réflexion sur la nature technique de l'image filmique, sa nature immatérielle, son évanescence. *La Glace à trois faces* adapte une nouvelle de Paul Morand et déploie au-delà des minces qualités de ce typique écrivain moderniste du moment (vitesse, raccourcis, cynisme) un récit à facettes, un subtil entremêlement de trois histoires sentimentales qu'un « homme pressé » anime jusqu'à sa mort – de hasard. Dans ce film-là peut-être Epstein retrouve ses convictions esthétiques les plus radicales quant à la « photogénie », au montage associatif, au rythme. *La Chute de la maison Usher* adaptant plusieurs contes d'Edgar Poe se fait plus grave et les décors comme les éclairages recherchent des échos germaniques et nordiques en une œuvre douloureusement mélancolique.

En 1929 Epstein quitte soudain ce monde élaboré, la facticité des décors de studios, le maquillages et la mondanité pour réaliser un film sans acteurs en d'âpres paysages naturels: *Finis Terrae* est tourné en Bretagne, au bord de l'Océan et affronte les éléments et la plus rude réalité. La décennie s'achève avec l'étrange petit film qu'est *Sa tête* (1929) renouant avec certaines spéculations « avant-gardistes » des années 1922-1923 – comme le *Fait divers* d'Autant-Lara –: un récit très « classique » (meurtre, jalousie, faux coupable, humiliation, etc.) n'est construit que sur des situations, des physionomies, des objets dont les liens ne sont pas explicités et qui nécessitent hypothèses et spéculations de la part du spectateur. **Fr.A.**

Filmographie ◆ *Les Vendanges* (1922) ; *L'Auberge rouge* (1923) ; *La Montagne infidèle* (id.) ; *Cœur fidèle* (id.) ; *La Belle Nivernaise* (1924) ; *Photogénies* (id.) ; *La Goutte de sang* (id., abandonné) ; *Le Lion des Mogols* (id.) ; *L'Affiche* (id.) ; *Le Double Amour* (id.) ; *Les Aventures de Robert Macaire* (id.) ; *Mauprat* (1926) ; *Au Pays de George Sand* (id.) ; *Six et demi onze* (1927) ; *La Glace à trois faces* (id.) ; *La Chute de la Maison Usher* (1928) ; *Finis Terrae* (1929) ; *Sa tête* (id.) ; *Le Pas de la mule* (1930).

ERMOLIEFF Joseph (1889-1962)
En 1907 Ermoliev est encore étudiant quand il se présente à Maurice Hache, directeur général des succursales Pathé en Russie. On l'engage comme aide-mécanicien (c'est-à-dire projectionniste) et il grimpe rapidement dans la hiérarchie, devenant directeur d'une succursale à Bakou puis à Rostov entre 1908 et 1910. En 1911 il est nommé directeur général de la location Pathé et simultanément crée sa propre maison de location de films, puis, deux ans après, il fonde un studio à Moscou. Il attire à lui Mosjoukine en 1915 – qui était chez Khanjonkov – et Protazanov – qui était chez Thiemann et Reinhardt. Dans l'essor du cinéma russe durant la

Première Guerre mondiale, Ermoliev prend une part importante; il compte alors Volkov, Rimsky, Lissenko, Orlova, Strijevsky, Sabinsky dans sa troupe. Après octobre 1917, il se replie dans le Sud, à Yalta, où le surprend la déroute des armées contre-révolutionnaires. C'est alors l'exil vers la France où il s'est assuré de l'appui de Pathé qui lui concède en location un studio désaffecté de Montreuil. La société anonyme Ermolieff-Cinéma (capital 1 000 000 de francs) est fondée en avril 1920 puis Ermolieff-Films (Moscou-Paris-Yalta) avec pour emblème un éléphant dont la trompe démêle une pellicule. Le président de la société est Kamenka, le directeur Maurice Hache, l'administrateur Noe Bloch, Ermolieff est administrateur-délégué.

La maison est alors liée à Pathé qui distribue ses productions lesquelles sont dues aux émigrés Protazanoff, Tourjansky, Volkoff mais aussi à des réalisateurs français comme Bernard-Deschamps, Etiévant, Boudrioz.

En 1922 on apprend qu'Ermolieff aurait été approché par les Soviétiques pour mettre en place des studios là-bas. C'est pourtant en Allemagne que part Ermolieff la même année, après avoir vendu ses parts de la société à Kamenka et Bloch ses associés. Il produit alors un *Tarass Boulba* réalisé par Vladimir Strijevsky que distribue Pathé en France. Il crée notamment une éphémère maison de production sous le nom de « Phénix ». **Fr.A.**

ÉTAT ET CINÉMA

« Jusqu'en 1927, la sollicitude des pouvoirs publics pour le cinéma ne s'était manifestée que sous la forme des ciseaux d'Anastasie et du guichet du percepteur »: le député Yvon Delbos, qui prononce cette phrase à la tribune de la Chambre des députés en décembre 1928, résume ainsi, de façon imagée, un tiers de siècle de froideur dans les rapports entre l'État et le septième art. Il ne fait d'ailleurs que reprendre un poncif: censure et ponction fiscale exagérées sont en effet l'essentiel de ce que la corporation, mais aussi certains hommes politiques, reprochent à l'État dans son attitude vis-à-vis du cinéma. Au cours des années vingt, pourtant, quelques initiatives sont la preuve de l'intérêt porté au cinéma par certaines administrations publiques dans le cadre d'une politique d'éducation sociale et de propagande nationale fondée sur l'idée, très répandue à l'époque, selon laquelle le cinéma est le média le plus apte à influer sur la conscience des masses. Les pouvoirs publics français s'alarment d'ailleurs de l'avance prise, dans le domaine de la propagande cinématographique, par l'URSS et l'Italie fasciste.

C'est au ministère de l'Agriculture que le programme le plus élaboré est mis en œuvre. Dès 1923, il crée son propre service cinématographique, ainsi qu'une Commission permanente du cinématographe agricole, chargée de deux missions: constituer une cinémathèque et subventionner l'achat de matériel de projection par les écoles d'agriculture, les Offices agricoles et les communes. Ce service rencontre d'emblée un grand succès, qui s'explique par la diversité des films proposés à la location: des documentaires techniques, bien sûr, mais aussi des œuvres plus récréatives (documentaires exotiques, séries comiques).

Cette action cinématographique de l'État en direction des campagnes ne manque pas d'ambition: il s'agit d'aider à freiner l'exode rural, une des grandes hantises des pouvoirs publics, à une époque où la population urbaine s'apprête à devenir majoritaire. Cette politique de propagande vise, tout d'abord, à rendre la vie des campagnes plus agréable en y introduisant le cinéma, loisir urbain susceptible d'égayer les villages et d'y retenir la population. Mais cette action est aussi éducative: elle veut mettre le cinéma au service d'une éducation agricole dont le but est non seulement de diffuser des connaissances techniques concernant le métier de la terre, mais aussi d'ouvrir les paysans sur le monde en leur faisant prendre conscience de la place qu'ils occupent au sein de la société et du système productif. Il s'agit donc d'une véritable éducation sociale, qui revêt un intérêt national. Elle est conçue comme un prolongement de l'œuvre de désenclavement entamée au siècle précédent avec le chemin de fer en rompant l'isolement mental, après avoir vaincu l'isolement géographique. Cette propagande doit s'appuyer sur une revalorisation de l'agriculture et de la ruralité afin de susciter un nouvel attachement de la population rurale pour son environnement.

Dans un autre domaine, l'Office national d'hygiène sociale, subventionné par le ministère du Travail, comprend une commission générale de propagande qui a mis en place, en concertation avec divers organismes publics ou associatifs, une action de propagande cinématographique. Une « cinémathèque centrale » a ainsi été constituée; en 1927, elle comprend 200 films portant sur les sujets les plus divers, des soins dentaires à la syphilis, en passant par la tuberculose et l'alcoolisme. Cette cinémathèque, gérée par le Comité national de défense contre la tuberculose, a pu alimenter, durant les années vingt, 35000 projections, qui auraient touché environ 5 millions de personnes. Cette action répond, là encore, aux principes de l'idéologie républicaine selon laquelle, en effet, la cohésion sociale de la nation est indissociable de son salut physique, et donc d'une action hygiéniste destinée à éradiquer les maladies les plus répandues, et notamment celles qui font craindre une dégénérescence sociale (maladies vénériennes, alcoolisme). Le cinéma apparaît, ici aussi, comme le meilleur moyen d'influer sur les mentalités, de faire porter la propagande au cœur même des représentations sociales de manière à faire évoluer les comportements. C'est dans ce cadre que s'inscrit, notamment, l'œuvre de Jean-Benoit Lévy qui, avec des films comme *la*

Future maman (1925), *Il était une fois trois amis* (1927) ou *Peau de pêche* (1928), se fait le propagandiste le plus actif des thèmes hygiénistes concernant la maternité, la syphilis ou l'enfance.

La question du cinéma se trouve aussi au cœur des préoccupations concernant l'idée nationale, à une époque où le déclin diplomatique de la France provoque l'inquiétude des pouvoirs publics. Le film véhicule en effet une image objectivée – et largement diffusable dans le monde – d'opinions ou d'idées reçues sur un peuple. Ainsi, la vigilance de l'État vis-à-vis de l'image de la France présentée dans les films étrangers s'aiguise au cours des années vingt, au point qu'en 1927, le gouvernement français lance un sévère rappel à l'ordre à l'industrie américaine du cinéma, suite à la diffusion de plusieurs films présentant une image négative de la France, et en particulier de l'armée française. La contre-attaque cinématographique sur le terrain de l'image nationale s'effectue par l'intermédiaire de l'Office national du tourisme, rattaché au ministère des Travaux publics, qui a constitué une collection destinée à alimenter les offices français du tourisme à l'étranger en films documentaires supposés agir en faveur d'un redressement de l'image de la France dans le monde. Les spécialistes de cette question jugent cependant ces films vieux et démodés, et donc inefficaces. De son côté, le service des Œuvres françaises à l'étranger du ministère des Affaires étrangères est lui aussi en charge de la propagande cinématographique en direction de l'étranger, mais avec des moyens trop réduits pour élaborer une politique ambitieuse.

Le cinéma est donc au cœur des préoccupations des pouvoirs publics français concernant l'identité nationale. Mais les efforts dans ce domaine sont dispersés, et l'État peine à envisager une action concertée et organisée. C'est l'objet de la proposition de loi déposée en novembre 1927 par le député radical Antoine Borrel, qui tend à créer un « Office national du cinématographe » destiné à regrouper tous les services ministériels en charge de la question du cinéma, de manière à coordonner leurs efforts et à créer les conditions d'une réelle politique de propagande sociale et nationale par le cinéma. Cette proposition est d'ailleurs concomitante de celle du sénateur socialiste Joseph Brenier, qui projette de créer un organisme public centralisant l'action cinématographique de l'État dans le domaine de l'enseignement, et de l'action entreprise par Édouard Herriot, ministre de l'Instruction publique et des Beaux-Arts du gouvernement Poincaré, pour réformer le statut du cinéma. Le tournant des années 1927-1928 est donc un moment de concorde entre la corporation et les pouvoirs publics autour de l'idée d'une utilisation du cinéma dans le cadre d'une politique de redressement national. On envisage même de contingenter les films étrangers sur le marché français, non seulement pour répondre aux revendications des producteurs, mais pour venir au secours d'une identité française qu'on juge menacée par l'invasion des films étrangers.

Mais cette concorde fait long feu. Le contingentement, une fois élaboré, ne pourra être appliqué, faute d'un soutien des pouvoirs publics à la corporation face aux pressions américaines. La proposition de loi Borrel ne sera jamais votée, dans un contexte où l'orthodoxie financière poincariste interdit toute dépense publique supplémentaire. L'action de l'État par le cinéma, enfin, ne prendra pas l'ampleur souhaitée par certains, notamment en raison d'une méfiance fondamentale, très répandue dans les milieux politiques et dans les administrations publiques, envers le septième art. **D.V.**

ETIÉVANT Henri (1870-1953)
Henri Etiévant a passé beaucoup de temps sur les planches des scènes françaises après avoir été l'élève au Conservatoire de Paris de maîtres tels que Dupont, Vernon et Delaunay. Engagé d'abord par Antoine au « Théâtre libre », il passe ensuite à l'« Œuvre » et enfin à l'« Odéon » où sont restées célèbres certaines de ses interprétations, par exemple dans *Pour la couronne* ou dans *Louis XVII*. En ce début de siècle, Etiévant paraît sur les scènes de la moitié de l'Europe et, de retour en France après une longue absence, il est engagé par l'« Ambigu comique » où, jouant généralement des rôles de méchants, son engagement dans le personnage est tel que le parterre lui retourne injures et menaces.

Acteur au « jeu sobre et énergique, de belle prestance et de mimique excellente », comme le définissaient les critiques, en 1908, Etiévant est engagé par Pathé dont il est pour cinq ans l'un des plus fidèles acteurs. Dirigé par Zecca, Capellani, Leprince, Morlhon, Denola ou Andréani, son nom revient continuellement au générique de ces films aux métrages courts et aux couleurs splendides obtenues au pochoir qui retracent sur l'écran les œuvres les plus populaires du théâtre et de la littérature de l'époque, de *la Porteuse de pain* à *Resurrection*, de *Cyrano de Bergerac* à *Don Quichotte* et du *Roman d'un jeune homme pauvre* aux *Misérables*, film dans lequel son personnage de Javert est unanimement apprécié par la critique anglaise et américaine.

En 1913, ayant quitté la maison Pathé, Etiévant arrive en Italie avec sa compagne, l'actrice allemande Théa Sandten, engagé pour un an comme metteur en scène par la Milano Film. Dans les établissements de la Bovisa, il réalise six films, tous avec Théa Sandten comme protagoniste, Livio Pavanelli comme partenaire et la mystérieuse Pina Fabbri comme numéro trois incommode. Voici les titres: *Il mistero di via Nizza*, *Il tenore*, *La vendetta del giusto*, *I decreti della providenza*, *L'isola della vendetta* et *Il rubino del destino*. Dans ce dernier, il remplace Augusto Genina qui est tombé malade durant le tournage. Il s'agit d'œuvres qui n'ont guère laissé de traces, maltraitées par la critique et rapidement oubliées.

Après l'Italie, Etiévant et Sandten sont engagés par la Vitascope de Berlin. Dans les établissements de Weissensee, ils tournent cinq films dans les premiers mois de 1914, *Pauline*, *Weib gegen Weib*, *Die beiden Rivalen*, *Zweite Tür links* et *Leiden eines Doppelgängers*, qui ne sont pas très différents des films de la Milano Film. Quand la guerre éclate, Etiévant est contraint de retourner dans sa patrie où il est immédiatement mobilisé.

Nous le retrouvons actif au cinéma longtemps après, en 1921, avec *Crépuscule d'épouvante*, sur un scénario d'un Julien Duvivier très jeune. Les interprètes sont Charles Vanel et Victor Francen que l'on retrouve souvent par la suite dans les films d'Etiévant. *Crépuscule d'épouvante* est un drame aux tintes sombres, alors que *le Cœur de Titi*, dans lequel Etiévant se réserve un petit rôle, est une histoire très parisienne, un amour entre un « Gavroche », interprété par le chansonnier Montehus, et une midinette. Pour le compte de la société Ermolieff, seront ensuite réalisées deux séries, toutes deux tirées de romans de Jules Mary, *la Fille sauvage* et *la Pocharde*, chacun d'eux d'une douzaine d'épisodes, où parmi les acteurs, la plupart russes, on trouve les noms de Volkoff et de Tourjansky, bien connus comme cinéastes.

Etiévant tourne avec une facilité qui lui vient d'une carrière désormais riche grâce à laquelle, ayant été acteur pendant de longues années, il connaît tous les trucs du métier. En ce qui concerne la réalisation, il peut utiliser ses expériences de différentes écoles, française, italienne, allemande. En 1924, il réalise en même temps deux films, *les Cinquante ans de Don Juan* et *la Nuit de la revanche*, contraignant le protagoniste des deux films, Charles Vanel, à se présenter le matin en gandin du dix-huitième siècle et l'après-midi en brutal contrebandier.

En collaboration avec Mario Nalpas, il dirige en 1926 deux films, le premier avec une étoile déchue, Francesca Bertini, dont il cherche en vain à revitaliser le mythe avec une statique *Fin de Monte Carlo*, et l'autre avec une étoile montante et pleine d'une vitalité pétulante, Joséphine Baker, splendide *Sirène des tropiques*. Après *Fécondité*, d'après le roman de Émile Zola avec Diane Karenne sur le retour dans le rôle principal, Etiévant réussit à obtenir, après six ans de luttes avec la censure, le visa pour un film tourné avec Robert Péguy, *Kithnou*, film qui n'est sans doute jamais sorti sur les écrans.

Avec le parlant, Etiévant se trouve complètement dépassé : il revient devant la caméra, mais il faut prêter beaucoup d'attention pour pouvoir le reconnaître dans les rôles marginaux qu'il occupe dans quelques films des années trente. **V.M.**

Filmographie ◆ *Le Cœur de Titi* (1921) ; *Crépuscule d'épouvante* (id.) ; *La Fille de Camargue* (id.) ; *La Pocharde* (id.) ; *La Fille sauvage* (1922) ; *La Neige sur les pas* (1923) ; *Les Cinquante Ans de Don Juan* (1924) ; *La Nuit de la revanche* (1925) ; *La Fin de Monte Carlo* (CO : Mario Nalpas, 1926) ; *La Sirène des tropiques* (CO : Mario Nalpas, 1927) ; *La Symphonie pathétique* (1928) ; *Fécondité* (1929) ; *Kithnou* (CO : Robert Péguy, 1924-1930).

FESCOURT Henri (1880-1966)
Henri Fescourt est né le 23 novembre 1880 à Béziers d'un père originaire de Lunel (comme Louis Feuillade) et d'une mère de Carcassonne. On serait presque tenté de voir dans ces origines une prédétermination, d'autant que le jeune homme profitera des relations que lui fournit la « filière languedocienne » à Paris: d'abord pour entrer dans la profession de journaliste, après des études de droit et une vocation musicale contrariée; ensuite, pour pénétrer les milieux artistiques du début du siècle dans lesquels on tenait encore le cinéma en piètre estime; enfin, par un enchaînement qui rappelle la destinée de Feuillade, pour s'introduire dans le monde du cinéma: c'est en tant que fournisseur de scénarios pour Gaumont qu'il commencera à la fin de 1911, précisément par l'entremise du futur réalisateur de *Fantômas*, qui sera son véritable parrain dans la profession. Si l'on ajoute qu'il côtoiera Jacques de Baroncelli au Film d'Art et qu'il passera une grande partie de sa carrière à Nice, on a envie de penser qu'il représente l'un des maillons de la chaîne des méridionaux dans le cinéma français (entre Feuillade, Arnaud et Pagnol...).

Mais réduire la place de Fescourt dans l'histoire du cinéma à ces origines serait évidemment abusif. Formé avant la guerre à la dure école de Gaumont (il commença à tourner dès 1912), il s'épanouira dans les années vingt et poursuivra sa carrière bien au-delà, sous d'autres formes. On peut considérer qu'il occupe une position charnière à plusieurs égards: entre la période « artisanale » d'avant-guerre et la production industrialisée d'après; entre le grand cinéma populaire et le cinéma de recherche, par les contacts qu'il a toujours gardés avec les milieux d'avant-garde; enfin, entre la création et la réflexion sur le cinéma, activités qu'il s'efforça de concilier comme certains de ses contemporains.

Revenant de la guerre en 1918, Henri Fescourt a derrière lui une production filmique déjà abondante (58 films entre 1912 et 1919). Mais comme d'autres, il lui faudra quelque temps pour « reprendre pied » dans la nouvelle époque. Il faut dire que, de son propre aveu, le cinéma n'était pas pour lui une vocation impérieuse. Pourtant, dit-il, « il a déterminé ma vie et m'a valu des moment heureux [...] Et surtout, les ressources qu'offre ce métier obligent l'intelligence à l'éveil constant ». Telle est sans doute l'originalité première de la position de Fescourt : avoir pratiqué avec intelligence le métier de cinéaste « commercial ». À l'heure du bilan, il déclarait qu'il avait toujours pensé que la technique ne valait que comme « serve de l'idée » : « Si l'on attend quelque progrès du cinéma, il faut lui donner quelque chose à dire ». Non qu'il ait prétendu faire des films « à message », mais il se flattait de n'avoir jamais « flagorné » le goût du public, tout en ne l'oubliant pas non plus. Il se targuait de n'avoir jamais tourné de film inavouable.

À l'aube des années vingt, Fescourt a eu le sentiment très clair que commençait une ère d'« idées nouvelles ». Lesquelles ? D'abord, il fallait faire face à la rationalisation du travail apportée dans les studios français par les méthodes américaines. Mais il sentait bien aussi que le mode d'expression avait changé. « Les évolutions de la caméra engendraient une façon révolutionnaire d'exprimer la vie. La question primordiale résidait moins dans des mouvements d'appareil que dans leur utilisation aux fins de dévoiler les êtres, les visages, les objets, la nature, sous leurs aspects changeants... »

Fescourt défendit ces intuitions dans un manifeste qu'il cosigna avec Jean-Louis Bouquet au milieu de la décennie (*l'Idée et l'écran*, 1925), que l'on peut résumer en disant que c'était un plaidoyer pour un retour à la narration après les abus du « cinéma pur », mais une narration en images usant des ressources propres du cinéma.

Ces idées, il s'efforcera de les appliquer dans ses propres films, en dépit des contraintes commerciales et financières. Le cadre où il exerça son activité a été stable au long de la décennie. Il entre en 1921 à la société du Film d'Art. L'ayant quittée rapidement pour des raisons de santé, il répondit à l'appel de Louis Nalpas à venir s'installer à Nice et il réalisa dès lors tous ses films pour le compte de la société des Cinéromans et sa filiale de prestige, les Films de France : onze longs métrages (certains très longs) jalonnent la période avec régularité. La diversité des sujets frappe, mais elle cache une certaine unité de préoccupations.

Fescourt considérait qu'il n'avait fait que deux vrais *serials*, *Rouletabille chez les Bohémiens* (1922) et *Mandrin* (1923). Ce sont deux de ses films les plus célèbres et les plus réussis parmi ceux que l'on peut revoir. Cependant, il aborda dans d'autres films la structure sérielle : *Mathias Sandorf*, *Monte Cristo*, aux deux bouts de la décennie, et sa fameuse adaptation des *Misérables* (1925) en quatre époques. Aucun mépris, chez lui, pour la forme feuilletonesque. Il a même plutôt contribué à rapprocher le public populaire de la littérature patrimoniale en la lui proposant sous cette forme, et, inversement, il amenait le public cultivé à apprécier les classiques plébéiens. Car on peut le définir aussi comme un *passeur* entre culture savante et culture populaire, ainsi qu'entre la culture livresque du XIXe siècle et « audiovisuelle » du XXe (un grand ancêtre des réalisateurs de la télévision, en somme), Jean Richepin, Gaston Leroux, Arthur Bernède, prenant le relais de Victor Hugo et Alexandre Dumas. Il ne se détourne de ce filon que pour s'adresser à des auteurs dramatiques (aujourd'hui un peu oubliés) comme Pierre Veber ou Henri Kistermaekers.

Dans ce patrimoine, Fescourt semble avoir privilégié certains thèmes. Il aime les histoires de vengeance, les changements d'identité, les héros masqués, comme son maître Feuillade. À la différence de celui-ci, il donne à ces thèmes une inflexion plus « progressiste »: on le voit, par exemple, dans son beau *Mandrin* où il introduit le personnage de Voltaire, et dans lequel il fait échapper le bandit social à son exécution. Jean Valjean (incarné par Gabriel Gabrio) fut sans doute son héros préféré; mais, soucieux de ne pas être manichéen, Fescourt ne fait pas mourir Javert à la fin de ses *Misérables*.

Au fil de sa production des années vingt, Fescourt a proposé un véritable inventaire du territoire français, colonies incluses. La Riviera, bien sûr (il fut le premier à tourner à Saint Paul de Vence en 1921), quitte à la déguiser en paysage des Balkans, mais aussi la Bretagne (*la Glu*), la Camargue (*Rouletabille*), la Tunisie (*la Maison du Maltais*) et le Maroc (*l'Occident*). Il faut dire que ce cinéaste fut toujours soucieux de mettre sa caméra dans des paysages réels, et pas seulement pour « aérer » ses films, comme on disait alors. Comme il l'écrivit plus tard, il sentait que « d'anthropocentrique, le cinéma devenait cosmique ». Le premier épisode de *Mandrin*, dans les collines sèches de la Provence, ou les scènes de *Rouletabille* où l'on suit les Gitans aux Saintes Maries, le démontrent encore et apportaient une salutaire bouffée d'air dans un cinéma français encombré de comédies mondaines.

Henri Fescourt n'est plus, comme il y a quarante ans, un cinéaste totalement négligé par les historiens. Son œuvre de cinéaste n'en reste pas moins dans une large mesure à redécouvrir. **F.d.l.B.**

Filmographie ◆ *Mathias Sandorf*, 9 épisodes (1921); *La Nuit du 13*, (id.); *Rouletabille chez les Bohémiens*, 10 épisodes (1922); *Mandrin*, 8 épisodes (1923); *Les Grands* (1924); *Un fils d'Amérique* (1925); *Les Misérables*, 4 époques (id.); *La Maison du Maltais* (1926); *La Glu* (1927); *L'Occident* (id.); *Monte Cristo,* 2 époques (1928).

FEUILLADE Louis (1873-1925)
Louis Feuillade est né le 29 Février 1873 à Lunel (Hérault, France) d'une famille de modestes commissionnaires en vins. Il a manifesté, à

peine sorti de l'adolescence, un goût profond pour la littérature et a accumulé projets sur projets de drames ou de vaudevilles. Ses poèmes – du pire académisme – ont parfois été publiés dans la presse locale. Monté à Paris en 1898 pour y conquérir la gloire littéraire, il y a connu une période de profonde misère, journaliste famélique.

Au début de 1905, il a commencé à vendre régulièrement des scenarii chez Gaumont et a obtenu bientôt de les mettre lui-même en scène. En 1907, il est devenu directeur artistique de la maison. Il a occupé ce poste jusqu'en 1918, tout en poursuivant sa propre production qu'en 1925, année de sa mort, il estimera à environ 800 films. (Notons qu'à l'époque de ses débuts, un film dépassait rarement dix minutes.)

C'est en 1913 qu'a éclaté pleinement son génie avec la série des *Fantômas* qui a connu un succès mondial. Puis ce furent: *les Vampires*, « film mystérieux en dix séries » (1915, exploité en 9 épisodes), classés aujourd'hui par beaucoup d'historiens parmi les dix meilleurs films de l'histoire du cinéma; *Judex*, « grand cinéroman d'aventures » (1917, 12 épisodes), saga, comme son titre l'indique, d'un justicier dont la gloire a dépassé encore celle de ses prédécesseurs et antagonistes, le mythique Fantômas et la sulfureuse égérie des *Vampires* Irma Vep. Enfin, le charmant *Tih-Minh* « grand cinéroman hebdomadaire » (1918, 12 épisodes).

Parallèlement à cette déjà imposante production, il a réalisé plusieurs dizaines de films de moindre importance, allant des petites comédies des *Bébé* (1910-1913), des *Bout-de-Zan* (1913-1916) et des vaudevilles de la série *la Vie drôle* (1913-1914) à la série à prétentions réalistes de *la Vie telle qu'elle est* (1911-1912), en passant par bon nombre de films d'aventures, de drames antiques, mondains ou policiers, tels *l'Orgie romaine* (1911), *l'Engrenage* ou *le Nocturne* (1919), etc. Et en passant aussi par le monumental « oratorio cinématographique » de *l'Agonie de Byzance* (1913) et surtout par *Vendémiaire*, « grand film français en un prologue et trois parties », sorti en deux séries au début de 1919, étonnant mélodrame à la fois guerrier et paysan, qui fut un échec commercial mais qui préfigure maintenant pour certains le néo-réalisme italien.

1920 : Barrabas

Pour Louis Feuillade, 1920 est l'année d'un nouveau triomphe avec *Barrabas*, « grand cinéroman hebdomadaire en 12 épisodes ». Projeté en première sortie au Gaumont-Palace du 5 mars au 21 mai, ce film marque un changement dans le style du réalisateur. *Fantômas* et *les Vampires* sont thématiquement intemporels et *Judex* malgré le laboratoire de science-fiction, renvoie au romantisme de *Monte-Cristo.* Même si le personnage de Strelitz-Barrabas, le banquier du bagne, a pour parrain avoué le Vautrin de Balzac, le nouveau feuilleton, dont l'intrigue est fortement marquée par la guerre toute proche et où les techniques modernes comme l'avion et la radio jouent un grand rôle, affiche une volonté de modernisme, de contemporanéité en rupture par rapport aux films précédents, *Vendémiaire*, entièrement basé sur l'actualité et *Tih-Minh* avec ses réminiscences coloniales, constituant la transition.

À partir de *Barrabas*, le réalisme de Feuillade ne va plus se limiter à l'espace – décors, personnages qui y évoluent – mais, prenant appui sur des faits d'actualité plus ou moins proches, investir aussi systématiquement le temps.

L'image de *Barrabas* est assurée par Maurice Champreux, devenu, de simple opérateur sur *Vendémiaire*, « directeur technique de la prise de vue » et qui sera le chef opérateur de tous les films de Feuillade jusqu'à la mort de celui-ci.

Barrabas, le maître du crime, c'est Gaston Michel, à l'allure imposante. Françoise, la jeune première, c'est Blanche Montel dont c'est le premier rôle important au cinéma.

Aux yeux de Louis Delluc qui détestait les feuilletons, *Barrabas* trouve presque grâce : « Peut-être les incidents mélodramatiques du récit indisposeront-il les gens de goût (il y en a). Ils rendront du moins justice à la tentative visuelle, plastique, lumineuse, qui cherche plus qu'elle ne réalise, mais qui promet, semble-t-il, d'aboutir un jour. »

1921 : Les Deux Gamines

Les élections législatives du 16 novembre 1919 ont amené la victoire écrasante de la *Liste d'Union républicaine et de Défense sociale.* C'est la fameuse *Chambre bleu horizon.* La décence et la moralité sont à l'ordre du jour et le cinéma est l'une des cibles favorites des censeurs de tout poil.

Sans doute signe des temps, mais aussi peut-être besoin de renouvellement, *les Deux Gamines*, « cinéroman hebdomadaire en 12 épisodes » tourné dans la seconde moitié de 1920, succèdent à *Barrabas.* Le crime triomphant cède le pas à l'innocence persécutée. Très présent dans l'ensemble de son œuvre, le roman familial est jusqu'à maintenant resté sous-jacent dans les films à épisodes de Feuillade. Dans les *Deux Gamines* et les films qui suivront, il passe au premier plan. On peut parler d'une seconde manière du metteur en scène. Pour lui, c'est un retour au réalisme : « Le public dira si j'ai tort ou raison de renoncer pour cette fois à des sujets d'exception et de serrer la nature et la vérité de plus près que nous avons accoutumé de le faire dans les romans-cinéma. »

Le film, présenté au Gaumont-Palace du 28 janvier au 15 avril 1921, est littéralement plébiscité par le public. Les films à épisodes suivants de Feuillade seront toujours accueillis par le public avec la plus grande faveur. Mais il ne retrouvera jamais un tel triomphe.

À sa troupe habituelle de comédiens le metteur en scène a adjoint, dans le rôle de Ginette, l'aînée des deux gamines, la danseuse Sandra Milovanoff, transfuge des ballets russes de Diaghileff. Le film, immédiatement, lui apporte la gloire.

1921 : La série Belle Humeur
Loin de se reposer sur ses lauriers, Feuillade, décidément infatigable, met à profit les rares moments de liberté que lui laisse la réalisation de ses deux ciné-romans suivants, *l'Orpheline* et *Parisette,* pour mettre en scène, toujours avec Biscot, les cinq vaudevilles de la série *Belle Humeur*, d'une durée de trente minutes chacun: *Zidore ou les métamorphoses*, *Séraphin ou les jambes nues*, *Saturnin ou le bon allumeur,* qui sortiront les 6 mai, 23 septembre et 7 octobre 1921 et *Gustave est médium, Marjolin ou la fille manquée* et *Gaëtan ou le greffier audacieux* qui sortiront au début de l'année suivante.

Si le comique de ces vaudevilles n'est pas toujours d'une grande légèreté, il est toujours d'une réelle efficacité et le ton de l'ensemble de la série ne dément pas son titre. *Séraphin ou les jambes nues* qui retrace les mésaventures d'un employé de bureau méticuleux se retrouvant, à la suite d'un fatal enchaînement de circonstances, en caleçon dans la rue sans savoir où trouver refuge, est un chef d'œuvre de drôlerie.

1921 : L'Orpheline
Le *serial* suivant, *l'Orpheline*, toujours 12 épisodes, sort au Gaumont Palace du 14 octobre au 30 décembre 1921. Bien compliqué comme on les aime, le scénario est sous-tendu par les événements qui ont secoué et secouent encore la Russie devenue soviétique quatre ans plus tôt. C'est sans doute le meilleur de Feuillade seconde manière. Joué par Gaston Michel, le « nihiliste » Sakounine, un tartuffe du socialisme qui dilapide dans les casinos de la Riviera les fonds de propagande à lui confiés par le gouvernement des soviets, est un traître de haute volée.

Dans ce film, deux débutants appelés à devenir célèbres: un jeune premier, René Clair, et un assistant régisseur du nom de Robert Florey.

1922 : Parisette
Projeté – toujours en 12 épisodes – au Gaumont Palace à partir du 3 mars 1922, *Parisette* est une nouvelle variation sur le thème de la famille. C'est la guerre qui est la cause première des malheurs de tous les protagonistes du drame et des mystères qui les entourent. C'est à cause d'elle que Madame Stephan, la femme du banquier, est mère d'un enfant secret. C'est à cause d'elle que Manoëla, la jeune religieuse portugaise morte en prenant le voile, et Parisette, la petite danseuse à l'Opéra de Paris, sont l'exact sosie l'une de l'autre (Sandra Milovanoff dans les deux rôles).

La mort à Lisbonne quelques jours avant le début du tournage de Gaston Michel qui devait tenir le rôle du grand-père de Parisette et de Manoëla obligea-t-elle Feuillade à modifier son scénario initial? C'est ce qu'il est impossible de dire. Ce qui est certain, c'est que nous ne verrons sans doute jamais dans son intégralité la séquence de la prise de voile unanimement applaudie par la critique de l'époque, mais mutilée par les exploitants et dont, jusqu'à plus ample informé, il semble qu'aucun élément complet ne subsiste.

1922 : Le Fils du Flibustier
Le 19 mai 1922 s'achèvent au Gaumont-Palace les projections de *Parisette.* Le 13 octobre, commencent celles du *Fils du Flibustier,* « grand ciné-roman en deux époques et 12 épisodes ». Le film a d'abord été conçu par Feuillade comme une grande fresque d'aventures maritimes se déroulant entièrement au XVIIe siècle. Malheureusement, l'énormité même du budget et des dépassements en proportion dus au mauvais temps ont obligé le metteur en scène à abandonner son projet initial et à se rabattre sur l'époque moderne, moins coûteuse. Les exploits du flibustier Yves le Paimpolais font place à ceux de Jacques Lafont. Les deux rôles sont tenus par Aimé Simon-Girard. Jacques est le fils naturel de Basile Malestan, homme d'affaires véreux et, entre autres, trafiquant de drogue. Reconnu par son père, Jacques décide de rendre l'honneur au nom qu'il porte désormais et s'ingénie à faire échouer les entreprises du moderne flibustier qui, finalement, mourra repentant. Le scénario, écrit à la hâte et pour cause, et la réalisation de cette seconde partie du film sont superbes de désinvolture et d'un ton tout à fait neuf dans l'œuvre de Feuillade.

Avec son adresse de l'auteur au public, le réalisateur lance un pamphlet acide contre « les Vadius et les Trissotin de notre état », les cinéastes « d'avant-garde » qui ne se privaient pas, eux, de l'attaquer.

1923 : Vindicta
La mode du film à épisodes commence à s'essouffler. C'est pourquoi *Vindicta*, sorti le 26 octobre, ne comporte que cinq « périodes ». C'est un retour au mélodrame classique, avec bébé abandonné au prologue, croix de la mère qui est ici un portrait dans un médaillon, traître bien sinistre, deux enfants qui s'aiment d'amour, se croient frère et sœur mais ne le sont pas. Il y a aussi, bien entendu, un brave homme du peuple, Césarin le rétameur, qui sait tout et ne parle pas. C'est Biscot.

L'action se déroule au XVIIIe siècle en Provence et aux Îles.

Cette fois, Louis Delluc semble conquis : « Si la suite de *Vindicta* tient les promesses du prologue et du premier épisode, ce sera certainement la meilleure réussite de Monsieur Feuillade. C'est que, mieux que d'habitude, il a veillé à tout et obtenu une sorte de grâce, de charme, de tact pour tout dire… »

1924 : Sous le signe de Bouboule
Fille de Charles, « le coiffeur des vedettes », et remarquée d'abord dans le salon paternel par Mistinguett, une étonnante gamine de six ans, Bouboule se révèle, devant la caméra de Feuillade, une véritable bête de cinéma, d'une stupéfiante spontanéité. Dès sa première apparition dans *le Gamin de Paris*, sorti le 7 décembre 1923, le public n'a d'yeux

que pour elle. Elle ne tient pourtant qu'un rôle modeste dans ce film dont Sandra Milovanoff et René Poyen, ex-Bout-de-Zan devenu adolescent, sont les personnages principaux.

L'année 1924 toute entière, Feuillade la consacrera à sa jeune vedette dont René Poyen sera le partenaire régulier. Après *la Gosseline* (29 février) et *la Fille bien gardée* (21 mars), il les mettra en scène dans un feuilleton en six épisodes, *l'Orphelin de Paris* (4 avril). Les deux meilleurs films du jeune tandem seront sans conteste *Pierrot-Pierrette*, sorti le 22 juillet, où ils sont frère et sœur et se renvoient la balle avec bonheur, et *Lucette* (21 novembre), dans lequel ils se montrent l'un et l'autre proprement bouleversants.

Elle aura aussi un rôle important dans *le Stigmate,* « drame en six chapitres ».

Mais Feuillade mourra le 26 février 1925, emporté en quelques jours par une péritonite aigüe, sans achever le film qui sera terminé par Maurice Champreux et sortira le 5 mars 1925.

Outre quelques projets immédiats, Feuillade rêvait d'un *Don Quichotte* tourné en Espagne. **J.C.**

FEYDER Jacques (1885-1948)

La place essentielle qu'occupe Jacques Feyder dans l'histoire du cinéma français des années vingt, reconnue unanimement en son temps, a depuis lors été fortement minimisée par une large frange de critiques et d'historiens qui, au regard des avant-gardes, n'ont vu en lui qu'un homme de métier habile, fin directeur d'acteurs, capable d'embrasser tous les genres (de la comédie satirique au drame pessimiste) mais sans la vision du monde qui caractérise l'œuvre d'un auteur. Bien que l'élégance racée de son écriture repose, disait Jean Grémillon, sur la plus belle des figures de style, la litote, art de la mesure et de la retenue, Feyder a subi les anathèmes de la Politique des Auteurs dont les valeurs, pour le moins contestables, ont déterminé pendant longtemps la place des cinéastes dans l'histoire, ou leur exclusion. Reconnaître le rôle singulier que Feyder a joué dans le cinéma français (et européen) des années vingt où, à mi-chemin entre le cinéma commercial et les avant-gardes, son classicisme réaliste jette un pont entre Feuillade et Carné, exige donc de réexaminer ses films à l'aune de critères relevant moins de la critique que de l'histoire.

Jacques Frédérix naît à Bruxelles le 21 juillet 1885, dans une famille d'officiers et d'industriels. À vingt ans, il entame une carrière militaire, vite interrompue, puis travaille à la Fonderie de Canons de Liège que dirigent de proches parents. Attiré par le théâtre, il quitte le confort ronronnant de cette vie bourgeoise et décide de tenter sa chance à Paris, où, sous le pseudonyme de Jacques Feyder, il devient comédien – un « saltimbanque », disait son père, qui le répudie et lui interdit de porter son nom. Il travaille d'abord pour le théâtre de la Porte St Martin puis, dès 1912, pour le cinéma où il interprète de petits rôles dans les films dirigés par Victorin Jasset (*Protéa*, 1913), Louis Feuillade (*les Vampires*) et Gaston Ravel. En 1915, celui-ci tombe malade au milieu du tournage d'une bande intitulée *Monsieur Pinson Policier*. Gaumont, qui manque de metteurs en scène, propose à Feyder de terminer le travail. Début 1916, Ravel est mobilisé et Feyder obtient de la Gaumont son premier contrat de scénariste metteur en scène. Il tourne plusieurs petites bandes comiques parfaitement dans la ligne de la firme, dont une parodie de *serial* en quatre épisodes, *le Pied qui étreint*. Dès octobre 1916, il collabore avec Tristan Bernard, avec qui il écrit une dizaine de scénarios. Mobilisé dans l'armée belge, où il participe, avec Victor Francen et Fernand Ledoux, au Théâtre des Armées, Feyder rentre à Paris en 1919 et reprend son travail chez Gaumont pour qui il réalise un dernier court métrage, *la Faute d'orthographe*. Le film ne plaît pas, Feyder est congédié.

Isolé, Feyder fait preuve d'intuition, de pragmatisme et d'audace. Il comprend très vite que le cinéma a changé, que l'heure est au long métrage et aux grosses productions spectaculaires. Il achète les droits d'un *best-seller*, *l'Atlantide*, le roman de Pierre Benoit sorti en 1919 et, se souvenant qu'il est issu d'une famille d'hommes d'affaires, s'adresse à son cousin, Alphonse Frédérix, administrateur de la banque Thalman et Cie, liée au groupe Schneider et au cartel allemand AEG. Séduite par l'audace du projet et percevant bien l'intérêt d'un tel investissement, la banque s'engage, la SCAGL également. À cette intuition commerciale s'adjoint une belle idée de cinéma : Feyder part filmer dans le Hoggar, sur les lieux mêmes de l'histoire imaginée par Pierre Benoit. C'est un défi technique (huit mois de tournage en plein Sahara) en même temps qu'un choix esthétique majeur, double et contradictoire : celui du réalisme d'une part et de l'imagerie exotique d'autre part. *L'Atlantide* est un film charnière entre deux époques et entre deux styles. À côté de scènes d'une théâtralité surchargée, scories de l'ancien cinéma, où la pulpeuse Antinéa (Stacia de Napierkowska), vautrée dans un capharnaüm d'objets hétéroclites, de tapis, de lampes, de tissus et de bêtes sauvages, sort directement de l'imaginaire occidental du XIXe siècle, le film fait place à la sobriété majestueuse du désert, filmé pour lui-même, comme une épure. Les critiques contemporains (Moussinac, Canudo, Delluc) ne s'y sont pas trompés, qui vantaient la « photogénie » du désert et pour qui le sable était le personnage principal du film. Or, ce mélange de réalisme et d'exotisme *kitsch* résiste, et pas seulement par l'aventure romanesque des héros. Feyder a compris que le cinéma a cette double qualité, que le réalisateur refuse de séparer, de pouvoir enregistrer fidèlement la nature en même temps que de donner corps à tous les artifices. C'est ce mélange qui fait sa magie, et l'entraîne du côté du rêve et du fantasme. Comme on le voit au début du film, lorsque St Avit, couché sur son lit d'hôpital, a des visions d'Antinéa, *l'Atlantide* montre un homme soumis à une double attraction : celle du désert et celle d'une femme. Une attraction fatale.

Après le succès retentissant de *l'Atlantide*, Feyder travaille pour divers studios français et européens, pour lesquels il tourne des films de genre (et de qualité) très différents : *Crainquebille*, avec Maurice de Féraudy, pour les films Trarieux et Legrand en 1922 ; *Visages d'enfants,* avec Jean Forest et Rachel Devirys, pour deux producteurs suisses, Zoubaloff et Porchet, qui lui passent commande d'un film de montagne en 1923 (le film ne sortira qu'en 1925) ; *l'Image*, avec Arlette Marchal, pour la Vita-Film de Vienne en 1925 ; trois films pour la compagnie Albatros dirigée par Alexandre Kamenka : *Gribiche* en 1925, avec Jean Forest et Françoise Rosay, *Carmen* en 1926, avec Raquel Meller, et *les Nouveaux Messieurs* en 1928, avec Gaby Morlay, Albert Préjean et Henri Roussel ; en 1927, il tourne *Thérèse Raquin*, d'après le roman de Zola, avec Gina Manès, pour la DEFU de Berlin. En 1928, avant même la sortie des *Nouveaux Messieurs*, Feyder s'embarque pour Hollywood où il a signé un contrat avec la MGM pour laquelle il réalise son dernier film muet (et le dernier de la firme), *The Kiss* (1929), avec Greta Garbo.

À défaut d'un style, Feyder a trouvé une méthode de travail qu'il va conserver, sans qu'elle devienne contraignante, pour la plupart des films qu'il réalisera au cours des années vingt (et au-delà). Cette méthode a deux grands axes. D'une part, Feyder travaille ce qu'il appelle la « transposition visuelle », c'est-à-dire l'adaptation d'un texte littéraire (*Crainquebille* d'après Anatole France, *Carmen* d'après la nouvelle de Mérimée, *Thérèse Raquin*, d'après Zola) ou d'un texte écrit pour le cinéma (*Gribiche,* de Frédéric Boutet ou *l'Image*, de Jules Romains). Il conçoit l'adaptation comme un exercice de style, et affirme pouvoir traiter n'importe quelle source littéraire, y compris *l'Esprit des lois,* à la condition d'avoir, dit-il « l'esprit du cinéma ». La boutade témoigne que c'est moins le texte qui l'intéresse que la gageure de sa transposition en images. Chaque adaptation est pour lui une sorte de défi, comme l'était déjà *l'Atlantide*, comme le seront, pour d'autres motifs, les traitements de *Crainquebille*, dont le récit se déroule presque totalement en focalisation interne, ou des *Nouveaux Messieurs*, une pièce de théâtre écrite par Robert de Flers et Francis de Croisset dont Feyder parvient à réduire les dialogues et les mots d'esprit à quelques intertitres, donnant ainsi à son film une vraie puissance visuelle.

L'autre grand axe de la méthode Feyder est le mélange de compositions en studio et de prises de vue en extérieur, en général sur les lieux mêmes de l'action. Après le Sahara de *l'Atlantide*, Feyder filme les rues de

Paris pour *Crainquebille*, *Gribiche* et *les Nouveaux Messieurs*, le Valais pour *Visages d'enfants*, les plaines de Hongrie pour *l'Image*, la Navarre espagnole et l'Andalousie pour *Carmen*, l'Indochine pour le projet avorté *le Roi lépreux*. Les extérieurs apportent leur caution réaliste à l'histoire racontée, qu'elle soit mythique comme *Carmen*, ou fantasmatique comme *l'Image*. Feyder, qui écrivait quelques articles pour le *Monde colonial illustré*, a compris que les paysages lointains, surtout coloniaux, constituaient « un trésor d'images » car ils touchaient la sensibilité occidentale par leur exotisme un peu mystérieux. Cependant, il ne travaille pas comme un peintre et ses paysages sont rarement traités pour eux-mêmes. La ville ou les grands espaces naturels sont pour le cinéaste des éléments supplémentaires de la chaîne signifiante et collaborent activement au récit. La montagne dans *Visages d'enfants*, les scènes de marché dans *Crainquebille*, les rues de Paris la nuit dans *Gribiche*, ou les scènes de corrida dans *Carmen* n'ont pas seulement pour fonction d'inscrire l'action dans un cadre, elles participent à l'intrigue, elles jouent un rôle, elles contribuent à la signification de l'ensemble. Comme le sable dans *l'Atlantide*, la neige, l'avalanche et le torrent dans lequel le petit Jean tente de se noyer sont des acteurs essentiels de *Visages d'enfants.* Dans *l'Image*, la lande désertique sous la brume et les belles scènes de la vie agricole en Hongrie traduisent métaphoriquement l'isolement et l'ennui de la jeune femme qui vit recluse, éloignée de la vie en société à laquelle elle aspire. Dans ces prises de vue quasi-documentaires, Feyder se révèle un fin observateur, capable de repérer les détails signifiants que le terrain lui fournit et de les intégrer intelligemment dans son film. Ce travail constant sur le signe qui caractérise le cinéma de Feyder se remarque particulièrement dans la courte bande intitulée *Au pays du Roi lépreux*, constituée des plans de repérage tournés au Cambodge pour la préparation d'un film qui ne se fera pas, l'adaptation d'un nouveau roman de Pierre Benoit, *le Roi lépreux*. Ce petit film documentaire prélève le long de la rivière de Siem Reap les indices d'un mode de vie, les norias qui irriguent les cultures, les femmes qui puisent de l'eau, la toilette des éléphants ou les bonzes du temple d'Angkor-Vat, tous éléments signifiants que Feyder a observés et captés dans le dessein de les intégrer dans son film.

Cependant, Feyder n'est pas, loin s'en faut, un documentariste. Le réel et son rendu doivent être mis au service de l'histoire qu'il raconte et donc mêlés aux prises de vue en studio. D'où l'importance du décor, auquel Feyder accorde une attention particulière, signant personnellement ceux de *Crainquebille* et de *Visages d'enfants*. Le décor, traité de façon réaliste et pour lequel Feyder montre un même souci du détail signifiant, assure la continuité entre les plans tournés en extérieurs et ceux qui sont tournés en studio. Lazare Meerson, qui travaille aux studios Albatros où Feyder réalise trois films, lui apporte le sens du détail que le cinéaste exige, en même temps qu'une vision moderniste du décor, totalement nouvelle pour Feyder et qui s'épanouit dans *Gribiche* et surtout dans *les Nouveaux Messieurs.*

Entraîné par les contraintes de production dans des projets parfois très différents, Feyder n'a pas créé un univers cohérent qui se déclinerait de film en film. Néanmoins, il ne manque pas, dans son œuvre, de traits dominants qui doivent être relevés. Nombre de personnages feyderiens sont prêts à tout quitter – pays, famille, argent, travail, apostolat – pour fuir leur passé ou poursuivre leur rêve. Ainsi de St-Avit, que sa fascination pour Antinéa pousse à retourner dans le Hoggar. Ainsi des quatre protagonistes de *l'Image*, qui abandonnent tout pour retrouver une jeune femme dont ils ne connaissent que la photographie. Les notions complémentaires de la perte et de la quête, elles-mêmes fondées sur le lien puissant mais rompu qui rattache l'homme à son passé, la poursuite d'une chimère, la fuite ou la fugue, jusqu'à l'échappatoire ultime, le suicide, sont des thèmes récurrents. Des thèmes qui structurent le récit autour d'un mouvement, d'un voyage, d'un aller-retour, d'une valse-hésitation. Ainsi Feyder construit souvent son film sur deux pôles, deux univers entre lesquels des personnages ambivalents passent de l'un à l'autre, deux mondes que tout oppose, l'Atlantide antique et l'Occident moderne (avec le désert entre les deux), Paris et les plaines de Hongrie, le quartier de Grenelle où vit Gribiche et celui de l'Étoile où se trouve l'appartement luxueux de Mme Maranet, les aristocrates conservateurs et les syndicalistes de gauche dans *les Nouveaux Messieurs.*

La femme est à la fois au cœur de ce mouvement et la raison de cette oscillation, mais c'est une femme recluse, prisonnière. Plusieurs films de Feyder sont construits sur des personnages féminins pris entre un fantasme d'hommes et une réalité qui les écrase. Dans *l'Image*, quatre hommes partis à la recherche d'une femme dont ils ne connaissent que le visage photographié et ne savent rien de sa vie, abandonnent tout pour la retrouver. En Hongrie, « l'image » mène une vie triste et morne, auprès d'un mari autoritaire. Elle rêve de rentrer en France, se décide à partir, rate le train et doit renoncer. Ainsi, la femme réelle est-elle prise entre deux comportements masculins opposés mais qui l'ignorent et l'emprisonnent tout autant : le fantasme et le dédain. Un schéma semblable structure *The Kiss*, que Feyder réalise à Hollywood. Greta Garbo interprète une femme prisonnière de trois hommes : un amant qu'elle ne peut plus voir, un jeune homme qui la poursuit de ses assiduités, et un mari qui la délaisse pour ses affaires. L'intrigue la mettra en prison pour le meurtre de son mari, et l'en sortira grâce à la plaidoirie de son amant, qui la croit innocente et à qui elle a menti. Ils vivront ensemble, dans le remord (*Thérèse Raquin* est un film perdu dont on sait, grâce au roman de Zola et des critiques d'époque, qu'il reposait sur une intrigue proche, le suicide des amants en plus). Sous la couverture d'une satire politico-syndicaliste, *les Nouveaux Messieurs* fait d'une jeune ballerine l'objet des convoitises d'un vieux député aristocrate qui l'entretient et d'un jeune syndicaliste devenu député à son tour. À l'Assemblée, le Ministre rêve que tous les députés sont des danseuses en tutu. Ainsi les enjeux de la nation sont conduits par le désir des hommes pour les femmes, qui leur rient au nez. Le film a été censuré.

Toute la dynamique du récit feyderien se joue dans cette oscillation délicate entre le fantasme et la réalité, entre la recherche inassouvie du bonheur et la possibilité de se perdre, entre le besoin de partir et l'obligation de rester, le désir de vivre et celui de mourir. Le style de Feyder est ainsi marqué par un même mouvement discret de balancier, par une même subtile et riche indécision dont l'image emblématique pourrait être celle du petit Jean suspendu au-dessus du torrent à la fin de *Visages d'enfants,* hésitant longtemps, oscillant doucement, à la fois inquiet et serein, fasciné par le tourbillon dans lequel il va se jeter.

M.-E.M.

LE FILM D'ART

La maison de production Le Film d'Art semble dans les années vingt courir derrière sa gloire passée en essayant de faire fructifier au maximum sa réputation auprès du public et du milieu professionnel. Les textes, déclarations, entretiens de Marcel Vandal et Charles Delac rappellent la place occupée par leur société dans la première décennie du siècle. L'ambition du Film d'Art est en partie annoncée dans l'acte de constitution en février 1908: « La fabrication [...] de scènes établies sur scénarios signés d'auteurs contemporains, avec le concours d'artistes connus ». De manière moins formelle, les objectifs du Film d'Art sont soulignés à maintes reprises, résumés par exemple dans un extrait du compte-rendu de la soirée du 17 novembre 1908, où fut projeté notamment *l'Assassinat du Duc de Guise*: « Voilà le cinéma entré résolument dans la voie artistique qui nous est chère, celle où il sera le grand éducateur du peuple et lui communiquera l'étincelle sacrée du beau... ». Jusqu'en avril 1909, Paul Laffitte, Charles Le Bargy (sociétaire de la Comédie-Française) et Henri Lavedan (de l'Académie Française) officient à la tête du Film d'Art. Ils mettent en place des méthodes très novatrices qui donnent cependant des résultats inégaux: un grand sujet, un grand auteur, de grands comédiens, sans oublier les grands noms qui collaborent à la musique, aux décors, aux costumes... Tous participent à des films assumant totalement l'héritage théâtral. Pourtant, de graves problèmes financiers obligent la société à déposer son bilan en 1909 et à changer de directeur plusieurs fois (dont Paul Gavault et Louis Nalpas) avant que les propriétaires ne deviennent, à partir de 1910, Charles Delac et Marcel Vandal, d'abord dans le cadre de la société Monofilm, puis dans celui de la Société Générale de Cinématographie.

Après guerre, le Film d'Art perd de son côté « aristocratique », se banalise et finit par ressembler aux productions commerciales courantes. Ceci malgré les intentions affichées par Delac et Vandal. Ainsi quand en 1918 est annoncée la préparation de *Travail* de Henri Pouctal, Le Film d'Art étale sur dix-sept pages de la revue *Le Film* une publicité sous forme de texte et d'un récapitulatif des productions de la maison, avec pour titre: « Le Film d'Art, par son passé, son présent et son avenir a été, est et restera le plus magnifique foyer d'art français ». Sont rappelés les principaux auteurs dont les œuvres furent adaptées à l'écran par le Film d'Art (Georges Feydeau, Pierre Loti, Émile Zola, François Coppée, Henri Lavedan...) ainsi que les comédiens sollicités (Mounet-Sully, Charles Le Bargy, Sarah Bernhardt, Cécile Sorel, Polaire, Jean Toulout...). Il y a la volonté affirmée de se placer dans la lignée du Film d'Art de 1908: « Les productions passées autorisent tous les espoirs et font présager de nouveaux et mérités succès dans l'avenir. » Le message est en toute circonstance de faire accepter l'idée que le Film d'Art a écrit les plus belles pages du cinéma, « Le Film d'Art a trouvé L'Art du Film ». La liste des productions citées est révélatrice de cette mise en avant des succès du passé. Près de trente films des années dix sont rappelés dont bien sûr *l'Assassinat du Duc de Guise*, *le Baiser de Judas*, *Alsace*... L'ancrage dans le genre littéraire et théâtral est souligné par le rappel de quatre films tirés de pièces « joyeuses » : *Miquette et sa mère*, *le Dindon*, *la Puce à l'oreille* et *Un fil à la patte*. *La Dixième symphonie* de Gance, *le Comte de Monte-Cristo* de Pouctal notamment viennent illustrer les succès « présents ». Enfin, des pages annoncent les succès à venir; trois sont consacrés à *Travail* de Henri Pouctal d'après Émile Zola. Ce type de documents nous informe sur la stratégie du Film d'Art dans les années vingt qui soigne naturellement son image en essayant de l'éclaircir. Car il existe assurément un trouble entre le nom de la société et sa production, devenue moins originale. À la tête de la société, Marcel Vandal et Charles Delac produisent au cours de la décennie vingt moins d'une cinquantaine de films, certains réalisés par Marcel Vandal lui-même. La liste des cinéastes produits fait apparaître des noms récurrents: Julien Duvivier à dix reprises (*l'Agonie de Jérusalem*, 1926; *l'Homme à l'Hispano*, 1926; *Au bonheur des dames*, 1929...), Jacques de Baroncelli à sept reprises (*le Père Goriot*, 1921; *le Rêve*, 1921; *Roger la Honte*, 1922...), René Hervil à six reprises (*le Secret de Polichinelle*, 1923; *la Flamme*, 1925; *Knock*, 1925...) etc. Dans le fameux studio que Vandal et Delac dirigent à Neuilly – construit en 1908 sur les plans de Camille Formigé et où sont tournés les films « maison » pendant les années vingt – toute l'équipe de travail s'active à chaque production. Pour le film de René Le Somptier *la Dame de Montsoreau*, ils décrivent dans Cinémagazine (26 janvier 1923) comment ils ont abordé la préparation et le tournage du film, accentuant l'aspect très professionnel de leur entreprise: « Suivant la méthode que nous avions adoptée, nous demandions à chacun de nos collaborateurs de se plonger éperdument dans l'étude de *La Dame de Monsoreau*. » Leur description insiste sur le caractère très compartimenté et méthodique de la préparation du film, pour lequel chacun des métiers se met à l'ouvrage (mise en scène, décors, costumes, accessoires...). De plus l'expression « se plonger éperdument » cadre bien avec la sensibilité artistique qu'ils souhaitent donner à leur société.

À partir de 1918-1919, Vandal et Delac essayent de donner un fonctionnement moderne à leur société de production, notamment en effectuant des séjours aux États-Unis pour étudier les méthodes américaines. Ils engagent même l'héroïne de *Forfaiture*: Fanny Ward. Elle devient le premier rôle de deux films de Jacques de Baroncelli: *la Rafale* et *le Secret du « Lone Star »* sortis en 1920. Mais comme le précise Henri Fescourt dans son livre *la Foi et les montagnes*: « Les portes des USA restent verrouillées. Les Américains protégeaient tout simplement leur industrie et combattaient les importations. Les yeux des producteurs s'ouvrirent et les ambitions du Film d'Art se replièrent sur le continent. » Vandal et Delac fusionnent le Film d'Art avec Éclair, AGC et les salles de Benoit-Lévy. Ce conglomérat (Compagnie générale française de cinématographie) ne dure pas. En 1922, le Film d'Art s'intègre au consortium monté par l'éditeur et distributeur Louis Aubert, qui s'est attaché le talent de Louis Mercanton, René Le Somptier, René Hervil... qui tournent dans ce cadre pour le Film d'Art.

Avec l'apparition du parlant, Vandal et Delac continuent leurs activités en produisant notamment des films de Julien Duvivier (*David Golder*, *les Cinq gentlemen maudits*...). En 1931, Marcel Vandal et Charles Delac signent un accord avec P. J. de Venloo qui édite et distribue leurs productions, Delac et Vandal ne se consacrant qu'à la production. *Comoedia* (23 novembre 1931) commente cette accord de manière symptomatique, en insistant encore sur le passé glorieux de la société: « Tout le monde a encore présent à la mémoire le succès des films produits par « Les Films d'Art » que ces deux producteurs dirigèrent pendant des années. Les films P. J. de Venloo ont toujours eu la réputation de n'éditer que des films de valeur. [...] Ni fusion, ni association, collaboration pour éviter la dispersion des efforts, chaque organisme gardant son entière indépendance ». Marcel Vandal et Charles Delac dirigent La Société Générale de Cinématographie jusqu'en 1937. Le nom « Film d'Art » est longtemps resté attaché à la production de la SGC, faisant ainsi office d'une sorte de label de qualité, indissociablement attaché à l'image originale des premiers films écrits pour la première fois par les grands auteurs de l'Académie française et interprétés par Mounet-Sully, Albert Lambert, Sarah Bernhardt… Les gloires passées du Théâtre. **K.G.**

G

GALLONE Carmine (1886-1973)
Singulière figure de cinéaste qui a traversé l'histoire du cinéma, et pas seulement celle du cinéma italien, pendant plus de cinquante ans, Carmine Gallone a commencé sa carrière dans les années dix en mettant en scène plusieurs films avec Lyda Borelli, *Fior di male* (1915), *La falena*, *Malombra* (1916), Diana Karenne, *Redenzione* (1919), et surtout sa femme Soava Gallone, une actrice délicate et à l'interprétation très spirituelle.

À la fin de la décennie, il partage l'expérience cinématographique de Lucio D'Ambra, signant des films brillants comme *La principessa Bébé* (1921), des œuvres crépusculaires comme *Amleto e il suo clown* (1920) ou des adaptations de Balzac (*Il colonnello Chabert*, *La falsa amante*, tous les deux de 1920), de Bourget (*Nemesis*, 1920), de Kistemaeckers (*La fiammata*, 1922) ou actualisant la vie d'Adrienne Lecouvreur dans *I volti dell'amore*.

La filmographie de Gallone est riche de multiples expériences : il a supervisé les films de Giorgio Mannini, il a collaboré avec Genina sur *Il corsaro* (1924), il a réalisé une excellente et vibrante fresque garibaldienne, *La cavalcata ardente* (1925), récemment retrouvée par une cinémathèque étrangère, il a participé à la réalisation d'un des plus gros efforts de production italiens des années vingt : *Gli ultimi giorni di Pompei* est en grande partie sien, bien qu'il porte aussi la signature de Palermi (lequel, en vérité, a passé la majeure partie de son temps en déplacement à la recherche de capitaux à l'étranger).

Après ce film, qu'Emilio Ghione avait ironiquement rebaptisé « les derniers jours du cinéma italien », Gallone s'installe en France pour un film intitulé *Celle qui domine* (dans la version italienne cela devient *La donna che scherzava con l'amore*), où Soava, désormais dans la force de l'âge, est une dame de la haute société niçoise, courtisée par deux hommes ; malgré quelques faiblesses inévitables, le film est perçu comme un produit moyen. La critique relève un excès d'intertitres mais apprécie la sincérité et la justesse de l'interprétation. Après cette comédie mondaine suit un film d'un tout autre genre, en version française et allemande, *la Ville des mille joies/Die*

Stadt des tausend Freudes. Cette ville des mille plaisirs, une sorte de gigantesque Luna Park, sert de cadre à des amours orageuses, des substitutions de personnes, un début de tragédie et un finale couronné par un triple mariage...

Installé en Allemagne, Gallone tourne divers films parmi lesquels *Land ohne Frauen* (1929) qui, grâce à la musique et aux chants insérés dans l'original muet, est considéré comme le premier film allemand sonore. Il retourne en France aux débuts des années trente pour *Un soir de rafle* (1931) avec Annabella et Albert Préjean, que nous retrouvons aussi dans *Un fils d'Amérique* (1932). Suivent d'autres films, souvent en coproduction: *le Roi des palaces* (1932) avec l'Angleterre (*The King of the Ritz*), *Mon cœur t'appelle* (1934) avec l'Allemagne (*Mein Herz ruft nach dich*).

Authentique cinéaste cosmopolite, Gallone tourne en Autriche, en Allemagne, en Angleterre, il est responsable de l'exécré *Scipione l'Africano* (1937) ; à partir de *Casta Diva* (1935), pendant trente ans, il saura défendre l'opéra italien dans le monde entier au travers du cinéma. Mais cela est une autre histoire...

V.M.

Filmographie ◆ *Amleto e il suo clown* (1920); *Il colonnello Chabert* (id.); *La falsa amante, Nemesis* (id.); *All'ombra di un trono* (1921); *Marcella la principessa Bébé* (id.); *La fanciulla il poeta e la laguna* (1922); *La fiammata* (id.); *Il segreto della grotta azzura* (id.); *S.E. l'Ambasciatrice* (co. Lucio d'Ambra, id.); *La tormenta* (id.); *La madre folle* (1923); *La signorina... madre di famiglia* (connu aussi comme *Jerry*, 1924); *Il volti del amore* (id.); *La cavalcata ardente* (1925); *Gli ultimi giorni di Pompei* (co. Amleto Palermi, 1926); *Celle qui domine* (1927); *La Ville des mille joies/Die Stadt des tausend Freuden* (id.); *Mater der Liebe* (1928), *Schiff im Not. S.O.S.* (id.); *Das Land ohne Frauen* (1929).

GANCE Abel (1889-1981)

Abel Gance débute sa longue carrière dès 1910 en écrivant des scénarios pour Gaumont et la SCAGL, avant de passer à la réalisation de courts métrages en 1912, puis de longs à partir de 1915 après avoir été engagé au Film d'Art. Il apparaît rapidement comme un des cinéastes français les plus prometteurs, surtout suite au succès considérable de *Mater Dolorosa* en 1917. Dans ce mélodrame mondain (à l'époque, Gance est sans doute le cinéaste français, avec Marcel L'Herbier, qui s'est le plus intéressé à ce genre), il développe un style à la fois très personnel et influencé par le film américain *Forfaiture* de Cecil B. de Mille (en particulier dans le choix des décors, la précision des cadrages et l'usage du clair-obscur) qui a fortement impressionné le public et les critiques parisiens lors de sa sortie sur les écrans en 1916. C'est alors que le parcours de Gance est bouleversé par le choc de l'extrême brutalité de la

Première Guerre mondiale (à laquelle il n'a pas participé, mais qu'il a vécu comme un traumatisme psychologique intense), au point de donner soudain une nouvelle orientation à sa démarche créatrice. Dans l'immédiat, cela débouche sur *J'accuse*. Plus tard, on trouvera à diverses reprises dans son œuvre la trace de cet événement obsessionnel, l'emprise de ce terrible souvenir à la pesanteur mal assumée ; sans pour autant, il est vrai, dissiper totalement ses nombreuses illusions. En tout cas, *J'accuse* confirme son immense talent, même si l'on perçoit déjà certains défauts dont le cinéaste ne parviendra plus à se débarrasser (scénario simpliste, insistance des effets, surcharge mélodramatique, excès de sentimentalisme, aspect parfois chaotique). Mais surtout, ce film est un film charnière, se situant entre une représentation classique en voie de perdition et des innovations formelles qui vont finir par s'imposer durant les années vingt. C'est en effet au cours de cette décennie que Gance réalise les deux films généralement considérés comme étant l'illustration la plus évidente de sa réussite artistique, comme l'apogée de son audace esthétique et technique : *la Roue* (1922) et *Napoléon* (1927).

Chez nul autre cinéaste français (à part François Truffaut peut-être), une certaine idée du romantisme ne s'est mieux incarnée que chez Gance. C'est un auteur sentimental dont le parcours est inséparable de son expérience affective intime. L'absence du père, qui devient une sorte de béance à partir de laquelle se développe une secrète douleur et une sensibilité à vif, explique sans doute son profond désir de création, d'idéalisme à la fois sincère et naïf que l'épreuve de la guerre, la rencontre avec la maladie et la mort (notamment celle de sa jeune femme Ida Danis en 1921) ne feront qu'accentuer par la suite. Le cinéma (mais ça aurait pu être la littérature ou le théâtre), comme exutoire, devient alors un élément vital dans sa quête identitaire. D'où éventuellement aussi son attirance prononcée pour les hommes providentiels, les artistes exceptionnels (souvent incompris) auxquels il s'identifie volontiers (Gance, dont la modestie n'est pas le point fort, n'hésite pas, dans ses carnets de notes, à se comparer à plusieurs d'entre eux. Il affirme notamment, avec une assurance un peu hautaine et maladroite, pouvoir devenir l'équivalent de Victor Hugo dans le domaine du cinéma…) et dont le destin parfois tragique semble, à ses yeux, se confondre avec le sien.

Convaincu qu'il dispose d'une « puissance cinématographique » capable de le conduire au sommet, il entame, dès son premier texte paru dans *Ciné-Journal* en 1912 (« Qu'est-ce que le cinématographe ? Un sixième Art ! »), une réflexion sur la pertinence de l'utilisation du film comme mode d'expression. Par la suite, il tente, avec d'autres, de théoriser sa conception du cinéma, d'interroger ses fondements afin de l'élever au rang d'un art véritable (le septième selon son ami Riciotto Canudo). À son avis, « le temps de l'image est venue ». C'est ainsi qu'il publie, à la fin des années vingt, un livre intitulé *Prisme* où il formule l'idée d'une suprématie du visuel sur les autres sens. Mais il ne se contente pas d'écrire. Son imagination débordante se conjugue à la virtuosité de sa mise en scène : d'emblée, dans ses films, il ne cesse d'explorer les possibilités significatives de ce langage neuf, d'en éprouver les ressources d'une façon jusqu'alors inédite. Insatiable expérimentateur, Gance cherche constamment à élargir le champ du visible et instaurer par là une esthétique spécifique. Il essaye aussi de démontrer l'universalité du cinéma, tout en insistant sur les liens qui le rattachent aux autres arts dans un commun désir de renouveler le regard. La majorité des critiques, au premier rang desquels figure Louis Delluc, voient en lui l'un des cinéastes les plus doués de sa génération, le seul capable de rivaliser avec les meilleurs américains. Un sentiment partagé par Léon Moussinac. Qu'on en juge, par exemple, par cet extrait d'une lettre envoyée à Gance le 20 mars 1921 : « Vous êtes de ceux en qui j'ai placé ma plus grande confiance. Vos œuvres d'hier sont là et témoignent d'un effort et d'une âme peu ordinaires. Vous nous donnerez quand vous le voudrez un *Lys brisé* français. Je dis cela, croyez-le, en toute sincérité. Aussi, vous comprenez avec quelle impatience j'attends *la Rose du rail*. Nous appartenons à une génération qui se doit d'élever le cinéma à la pleine et large dignité d'un art nouveau. Vous avez été le premier vrai ouvrier de cette belle tâche. Soyez-en fier. J'ai foi comme vous-même en l'image et je la vois plus prédestinée que le mot aux œuvres infinies qui éblouissent l'âme des foules. [...] Pour ma part, je m'efforcerai, dans la mesure de mes moyens, de faire comprendre au public ces possibilités inouïes du cinéma ». Il est vrai que peu de cinéastes ont été aussi loin dans la recherche, l'invention de nouvelles formes plastiques. *La Roue* est, au plus haut degré, le film de la vitesse, du dynamisme et du rythme frénétique : l'admirable séquence où le cheminot Sisif (joué par l'acteur Séverin-Mars), conduit sa fille adoptive Norma (jouée par Ivy Close), dont il est amoureux, jusqu'à son futur mari, poussant sa locomotive à une cadence infernale afin de se suicider, le prouve amplement. Le morcellement du découpage est à son comble. Les positions de la caméra sont variées et, en outre, elle bouge énormément. Le montage ultra rapide, avec des plans parfois très courts et certains raccords abrupts, donne l'impression, comme le disait Gilles Deleuze, d'un « maximum absolu de mouvement », procurant de façon magistrale un équivalent sensoriel à la puissance de la machine qui fonce à toute vapeur. Cette parcellisation d'instants et de fragments d'images, qui empoigne le spectateur, est qualifiée de « symphonie visuelle » par Germaine Dulac. La deuxième partie du film, durant laquelle Sisif roule sans fin son rocher de souffrances, est au contraire d'une lenteur extrême. Mais c'est justement cette opposition radicale, ce contraste violent qui fait la force du film. En tout cas, la fameuse matière photogénique originale, si souvent évoquée, se révèle incontestablement inaugurale. Nombreux sont ceux, fascinés, qui vont en effet s'en inspirer. En particulier Jean Epstein, qui avouera plus tard avoir conçu ses premiers films, notamment *Cœur fidèle*, en référence directe à *la Roue*. Dès lors, Gance est propulsé au rang de chef de file de l'avant-garde cinématographique française (Delluc, Dulac, Epstein, L'Herbier). Cependant, la démesure et les idées de ce novateur ne font pas toujours l'unanimité, loin s'en faut. L'accueil de la critique est ainsi très partagé. Beaucoup crient au génie, mais les envolées lyriques et les lourdeurs mélodramatiques en agacent d'autres qui attaquent le film assez âprement. Tel le poète Robert Desnos qui écrit dans les colonnes de *Paris-Journal* le 6 mai 1923: « On m'a demandé pourquoi je n'avais pas consacré un article à *la Roue* d'Abel Gance. Mais parce que c'est le plus mauvais film que j'aie vu, le plus ridicule, le plus ennuyeux, le plus odieusement moralisateur, le plus mal joué et celui qui témoigne de l'esprit le plus antipathique ».

L'attirance réccurente pour la thématique romantique, les innovations techniques et les recherches esthétiques culmine en 1927 avec *Napoléon vu par Abel Gance* (entre temps, en 1923, il a tourné un moyen métrage, une comédie fantastique avec Max Linder intitulée *Au secours!*). En dépit des nombreux problèmes rencontrés tout au long de sa réalisation, ce film est proche du chef-d'œuvre. Gance s'est documenté avec précision. Toutefois, par bien des aspects, il se rapproche davantage de l'épopée que de la reconstitution historique. Conformément à la mémoire collective, il modifie la réalité pour la restituer agrandie, décantée, sublimée. En revanche, contrairement à ce que certains affirment parfois, le point de vue du cinéaste n'est pas réactionnaire. Au contraire, une analyse minutieuse prouve ses attaches obstinées aux valeurs fondamentales de la Révolution française: il suffit ainsi de rappeler que, sous les traits de Saint-Just, il va jusqu'à dresser un bilan convaincant de « la Terreur » en la présentant comme un mal nécessaire. Gance a toujours su s'entourer de collaborateurs hors pair pour utiliser leur ingéniosité. Évoquons à cet égard l'apport décisif, dans l'instauration du style visuel de *Napoléon*, du chef opérateur Jules Kruger et de ses brillants assistants Léonce-Henry Burel, Georges Lucas, Joseph-Louis Mundviller et Émile Pierre qui se sont efforcés, par diverses prouesses techniques souvent périlleuses, de communiquer au spectateur les sensations des protagonistes du film. On se souvient principalement de la célèbre poursuite à cheval de Bonaparte en Corse, ou de la caméra se balançant au bout d'un fil au-dessus de l'Assemblée nationale. Mais, d'une façon générale, le traitement plastique est exceptionnel. Nous pouvons citer ainsi, parmi beaucoup d'autres, la très belle séquence dans la forge où Danton fait un discours pour annoncer « la levée en masse ». Un montage en champs contre-champs montre tantôt le tribun, tantôt les hommes et les femmes qui l'écoutent. Le feu de la forge diffuse sa lumière. Les flammes se reflètent sur les visages, les irradiant totalement. Ces plans magnifiques traduisent le rayonnement du chef révolutionnaire sur son auditoire, mais aussi la fournaise, comme une sorte d'enfer pour exprimer de façon sidérante la violence de l'insurrection populaire. Partout dans le film les ressources combinées du montage, des mouvements d'appareil, des multiples surimpressions, parfois vertigineuses et hypnotiques, aboutissent à une expressivité métaphorique intense (voir en particulier la fabuleuse séquence des deux tempêtes). Bien d'autres procédés esthétiques pourraient être mentionnés, le plus connu étant le recours au fameux triptyque afin de décupler encore la portée symbolique des images.

En fait, le paroxysme et l'ambivalence des choix d'Abel Gance apparaissent clairement dans ces deux films majeurs des années vingt que sont *la Roue* et *Napoléon*. Ils sont traversés de poésie, de lyrisme sublime, d'audaces et d'incroyables trouvailles visuelles, mais aussi de maladresses déconcertantes, d'excès caricaturaux et de surcharges pathétiques assez insupportables. D'ailleurs, à l'époque, cette oscillation entre le meilleur et le pire (qui semble caractériser l'ensemble de son œuvre), fait couler beaucoup d'encre et l'objet de nombreuses critiques : aucun autre cinéaste ne suscite autant d'appréciations contradictoires. Pourtant, le travail de Gance durant cette période reste dans l'histoire du cinéma comme une référence incontournable, ses films comme la promesse irrésistible d'un art nouveau, résolument moderne, d'une puissance étonnamment singulière en pleine conformité avec son temps. En réalité, un cinéma rêvé, jamais vraiment parfait, inabouti ou mutilé (d'où son amertume et le sentiment, souvent exprimé, de s'être heurté en permanence à l'incompréhension de ses contemporains, d'avoir été brimé dans sa créativité) et resté pour toujours inachevé. Mais un cinéma qui, en raison de sa nature même et malgré les réserves auxquelles il peut donner lieu, demeure aujourd'hui encore essentiel. Telle une tentative éperdue, délibérément illusoire et utopique, qui ne cesse de nous impressionner, de nous toucher.

L.V.

Filmographie ◆ Nouvelle version de *J'accuse* (1922) ; *la Roue* (id.) ; *Au secours !* (1923) ; *Napoléon vu par Abel Gance* (1927) ; *Autour de Napoléon* (documentaire, 1928) ; *Cristallisation* (documentaire en polyvision, id.).

GASTYNE Marco de (1889-1932) Après avoir fréquenté l'École des Arts Décoratifs de Paris, exposé ses tableaux au Salon des artistes et remporté un prix à Rome, Marco de Gastyne (de son vrai nom Marc Benoist) passe au cinéma appelé par René Le Somptier à qui avait été confiée la réalisation d'un film orientalisant, *la Sultane de l'amour* (1919). De Gastyne est chargé des décors, rôle qui s'avérera être un des éléments les plus évocateurs de ce « film polychrome, réalisé avec un magnifique décor artistique, une richesse de moyens et une perfection technique vraiment remarquable. » (*La Cine-Fono*, n° 449, 1921). Le Somptier se sert encore de Gastyne pour *la Croisade*, un film d'actualité, sur un soldat de retour de la guerre qui trouve son usine détruite, sa famille dispersée et qui, comme l'annonce la publicité, comprend que son devoir est de réunir les siens et de reconstruire l'usine (avec une référence claire à la France qui doit se retrousser les manches après les désastres de la guerre).

En 1923, Marco de Gastyne passe à la mise en scène avec un film intitulé *À l'horizon du Sud*: avec Gaston Modot, le héros, il se rend en Algérie, où se déroule cette histoire d'archéologues français dont les recherches des restes d'une antique ville romaine sont perturbées par une tribu indigène féroce. Dans un petit rôle apparaît Choura Mylena qui deviendra la femme de Gastyne et sera souvent l'interprète de ses films à venir. En 1926, Gastyne met en scène – c'est probablement un prolongement du succès non encore épuisé de *l'Atlantide* – un autre film tiré des romans exotiques de Pierre Benoit, *la Châtelaine du Liban*, avec la gracieuse Arlette Marchal dans le rôle principal. Le film connaît un excellent accueil dans toute l'Europe et Gastyne voit son contrat reconduit par la Paramount française pour deux autres films, tous deux tirés des romans d'un autre écrivain qui connaît alors une période de gloire, Maurice Dekobra. Le premier, *Mon cœur au ralenti*, reproduit exactement les situations et l'atmosphère du roman, le cosmopolitisme, quelques images tournées à Venise, deux ou trois aspects de New York, une fumerie d'opium très bien reconstituée dans un jeu de lumières évocateur, et une intrigue aussi compliquée que paradoxalement irréelle. *La Madone des sleepings*, en revanche, est seulement commencé par Gastyne. Tombé gravement malade, le cinéaste est remplacé par Maurice Gleize.

En 1927, Bernard Natan met en chantier un film sur Jeanne d'Arc: il s'agit, selon le scénario de Jean-José Frappa, de parcourir toute la vie de la Pucelle d'Orléans, de la naissance à Donremy jusqu'au bûcher de Rouen. Le film, qui tire parti de l'interprétation de la très jeune Simone Genevois dirigée par Gastyne dans son jeu simple et expressif, suscite des critiques très positives mais il rencontre un résultat médiocre auprès du public car il sort presque en même temps que *la Passion de Jeanne d'Arc* de Dreyer, qui l'écrase littéralement. Bien qu'étant une œuvre inspirée, réalisée avec beaucoup de soin et splendidement interprétée par une distribution de premier ordre (Gaston Modot, Philippe Hériat, Jean Debucourt, Jean Toulout, l'immanquable Choura Milena et Jeanne-Marie Laurent), *la Merveilleuse Vie de Jeanne d'Arc, fille de Lorraine* disparaît rapidement des programmes et tombe dans un oubli injuste dont il est sorti depuis une dizaine d'années.

Au début du parlant, Gastyne réalise deux films avec Gabriel Gabrio, *Une belle garce* (1931) et *la Bête errante* (1933), puis une comédie dans une double version anglaise et française, *Rothschild*, avec Harry Baur (remplacé dans la version anglaise, *The Guv'nor*, par George Arliss). Puis il passe définitivement aux courts métrages « de première partie », généralement de spirituels sketches avec des acteurs de cabaret.

V.M.

Filmographie ◆ *À l'horizon du sud* (1923) ; *La Blessure* (1925) ; *La Châtelaine du Liban* (1926) ; *Mon cœur au ralenti* (1927) ; *La Madone des sleepings* (terminé par Maurice Gleize, id.) ; *La Merveilleuse Vie de Jeanne d'Arc, fille de Lorraine* (id.).

GAUMONT

Les années vingt sont, pour la Société des établissements Gaumont (SEG), la période charnière de son histoire. Non pas tant que cette décennie soit caractérisée par des tragédies sans retour, elles surviendront plus tard, mais en raison de ce que ces années portent les tumeurs que le parlant amplifiera au point d'emporter la société, au milieu des années trente.

Les années vingt ont pour départ la Première Guerre mondiale. La Gaumont, à l'image du pays, sort exténuée du conflit. Le dixième de ses effectifs, soit près de deux cents personnes, parti pour le front, manque à l'appel la paix revenue. Autre facteur aggravant, la clientèle internationale s'est volatilisée au bénéfice des fournisseurs américains.

Léon Gaumont, le patron fondateur, ne lâche pas prise. Il n'est pourtant plus maître pour très longtemps des destinées de la société qu'il a créée en 1895, et qui, déjà, ne porte plus vraiment son nom.

Mais comment se présente alors ce qu'il faut bien appeler, au vu de sa taille, l'empire Gaumont ?

Les salles, priorité économique

La partie la plus visible du conglomérat, ce sont les salles de cinéma. Priorité leur est donnée. À Paris, comme aux États-Unis, la salle témoigne, en effet, de la prospérité de l'entreprise. Non seulement les salles servent de vitrine, mais résument encore l'essentiel de la valeur boursière de la société propriétaire. Elles ont un prix d'achat, une valeur comptable, qui figure au bilan, et, surtout, sont le guichet par où transite la remontée de la trésorerie. C'est ce qui explique l'incessant mouvement d'acquisition des salles.

En 1921, Gaumont rachète l'ancien Hippodrome de la place Clichy. Il est aussitôt transformé en luxueux théâtre, nommé Gaumont-Palace que dirige Edgar Costil. Avec sa nef haute de 20 mètres, ses six ou sept mille places – selon les brochures, les estimations varient –, le public visite le bâtiment à la manière d'une paquebot. En 1925, le Gaumont-Palace occupe, avec une recette de 4 700 887 F, le deuxième rang des 163 salles parisiennes, juste derrière le Marivaux. En 1922, Léon Gaumont achète encore le Gaumont-Théâtre, situé au 7 boulevard Poissonnière, le Madeleine, au 14 du boulevard du même nom, et le Splendid Cinéma (1 500 places).

La province n'échappe pas au dévorage immobilier. Des salles sont avalées à Lyon, Clermont-Ferrand, Marseille, Toulouse, Saint-Étienne, Toulon, Grenoble. Les banques, que la pierre rassure, procurent les crédits destinés à cette razzia.

Les innovations techniques, la passion de Léon Gaumont

Le deuxième grand chantier de la Gaumont, de Léon plus précisément, est la technique. L'ingénieur, formé aux cours du soir des sociétés savantes et à ceux du dimanche matin de l'Observatoire du Trocadéro, a pressenti, dès le départ, la fortune liée à la maîtrise du film parlant. Léon pousse sa firme dans les grandes aventures technologiques de la période : la couleur et, surtout, le parlant. Mettre au point les procédés d'enregistrement, de reproduction et d'amplification sonores, est la grande obsession du patron. À la commercialisation aléatoire des films, l'industriel préfère les *royalties* encaissables sur chacun de ses appareils vendus. En outre, les exploitants, à qui sont destinés ces équipements, sont solvables, le matériel qui leur est fourni pouvant être gagé contre des actifs solides. Il est un dernier argument qui permet de comprendre pourquoi Léon Gaumont persévère : à la différence de la production cinématographique, ouverte à n'importe quel aigrefin, dans la technique, le ticket d'entrée est élevé. En ce domaine, l'industriel affronte des concurrents connus et respectés. De ses nombreux voyages aux États-Unis, (il accomplit sa troisième traversée en 1920), il revient convaincu qu'il ne peut plus rivaliser avec l'industrie américaine. L'Europe cache ses décombres, mais l'hécatombe a mutilé profondément le continent. Pour Léon, la partie, se joue ailleurs, sur la technique, où les Européens et notamment les Français, bénéficient d'une avance en raison de leur haut niveau d'instruction scientifique.

En 1920, la Gaumont s'associe avec les inventeurs danois Petersen et Poulsen. Ensemble, ils mettront au point l'enregistrement photographique sur film séparé. Ces travaux aboutissent au lancement, l'année suivante, du Cinéphone, appareil de projection à double bande. L'année suivante, la Gaumont lance encore le Cineplexe, format 35 mm à double-bande. Recherche et développement sont constants. Chaque année, au cours de cette décennie, voit l'ouverture de nouvelles filiales Gaumont centrées sur l'exploitation d'un brevet ou d'une innovation. En juin 1922, Léon Gaumont fait une démonstration publique, dans la salle du Gaumont Théâtre, de films parlants sonorisés à l'aide de disques. Qui doute alors de l'imminence du brevet miracle ? En 1923, c'est le lancement de la Société de la Propagande Parlée, dont l'objet est l'utilisation de haut parleurs sur camions pour publicité sur la voie publique. La société s'éteindra avec la publication d'un décret, en 1929, interdisant ce mode de réclame. L'année suivante, en 1924, Gaumont lance encore *Le Journal Vivant*, filiale chargée de la distribution de la publicité par la Gaumont.

La ténacité de Léon Gaumont touchera bientôt à l'obstination coûteuse. Reste que, en 1928, la presse spécialisée américaine souligne à l'envi que Léon Gaumont est le seul industriel français à poursuivre des travaux sur le film sonore. Aussi n'est-il-pas vraiment surprenant de noter que la société produit le premier film parlant français, *l'Eau du Nil*, film de Marcel Vandal, projeté le 18 octobre 1928 au Caméo par le procédé Gaumont-Petersen-Poulsen. Pour la première fois le public français se voit proposer un film sonore.

Une production cinématographique coûteuse

Le troisième axe de développement, loin derrière les deux premiers, est la production. Ici, les choses se sont gâtées tôt. À la faveur de la guerre mondiale, les Américains ont pris la main. Ils la garderont. En Europe, en ce début des années vingt, leurs films contrôlent au minimum 35 % du marché local, avec des pointes à 75 % dans les petits pays nordiques. L'objectif principal de Léon Gaumont est de rentabiliser les lourds investissements immobiliers, lisez de remplir ses salles : « Le public de cinéma prend ce qu'on lui donne. Au théâtre, pour réussir, il faut un succès, chez nous, il faut un programme par semaine. C'est simple, mais il nous faut beaucoup de films et je suis toujours à la recherche de metteurs en scène ». Les conditions d'exploitation sont plus difficiles qu'avant-guerre. Léon, en 1919, a lancé un nouveau style de films, la série nommée « Pax », alliage de récits filmés ambitieux et grand public. Léon parie sur des réalisateurs comme Plaisetty, Desfontaines, d'Hée, Jacques-Robert, Roger Lion. La nomination de Léon Poirier à la direction de la Pax témoigne du souci du patron de promouvoir un cinéma plus exigeant. Poirier signe *Jocelyn*. Le film est un succès qui décroche le « Grand Prix d'Excellence du Film Français » (*sic*). Le miracle ne se reproduit pas avec *Geneviève*, « une tape retentissante », selon le mot de Léon. Suivront *le Coffret de jade*, *l'Affaire du courrier de Lyon*.

À son tour, Marcel L'Herbier frappe à la porte des Buttes-Chaumont. Pour la Gaumont, L'Herbier, en contrat à l'année, tourne sept films en quatre ans: *Rose-France*, *le Bercail*, *le Carnaval des vérités*, *l'Homme du large*, *El Dorado*, *Villa Destin*, *Don Juan et Faust*.

Léon Gaumont, même s'il se méfie des auteurs et comédiens, au point, selon L'Herbier, de fermer à clé la porte des studios de Belleville « *pendant les heures de travail pour les empêcher d'aller prendre l'air toutes les cinq minutes* », aide encore au lancement de jeunes auteurs comme René Clair – jusqu'alors acteur –, Feyder, Autant-Lara, Robert Florey, alors régisseur aux studios de Nice.

La politique de Gaumont est ambitieuse, indéniablement. Elle va, pourtant, décevoir les banquiers. Le corollaire de l'acquisition des salles est leur rentabilisation. Or l'investissement, extrêmement lourd, exige des films porteurs, que seuls les Américains savent produire et possèdent en nombre. Dans le même temps, en France, l'allongement des films renchérit leur prix de revient. Faut-il s'acharner à produire sur fonds propres des films toujours plus onéreux et dont la commercialisation est aléatoire, quand l'objectif prioritaire est d'attirer le public dans les salles du circuit? Ne vaudrait-il pas mieux s'allier avec un fournisseur de films qui allégerait les investissements en production? Les insuccès commerciaux qui s'enchaînent produisent l'effet attendu: en 1924, la production, sauf pour Feuillade, est arrêtée. La mort du réalisateur, en février 1925, mettra un point final aux films Gaumont.

À la recherche de partenaires

Résumons-nous: remboursement des emprunts liés à l'acquisition des salles, investissements dans les développements du film parlant, obligations de recentrage de la production cinématographique sur des films désormais longs et coûteux, concurrence américaine accrue: pour la Gaumont les échéances tournent au cauchemar. La firme, dès 1922, court derrière une trésorerie insuffisante que lui procure un Crédit Commercial de France devenu méfiant. Gaumont cherche des partenaires. En 1924, d'un voyage aux États-Unis, Edgard Costil revient fort d'un accord avec la Metro Goldwyn Mayer. Le contrat offre à la Gaumont des conditions de location plus avantageuses (économie d'intermédiaires) ainsi qu'un approvisionnement direct et régulier de ses salles. Cette disposition est vitale dans un moment où, en raison des insuccès, la Gaumont décide d'arrêter la production de film. Léon Gaumont fournit la clé du spectaculaire recentrage: « J'ai en France cinquante salles dont il faut changer les programmes chaque semaine. Même en procédant par roulement, il faudrait un minimum de 25 grands films par an, nous n'arrivons pas à en produire quatre et les films à épisodes n'ont plus cours. Je suis donc obligé de louer des films aux Américains et d'ailleurs cela me coûte moins cher que d'en produire moi-même ». Démarche que Léon Gaumont justifie en termes simples: « Nous n'avons pas l'intention de dévorer l'argent de nos actionnaires ».

Ainsi naît la Gaumont Metro Goldwyn. En 1926, la société annonce trois titres-phares, *Mare Nostrum* de Rex Ingram, *la Veuve joyeuse* de Von Stroheim et *Ben Hur* de Fred Niblo. « N'allez pas à tâtons et n'agissez qu'à coup sûr », proclame une publicité de 1924, « GMG ; cette marque est pour vous la certitude des meilleures recettes ». L'accord durera jusqu'en 1929.

Quant aux deux sites où s'élèvent les studios Gaumont, ils sont proposés à la location, clés en mains, aux producteurs du moment. Les plus anciens studios sont situés 53 rue de la Villette, à Paris, dans le 19e arrondissement. En 1928, ils sont sous la direction de Paul Martel. L'autre site sont les studios Gaumont, 42 avenue Saint-Augustin à Nice, Quartier Carras, et sont dirigés, toujours cette même année, par Gabriel Mareschal. Dans les placards publicitaires de 1929, Gaumont se flatte : « La plus ancienne maison et la seule réunissant à Paris et dans un même centre tout ce qui concerne la production cinématographique : studios pour films silencieux ou sonores, services de développement et de tirage, impression d'affiches, service de distribution et de vérification de films. » De fait, rares sont les activités de service qui échappent à la firme, pourtant malade. Ne propose-t-elle pas l'agencement complet de salles, depuis l'appareillage électrique, jusqu'aux cabines métalliques de projection, en passant par les projecteurs, le matériel d'optique, les écrans, tout le matériel électrique et notamment les lampes, les groupes électrogènes et les charbons pour l'électricité, les ventilateurs, les caméras, l'ameublement etc. Les seules activités sur lesquelles la Gaumont semble avoir fait l'impasse sont la fourniture de fauteuils et de strapontins, la pellicule vierge et les pochettes surprises (confiseries et bonbons).

À Paris, la Gaumont, sans compter les salles, s'affiche dans six lieux : le siège social est 57 rue Saint-Roch, dans le premier arrondissement ; les deux filiales Ciné-Matériel ainsi que hauts-parleurs et TSF, responsable des locations et ventes de matériel, sont 35 rue du Plateau dans le 19e ; les plateaux de tournage sont 53 rue de la Villette, dans le 19e ; la Direction des Usines est 12 rue Carducci dans le 19e, enfin les Entrepôts sont 51 rue de Paris, aux Lilas.

Au vrai, la situation n'a jamais cessé de se dégrader au long de la décennie. Autrefois fierté de la Gaumont, le réseau des filiales et succursales est devenu un fardeau dont il faut se délester. Le franc s'est déprécié. Non seulement il a perdu 37 % de sa valeur entre 1918 et 1924, mais la circulation des capitaux souffre d'entraves inconnues avant-guerre. Les quelques filiales bénéficiaires, comme celle de Londres, ne peuvent plus basculer leurs résultats sur Paris. En 1924, la Gaumont C° ltd, installée à Londres, est vendue à ses dirigeants, les frères Bromhead, avant d'être absorbée, plus tard, par la Rank.

En 1925, la Gaumont signe un contrat dit « d'affermage » avec la Franco-Film-Exploitation, société créée en 1922 et qui dispose d'un contrat consenti pour cinq ans pour l'usage des salles du circuit Gaumont. Aubert-Franco-Film obtiendra le contrôle de l'affaire, en rachetant, courant 1929, la totalité des actions. Cette filiale de la société Aubert-Franco-Film deviendra filiale de Gaumont, par suite de la fusion de Gaumont avec Franco-Film. Plus tard, en 1930, la Gaumont fusionnera avec Aubert-Franco-Film. La fusion renforce le circuit de douze nouvelles salles. La Gaumont se fond dans un ensemble devenu célèbre sous les initiales GFFA. La fusion fait aussi entrer le mal dans la vieille demeure : la Gaumont a dû reprendre le passif d'Aubert-Franco-Film, soit 117720000 F.

Une firme aux abois

Et pourtant, en 1929, après des années d'efforts, les fruits n'arriveraient-ils pas, enfin, à maturité ? La Gaumont, en fanfare, lance le poste « idéal sonore ». Le marché est réactif. Qu'on en juge plutôt : au 31 mai 1930, et selon une statistique établie par le Secrétaire de la Chambre Syndicale Française de la Cinématographie, la ventilation des équipements donne ceci :

	Appareillage complet pour disques et films						
Marques	Paris	Province	Afr. Nord	Belgique	Égypte	Suisse	totaux
Idéal Sonore	8	63	7	8	1	1	88
Radio	8	17		1		4	30
Thomson Tona	2	4					6
RCA	23	28		6		2	59
Tobis	1	7		1		3	12
Western	21	48	5	12	4	14	104

À bien l'observer, l'éclaté statistique livre une autre information, plus sombre : Gaumont, sur ses terrains de chasse naturel, la métropole, l'empire et les pays francophones, n'est présent que dans 30 % des salles. En outre, rien, raisonnablement, ne permet d'espérer qu'elle fera main basse sur le potentiel des 3236 salles restant à convertir.

La Gaumont a perdu pied. Trop d'activités, sur un marché en complet bouleversement et qui exige des investissements sans commune mesure avec ceux de la décennie précédente. Le banquier Azaria, président du conseil d'administration de la SEG, avait exprimé, dès 1921, ses craintes devant des diversifications qu'il juge aventureuses. Léon ne sera plus maître chez lui. Les augmentations de capital qui se succèdent révèlent moins des investissements porteurs de futurs profits, que le poids de l'endettement du groupe. De 5 millions en 1919, le capital social passe à 10 millions en 1921, à 12 millions en 1927, 24 millions en 1929, puis, suite à la fusion avec Aubert-Franco-Film et Continsouza, à 84 millions, le 12 juin 1930, année où la société fait un chiffre d'affaires de 199 226 000 francs.

À cette date, c'est-à-dire en 1929, les affaires des établissements Gaumont peuvent-elles être considérées comme « prospères »? La qualité du diagnostic, dont la paternité revient au liquidateur de 1934, est douteuse. Retenons plutôt qu'en 1930, la messe est dite. À cette époque, la situation est déjà sérieusement dégradée. Les causes en sont multiples: les ventes de matériel sonore, qui avaient motivé l'absorption de Continsouza, plafonnent. Il ne manque que la réfection du Gaumont-Palace qui, budgétée à 25 millions de francs, s'achève à 41 millions, soit un dépassement budgétaire de 16 millions de francs. Nouveau gouffre. Il est jusqu'aux salles d'afficher désormais des déficits…

En 1930, Léon Gaumont abandonne les fonctions d'administrateur et de Directeur-général de la société. Il se retire dans sa propriété de Sainte-Maxime, à 25 km du lieu de retraite de son concurrent de toujours, Charles Pathé.

Quant à la société Gaumont, suite à sa fusion, en juin 1930, avec la société Aubert-Franco-Film et la société des Établissements Continsouza, elle prenait la dénomination de Gaumont-Franco-Film-Aubert (GFFA). Son siège social était transféré, le 1er août 1930, au 3 de la rue Caulincourt. La nouvelle société, arrimée à un circuit de vingt et une salles à Paris et vingt-trois en province, donnait l'illusion du renouveau pendant quelques années. Ne parle-t-on pas alors de la création d'une « major » française, serpent de mer de la profession, d'une « association industriellement excellente » ? Logiquement, le méga-groupe sombrait à son tour. Lors de sa séance du 20 juillet 1934, le conseil d'administration de Gaumont-Franco-Film-Aubert décidait le dépôt de bilan. Une page de l'histoire du cinéma français était tournée. **F.G.**

GENINA Augusto (1892-1957)
Augusto Genina a connu une carrière de cinéaste qui semble bien présenter une histoire analogue à celle du cinéma italien, du muet au parlant et au-delà, jusqu'aux années cinquante. Son parcours compte plus de cent films mis en scène et écrits, un nombre notable de supervisions et on peut probablement, étant donné l'impossibilité de le vérifier, lui attribuer beaucoup d'autres films de la Cines du début des années dix.

Au début des années vingt, Genina est déjà considéré depuis un certain temps comme une des figures importantes du cinéma italien: pas seulement pour la quantité de films, mais surtout pour leur qualité, qu'on pense à des films comme *Il sopravvissuto* (1916), *La signora Ciclone* (1916), *Addio giovinezza* (1918) ou *La maschera e il volto* (1919). Vera Vergani l'a défini comme une « bête à cinéma », dans une interview qu'elle m'avait accordée quelques années avant sa mort : « Quand nous tournions en même temps *La menzogna* et *Il presagio* (1916), l'opérateur Angelo Scalenghe mourut soudainement : le substituer était pratiquement impossible parce que tous les directeurs techniques avaient été appelés à la session cinématographique du Ministère de la Guerre. Genina passa donc lui-même derrière la caméra. Et montra qu'il en connaissait tous les secrets ». « Ce n'était certes pas un homme doux comme un agneau – selon cette fois Betty Becker, sa femme, dans le témoignage qu'elle fit pour la monographie sur le cinéaste publiée à l'occasion d'une mémorable rétrospective – ; dans le travail, il était dur, nerveux ; il s'énervait facilement, il était impatient ».

Genina doit avaler des couleuvres quand il veut réaliser un *Cyrano de Bergerac*. La désorganisation de la production italienne au début des années vingt est telle que Genina se décide pour Paris, utilisant en plus de Linda Moglia, alors sa compagne, dans le rôle de Roxane et Roberto Ferrari pour Christian, l'excellent acteur de théâtre Pierre Magnier pour le rôle principal. Tourné en partie à Paris et en partie à Rome – les scènes de la bataille d'Arras sont tournées au Ponte Milvio – *Cyrano de Bergerac*, enrichi par un système de couleur en trichromie sur le positif, remporte un grand succès en France et à l'étranger où il sort au début de l'année 1923. En Italie, on le voit dans les salles seulement deux ans et demi plus tard, durant la canicule estivale et il passe presque complètement inaperçu. Revu aujourd'hui, restauré dans ses couleurs originales, c'est un spectacle qui enchante le spectateur.

Il focolare spento, tiré de l'*Inno alla madre* d'Edmond De Amicis, impressionne Erich Pommer, le grand producteur allemand, auquel Genina s'est adressé pour vendre le film en Allemagne. L'œuvre est achetée 80 000 marks, environ vingt-cinq fois le prix réel du film, 30 000 lires.

Le succès en Allemagne de ce mélodrame qui fait couler des larmes, rebaptisé *Mutter verzeih mich* (Maman pardonne-moi), et par la suite ceux de *L'ultimo Lord* et d'*Addio giovinezza* !, interprétés par la nouvelle compagne de Genina, Carmen Boni, ouvrent les portes du cinéma allemand au cinéaste romain. Installé à Berlin, Genina tourne plusieurs films les uns à la suite des autres, beaucoup sont des coproductions avec la France, tel *Sprung ist glück/Totte et sa chance*, *Das Mädchen der Strasse/Scampolo*, *Quartier latin/id*, dans lesquels Carmen Boni, qui souvent et volontiers joue en travesti, devient la réponse directe aux *flappers* hollywoodiennes alors en tête.

Genina sait bien doser des histoires sans préjugés avec une grande tendresse sentimentale, aspects auxquels le visage, parfois espiègle, parfois courroucé, de l'actrice correspond de façon splendide. Qu'on pense à la séquence finale de *Quartier latin*, pleine d'une mélancolie poignante, que Jean Mitry et Pierre Chenal ont placé au centre de leur intéressant documentaire *Paris-cinéma*.

En 1929, Genina prend la relève de René Clair, occupé par un autre film, pour la réalisation de *Prix de beauté*; commencé dans une seule version muette, à la moitié du tournage la production décide d'ajouter des séquences sonores dans diverses langues. Louise Brooks, interprète du film qui parle seulement l'anglais, est doublée en français par Hélène Rigelly et en italien par Donatella Neri. La valeur de ce film – devenu un film culte de par la présence magnétisante de sa protagoniste – réside dans l'inoubliable fin: alors que Lucienne (Louise Brooks) assiste à la projection de son premier essai sonore, son amant s'introduit dans la salle et lui tire dessus. La femme meurt, alors qu'à l'écran son image souriante continue à chanter « Ne sois pas jaloux, tais-toi... Je n'ai qu'un seul amour, c'est toi ! »

Au début du parlant, Genina, désormais complètement francisé, tourne d'autres films, très français d'ailleurs, comme *les Amours de minuit* (1931), *Paris-Béguin* (id.), avec, parmi les interprètes, les débutants Jean Gabin et Fernandel, une nouvelle version de *L'ultimo Lord*, intitulée *la Femme en homme* (1932), et d'un autre de ses anciens films italiens, *Marito, moglie e...* qui devient *Ne sois pas jalouse* (1933), le délicat *Nous ne sommes plus des enfants* (1934), *la Gondole aux chimères* (1936) d'après Dekobra, *Naples aux baisers de feu* (1938). Son rapport avec la cousine transalpine dure longtemps, toute la vie même: ses derniers films, *Maddalena* (1954) et *Frou-Frou (*1955) sont réalisés en coproduction avec la France. **V.M.**

Filmographie ◆ *I due crocifissi* (1920); *Debito d'odio* (id.); *La donna e il cavaliere* (id.); *La ruota del vizio* (id.); *Lo scaldino* (id.); *I tre sentimentali* (1921); *La Douloureuse* (id.); *I diabolici* (id.); *Marito, moglie e...* (id.); *Il castello della malinconia* (1922); *La crisi* (id.); *Peccatrice senza peccato* (1922); *Cirano di Bergerac* (id.); *Il corsaro* (CO. Carmine Gallone, 1923); *La moglie bella* (1924); *Il focolare spento* (1925); *L'ultimo Lord* (1926); *Addio Giovinezza!* (1927); *Die weisse Slavin* (*L'Esclave blanche*, id.); *Sprung ins Glück* (*Totte et sa chance*, 1928); *Das Mädchen der Strasse* (*Scampolo*, id.); *Liebeskarnaval* (id.); *Quartier Latin* (1929); *Prix de beauté* (1930).

GLEIZE Maurice (1898-1974)
Peut-être que la définition la plus juste de Maurice Gleize – un cinéaste qui sans avoir connu ni l'anonymat ni la gloire a été une présence constante dans le cinéma français

de l'entre-deux-guerres – nous est donnée par Jeanne et Ford dans leur *Histoire du cinéma*: « Gleize sans s'imposer par aucune œuvre vraiment digne d'être retenue, réussit à durer jusqu'à la naissance du parlant et même au-delà, grâce à une intelligente adaptation de ses moyens aux exigences commerciales de la production courante ».

Gleize a commencé très tôt, à peine une vingtaine d'années, à travailler pour les établissements Pathé, immédiatement après la fin des hostilités de la Première Guerre mondiale. Il s'agit d'une activité anonyme, dont on ne garde aucune trace, mais qui a consisté en une sorte d'assistanat auprès de réalisateurs comme Marco de Gastyne ou Maurice de Marsan. C'est avec ce dernier qu'il signe son premier film en tant que réalisateur, *la Nuit rouge*, dont la trame a été plusieurs fois portée à l'écran en France, mais aussi en Allemagne, aux États-Unis et en Italie (signalons une amusante version avec Gigetta Morano et Eleuterio Rodolfi récemment retrouvée) : un couple d'époux en voyage de noces est contraint par une panne d'auto à passer la nuit dans un hôtel où semblent se produire de sinistres événements; après une nuit de cauchemars, tout finit en plaisanterie. L'interprète du film est la belle Gina Manès à ses débuts que nous retrouverons l'année suivante dans un autre film de Gleize, toujours cosigné avec De Marsan, *la Main qui a tué*. Il s'agit là d'un feuilleton policier, tout comme le film suivant, *la Justicière*, dans lequel Gleize se trouve aux prises avec un drame qui prend place dans le milieu de la finance, avec René Navarre dans le rôle d'un important actionnaire de la bourse.

C'est en 1927 que Gleize réalise ce qui peut être considéré comme son meilleur film muet quand il succède à Marco de Gastyne dans la mise en scène de *la Madone des Sleepings*, alors très populaire roman de Maurice Dekobra. Il en tire une œuvre qui connaîtra un grand succès et qui doit une large part de son charme à la photogénie suggestive de Claude France, une actrice belle et intéressante qui, peu de temps après, allait tragiquement mettre fin à ses jours.

En 1928, avec *Tu m'appartiens*, Gleize tente de relancer en France Francesca Bertini dans une production internationale franco-italo-allemande, mais le film, en raison même de l'insupportable jeu de scène complètement obsolète de la célèbre diva italienne, va au-devant d'un retentissant fiasco. Aux côtés de Francesca Bertini, on trouve Rodolf Klein-Rogge, le célèbre docteur Mabuse, que l'on retrouve en sinistre levantin dans *la Faute de Monique*, une intrigue complexe d'espionnage industriel avec Sandra Malovanoff dans un de ses rôles typiques de pleureuse.

Comme l'ont bien souligné Jeanne et Ford, Gleize continuera aussi sa carrière de cinéaste à l'époque du parlant, en alternance avec celle de directeur de production. Il continuera à diriger des films jusqu'en 1951 et de cette filmographie ultérieure nous pouvons retenir quelques titres, tels *Légion d'honneur* (1938), plusieurs fois primé, *le Récif du corail* de la même année, avec Jean Gabin et Michèle Morgan, le « colonial » *Appel du bled* (1942) et *le Bateau à soupe* (1946), drame de la mer nerveux, avec Charles Vanel. **V.M.**

Filmographie ◆ *La Nuit rouge* (CO. Maurice de Marsan, 1923) ; *Le Chemin de Roseland* (id.) ; *La Main qui a tué* (CO. Maurice de Marsan, 1924) ; *La Justicière* (CO. Maurice de Marsan, 1925) ; *La Madone des Sleepings* (CO. Marco de Gastyne, id.) ; *Tu m'appartiens* (1928) ; *La Faute de Monique* (id.).

GRÉMILLON Jean (1901-1959)
Études musicales à la Schola Cantorum. Violoniste au cinéma Max Linder. De 1923 à 1928 il réalise une vingtaine de courts et moyens métrages documentaires de commande, touristiques, industriels, à visée didactique, souvent avec Georges Périnal. À ce jour seul *Chartres* (1923) a été retrouvé, et témoigne d'une grande virtuosité plastique, tant dans le cadrage que dans le montage. *Un tour au large* en 1926, documentaire sur un thonier breton en campagne de pêche, se veut selon son auteur « une marine impressionniste ». Il en écrit la musique qu'il enregistre sur bandes perforées pour piano mécanique : le film est salué par l'avant-garde.

En 1927, Charles Dullin, directeur du théâtre de l'Atelier que le jeune Grémillon fréquente assidûment, crée une société de production grâce à ses succès comme acteur de cinéma (*le Miracle des loups* et *le Joueur d'échecs*), et demande au jeune homme d'assurer la réalisation de *Maldone*, sur un scénario d'Alexandre Arnoux et avec les acteurs de la troupe de l'Atelier. Malgré quelques 400 mètres (environ 30 minutes sur 2 heures) coupés par le distributeur pour l'exploitation commerciale, le film frappe à la fois par sa complexité dramatique et narrative, la beauté des images documentaires et la virtuosité du montage. Charles Dullin incarne un roulier sur les chemins de hallage du Gâtinais, jouant de l'accordéon dans les bals populaires, où on le voit séduire une belle gitane (Genica Athanasiou). Mais, fils prodigue, il revient au domaine familial après la mort de son frère, pour épouser une jeune fille docile (Annabella) ; il s'ennuie bientôt de cette vie de gentilhomme terrien et retrouve dans un cabaret la gitane devenue danseuse mondaine ; elle le dédaigne, mais, malgré le désespoir de sa jeune femme, il repartira sur les routes.

La mise en scène de Grémillon construit un contrepoint entre les contraintes de la vie « bourgeoise » (décors intérieurs du château, immenses et géométriques) et le désir de liberté du héros, qui s'exprime par la fascination pour les modes de vie des plus démunis ou des nomades (le bal populaire est filmé et monté avec une virtuosité jubilatoire). Ce populisme typique de l'école documentaire des années vingt influencée par le cinéma soviétique, est nourri par la splendeur des images documentaires, favorisée par l'utilisation pour la première fois de la pellicule panchromatique et par le tournage en extérieurs naturels. Figure métaphorique d'artiste, le marginal incarné par Dullin fait écho à la trajectoire de l'homme de théâtre autant qu'à celle du jeune cinéaste, qui a dû assumer ses choix de vie contre la volonté paternelle.

Sorti en octobre 1928, le film mutilé fera une carrière décevante, ce qui mettra fin aux ambitions de producteur de Dullin.

Gardiens de phare, le deuxième et dernier long métrage muet de Grémillon se fait également dans un contexte artistique favorable : mélodrame du répertoire du Grand Guignol (qui produit le film), il est adapté par Jacques Feyder, cinéaste confirmé et ami de Grémillon. Utilisant à nouveau les acteurs de l'Atelier, le cinéaste subit les aléas d'un tournage mouvementé (été 1928-printemps 1929) et le film ne sortira qu'en octobre 1929 avec un certain succès, écourté par l'instauration du parlant.

À partir d'une intrigue réduite au minimum (un père isolé avec son fils sur un phare par gros temps, doit le tuer parce qu'il est atteint de la rage), Grémillon laisse libre cours au lyrisme des images et à la dynamique expressive du montage. Mais l'inspiration pastorale de *Maldone* a laissé place à une symphonie visuelle moderne, où la mécanique lumineuse du phare s'oppose à la sauvagerie de la mer démontée. Là encore la force poétique des images n'est jamais gratuite, mais vient incarner, au delà de l'anecdote, la contradiction humaine entre rationalité et pulsions.

La maîtrise artistique dont témoignent ces deux premiers longs métrages muets, sera malheureusement mise à mal, pour Grémillon davantage que pour d'autres, par les conditions de production draconiennes des débuts du parlant.

G.S.

Filmographie ◆ *Chartres* (1923-1925) ; *Le Revêtement des routes* (id.) ; *La Fabrication du fil* (id.) ; *Du fil à l'aiguille* (id.) ; *La Fabrication du ciment artificiel* (id.) ; *La Bière* (id.) ; *Le Roulement à billes* (id.) ; *Les Parfums* (id.) ; *L'Étirage des ampoules électriques* (id.) ; *L'Éducation professionnelle des conducteurs de tramways* (id.) ; *L'Auvergne* (id.) ; *La Naissance des cigognes* (id.) ; *Les Aciéries de la Marine et d'Homécourt* (id.) ; *La Vie des travailleurs italiens en France* (1926) ; *La Croisière de l'Atalante* (id.) ; *Un tour au large* (id.) ; *Maldone* (1927) ; *Photogénie mécanique* (id.) ; *Gratuités* (id.) ; *Bobs* (1928) ; *Gardiens de phare* (1929).

GRIMOIN-SANSON Raoul (1860-1941)

Raoul Grimoin est né à Elbeuf de Louis Eugène Grimoin, « tisseur », et de Marie Cécile Leroux, « rentrayeuse », c'est-à-dire raccommodeuse d'étoffes (il ajouta plus tard « Sanson » à son nom). Après divers métiers, il travaille quelque temps en Belgique où il réalise notamment des photographies anthropométriques (1892). Le 5 mars 1896, il dépose en France le brevet de son Phototachygraphe, projecteur cinématographique utilisant un mécanisme à échappement. Il est le père du Cinéorama, système de projection cinématographique circulaire comprenant dix projecteurs disposés en étoile qu'il tente vainement de faire fonctionner à l'Exposition universelle de 1900, à Paris. Après la faillite de la Société française du Cinéorama, et diverses activités, il se lance dans les applications industrielles du liège (tissu liégé utilisé notamment dans la fabrication des masques à gaz) qui lui permettent d'acquérir une fortune comme fournisseur de l'Armée française durant la Première Guerre mondiale.

En 1920, il réalise un film médiocre, *le Comte de Griolet*, qui présentait une curieuse particularité : en bas de l'image apparaissait le bâton d'un chef d'orchestre destiné à diriger les musiciens et le chœur des cinémas où le film serait projeté. Avec ses mémoires (*le Film de ma vie*, 1926), son film documentaire *l'Histoire du cinéma par le cinéma* (1927) et ses controverses avec Bünzli et Continsouza au sujet de la paternité de la croix de Malte (1928), il cherche à se poser en inventeur et en pionnier du cinéma. Malgré les plaidoyers en sa faveur de Maurice Noverre, cette prétention semble aujourd'hui quelque peu excessive. Il est nommé Chevalier de la Légion d'honneur en 1926 sur rapport du Ministre de l'Industrie et du Commerce. **J.-J.M.**

GUAITA Mario « AUSONIA »
(1881-1956)

Parmi les rois de la force du cinéma italien il faut inscrire le Milanais Mario Guaita, lequel, après avoir abandonné de vagues études universitaires de médecine, se met à apparaître sur les scènes de seconde catégorie en peau de léopard sous le pseudonyme de « Monsieur Muscle ». Ensuite, avec deux camarades à l'allure physique aussi athlétiquement harmonieuse que la sienne, il constitue le « Trio Ausonia », figurations plastiques et reproductions vivantes de célèbres tableaux ou sculptures.

« Calme, lent dans les gestes, rose, frais, souriant, avec une éternelle cigarette à la bouche, vêtu avec une élégance sportive » – ainsi le décrit un chroniqueur de l'époque –, Mario Guaita Ausonia, « gladiateur du vingtième siècle », comme il aime alors à se présenter sur les scènes avec ses suggestifs « tableaux vivants », se fait un nom. Remarqué par Alberto Pasquali, qui a le projet de réaliser un film sur le gladiateur le plus célèbre de l'Histoire, le Thrace Spartacus, Ausonia est engagé en 1913 pour ce rôle qui lui va comme un gant. Après ce film, qui fait de lui le chouchou du public populaire, Ausonia apparaît dans un autre film de genre mythologique, *Salammbô*, dans le rôle de l'esclave Matho, un film réalisé rapidement avec les mêmes scénaristes que pour *Spartacus*, là encore ce fut un triomphe pour le protagoniste.

Guaiata abandonne définitivement la scène et se consacre au cinéma en choisissant intelligemment ses interprétations, alternant les films de pure acrobatie (*Panther*, 1915; *Il più forte*, 1916) avec des œuvres d'un tout autre genre comme *Il marchio* (1916), où il joue un irréprochable officier de marine avec l'éclectique Diana Karenne, ou encore *Il romenzo di un atleta* (id.), un film dans lequel il incarne une brillante figure de bersaglier pendant les guerres d'Indépendance.

Appelé sous les drapeaux, il obtient souvent de longues permissions pour pouvoir porter à terme ses engagements cinématographiques, devenant de plus en plus souvent le metteur en scène de ses œuvres. *Eroismo d'alpino* (1915) remonte à cette période de la guerre. À la fin des hostilités, Guaita, qui a ajouté définitivement à son nom de famille celui d'« Ausonia », est engagé par Alfredo De Giglio. L'astucieux producteur turinois lui construit sur mesure toute une série de films d'action écrits par la scénariste marseillaise Renée de Liot (qui quelques années plus tard deviendra sa seconde épouse, la première avait été la fameuse chansonnière Ersilia Sampieri). Les films du couple Ausonia (réalisateur et acteur) Renée de Liot (scénariste) reposent sur les acrobaties téméraires du protagoniste et sur d'amusants moments d'auto-ironie: *Lotte di giganti* (1919), *Atlas* (1920), *La cintura delle Amazzoni* (id.), *La mascotta di Sparta* (1921) sont les titres les plus populaires de la série.

À la veille de la marche sur Rome, les murs de la capitale sont tapissés d'affiches sur lesquelles on trouve cette simple inscription, « Frisson ». Il est probable qu'on a pu se demander si ces banderoles avaient été affichées pour promouvoir un parfum français, un spectacle qui se promettait de donner des frissons à ses spectateurs, à moins que ce ne soit un présage de ce qui allait se produire peu de temps après. Le mystère est résolu le 30 octobre de cette année 1922, quand sur les écrans d'un cinéma du Corso apparaît un film qui porte ce titre, une amusante nouvelle aventure d'Ausonia. Renée de Liot s'étant inspirée d'une comédie française, elle a pensé pouvoir en conserver le titre en langue originale, vu que l'histoire se déroule principalement dans une boîte de nuit parisienne, et cela pour ajouter une touche malicieusement contemporaine. Mal lui en prit, la presse, promptement alignée, stigmatise l'épisode. *La vita cinematografica*, par exemple, dans le commentaire du film le liquide en quelques mots cinglants: « Ce film a certainement été tourné et commercialisé avant l'arrivée au pouvoir de l'actuel gouvernement. À cette époque, le sentiment d'italianité était alors au plus bas, et il était à la mode de le rabaisser encore. Aujourd'hui, la mode a changé : nous sommes sûrs que le film pourrait aujourd'hui s'intituler *Brividi*, lequel est tout aussi valable et ne singe personne ! »

Suspectés de « parisianisme vulgaire », Mario Guaita et Renée de Liot quittent l'Italie pour Marseille où ils fondent la Lauréa Film, un petit établissement à la périphérie de la ville, donnant vie à une production plutôt mineure, mais non indigne, souvent en faisant de nouvelles versions de quelques-uns des films réalisés auparavant en Italie : *le Calvaire d'un saltimbanque* (1923) d'après *Il principino saltimbanco* (1915), *Dans les mansardes de Paris* (1924), déjà réalisé en 1921 et intitulé alors *Sotto i ponti di Parigi*. Plus intéressants sont les deux derniers films, l'un et l'autre de 1926. Dans *Folie d'athlète*, Ausonia est André de Rochebrune, un gentilhomme athlétique aux prises avec une féroce secte levantine, sur fond de Bosphore. Le film est tourné presque entièrement sur les lieux réels. Revenu provisoirement en Italie, Guaita réalise *La donna carnefice nel paese dell'oro* sur un sujet du journaliste Arnaldo Cipolla ; le film a pour cadre les neiges du Canada, il est lui aussi tourné dans les lieux authentiques. Dans le rôle principal, on trouve la célèbre diva de variétés, Isa Bluette.

À la fin des années vingt, Ausonia ouvre un petit cinéma dans le quartier de la Pointe-Rouge à Marseille et le gère pendant presque vingt ans. En 1947, atteint progressivement par la cécité, il est contraint de cesser toute activité. Il meurt en 1965, à soixante-quinze ans, très loin du monde du spectacle qui l'avait vu en héros éclatant dans ses meilleures années. **V.M.**

Filmographie ◆ *Atlas* (1920) ; *La cintura delle Amazzoni* (id.) ; *La mascotte di Sparta* (1921) ; *Sotto i ponti di Parigi* (id.) ; *La nave dei milliardi* (1922) ; *Frisson* (id.) ; *Gli spettri della fattoria* (1923) ; *Il pescatore di perle* (id.) ; *Le Calvaire d'un saltimbanque* (id.) ; *La Course à l'amour* (id.) ; *Mes p'tits* (id.) ; *Dans les mansardes de Paris* (1924) ; *Folies d'athlètes* (1926) ; *La donna carnefice nel paese dell'oro* (id.).

H

HERVIL René (1883-1960)
Avant d'attaquer la mise en scène, René Hervil débute au cinéma dans l'interprétation, notamment dans la série « Maud » et « Fred » aux côtés de Régina Badet et de Suzanne Grandais en 1912. Grièvement blessé à la guerre, il est réformé. En 1916, en collaboration avec Louis Mercanton, il signe son premier film, simplement intitulé *Suzanne*, prélude à une série dominée par Suzanne Grandais. Toujours avec Louis Mercanton, il tourne jusqu'en 1918 plusieurs films dont *Bouclette* (d'après Marcel L'Herbier), *le Torrent* et *Un roman d'amour et d'aventures*, première œuvre de Sacha Guitry. À la société Éclipse où il travaille, on le considère comme l'un des piliers. En 1919, il prend son envol et ne cessera de réaliser jusqu'en 1936. Il apparaît comme un bon artisan, avec parfois de bonnes idées, qui lui font obtenir de jolis succès publics. La critique est plus réservée, lui reconnaissant un style sans réelle ingéniosité. En 1919, *l'Ami Fritz*, d'après Erckmann-Chatrian lui offre un beau succès. Tourné en décors naturels en Alsace à l'instigation de Suzanne Devoyod (sociétaire de la Comédie-Française et dirigeant *Les Films Molière*), il est interprété par des artistes de renom (Huguette Duflos, Léon Mathot, de Max) avec une beauté plastique particulière. La critique attend alors un cinéaste prometteur : avec *Blanchette* (1921), il est couvert d'éloges. On lui reconnaît une capacité à faire jouer les acteurs du Français (de Féraudy, Thérèse Kolb, Léon Bernard) avec dépouillement et, d'après Henri Fescourt, « on ventait aussi le sentiment des paysages, arbres sans feuilles, neige morne, âmes froides ». *Le Crime de Lord Arthur Saville* d'après Oscar Wilde, étonne tout autant la même année par la qualité de l'atmosphère que le cinéaste a donnée à son œuvre, aidé en cela par le chef opérateur Amédée Morin. Après un drame familial conventionnel, *le Secret de Polichinelle* (1923), son *Paris* (1924), également produit par Le Film d'art (Vandal et Delac) et interprété par Dolly Davis, est un franc succès. Jusqu'au parlant, à l'instar d'un Marcel L'Herbier, René Hervil jouira d'une très bonne réputation auprès de la critique, associée aux bonnes réussites commerciales que sont ses films, qui seront plus tard l'objet de nouvelles versions à

l'arrivée du parlant. *La Flamme* (1925), d'après la pièce de Charles Méré, tourné à Saint-Moritz avec Germaine Rouer (qui en gardera le meilleur souvenir de sa carrière) et Charles Vanel, puis *Knock ou le triomphe de la médecine* (1925) d'après Jules Romains avec Fernand Fabre, suivis du *Bouif errant* (*serial*, 1926) d'après le roman de Guy de La Fouchardière et Celval apparaissent comme des opérations montées pour faire de l'argent, sans réelle intervention esthétique du cinéaste, alors sous contrat avec Vandal et Delac. Le film suivant semble une rupture, produit quant à lui par la société des Cinéromans d'après la célèbre pièce de Paul Gavault: *la Petite Chocolatière* (1927) avec Dolly Davis, plus léger, mais plus recherché. Par contre, *le Prince Jean* (1928), de nouveau d'après Charles Méré et issus des studios Cinéromans est loin de convaincre. De ses derniers films muets, *Minuit... place Pigalle* (1928) est à retenir. Adaptation de Maurice Dekobra par Jacques de Baroncelli et décors signés Jaquelux pour une œuvre singulière dans la filmographie de René Hervil. À partir d'un maigre sujet, il a réussi un film émaillé d'inventions esthétiques, retrouvant une forme très carrée, sans longueurs, parfaitement dirigée. Il a faite sienne une œuvre banale et sans invention. Sa prochaine bande, *la Meilleure Maîtresse* (1929), qui a pour collaborateurs Jean-Louis Bouquet ou Christian-Jaque, serait à oublier. Et là, le parlant s'annonce et le déclin d'un cinéaste pourtant prometteur. Jusqu'en 1936, René Hervil va réaliser huit films (*Nicole et sa vertu*, 1931, *les Vignes du seigneur*, 1932...), dont on ne peut rien sauver, pas même cette *Douceur d'aimer* (1930) qui a la caractéristique d'être la première apparition au cinéma d'Arletty...

Henri Fescourt faisait de lui un beau portrait: « Ce qui pourrait caractériser le talent de René Hervil, c'est la conscience claire du conflit dramatique, sa façon puissante de l'exposer. Art dru et lignes simples. Hervil sait couper. Ses sujets de préférence tirés de pièces de théâtre ne sont jamais fades. L'énergie colorée qu'il déployait pour diriger ses acteurs, ses exigences à leur égard lui permirent d'obtenir d'eux des interprétations solides. Enfin, au cours de sa carrière, il a formulé des aphorismes ramassés, à ne point oublier. Comme on lui proposait pour un rôle pathétique de grand seigneur un acteur dont le buste long faisait paraître les jambes courtes, Hervil avertit: "Un prince bas sur pattes ne fait pas pleurer". »

René Hervil abandonne le cinéma à l'âge de 53 ans et s'évapore donc en 1936. Il est mort dans une maison de retraite de la région parisienne et disait à qui voulait l'entendre qu'il « aurait pu faire mieux ». **É.L.R.**

Filmographie ◆ *L'Ami Fritz* (1919); *Blanchette* (1921); *Le Crime de Lord Arthur Seville* (id.); *Le Secret de Polichinelle* (1923); *Paris* (1924); *La Flamme* (1925); *Knock ou le triomphe de la médecine* (id.); *Le*

Bouif errant (1926) ; *La Petite Chocolatière* (1927) ; *Le Prince Jean* (1928) ; *Minuit… Place Pigalle* (CO. Rimsky, id.) ; *La Meilleure Maîtresse* (1929).

HUGON André (1886-1960)
Le cas d'André Hugon, on peut l'affirmer pour une fois sans exagération, est celui d'un des quasi « inconnus » du cinéma français. Il est ignoré de tous les dictionnaires et encyclopédies généraux. Il a fallu la passion et la ténacité de Dominique Lesourd, producteur et distributeur régional qui a racheté les droits aux héritiers et a entrepris de rechercher ses films, pour qu'on le sorte de l'oubli.

Les histoires générales du cinéma n'ont retenu le nom d'André Hugon que pour un film : *les Trois masques* (1929), qui dispute à quelques autres le titre de « premier parlant français », bien qu'il ait été tourné à Londres en quinze jours. L'action se déroule pourtant en Corse, conformément à la pièce de Charles Méré dont il est tiré (et que Henry Krauss avait adaptée une première fois en 1921). Cette histoire de vendetta assez conventionnelle s'achève par une scène spectaculaire et bien faite pour mettre en valeur le cinéma parlant : le héros a été poignardé par ses adversaires et il est rapporté chez son père, qui le croit ivre mort, par des personnages qui portent tous des masques de carnaval : on ne peut les identifier que par leurs voix. La prise de son, encore bien défectueuse, nuisit au succès du film. Les voix, les accents et les décors étaient très conventionnels : on y chercherait en vain une couleur locale. Mais Hugon avait fait l'effort de faire entendre des bruits signifiants (une hache qu'on aiguise). Et, avec le temps, sa mise en scène très statique a pris un côté *kitsch* qui n'est pas déplaisant.

Tournant de son œuvre, ce film résume assez bien ses caractéristiques. Hugon, cinéaste prolifique et pressé, tourne vite. Il a du goût pour le mélodrame. Il cherche aussi, et il y parviendra parfois, un ancrage dans une réalité provinciale et même, plus précisément, méditerranéenne. Cette dimension est son deuxième apport intéressant au cinéma français et c'est sur ce point qu'il mérite d'être reconsidéré.

Né à Alger en 1886, et après des débuts dans le journalisme, Hugon commence à faire des films (patriotiques) en 1914 et fait un passage au service cinématographique des armées. Il ne réalise pas moins de 22 films entre cette date et 1919. Il semble avoir touché alors un peu à tous les genres (il a même adapté *l'Ingénue libertine* de Colette), faisant par exemple tourner quatre fois Mistinguett et – ce qui est plus intéressant – trois fois Musidora. Pour celle-ci, il transporte déjà en 1917 sa caméra dans le Midi de la France, région qui aura sa prédilection. Le voici donc héritier de Feuillade. Il sera, plus tard, un ami de Marcel Pagnol. Son œuvre des années vingt s'inscrit comme un pont entre ces deux auteurs.

Dès cette période, Hugon se tourne vers l'œuvre de son auteur préféré, le romancier toulonnais Jean Aicard, dont il adapte quatre romans (il en fera trois autres par la suite au temps du parlant dont le fameux *Maurin des Maures*). En 1921, *le Roi de Camargue* met en scène le trio formé par un gardian, sa timide fiancée et une bohémienne tentatrice qui est un classique de la littérature camarguaise. Les acteurs étaient bien peu « locaux », mais le tournage fut effectué sur place et notamment aux Saintes Maries et dans la propriété du Marquis de Baroncelli (le cadet de celui-ci devait tourner en 1934 la seconde adaptation, avant celle de Jean de Marguenat en 1945). Hugon en profita pour introduire des scènes « documentaires » sur l'élevage des taureaux, le pèlerinage gitan, et des séquences plus spectaculaires comme celle où la belle gitane nue arrête le gardian à cheval, ou la noyade dans les marais de la malheureuse fiancée. L'année suivante, *Notre-Dame d'amour* proposait une variante du trio, une séduisante citadine se substituant à la gitane (Pierre Caron en fit un remake en 1936). Poursuivant le filon, Hugon adapta ensuite *la Rue du pavé d'amour*, mélodrame moins localisé qui présente le destin d'une fille-mère abandonnée dont l'enfant ne verra son père que sur son lit de mort. En 1922, il avait encore adapté *le Diamant noir*, drame bourgeois (un veuf croit que sa femme l'avait trompé) que Delannoy reprendra en 1940. Mais là, nous ne sommes plus en Camargue. Si l'on ajoute son adaptation du *Petit Chose* de Daudet (1924), grand roman de la nostalgie et de l'exil intérieur, on voit qu'il poursuit là une certaine inspiration.

Hugon manifesta aussi un certain intérêt pour l'Espagne: *Rose de Grenade* (1921), *Fille de rien* (1921, « étude de mœurs espagnole »), *la Réponse du destin* (1924, intrigue « politique » tirée d'un roman transpyrénéen), et surtout *la Gitanilla* (1923), adapté du roman de Cervantès – seul écrivain de cette envergure auquel il se soit attaqué, dans lequel il retrouve des personnages de Gitans et le thème de l'enlèvement et de l'identité perdue et retrouvée.

Ses origines algéroises expliquent sans doute ce tropisme méditerranéen, qu'il confirme en tournant quelques drames « coloniaux ». *Yasmina*, en 1926, se situe en Tunisie et présente une métisse, mariée à un vieillard, qui s'éprend d'un médecin français: encore le triangle du drame bourgeois (ici, variante, la femme est au centre), avec l'opposition, qui semble lui être chère, entre un amour local et une tentation venue d'ailleurs. En 1927, *la Vestale du Gange* est un drame militaire colonial dans la tradition des superproductions allemandes et américaines de cette époque. Hugon affirmera cette veine coloniale dans son œuvre parlante (*Sarati le terrible, le Chant de l'exilé*).

Le reste de sa production de la décennie, qui reste à redécouvrir, puise aux sources toujours vives du mélodrame bourgeois par l'entremise de Félicien Champsaur (*l'Arriviste)*, de Jean-José Frappa (*la Princesse aux clowns)*, de Henry Bataille (*la Marche nuptiale*), quand il ne s'agit pas de sujets originaux.

L'apport essentiel de Hugon au cinéma français est sa précocité à filmer dans des paysages naturels. C'est lui qui donna sans doute à Pagnol l'idée de réaliser *Angèle* (1934) en extérieurs: il l'avait précédé dans cette voie avec ses deux *Maurin*. Mais il n'est pas qu'un précurseur du Marseillais. Comme l'a souligné Dominique Lesourd, Hugon diffère de Pagnol sur deux points au moins. Il est plus « politique », d'abord, et cela, sans doute, dès les années vingt: des films comme *la Réponse du destin, l'Arriviste, la Princesse aux clowns*, signalent cet intérêt, en attendant *Gaspard de Besse* (1934). Par ailleurs, son espace référentiel est plus large que celui de l'auteur de *Marius*. Il présente un « grand angle de la méridionalité » (D. Lesourd) qui s'étend des Saintes-Maries à Nice, et même (quant à l'espace fictionnel) de la Corse à l'Afrique du Nord. Ce cinéaste (trop) prolixe, qui fit en sorte d'être très tôt son propre producteur, occupe une place à part dans le cinéma français d'entre-deux-guerres. **F.d.l.B.**

Filmographie ◆ *Chères images* (1920) ; *La Preuve* (id.) ; *Fille de rien* (1921) ; *Rose de Grenade* (id.) ; *Le Roi de Camargue* (id.) ; *Les Deux Pigeons* (1922) ; *Le Diamant noir,* 2 épisodes (d'après Jean Aicard, id.) ; *Notre-Dame d'Amour* (id.) ; *La Gitanilla* (1923) ; *Rue du pavé d'amour* (id.) ; 1923 *Le Petit Chose* (id.) ; *La Réponse du destin* (1924) ; *L'Arriviste* (id.) ; *La Princesse aux clowns* (1925) ; *Yasmina* (1926), *La Vestale du Gange* (1927) ; *Les Grandes Passions* (1928) ; *La Marche nuptiale* (id.) ; *Les Trois Masques*, film parlant (1929).

I J

IRIBE Marie-Louise (1900-1930) Dans une courte carrière et dans une courte vie, Marie-Louise Iribe a multiplié les activités, comédienne, metteur en scène, productrice. Elle est d'abord actrice dans la première moitié des années vingt avec Jacques Feyder (*l'Atlantide*, 1921), Guy du Fresnay (*les Ailes s'ouvrent*, 1921, aux côtés d'André Roanne son second mari; elle a d'abord été mariée avec Pierre Renoir), Gaston Ravel (*le Gardien du feu*, 1924), Henri Fescourt (*Un fils d'Amérique*, 1925), Jean Renoir (*Marquitta*, 1926, où elle joue le rôle titre). Avec ce dernier film, elle assure également la fonction de productrice pour la société Les Artistes Réunis et poursuit cette activité avec *Chantage* (1927) d'Henri Debain et avec ses propres films *Hara-Kiri* (1928) et *le Roi des aulnes* (1930).

Si l'on en croit *Cinéa-Ciné* (15 mai 1928), *Hara-Kiri* devait être mis en scène par Henri Debain qui, défaillant, est remplacé par la productrice du film Marie-Louis Iribe. Considéré comme une œuvre féministe avant la lettre, le film (restauré en 1985 par la Cinémathèque française) évoque la personnalité d'une femme adultère qui, lorsque son amant, le fils du Shogun de l'Empire du Soleil qui séjourne en France, se tue accidentellement en montagne, veut se faire hara-kiri en se tranchant la gorge. Hantée par la mort et par le respect des traditions orientales, la jeune femme se tue finalement d'un coup de révolver. Également interprète du film, Marie-Louis Iribe exprime sur l'écran une intense passion et la volonté de se conformer à des rites d'inspiration virile. Edmond Epardaud écrit dans *Cinéa-Ciné* (1er octobre 1928) : « Il fallait l'audace de concevoir et de traiter un tel sujet. Le cinéma n'est pas habitué à une pareille indépendance d'esprit et les aventures gentilles sont davantage son fait. Il faut donc être reconnaissant à Marie-Louise Iribe de cet acte de haute intelligence et de crânerie bien féminine. Son film indique éloquemment que le cinéma peut tout oser et tout exprimer, si on lui donne les moyens matériels et spirituels. »

Au début du parlant, Marie-Louis Iribe met encore en scène *le Roi des Aulnes* d'après une ballade de Goethe sur un scénario qu'elle a écrit avec Pierre Lestringuez et Peter Paul

Brauer. Avec cette œuvre dramatique (dont elle signe également avec Brauer la version allemande, *Der Erlkönig*) qui évoque la mort d'un enfant, la cinéaste confirme un talent singulier malheureusement interrompu par une mort prématurée.
J.A.G.

Filmographie ◆ *Hara-Kiri* (1928) ; *Le Roi des Aulnes* (1930).

JACQUES-ROBERT (1890-1928)
D'origine suisse, Jacques-Robert, de son vrai nom Jacques Robert Kneubuhler, débute au cinéma vers 1915 comme acteur de second plan, notamment dans les films de Charles Burguet et Henri Pouctal. En 1921, il devient réalisateur pour Gaumont et tourne *la Vivante Épingle*, sur un scénario de Jean-Joseph Renaud, film aujourd'hui perdu qui marque aussi les débuts d'une collaboration sans faille avec sa compagne, l'actrice Lilian Constantini. Jacques-Robert confie à celle-ci le rôle principal de *la Bouquetière des Innocents*, un drame historique. Après son départ de Gaumont, il adapte Balzac (*le Cousin Pons*) et l'académicien Victor Cherbuliez (*le Comte Kostia*). C'est avec ces deux films que Jacques-Robert s'impose véritablement comme cinéaste. Film sombre à l'atmosphère trouble, *le Comte Kostia* (1925) mériterait d'être redécouvert, ne fût-ce que pour l'interprétation inquiétante de Conrad Veidt, en châtelain devenu fou après la mort de sa femme, adepte des coups de cravache et martyrisant son entourage par la torture physique et morale. La même année, Jacques-Robert doit abandonner deux projets : *Naples au baiser de feu*, terminé par Serge Nadejdine, et *les Guerres de Bourgogne*, une grande fresque historique helvétique au budget élevé que la société Helva-Film ne parvient pas à réunir. Il boucle toutefois *la Chèvre aux pieds d'or*, version déguisée de l'histoire de Mata-Hari, et *En plongée*, deux films ayant pour vedette Lilian Constantini. En revanche, son dernier projet, *les Armaillis* (1928), adapté d'une légende montagnarde, ne verra jamais le jour, Jacques-Robert étant décédé au début du tournage.
É.L.

Filmographie ◆ *La Vivante Épingle* (1922) ; *La Bouquetière des Innocents* (1923) ; *Le Cousin Pons* (1924) ; *Naples au baiser de feu* (achevé par Serge Nadejdine, 1925) ; *La Chèvre aux pieds d'or* (1926) ; *En plongée* (1928).

JAQUE-CATELAIN (1897-1965)
Jaque-Catelain est depuis trop longtemps réduit au seul titre d'« acteur fétiche » de Marcel L'Herbier. Il faut ainsi rappeler que l'acteur a connu (fait totalement occulté, voire nié), durant toutes les années vingt et jusqu'au début du parlant, une popularité considérable en France et à l'étranger. Artiste à part entière, aux activités multiples, il révèle, dans les deux films qu'il a mis en scène, un

univers peuplé de rêves insolites et poétiques.

Jacques Guérin-Catelain voit le jour au Pavillon Henri IV de Saint-Germain-en-Laye. Très tôt il écrit, peint, étudie la musique et le piano, se passionne pour Wagner. Frappé par le génie de Nijinski qu'il découvre sur scène à douze ans, il décide de devenir danseur, mais sa famille s'y oppose. Il s'oriente alors vers la peinture et entre en 1913 à l'Académie Jullian, puis rejoint l'Académie des Beaux-Arts de Passy.

La guerre éclate ; peu satisfait par ses études, Jacques Guérin-Catelain se présente à dix-huit ans à l'examen d'entrée du Conservatoire d'art dramatique. Il est reçu et intègre la classe de Paul Mounet, avant d'être mobilisé puis réformé temporairement.

Peu après, en 1917, son ami Marcel L'Herbier, qui vient d'écrire un premier scénario pour la société Éclipse, est sollicité par les réalisateurs Mercanton et Hervil pour le choix de la distribution. Il propose Guérin-Catelain, qui, à dix-neuf ans, débute ainsi dans *le Torrent*. Rebaptisé pour l'écran Jaque-Catelain, il devient un an plus tard le fragile Lauris de *Rose-France* (1918), première réalisation de Marcel L'Herbier. Il tiendra par la suite les rôles principaux de presque tous les films muets de L'Herbier. Exalté par les possibilités inexplorées du jeune cinématographe, il démissionne du Conservatoire pour ne plus se consacrer qu'au Septième Art.

Jeune premier à l'expressive beauté, d'une sensibilité extrême, il devient rapidement l'idole du public féminin et est sollicité par d'autres cinéastes. Il incarne ainsi notamment le poète Vignerte dans le grand succès de Léonce Perret *Koenigsmark* (1923) et, en 1925, *le Chevalier à la rose* de Robert Wiene. Il est par ailleurs une figure centrale de la vie artistique et nocturne du Paris des années folles.

Durant ses tournages pour L'Herbier, il collabore fréquemment aux décors, devient maquilleur attitré de l'équipe, assiste L'Herbier pour le montage. Lorsque celui-ci fonde en 1922 sa compagnie de production, Cinégraphic, Jaque-Catelain se voit offrir la possibilité de créer son premier film comme réalisateur. *Le Marchand de plaisirs*, dont il écrit le scénario lui-même, est tourné au Touquet durant l'été 1922.

Deux mondes vont se croiser : une pauvre femme se fait renverser par la voiture d'une jeune bourgeoise insouciante, Marie-Ange. La jeune fille porte secours à la malheureuse et à Gösta, son fils simple d'esprit, vendeur d'oublies (ou « plaisirs »). Gösta tombe amoureux de cette lumineuse apparition, symbole d'un monde et d'un bonheur qu'il ne pourra jamais atteindre.

Les péripéties du scénario (le père de Gösta, ivrogne et violent, s'introduit chez Marie-Ange pour voler un bijou) ne sont que pure convention, destinées à atteindre le plus large public possible. Mais les rapports entre le simple d'esprit et la jeune mondaine sont traités avec une étonnante justesse. Jaque-Catelain s'est réservé le double rôle du misérable

Gösta et du brillant Donald, fiancé élégant de Marie-Ange. Il est particulièrement intéressant dans la peau du faible d'esprit, méconnaissable sous son maquillage blafard, vêtu de haillons qui soulignent sa maigreur. Gösta, tour à tour pathétique, drôle et émouvant, fait éprouver à Marie-Ange (incarnée avec grâce par Marcelle Pradot) un malaise croissant. Elle entrevoit la poignante réalité de la vie, et la refuse…

La mise en scène est très fluide, sobrement narrative. Bien que le film ait été supervisé par Marcel L'Herbier, il présente relativement peu de manipulations de l'image (caches, images mentales sublimant le visage de la femme aimée…). La remarquable photographie restitue la lumière particulière de la Côte d'opale. Par contraste avec les jardins verdoyants de la bonne société, les dunes balayées par le vent composent un paysage lunaire, aride, qui engloutit peu à peu la masure de Gösta. L'univers naïf et poétique du petit vendeur d'oublies communique au film une atmosphère étrange, empreinte de mélancolie.

Dès le début de 1924, Jaque-Catelain entreprend de mettre en scène pour Cinégraphic un second long métrage, dont il a également conçu le scénario: *la Galerie des Monstres*. Plus aboutie et homogène que *le Marchand de plaisirs*, cette nouvelle œuvre réconcilie cinéma populaire et recherches expérimentales. L'histoire est celle d'un couple d'amoureux en fuite qui trouve refuge dans un cirque; le mélodrame est ainsi transcendé par une atmosphère foraine trépidante et bigarrée. De véritables saltimbanques jouent leur propre rôle aux côtés de grandes figures du Montparnasse des années vingt, comme Kiki et Florence Martin. On reconnaît Bronia Perlmutter, compagne des derniers jours de Raymond Radiguet et future épouse de René Clair, le tout jeune Roland Toutain… Les fantaisistes décors forains ont été créés par Djo Bourgeois, décorateur et affichiste. Au centre de l'action, Jaque-Catelain incarne le clown Riquett's. Il disparaît fréquemment sous un bizarre maquillage cubiste, détournant à nouveau son classique personnage de jeune premier. Sa compagne, la ballerine Ralda, est interprétée par Lois Moran, très jeune danseuse américaine qui débute à l'écran. Après un rôle important dans *Feu Mathias Pascal* de Marcel L'Herbier (1925), elle deviendra star à Hollywood, et inspirera à Francis Scott Fitzgerald son roman « Tendre est la nuit ».

Catelain a donné rythme et authenticité à sa mise en scène, parsemée de notes humoristiques (le déploiement puis la panique des pseudo « monstres », fausse géante, femme tronc truquée…). Une scène traduisant le désespoir des amoureux utilise travellings et surimpressions grouillantes, mais c'est la séquence de la grande parade qui est restée la plus célèbre. Elle évolue crescendo vers un montage court virtuose et endiablé, au cours duquel l'image se fige sur la vision de Riquett's bondissant dans les airs (longue répétition du même photogramme).

Les magnifiques extérieurs ont été tournés dans une Espagne tour à tour majestueuse et enneigée, à Tolède, Pédrasa et Ségovie. Le film aura une belle carrière dans ce pays comme, par exemple, au Japon, où il sera acclamé par de nombreux artistes et intellectuels.

Jaque-Catelain écrit peu après un troisième scénario, mais, trop absorbé par ses projets de comédien, renonce à le réaliser. Il poursuit en effet une carrière de vedette d'écran, en France et à l'étranger, jusqu'au début des années trente. Après de belles réussites comme *Château de rêve* (Geza von Bolvary, 1933), ou *le Bonheur* (Marcel L'Herbier, 1934), il s'éloigne du cinéma pour renouer avec le théâtre, puis part à Hollywood comme journaliste. Il tournera encore plusieurs films après la guerre, tout en jouant au théâtre, en interprétant des dramatiques télévisées et en créant des émissions pour la radio. **M.B.**

Filmographie ♦ *Le Marchand de plaisirs* (1923); *La Galerie des monstres* (1924).

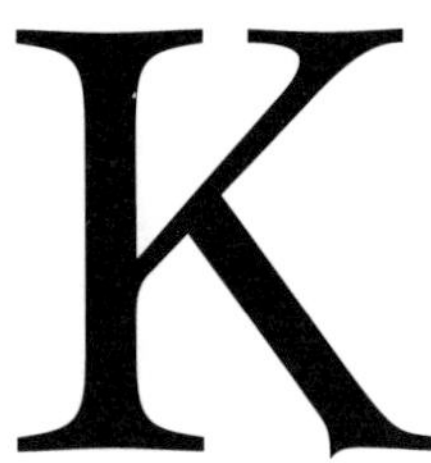

KAMENKA Alexandre (1888-1969)

Alexandre Kamenka, né à Odessa dans une famille de juristes et de financiers juifs, est très tôt attiré par le théâtre. Son père fréquente le monde artistique, reçoit chez lui Chaliapine et le jeune Alexandre, quoique destiné à succéder à son père dans les affaires, suit pourtant des cours d'art dramatique à Saint-Pétersbourg. En 1918 il accompagne son père en France qui est chargé de démêler l'imbroglio financier franco-russe lié aux emprunts contractés par le tsar que le pouvoir bolchévique n'entend pas reconnaître si la France et la Grande Bretagne ne rendent pas à l'URSS l'or versé à l'Allemagne et ne dédommagent pas le pays de leurs interventions armées aux côtés des Blancs. Kamenka que le milieu artistique continue d'attirer au premier chef rencontre alors Joseph Ermolieff qui cherche des capitaux pour développer sa production. Il devient président du conseil d'administration de la société et apporte l'appui de la banque Azov-Don que dirige son père.

Quand Ermolieff quitte Paris pour Munich et Berlin, Kamenka, Noe Bloch et Maurice Hache la prennent en main et créent la « Société Albatros » en août 1922. Rapidement la famille Kamenka (outre le père et le frère et d'autres Kamenka) devient l'actionnaire majoritaire de la société.

Kamenka que la presse présente comme un « parfait businessman » mais aussi comme un « artiste » donne une nouvelle orientation à la maison de production en se distanciant de la politique d'Ermolieff qui jouait sur les ressorts du feuilleton mélodramatique à la Jules Mary et l'orientalisme de type « 1001 nuits ». Dans un premier temps les projets se montent autour de la forte personnalité de Mosjoukine, vedette incontestable, que Volkoff met en scène, et d'acteurs de la « colonie » russe comme Nathalia Lissenko, Nicolas Rimsky et Nicolas Koline, ainsi que sur le savoir-faire d'une équipe de techniciens rodées et unies (décorateurs, opérateurs en particulier). Cette orientation est régulièrement louée par la presse la plus exigeante. On a célébré *le Brasier ardent*, fait l'éloge de *Kean*; de même que l'on parle de *l'Inhumaine*, on cite *les Ombres qui passent* de Volkoff, *le Chiffonnier de Paris* de Nadejdine.

Mais dans un second temps, Kamenka se tourne vers la jeune école du cinéma français et il engage Epstein, René Clair, Feyder et co-produit un film avec L'Herbier tandis que les Russes répondent à d'autres sollicitations : Tourjansky et Mosjoukine partent pour Hollywood (pour revenir deux ans plus tard), Volkoff part travailler pour Ciné-Alliance. En 1925, un critique peut parler de « cycle Albatros » et écrire que « l'âme de ce mouvement, c'est M. Kamenka, mélange étonnant d'artiste et d'organisateur, de dilettante et de businessman qui entretient ardemment parmi ses collaborateurs cette mystique de l'effort collectif ».

Kamenka ne cultive aucun « esprit russe » dans sa maison de production – même s'il vient souvent en aide à des émigrés sans emploi –, il tient, au contraire, à affirmer que Français et Russes vont du même pas, en harmonie. A-t-il fait appel aux cinéastes français parce que les réalisateurs russes le quittaient l'un après l'autre trouvant des conditions de travail plus rémunératrices ailleurs ? Ce serait sous-estimer le caractère attractif d'Albatros et de son directeur pour la jeune génération : Epstein comme Clair sollicitent Kamenka. Si L'Herbier le sollicite pour obtenir Mosjoukine dans *Feu Mathias Pascal*, il est souvent à l'origine des projets : Raquel Meller, vedette de la chanson espagnole, en Carmen – dont il confie la réalisation à Feyder –, *le Chapeau de paille d'Italie* confié à René Clair, *le Lion des Mogols* à Epstein, la série Koline, etc. Il nourrit d'ailleurs des ambitions plus vastes que les moyens qu'il a à sa disposition : l'expérience du *Brasier ardent*, film artistique pour happy few ne peut se renouveler, à son grand regret. Plus d'un projet annoncé reste dans les cartons (un film de Charles Vanel, *Coquecigrole*), comme les projets d'agrandissement du studio à Malakoff.

La fin de la décennie où s'exaspère la concurrence entre l'Amérique et l'Europe aux dépens de celle-ci (la plupart des productions nationales s'effondrent), conduit à développer les co-productions avec d'autres pays : Wengeroff à Berlin (quoique les deux hommes ne s'entendent pas, le premier jugeant le second trop « artiste » et pas assez « commercial »), Julisar en Espagne, Svenska en Suède. Kamenka est souvent « directeur artistique » de ces films, mais ils n'en dérivent pas moins du côté de produits de synthèse.

L'approche du « parlant » fragilise encore la situation et en 1928 c'est la fin du studio de Montreuil, la vente des terrains de Malakoff et un repli prudent sur des projets « à l'étude ».

Par la suite, Kamenka – qui dépose sa collection de films et les archives d'Albatros dans la naissante Cinémathèque française (dont il fait partie du conseil d'administration) produit des films au coup par coup avec quelques réussites comme *les Bas fonds* de Renoir. Pendant la guerre, il se cache en zone libre et après produit encore quelques films dont *Normandie Niemen*, co-production avec l'URSS où il se rend en 1953 avec Georges Sadoul. **Fr.A.**

KEMM Jean (1874?-1939)
D'origine alsacienne ou lorraine, Jean Kemm est tout d'abord acteur de théâtre chez André Antoine puis au cinéma, notamment à la SCAGL (*la Fille du garde-chasse*, *les Mystères de Paris*) avant d'aborder la mise en scène en 1917 avec *Honneur d'artiste*. Sa carrière fertile ne s'interrompt que peu de temps avant sa mort, toujours soutenu par son épouse Henriette Kemm, fidèle assistante. Cela dit, on connaît peu de choses sur cet homme discret qui a su trouver une voie médiane entre cinéma populaire et cinéma d'auteur : il vaut sans doute plus que la réputation de « bon artisan » qui lui a été collée.

En 1918, il réalise et interprète un petit rôle dans *André Cornélis*, avant de se spécialiser dans l'adaptation de romans ou de pièces du répertoire littéraire et théâtral français.

Il adapte à deux reprises Paul Hervieu : *l'Énigme* (1918) puis *le Destin est maître* (1920) auprès de la SCAGL et de Pathé. Commence alors pour Kemm une suite de succès populaires avec des films ambitieux maintenant oubliés, mais qui étaient à l'époque très prisés. En outre, Jean Kemm tourne ses films avec Charles Pathé, qui hésite encore à poursuivre sa carrière. Le romancier Victor Cherbuliez aura les grâces du cinéaste avec la comédie *Miss Rovel* (1920) puis avec un drame, *la Ferme du Choquart* (1922). La réussite de ces films doit beaucoup à la maîtrise de la mise en scène, à une certaine fluidité et à une absence de longueurs, mais également à l'interprétation de Geneviève Félix, fine actrice à la brève carrière cinématographique. Égérie du cinéaste, on la retrouve également dans *Micheline* (1921) d'après André Theuriet, puis dans *Hantise* (1922), drame adapté de Marcel Dupont, deux films mineurs dans la carrière de Jean Kemm, comme *l'Absolution* (1922) d'après Jean-Jacques Bernard. *Ce pauvre chéri* (1923) est du même style, avec deux gloires de la scène qui n'aident pas le film à sortir du cliché : Jeanne Grumbach et Jacques de Féraudy.

C'est tout d'abord Jean Sapène avec les Cinéromans, produisant en 1923 le *serial* *Vidocq* (d'après Arthur Bernède), puis *l'Enfant-Roi* d'après le roman de Pierre Gilles l'année suivante, qui donne son envol à Jean Kemm. Sous l'impulsion d'Henri Mège, tous les moyens sont offerts à Kemm pour réaliser des films engagés pour rapporter de l'argent et poursuivre la politique de Sapène. Le *serial* populaire à la française est inventé (ou plutôt réinventé) et le réalisateur remplit son contrat, par deux adaptations travaillées au cordeau, au préalable par les équipes des Cinéromans. Ces deux succès amènent Jean Kemm chez un jeune producteur prometteur : Jacques Haïk. De 1925 aux années du parlant, les deux hommes collaborent ensemble et Kemm donne peut-être le meilleur de lui-même avec *le Bossu* (1925) d'après Paul Féval, plein de trouvailles formelles et une écriture fluide, talonné par *Son premier film* en 1926. Film plus intimiste interprété par le clown Grock, le cinéaste trouve un style attrayant, touchant et naturel, avec un désir de naturalisme. Éloigné des mouvements cinématographiques, sans théorie et proche du public, son cinéma n'en n'est pas moins épuré, éloigné des œuvres plus commerciales de l'époque. Il achève sa carrière par une nouvelle version, réussie, d'*André Cornélis* (1927) d'après Paul Bourget. Il met trois ans pour mettre en scène son premier film sonore (toujours produit par Haïk), *le Juif polonais*, avec Harry Baur. Très remarquée, cette œuvre de qualité apporte à son auteur une nouvelle notoriété. Mais, au parlant, Jean Kemm signe des films inégaux, avec quelques perles (*Atlantis*, coréalisé avec E.A. Dupont, 1930, *la Loupiote*, 1936) et plusieurs films mineurs (*les Surprises du divorce*, 1932).

Il termine sa carrière avec *Liberté* (1937) et disparaît deux ans plus tard. **É.L.R.**

Filmographie ◆ *Le Destin est maître* (1920) ; *Miss Rovel* (id.) ; *Micheline* (1921) ; *La Ferme du Choquart* (1922) ; *Hantise* (id.) ; *L'Absolution* (id.) ; *Ce pauvre chéri* (1923) ; *Vidocq* (id.) ; *L'Enfant-Roi* (1924) ; *Le Bossu* (1925) ; *Son premier film* (1926) ; *André Cornélis* (1927).

KIRSANOFF Dimitri (1899-1957) Pour cet émigré russe, la deuxième-décennie du vingtième siècle est la période de ses débuts au cinéma, c'est surtout l'époque d'une fructueuse collaboration avec l'actrice Nadia Sibirskaïa (1900-1980). À nul autre moment le couple ne sera plus productif ni même aussi inspiré. D'ailleurs, en dehors des années vingt, jamais l'actrice n'aura de premier rôle dans les films de Dimitri Kirsanoff. Évoquer l'art de ce dernier durant la décennie sans l'associer à celui de l'actrice revient à l'amputer d'un élément vital. Or, si les origines bretonnes de Nadia Sibirskaïa et son patronyme nullement russe (elle s'appelle en réalité Germaine Lebas) sont connus depuis la publication du texte de Pierre Guérin dans *Archives* (n° 34/35, octobre-novembre 1990), des incertitudes demeurent sur la vie de Dimitri Kirsanoff.

Selon son acte de décès, Marc David Kaplan, dit Dimitri Kirsanoff, est né à Riga (Russie, aujourd'hui Lettonie) le 21 février 1899. De ces informations, seule l'année (1899) correspond à celle publiée dans les différents ouvrages d'histoire du cinéma consacrés, en partie, au réalisateur. Autre interrogation, celle de ses origines familiales: selon Mme Frédérique Le Bihan (fille de Nadia Sibirskaïa), ses parents pratiquaient la médecine et son frère fut dentiste à Montpellier. De plus, les propos du réalisateur et les textes à son sujet mentionnent sa pratique du violoncelle et sa présence dans l'orchestre du Ciné-Max-Linder ; informations qui n'ont pu être vérifiées. Car l'altération de sa date et de son lieu de naissance, de son nom, de celui de l'actrice Nadia Sibirskaïa et aussi de celui de la femme qu'il épousera dans la première moitié des années trente, Berthe Noëlla Bessette devenue Monique Kirsanoff, toutes ces conversions manifestent une tendance chez Dimitri Kirsanoff à falsifier ce qui, en général, doit servir à identifier. Reste à savoir dans quelles mesures les informations qu'il a confiées sur sa vie sont sincères. En ce qui concerne ses films, le problème ne se pose pas car il fut peu prolixe à les commenter.

Entre 1921 et 1928, Dimitri Kirsanoff tourne cinq films de fiction avec Nadia Sibirskaïa : trois longs métrages (*l'Ironie du destin*, tourné en 1921-1922, sorti en 1924 ; *Destin*, tourné en 1926, sorti en 1928 ; *Sables*, 1928) et deux courts métrages (*Ménilmontant*, 1926 ; *Brumes d'automne*, 1928), auxquels s'ajoute un court documentaire réalisé sur le tournage de *Sables*, intitulé *Impressions africaines* (sorti en 1929). Durant ces années, le réalisateur recherche constamment de nouvelles formes visuelles alors que les thèmes et les personnages qu'il emploie, issus d'un même genre, le mélodrame, sont quasiment identiques d'un film à l'autre. En dehors des expériences purement optiques qui participent à l'altération de l'image, Dimitri Kirsanoff établit un rapport rempli de sens entre le récit et sa représentation, où lieux, objets et détails sont plus prolixes que les personnages (ses deux premiers films sont du reste débarrassés d'intertitres). De fait, un quartier de Paris paraît susciter un amour passager et entretenir le désespoir qui s'ensuit (*Ménilmontant*). Plus révélateur encore, un temps pluvieux et une nature automnale reflètent le désespoir d'une jeune femme (*Brumes d'automne*). En revanche, *Destin* et *Sables* font davantage appel aux conventions du mélodrame et moins à l'expérimentation ; ils permettent néanmoins de révéler Nadia Sabirskaïa à un plus large public.

Ce cinéma, très proche du *Kammerspiel* qui lui est contemporain, échappe aux excès de l'expressionnisme en partie grâce au naturel de Nadia Sibirskaïa. Non professionnelle et sans méthode de travail, elle embarrassait les vrais professionnels du cinéma (réalisateurs, scriptes, etc.) lors des tournages, exception faite de Dimitri Kirsanoff avec qui elle collaborait d'égal à égal. Son apport dans les films de ce dernier, consiste à atténuer toute la gestuelle habituelle du mélodrame pour ne concentrer uniquement l'énergie de son corps fluet dans le visage et les yeux. Elle est si petite qu'elle est tout à fait crédible dans le rôle d'une enfant, comme dans les premiers plans de *Ménilmontant* et de *Destin*, ou durant toute la durée de *Sables*.

Pourtant, l'absence de Nadia Sibirskaïa ne modifiera pas l'esthétique adoptée par Dimitri Kirsanoff durant les années vingt. Tout au long de la carrière de ce dernier, si le mélodrame est canalisé par des recherches formelles, le genre s'alourdit lorsque la production cherche à atteindre un plus large public. Cependant, un souci demeure constant, celui de la représentation du lieu. Ménilmontant, quartier de Paris qui donne son nom au titre d'un film et dont le réalisateur fera quasiment un remake en 1950 (*Faits divers à Paris*), se trouve scruté et disséqué pour faire poindre de l'étrangeté. Cette représentation du lieu a aujourd'hui une valeur documentaire, mais elle effleure aussi une obsession ressassée par le réalisateur, celle de l'errance d'une femme dont l'amour est perdu. Dimitri Kirsanoff traite pareillement les objets et les lieux dont il s'attache à dévoiler des particularités par altération ou ajout de sens. Mais dans *Brume d'automne*, la forêt gorgée d'eau reflète-t-elle vraiment la tristesse d'une jeune femme? ou n'est-ce pas plus intime? Ce court film sera aussi l'objet d'un remake « plus sec », en 1952 (*Arrière-saison*).

Pour le cinéaste, la fin de la décennie se termine sur un échec: le tournage d'un film muet en couleurs intitulé *le Croisé*, qui devait évoqué la dernière croisade de Saint-Louis. Produit par Jean de Merly et écrit par Jaubert de Bénac, les premières prises de vue de ce film ont lieu en avril 1929 à Toulon et à Tunis, mais la production est rapidement suspendu au motif que la Société Splendicolor n'a pas tenu ses engagements envers Jean de Merly. Durant les année trente, les tournages suspendus vont se multiplier pour Dimitri Kirsanoff: après *le Croisé*, c'est au tour des *Nuits de Port-Saïd*, en 1931, dans lequel Nadia Sibirskaïa tenait encore le premier rôle, ce qui ne sera plus le cas pour le film suivant *Rapt* (1934). **C.Tr.**

Filmographie ♦ *L'Ironie du destin* (1921-1924); *Ménilmontant* (1926); *Destin* (1926-1928); *Sables* (1928); *Brumes d'automne* (id.); *Impressions africaines* (1927-1929).

KRAUSS Charles (1871-1926)
Frère cadet de l'acteur Henry Krauss (1866-1935), Charles Krauss s'inscrit à l'École des Beaux-Arts et suit les cours de gravure. Beaucoup des œuvres qu'il exécute selon cette technique seront présentées dans les années qui suivent dans diverses expositions. À ce personnage fantaisiste, au visage très affirmé, aux façons gracieuses mais viriles, un impresario belge offre de paraître sur scène. Krauss fait ses débuts au tournant du siècle à l'Alhambra de Bruxelles. Il interprète des personnages comme Hamlet, Ruy Blas, le chevalier de Lagardère et d'autres héros populaires avec une aura romantique et une diction parfaite. Quelque temps après, il entre dans la compagnie de Sarah Bernhardt.

En 1909, c'est le cinéma qui lui offre de nouvelles perspectives. Engagé chez Éclair, il en devient immédiatement un des acteurs les plus actifs, alternant les rôles principaux dans des films comme

Beethoven, *Eugénie Grandet*, *Don César de Bazan*, *César Birotteau*, *la Légende du juif errant*, *Cavalleria rusticana*, dirigé par Victorin Jasset ou par Émile Chautard dans la série « Nick Carter »: il y incarne le tenace policier avec beaucoup de verve.

En 1913, après être apparu dans au moins cinquante films, il décide de passer de l'autre côté de la caméra avec des films comme *le Corso rouge*, *Chéri-Bibi* ou *la Drogue maudite*, obscures intrigues ennoblies cependant par la présence de son actrice favorite, la belle Maryse Dauvray.

Appelé à la guerre, il est démobilisé en 1918 et Éclair lui offre la mise en scène d'un film qui, lorsqu'il est vu par Gustavo Lombardo qui se trouve à Paris pour choisir dans la production récente les films à acquérir pour la distribution en Italie, lui vaut un contrat – à lui et à Maryse Dauvray, splendide interprète du film – pour un transfert à Naples dans les studios rénovés qui font face à l'enchanteresse Villa Floridiana, sur la colline du Vomero. Engagés pour deux films, Krauss et l'actrice en réalisent beaucoup plus, donnant vie, dans le cadre du cinéma italien du début des années vingt, à une série de films très différents les uns des autres et complètement en dehors des canons ressassés mille fois avec lesquels s'élaborent presque en série les films nationaux de genre.

Le premier s'intitule *L'artefice dell'amore*, un sujet d'Amleto Palermi qui raconte l'histoire d'un célèbre chirurgien qui réussit à installer l'amour dans le cerveau de ses patients. « Sujet élevé et singulièrement passionnel », selon le jugement d'un critique. « Sensations nouvelles avec un brun de génialité » précise un autre. Suit *Il gatto nero*, obscure intrigue autour d'un héritage convoité par plusieurs prétendants, avec un chat noir du nom de Lucifer qui apparaît dans les moments de tension extrême. « Ce n'est pas un travail remarquable – selon le jugement d'un critique – mais c'est une grande interprétation de Charles Krauss ». Une trame ténue, l'amour malheureux d'un homme âgé pour une jeune femme qui en aime un autre, est la base de *L'ultimo romanzo di Giorgio Belfiore*, encore un sujet de Palermi, avec Charles Krauss dans le rôle de l'amoureux déçu et Maryse Dauvray dans celui de la femme inutilement convoitée. *Bolle di sapone* comporte trois épisodes, le titre est le nom de code du président de la Société Humanitaire de New-York dont le but institutionnel est la punition des personnes qui se sont malhonnêtement enrichies. Il s'agit d'une histoire paradoxale qui a du moins le mérite d'être presque entièrement tournée à Capri dans des décors suggestifs. Avec *Li-Pao, mandarino*, Krauss se transforme en un Chinois envoyé par une secte secrète de son lointain pays pour bouleverser le monde. Mais, arrivé à Naples, il fait la connaissance d'une gracieuse jeune fille et il se transforme rapidement en un bon diable, un parfait « élève du soleil ». La trame de *Un cuore, un cervello ed un pugnale* est dramatique : nous sommes en Russie, un éminent chirurgien a une femme qui le trahit. Lors d'une dispute entre les deux amants, la femme blesse son amoureux et c'est le chirurgien qui opère son rival. Il s'agit d'un récit peu convaincant, tandis que le thème de ceux qui se sont enrichis de façon malhonnête, ceux qui grâce à la guerre se sont livrés à de sales affaires, revient dans *La rivoluzione dei pescicani*.

Ces films, dans lesquels Krauss non seulement se met en scène mais en est toujours le protagoniste étincelant avec la fascinante Maryse Dauvray, représentent une nouveauté par leur diversité et leur absolue différence par rapport à la production courante italienne. Ils sont très appréciés par le public de la moyenne et grande bourgeoisie du samedi soir qui s'enflamme, après la projection, à discuter des contenus d'œuvres aussi singulières et inédites.

Maryse Dauvray devient une présence constante de la vie mondaine napolitaine et elle finit par épouser un noble parténopéen. Charles Krauss dirige encore d'autres films, notamment un film en Sicile, *Casa mia, donna mia*. Il meurt à Rome en 1926 dans des circonstances obscures. **V.M.**

Filmographie ◆ *L'artefice dell'amore* (1920) ; *Il gatto nero* (id.) ; *L'ultimo romanzo di Giorgio Belfiore* (id.) ; *Li-Pao mandarino* (1921) ; *Bolle di sapone* (en trois épisodes, id.) ; *Un cuore un cervello ed un pugnale* (1922) ; *La rivoluzioni dei pescicani* (connu aussi comme *I farabutti*, id.) ; *La fiamma sacra* (id.) ; *Casa mia donna mia* (1923) ; *La casa dello scandalo* (connu aussi comme *Mamma morta* ou *Una donna qualunque*, 1924) ; *La maschera della femmina* (1925).

KRAUSS Henry (1866-1935)
Venu au cinéma avec Le Film d'Art dont les directeurs étaient alors Henri Lavedan, de l'Académie Française, et Charles Le Bargy, sociétaire de la Comédie-Française, Henry Krauss est également acteur à la S.C.A.G.L. (Société Cinématographique des Auteurs et Gens de Lettres) : on le voit dans *les Frères corses* d'Antoine, *les Ombres qui passent* de Volkoff, *Poil de carotte* de Duvivier. Krauss passe à la réalisation avec des films produits par la S.C.A.G.L. ; il sera un des assistants d'Abel Gance sur *Napoléon*. Il dirige deux fois son épouse, la comédienne Charlotte Barbier Krauss, dans les films qu'il tourne dans les années vingt. « Le plus grave pour l'avenir du cinéma – disait Henry Krauss –, c'est qu'il est aussi facile de s'imposer metteur en scène qu'il est difficile d'en être un réellement. »

Suivant les préceptes d'Antoine, dont il est un disciple, Krauss tourne beaucoup en extérieurs et décrit avec beaucoup de soins l'environnement des personnages pour donner une vérité accrue à leur comportement. Ainsi, le critique F. Camoin, dans *Le Courrier Cinématographique*, apprécie *Fromont jeune et Risler aîné* (1921) : « La photo est belle, très nette, les éclairages sont adroitement distribués et il faudrait, pour être juste, tout citer : une vue d'ensemble du quartier du Marais, les quais de la Seine à la tombée de la nuit, des sous-bois délicieux et bien d'autres images, véritable régal pour les yeux. » À propos des *Trois masques* (1921), on peut lire dans *Cinémagazine* : « Pour la réalisation de son chef-d'œuvre, le terme n'est pas trop fort, Krauss a évidemment choisi comme décors les merveilleux paysages de Corse ». Le réalisateur sait aérer et filmer ses sujets et comme l'ajoute la revue : « L'action, dont on sait toute l'originalité et l'effet intense au théâtre, a gagné encore si possible, à l'écran ». La comparaison avec la version parlante de 1929 d'André Hugon, entièrement tournée en studio, est édifiante et peut expliquer comment la difficulté technique imposée par le système de prise de son détourne de la mise en scène.

Acteur et metteur en scène, Krauss mérite d'être réévalué et on ne peut que s'associer à cette appréciation de Philippe Esnaut dans *Cinéma* : « Il est étrange de constater le peu de place que l'on accorde à Henry Krauss. Il semble pourtant que cet acteur d'une puissance et d'une photogénie exceptionnelle (on pense à Harry Baur, à Raimu) ait fait montre en passant derrière la caméra d'une intelligence du cinéma qui, étayée par une culture et un goût peu communs, devrait le reclasser parmi les grands réalisateurs français. » **J.-P.M.**

Filmographie ◆ *Fromont jeune et Risler aîné* (1921) ; *Les Trois masques* (id.) ; *Le Calvaire de Dona Pia* (1925).

L

LACAU-PANSINI Rose (1890-1985)

Née à Ortez le 7 juin 1890, Marie-Rose Lacau échappe à ses origines modestes en devenant danseuse à Paris où elle a suivi une comédienne, cliente de sa tante couturière à Bayonne. La célébrité s'attache rapidement à ses pas – Paul Poiret crée des robes pour elle –, elle fait des tournées en Europe et, remarquée par un producteur italien, se fixe à Rome et interprète plusieurs films dans ce pays sous le nom de Frassita Lacau. Devenu la compagne d'un avocat milanais, Gustavo Pansini, elle est aidée par celui-ci qui fonde pour elle en 1917 la Flegrea Film: la jeune femme, outre sa participation aux films comme comédienne, collabore à la réalisation de films mis en scène par Mario Gargiulo.

Rentrée en France après la Première Guerre mondiale, Rose Lacau, qui entre temps a épousé Gustavo Pansini, poursuit son activité en s'installant à Nice. Elle dirige sept films de 1920 à 1922. Elle tourne d'abord pour la société As-Ciné – pour laquelle elle a fait construire les studios de Saint-Laurent-du-Var non loin de La Victorine – *la Puissance du hasard* et *Un drame d'amour*, puis, ayant créé avec son mari sa propre société de production, les Films Pansini, elle met en scène en 1921-1922 *Chantelouve, le Sang des Finoel, Judith, le Refuge, Esclave*. Tous les films produits par les Films Pansini sont co-signés avec Georges Monca dont on a conseillé à la réalisatrice d'utiliser la réputation afin de trouver plus facilement un distributeur, en l'occurence Pathé-Consortium-Cinéma. D'une grande fraîcheur, largement tournés en extérieur dans l'arrière pays niçois, les films de Rose Lacau-Pansini indique l'originalité d'un talent dont on a pu apprécier la qualité grâce à des restaurations de la Cinémathèque française et aux efforts de promotion du Studio Cinéma d'Orthez. À la fin de 1922, de manière un peu inexplicable – la cinéaste parle de lassitude –, Rose Lacau-Pansini arrête sa carrière pour se consacrer à sa famille et à l'éducation de ses deux filles. **J.A.G.**

Filmographie ◆ *La Puissance du hasard* (1920); *Un drame d'amour* (id.); *Le Coffret de Pandora* (film incertain, id.); *Chantelouve* (co

Georges Monca, 1921); *Le Sang des Finoël* (CO. Georges Monca, id.); *Judith* (CO. Georges Monca, 1922); *Le Refuge* (CO. Georges Monca, id.); *Esclave* (CO. Georges Monca, id.).

LEBLANC Georgette (1869-1941) Georgette Leblanc, illustre cantatrice de la fin du XIXe siècle, célébrée par Mallarmé dans *la Revue blanche*, metteur en scène de Maeterlink dont elle fut, plus de vingt ans, la compagne, est connue pour son rôle – discuté – dans *l'Inhumaine* de L'Herbier. Cette apparition unique à l'écran n'a cependant rien d'accidentel ni de marginal dans sa carrière et dans sa vie. À partir de 1915, Georgette Leblanc s'intéresse au cinématographe et tente d'y intervenir. Elle est filmée par la firme Éclair dans une représentation *ad hoc* de *Macbeth* et de *Pelléas et Mélisande*, on évoque une adaptation du fameux *Oiseau bleu* de Maeterlinck, de *la Madone du secret*, de *Marie Magdeleine* qui restent sans suite. Quand L'Herbier – qu'elle a connu quelques années plus tôt dans le milieu de son frère, le romancier Maurice Leblanc, à qui elle a fait découvrir Loïe Fuller et qu'elle a introduit au *Mercure de France* – se convertit au cinéma grâce à Musidora (et *The Cheat*), il veut lui proposer un rôle. Il a en effet écrit le scénario du *Torrent*, que doivent tourner Mercanton et Hervil en juillet 1917. Mais elle tombe malade. D'autres projets échouent (dont un *Edith Cavell*, peut-être adapté de la pièce de Delluc de 1916), y compris avec Antoine qu'elle a sollicité. Fin 1919, elle publie un long texte, des « Propos sur le cinéma », dans *le Mercure de France* qui rivalise en profondeur avec ceux, contemporains, de Colette (dont elle fut l'amie) et de Delluc (qui a découvert le cinéma deux ans plus tôt grâce à Eve Francis – et *The Cheat*, lui aussi!). Elle y exalte la restitution de la vie « sous toutes ses formes. Des êtres, des bêtes, des insectes. Arbres, plantes, fleuves, mer, pluie ou soleil. La terre et tous les éléments. Et tous les mouvements de toutes ces forces, mouvements inconscients ou volontaires, sublimes ou absurdes, misérables ou infinis! Ah! que m'importait tantôt l'affabulation niaise qui se déroulait devant moi! Les images multiples se succédaient sans relâche, m'apportant des flots de vérité et de réalité. » Cette nette éviction de l'anecdote dégage un « effet cinéma » qu'elle précise ainsi, le liant à la position du spectateur: « Au cinéma, la grâce personnelle des choses m'est révélée, car mon plaisir est détaché. Je considère et je décompose en ses éléments la force déchaînée du terrible vent qui ne me bouscule pas. [...] Ainsi de mille beautés, que nous voyons sans cesse, et que nous voyons mal, parce que nous les sentons en même temps. » Cette « révélation » appelle, sans que le mot soit dit, la « photogénie », cette « transfiguration » de la nature et des choses induite par l'objectif: « Ce que nous appelons le rayonnement d'un être est inscrit sur l'écran plus et mieux que dans la vie ». Contant l'expérience qu'elle fait du même acteur dans deux films très différents et deux rôles sans rapport, elle s'interroge: « À quoi l'avais-je reconnu? À ce quelque chose de mystérieux, d'insaisissable, que l'objectif semble dérober au plus profond des humains et que l'écran révèle et accuse... » et conclut: « Lorsque nous connaîtrons toutes les ressources d'un mécanisme capable d'extérioriser des nuances aussi profondes, les plus intéressantes visions pourront être réalisées. »

Ce n'est qu'« en attendant », qu'elle dit: « Contentons-nous de ce que nous offrent les modestes ressources du cinéma actuel, et, sans arrière-pensée, prenons plaisir... aux films américains » aux « créatures saines et puissantes... mu[e]s par une mécanique neuve... »

En fin d'article, Georgette Leblanc écarte le faux problème « le cinéma est-il un art? » – faute de suffisamment voiler, transposer, mentir, le cinéma ne serait pas conciliable avec l'art. Elle ouvre au contraire à tous ses possibles en particulier du côté de la « suggestion », de la « pensée »: « Ne pensons-nous pas à l'aide de visions et de mots, et la succession soudaine, multiple et infinie des aspects, n'est-ce pas le cinéma seul qui peut l'enregistrer? »

Pourtant le désir de cinéma de Georgette Leblanc est sans cesse contrarié. Aux États-Unis, en 1921, elle croise Chaplin, avec qui elle donne une parodie de *Camille*, récente adaptation de *la Dame aux Camélias* avec Nazimova et Rudolph Valentino, puis Abel Gance, venu présenter *J'accuse!* à New York. Mais ces rencontres restent sans suite. C'est l'inespérée rencontre avec un banquier milliardaire, Otto H. Kahn, collectionneur d'art que conseille Henri-Pierre Roché et amateur d'opéra et de musique, gros actionnaire de la Paramount, qui change tout. L'aide de ce généreux mécène qui admire la cantatrice et s'apitoie sur son sort depuis que Maeterlinck l'a abandonnée, permet à Georgette Leblanc de fonder, en 1923, sa société: « Art Direction G. L. inc. » Tout en menant sa carrière américaine de chanteuse – achetant une salle, fondant un cercle privé où elle chante sur des musiques de Debussy, Milhaud, Stravinsky, Antheil, Varèse, récite des poèmes de Mallarmé, Baudelaire, Rémy de Gourmont, Verhaeren –, elle entreprend de persuader Otto Kahn de lui laisser produire un film français d'avant-garde où elle jouerait. Le projet vise à faire de ce film une démonstration d'art de ce temps en réunissant des créateurs de chaque discipline – musique, peinture, architecture, mode, littérature – dans une synthèse du modernisme.

Telle est l'origine du film que va produire Cinégraphic, dont elle assure le financement, qu'elle inspire, qu'elle interprète et qu'elle contrôle. Cependant le projet proclamé de modernisme se teinte des ambiguïtés « fin-de-siècle » qui inspirent tout autant la cantatrice que le cinéaste. La figure qu'incarne Georgette Leblanc vient de loin: dans le roman à clefs du symbolisme, *le*

Soleil des morts de Camille Mauclair (1898), le personnage de la chanteuse, danseuse, actrice et amante, Lucienne Lestrange, lui ressemble… étrangement, quoique mâtinée de Loïe Fuller. C'est celle d'une femme cérébrale et dévorante qui avait été la maîtresse de Mauclair avant de lui préférer Maeterlinck. L'Herbier avait d'abord titré son scénario « Une femme de glace » et Pierre Mac Orlan le retravaillera avec lui dans le sens souhaité par la vedette qui voit aussi dans cette entreprise son possible retour en force – via le film –, sa revanche sur la relégation par le grand écrivain auquel elle s'était vouée, comme l'assumation de son personnage de femme volontaire, assumant ses amants comme ses liaisons homosexuelles. Demeure une thématique décadente et mortifère qu'on hésitera à appeler « d'avant-garde » même si la science-fiction vient ressusciter l'aimée mortellement mordue par un serpent ! Il reste que le film demeure incroyablement « synchrone » avec l'Exposition des Arts décoratifs qui s'annonce, et prompt à intégrer des nouveautés comme la transmission en direct d'un récital de la chanteuse à la radio suivie d'une causerie sur le cinéma américain et l'inauguration d'une « radiochronique de l'écran » de L'Herbier qui, dans le film, deviennent télévision interactive !

Georgette Leblanc voulait que les décors fussent de Picabia, L'Herbier préférera Léger et ses collaborateurs de Cinégraphic Autant-Lara et Cavalcanti, mais on compte en outre Mallet-Stevens, Poiret, Chareau et Darius Milhaud sans parler de George Antheil – pour le tournage d'une scène au Théâtre des Champs-Élysées.

Avant que *The New Enchantment* (version américaine du film) ne rencontre un échec aux États-Unis, Georgette Leblanc veut faire venir L'Herbier et Jaque-Catelain à Hollywood pour divers projets qu'elle caresse, dont une série avec le personnage de Claire Lescot – si le film marche… Le 31 août 1923 elle avait publié dans *Comœdia* un article sur le cinéma américain qu'elle jugeait guetté par deux dangers : la censure et la standardisation. **Fr.A.**

Filmographie ◆ *Macbeth* (Actrice, 1915) ; *Pelléas et Mélisande* (id) ; *L'Inhumaine* (RÉAL. Marcel L'Herbier. Productrice, actrice, 1923).

LÉGER Fernand (1881-1955)
Le peintre Fernand Léger, lié à la mouvance cubiste du début du XXe siècle, noue très tôt des liens avec le cinéma : fréquentation des lundis de *Montjoie !* chez Ricciotto Canudo, découverte de Charlot pendant la guerre, amitié avec Jean Epstein, et surtout réflexions *à partir* du cinéma (le fragment, l'objet). Au plan pratique, il donne des illustrations « cinématographiques » à *la Fin du monde filmée par l'Ange Notre-Dame* de Cendrars et des dessins d'un Charlot, « homme mécanique » à *la Chaplinade* d'Yvan Goll, qu'on retrouve dans *Et pourtant elle tourne*

d'Ilya Ehrenbourg ; enfin, il y a son scénario d'un film d'animation entrepris, *Charlot cubiste,* sa participation via Cendrars au tournage de quelques scènes de *la Roue*, l'affiche qu'il conçoit pour ce film. Plus concrètement encore, il y a son film, *Ballet mécanique* réalisé en collaboration avec un cinéaste américain, Dudley Murphy en 1924 et sa participation, comme décorateur, à *l'Inhumaine* de Marcel L'Herbier…

Il convient d'éviter deux écueils concernant le rapport de Léger au cinéma. Le premier consiste à « l'enfermer » dans l'expérience de *Ballet mécanique* et à « réduire » celle-ci à l'application au cinéma de solutions élaborées en peinture. Léger a avoué qu'il avait, à cette époque, eu la « tentation » d'abandonner la peinture pour le cinéma ; on ne saurait par conséquent considérer *Ballet mécanique* – qu'il a remanié sa vie durant, le montrant dans chaque exposition, à chacune de ses conférences ou presque – comme « une enclave dans [son] œuvre » ou la « conclusion logique d'un style, celui de la période mécanique » en peinture.

Le second consiste à « l'enfermer » dans le cinéma « d'avant-garde » en donnant à cette expression – décriée régulièrement en France depuis… 1924 – le sens étroit de « cinéma d'artiste », « plastique », de « cinéma pur » pour esthètes, élite, etc.

Son intérêt pour le film s'inscrit dans son intérêt pour le spectacle. Il fréquente assidûment le cirque, les music-halls, les théâtres populaires, il admire les publicités dans la rue (le bébé Cadum plus que *la Joconde*), les acrobates (plus que les danseurs de ballets) et les chansonniers comme Georgius (plus que les chanteurs d'opéra) : il n'est donc pas étonnant qu'il aille, dans le même esprit, au cinéma, spectacle neuf à tous points de vue car il renouvelle la vision des choses et il s'adresse aux masses. Sa conférence à La Sorbonne, « Le spectacle, lumière, couleur, image mobile, objet-spectacle » (1924) exprime cela sans détour : prééminence de l'œil, vitesse, rythme, contrastes, le spectacle de la rue définit les nouveaux paramètres du « spectacle moderne » et le défi aux artistes contemporains « en concurrence » avec le camelot, l'homme-sandwich, la réclame, la TSF, etc.

Le cinéma offre donc à Léger un des modèles les plus attractifs de cette sortie du tableau de chevalet, du mouvement vers un art social, un art public qui trouvera – pour ce qui le concerne – son accomplissement dans l'architecture. La nouvelle vision proposée par « le cinéma avec ses gros-plans nous a permis d'aller plus vite », écrit-il : « Avant de l'avoir vue au cinéma, je ne savais pas ce que c'était qu'une main ! » D'autre part le cinéma instaure un rythme mécanique (Léger rompt avec le modèle musical dominant dans l'esthétique du film), la répétition. Charlot est l'emblème de cette esthétique du choc, de la saccade, il est l'homme mécanique. Enfin le décor de cinéma est un terrain d'exercice pour l'intervention dans l'architecture, voire pour l'intervention architecturale : un laboratoire, un lieu d'exposition et d'expérimentation. Avec *l'Inhumaine*, Léger passe pour la première fois à la troisième dimension. Enfin au cinéma c'est à la foule, au grand public, à « l'homme moyen » qu'on a affaire. Ces trois aspects forcent l'artiste à inventer « coûte que coûte », c'est là le défi qu'il a à relever car, bien sûr, le « spectacle de la rue » ni celui de l'écran ne sont accomplis, ils traduisent bien souvent le « désordre social », l'inhumanité, l'injustice.

La catégorie de « spectacle » permet de comprendre comment il s'est efforcé de traverser les frontières entre les arts en liant architecture, rue, publicité, ballet, cirque, peinture murale, montage photographique, film, théâtre dès lors qu'il a ressenti l'étroitesse du domaine proprement pictural (le tableau de chevalet).

Ballet mécanique joue des paramètres techniques qui définissent la nature même du film, ceux de défilement, de saccade, de succession, de répétition et il les fait varier systématiquement sur des objets immobiles mais multiples, alignés, emboîtés ou alors des objets en mouvement.

En 1923, Epstein qui connaît l'engouement de Léger pour certains passages de *la Roue* – car son texte sur « la valeur plastique » du film est paru dans *Comœdia* en décembre 1922 – s'attend peut-être à ce que le peintre « passe » au cinéma, en tout cas il évoque son art dans une sorte d'hypothèse « cinématique ». Le concept central qu'il avance est celui de « fractionnement », de « fragment » qui explique la multiplicité des points de vue, l'éclatement de la perspective, les contrastes violents, les disparités d'angles, d'axes, de distances. D'autre part il définit l'activité nouvelle du spectateur de cette peinture : « Le spectateur est mis en présence de tous les éléments du calcul et il reçoit même quelques indications qui doivent l'aider à trouver la solution, mais le calcul reste néanmoins à faire. Le travail reste à faire par le spectateur, dans les conditions voulues par le peintre… »

Ces propos définissent parfaitement la démarche de Léger dans son *Ballet mécanique*.

« Certainement le *Ballet mécanique* de Fernand Léger, film qui date de 1924, n'a jamais été surpassé. […] Léger, dont le métier est la peinture, a néanmoins compris ce qu'il y avait d'essentiel dans le cinéma, le point de vue formel : le cinéma d'avant-garde ne tient pas assez compte de ce côté, il s'intéresse davantage au côté psychique, aux manifestations de l'inconscient… », dit de son côté Eisenstein en 1923.

Dix ans après le *Ballet*, son regard sur les objets mécaniques et en particulier les objets ménagers demeure le même. Relevons au passage que la remarque d'apparence loufoque de Pierre Descargues selon laquelle le titre *Ballet mécanique* « a un peu perdu de son sens depuis que l'aspirateur a remplacé à peu près partout le balai mécanique », relève opportunément un aspect oublié du film que Léger avait indiqué clairement dans son photomontage de 1925, « l'Humour dans l'art ». Au-dessus de photographies de robinetterie et clef anglaise, d'un plumeau, d'un robot fait de boulon, vis et cylindre et d'un personnage en collants noirs et melon (est-ce le peintre?), une casserole entre les jambes, il était écrit: « LE CINEMA LE BA LAI ME CA NI QUE… »

La question du décor de cinéma dont Diamant-Berger puis Moussinac et Delluc disent l'importance est centrale dans les années vingt. Aleksandra Exter, constructiviste russe qui revient à Paris en 1925 après avoir travaillé sur l'*Aelita* de Protazanov, donnera des cours de construction de décor et de costume dans la même académie moderne où Léger enseigne le dessin et ouvrira un atelier de « scénographie et cinématographie » en 1929. Elle est décoratrice sur les deux films que tourne Evréïnoff en France. **Fr.A.**

LEPRINCE René (1875-1929)
Les débuts de René Leprince s'effectuent comme comédien chez Pathé au début des années dix. Il interprète par exemple l'un des rôles principaux d'une production SCAGL sortie en août 1910 et intitulée *Par un jour de carnaval.* À l'instar de celles de nombreux acteurs de l'époque, sa carrière évolue rapidement vers la mise en scène. Il dirige, avec Ferdinand Zecca, quelques-unes des productions les plus ambitieuses de Pathé entre 1912 et 1914 (*la Lutte pour la vie*, *la Danse héroïque*, *Cœur de femme*, etc.), avant de devenir l'un des metteurs en scène réguliers de Max Linder, notamment pendant la guerre.

Durant les années vingt, il reste fidèle à Pathé, apparaissant, au sein de la société, comme un cinéaste tout à la fois indispensable et interchangeable. En fait, sa filmographie épouse scrupuleusement les fluctuations de la Compagnie: les succès s'accumulent au début des années vingt (*Face à l'océan* en 1920 et surtout *l'Empereur des pauvres* en 1922), avant que la production ne devienne, par la suite, plus anonyme (*Pax domine* en 1923). En difficulté, Pathé Consortium Cinéma doit s'allier avec la Société des Cinéromans en 1924. Cette année-là, Leprince tourne alternativement pour ces deux maisons de production: *Mon oncle Benjamin*, financé par Pathé Consortium Cinéma, et *l'Enfant des Halles*, par les Cinéromans. L'année suivante, la Société des Cinéromans devient l'unique fournisseur de films pour Pathé, et Leprince suit le mouvement en réservant toute sa production à la compagnie de Jean Sapène.

La collaboration avec les Cinéromans constitue un véritable tournant dans la carrière de Leprince. Jusqu'en 1924, il n'est, chez Pathé, qu'un metteur en scène régulier parmi d'autres. Peu de grosses productions (hormis *l'Empereur des pauvres*) lui sont confiées. En 1923, il réalise trois films, mais aucun ne dépasse les 2000 mètres de longueur.

Pourtant, cette année-là, Pathé et les Cinéromans produisent *l'Enfant-roi* (Jean Kemm, 12500 m), *Gossette* (Germaine Dulac, 8200 m), *la Roue* (Abel Gance, 10200 m), *Tao* (Gaston Ravel, 8225 m) et *Vidocq* (Jean Kemm, 8350 m). Son passage officiel sous la férule des Cinéromans modifie son statut: en 1924 et 1925, le métrage total de ses films représente environ 40 % de la production globale de Pathé et des Cinéromans. Leprince est devenu indispensable. D'autant que ses longs-métrages semblent rencontrer régulièrement le succès. Certes, celui-ci est peu quantifiable, faute de chiffres. Mais, pour s'en convaincre, il suffit de constater l'omniprésence du nom de Leprince dans les magazines spécialisés: ses tournages sont suivis avec assiduité par les journalistes, comme ceux de tous les metteurs en scène populaires de l'époque (Desfontaines, Fescourt, etc.). Et les nombreux articles publiés sur ses films lui adressent unanimement les louanges réservées aux cinéastes admirés du public: « Pierre Gilles a voulu nous donner son meilleur scénario, mais je crois aussi que René Leprince veut dépasser tout ce qu'il a fait comme mise en scène. Ça lui sera difficile, car nous lui devons déjà de si belles choses; mais nul n'ignore qu'il est homme à y parvenir. Faisons-lui la plus absolue confiance, il nous a toujours prouvé qu'il la méritait. »

De plus, les avant-premières de ses films donnent lieu à de fastueuses présentations, très prisées du public. Ainsi, en 1925, *Mylord l'Arsouille* (cinéroman de 8470 mètres, en huit épisodes) se déroule « dans le cadre somptueux de l'Empire, le plus grand music-hall parisien » (*Cinémagazine*, n° 10, 17 avril 1925), devant plus de 3000 personnes.

Mais ce succès n'empêche pas René Leprince d'appartenir à la catégorie des cinéastes interchangeables, comme nombre de ses collègues des Cinéromans. Si, à l'époque de Pathé Consortium Cinéma, il était souvent son propre scénariste, il perd ce privilège dès ses premiers films pour les Cinéromans. Dans cette société, la règle est de décider du metteur en scène une fois le projet écrit et l'équipe constituée (pour partie). En d'autres termes, scénaristes et comédiens sont souvent choisis avant le réalisateur. On peut même affirmer que c'est l'élaboration de la distribution des rôles qui permet ensuite à Sapène et Nalpas de déterminer l'identité du cinéaste idoine, c'est-à-dire celui qui paraît le plus approprié à diriger les comédiens retenus. Dès lors, il ne faut pas s'étonner de retrouver les mêmes acteurs dans les films de Leprince. Citons ainsi Aimé Simon Girard (*le Vert galant*, *Mylord l'Arsouille*, *Fanfan la Tulipe*), Claude Merelle (*le Vert galant*, *Mylord l'Arsouille*), Lucien Dalsace (*l'Enfant des Halles*, *Titi 1er, roi des gosses*), etc. De même, cette situation explique que sa présence sur un film soit confirmée par la presse au dernier moment, alors que les cinéastes de l'Avant-Garde (comme Gance ou L'Herbier) apparaissent dans les gazettes dès l'annonce de leurs projets.

L'esthétique des films de Leprince confirme cette notion d'interchangeabilité. En effet, on serait bien en peine de différencier ses films de ceux de Desfontaines (par exemple), s'ils étaient privés de générique. Il ne faut pas voir un refus de toute ambition dans l'acceptation et la facilité d'adaptation de Leprince à un mode de production si contraignant. Ces conditions de travail ne pouvaient que paraître naturelles à un metteur en scène ayant débuté dans un système similaire, à la grande époque de Pathé. Leprince n'aura pas l'occasion de profiter du grand bouleversement de la production française, consécutif au passage au parlant, puisqu'il décède en mai 1929. **L.L.F.**

Filmographie ◆ *Face à l'oéan* (1920) ; *L'Empereur des pauvres* (1922) ; *Pax Domine* (1923) ; *Mon oncle Benjamin* (id.) ; *L'Enfant des Halles* (id.) ; *Mylord l'arsouille* (1925) ; *Fanfan la Tulipe* (id.).

LE SOMPTIER René (1884-1950)
René Le Somptier naît dans une famille d'antiquaires, avec un père Conseiller municipal à Caen, où il fait des études de droit qui ne le disposent pas au cinéma. Suivant la direction de son père, il s'intéresse à la politique et publie quelques articles dès 1906 dans *L'Action française* et *L'Œuvre*. C'est un ancien camarade de lycée, fondateur de la société Cosmograph qui lui propose de faire ses premières armes dans le 7e art : *Poum à la chasse* est son premier film, dans lequel il met en scène son père. L'année suivante, il s'inscrit dans une association de républicains normands de gauche, la « Ligue des bleus de Normandie » dont il deviendra président en 1946. Le personnage est idéaliste, pamphlétaire, empreint de passions socialisantes. Son cinéma, pourtant, ne traduit pas spécialement ces intentions. Chez les cinéastes et théoriciens de l'avant-garde des années vingt, il passe pour un cinéaste académique, un « bon artisan ». Cependant, à travers certains scénarios, on retrouve parfois une fidélité à ses idéaux. À l'instar de quelques confrères, il est mobilisé à la guerre de 1914, blessé gravement et réformé : il se consacre alors en totalité au cinéma et tourne de nombreuses courtes bandes avant de devenir en 1918 l'un des proches de Louis Nalpas qui lui confie la réalisation de son film le plus célèbre : *la Sultane de l'amour*, « conte inédit des mille et une nuits », est sans aucun doute l'œuvre la plus ambitieuse de la firme Louis Nalpas. Tourné dans les magnifiques domaines de la villa Lisserb à Nice en juin 1918, avec des moyens très importants, le film n'obtint qu'un succès public modéré. Le film fut présenté en deux parties en 1919 et une réédition eu lieu en 1923, coloriée au pochoir, dans une version plus courte.

Mais le Somptier découvre aussi le théâtre : en 1920, il écrit et met en scène des pièces en théâtre de verdure. Après *la Croisade* (1919), évocation cruelle de la Grande Guerre, ce sont *la Montée vers l'Acropole* (1921), un drame de la justice, *la Bête traquée* (1921), tragédie qui se déroule dans les décors boisés d'Île de France, est solide, concis et subtile. Quant à *la Porteuse de pain* (1922), c'est ici une adaptation conventionnelle tout comme *la Dame de Monsoreau* (1923) qui narre les aventures amoureuses de Diane de Méridor et du comte de Bussy à l'époque d'Henri III, roi de France et de Navarre.

En 1924, Le Somptier est nommé pendant deux ans chargé de missions cinématographiques au Maroc, puis au Gabon, en Oubanghi et au Tchad. Trois films sont issus de cette période : *les Terres d'or*, *la Marche vers le soleil* et *les Fils du soleil*. Ce dernier film, qui emprunte la voie du cinéma de propagande coloniale soutenue par l'État français et le maréchal Lyautey, est toutefois interdit plus d'un an : le film, interprété par Joë Hamman, Georges Charlia et tourné dans l'Atlas, à Rabat, Meknès et Fès ne correspond pas à l'image que l'on attendait. Mais ce western colonial est un triomphe public grâce au ton romanesque de l'histoire, aux coutumes présentées, au prestige de la figuration et aux décors remarquablement bien utilisés. *La Forêt qui tue*, film belge de 1925, l'un des rares films français traitant de la période du Moyen-âge, est vite oublié au profit du *P'tit parigot*. Constitué d'une série de sketches inspirés des *serials* américains, avec l'apport d'Henri Decoin au scénario, le film est un mélange de genres détonnant, une peinture de la modernité des années vingt. Avec aisance, Le Somptier passe d'un thème à l'autre, et obtient de jolis succès publics. Ce sera son dernier film de fiction muet. Il tournera en 1928 *la Légende du moulin joli*, historiette sans distinction, puis opte définitivement pour la politique en 1929. Très proche d'Aristide Briand, il entre dans les années trente au cabinet du ministre de la guerre, avant de s'occuper d'éducation physique. Il est ensuite chargé d'une mission cinématographique par le truchement de l'Agence de l'Afrique Équatoriale française. Mais il écrit toujours des scénarios, tous restés inédits. En 1937, il réalise son dernier film à la demande du Ministère de la marine, *le Dernier conte de Shéhérazade*. Il s'agit d'un court métrage sur l'exposition internationale de 1937. En 1939, René Le Somptier est appelé pour diriger une légion de travailleurs indochinois, puis passe de poudrière en poudrière jusqu'à la fin de la guerre. Pendant cette période, il crée un journal, forme une troupe théâtrale de tonkinois, écrit des chansons pour remonter le moral des troupes. Il revient au journalisme de ses débuts pour collaborer à *Sud-Ouest* et à *L'Aurore*. Il y écrit sur le théâtre, le cinéma, les arts. Il meurt en 1950 à 66 ans.

É.L.R.

Filmographie ◆ *La Sultane de l'amour* (1919) ; *La Montée vers* *l'Acropole* (1921) ; *La Bête traquée* (id.) ; *La Porteuse de pain* (1922) ; *La Dame de Monsoreau* (1923) ; *Les Terres d'or* (1924) ; *La Marche vers le soleil* (id.) ; *Les Fils du Soleil* (id.) ; *La Forêt qui tue* (1925) ; *Le P'tit Parigot* (1926) ; *La Légende du moulin* (1928).

L'HERBIER Marcel (1888-1979)
La personnalité de Marcel L'Herbier imprime à ses films une atmosphère très particulière, qui, par la grande beauté des images, leur manipulation, leurs enchaînements secrets, se mue en sensation pure. Son univers est unique, déroutant, ambivalent. Sa période muette (1918-1928), au cours de laquelle il contribue à construire le langage filmique moderne, sera la plus créative et la plus libre.

Né à Paris, Marcel L'Herbier fait des études de droit et de lettres. Il est d'abord écrivain et poète ; son premier livre, *...Au jardin des jeux secrets*, est publié en 1914, sa première pièce, *l'Enfantement du mort*, en 1917. Également mélomane, il compose et édite plusieurs mélodies.

C'est en 1917 qu'il écrit un premier scénario pour Éclipse, *le Torrent*, puis un deuxième, *l'Ange de minuit*, qui seront mis en scène par Mercanton et Hervil, le second sous le titre de Bouclette.

Il passe à la réalisation avec *Phantasmes*, film inachevé pour raisons militaires. Il persévère et tourne *Rose-France* (1918), film de propagande atypique. Cet étrange collage symboliste, ce poème excessif et troublant qui tente de suggérer émotions, sensations, idées par le travail de l'image (cadres, caches, écrans divisés, surimpressions) est en rupture totale avec la structure des films contemporains.

Dès cette première œuvre, le réalisateur s'entoure d'artistes à la pointe des recherches esthétiques : le peintre et dessinateur Georges Lepape, Claude Autant-Lara, créateur de dessins, décors et costumes, le décorateur et futur cinéaste Donatien, le peintre, poète et comédien Jaque-Catelain... Il sera le seul cinéaste de l'époque à rechercher systématiquement la collaboration d'artistes modernes et d'avant-garde pour créer des films qui soient des œuvres d'art totales.

L'Herbier tourne alors un film « à l'essai » pour la série de prestige « Gaumont Série Pax », *le Bercail* (1919), mais sans le signer. Il y glisse cependant de très beaux plans poétiques, et y fait débuter l'attachante comédienne Marcelle Pradot, qui deviendra sa femme.

Engagé chez Gaumont pour un contrat de deux ans, L'Herbier enchaîne avec *le Carnaval des vérités* (1919). Le symbolisme visuel est ici justifié par un thème universel, la lutte de la Vérité et du Mensonge. Drame efficace, au rythme vif, *le Carnaval* bénéficie d'une brillante distribution et des trouvailles esthétiques des décorateurs Michel Dufet et Autant-Lara.

En 1920, *l'Homme du large* frappe journalistes et spectateurs par la force d'évocation poétique de ses images. L'écriture, toute en artifices, transfigure le naturalisme des paysages bretons. Le choix des teintages (déterminé personnellement par L'Herbier pour tous ses films muets) accentue l'expressivité de l'action : baignée d'un rouge sanglant, la célèbre scène du bouge prend une tout autre dimension.

Villa Destin (1920), pastiche des films d'aventures américains et clin d'œil à Oscar Wilde, détourne avec humour les éléments classiques du *serial* : Chinois inquiétants, faux mage, femme araignée, détectives, jeune fille persécutée, etc.

En 1921, après un court-métrage, *Prométhée… Banquier*, où l'on croise de nombreux amis jouant les figurants (Louis Delluc, André Daven…), c'est la grande aventure d'*El Dorado*, première synthèse des essais dramaturgiques, techniques et esthétiques de L'Herbier. Le travail extrême de l'image et le découpage complexe, absolument moderne, sont intimement liés à la progression de l'action. L'intemporelle beauté des sites espagnols et la magnifique partition symphonique de Marius-François Gaillard identifient le drame à la fatalité de la condition humaine. El Dorado sera un triomphe public et critique.

L'œuvre suivante, *Don Juan et Faust* (1922), est ambitieuse. Les costumes d'Autant-Lara, mis en valeur par une photographie « expressionniste », tendent vers un « cubisme gothique » pour Faust, et vers un classicisme stylisé pour Don Juan. Mais un différend avec Gaumont ampute le film de scènes capitales. *Don Juan et Faust* reste ainsi un envoûtant rêve inachevé.

L'Herbier fonde sa propre maison de production, Cinégraphic, en mai 1922. Il entreprend alors *Résurrection*, d'après Tolstoï, qu'une grave maladie l'empêchera de terminer.

En 1923, il se lance dans *l'Inhumaine*, fascinant projet d'avant-garde réunissant d'illustres collaborateurs : Alberto Cavalcanti, Autant-Lara, Mallet-Stevens, Fernand Léger, Pierre Chareau pour les décors, Darius Milhaud pour la musique, Paul Poiret pour les costumes… Moment magique du film, la frénétique séquence de montage court, où les sons répondent aux violentes couleurs, est une grandiose symphonie machiniste tendant vers le cinéma pur.

Feu Mathias Pascal (1925, adapté de Pirandello et co-produit par Albatros) renoue avec un lyrisme plus narratif (trucages et ellipses s'insèrent naturellement dans le récit), au service d'une réflexion, récurrente chez L'Herbier, sur la « comédie de la vie ». Ivan Mosjoukine impose sa présence flamboyante dans un univers de décors expressifs et surdimensionnés, qui sera l'un des plus grands succès de l'auteur.

Retour au drame Art-déco l'année suivante pour *le Vertige*, commande des Cinéromans. Les décors de cette intrigante variation plastique et visuelle sont à nouveau de Mallet-Stevens et Chareau, entourés de Robert et Sonia Delaunay, Jean Lurçat, Marie Laurencin…

Le Diable au cœur (1927), film important et méconnu, tourné en partie à Honfleur, poursuit la « symbolique de l'eau » chère au cinéaste. Peu de décors de studio ici, un jeu permanent avec le plein-air, dans une approche faussement naturaliste : le travail sur la nouvelle pellicule panchromatique magnifie les côtes normandes par sa luminosité surréelle. La rayonnante Betty Balfour donne, par son jeu instinctif et tout en nuances, une crédibilité saisissante à l'héroïne.

Chant du cygne de l'art muet, *l'Argent*, d'après Zola (1928), est la synthèse de dix années de recherches. Film-phare de la modernité, hymne démesuré à la « musique de la lumière », tout n'y est que rythme, mouvement, spirale hallucinante des manipulations financières. C'est sans doute le chef-d'œuvre de L'Herbier.

Marcel L'Herbier réalise un tout dernier film muet, *Nuits de princes* (1928-1929). Œuvre de commande tirée du livre de Kessel, c'est un objet hybride et surprenant. La photographie, toute en camaïeux, donne un relief particulier à la séquence consacrée aux cavaliers djiguites, qui accomplissent de vertigineuses acrobaties sur leurs pur-sang arabes.

Dès 1929, *l'Enfant de l'amour* est son premier essai parlant. Mais le coût bien plus élevé des longs métrages sonores, et la tentation du (lucratif) « théâtre filmé », marquent la fin de l'ère des recherches d'avant-garde. L'Herbier continue cependant à tourner beaucoup, très souvent des commandes pour lesquelles il sacrifie sa liberté de créateur. Il réussit pourtant des œuvres remarquables : *le Parfum de la dame en noir* (1931), *la Comédie du bonheur* (1940), *la Nuit fantastique* (1942)…

Dès 1917, il écrivait des articles revendiquant le statut novateur du cinéma, défendant l'existence d'un cinéma français dynamique et inventif. Cette activité restera intimement liée à sa pratique de cinéaste. En 1943-1944, il crée l'IDHEC, et, à partir de 1953, il devient l'un des pionniers de la télévision.

M.B.

Filmographie ◆ *Phantasmes* (1918) ; *Rose-France* (1918) ; *Le Bercail* (1919) ; *Le Carnaval des vérités* (1920) ; *L'Homme du large* (id.) ; *Villa Destin* (id.) ; *Prométhée… banquier* (CM, 1921) ; *El Dorado* (id.) ; *Don Juan et Faust* (1922) ; *Résurrection* (id.) ; *L'Inhumaine* (1923-1924) ; *Feu Mathias Pascal* (1925) ; *Le Vertige* (1926) ; *Le Diable au cœur* (1927) ; *L'Argent* (1928) ; *Nuits de Princes* (1928-1929).

LINDER Max (1883-1925)

Acteur et cinéaste français, de son vrai nom Gabriel Maximilien Leuvielle. Lorsque débutent les années vingt, Max Linder a l'essentiel de sa carrière française derrière lui. Après la triomphale décennie précédente, qui a vu le sacre international du comique, les années vingt marquent pour lui un certain déclin, du moins de notoriété. L'élégant Belle Époque au maintien impeccable qu'il incarna, au point d'en représenter le type le plus achevé, peine à trouver ses marques dans le monde d'après-guerre. La Première Guerre mondiale a porté un coup, à la fois à sa carrière et au genre qu'il illustrait; en 1917, sa première incursion américaine n'a pas été décisive. Il serait pour autant hâtif de conclure à une fin de carrière. Même si des ennuis de santé entravent ses projets et si le vieillissement le hante sourdement, Linder fait preuve d'une inventivité inentamée, à tel point que ses films les plus aboutis seront sans doute ceux qu'il va tourner aux États-Unis, en ce début des années vingt: *Sept ans de malheur* en 1920, puis *Soyez ma femme* en 1921, enfin *l'Étroit mousquetaire* en 1922. Films français tournés en Amérique (il est son propre producteur), cas assez rare pour être signalé.

Il est d'autant moins arbitraire de rattacher ces trois œuvres à sa carrière française qu'elles en développent des aspects majeurs. Tel un musicien, le cinéaste varie des motifs qui lui sont chers; parmi ces reprises, on relèvera la glu, les chaussures et la barbe postiche. Des sources de gag qui excèdent leur potentiel comique, pour ouvrir sur les abîmes d'un style. La colle forte suggère la peur panique du comique face au réel: il s'agit par le gag de mettre le monde à distance, de conjurer l'engluement dans la matérialité fatale (à ce titre, c'est Pierre Étaix qu'annonce Max Linder). Les souliers récurrents prolongent cette entreprise de déréalisation: le contact avec la terre doit être détourné. Quant à la fausse barbe qui se mue en mèche folle, elle trahit une incertitude d'être, un brouillage d'identité qui culmine dans le dispositif du miroir brisé, cet achèvement de la figure du double. Et que dire du rythme affolé de ces bandes? La frénésie de Max est refus de la pose figée, de la photographie (d'identité); le masque lisse du dandy est fuyant. Mais ce mouvement perpétuel ne vise pas à reproduire le flux temporel; il tente plutôt de s'en évader, dans un hors-temps qui est bien l'horizon impossible de ces films. À ce titre, les anachronismes incessants de *l'Étroit mousquetaire* (annoncés par l'armure de *Sept ans de malheur*) doivent être compris comme autant d'achronismes: ce n'est pas tant le décalage temporel qui importe, que le défi lancé au temps, nié de fait.

Après cette brillante parenthèse, Linder rentre en France, épuisé. C'est pour participer à une étrange expérience: *Au secours*, incursion d'Abel Gance dans le fantastique. Au lieu du court pastiche d'épouvante auquel Linder pensait participer, Gance entraîne l'acteur dans un tragique ponctué d'hallucinations. Un terrain sensible qui semble avoir déplu à Linder. Le film suivant de Max sera aussi le dernier: *le Roi du cirque*, tourné en Autriche. C'est alors qu'en proie à une jalousie pathologique, il tente une première fois de se suicider avec sa jeune épouse; la seconde tentative à Paris est irréversible. Quelques photographies de la fin de sa vie indiquent que le masque de l'élégant s'est fendillé; des fissures apparaissent. La comédie s'achève. Et pourtant, Max Linder aurait pu rebondir une nouvelle fois. Il s'apprêtait à tourner *le Chevalier Barkas*, et projetait d'interpréter et de réaliser *le Chasseur de chez Maxim's*. Quelques années plus tard, qu'aurait pu représenter l'arrivée du parlant pour un homme de son envergure? On ne le saura pas.

Près d'un demi-siècle après l'avoir côtoyé, Raymond Bernard portait sur l'artiste ce jugement: « On ne pense généralement qu'à Max Linder acteur. Mais son comique tient beaucoup à sa qualité d'auteur. Il est significatif que, quelques mois avant sa mort tragique, il ait été élu président de l'Association des Auteurs de Films qui n'existait que depuis huit ans. Il est bon d'insister là-dessus: c'était un auteur, un créateur qui savait exactement ce qu'il voulait faire et dire. Quand je l'ai dirigé dans *le Petit Café*, d'après la pièce de mon père, en 1919, j'ai eu également la révélation de sa véritable manie du gag. S'il consentait docilement à se laisser conseiller par le débutant que j'étais, il me demandait souvent ce qu'il devait faire au cours de tel déplacement qui conduisait d'une situation comique à une autre. C'était l'obsession du temps mort, et celle du gag à rajouter. Cela, c'était lui: toujours à l'affût de trouvailles visuelles qui pourraient illustrer les situations comiques ou non. Et l'étonnant était que ces gags étaient souvent d'une grande qualité et d'une grande élégance. Voilà pourquoi sa valeur réside plus dans sa verve comique que dans l'anecdote de ses films » (*Cinéma 64*, janvier 1964). Bernard résume ainsi le paradoxe qui étonne encore aujourd'hui: chez Linder, l'invention poétique court-circuite le récit. Ses films ignorent avec une désinvolture suprême non seulement le vraisemblable, mais surtout le plus élémentaire discours narratif. Seule la logique onirique peut rendre compte de ces cascades de gags qui ne s'embarrassent d'aucun prétexte. Encore faudrait-il s'entendre sur le sens du terme: le gag lindérien excède la clarté du rire pour gagner des régions obscures, celles de la condensation à tout prix. La fêlure y est conjurée par un lien interne au gag, fusion énergique d'éléments disparates. C'est, au fond, le règne de l'instant pur qui prétend vaincre la durée destructrice. Le cinéma de Max Linder est une lutte désespérée contre le temps. **P.R.**

Filmographie ◆ *Sept ans de malheur* (1920); *Soyez ma femme* (1921); *L'Étroit mousquetaire* (1922); *Au secours* (RÉAL.: Abel Gance, 1923); *Le Roi du cirque* (CO. Édouard-Émile Violet, 1924).

LION Roger (1882-1934)
Tout d'abord écrivain, Roger Lion est venu au cinéma en tant que scénariste puis metteur en scène après

avoir quitté le barreau où il était avocat. De son vrai nom Roger Juda, il a suivi une éducation juive dans cette ville qui a vu naître le talmudiste Rachi. Cependant, en 1899, ses parents obtiennent leur changement de nom par un jugement du Tribunal civil de Caen, mais conservent leur appartenance à la communauté juive en gardant pour nom le prénom du grand-père Lion Juda.

Il débute par des vaudevilles chez Gaumont (*la Petite Bretonne*, 1910), puis travaille chez Éclair avant Lordier durant la Première Guerre mondiale, où il signe nombre de chansons et de sketches filmés. En 1919, il épouse l'actrice Gil-Clary (de son vrai nom Jeanne Fernande Conte, née à Bordeaux) et signe une comédie mineure, *Dagobert le fils à son père* avant *l'Éternel féminin*, dont il est l'auteur, romancier et metteur en scène. Triomphe qui consacre Gina Palerme, artiste française du Music-Hall anglais.

À l'instar du couple Donatien-Lucienne Legrand, la carrière de Gil-Clary est indissociable de celle de Roger Lion. Le couple est venu au Portugal en 1922, pour tourner *A Sereia de Pedra* (*Sirène de pierre*), une adaptation du roman de Virgínia de Castro de Almeida. Cette femme écrivain habitait à Paris et a invité et contacté Lion pour la première production de l'entreprise qu'elle avait fondée au Portugal, la Fortuna Films. *A Sereia de Pedra* a été présenté pour la première fois à Paris, au Cinéma Artistique, le 4 avril 1923. Les interprètes Gil-Clary et Maxudian ont participé à ce film présenté au public français en août 1923, (réédité sous le titre *le Fantôme d'amour* la même année) avant Lisbonne en mars 1925.

Avec Lion sont venus au Portugal (en 1922) les opérateurs Daniel Quintin (ex-chef des laboratoires d'Éclair) et Marcel Bizot, ce qui a fait « inscrire » ce film dans la filmographie française tout comme le titre suivant, *Os Olhos da Alma (les Yeux de l'âme)* autre adaptation d'un roman de Virgínia de Castro de Almeida. Ce film a été tourné en 1923 et comptait dans l'interprétation Gil-Clary, Maxudian et Jean Murat.

Un autre film, *Aventuras de Agapito* (ou *Fotografia Comprometedora*, 1923) a été tourné et projeté à Lisbonne une fois, mais ne semble jamais avoir été présenté au grand public. Quant à *A Fonte dos Amores* (*la Fontaine de nos amours*), il a été tourné en 1924 et distribué à Lisbonne le 12 janvier 1925. Cette fois-ci, le film est produit par Roger Lion, une adaptation d'un roman de la femme écrivain française Gabrielle Réval, dont l'action se déroulait à l'Université de Coimbra. Lorsque le film est sorti en août 1924 en France, Roger Lion et Gil-Clary étaient rentrés en France après ce séjour portugais (les cinéastes Pallu et Mariaud firent de même).

De retour en France, Roger Lion met en scène son meilleur film. *J'ai tué!*, drame conventionnel avec Sessue Hayakawa, trouve son originalité dans les décors exotiques et

Art Déco de Donatien, des trucages de Segundo de Chomon, et de la variété des décors et de l'interprétation, comme si le séjour portugais avait donné au cinéaste une inspiration, une ambiance déliquescente. Les films suivants ne poursuivent pas cette veine: pour *la Clé de voûte* (1925) Lion retrouve Gina Palerme qui se fait aussi productrice pour l'occasion. Ce drame bourgeois est aussitôt suivi des *Fiançailles rouges* (1926) avec Dolly Davis, Gil-Clary et Jean Murat, un drame de la mer des plus confus, tourné en Bretagne. *Le Chasseur de chez Maxim's* (1927) co-réalisé avec Nicolas Rimsky et produit par la firme Albatros traite la nouvelle de Mirande et Quinson à l'américaine, loin des adaptations poussiéreuses habituelles. Lion et Rimsky se sont entourés des meilleurs spécialistes de l'époque pour les décors, la photographie et les costumes. Une vraie réussite, distinguée et rythmée. L'année suivante, Roger Lion replonge dans un style moins raffiné avec *la Venenosa*, pâle copie de *la Sin Ventura* (Donatien, 1923), suivi par *Un soir au Cocktail's Bar* (1929), chronique filmée d'un bar moderne des années folles. Roger Lion, pour son dernier film muet excelle dans l'art de la description de la vie nocturne, à la lisière de l'étrange. Par la suite, Roger Lion enchaîne film sur film, alternant sketches et chansons filmées (*Grégor et ses Grégoriens*, *Ghanili Dour*, *la Raïs*, *la Fille de Roland*...) produits par Jacques Haïk et longs-métrages de fiction. Son dernier film, *Trois balles dans la peau* (1933), comédie policière banale, avec Colette Darfeuil est aussi l'ultime apparition de Jean Angelo.

Roger Lion meurt en 1934. Il était membre de la Société des Auteurs Dramatiques, de la Société des Auteurs et des Gens de Lettres et secrétaire de la Société des Auteurs de Films. **É.L.R./T.B.**

Filmographie ◆ *A Sereia de Pedra* (*Sirène de pierre*, 1922); *Os olhos de Alma* (*Les Yeux de l'âme*, 1923); *Aventuras de Agapito* (id.); *A Fonte dois Amores* (*La Fontaine des amours*, 1924); *J'ai tué!* (id.); *La Clé de voûte* (1925); *Les Fiançailles rouges* (1926); *Le Chasseur de chez Maxim's* (co. Rimsky, 1927); *La Venenosa* (1928); *Un soir au Cocktail Bar* (1929); *Grégor et ses Gégoriens* (id.); *Ghanili Dour* (id.); *La Raïs* (id.); *La Fille de Roland* (id.).

LUITZ-MORAT (1884-1929)

Acteur de théâtre, réalisateur, auteur et producteur, Luitz-Morat s'appelait en vérité Maurice Radiguet. Durant toute sa carrière, il n'a cessé de donner de fausses pistes et d'entretenir l'image d'un personnage mystérieux, cachant jusqu'à son véritable nom. On ne connaît donc rien de son enfance et du milieu dans lequel il a grandi.

Luitz-Morat entame tout d'abord des études de médecine qu'il abandonne rapidement pour le théâtre. Malgré son bégaiement, il est lauréat du Conservatoire : sur les planches, il est un remarquable acteur sans problème d'élocution. Parallèlement à cela, il est photographe d'art, et mène des études à la Société de Photographie.

De 1907 à 1913, il apparaît sur scène dans les pièces classiques de la Comédie-Française, au Théâtre Sarah Bernhardt, chez Réjane. Il partage alors une chambre avec Saturnin Fabre qui en fera un portrait amusé dans ses mémoires. En 1913, Luitz-Morat se marie avec une actrice, Madeleine Ramey, qui le présente à Louis Feuillade, puis à Henri Fescourt. Il se lance dans une carrière d'acteur avec *le Secret du forçat* suivi de *l'Écrin du Radjah* et d'autres titres de Feuillade. Il alterne alors pièces de théâtre et interprétation cinématographique, le plus souvent sous la houlette d'Henri Fescourt : *le Départ dans la nuit*, *Fille de Prince*, etc.

À l'aube de la guerre, il devient réalisateur chez Gaumont (« à 125 francs la semaine » comme il l'a précisé) avec *le Coffre aux diamants*, juste avant sa mobilisation. Il reçoit la croix de guerre en 1919, ce qui lui vaut une renommée dans le monde cinématographique.

C'est à ce moment qu'il tourne trois courts-métrages écrits par le romancier Clément Vautel, les deux premiers étant produits par Louis Aubert : *Sa Majesté le chauffeur de taxi* (avec Galipaux) et *Rien à louer*. Quant à *Monsieur Lebureau*, il s'agit du premier film produit par Luitz-Morat et Pierre Regnier, édité par Pathé. À l'instar de plusieurs cinéastes, Luitz-Morat décide d'assurer ses projets et de créer sa propre société de production. Il annonce alors plusieurs films qui ne verront jamais le jour.

C'est en 1920 que Luitz-Morat se lance dans le long-métrage avec *Petit ange*, dont il signe la mise en scène et la production avec Pierre Régnier. Interprété par la petite Régine Dumien, le film est un succès en raison du sujet sentimental et enfantin. Avec *les Cinq Gentlemen maudits*, l'œuvre de Luitz-Morat prend de l'ampleur : le cinéaste interprète lui-même l'un des rôles principaux, le film est entièrement tourné dans des décors naturels en Tunisie, le sujet développant une trame policière avec des éléments documentaires. Le film est remarquablement bien reçu tant par la presse que par le public, ce qui donne au cinéaste une assise auprès de la profession. Après ce coup de maître, Luitz-Morat part tourner en Italie un film en deux chapitres, *la Terre du diable*, toujours aidé de Pierre Regnier, qui apparaît cette fois-ci à l'écran. Le thème du film navigue entre fantastique et aventure, sur les flancs du Vésuve. Mis en scène l'année suivante, *le Sang d'Allah* est de nouveau une histoire dramatique sur fond de décors marocains. C'est en 1923 que Luitz-Morat reprend le personnage de Petit Ange dans *Petit Ange et son pantin*, qui est de nouveau une bande faite pour plaire à tous les publics, louée pour ses qualités formelles à l'américaine, sans surcharge. *La Cité foudroyée* réalisée l'année suivante est un retour aux sources et une incursion dans la science-fiction : un savant trouve le moyen de détruire Paris. Les effets et trucages nouveaux obtiennent un franc succès et étonnent publics et professionnels. Louis Delluc dit alors de lui : « Luitz-Morat fait des films très bien, mais il en pense trop de bien » !

Luitz-Morat peut maintenant s'atteler à un grand film en huit épisodes pour la Société des Cinéromans. *Surcouf*, film historique sur le célèbre corsaire de Saint-Malo, sous les traits du jeune premier Jean Angelo. Avant de s'engager dans un nouveau tournage à épisodes (pour *Jean Chouan*, épopée sentimentale vendéenne sur fond de lutte républicaine), Luitz-Morat marque un temps de répit avec une bande discrète, tournée à Font Romeu : *la Course du flambeau*, avec Germaine Dermoz. C'est en 1926, après avoir épousé en secondes noces l'actrice Simonne (avec deux « n ») Judic que Luitz-Morat réalise le film le plus ambitieux de toute sa carrière : *le Juif errant*, d'après l'œuvre romanesque d'Eugène Sue. Durant de longs mois, il s'installe aux studios des Cinéromans à Joinville où les décors et époques se succèdent, de la partie biblique au prologue moderne. Le triomphe public et critique ne se fait pas attendre, aussi le cinéaste est-il placé au firmament. Pourtant, cette œuvre n'a pas résisté au temps et apparaît de nos jours bien désuète. Malheureusement, ses trois derniers titres ne confirment pas la réussite du *Juif errant* : *Odette* (1927), d'après le roman de Sardou, tourné à Berlin et Biarritz avec Francesca Bertini est un échec cuisant, suivi de la triste *Ronde infernale*, réalisé sur un scénario d'Henri Decoin, avec Blanche Montel et Jean Angelo. Luitz-Morat abandonne alors la production et adapte pour Éclair-production *la Vierge folle*, d'après la pièce d'Henri Bataille, avec Suzy Vernon, Simonne Judic et de nouveau Jean Angelo. Ayant pris froid lors du tournage, Luitz-Morat meurt le 11 août 1929 à l'âge de 45 ans. **É.L.R.**

Filmographie ◆ *Petit ange* (CO. Régnier, 1920) ; *Les Cinq Gentlemen maudits* (id.) ; *La Terre du diable* (CO. Régnier, id) ; *Le Sang d'Allah* (id.) ; *Petit ange et son pantin* (1923) ; *La Cité foudroyée* (1924) ; *Surcouf* (id.) ; *Jean Chouan* (id.) ; *La Course du flambeau* (id.) ; *Le Juif errant* (1926) ; *Odette* (1927) ; *La Ronde infernale* (id.) ; *La Vierge folle* (1929).

M

MACHIN Alfred (1877-1929)
Entre 1993 et 1995 un grand projet de restauration, financé par la Communauté Européenne (projet Lumière), concernant 37 films a fait redécouvrir l'œuvre cinématographique d'un cinéaste tombé quelque peu dans l'oubli, Alfred Machin. Machin naît le 20 avril 1877 à Westhove dans les Flandres françaises. Ayant travaillé, selon Francis Lacassin, pour l'hebdomadaire *L'Illustration* comme reporter-photographe, il s'embarque fin 1907 pour l'Afrique, envoyé par la maison de production Pathé Frères comme opérateur-réalisateur. Son service militaire passé en Afrique du Nord, il dispose d'une certaine expérience et sait, sans doute, s'adapter aux nécessités de la vie dans les zones tropicales. Il est accompagné par l'explorateur-chasseur bâlois Adam David. De retour en août 1908, il débute au cinéma en 1909 (ou fin 1908) avec deux films, *Chasse à l'hippopotame sur le Nil bleu* et *Chasse à la panthère*.

Fasciné par le continent noir, il y retourne en 1909-1910 pour une autre randonnée d'environ huit mois. En Égypte, au Soudan et en Afrique centrale, il réalise les séries *Voyage en Afrique* (présentant, entre autres, les mœurs de deux tribus) et *les Grandes Chasses en Afrique*. Dans ses aventures, il est acompagné par l'opérateur Julien Doux et de nouveau par Adam David. Ses films, qui montrent le plaisir de la chasse, le « triomphe » du chasseur sur la bête et la « vie primitive » des tribus africaines, satisfont les attentes des spectateurs français et confirment leurs idées préconçues sur les colonies.

De retour en Europe, il est envoyé en 1909 aux Pays-Bas à Volendam, près de la célèbre île de Marken, pour y tourner des films documentaires sur la vie des Hollandais. Traversant la Belgique, il s'arrête à Evergem près de Gand où, pour la première fois, il met en scène un genre qui devriendra sa spécialité: une scène dramatique artistique en Pathécolor, *le Moulin maudit*. Cette œuvre réunit déjà plusieurs éléments qui seront significatifs pour son futur travail en Belgique: la collaboration avec les danseurs du corps de ballet d'un théâtre ou de l'Opéra et avec des acteurs de diverses scènes bruxelloises; l'assistance de l'opérateur Jacques Bizeuil avec lequel il réalisera encore nombre de films ; le moulin – motif qui deviendra quelque peu obsessionnel chez Machin : il le fait brûler (*l'Âme des Moulins*), exploser (*Maudite soit la guerre*), foudroyer (*la Fille de Delft*) et le dénature en instrument de torture et de meurtre (*le Moulin maudit*). Eric De Kuyper, dans son livre sur Machin, l'appelle le « lieu même de la démence, de la folie, de la passion non contenue ». Lors du tournage, Machin, conscient de la photogénie des paysages brabançons, transforme le paisible et fertile paysage agricole subitement en terrain menaçant, témoin de scènes de délire et de crime. Par ailleurs, Machin préférera jusqu'à la fin de sa vie le « plein air » au travail en studio.

En 1911-1912, Machin retourne à Volendam. Son côté « Flamand français » l'aide certainement à vite se familiariser avec son nouveau terrain d'activité. Cette fois-ci, il réalise une série dramatique pour la « Hollandsche Film », filiale de Pathé Frères fondée à Amsterdam en 1911. Le film est distribué par la Belge Cinéma Film, fondée en 1908 aux portes de Bruxelles par Pathé Frères. Au sein de la succursale belge, entre 1912 et 1914, il assure les responsabilités de « chef de la mise en scène ». Il tourne des histoires lugubres comme *l'Effroyable Châtiment de Yann le troubadour, la Révolte des gueux* ou *la Vengeance du pêcheur Willink*, dont seuls les scénarios déposés à la Bibliothèque Nationale nous sont parvenus. Ses « scènes dramatiques » parlent de jalousie, désir, adultère, trahison, amour déçu, avidité, rien d'autres que des émotions à l'état « cru ». Son thème préféré est la passion humaine. Mais ses histoires d'amour tournent souvent en histoires de haine et se terminent par un crime qui provoque la mort d'une des vedettes ; néanmoins Machin réussit aussi dans les *happy ends*.

Lors de courts séjours en France, notamment au studio Pathé à Nice, Machin réalise quelques films avec des comiques célèbres tels Little Moritz, Georges Winter (Fouinard) et Louis Boucot (Babylas). Il continue en Belgique par la mise en scène de « vaudevilles mondains » (expression de Lacassin). Pour cela il engage des artistes belges de renom (Deverre, Balthus, Fernand Crommelynck). Il tourne un nombre considérable de comédies. Néanmoins, vu d'un point de vue actuel, Machin n'excelle pas dans ce genre – ses comédies sont lourdes, mal rythmées et ne font pas rire. Seules les actions de la panthère Mimir (appelée Saïda au cinéma), qu'il a ramenée d'Afrique et apprivoisée pour ses besoins, ont la fraîcheur nécessaire à faire rire un public de spectateurs d'aujourd'hui.

En 1914, peu après la sortie en salle de son long métrage pacifiste *Maudite soit la guerre* (réalisé en 1913), Alfred Machin est mobilisé et retourne à Paris. Quelques expériences d'opérateur d'actualités, acquises vraisemblablement entre son retour d'Afrique et son premier séjour en Hollande, lui sont utiles pour sa nouvelle mission : opérateur de guerre pour la société Pathé. Avec ses collègues de Gaumont, Éclair et Éclipse, il forme le noyau de ce qui allait devenir le Service cinématographique de l'armée. De 1915 à 1917, il suit les soldats au front où il tourne en Alsace et en Lorraine, dans les forêts de l'Argonne, en Flandre belge et sur l'Yser, dans les tranchées de Notre-Dame-de-Lorette ainsi qu'à Verdun. (Plus de 60 films peuvent lui être attribués avec certitude.)

La guerre terminée, Machin, toujours employé de Pathé Frères, se rend dans le sud de la France car il vient d'être nommé directeur de leur studio à Nice. Il prend donc en charge les succursales Nizza et Comica. Pour le compte de Pathé, il tourne deux comédies avec Marcel Levesque dans le rôle de Serpentin, homme asservi par sa femme. Quand Pathé Frères décide en 1921 de renoncer à la production, on lui propose d'acheter le studio. Machin n'hésite pas et devient son propre producteur. Il s'y installe avec avec ses trois enfants, Alfred, Claude, Ginette et sa femme, l'ex-actrice belge Germaine Lécuyer, vedette de plusieurs de ses films. Son fils cadet, Claude, jouera, encore tout jeune, également pour son père sous le nom de Clo-Clo. Avec son collaborateur Henri Wulschleger, Machin se spécialise avec succès dans le genre de la « comédie animalière ». Pour cela, l'ex-chasseur cinématographique de bêtes sauvages, voué depuis son séjour en Belgique au dressage des animaux, érige une ménagerie près de Nice où il entraîne nombre de chimpanzés, poules, chiens, panthères, marabouts, etc. Il fut probablement inspiré par le caravansérail pour animaux de l'explorateur Adam David qu'il a visité lors du tournage au Soudan.

Avant la Première Guerre mondiale, il avait fait des films comme *Babylas a hérité d'une panthère*, *Little Mauritz chasse les grands fauves* (tournés à Nice) et *Saïda a enlevé Manneken Pis* (réalisé à Bruxelles) où l'animal n'était que le partenaire des acteurs. Maintenant, mais pour trois films seulement, Machin renonce à l'homme : dans *Une nuit agitée* (1920), *Moi aussi, j'accuse* (1923) et *Bêtes… comme les hommes* (id.), les animaux sont ses vedettes. Le public apprécie le « jeu » des chimpanzés Auguste I et II, Coco et Bobby, du léopard Mirza ou du chien Bouboule.

Le tournage d'une « comédie animalière » dure extrêmement longtemps : *Bêtes… comme les hommes* demande deux ans de travail. Machin doit fournir d'autres films et se rappelle donc de son intérêt pour la comédie et le drame. Les animaux continuent à jouer un rôle important dans ses films. On les trouve un peu partout : chèvre et chimpanzé dans *l'Énigme du Mont Agel* (1924), chimpanzé et fauves dans *le Cœur des gueux* (1925), un autre chimpanzé dans *le Manoir de la peur* (1927). En Belgique, la panthère Mimir répresentait la « signature » de Machin ; maintenant cet honneur échoit aux singes.

Jusqu'en 1927, tous les films sont signés Wulschleger et Machin. Leurs films rencontrent la faveur du public comme en témoigne *Cinéa-Ciné* qui appelle *Bêtes… comme les hommes* un « chef d'œuvre de patience et d'humour » et s'étonne de l'extrême rapidité avec laquelle sort *l'Énigme du Mont Agel*. *Mon Ciné* reconnaît bien qu'il s'agit d'un « film extraordinaire » et d'un tour de force incroyable car les « interprètes » ont dû faire bien des fois perdre patience aux réalisateurs par leur desobéissance. Néanmoins, le journal intitule son compte rendu « Des animaux qui font un peu pitié », il renvoie à la dégradation des animaux « revêtu d'une défroque humaine » et il rappelle au public que s'il s'est beaucoup amusé, les poules, les moutons et autres animaux n'ont certainement pas effectué les tâches demandées « de leur plein gré ».

Au cours des années vingt, Machin ne tourne plus qu'un ou deux films par an (en tout il en a réalisé plus de 150). Ces films sont bien construits et souvent charmants, mais n'ont plus la verve et l'ingéniosité de certains de ses films des années dix. Alfred Machin meurt le 16 juin 1929 au cours des préparatifs pour un film qui l'aurait fait retourner en Afrique. Sa dernière oeuvre, *Robinson junior*, sort en 1931, munie d'une bande sonore musicale afin de satisfaire aux besoins du cinéma devenu sonore entre-temps. Georges Sadoul, dans son *Histoire du cinéma mondial*, dit de lui : « Machin fut avant 1914 un des rares réalisateurs français dont les tendances furent nettement progressistes. » Pour les restaurateurs de son œuvre, il restera à jamais le « premier cinéaste européen ». **S.L.**

Filmographie ◆ *Une nuit agitée* (1920) ; *On attend Polochon* (id.) ; *Serpentin a engagé Bouboule* (id.) ; *Pervenche* (1921) ; *Serpentin a fait de la peinture* (1922) ; *Bêtes… comme les hommes* (1923) ; *Moi aussi j'accuse* (id.) ; *L'Énigme du Mont Agel* (1924) ; *Les Héritiers de l'oncle James* (id.) ; *Le Cœur des gueux* (1925) ; *Le Manoir de la peur* (1927) ; *Fakirs, fumistes et Cie* (id.) ; *De la Jungle à l'écran* (1929).

MALLET-STEVENS Robert
(1886-1945)

La collaboration de Robert Mallet-Stevens au cinéma – une quinzaine de films en dix ans – est certainement beaucoup plus que le simple flirt de certains de ses contemporains. De nombreux faits attestent de l'intérêt très vif que Mallet-Stevens porte au cinéma : il fait partie du CASA (Club des Amis du Septième Art), animé par le théoricien italien Ricciotto Canudo et dont la publication, *La Gazette des Sept Arts*, est dirigée par Léon Moussinac. Autre signe d'intérêt, Mallet-Stevens rédige un petit ouvrage, *le Décor au cinéma*, dans lequel on peut lire : « Un film se compose d'un élément dynamique : l'acteur, et d'un élément statique : le décor. Le metteur en scène anime l'acteur dans le décor et il distribue la lumière sur l'un et sur l'autre. Un décor de cinéma, pour être un bon décor, doit « jouer ». Qu'il soit réaliste, expressionniste, moderne, ancien, il doit tenir son rôle. Le décor doit présenter le personnage avant même que celui-ci ait paru, il doit indiquer sa situation sociale, ses goûts, ses habitudes, sa façon de vivre, sa personnalité. Le décor doit être intimement lié à l'action. »

On connaît bien entendu son extraordinaire création de la résidence de l'ingénieur Norsen (Jaque-Catelain), toute en large panneaux nus et en symétries écrasantes, pour *l'Inhumaine* de Marcel L'Herbier (1923), mais cet exemple de décor-vedette, auxquels certains à l'époque reprochent de détourner l'attention de l'action et des personnages (le reproche aurait plutôt dû s'adresser à L'Herbier qui, en l'occurence, était le véritable maître d'œuvre), fait qu'on insiste moins sur sa collaboration très régulière avec deux cinéastes soucieux du décor : Henri Diamant-Berger (*les Trois Mousquetaires, Vingt ans après*) et Raymond Bernard (*le Secret de Rosette Lambert, la Maison vide, Triplepatte, le Costaud des Épinettes, le Miracle des loups*). Le travail de Mallet-Stevens sur les films historiques de ces deux cinéastes, notamment sur *les Trois Mouquetaires* (1921) du premier et *le Miracle des loups* (1924) du second, est remarquable. L'architecte réussit une recréation d'époque extrêmement minutieuse (la texture des pierres et des pavés notamment est utilisée comme un élément décoratif prépondérant), riche en détails (présence de tissus dans un coin du décor et importance du motif décoratif du textile) où l'on retrouve pourtant sa patte et son goût moderniste (larges pans muraux, jeu de caches verticaux, constructions symétriques). Mentionnons que Mallet-Stevens se charge également des costumes, très sobres, des *Trois mousquetaires*.

C'est le même soin qu'il apporte aux décors du *Tournoi dans la cité* de Jean Renoir (1928). Une autre des caractéristiques apparentes dans son travail au cinéma est le goût pour les atmosphères slavisantes (il semble qu'il connaissait les films d'Evgueni Bauer) sensible dans *la Ronde de nuit* de Marcel Silver (1925), *le Vertige* de Marcel L'Herbier (1926) et *Princesse Marsha* de René Leprince (1927). Il est intéressant par ailleurs de voir comment Mallet-Stevens traite des décors contemporains peu spectaculaires ou fonctionnels comme dans *Triplepatte* (1922) ou dans *le Costaud des Épinettes* (1923).

C.V.

MARIAUD Maurice (1875-1958)
Personnage secret sur lequel ne subsistent que peu d'informations. Il débute dans le cinéma en tant que metteur en scène chez Gaumont vers 1913 (*l'Amour qui sauve, Au pays des lits clos...*) souvent interprétés par Jeanne-Marie Laurent, puis au Film d'Art (Vandal et Delac). On le rencontre aussi parfois en interprète

(*le Bas de laine*, 1911 ; *l'Âme de Pierre*, 1917 et *Os Faroleiros*, 1922), scénariste (*le Crépuscule du cœur*, 1916, *la Danseuse voilée*, id).

C'est Louis Nalpas qui met véritablement le pied à l'étrier à Maurice Mariaud qui signe en 1920 *Tristan et Iseult* d'après la légende de Béroult et Thomas. Le film est un beau succès, probablement son meilleur film. Il est aussitôt suivi d'une production confidentielle tirée d'un scénario d'Albert Dieudonné, *l'Idole brisée* sur laquelle il ne reste plus d'information. *L'Homme et la poupée* ne convainc pas plus : cette production pleine de bons sentiments n'aura pas le succès escompté. À l'instar de Roger Lion et Georges Pallu, Maurice Mariaud rejoint le Portugal en 1922, attiré par de nouvelles possibilités pour sa carrière.

Mariaud débarque à Lisbonne. Il a signé son contrat en France, en 1921, pendant le voyage de Raul de Caldevilla, fondateur de la Caldevilla Film (siège à Porto, studios à Lisbonne), qui voulait engager tous les techniciens français dont il avait besoin pour la bonne marche de sa société. Raul de Caldevilla a aussi embauché Marcel Magniez (décorateur) et Émile Bousquet (chef de laboratoire). Sur place, Mariaud tourne *Os Faroleiros* et *As Pupilas do Senhor Reitor* pendant le premier trimestre de 1922. La presse lui attribue plus de 400 films en France, histoire d'impressionner le public portugais. Le premier film est un scénario original de Mariaud, aussi acteur principal de cette première production de Caldevilla Film, ce qui semble étonnant pour une entreprise ayant planifié l'adaptation de sept romans portugais du XIXe siècle. *As Pupilas do Senhor Reitor* tiré d'un roman de Júlio Dinis, écrit en 1867 est déjà une de ces adaptations préfigurant un programme qui ne verra jamais le jour. La Caldevilla Film est reprise par la Pátria Film et Maurice Mariaud tourne pour elle *O Fado* (*le Fado*, 1923), une adaptation de Mariaud du drame théâtral de Bento Mântua.

En août 1923, aucun de ces deux films n'avait été présenté au grand public, mais il y avait eu des présentations pour la presse. Ce n'est que plus tard, en décembre 1925 que *Os Faroleiros* a été présenté au grand public à Lisbonne. Entre temps, Maurice Mariaud était rentré en France. *La Goutte de sang*, réalisé en 1924 est une production des Cinéromans que Mariaud a repris après l'éviction de Jean Epstein. Originellement intitulé *Du sang dans les ténèbres*, cette *Goutte de sang* est un drame familial sans originalité, repris et transformé par Mariaud qui poursuit sa carrière avec *l'Aventurier*, d'après Alfred Capus, associé à Louis Osmont. Un drame imprégné du rêve exotique de l'époque, interprété par le trouble Jean Angelo. Avec *Mon oncle*, Mariaud retrouve René Navarre acteur en 1925 pour un thème vaguement policier. Ensuite, un film aussi énigmatique que son titre, *le Secret du cargo*, est co-réalisé avec l'un de ses acteurs fétiches, Jean-François Martial. Nous sommes en 1929, le cinéma sonore amène Maurice Mariaud à mettre en scène son avant-dernier film, *l'Énigme du Poignard* en 1930.

Mariaud revient au Portugal en 1931 pour tourner *Nua*, pour la Tágide Film. C'est encore un film muet. Il arrête là sa carrière cinématographique et disparaît complètement à l'âge de 55 ans et meurt oublié. **É.L.R./T.B.**

Filmographie ◆ *Tristan et Iseult* (1920) ; *L'Idole brisée* (id.) ; *L'Homme et la poupée* (id.) ; *Os Faroleiros* (1922) ; *As Pupilas do Sehor Reitor* (id.) ; *O Fado* (1923) ; *L'Aventurier* (1924) ; *La Goutte de Sang* (id.) ; *Mon oncle* (1925) ; *Le Secret du cargo* (1929) ; *La Danseuse voilée* (id.) ; *L'Énigme du poignard* (1930).

MARODON Pierre (1873-1949)
Aujourd'hui encore, la vie de Pierre Paul Guillaume Marodon demeure énigmatique. Élevé dans un milieu artistique, par l'intermédiaire de ses père (architecte) et frère (peintre), il semble que ses études ne le poussèrent guère dans cette voie. En 1899, il est représentant de commerce en Algérie où il retournera à plusieurs reprises.

En 1911, on le retrouve à Paris, journaliste parlementaire, doté d'une réputation d'ardent polémiste. Deux ans plus tard, lors de son troisième mariage, il se présente comme « homme de lettres » : il est d'ailleurs l'auteur de plusieurs romans. Un article d'*Hebdo film* (« Le Livre d'or de la cinématographie de France », Noël 1923) brosse de lui un portrait peu attrayant, malgré les qualités qu'on lui reconnaît : « Il avait la dent dure et l'épée dangereuse. Sa franchise hautaine et intransigeante, sa netteté et sa précision dans le mot, sa droiture presque exagérée ne le rendirent pas toujours sympathique à ceux qui aimaient les mots et les choses un peu enveloppées, mais forcèrent l'estime de tous et, journaliste et politicien, Marodon est l'un des hommes rares dont les ennemis disent du bien et il est beaucoup de ses adversaires de jadis qui sont aujourd'hui ses meilleurs amis. »

Son apparition dans le milieu cinématographique reste un mystère : certains articles consacrés à ses films citent son nom sans pouvoir donner de renseignements à son sujet. Même l'actrice Germaine Rouer, qui fut l'une de ses cinq épouses, et dont il aura une fille, l'actrice de théâtre Thérèse Marney (1927-1968), n'a pu donner de détails sur le passé de son ténébreux et secret époux. Il commence sa carrière de cinéaste à la fin de la Première Guerre mondiale en tournant *Mascamor*, un ciné-roman en quatorze épisodes dont il est l'auteur, l'adaptateur et l'un des interprètes avec Benito Perojo, acteur et réalisateur espagnol installé en France à cette période. Le succès est immédiat. Il enchaîne avec une petite comédie, de nouveau interprétée par Benito Perojo. Suit *Qui a tué?*, qu'il écrit et produit, et dont la sombre intrigue se déroule dans le milieu du spectacle… De 1920 à 1926, Marodon, infatigable, ne quitte pas les plateaux, alternant les œuvres ambitieuses, principalement des *serials* (*Buridan*, *le Héros de la tour de Nesle*, ciné-roman en six épisodes d'après Michel Zévaco, *Salammbô*, *les Voleurs de gloire*, tourné avec Suzy Pierson...) et confidentielles (un documentaire sur l'Afrique du Nord, *les Trois gants de la dame en noir*, *la Femme aux deux visages*, *les Morts parlent*, d'après les œuvres fantastiques de Maurice Maeterlinck), dont certaines avec une actrice au nom évocateur, Lady Nobody, tout aussi sibylline que le cinéaste, et qui n'a tourné que dans ses films. L'accueil réservé à ceux-ci est mitigé, mais on lui reconnaît invariablement de l'ambition. En 1922, il se distingue en détruisant tous les éléments filmés du *Diamant vert*, un ciné-roman en douze épisodes qui ne lui « paraissait pas digne du roman ». Il tournera de nouveau la totalité du film, soit plus de 10000 mètres... Point culminant, *Salammbô* (tourné dans les studios viennois) lui vaut un tel succès qu'en 1925 une pleine page du « *Tout cinéma* » présente sa maison de production. Tourné à Vienne avec une figuration nombreuse, des décors fabuleux et une partition de Florent Schmitt, le film est présenté en avant-première avec tout le gratin parisien. La critique est glacée. Marodon revoit sa copie, tranche dans le vif, remonte des scènes. L'homme étonne toujours. En marge de la profession, il se plaît à monter des films parfois pompeux, obtient des budgets colossaux, mélange bizarrement interprètes de renom et illustres inconnues souvent médiocres... Marodon joue aussi sur un autre tableau : la littérature. Il est à cette époque l'auteur du film raconté sur *Violettes impériales* (Henry Roussell) et de *l'Amant*, un roman inspiré du dernier film, alors inédit, de Rudolf Valentino.

Profitant du succès inattendu de *Salammbô*, il fait partie du bureau de la Société des Auteurs de Films, comme s'il attendait une reconnaissance. Or, il arrête brusquement sa carrière l'année suivante, après être allé à Berlin tourner *les Mensonges*, avec Germaine Rouer. En montant le film dans sa maison de campagne, il se brûle le cou et manque de mettre le feu à la pièce avec la pellicule nitrate... À cette période, il se considère comme « auteur dramatique », se sépare de sa femme avant de disparaître définitivement de Paris et du milieu cinématographique. En 1930, il signe un « roman d'amour inédit », *Fille du diable*, puis on le retrouve en Algérie en 1934, à Bône puis à Oran, exerçant le métier de journaliste. Après s'être marié une dernière fois, Pierre Marodon meurt à Ain-Témouchent. Entre-temps, il aura publié une comédie dramatique intitulée *Fils de France*, œuvre de propagande dédiée au Maréchal Pétain. **É.L.R.**

Filmographie ◆ *Qui a tué?* (1919) ; *Le Diamant vert* (1922) ; *Buridan, le héros de la Tour de Nesle* (1923) ; *Salammbô* (1925) ; *Les Dieux ont soif* (1926).

MEERSON Lazare (1897-1938)
Né à Varsovie en 1897 et émigré au début des années vingt, Meerson n'a pas exercé son travail de décorateur avant son départ de Russie, contrairement à Lochakoff. Engagé à Montreuil au sein de la « colonie » russe qu'a constituée autour de lui Ermolieff, il s'est formé en France, auprès de Lochakoff et Gosch. Mais la direction stylistique qu'il prend procède plutôt sans doute de l'influence de Cavalcanti et de Mallet-Stevens. Ceux-ci, sont, en effet, des architectes qui incarnent cette option moderne dont *l'Inhumaine* – où ils travaillent avec Autant-Lara et Léger – est le parangon.

C'est quand il est assistant-décorateur dans la co-production Albatros-Cinégraphic, *Feu Mathias Pascal* de Marcel L'Herbier, que Meerson va être initié à ce courant dont il poussera les principes plus loin que ses maîtres qui abandonnent assez vite la partie. Il rend hommage à Mallet-Stevens dans *les Nouveaux Messieurs* en concevant l'appartement de la danseuse entretenue que joue Gaby Morlay, prototype d'architecture d'intérieur moderne, grande surface blanche, décrochement, statuette africaine, toile cubiste, ameublement fonctionnel et escalier intérieur. Le papier à lettre de la jeune femme laisse d'ailleurs voir son adresse: « rue Mallet-Stevens »...

L'Affiche (où Meerson exécute les maquettes de Bilinsky), *le Double amour* (avec P. Kefer), *les Aventures de Robert Macaire* (où il exécute les maquettes de J. Mercier), *les Nouveaux Messieurs, Gribiche, la Proie du vent, Un chapeau de paille d'Italie*, qu'il conçoit seul, des films de moindre envergure comme *le Chasseur de chez Maxim's, le Nègre blanc,* voire franchement insignifiants comme *Souris d'Hôtel* ou *la Comtesse Marie* sont remarquables du point de vue de leurs propositions d'intérieurs (le hall et les pièces d'habitation de *Souris d'Hôtel,* le cabaret du *Chasseur de chez Maxim's*, le salon de Madame Maranet dans *Gribiche,* la salle de bain de ce même film – réutilisée en partie dans *la Comtesse Marie*) et d'architecture (le syndicat des *Nouveaux Messieurs*, le bureau de la Compagnie américaine qui ouvre *Paris en 5 jours* et ses vues sur les gratte-ciels).

Il faut insister sur cet aspect dans la mesure où on a coutume d'associer Meerson à la nébuleuse du « réalisme poétique ». Il est, au contraire, partisan de ce qu'on a appelé la « sobriété moderniste » que récusait quelqu'un comme Donatien, partisan de « l'abondance de bibelots, de vases, de fleurs, de coussins et de tissus... »

Meerson privilégie les espaces vides, les surfaces blanches où les meubles et les bibelots ne viennent pas remplir l'espace mais participer à la compréhension de la logique architecturale proposée. C'est, pour reprendre la formule de Francis Jourdain, en « démeublant » qu'il conçoit souvent ses décors. Au-delà des espaces censés refléter la psychologie de leurs occupants, comme il est de règle de concevoir les décors,

Meerson réalise en quelque sorte des prototypes où le cinéma sert de champ d'expérimentation à des lieux de vie tels que les proposent les ensembliers dans les revues ou dans les expositions (parmi lesquels Süe et Mare, J. Puiforçat).

Comme eux (songeons aux prototypes des pavillons de l'Exposition de 1925), il ne se conforme pas à un concept préétabli : le studio autorise *l'invention* d'un espace. La hauteur de plafond démesurée, permet le recours aux escaliers intérieurs, appartements en duplex, l'usage de coursives. Ce changement d'échelle faisant éclater ou se dilater l'espace de l'habitat comporte une dimension d'utopie architecturale.

Meerson va aborder le bâtiment proprement dit dans *les Nouveaux Messieurs* de Jacques Feyder avec le siège du syndicat ouvrier et, *a fortiori*, dans *À nous la liberté* de René Clair avec la création d'une usine, d'ateliers et de chaînes de montage. Auparavant il n'y fait qu'allusion dans *le Chasseur de chez Maxim's* de Rimsky avec la maison du marquis, nouvel avatar de la maison de l'ingénieur de *l'Inhumaine* avec son *roaster* devant une entrée que l'éclairage découpe en pans géométriques.

L'intrigue dès lors ne traverse pas les différents lieux auxquels sont liés les personnages comme autant d'« atmosphères » ou d'« ambiances », ces lieux ne se contentent pas de définir leurs occupants, ils les déterminent, visent à modeler leur comportement en fonction d'une structure spatiale, d'objets usuels, de dispositifs. Si l'ouvrier électricien des *Nouveaux Messieurs* « trahit » la classe ouvrière, c'est au terme d'une « expropriation » de son propre espace social et son intégration à celui de la classe dirigeante (Feyder-Meerson insistent sur les conditions de son acceptation d'être candidat au Parlement – on le traque jusque dans son lit, l'en expulse – et sur le malaise qu'il ressent à l'assemblée puis dans son bureau de ministre, ses vêtements de cérémonie, notamment face au comte son rival qui est lui très à l'aise. Quand il se sera accoutumé aux lieux c'est qu'il aura trahi sa maîtresse et ses électeurs !). *Gribiche* expose également une dramaturgie sociale du décor : la fortunée Madame Maranet veut adopter le jeune garçon qui lui a rapporté son sac à main et qui vit pauvrement chez sa mère ouvrière et veuve de guerre. La contradiction sociale passe par l'opposition tranchée des habitats, leurs ameublement et équipements ; la modernité des aménagements intérieurs chez cette grande bourgeoise férue d'« américanisme » (fonctionnalisme, hygiénisme) contraste avec les guinguettes du 14 juillet pour lesquelles opte cependant le jeune homme.

Avec *l'Argent* de Marcel L'Herbier (1929), Meerson est à son comble : les appartements somptueux de Saccard, les jeux de lumières et d'ombres d'un espace à l'autre et l'écriture adoptée par le cinéaste fondée sur d'amples mouvements d'appareil et des plans longs déterminent un décor idéalement ouvert, « démeublé ». La fluidité de la réalisation trouve un écho et un aliment dans les courbes, les surfaces lisses du décor. L'Herbier, féru d'art décoratif, est évidemment le commanditaire idéal de Meerson.

Pour autant le décorateur peut parfaitement conformer son travail à d'autres codes de représentation: ainsi *Carmen* (dont Lucie Derain souligne tout de même la modernité « malgré sa restitution du romantisme espagnol »), *Cagliostro,* sans parler de films ultérieurs comme *la Kermesse héroïque* –, mais il se distingue de ses confrères d'Albatros et de ses prédécesseurs même si l'on trouve, tant chez Lochakoff que chez Kefer ou Bilinsky, des décors stylisés conformes à une certaine *doxa* moderniste. Ainsi dans *le Double amour* de Jean Epstein (maquettes de Kefer, il est vrai exécutées par Meerson) ou dans *Jim la Houlette* où Bruni reprend à son tour presque littéralement la maison de l'ingénieur de *l'Inhumaine* due à Mallet-Stevens pour évoquer la « villa audacieusement moderne » de l'écrivain « subréaliste » Bretonneau, enfin dans *la Cible* où Lochakoff sait sacrifier au modernisme avec son Royal Hôtel de Chamonix. Cette différence se remarque avec *Un chapeau de paille* d'Italie de R. Clair où Meerson œuvre dans le décor « d'époque » et même « Belle Époque », période honnie des modernes pour ses « extravagances », son style « nouille » et ses motifs en « os à gigot ». Or la rue où se trouve l'appartement des jeunes mariés, la mairie, l'appartement de Monsieur Beauperthuis sont traités sans facilité « folklorique » ni surcharge. Lors de la séquence « onirique » où le marié imagine la mise en pièce de son appartement par l'officier outragé, on assiste même à la mise à nu du décor en tant que tel. La maison est une surface, un plan que l'on troue. Par ailleurs lors du récit que fait le marié à Monsieur Beauperthuis, on reprend l'épisode initial du film (où le cheval broute les fleurs du fameux chapeau de paille, déclenchant la dispute) en le traitant sur une scène de théâtre, dans des décors en aplat et à l'aide d'un jeu stylisé. Outre la subtile ré-inscription que fait alors le film de l'origine théâtrale du texte qu'il adapte, la mise en scène introduit une variante dans la représentation qui n'est rien moins que la mise en évidence de sa convention.

Il est par nature malaisé de traiter « pour soi » du décor dans la mesure même où on ne peut l'autonomiser de l'ensemble du film sans le condamner par là même. Il reste qu'en dehors de cas privilégiés (Clair, Feyder, L'Herbier), Lazare Meerson s'est trouvé bien souvent condamné à des « exercices de style » où son travail n'est pas réellement pris en compte dans la mise en scène. *Souris d'hôtel* et plus encore *Un coup de téléphone* (où Schild et Lourié collaborent avec lui) et *le Monsieur de Minuit* (ou Robert-Jules Garnier est également crédité) flattent un goût du luxe en situant des intrigues de salon dans des milieux sociaux d'oisifs nantis ou de bourgeois fêtards. Quelle que soit la qualité des meubles (fauteuils à tubulures chromées et cuir à la Breuer et chaise longue Corbu-Perriand), on perd alors cette dimension de *projet* évoquée plus haut et on retrouve la décoration et l'arrangement à la mode que Lochakoff pratique à son tour dans le remake de *l'Enfant du carnaval* de Volkoff en 1932. **Fr.A.**

Filmographie ◆ *L'Affiche* (RÉAL. Epstein, 1924) ; *Feu Mathias Pascal* (RÉAL. L'Herbier, id.) ; *Le Double Amour* (RÉAL. Epstein, 1925) ; *Le Nègre blanc* (RÉAL. Rimsky et Wulschleger, id.) ; *Paris en 5 jours* (RÉAL. Rimky-Colombier, id.) ; *Gribiche* (RÉAL. Feyder, id.) ; *Les Aventures de Robert Macaire* (RÉAL. Epstein, id.) ; *Carmen* (RÉAL. Feyder, 1926) ; *Nocturne (chanson triste)* (RÉAL. Silver, id.) ; *La Proie du vent* (RÉAL. Clair, id.) ; *Le Chasseur de chez Maxim's* (RÉAL. Rimsky-Lion, 1927) ; *Un chapeau de paille d'Italie* (RÉAL. Clair, id.) ; *La Comtesse Marie* (RÉAL. Perojo, id.) ; *Souris d'hôtel* (RÉAL. Millar, id.) ; *Les Nouveaux Messieurs* (RÉAL. Feyder, 1928) ; *Les Deux Timides* (RÉAL. Clair, id.) ; *Cagliostro* (RÉAL. Oswald, 1929) ; *L'Argent* (RÉAL. L'Herbier, id.) ; *Sous les toits de Paris* (RÉAL. Clair, 1930).

MERCANTON Louis (1879-1932) Né en 1879 en Suisse, Mercanton aurait débuté une carrière dans le théâtre en Afrique du Sud, puis à Londres. Les premiers films qui lui sont attribués remontent au début des années dix et ont été réalisés en collaboration avec Henri Desfontaines. Il s'agit d'une série de films à sujets historiques, inspirés généralement de pièces de théâtre. Mercanton devient alors directeur artistique de la société Éclipse, pour laquelle il tourne l'essentiel de ses films jusqu'en 1918, où il fonde sa propre unité de production.

Jusqu'à la fin de la Première Guerre mondiale, sa carrière s'organise selon deux axes principaux. Il co-dirige les principales réalisations de Sarah Bernhardt (*la Reine Elisabeth, Adrienne Lecouvreur*, etc.), dont l'importance est soulignée par tous les historiens du cinéma. *La Reine Élisabeth* (1912) rencontre un immense succès aux États-Unis où il sert de modèle. Œuvre clef du cinéma transitionnel, ce film impose le format du long métrage et sa formule (de grands acteurs dans des pièces connues) est largement imitée.

En 1914, Mercanton amorce une fructueuse coopération avec l'acteur René Hervil, poursuivie, de manière intermittente, pendant toute son activité de cinéaste. Avec Hervil, il réalise encore un film avec Sarah Bernhardt, puis ils tournent quelques bandes exotiques et surtout co-signent plusieurs films interprétés par Suzanne Grandais : une série, « Suzanne », composée de comédies légères. Elle rencontre un tel succès que le statut de la comédienne semble égaler, en France, celui des stars américaines. Les critiques la comparent volontiers à Mary Pickford.

En 1917, Mercanton dirige *Mères françaises*, avec Sarah Bernhardt, film patriotique destiné à soutenir le moral de la France. En 1918, avec Hervil ils s'appuient sur deux scénarios de Marcel L'Herbier pour *le Torrent* et *Bouclette*. Mais Delluc estime que les intentions du jeune écrivain-scénariste ont été trahies par la réalisation.

Au sortir de la guerre, l'industrie cinématographique française se révèle exsangue. Plusieurs des grandes sociétés préfèrent se cantonner à la distribution à l'exploitation. La production est le fait de petites unités dont les réalisations sont distribuées par des consortiums plus ou moins importants. Mercanton monte alors sa propre société de production, « Les films Louis Mercanton », donnée aussi parfois comme un bureau de location. Les films qu'il réalise dans les années vingt sont, à de rares exceptions près, distribués par Phocéa, les Établissements Louis Aubert ou Pathé Consortium. Entre 1919 et 1929, il signe onze films, dont deux avec René Hervil (*Sarati le terrible* et *Aux jardins de Murcie*, 1923). Le générique de *la Voyante* (1924), le dernier film de Sarah Bernhardt, décédée avant la fin du tournage, donne comme réalisateur Léon Abrams, mais les historiens en accordent la paternité au seul Mercanton.

Mercanton est considéré comme un des espoirs du renouveau cinématographique français. En 1924 son nom est associé par Fescourt et Bouquet à une « famille » de réalisateurs comprenant Abel Gance, Louis Nalpas, Jacques de Baroncelli, Hervil, et quelques autres. Dans leur effort pour redonner une place majeure au cinéma français, ces cinéastes adoptent des procédés stylistiques en usage à Hollywood, qui domine alors le marché international. Mercanton se révèle un adepte du découpage analytique où alternent plans d'ensemble et de détails, en particulier les gros plans d'acteurs. Cette méthode conduit à transformer le jeu de l'acteur. Une expression plus retenue qui dépend dans une large mesure du montage et oblitère la gestualité corporelle s'impose. Abandonnant la mise en scène en profondeur, Mercanton adopte une méthode américanisante. Ce qui différencie cependant ces réalisateurs – auxquels on peut ajouter Poirier, Antoine, Le Somptier – des américains c'est le choix des sujets et des décors.

Dans les années vingt, tous les films de Mercanton sont des adaptations de romans ou de pièces à succès. Quant au décor, c'est certainement l'aspect le plus original de son travail. Il est en effet un fervent adepte du tournage en décors naturels. Pour obtenir l'éclairage nécessaire, il s'équipe d'un matériel électrique assurant une luminosité suffisante pour tourner en extérieurs, y compris de nuit. Encore peu équipés, les studios français sont souvent accusés de trop dépendre de la lumière naturelle. Le cinéaste dispose ainsi d'une grande liberté qui fonde l'originalité de sa démarche. Il peut aussi user d'intérieurs « réels » dont les critiques soulignent l'authenticité à l'inverse des productions françaises courantes, accusées de facticité. De plus, Mercanton s'affirme comme un des paysagistes les plus importants de la décennie. Comme Antoine ou le Feuillade de *Vendémiaire*, il s'appuie sur la présence réitérée de paysages pour construire ses films. Enfin l'éclairage électrique additionnel rend possible le tournage de scènes nocturnes dont plusieurs impressionnent les critiques.

Mercanton se distingue du naturalisme d'un Antoine par le choix de ses sujets et les genres auxquels se rattachent ses productions. Quoique considéré à l'époque comme un drame réaliste, *l'Appel du sang* se rattache au mélodrame exotique, genre auquel appartiennent de plein droit *Phroso* (1922), *Sarati le terrible* et *Aux jardins de Murcie*. Ses autres productions appartiennent par contre au mélodrame: *Miarka, la fille à l'ours* (1920), *les Deux Gosses* (1924), cinéroman en huit épisodes d'après Pierre Decourcelle, ces deux derniers films narrant des histoires de gitans.

Pour assurer un large écho publicitaire à ses productions, Mercanton recourt généralement à des acteurs et des actrices renommés: Charles Le Bargy figure au générique de *l'Appel du sang*; Réjane occupe la tête d'affiche de *Miarka*, Yvette Guilbert est la « star » des *Deux Gosses*. Mercanton apprécie manifestement une certaine continuité dans ses choix d'acteurs: Vanel joue dans *Miarka* et *Phroso*, Arlette Marchal et Gina Maddie interprètent *Sarati le terrible* et *Aux jardins de Murcie*. Une mini-série est construite autour de Betty Balfour (*Monte-Carlo*, 1925, *la Petite Bonne du Palace*, 1926, *Croquette*, 1928). Une star américaine, Constance Talmadge, figure en tête d'affiche de *Vénus*.

Ce recours fréquent à des personnalités est une autre caractéristique qui rapproche le cinéaste du « modèle américain ». De plus, dans une visée internationale, Mercanton recourt à des artistes étrangers, anglais, voire américains. Ces *casts* internationaux indiquent enfin l'intention de retrouver une industrie cinématographique capable de s'exporter. Plusieurs acteurs sont anglais, comme Ivor Novello, tête d'affiche de *l'Appel du sang* et *Miarka, la fille à l'ours*.

Tout en privilégiant des procédés associés traditionnellement au cinéma américain, c'est un cinéma français de qualité que cherche à mettre en œuvre Louis Mercanton. La lutte qu'il mène pour relever le cinéma français n'a été interrompue que par son décès prématuré en 1932. Adepte convaincu du sonore, il réalise auparavant en Angleterre un des premiers sonores en français et est engagé aux studios Paramount de Joinville où il réalise une importante série de films sonores. **P.-E.J.**

Filmographie ◆ *Miarka, la fille à l'ours* (1920) ; *L'Appel du sang* (id.), *Phroso* (1922) ; *Sarati le terrible* (1923) ; *Aux jardins de Murcie* (id.) ; *La Voyante* (1924) ; *Les Deux Gosses* (id.), *Monte-Carlo* (1925) ; *La Petite Bonne du Palace* (1926) ; *Croquette* (1928), *Vénus* (id.).

MODOT Gaston (1887-1970)
1914 : Gaston Modot démolit ses derniers accessoires, accomplit ses dernières acrobaties et cascades sous la direction de Jean Durand, pour lequel il a joué plus de cent cinquante films dans le cadre de la série « Onésime », apogée de l'esprit anarchiste burlesque français. 1930 : on retrouve Gaston Modot détruisant tout ce qui lui tombe sous la main et même plus dans une chambre qui aurait pu servir de décor à un *Onésime n'aime pas les prêtres*, il déchire les oreillers, il mange les plumes, il soulève un soc de charrue, il jette un évêque et des branchages enflammés par la fenêtre, c'est la fin de *l'Âge d'or*. Alors, les années vingt n'auront-elles été qu'une parenthèse entre deux explosions de rage à haute densité critique ? Au cours des années vingt, Gaston Modot, l'ami de Mac Orlan, Blaise Cendrars, Modigliani, Picasso, Jehan Rictus, a tourné sous la direction des protagonistes de la Première Vague : Abel Gance, Germaine Dulac, Louis Delluc. Il a conquis la reconnaissance critique, Louis Delluc lui consacre un article en février 1921. « C'est plaisir de voir vivre cette face bien sculptée. Cruauté et gaminerie s'y mêlent, ou s'y succèdent allégrement. Un rythme imperceptible, des muscles bien entraînés, une franchise de ton et de vie, tout accuse la souplesse qui permet à Modot d'être, à quelques secondes d'intervalle, un sinistre rôdeur des bas-fonds ou un honnête jeune homme de bonne humeur. » Avec une telle analyse de jeu, Louis Delluc semble programmer l'un des plus beaux rôles de Modot, son Peachum de *l'Opéra de Quat'sous* (1930) où, tantôt homme d'affaires bourgeois tantôt meneur du sous-prolétariat, il trouve, grâce au *casting* génial de Pabst, son partenaire le plus proche, le double négatif et hanté dont il constitue le tranquille positif, Antonin Artaud. Debout sur un comptoir, Artaud plongé dans son ombre athlétique, Modot y déclame une tirade sur l'excitation des nerfs qui, bien que rédigée par Brecht, en un pur effet de ventriloquie semble expirée à mesure par l'auteur des futurs écrits de Rodez.

Mais surtout, en 1928, Gaston Modot réalise un court-métrage, *Conte cruel – la Torture par l'espérance*. Tourné au Mont Saint-Michel entre deux plans *de la Vie Merveilleuse de Jeanne d'Arc* de Marco de Gastyne, il s'agit de la version noire de l'autre *Jeanne d'Arc*, celle de Carl Dreyer. Modot s'y livre à une expérience figurative qui est aussi un problème d'acteur, comment représenter l'angoisse ? La solution est aussi complète qu'élégante : l'angoisse viendra de partout, plutôt que du visage de l'interprète, d'autant plus expressif qu'il sera économisé. D'abord, elle provient d'une obscurité fondamentale, nappes de nuances noires sur noires, découpées de pans, ourlées de formes architecturales à peine esquissées, traversées de lueurs problématiques, capables de renfoncements improbables plus sombres encore, où le corps de l'acteur trouvera un précaire refuge ; ensuite, de travellings subjectifs chaotiques qui ponctuent la marche accidentée du prisonnier et témoignent d'un grand art du mouvement, comme aussi ce panoramique cassé qui restitue brillamment la vision bloquée du personnage ; et puis, d'une série d'effets de mentalisations typique de la syntaxe des années vingt, surimpressions sérielles, détails exorbités, hallucinations perceptives, effets de saisissements face à la présence d'autrui comme placée sur une autre scène, construction d'images du dehors et de la liberté sous forme d'hypothèses. La simplicité radicale du scénario (description subjective du trajet d'un prisonnier qui cherche à s'évader) préfigure celle d'un autre grand film expérimental plus méconnu encore, *Lueur* du Docteur Pierre Thévenard (1946). Dans les deux cas, le minimalisme de l'action sert les intérêts de l'exploration perceptive : la vision affective pour Gaston Modot ; l'écoute dilatée, pour Pierre Thévenard. Dans les deux cas, un film devient le déploiement d'une expérience organique, comme si, au fond, le seul enfermement fatal était celui de l'esprit dans le corps dont, en effet, on ne sortira pas.

Comme d'autres grands acteurs après lui, Charles Laughton, Marlon Brando, Barbara Loden aux États-Unis, Jean-Pierre Kalfon, Lou Castel ou Alain Cuny en France, Gaston Modot n'a réalisé qu'un film et c'est un chef-d'œuvre. **N.B.**

MONCA Georges (1888-1940)
Georges Monca est engagé par Pathé d'abord comme acteur – il s'était fait remarquer au théâtre – puis comme metteur en scène dès 1908. Il tourne de nombreux films parmi lesquels on peut citer *la Grève des forgerons* (1910) avec Henry Krauss, *Boubouroche* (1911) d'après Courteline, *Sans famille* (1913) d'après Hector Malot, *la Route du devoir* (1915) avec Gabrielle Robinne. Il dirige occasionnellement Max Linder, Boucot (la série *Pénard*), Sarah Duhamel (la série *Rosalie*) ; il attache surtout son nom à Prince dont il met en scène la quasi totalité des *Rigadin* de 1910 à 1919.

Dans les années vingt, il tourne près d'une vingtaine de films dans lesquels il affiche davantage une connaissance du métier que des préoccupations d'auteur. Dans cette optique, il travaille souvent en collaboration, d'abord avec Rose Lacau Pansini puis avec Maurice Kéroul, un auteur à succès du théâtre de boulevard. Ainsi, après *Chouquette et son as* (1920), il est à Nice en 1921-1922 où, à la demande de Pathé, il co-signe les films de Rose Pansini,

Chantelouve, le Sang des Finoël, Judith, le Refuge, Esclave, œuvres dans lesquelles il se met au service du talent imaginatif de la jeune femme.

Après *Romain Kalbris* (1922) et *Lucile* (1923) qu'il dirige seul, il travaille régulièrement avec Maurice Kéroul, co-réalisant *Altemer le cynique* (1924), *la Double existence de Lord Samsey* (id.), *l'Ironie du sort* (id.), *Autour d'un berceau* (1925), une nouvelle version de *Sans famille* (id.), *le Chemineau* (1926), *Miss Helyett* (1927). En 1928, il met en scène tout seul *les Fourchambault*.

Dans les années trente, il poursuit une carrière irrégulière, soit seul (*la Chanson du lin*, 1931 ; *la Roche aux mouettes*, 1932), soit à nouveau en collaboration avec Maurice Kéroul pour des films dont les titres indiquent bien la modestie des ambitions : *Une nuit de noces* (1935), *Trois jours de perm'* (1936), *Choc en retour* (1937). Il apparaît aussi dans quelques génériques comme scénariste ou comme directeur de production. **J.A.G.**

Filmographie ◆ *Chouquette et son as*, (1920) ; *Chantelouve* (1921-1922) ; *Le Sang des Finoël* (id.) ; *Judith* (id.) ; *Le Refuge* (id.) ; *Esclave* (id.) ; *Romain Kalbris* (1922) ; *Lucile* (1923) ; *Altemer le cynique* (co. Keroul, 1924) ; *La Double Existence de Lord Samsey* (id.) ; *L'Ironie du sort* (id.) ; *Autour d'un berceau* (co. Keroul, 1925) ; *Sans famille* (id.) ; *Le Chemineau* (co. Keroul, 1926) ; *Miss Helyett* (co. Keroul, 1927) ; *Les Fourchambault* (1928).

MORLHON Camille de (1869-1952)

Personnage incontournable du cinéma français par la diversité de ses actions, Camille de Morlhon (de son vrai nom Louis Camille de la Valette de Morlhon) est né dans une famille d'origine aristocratique. Après la ruine et le décès de son père industriel, il est le secrétaire général de l'Automobile Club de France de 1895 à 1901. Féru de littérature, de sciences et d'histoire, il écrit des pièces de théâtre et devient le secrétaire particulier d'Henry Deutsch de la Meurthe, puis met en scène dans les théâtres parisiens des comédies, vaudevilles ou revues.

En 1908, Camille de Morlhon s'engage dans une carrière cinématographique qui est une des plus importantes du cinéma français des années dix. En effet, entre 1908 et 1930, l'auteur réalisateur tournera environ 160 bandes : scénarios originaux, adaptations du patrimoine littéraire et théâtral français, comédies, drames, reconstitutions historiques. Fin 1911, il tourne sept films en Algérie et fonde sa société de production, les films « Valetta ». Le cinéaste tourne moins de films, mais il est plus ambitieux. Son plus grand succès de l'époque : *Une brute humaine* (1913). En 1914, il met en scène deux films en Hongrie, qui resteront inédits. Durant la guerre, il tourne peu mais régulièrement : *les Effluves funestes* (1915), *Cœur de Gavroche* (1916), *Expiation* (1918). L'après-guerre, l'arrivée de films américains et de nouveaux auteurs font évoluer la cinématographie française : Camille de Morlhon est déjà en décalage, figé dans un cinéma d'une autre époque. Il tente néanmoins de poursuivre sa carrière de cinéaste, mais il devient avant tout un défenseur de la profession et un polémiste plein de verve.

Pendant les années vingt, il réalise seulement cinq films (*Une fleur dans les ronces*, 1920 ; *Fabienne*, 1920 ; *Fille du peuple*, id ; *Tote*, id ; et *Roumanie, terre d'amour*, 1930) pour se consacrer à la défense des auteurs de films et du cinéma français.

En effet, en 1917, il a fondé la Société des Auteurs de Films, qui aura une importance capitale pour la reconnaissance du droit des réalisateurs. À cette période, Camille de Morlhon rédige des textes législatifs, et écrit de nombreux articles sur le cinéma.

Le réalisateur retrouve donc sa méthode qui fait s'enchaîner les tournages. Plutôt que des tournages simultanés, Morlhon préfère deux équipes artistiques différentes, mais un suivi avec les mêmes techniciens : l'efficacité, la rapidité sont ses mots d'ordre.

Les deux films sont toujours produits par les Films Valetta, sur des scénarios originaux de l'auteur. Tous deux sont pareillement une « pièce dramatique en cinq parties ». *Fabienne* raconte l'histoire étrange d'un homme, Pierre Tavernier, partant à Marseille à la recherche d'une jeune fille, vivant avec elle avant de lui révéler une grande nouvelle. Contrairement à ses habitudes, Camille de Morlhon recrute des jeunes interprètes, probablement pour des raisons économiques.

Fille du peuple, également interprété par de jeunes acteurs (Hélène Darly, Charles de Rochefort et Lucyenne Herval) narre les mésaventures de Berthe Janin, fille d'un malfaiteur redouté, condamné à vingt ans de bagne, qui est repoussée par tout le monde. Jeanne Rivière, la femme de l'avocat de son père, sensible à cette pauvre innocente, lui offre un fonds de boutique. Berthe, devenue fleuriste, s'aperçoit un jour que Jeanne a été victime de Barjac, un homme sans probité morale. Barjac, mis au courant de cette affaire réapparaît en maître-chanteur. Sa mort accidentelle, suivie de la confession de Jeanne, ramène le bonheur.

Défendu par le fidèle mais acerbe André de Reusse, le film est bien reçu par la critique : c'est donc un encouragement pour le réalisateur, alors âgé de 51 ans qui connaît des difficultés pour continuer sa carrière de réalisateur. Morlhon est quelque peu piégé par toutes ses activités syndicales, peu lucratives, qui le détournent de la mise en scène.

À cette période, Camille de Morlhon émet une protestation contre les mesures de censure prises sur les deux films *l'Homme du large* (Marcel L'Herbier, qui ne sera membre de la SAF qu'en 1928) et *Li-Hang le cruel* (Édouard-Émile Violet, membre de la SAF depuis l'origine). Il est présent dès qu'une atteinte à la liberté des créateurs se fait jour, sous quelque forme que ce soit, et même pour défendre des cinéastes dont il ne partage pas le point de vue esthétique. Cependant, le 23 janvier 1922, Camille de Morlhon prend la décision de quitter la présidence de la Société des Auteurs de Films. Il estime avoir assez agi dans le domaine qui était le sien et préfère ne rester qu'en tant que membre du comité. C'est donc Henri Pouctal après avoir travaillé auprès de lui durant trois ans, qui accepte le poste à sa demande. Cinq jours après, Henri Pouctal meurt subitement frappé par une congestion cérébrale. Au début du mois de février 1922, c'est Michel Carré qui est nommé Président.

C'est à la fin de 1922 que Camille de Morlhon tourne *Tote* le dernier film de sa société Films Valetta. Il s'agit d'une comédie de première partie, sous titrée « suite de tableaux cinématographiques ». Les acteurs sont quasiment des débutants ou tournent pour la première fois avec le cinéaste: installée à Marseille depuis 1918, la Phocéa-Film a produit des films exclusivement dans la région, bien qu'ayant une édition nationale. Bien que *Tote* soit produit par l'auteur-cinéaste, le film a été tourné sur place et les interprètes font partie de la troupe de Georges Champavert. La bande se situe dans le prolongement des autres films de Camille de Morlhon, narrant l'éveil amoureux de Tote, 16 ans, avec André son jeune ami sous forme de saynettes, et se déroule dans un milieu aisé. Nous sommes dans l'esprit des comédies légères de l'époque Pathé: la sortie du film dans le circuit confidentiel d'une maison régionale montre l'isolement du producteur-cinéaste maintenant contraint d'assurer ses revenus par d'autres moyens que ceux de faire des films.

À partir de 1923, il s'engage dans un exercice ingrat, mais qui lui permet de survivre: celui de scénariste ou adaptateur, le plus souvent de manière anonyme. Par ailleurs, en complément de sa carrière de cinéaste, il compose des intertitres de films étrangers.

Il commence par l'adaptation du roman de Frédéric Soulié, *la Closerie des Genêts* d'André Liabel avant de collaborer avec Donatien sur *Pierre et Jean* d'après le roman de Guy de Maupassant, suivie de l'adaptation du *Château de la mort lente* d'après la pièce d'André de Lorde et Henri Bauche. Le réalisateur, qui n'a jamais eu de curiosité pour le fantastique et l'épouvante feint de s'intéresser désormais à ce sujet. Il s'agit vraiment cette fois-ci d'un travail de commande, purement alimentaire tant l'esprit du film est éloigné de son univers. Morlhon passe d'un sujet à l'autre: *Mon curé chez les riches* et *Mon curé chez les pauvres* d'après Clément Vautel, est l'occasion d'élaborer un scénario d'après un roman à succès édité l'année précédente, avant *Simone*, totalement imprégnée de la personnalité du réalisateur-décorateur-acteur Donatien.

Si Camille de Morlhon continue toujours son travail avec Donatien de manière plus ou moins anonyme, une nouvelle voie s'ouvre néanmoins à lui : en juillet 1927 la Franco-Film l'accueille, en même temps que Donatien qui devient l'un des cinéastes-maison. Camille de Morlhon est à la tête du Service littéraire de la société, lisant, étudiant ainsi les scénarios des cinéastes : Donatien, Raymond Bernard, Gaston Roudès, Léon Mathot, André Liabel, Jean Durand, Gaston Ravel, Tony Lekain et Léonce Perret.

Au même moment, il achève l'écriture de *Miss Edith, Duchesse*, comédie endiablée et ultime scénario avec Donatien qui se prépare à quitter le cinéma. En 1929, Camille de Morlhon signe des articles controversés, de mai à décembre dans *Ciné-Comœdia* et *Ciné-Journal*, mais est totalement absent de la scène cinématographique. Ce n'est qu'en novembre suivant que l'on retrouve le nom de Camille de Morlhon dans la presse. Il amorce à ce moment une série d'éditoriaux pour *Ciné-Journal*. Morlhon va ainsi tenir sa rubrique tous les quinze jours, jusqu'en juillet 1930, soit dix-sept textes avec des sujets centrés sur différents problèmes du cinéma. Il s'occupe activement de la profession cinématographique puis tourne son dernier film en 1930, *Roumanie, terre d'amour* un grave échec cinématographique, critique et public. Il termine sa carrière en travaillant avec René Jeanne sur des pièces radiophoniques. Il meurt oublié. D'obédience légitimiste, Morlhon était toujours en contact avec les personnes proches du pouvoir législatif et n'a cessé tout au long de sa carrière de défendre sa corporation et la création cinématographique. Son esprit typiquement dix-neuvième n'a pas résisté à la révolution du parlant. **É.L.R.**

Filmographie ◆ *Une fleur dans les ronces* (1920) ; *Fabienne* (id.) ; *Tote* (1922) ; *Roumanie terre d'amour* (1930).

MOSJOUKINE Ivan (1889-1939)
Ivan Mosjoukine est avant tout connu comme acteur et, à ce titre, il domina quelques années le cinéma français, seul rival – en France – de Rudolf Valentino ou Douglas Fairbanks. Pourtant cette star fut aussi scénariste et réalisateur. Venu en France avec les émigrés russes de la Compagnie Ermolieff qui fuyaient l'Armée rouge et la révolution bolchévique, il fit une carrière fulgurante jusqu'en 1927 – où il interprète Casanova –, défraya la chronique mondaine par son goût des voitures rapides, de l'alcool et des fêtes avant de décliner lentement, se fourvoyer à Hollywood puis, de retour en Europe, s'enfermer dans des rôles historiques à grands spectacles qui verront le public et la critique se détourner de lui. Il meurt oublié et sans ressource à la veille de la Deuxième Guerre mondiale.

Formé au théâtre en Russie, il tourne pour le cinéma depuis 1911 chez Pathé-Rouss, Drankov et

Khanjonkov (où il est dirigé, dans une dizaine de films, par Evguéni Bauer), puis est engagé en 1915 par Ermolieff avec qui il tourne la plus grande part de sa production jusqu'en France, sous la direction de Protazanoff surtout puis de Volkoff.

« J'admire Mosjoukine. Si j'étais metteur en scène, je voudrais tourner avec lui », écrit Delluc à son arrivé en France.

En Russie déjà, l'acteur écrivait des scénarios, participait à la mise en scène des films qu'il interprétait. À Montreuil il inspire plusieurs films, fournit des scénarios ou les coécrit (*l'Angoissante Aventure, Justice d'abord, la Maison du mystère, Kean, les Ombres qui passent, le Lion des Mogols*) et signe deux films : *l'Enfant du carnaval* (1921) et *le Brasier ardent* (1923) dont il est scénariste et interprète, avant d'entreprendre un projet ambitieux auquel il tient manifestement beaucoup et auquel il renonce à regret, *1975*.

L'Enfant du carnaval est un mélo qui est encore empreint du « style russe » mais *le Brasier ardent* a une tout autre ambition, à la fois pour son auteur et pour Albatros qui le produit. Il s'agit de prendre place dans le paysage du cinéma « artistique » (les « écoles ») qui se partage alors entre l'expressionnisme allemand, l'onirisme suédois et l'avant-gardisme français. Le film juxtapose de la sorte, comme autant de morceaux de bravoure, des « styles » différents (le rêve fuligineux de l'ouverture, les rues sombres aux rares réverbères, le burlesque d'une agence de détectives, le sentimentalisme, etc.) au gré d'une intrigue-prétexte. L'acteur se déguise, se travestit, fait le pitre ou se tord les mains de désespoir devant la femme qu'il aime. Le projet suivant est encore différent, il aborde la science-fiction. *1975*, où Mosjoukine aurait eu deux rôles, devait être un film excentrique dont les décors d'un Paris anticipé empruntaient au cubisme, avec une tour métallique trois fois plus haute que la Tour Eiffel et des costumes « follement excentriques ». Il y voit son film « le plus important sur lequel [il] travaille depuis trois ans ». Les esquisses de Bilinsky évoquent un Arc de Triomphe sous une cloche de verre, l'Opéra dominé par des gratte-ciel, une petite Tour Eiffel. Manifestement après l'anti ou le super *Caligari* qu'ambitionnait d'être *le Brasier ardent*, Mosjoukine veut tourner une nouvelle *Inhumaine*.

Mais Albatros qui avait pris un risque important avec *le Brasier* ne peut se permettre de récidiver sans mettre la maison en péril. Mosjoukine doit donc renoncer à *1975* pour tourner dans *le Lion des Mogols* sous la direction de Jean Epstein. Puis il quitte le studio.

Ne dédaignant pas de s'exprimer sur le cinéma, son essence et son avenir, Mosjoukine s'est affirmé artisan du muet. Il professe que « l'art cinématographique est un art en soi, un art complet qui ne demande qu'à être approfondi et perfectionné comme tel. Il est et doit rester muet. Les différentes tentatives de lui faire adapter des gramophones modernisés quelconques ne peuvent que le diminuer. Voyez ce que des maîtres comme L'Herbier et Abel Gance obtiennent dès maintenant du cinéma. Là est son avenir, c'est dans ce sens qu'il nous faut diriger nos efforts. »

Même s'il se dit « metteur en scène d'occasion » il exprime une conception très précise du cinéma qui exclut le « plein air » et privilégie le studio. « J'aime mieux, dit-il, un décor dont chaque détail aura été voulu, stylisé à dessein, plutôt qu'un décor naturel, même splendide, dû au hasard. Si je le pouvais, je reconstituerais tous les paysages désirés au studio au lieu d'aller les chercher sur place: on les éclaire et on les modifie comme on veut. À ce point de vue, j'admire passionnément Marcel L'Herbier que je considère comme le meilleur et le plus original des metteurs en scène. D'ailleurs, je suis convaincu que le cinéma de l'avenir s'éloignera de plus en plus de la nature pour se rapprocher de l'art pur, de la stylisation sous toutes ses formes... » **Fr.A.**

Filmographie ◆ *L'Angoissante aventure* (RÉAL. J. Protazanoff. Scénario, 1920) ; *Justice d'abord* (RÉAL. J. Protazanoff. Scénario, 1921) ; *L'Enfant du carnaval* (id.) ; *La Maison du mystère* (RÉAL. A. Volkoff. Scénario, 1922) ; *Le Brasier ardent* (1923) ; *Kean* (RÉAL. A. Volkoff. Scénario, id.) ; *Les Ombres qui passent* (réal.: A. Volkoff. Scénario, 1924) ; *Le Lion des Mogols* (RÉAL. J. Epstein. Scénario, id.).

MOUSSINAC Léon (1890-1964)
Ami de lycée de Louis Delluc, Léon Moussinac fréquente comme lui très tôt les théâtres, les concerts et s'essaie à la poésie, publie quelques articles dont l'un porte sur les rapports entre cinéma et théâtre en 1914. Après la guerre, Delluc dirige *le Film*, l'hebdomadaire de Diamant-Berger et, en 1919, il publie un premier article de son ami qui devient ensuite le critique de cinéma du *Mercure de France* (1920-1928), un collaborateur de *Cinémagazine*, hebdomadaire spécialisé, de *la Gazette des sept arts* de Canudo, du *Crapouillot*. Par ailleurs secrétaire général de *Comœdia illustré* – où Delluc travaillait en 1910-1912 et où il est retourné après avoir quitté *le Film* – et des Éditions Albert Lévy, Moussinac écrit des poèmes et continue de s'intéresser au théâtre à propos duquel il publie « Tendances nouvelles du théâtre »; il écrit avec Paul Vaillant-Couturier une farce à la Ubu, *le Père Juillet*. En 1921 il quitte *Comœdia*, travaille aux Éditions de La Sirène de Paul Lafitte, qui avait fondé « le Film d'Art » dix ans plus tôt, et y conçoit le projet d'une *Encyclopédie du cinéma*. Il caresse quelques projets de films, appelle les écrivains, les musiciens, les décorateurs, etc. à entrer dans la production.

Vaillant-Couturier était député communiste et rédacteur à *l'Humanité* et il engage Moussinac à y tenir la chronique des films ce qu'il fait à partir de 1922. Deux ans plus tard, il rassemble une partie de ses articles du *Mercure*, de *Cinémagazine* et de *l'Humanité* en un volume qui est à la fois un manifeste esthétique et le premier essai d'ordre théorique qui paraît en France, *Naissance du cinéma*. Manifeste, comme l'avaient été *Bonjour cinéma!* d'Epstein et *l'ABC du cinéma* de Cendrars, mais essai théorique surpassant l'entreprise critique de Delluc qui venait de disparaître et avait publié trois recueils de ses articles (*Charlot*, *Cinéma et Cie* et *Photogénie*) comme le prophétisme esthétique de Canudo. Cette même année 1925, celle de l'Exposition des Arts Décoratifs, il publie un ouvrage sur *le Meuble français moderne* ainsi qu'une série de volumes intitulés *Intérieurs*.

La triple préoccupation de Moussinac pour le théâtre, les arts décoratifs et le cinéma qui se maintiendra sa vie durant et lui donne une dimension très particulière doit, de surcroît, être située dans la perspective socio-politique qui est la sienne et qui éclaire l'ensemble de sa démarche du point de vue de l'histoire et du projet social.

Distinguons cependant le militant tant politique que culturel que fut Moussinac, l'organisateur et animateur dans le cadre d'institutions et le théoricien dont la première partie de l'œuvre est définie par ces deux titres: *Naissance du cinéma* et *Cinéma, expression sociale*.

L'une des prémisses de l'approche de Moussinac, c'est le caractère collectif du cinéma, son lien à la foule moderne. C'est ce qui le distingue des autres arts qui sont élitaires socialement parlant. Comme Béla Balázs dans *Der sichtbare Mensch*, Moussinac s'en prend au monde intellectuel qui s'est défié de ce nouvel art parce qu'il était un art de masse, par préjugé de caste ou de classe. Car le cinéma ne saurait se réduire à sa dimension industrielle, il est un art « indépendant », qui a des « lois particulières qu'il s'agit de découvrir ». Son essence propre, sa « cinématographicité », c'est: la photogénie, cet effet visuel lié à la reproduction cinématographique qui « révèle » la réalité; et ce qui détermine la « valeur » des images (parties) et du film (tout), c'est le rythme intérieur (le sentiment fourni par la représentation) et le rythme extérieur (la succession cinématique). La deuxième prémisse tient à la nature technique du cinéma à laquelle se rattachent les traits distinctifs du film qu'on vient de citer. Cette nature technique implique le caractère évolutif, perfectible du cinéma (« Nous sommes dans l'attente continuelle des découvertes ») et assure sa puissance accordée à l'époque moderne (simultanéité, rapidité et complexité), à la science qui « agrandit les sens »; c'est ce qui en fait un moyen d'expression collective.

La pensée critique de Moussinac comporte donc ces deux aspects que la référence à la technique (« Technique commande » écrit-il dans *la Gazette des sept arts*) permet de tenir ensemble: « Le jeu des lumières et des ombres, ou des lignes, nous renseigne plus précisément sur la sensibilité d'une époque que le sujet même qui lui a servi de prétexte. L'emploi des procédés domine le sujet, la technique le mallée, le pétrit, lui impose sa volonté, lui fixe un visage, mais le sujet *est*. Il est si bien que le réalisme commence toujours dans les types inférieurs de l'art... »

Ainsi il attache une importance particulière aux qualités des différents composants du film: composition plastique, rythme, texture, interprétation on l'a déjà signalé, mais aussi décor, accessoires et costume. « Le décor est un élément du drame aussi important que la lumière, le mouvement, l'expression individuelle », écrit-il. Cette préoccupation se relie très précisément à son engagement au sein du CASA de Canudo et son activité pour faire se tenir au Musée Galliera « l'Exposition de l'art dans le cinéma français ». À l'autre extrêmité il défend le cinéma documentaire, dont *Nanook* est un temps le prototype, au nom du réalisme de l'appareil de prise de vue.

Cette conviction sociale étayée sur la prééminence de la technique – qui apparente Moussinac au courant d'idées que représente *l'Esprit nouveau* notamment – « rencontre » la question politique en raison même des obstacles que les rapports sociaux capitalistes mettent à ce développement: l'aliénation du cinéma à l'argent, au mercantilisme manifeste la contradiction entre la logique du développement technique et créatif et la structure sociale de la société. Le cinéma suppose, pour s'épanouir selon ses potentialités, un changement révolutionnaire, l'abolition du capitalisme.

À partir de 1927, quand il se rend en Union soviétique et peut y prendre la mesure du cinéma qui s'y fait, la réflexion de Moussinac va s'infléchir de plusieurs points de vue. D'une part la théorie russe – qui a intégré et critiqué Moussinac, traduit en russe, comme Delluc et Balázs, dès 1926 – renverse quelque peu l'édifice esthétique qu'il avait édifié en substituant à la photogénie et à la référence musicale: le montage et la référence à la langue. Désormais Moussinac va se faire le promoteur de ce cinéma et de cette pensée neuve qui s'avère plus efficiente qu'aucune autre par rapport aux projets prospectifs, transformateurs qu'énonçaient ses textes et la plupart des théories du cinéma de l'époque. Son propos perd sans aucun doute en ambition théorique et esthétique au profit d'une approche historique et géographique par écoles et par pays (*Panoramique du cinéma*) qui l'avait d'ailleurs, dès *le Mercure de France*, requis (la comparaison des « génies » nationaux occupant toujours une large place dans les appréciations de l'état du cinéma et l'évaluation de son progrès, la liste des films que toute personne cultivée doit avoir vus). Il laisse la priorité à une activité critique militante.

Celle-ci peut s'entendre de deux manières: d'une part la présentation et la promotion des films et la dénonciation de leur médiocrité quand il y a lieu, d'autre part la mise en place concrète de réseaux de spectateurs, de salles spécialisées, de ciné-clubs afin de construire un nouveau spectateur.

Moussinac, en effet, à *l'Humanité* comme au sein des organismes liés au mouvement communiste où il est actif, demeure attaché à des valeurs artistiques auxquelles il veut faire accéder la foule – et pour commencer des fractions avancées du public populaire. Cet appel à un nouveau spectateur passe, au besoin, par l'appel aux sifflets à l'encontre des mauvais films – ce qui vaudra au critique un procès intenté par un distributeur –, par la construction d'espaces autonomes et de regroupements militants (« Les Amis de Spartacus »). Mais la nouveauté du lien entre technique et société qu'incarne le cinéma ne le conduit pas à prôner l'appropriation par tous de cet outil et à encourager le cinéma « amateur » que le mouvement ouvrier allemand et anglais préconise par exemple, aussi bien que certains cercles issus du Bauhaus – s'agissant, en particulier de la photographie. Ni à valoriser plus particulièrement le documentaire, le document, à récuser la « déformation du matériau » par la fable, l'intrigue – problème du factualisme très discuté alors en URSS et en Allemagne. Son appartenance au courant de pensée de *Monde*, le journal culturel que dirige Henri Barbusse, témoigne d'une position « centriste » que n'ont de cesse d'attaquer les surréalistes. Répondant à Virgil Barel qui écrivait dans *les Cahiers du communisme* en 1928 que « n'importe qui peut utiliser une caméra », Moussinac maintient une position cinéphile (« élitiste ») que certains lecteurs de *l'Humanité* contesteront en réclamant une « critique de classe » du cinéma et non la seule promotion de l'art. Dans ces deux cas, Moussinac légitime sa position par sa référence au cinéma soviétique qui est censé « dépasser » ces contradictions liées à la formation sociale capitaliste.

Au début des années trente, Moussinac fonde avec Vaillant-Couturier et Aragon l'AEAR (Association des Écrivains et Artistes Révolutionnaires) – auquel adhèrent Buñuel, Unik, Lotar, Batcheff, Lods, Léger entre autres – qui sera le fer de lance de la défense de la culture contre le fascisme montant en Europe et appellera à un nouveau réalisme. Moussinac s'éloigne alors du cinéma et se consacre plus largement au théâtre puis il s'investit dans la direction d'un magazine illustré, *Regards*, pionnier en France du reportage photographique (Cartier-Bresson, Capa, Seymour) et d'une mise en page dynamique, faisant place par ailleurs au cinéma (dont se charge Georges Sadoul). **Fr.A.**

MOUVEMENT OUVRIER ET CINÉMA

Pendant longtemps, l'approche des rapports entre mouvement ouvrier et cinéma fut esquissée par des historiens et surtout des critiques (souvent soviétophiles) dont on ne retint généralement que quelques repères sommaires, soit un coup de clairon et une citation. Le coup de clairon: la nationalisation du cinéma le 27 août 1919 par la République des soviets. La citation: « Pour nous le cinéma est de tous les arts le plus important » (Lénine). L'histoire des liens tissés par les mouvements communistes nationaux fut ainsi déclinée à l'aune de ce décret et de cette déclaration.

Dans le cas français, même si une large majorité du Parti socialiste se prononça en 1920 en faveur de l'adhésion à la Troisième Internationale (dirigée par les communistes russes), on sait que la nouvelle Section Française de l'Internationale Communiste (qui deviendra le Parti communiste français) vit globalement au cours des années vingt, malgré quelques embellies passagères, fondre puis stagner ses effectifs et ses résultats électoraux, en fonction de ses impasses et erreurs stratégiques, de ses divisions internes, de la politique de bolchévisation et de la répression politique. Dans ce contexte, le Parti communiste aurait été incapable de penser et de produire des films, il n'aurait eu qu'à rêver les yeux grands ouverts devant les films soviétiques pour la diffusion desquels il se serait néanmoins fermement battu.

Si cette vision des « politiques » cinématographiques des communistes soviétiques et des communistes français n'est pas inexacte, elle mérite cependant d'être nuancée. Ce n'est que lorsque le pouvoir soviétique fut vraiment consolidé – soit, approximativement, cinq ans après le « coup de clairon » – que celui-ci fut vraiment en capacité de produire et de diffuser massivement des films, et c'est à partir de cette période, vers 1924-1925, que s'érigea une représentation cohérente de la Révolution russe, de surcroît esthétiquement révolutionnaire. Quant à la fameuse citation de Lénine, elle a été, en 1925, *attribuée* au dirigeant de la Révolution soviétique (sans doute avec raison) et datée de 1922 par le Commissaire du Peuple à l'Instruction Publique, Anatole Lounatcharski. Le rôle et la formation politique et artistique de Lounatcharski paraissent en fait déterminants pour qui souhaite saisir les premières conceptions du cinéma par l'État soviétique. Or, Lounatcharski a visiblement découvert les potentialités éducatrices, si ce n'est émancipatrices, du cinéma en Europe occidentale, à Paris pour être plus précis, en 1914, au contact d'artistes et de militants français. (À peu près au même moment, Lénine applaudissait le chanteur Montéhus dans les cabarets parisiens).

En fait, l'un des premiers textes d'un dirigeant bolchevik entièrement consacré au cinéma (« La Vodka, l'Église et le Cinématographe ») fut écrit en 1922 par Léon Trotsky, dans la *Pravda*. Mais si le texte de Trotsky se révèle d'une importance capitale, sa philosophie générale ne se départit pas, en particulier dans sa combinaison des termes bistrot et cinéma, d'une vision déjà courante chez quelques dirigeants ouvriers d'avant 1914, tels les leaders belges de la Deuxième Internationale (comme Émile Vandervelde) ou les propagandistes anarchistes et les syndicalistes révolutionnaires français.

Dans sa première approche de la question cinématographique, le jeune état soviétique ne fit donc pas table rase du passé, et il hérita de conceptions en partie ébauchées en Europe occidentale au sein de réseaux se situant eux-mêmes au carrefour de l'art, de la propagande et de la politique. Pour les années vingt, la S.F.I.C. semble elle aussi prendre partiellement en héritage certaines pratiques, parfois contradictoires, d'avant 1914.

Durant cette période, l'un des tous premiers critiques de *l'Humanité* à s'intéresser au cinéma est le poète humaniste et pacifiste Georges Chennevière, concepteur et organisateur des Fêtes du Peuple, créées en 1918. Sa vision du cinéma semble ainsi tributaire de pratiques artistiques, essentiellement littéraires, définies entre 1910 et la dernière année de la guerre. En fait, c'est à partir de 1922-1923 que s'ébauche, sous la plume de Léon Moussinac, les bases d'une réelle critique cinématographique.

C'est également en 1923 que le Parti communiste s'essaie à la production de bandes cinématographiques, des « Films Humanité » pour être précis, dont la portée politique est alors soulignée par Moussinac. Quatre « Films-Humanité » sont ainsi réalisés : sur la manifestation du Premier mai, les grèves à Elbeuf (le tournage est confirmé par les rapports de police locaux), les funérailles d'un militant algérien tué par la police, l'anniversaire de la Commune. Si ces films ne semblent pas avoir donné les résultats escomptés, l'essai, précoce et méconnu, n'en existe pas moins. (Par ailleurs, l'arrivée, en 1926, de Paul Vaillant-Couturier à la tête du journal communiste a aussi favorisé l'intérêt du journal, si ce n'est du parti, pour les questions cinématographiques).

Le Parti communiste, parfois accompagné par des militants anarchistes qui, dès 1911, revendiquaient dans *le Libertaire* une telle pratique, se lança également dans des campagnes de « boycott actif » (ou « musclé ») ; en bref, il usa du « sabotage révolutionnaire » à l'encontre de certaines séances cinématographiques. Au moment où s'érigeaient des monuments aux morts et où se fabriquaient des « films d'histoire » sur la guerre de 1914 (sous le parrainage de généraux illustres), le Parti communiste, en effet, n'hésita pas à jeter ses militants dans les salles obscures, les poches pleines de cailloux et de boulettes puantes, les bouches emplies de slogans antipatriotiques, antimilitaristes et pro-soviétiques. Durant la même période, en réaction à l'exécution de Sacco et Vanzetti (en 1927), le Parti communiste appela également à boycotter tous les produits américains, y compris les films. La CGTU, dominée par les communistes (parfois difficilement), participa également à ce type de campagne.

Il est vrai qu'à cette époque, le droit de siffler et de conspuer les films est revendiqué et la censure – comme la « contre-censure » – apparaît légitime. (Par exemple, en 1922, c'est à la fois sur des bases corporatistes – étroitement – et syndicales que le dirigeant des cheminots CGTU, Pierre Semard, brandit les menaces de boycott actif contre *la Roue* d'Abel Gance, qui lui semblait salir toute la profession...).

Le Parti communiste réussit donc à pénétrer progressivement certaines pratiques « cinéphiliques » et à leur donner politiquement le tour qu'il souhaitait. Ainsi, si la création, en 1928, de l'éphémère et flamboyant ciné-club « Les Amis de Spartacus » correspond à une stratégie nationale et internationale précise, celle-ci s'inscrit également – en les adaptant – dans les pratiques d'une cinéphilie alors en plein expansion.

En matière de politique cinématographique durant les années vingt, le Parti communiste français, semble donc être pris entre l'ancien et le nouveau, essayant et réussissant parfois, mais toujours temporairement, quelques audaces politiques. Essentiellement autour de l'année 1928, cette organisation politique somme toute modeste arrive, à elle seule, à faire entrer le cinéma dans le champ du politique. Mais c'est surtout dans le domaine de la critique, grâce à l'aura incontestée de Léon Moussinac, et dans celui de la diffusion des films, très majoritairement soviétiques, que le Parti communiste se montra le plus efficace. Cependant, à la fin des années vingt, le sentiment dominant chez les militants communistes en matière de politique cinématographique, outre leur admiration pour le cinéma soviétique, est un quasi-complexe d'infériorité vis à vis du « modèle » allemand porté par le puissant Parti communiste d'Outre-Rhin.

Le Parti communiste n'est pas tout le mouvement ouvrier, riche de nombreux courants souvent antagonistes. Durant les années vingt, les anarchistes exercent une influence bien moins grande au sein du mouvement ouvrier qu'avant 1914, mais ils essaient néanmoins, quoique vainement, de relancer la coopérative le « Cinéma du Peuple », créée en 1914, et tentent de poursuivre, plus classiquement, une politique de diffusion de films, là où ils sont encore le mieux implantés (à Brest par exemple).

La CGT (dominée par les socialistes) et surtout la SFIO avaient participé, durant la Première Guerre mondiale, à la réaction anticinématographique assimilant le cinéma aux loisirs amoraux et pernicieux. En fait, cette réaction, même si elle banalisa l'idée de la censure et marqua durablement certains comportements ouvriers, fut de courte durée. En lisant l'organe de la CGT, on constate que l'on passe assez rapidement d'une réprobation indignée dénonçant la construction de cinémas à Paris (alors que la capitale souffre d'une pénurie de logements) à l'installation d'une chronique cinématographique au sein du journal, après que s'est exprimée une inquiétude pour le cinéma français, uniquement considéré comme ressource économique. Comme *l'Humanité* avait son critique attitré, ce fut Marcel Lapierre qui se chargea durant de nombreuses années de la critique cinématographique au sein du journal confédéral. (Syndicaliste et fils d'un dirigeant de la CGT, Marcel Lapierre, par ses écrits, apporte un intéressant témoignage, utile pour appréhender certaines pratiques du mouvement ouvrier, mais cet apport, entaché par une collaboration au journal pétainiste *l'Atelier* durant la Seconde Guerre mondiale a, jusqu'ici, été négligé ou minoré).

La SFIO quant à elle, hors de brefs débats parlementaires, ne semble guère être intéressée par le cinéma, excepté sous l'angle du cinéma éducateur (lui-même soutenu par les Francs-maçons). Remarquons néanmoins que la cinéaste Germaine Dulac adhère au Parti socialiste dès 1926. Quand elle quitte le cinéma d'avant-garde, elle s'engage aussi dans la voie d'un cinéma s'adressant didactiquement aux spectateurs. On pourrait ainsi avancer, mais nous manquons d'éléments pour le Parti socialiste, que le Parti communiste envisagea d'abord, principalement, le cinéma comme un moyen d'agitation (révolutionnaire) tandis que le Parti socialiste le perçut d'abord comme un agent éducateur (avant que la gauche du Parti n'y décèle à son tour ses capacités propagandistes).

Quant au cinéma de distraction, il fut toujours privilégié dans les lieux propres au mouvement ouvrier (coopératives, maisons du peuple, bourse du travail…), même si on y agréa parfois des intentions éducatrices, moralisatrices ou révolutionnaires. En fait, les premières séances cinématographiques dans ces lieux du mouvement ouvrier apparurent autour des années dix, et cette pratique fut surtout vivace dans les régions du nord et de l'est de la France (pas exclusivement), là où se faisait le plus sentir l'influence des maisons du peuple belges. Certaines Maisons du peuple, comme celle de Saint-Claude, dans le Jura – dont le cinéma fonctionne encore aujourd'hui –, essaimèrent à leur tour (par exemple à Besançon).

Généralement le Parti communiste, conformément aux directives de la troisième Internationale, combattaient les coopératives qu'il ne pouvaient contrôler et celles-ci étant toujours suspectées de « réformisme ». Globalement il resta assez souvent à l'écart de ce mouvement. (La coopérative « La Bellevilloise », sise à Paris, qui diffusa discrètement des film Soviétiques, avant même les Amis de Spartacus, demeure donc un magnifique contre-exemple).

Au regard de ce rapide panorama on constate ainsi que, durant les années vingt, les pratiques cinématographiques du mouvement ouvrier français furent plus diverses qu'on ne l'a cru longtemps, même si elles furent très rarement spectaculaires. On achève ici sans coup de clairon ni citation, mais avec la ferme conviction qu'une histoire reste à écrire.

T.P.

MUSIQUE ET CINÉMA

L'accompagnement musical des films

Au début des années vingt, la musique est devenue une part essentielle du spectacle cinématographique. Elle n'accompagne pas seulement les films, mais sert également de prologue, d'intermède et de conclusion aux séances. L'orchestre varie selon les moyens dont disposent les lieux de projection: d'un simple piano, voire d'un orgue, pour les salles modestes, au grand ensemble symphonique permanent pour les établissements luxueux. Les formations peuvent aussi être modifiées en fonction des séances elles-même, un effectif plus important pouvant être convoqué en vue de soirées spéciales ou prestigieuses (galas ou avant-premières de « grands films »).

Le choix de la musique d'accompagnement incombe généralement au pianiste ou au directeur musical de la salle de cinéma. Le plus souvent au terme d'une première vision du film où les séquences sont minutées, ce responsable choisit d'adapter aux films des compositions déjà existantes, aboutissant à une sorte de « pot-pourri », un assemblage plus ou moins continu d'extraits censés correspondre aux différentes parties des œuvres projetées. L'accompagnement par un seul piano autorise la pratique de l'improvisation, réservée à première vue aux documentaires et aux actualités. Les types musicaux présents dans ces adaptations musicales pour l'écran sont très divers: à côté de pièces empruntées au répertoire classique et romantique (Beethoven et Wagner sont particulièrement prisés), on trouve des morceaux relevant de domaines plus « légers » : musique d'ambiance, airs de cabaret, chansons populaires...

Pour faciliter leur travail, les directeurs musicaux établissent des recueils où les passages les plus fréquemment utilisés sont classés par genres. De nombreuses compilations de pièces originales existent par ailleurs sur le marché des partitions musicales (*Kinothek*, Giuseppe Becce, 1919, ou séries proposées en France par l'éditeur Choudens). Directement écrits pour le cinéma, ces morceaux, répartis selon des situations ou des ambiances récurrentes, peuvent être utilisés pour accompagner n'importe quel film. Certaines maisons de distribution fournissent également des « suggestions » (en anglais: *cue sheets*) musicales adaptées aux différentes séquences des films loués. Ce sont quelquefois les arrangements de prestigieux directeurs musicaux parisiens (parmi les plus importants: Paul Fosse du Gaumont Palace, J. E. Svyfer de la Salle Marivaux ou Paul Letombe du Mogador Palace) qui sont diffusés auprès des exploitants. Les grandes firmes cinématographiques possèdent même leur propre spécialiste des questions musicales, tel Pierre Millot chez Pathé, puis Paramount.

Le travail des directeurs musicaux ne se limite pas à la sélection des œuvres, mais se concentre surtout sur l'agencement des extraits, en assurant des transitions quelquefois difficiles. Outre le manque de temps à disposition, le problème majeur dont se plaignent les musiciens de cinéma se situe dans la vitesse de défilement aléatoire de la pellicule. Ce facteur peut modifier le rythme de la projection et occasionner des défauts de synchronisme avec la musique prévue. Les chefs d'orchestre se voient donc souvent contraints à de brusques changements en cours d'interprétation afin de mieux « coller » aux images, comme l'accélération ou le ralentissement du tempo ou l'élimination de certains passages de la partition.

La réception de la musique jouée au cinéma par les milieux musicaux est plutôt favorable au nouveau médium, dont elle reconnaît généralement la légitimité artistique. Au fil des années vingt, *Le Courrier musical* introduit ainsi progressivement le cinéma dans ses colonnes, jusqu'à la mise en place d'une rubrique régulière. De l'avis de nombreux critiques et compositeurs interrogés par la presse spécialisée cinématographique (enquêtes du *Film* en 1919, de *Cinémagazine* en 1925), la musique jouera une part essentielle au cinéma, à condition que la pratique de la compilation laisse la place à des compositions originales, directement inspirées par les films (ou l'inverse). Même si le cinéma permet de faire connaître au grand public certains passages de chefs-d'œuvre musicaux, il est effectivement accusé de dénaturer la structure fondamentale des pièces dont il ne fait que plagier ses mélodies les plus accrocheuses.

Des compositeurs français ont pourtant élaboré des partitions destinées à l'accompagnement de films spécifiques. La tentative célèbre de Camille Saint-Saens pour *l'Assassinat du Duc de Guise* (1909) est devenue une pratique fréquente au cours des années vingt. Mais cette « musique originale » ne doit pas être complètement envisagée dans l'acception contemporaine du terme. En témoigne la musique de *la Roue* (Abel Gance, 1923), où Arthur Honegger mêle parties signées de sa plume et emprunts à des œuvres existantes. Le même compositeur ne signe en outre qu'une demi-heure de musique originale pour *Napoléon* (Abel Gance, 1927), Charles Gourdin assurant l'essentiel d'une longue adaptation. D'autres, comme Florent Schmitt pour *Salammbô* (Pierre Marodon, 1925) ou Henri Rabaud pour *le Miracle des loups* (Raymond Bernard, 1924), reprennent des passages préexistants dans leurs propres œuvres. Les trois derniers films cités ont tous fait l'objet de présentations prestigieuses dans le cadre de l'Opéra de Paris, signe de la légitimité culturelle désormais acquise du cinéma musical. Même du côté de l'avant-garde, l'exigence de partitions parfaitement synchrones aux projections cinématographiques, comme *Entr'acte* (René Clair, partie filmique du spectacle *Relâche* d'Erik Satie et Picabia, musique d'Erik Satie) reste peu courante. Ainsi la musique du *Ballet Mécanique* de Fernand Léger et Dudley Murphy (1924), composée par George Antheil, ne sera jamais interprétée directement avec le film lui-même.

Parmi les principaux compositeurs français ayant signé des musiques de film, signalons Michel-Maurice Lévy, dit Bétove (*la Dixième Symphonie*, Abel Gance, 1918 ; *les Trois Mousquetaires*, Henri Diamant-Berger, 1921 ; *Vingt ans après*, Henri Diamant-Berger, 1922 ; *Éducation de prince*, Henri Diamant-Berger, 1927), Marius-François Gaillard (*El Dorado*, Marcel L'Herbier, 1921), Darius Milhaud (*l'Inhumaine*, Marcel L'Herbier, 1923), Gaby Coutrot (*l'Inondation*, Louis Delluc, 1923 ; *Paris qui dort*, René Clair, 1923), Maurice Jaubert (*Nana*, Jean Renoir, 1925 ; *Tour au large*, Jean Grémillon, 1927 ; *le Mensonge de Nina Petrovna*, Hanns Schwarz, 1929), André Petiot (*la Croisière noire*, Léon Poirier, 1925, avec Germaine Tailleferre ; *Verdun, visions d'histoire*, Léon Poirier, 1928), Victor Alix et Léo Pouget (*la Passion de Jeanne d'Arc*, Carl Théodor Dreyer, 1928 ; *Shéhérazade*, Alexandre Volkoff, 1928). Déjà mentionné pour *la Roue* et *Napoléon*, Arthur Honegger a également signé des compositions/adaptations pour *Cœur fidèle* (Jean Epstein, 1923) et *Faits divers* (Claude Autant-Lara, 1924).

Musicalisme

L'« analogie musicale » constitue un des modes de discours dominants sur le film dans le cadre des débats autour de la légitimation du cinéma comme art. Particulièrement en France, avec les prises de position de Ricciotto Canudo, d'Émile Vuillermoz, de Paul Ramain ou de Léon Moussinac, la musique sert en effet souvent de modèle pour le film. À côté d'une première tendance qui utilise dans un sens métaphorique certaines notions empruntées au domaine musical (mélodie, harmonie ou symphonie), on peut identifier dans la mouvance musicaliste un courant plus radical pour lequel les fondements cinématographiques sont régis par des éléments d'ordre musical. La notion de rythme s'avère alors centrale dans le sens où elle sous-entend une structuration particulière de la temporalité également capable de définir l'organisation de la spatialité. Le terme préexiste en effet dans le domaine des arts plastiques (peinture, sculpture) que le cinéma est censé réunir aux arts du mouvement.

En fait, la musique se retrouve très tôt considérée comme un modèle de dynamisme et d'autonomie formels, capable d'organiser un film entier selon des principes autres que narratifs. Ricciotto Canudo se situe ainsi dans la perspective d'un projet de synesthésie des arts, d'inspiration romantique, visant à la détermination d'une nouvelle forme d'expression plastique, dramatique et musicale. Déjà en 1911, dans un de ses premiers articles sur la place et le rôle du cinéma au sein d'un système des Beaux-Arts, Canudo avait défini le nouvel art comme la future « conciliation des Rythmes de l'Espace (les Arts plastiques) et les Rythmes du Temps (Musique et Poésie) ». Quant à Émile Vuillermoz, critique de cinéma et musicologue de formation, il prône dès 1919 une analogie stricte entre composition musicale et cinématographique, en soutenant que « la composition cinématographique [...] obéit sans doute aux lois secrètes de la composition musicale. Un film s'écrit et s'orchestre comme une symphonie. Les phrases lumineuses ont leurs rythmes ».

Cette idée trouve un défenseur en la personne de Léon Moussinac, qui consacre un chapitre entier de son ouvrage *Naissance du cinéma* (1925) à une étude comparative entre rythme cinématographique et rythme musical, sous le titre « Rythme ou mort ». Dans ce qui s'apparente parfois à une approche d'ordre socio-psychologique, Moussinac avance l'idée d'une « prénotion du rythme cinégraphique, comme nous possédons celle du rythme musical et poétique ». En outre, il propose, schémas à l'appui, un système de notation particulier, attribuant des « coefficients de durée » aux plans et proposant le recours à des « mesures cinégraphiques ». Dans la même mouvance, Paul Ramain, spécialiste de musique et psychiatre, publie de nombreux articles sur le cinéma dans des périodiques spécialisés comme *Cinémagazine*, *Cinéa-Ciné pour tous* ou *Le Courrier musical*. Dans ses essais, où il se prononce en faveur d'un cinéma d'auteur figuratif et narratif, Ramain procède à une mise en relation de la technique cinématographique avec les domaines respectifs du rêve et de la musique. Il aboutit à une série de distinctions entre des éléments d'ordre rythmique, mélodique et harmonique, tous liés à des procédés cinématographiques particuliers. À l'instar de beaucoup d'autres critiques et théoriciens de son époque, il pose une condition paradoxale à la découverte des moyens spécifiques de l'art cinématographique, affirmant qu'il est « avantageux et indispensable pour l'avenir et l'autonomie du Cinéma *de créer un film d'après une partition symphonique* ».

Aux propos des théoriciens s'ajoutent les interventions remarquées de certains cinéastes. Abel Gance, pour lequel le cinéma constitue une « musique de la lumière », souligne par exemple qu'« un grand film doit être conçu comme une symphonie, comme une symphonie dans le temps et comme une symphonie dans l'espace ». Quant à Germaine Dulac, qui défend l'idée d'une « cinégraphie intégrale » dans une série d'articles publiés dès 1925, elle permet à l'analogie musicale de s'affirmer et de connaître une large diffusion.

Du côté des objections portées à l'analogie musicale, signalons l'intervention du réalisateur Henri Fescourt et de son collaborateur Jean-Louis Bouquet, farouchement opposés au cinéma d'avant-garde. Dans un article virulent paru en 1926 dans *Cinéa-Ciné pour tous*, les deux auteurs s'étonnent de la récurrence de notions musicales dans le lexique des tenants du film abstrait (comme par exemple Élie Faure dans son essai de 1920 « La cinéplastique »), qu'ils rejettent du côté de la peinture. Fescourt et Bouquet stigmatisent le recours au modèle musical dans le domaine filmique, en raison de la nature « intuitive » du cinéma, très éloignée de la rigueur quasi-scientifique de la musique.

En définitive, l'analogie entre cinéma et musique permet de soutenir, en particulier par le biais de la notion de rythme, l'apparition et le développement d'une théorie du montage, comme chez Léon Moussinac ou encore chez le célèbre critique de danse André Lévinson. Ce dernier soutient que le rythme d'un film, « notion quasi ésotérique » peut se comprendre comme une « une succession de cadres de longueur variée faite pour tenir notre attention, notre sensibilité, notre imagination et notre mémoire constamment en éveil, sans longueurs, vides, ni lacunes ». **L.G.**

N

NADEJDINE Serge (1880-?)
Serge Nadejdine apparaît brusquement dans le paysage du cinéma français, tourne quatre films dont trois chez Albatros la seule année 1924 et disparaît sans laisser de trace…

Né à Moscou en 1880, il commence sa carrière au Théâtre impérial Alexandre à Saint-Pétersbourg où il est maître de ballet et metteur en scène.

Il participe à deux films du cinéma de l'époque tsariste qu'il jugera par la suite « mauvais » et, la révolution venue, on le retrouve, comme tant d'autres en Crimée, à Yalta où il entre en relation avec la troupe Ermoliev. Il tourne là quelques films qu'il juge « pas fameux ». Quand la troupe part pour la France en février-mars 1920, il reste, lui, à Constantinople, sollicité par un groupe d'Américains qui lui font miroiter un engagement aux États-Unis. En attendant il est maître de ballet et metteur en scène de théâtre et demeure « désemparé » quand il comprend qu'il ne partira pas.

C'est alors que l'administrateur de la troupe Ermolieff, Alexandre Kamenka, qu'il avait connu à Pétrograd, lui propose de venir en France. Il accepte et entre dans la troupe de Montreuil où il est d'abord assistant de Mosjoukine et de Volkoff (sur *les Ombres qui passent* – non crédité au générique) ; puis il réalise *le Chiffonnier de Paris* en 1923. *Mon Ciné* découvre « un metteur en scène russe encore inconnu chez nous » dans cette adaptation d'un drame de Félix Pyat dont le sous-titre est : *Tranche de la vie parisienne sous Louis-Philippe.* Mélodrame comportant tous les ingrédients du misérabilisme – une erreur judiciaire, un enfant trouvé, la vilénie d'un riche officier – et une issue finale heureuse, un mariage où la vérité éclate. Le personnage central du film est un chiffonnier interprété par Nicolas Koline que son partenariat avec Mosjoukine dans *Kean* a rendu célèbre et qui campe ici un personnage attachant de vieil homme généreux. Le décor de Lochakoff oppose la mansarde du Père Jean, surchargée d'objets hétéroclites, sales, brisés, aux murs lépreux laissant çà et là apparaître la brique tandis que la lucarne découpe dans cette noirceur un rectangle de lumière, aux salons et à la magnificence des intérieurs du baron

Hoffmann. Le scénario vise à résoudre cette antinomie en ménageant l'irruption du Père Jean dans le salon. Ses haillons et sa barbe hirsute tranchent avec les perruques et les peaux poudrées, mais, en proclamant la vérité (meurtre et abandon d'enfant), son dénuement est transcendé… Un incendie dramatique, où risque de périr un bébé recueilli par le vieil homme, forme un morceau d'anthologie.

En 1924, Nadejdine tourne *la Cible* qui débute à Constantinople. Koline, à nouveau, incarne le personnage principal, Diaz de Toledo, réfugié sud-américain qui se rend à Marseille puis à Chamonix où il trouve à s'employer comme maître d'hôtel. Mais cette fois, Koline a un alter ego maléfique, un escroc qu'incarne un autre exilé russe, Nicolas Rimsky. Ce dernier a d'ailleurs collaboré au scénario avec Nadejdine. Outre l'utilisation des paysages enneigés et une séquence de poursuite et de bagarre en traîneau dans une tempête de neige, le film se distingue par un décor d'hôtel au bon goût du modernisme. Koline est fidèle à son personnage d'homme blessé, prompt au sacrifice qu'il reconduit jusqu'à la caricature dans *le Brasier ardent* en cocu consentant.

Le deuxième film où Nadejdine travaille avec Rimsky acteur et scénariste est *l'Heureuse mort* qui sort en décembre 1924. Il s'agit cette fois d'une comédie noire où Rimsky incarne un écrivain médiocre, Théodore Larue, qui, après l'échec de sa pièce de théâtre, décide de partir en mer avec sa femme. À la faveur d'une tempête où il croit périr, il se fait passer pour mort afin d'observer comment on va traiter sa mémoire. L'hypocrisie sociale est à son comble puisque ceux qui le vilipendaient font son éloge et, mieux, sa carrière « posthume » prend un tour inattendu, le voici célèbre, les tirages de ses livres explosent, on le joue sur toutes les scènes ! Prisonnier de sa supercherie, l'écrivain « revient » en se faisant passer pour son frère…

Outre cette intrigue de comédie et de satire, ce film de Nadejdine adopte avec ostentation toute une série de traits du cinéma « d'avant-garde » en tant que procédés : la tempête où est pris le bateau lors de la sortie en mer « fatale » à l'écrivain est l'occasion d'une séquence « expérimentale » où le montage ultra-court (certains plans ne comportent que quelques photogrammes), les décadrages, inversions de direction (gauche-droite et haut-bas) se multiplient. Mais l'usage de telles figures stylistiques, rendues fameuses par les films d'Epstein et de L'Herbier, dans un contexte drôlatique – Rimsky ballotté de toute part, nauséeux, cul par-dessus tête – s'apparente plus à la parodie ou à la moquerie qu'à autre chose.

Quittant ensuite Albatros pour des raisons inconnues mais qui coïncident avec le « tournant » du studio du côté des cinéastes français, Nadejdine tourne encore un film *Naples au baiser de feu* en 1925 qui avait été commencé par Jacques Robert pour les Films Legrand, puis disparaît.

Fr.A.

Filmographie ◆ *Les Ombres qui passent* (RÉAL. Volkoff. Assistant, 1924) ; *Le Chiffonnier de Paris* (id.) ; *La Cible* (id.) ; *L'Heureuse mort* (1924) ; *Naples au baiser de feu* (1925).

NALPAS Louis (1884-1948)
Louis Nalpas est un personnage difficile à cerner, caché par son parcours tortueux et pénible. Né à Smyrne (Turquie) dans la communauté grecque, Nalpas quitte vite l'Anatolie pour s'installer à Paris en 1909. Il manifeste immédiatement une vocation pour les affaires, mais, comme l'écrit Henri Fescourt, « Louis Nalpas n'était point, à proprement parler, un homme d'affaires; c'était un poète d'affaires ». Au départ, Nalpas se charge de l'exportation de films en Turquie pour la Société Générale Cinématographique Astaix Kastor Lallament; mais à partir de 1911 il entre au Film d'Art, dont il devient directeur intérimaire quand Delac est appelé aux armes.

La période au Film d'Art l'installe dans le cinéma français. La maison de Neuilly est le principal fournisseur de Pathé pendant la Première Guerre mondiale, avec la SGAGL; la direction artistique de Nalpas institue un standard productif dans le cinéma français des années dix. Nalpas se distingue par une politique productive sans grande prétention, mais attentive aux débutants. Delluc écrit en 1918 dans *Le Film*: « Il n'a pas produit *un* chef-d'œuvre, par bonheur. Il a produit une atmosphère, ce qui vaut mieux. ». Au Film d'Art voient le jour des œuvres de Gaston Ravel, Maurice Mariaud, Charles Burget (*l'Âme de Pierre*) du désormais âgé Henri Pouctal, dont Nalpas produira le *serial Monte-Cristo* (1917), exemple canonique, avec *le Travail* (1919), pour les ciné-romans de la décennie à venir. Surtout, l'entreprenant producteur fera une place à l'encombrante personnalité d'Abel Gance, à ses tous débuts, lui permettant de réaliser une bonne partie de ses premiers films, de *Un drame au château d'Acre* (1915) à *la Dixième Symphonie* (1918), en passant par la curieuse expérimentation de *la Folie du Docteur Tube* (1915).

En 1918, Nalpas abandonne le Film d'Art et signe un contrat avec Pathé pour une superproduction, *la Sultane de l'amour*, inspiré des *Mille et une nuits*. Les considérables coûts de réalisation de ce film, dont le scénario est confié à Franz Toussaint, provoque le divorce entre Pathé et Nalpas et la création d'une nouvelle entreprise par l'infatigable levantin, le consortium avec Serge Sandberg. De l'union de Sandberg et Nalpas naît le projet d'une Hollywood niçoise, les Studios de la Victorine et la société Louis Nalpas Films. La gestion de Nalpas apporte une stratégie productive précise, fondée sur la conjugaison de la sérialité et de la qualité artistique d'une part, et sur la diffusion d'autre part, ou si l'on préfère sur la constitution des programmes en salle selon différentes typologies de produit: des films comiques (la série *Serpentin*, avec Marcel Levesque, dirigée par Jean Durand), des *serials* (*Mathias Sandorf*, réalisé par Fescourt), de grosses productions (*la Sultane de l'amour*, *Tristan et Yseult*). Nalpas assume idéalement le modèle hollywoodien sur le plan narratif comme sur celui productif; en 1928 déjà il confesse dans une lettre à Sandberg: « D'une façon générale, j'adopterai pour mes films le procédé américain qui consiste à condenser l'action sur deux ou trois personnages, et à choisir le plus possible un milieu et des caractères originaux ». C'est peut-être pour cette raison que Georges Sadoul reproche à plusieurs reprises, à Nalpas de vouloir devenir le Ince français. Au niveau productif, Nalpas pense la Victorine comme une entreprise autonome, où concentrer les différents stades du cycle de production, alors que Sandberg voit les studios comme une infrastructure prestatrice de services. Ces divergences et les coûts toujours grandissants des productions Nalpas, amènent la séparation des deux entrepreneurs en 1920.

Louis Nalpas est bientôt le protagoniste d'un nouvel épisode fondamental de l'histoire du cinéma français: la Société des Cinéromans, dirigée par Jean Sapène. Le directeur du *Matin* reprend l'entreprise de René Navarre en 1922 et constitue en consortium quatre quotidiens pour établir un circuit de communication dans lequel le cinéma est associé à la littérature et à l'édition; il structure rigidement la production par département et type de programmation et confie à Nalpas la direction artistique de la société. Face à la haute standardisation de la production, Nalpas fournit un idéal contrepoint esthétique, à travers un « goût d'antiquaire » et une prédilection pour les films en costume. La Société des Cinéromans garantit la plus grande partie des entrées du cinéma français pendant les années vingt. Sous la direction de Nalpas, un nombre considérable de *serials* voit le jour: *Gossette* (G. Dulac, 1923), *Mandrin* (H. Fescourt, 1924), *les Misérables* (H. Fescourt, 1925), *Fanfan la Tulipe* (R. Leprince, 1925), *le Juif errant* (Luitz-Morat, 1926). Après un voyage aux États-Unis, Nalpas fondera une véritable maison de production qui réalisera un très bon remake de *Monte Cristo* (Henri Fescourt, 1929).

Louis Nalpas est une figure clé de la cinématographie française entre les années dix et vingt. Éminence grise d'une production sérialisée en même temps que vigilant vis-à-vis de la recherche expressive, il permet à des personnalités importantes d'accéder au cinéma: Abel Gance, Germaine Dulac et Louis Deluc (*la Fête espagnole*, 1919). Nalpas concrétise l'idée d'un cinéma de producteur, intervenant souvent de manière directe dans la réalisation des films, se réservant une option sur le scénario, pratiquant des stratégies serrées, et surtout se posant comme un filtre intelligent entre financiers (Pathé, Sandberg, Sapène) et cinéastes. Delluc fut à de nombreuses reprises un oracle aux prévisions exactes, ainsi il écrit de Nalpas en 1919 dans *Cinéma et Cie*: « Louis Nalpas, artiste, impérieux, audacieux, averti de tout et de soi, a eu sur le cinéma français une grosse influence qui sera commentée un jour. » Un travail qui reste encore à faire. **F.P.**

NATAN Bernard (1886-1941)
Nuham Tanentzoph (Bernard Natan) est né à Jassy en Roumanie près de la frontière russo-roumaine le 18 juillet 1886. Il arrive en France, seul en 1905, dans la vague de réfugiés des années 1903-1910, qui fuient les pogroms des années 1880-1890 (qui frappèrent la ville voisine de Kechinev, sur le versant russe de la frontière), préférant l'exil aux persécutions tsaristes. Il est plus que probable que le pogrom de Kechinev (1903), dont les répercussions se manifestèrent dans les capitales européennes par des meetings de soutiens aux victimes, fut l'un des éléments qui poussèrent le jeune bachelier Tanenztzoph vers l'émigration en direction de la « patrie des Droits de l'Homme ». Il entre aux établissements Pathé à Vincennes en 1906, pour travailler, semble-t-il, dans les laboratoires de développement et tirage. En 1909, Nathan Tanenzapf, qui demeure alors à Maison Alfort, 29 rue de la Belle Image, s'associe à Henri Grognet et Henri Rasse et fonde le 11 octobre 1909 Ciné-Actualité, au capital de 15 000 F. Cette société a pour objet: « La fabrication et l'édition de films cinématographiques et le commerce de ces films et appareils qui les concernent ». La société est établie à Maison Alfort. Nathan Tanenzapf est chargé de la partie administrative et commerciale tandis que ses associés sont chargés des parties techniques. Deux mois plus tard il se marie avec Marie-Louise Chatillon.

Les activités de cette firme, hormis quelques titres (*À qui le Pôle?*, *l'Adjudant Grinchepin*, *Un drame en aéroplane*...) et la condamnation de ses fondateurs, ne nous sont pas connues. En effet le 11 janvier 1911, Nathan Tanenzapf et ses associés sont légèrement condamnés pour « délit d'outrage aux bonnes mœurs par la vente, la mise en vente ou l'offre même non publique d'imprimés autre que le livre, dessins, gravures, objets ou images obscènes ou contraire aux bonnes mœurs », à quatre mois de prison et 1000 F d'amende. Cette condamnation frappe la diffusion, par la vente, de films grivois et non leur fabrication et moins encore celle de films pornographiques (dans lesquels, nous dit la légende, Bernard Natan aurait figuré), et que les juges n'auraient pas hésité à sanctionner bien plus lourdement si cela avait été le cas). Cette condamnation qui s'inscrit dans la campagne moralisatrice du sénateur Bérenger est toutefois importante, car amplifiée, elle constituera vingt ans plus tard, un des éléments de calomnie des campagnes de presse de « l'affaire Natan ».

C'est dans le numéro du 5 avril 1913, du *Courrier Cinématographique*, qu'apparaît la première publicité pour Rapid-Film, spécialisée dans le développement, tirage et titres à l'adresse où habite Nathan dans le XVIIIe arrondissement. D'après les souvenirs de Paul Thomas, un de ses plus anciens collaborateurs, c'est fin 1913, qu'il créé « Ciné-Gazette », pour la prise de vues et la diffusion « de documentaires authentiques ». Thomas ajoute même, que ce fut « en quelques semaines, un gros succès ». Parmi les films retrouvés dominent, pour l'année 1913, des sujets sur le sport (*Grand Prix de France automobile, la Coupe de la Sarthe, le Rallye auto Paris/Rouen,* etc.). La guerre n'interrompt apparemment pas ce service, puisque des sujets de 1916 furent aussi réalisés (*Manifestation de l'Union ouvrière Syndicale de Genève*, *Une délégation irlandaise à Paris*, *Zouaves embarquant pour le front*, *Présentation d'une compagnie d'ambulance*, etc.). En revanche, elle en arrête brutalement le développement par le départ de son principal animateur qui s'engage pour le front. Nathan Tanenzapf se présente à la Mairie du Xe dès le 2 août, rejoint le corps d'armée et s'engage comme volontaire étranger dans la Légion pour la durée de la guerre. Il passe vingt-et-un mois au front, est gazé en 1916, cité à l'ordre de la division. Il est libéré le 11 octobre 1918. Le 7 novembre 1919, il est lavé de sa condamnation de 1911 et réhabilité par un arrêt de la cours de Paris. À cette date, sa signature est déjà connue des professionnels de l'industrie du film, il signe de son prénom : Natan. Cette signature qui agit déjà comme une véritable marque de fabrique est promise à un grand développement.

Ayant fait preuve de son attachement pour sa patrie d'adoption, ayant connu la guerre et ses horreurs, c'est, comme ancien combattant, un autre homme qui aborde les années vingt. Rapid-Film, dont la direction avait été assurée par sa femme pendant toute la durée de la guerre, prend avec son retour un nouvel élan. En mars 1920, il transfert sa société à quelques pâtés de maisons plus loin, dans les anciens bâtiments du Grand Bazar du Bâtiment de la famille Daval, au 6 rue Francœur (actuels locaux de la FEMIS). En septembre, il fait une demande de naturalisation et l'acquiert le 17 février 1921. À partir de cette date l'extension de Rapid-Film au sein du site de la rue Francœur ira de paire avec ses activités de laboratoires et de productions cinématographiques.

À cette période, Charles Pathé et les administrateurs de son groupe ont déjà engagé le démembrement de l'ancien Empire Pathé-Frères dans le cadre de leur politique très rémunératrice de réalisation de capital. En 1918, ils se sont donnés douze ans pour tout liquider au mieux de leur intérêts. Charles Pathé a fait ratifier aux assemblées générales de 1918 et 1920 des dispositions en cas de cessions d'actifs : il a droit à 5 % des bénéfices de Pathé-Cinéma jusqu'en mars 1930 et à 10 % du montant des transactions en cas de vente. En 1920 Pathé-Cinéma cède à des conditions draconiennes sa branche de productions cinématographiques à une nouvelle société : Pathé-Consortium-Cinéma. Celle-ci se lancera, sous la gestion de ses différents dirigeants dans l'aventure de l'intégration. C'est sur cette base que se constituera à partir de 1924 avec P.C.C. et les Cinéromans le trust Sapène, véritable fer de lance de la production française de la deuxième moitié des années vingt. Quand à Gaumont, sa politique de productions est totalement en sommeil à partir de 1924.

Le développement de Rapid-Film, dans ce contexte, bien que plus modeste que celui de Sapène, n'en reste pas moins très dynamique. Parallèlement aux activités de laboratoire se poursuivent des activités de production. S'il ne produit plus de « Ciné-Gazette », en revanche, il se lance dans la production et coproduction de films documentaires dès 1920-1921 avec des films touristiques pour des comités régionaux et des syndicats d'initiatives. Il aide à la production et fait de l'avance sur prestation qui peut atteindre jusqu'à 25 % du budget total d'un film. À cela, s'ajoute la production de films d'enseignements techniques et des films sportifs. Rapid-Film couvre les Internationaux de France de tennis de juin 1921 et filme les victoires de Suzanne Lenglen. L'année suivante, il couvre le match de boxe entre Carpentier-Batting Siki, qui voit la victoire du Sénégalais. La croissance de Rapid-Film est donc importante. Mais la fierté de Nathan Tanenzapf est la réalisation, pour le compte de la Société des Films Sportifs et le Comité Olympique Français, de la couverture des Jeux Olympiques de 1924. Il accompagne cette commande par la transformation en février de son entreprise en Société Anonyme au capital de deux millions de francs et lui adjoint une branche supplémentaire : Rapid-Publicité (qui sera après la guerre à la base de la société Jean Mineur). En juin, il produit un film dirigé par Jean de Rovera sur l'histoire des J.O. dans l'Antiquité.

Les résultats de la première année d'exploitation sont bons. Le chiffre d'affaire est de cinq millions de francs et les bénéfices bruts de plus d'un million. Les années 1925-1926 vont donc constituer des années charnières pour Rapid-Film. Son Conseil d'Administration décide le 30 avril de porter le capital de la société à sept millions afin de transformer les immeubles apportés par la famille Daval, « en studios et ateliers [pour] accomplir le cycle complet de l'industrie cinématographique ». Parallèlement, Nathan Tanenzapf élabore les premiers projets de productions et coproductions de longs métrages de fictions. En janvier 1926 sont annoncés *la Madone des Sleepings* et *Mon cœur au ralenti*, en février sort *la Châtelaine du Liban* de Marco de Gastyne. Parallèlement à la distribution de ce film aux États-Unis en juillet, sont entrepris au cours de l'été les tournages de *la Femme nue* (L. Perret),

Rue de la Paix (H. Diamant-Berger), *Palace* (J. Durand), *la Tournée Farigoul* (M. Manchez) et *Une aventure de la rue* (H. Le Page). Enfin, les premiers travaux de construction des studios sont entrepris en septembre.

Le détail de ces réalisations annoncées comme des productions Natan ne nous sont pas connus. En revanche, les projets de la saison suivante nous permettent de mieux cerner les modes de coproductions de cette période. Du 1er au 9 octobre 1926 est élaboré et signé un contrat de coproduction entre Rapid-Film et l'un de ses plus anciens clients Louis Aubert pour « la confection de six longs métrages et d'un *serial* français ». Le coût total est estimé à 10 millions de francs. 70 % de ce budget est assuré par Rapid-Film et les 30 % restant par Aubert. Sur la base de ce contrat sont notamment produits en 1927, *la Merveilleuse Vie de Jeanne d'Arc* (c'est le *serial* annoncé dans le contrat), *la Madone des Sleepings* et *Éducation de Prince* (l'unique film européen d'Edna Purviance). Le mois suivant, le 30 novembre 1926 est créée la SARL les Productions Natan avec le dirigeant du trust Wardour Film ABC (distribution exploitation) et de la société de production British International Films : John Maxwell, Henri Diamant-Berger et trois autres associés. Par ce contrat, Natan Tanenzapf, que nous pouvons à partir de cette date nommer Natan, souhaite s'assurer les garanties de pouvoir distribuer ses productions sur le marché britannique et renforcer les possibilités de pénétrer le marché américain.

Le 22 janvier 1927 sont inaugurés les studios Natan de la rue Francœur en présence de Paul Painlevé, Ministre de la Guerre. Cet ensemble constitue l'outil de production cinématographique le plus moderne de Paris. Doublé de son programme de production, Rapid-Film-Productions Natan, il talonne de près le groupe Sapène. En octobre 1927, le groupe Natan se développe encore avec la constitution des Studios Réunis, qui regroupe derrière Rapid-Film : l'Union Française Cinématographique, Charles Jourjon et semble-t-il la Société des exclusivités Jean de Merly. Les Studios Réunis, autour des studios d'Épinay et de Francœur constitue, après le trust Sapène, le deuxième groupe de production-distribution français. Bernard Natan devient un représentant officiel de l'industrie du film et un successeur potentiel des Pathé, Gaumont, Aubert. Membre de la Chambre Syndicale de la Cinématographie depuis 1924, il est en concurrence avec Jacques Pathé aux élections de juin 1928 pour la direction de la section des fabricants de pellicules et tireurs. La lutte se réglera par la nomination de Natan au poste de trésorier de la Chambre Syndicale, au retrait de Jacques Pathé et à la nomination au poste initialement convoité de Jacques Meignan pour Kodak-Pathé. Parmi les productions engagées pour la saison nous trouvons *Vivre, le Second Amant, Une aventure de*

Paris, Partir, d'après le roman de Dorgelès (annoncé avec Maurice Tourneur à la réalisation) *et les Nouveaux Messieurs* de J. Feyder, qui est présenté en juin comme une coproduction Albatros-Studios-Réunis. Les Studios-Réunis participent par ailleurs par des crédits studios à la productions de *l'Argent* de M. L'Herbier. C'est dans ce contexte qu'un projet de coproduction de *Dorian Gray* est apporté par L'Herbier (l'unique détenteur des droits d'adaptation du roman de Wilde) à Natan. Le projet n'aboutit pas car à cette période toute l'activité de Bernard Natan est concentrée sur le rachat et la prise de contrôle des restes de l'Empire Pathé.

Le groupe de Charles Pathé a liquidé à son profit les plus beaux bijoux de la couronne impériale, les filiales étrangères à la tête desquelles se trouvait Pathé-Exchange et surtout le fleuron du groupe, la branche pellicule négociée à son concurrent direct Kodak ont été vendus à des taux de bénéfices record. En 1928, il ne leur reste plus que deux ans pour trouver un acquéreur pour Pathé-Cinéma qui n'est plus constitué que par les laboratoires de Joinville à moderniser et la branche formats réduits encore peu rentable. L'arrivée du cinéma parlant va un peu précipiter les choses. Le 12 juin 1928, le groupe Charles Pathé crée 50000 actions à vote plural au prix de un millions deux cent cinquante mille francs. Réservées aux membres du CA, elles doivent éviter l'intrusion de tous groupes étrangers en son sein. En réalité, le groupe Ch. Pathé possède depuis toujours la majorité absolue des actions et les actions à vote plural ne constituent qu'une opération spéculative très rémunératrice, puisque ces actions sont revendues au groupe Natan huit mois plus tard 50 millions. Cette acquisition entraîne la fusion de Rapid-Film et Pathé-Cinéma et est à la base du futur groupe « Pathé-Natan », le premier ensemble industriel du cinéma français des années trente. De cette opération commencent aussi les attaques contre Bernard Natan qui le mèneront sur les voies du meurtre industrialisé à Auschwitz treize ans plus tard. **G.W.**

NAVARRE René (1877-1968)
D'abord acteur de théâtre, René Navarre ne commence à travailler pour le cinéma qu'en 1909. Il est engagé par Gaumont et joue à partir de 1910 dans les films dirigés par Louis Feuillade. Utilisé par ce dernier indifféremment dans des œuvres dramatiques, des bandes comiques (série des Bébé et des Bout-de-Zan) ou des aventures policières, il connaît la consécration en interprétant *Fantômas* « le Maître de l'effroi, le Génie du crime » dans le *serial* mis en scène par Feuillade en 1913-1914. « Dans ce rôle périlleux – écrit Raymond Chirat – il apporte de la conviction, une violence feutrée, des éclairs de satanisme et son jeu ne paraît pas dater. » Mobilisé au début de la guerre puis réformé en 1915, le comédien décide de se

rendre indépendant en créant les Films René Navarre avec l'aide du financier Serge Sandberg. Il produit une dizaine de films ainsi que des dessins animés de Benjamin Rabier jusqu'en 1917. Navarre produit notamment *la Nouvelle Aurore* d'Émile-Édouard Violet sur un scénario de Gaston Leroux: ce film en seize épisodes, qui sort à partir d'avril 1919, peut être considéré comme l'ancêtre du cinéroman, sa conception repose sur l'idée d'exploiter simultanément un récit dans une série d'épisodes filmés et dans un feuilleton publié dans la presse. René Navarre y incarne un innocent injustement condamné au bagne et qui connaît toutes sortes d'aventures avant de pouvoir se disculper.

Lorsque la Société des Cinéromans est créée en septembre 1919 par Serge Sandberg, avec la participation d'une dizaine d'industriels et de financiers et de Gaston Leroux et Arthur Bernède, René Navarre est nommé directeur de la société. Celui-ci, plutôt que de travailler aux studios d'Épinay, choisit de s'installer à Nice d'abord dans des studios improvisés puis, après la rupture entre Sandberg et Nalpas en juillet 1920, aux studios de la Victorine. Navarre devient également responsable de la société du Ciné-Studio qui contrôle la Victorine. Huit cinéromans d'une douzaine d'épisodes sont produits en moins de trois ans: *Impéria* (1919) de Jean Durand (scénario d'Arthur Bernède), *le Secret d'Alta Rocca* (1920) d'André Liabel (scénario de Valentin Mandelstamm), *Reine-Lumière* (1921) de Lino Manzoni (scénario de Henri Cain), *l'Homme aux trois masques* (id.) d'Émile Keppens (scénario de Bernède), *Il était deux petits enfants* (1922) de Lino Manzoni (scénario de Gaston Leroux). Navarre dirige lui-même, à partir de scénarios de Leroux, *Tue-la-mort* en 1920 et *le Sept de trèfles* en 1921 et supervise la même année *l'Aiglonne* d'Émile Keppens sur un scénario de Bernède. En juin 1922, Jean Sapène – éminence grise de la société – rachète la Société des Cinéromans, Louis Nalpas devient directeur artistique et Arthur Bernède responsable du département des scénarios; quant à René Navarre, il est écarté. La société est transférée de Nice à Paris et Navarre, selon Anne-Elyzabeth Dutheil de la Rochère dans son livre sur *les Studios de la Victorine* « las des affaires et désireux de redevenir « l'acteur populaire que j'étais, si gâté, si choyé par un public adorable » y joue dans différents films. » Il apparaît par exemple dans le rôle titre de *Vidocq* de Jean Kemm en 1922, dans *Jean Chouan* de Luitz-Morat en 1925, dans *Belphégor* de Henri Desfontaines en 1926.

Dans les années trente, René Navarre est encore acteur dans près d'une vingtaine de films de Henri Debain, Max de Vaucorbeil, Maurice de Canonge, Jean Dréville, Jean de Marguénat, Bernard-Deschamps, Maurice Champreux (*Judex 34*, 1933), Léon Mathot (*Chéri-Bibi*, 1937), Henri Diamant-Berger (*Arsène Lupin détective*, 1937),

Pierre Caron (*la Route enchantée*, 1938; *Mon oncle et mon curé*, 1939; *Bécassine*, id.), Léon Poirier (*Brazza ou l'épopée du Congo*, id.). **J.A.G**

NOAILLES vicomte Charles de (1891-1981)

Parmi les grands mécènes de l'époque (Pecci-Blunt, Polignac, Doucet, etc.), il fut le seul à chercher l'immortalité dans le cinéma. Charles et sa femme Marie-Laure commanditèrent des films à l'assistant de Marcel L'Herbier, Jacques Manuel (*Biceps et bijoux*), à Man Ray, à Buñuel et Dali, et à Jean Cocteau.

Marie-Laure Bischoffsheim (1902-1970) était fille de la comtesse Adhéaume de Chevigné, née Laure de Sade, modèle de la duchesse de Guermantes dans le roman de Proust. Marie-Laure étant amoureuse de Jean Cocteau, on la maria rapidement à Charles en 1923, mais Cocteau, qui pourtant lui préférait la princesse russe Natalie Paley, rencontrée lors d'une projection du *Sang d'un poète*, resta toujours son grand amour.

Le couple de Noailles habitait un hôtel particulier place des États-Unis, où ils avaient fait installer une cabine pour projection sonore. Ce fut la première salle de cinéma parlant privée de Paris. Mais ce n'était pas seulement à Paris qu'ils recevaient leurs amis et protégés. En effet « en 1923 Charles et Marie-Laure de Noailles, nouvellement mariés, avaient commandité à Robert Mallet-Stevens la construction d'une villa dans le domaine de Saint-Bernard à Hyères, sur les vestiges d'un ancien couvent cistercien. La villa devait répondre à un mode de vie nouveau, dans lequel les activités avaient une place importante: la construction comprenait une piscine couverte dont les baies pouvaient disparaître dans le sol, une salle de *squash*, un gymnase... Dans cette villa, les Noailles reçurent tout le monde artistique et culturel de l'époque. En 1928, Jacques Manuel réalisa un film de près d'une heure, *Biceps et bijoux* (un pseudo-Feuillade se passant à Saint-Bernard); l'année suivante, Charles de Noailles commanditera à Man Ray le film *les Mystères du château du dé*; il aura pour décor la villa de Saint-Bernard et pour acteurs les Noailles et leurs amis, que le cinéaste représentera masqués de bas noirs ». L'année suivante les Noailles financèrent deux films, *le Sang d'un poète* de Cocteau, et *l'Âge d'or* de Buñuel.

Les Noailles, ayant eu l'occasion de connaître Buñuel grâce à Christian Zervos, directeur des *Cahiers d'Art*, et à Georges-Henri Rivière, se pressèrent d'organiser chez eux une projection d'*Un chien andalou*, à laquelle furent invités, entre autres, Dreyer, Fargue, Crevel, Leiris, Moussinac et Tedesco, qui manifestèrent leur enthousiasme en demandant un deuxième passage du film. Le 18 novembre 1929 « après le dîner, auprès du feu de bois d'une cheminée, Charles de Noailles me dit: – Voilà, nous vous proposons de réaliser un film d'une vingtaine de minutes. Liberté totale ».

L'Âge d'or sera présenté pour la première fois en projection privée chez les Noailles le 30 juin 1930, et en projection publique sur invitation au cinéma Panthéon le 22 octobre. Buñuel, dans son compte-rendu de la séance, fait remarquer qu'à la fin de la projection « les invités partaient rapidement, froidement, sans un mot. Le lendemain Charles de Noailles fut mis à la porte du Jockey-Club. Sa mère dut même faire un voyage à Rome pour parlementer avec le Pape, car on parlait d'excommunication » (L. Buñuel). Si l'excommunication n'a été qu'une légende comme cela a été démontré récemment (*cf. 1895*, n° 32, décembre 2000), il est toutefois indéniable que la production de *l'Âge d'or* eut de fortes répercussions sociales sur Charles de Noailles. Le vicomte garda chez lui le négatif du film et vécut jusqu'à la fin de ses jours sous l'interdiction – qu'un prêtre, et sa propre conscience catholique, lui avait imposée – de ne jamais montrer le film afin de ne pas renouveler le scandale contre l'Église. Le négatif du film fut légué à sa fille Laure, qui le déposa aux Archives du Film de Bois d'Arcy en 1977. Malgré tout, l'amitié et le respect entre Charles de Noailles et Buñuel ne furent jamais en péril, comme en témoigne leur correspondance qui se poursuivit jusqu'à la mort de Charles de Noailles.

Cette amitié est soulignée aussi par Jean Cocteau, lorsqu'il écrit « nous avons conservé, tous les deux [Buñuel et lui], une gratitude profonde au vicomte de Noailles » sans doute parce qu'il était l'expression d'un monde où les exigences d'argent cédaient la place aux ressources de la poésie, de la beauté. En effet « *le Sang d'un poète* et *l'Âge d'or* furent possibles parce que Charles de Noailles n'en attendait aucun bénéfice ni le remboursement ». C'est peut-être là, justement, le sens de l'œuvre de Noailles, celui d'avoir pressenti et combattu les dangers d'une civilisation nouvelle qui associerait l'art à l'argent, dont le cinéma serait le symbole principal. En finançant deux œuvres parmi les plus importantes de l'avant-garde cinématographique, Charles de Noailles avouait en réalité la fin et la défaite de son époque. **S.T.**

P

PALLU Georges (1869-1948)
Né à Paris mais originaire de la région nantaise qui a inspiré son nom (issu de paludier), on attribue à Georges Pallu des débuts au Film d'Art (Vandal et Delac) en 1909 par l'intermédiaire de son beau-frère, membre de la direction. Pallu qui se disait aussi avocat, et aurait travaillé dans la société à une position administrative, avant de découvrir la mise en scène…

Vers 1917, on le retrouve chez plusieurs producteurs dont Lordier qui l'engage avec Roger Lion afin de mettre en image des chansons filmées avant un titre pour la série comique « Anana ». Mais on ne connaît rien de son ascendance ni de son éducation artistique. Encore moins de ses aspirations.

Pallu est allé au Portugal comme Maurice Mariaud et Roger Lion : à la suite d'un voyage de l'un des directeurs de Invicta Film (Alfredo Nunes de Matos, vers 1917-1918), qui a aussi à cette occasion signé des contrats avec les techniciens français André Lecointe (décorateur), Albert Durot (opérateur), Georges Coutable et Valentine Coutable (lui, chef le laboratoire, elle, monteuse). On sait qu'il y avait un accord de coopération entre la Invicta film et Pathé, mais on ignore le rôle de Pallu, qui n'avait pas réalisé de film marquant, avant toute cette aventure.

Pallu signe donc avec la Invicta Film (installée à Porto) où il va travailler comme metteur en scène entre avril 1918 et avril 1924. Il y tourne quatorze longs-métrages, dont plusieurs sont des adaptations des romans portugais du XIXe siècle. En 1921 il collabore au montage de *Mulheres da Beira*, le premier film portugais du metteur en scène italien Rino Lupo, lui aussi venu travailler chez Invicta Film. Pallu a aussi joué comme acteur dans la comédie *Tinoco em Bolandas* de António Pinheiro, le premier metteur en scène portugais de Invicta Film et ancien assistant de Pallu. Quelques titres pour mémoire : *Frei Bonifácio* (1918), *A Rosa do Adro* (1919), *O Comissário de Polícia* (1920), *Amor de Perdição* (1921), *Cláudia* (ou *Mlle Cendrillon*, 1923, avec Francine Mussey). De Lisbonne, on continue à suivre le travail de Pallu après son départ, jusqu'en 1925, dans les revues *Cinéfilo* et aussi *Invicta Cine*, pour laquelle il a aussi signé quelques interviews, envoyés de Paris.

Il prend le pseudonyme de Dimitri Fexis (ou Demetrios Saixi) pour réaliser *Phi-Phi*, d'après l'opérette de André Willemetz et Félix Solar, coproduit par Natan et Isis film, une société de production qui va le suivre tout au long de sa carrière. Il s'agit probablement ici de son meilleur film, qui exploite avec pas mal d'ingéniosité le principe de l'anachronisme.

Du Portugal, Pallu revient imprégné de catholicisme et tourne film sur film. Tout y passe : *la Rose effeuillée* (ou *Un miracle de Sainte Thérèse de l'Enfant Jésus*) réalisé à Saint Laurent du Var et à Lisieux sous les auspices de l'Abbé Honoré, et *le Secret d'une mère* en 1926 (d'après le roman d'Eugène Barbier, auteur, journaliste et millionnaire demeurant à Nice, futur producteur) suivi des *Cœurs héroïques* (1927) avec 3 000 scouts de France, 12 000 boys-scouts, éclaireurs et scouts étrangers.

Le Train de 8h47 (1927) rehausse un peu l'inspiration de Georges Pallu, aidé par le texte de Courteline. Avec *le Permis d'aimer* (1928) il aborde le douloureux problème de la syphilis avec l'émotion que l'on attend de lui.

Les autres titres se passent de commentaires, Georges Pallu devenant presque le cinéaste officiel du catalogue de la Bonne presse : *la Petite Sœur des pauvres* (1928), *la Vie merveilleuse de Bernadette* (1929)… Il passe la barre du parlant sans aucune inquiétude et réalise courts (*Anatole*, *le Gaz*, *le Vase étrusque*) et longs métrages (dont la version sonore de *la Rose effeuillée* en 1936, puis *la Fille de la Madelon*, 1937, etc.). Il termine sa carrière par un titre sans gloire : *Un gosse en or* (1938). Il partage la fin de sa vie entre Paris et la ville de Sérifontaine (Oise), où il était installé dans un vieux manoir. Il meurt dans l'indifférence à son domicile de Neuilly sur Seine le 1er septembre 1948.

É.L.R./T.B.

Filmographie ◆ *O Comissário de Polícia* (1920) ; *Amor de Perdição* (1921) ; *Cláudia* (1923) ; *Phi-Phi* (1924) ; *La Rose effeuillée* (1925) ; *Le Secret d'une mère* (1926) ; *Cœurs héroïques* (1927) ; *Le Train de 8h47* (id.) ; *Le Permis d'aimer* (1928) ; *La Petite Sœur des pauvres* (1928) ; *La Vie merveilleuse de Bernadette* (1929).

PATHÉ

Le nom Pathé renvoie d'abord à un patronyme, à un des membres d'une famille, Charles, bâtisseur du « Premier empire du cinéma », devenu une firme, Pathé Cinéma, créée en 1918 à partir du moment où la société mère a scindé en deux entreprises ses branches phonographe et cinéma, Pathé incarne enfin une marque, qui apparaît dans plusieurs sociétés liées de différentes manières à Pathé Cinéma.

La biographie de Charles Pathé, ce grand capitaine d'industrie, reste à faire. On connaît surtout de lui les prises de position publiques qui ont guidé la marche de son entreprise. Quelle vision du cinéma avait-il? Quel était le réel moteur de sa stratégie dans les années vingt? Celle-ci relevait-elle de réactions à courte vue ou de vraies perspectives à long terme? De quelles marges de manœuvre disposait-il? Faut-il suivre Charles Pathé qui, dans ses mémoires, justifie son action ou au contraire voir ce qui s'est joué dans les années vingt comme un renoncement, un refus d'affronter les mutations du cinéma?

En termes de production de films, ses condamnations sans appel du retard pris par le cinéma français au regard de celui d'outre-Atlantique dans un petit texte qui fit grand bruit en 1918 expliquent pourquoi en 1920 il annonce à ses actionnaires l'abandon de cette activité. Si on crédite parfois Charles Pathé comme producteur de *la Roue* (1920), il s'agit plus de saluer le caractère sans doute déterminant de son intervention que de signifier un vrai travail de producteur. La « production des négatifs » – ainsi désigne-t-il l'activité de production dans *De Pathé Frères à Pathé Cinéma* – ne peut être suffisamment rentable: « En renonçant à la production et à la location des films pour me consacrer à la fabrication des films vierges ainsi qu'à d'autres branches non encore exploitées, je ne faisais qu'obéir aux enseignements de l'observation et de l'expérience. »

Pathé Cinéma se recentre sur la fabrication et la commercialisation de pellicule et « la conception/fabrication d'appareils susceptibles d'en augmenter la consommation » (R. Abel). Depuis la brèche portée au monopole de George Eastman (1910) sur la fabrication du film vierge, l'intensification de cette production apporte à l'entreprise de confortables revenus d'autant que s'y sont ajoutées la fabrication de la pellicule photo et celle de la pellicule radio. « Ce furent de mémorables réussites, la dernière surtout. Jusqu'en 1928 la plus grosse partie de nos bénéfices provenaient des produits sensibilisés que nous vendions un peu partout dans le monde, et du "Pathé-Baby". »

Les formats substandards, le cinéma chez soi, ont été très vite la grande affaire de Pathé. Après le Pathé Kodak (28 mm, pellicule ininflammable) lancé en 1912, le Pathé-Baby, merveille de miniaturisation (9,5 mm, ininflammable) apparaît dans les vitrines de Noël 1922. En 1927, la société lance le Pathé Rural (17,5 mm, ininflammable toujours) pour gagner des spectateurs dans les zones rurales. En une année, ce format conquiert quatre cents points de projection nouveaux.

Il serait fastidieux (et risqué car on en oublierait sans doute) d'énumérer toutes les sociétés qui, de par le monde dans les années vingt, comportaient le fameux patronyme dans leur raison sociale. Certes, elles ont un jour été liées intimement avec l'illustre firme française, mais nombre d'entre elles ont conservé leur nom alors même qu'elles n'entretenaient plus qu'un lointain rapport financier avec Pathé Cinéma. Les ventes de la Pathé Exchange américaine (1920), de Pathé-Limited basée à Londres (1921), après bien d'autres, ont apporté des liquidités et contribué à maintenir un substantiel revenu régulier aux actionnaires. Ce dont Charles Pathé s'est toujours félicité.

Dans cette myriade de sociétés, Pathé Consortium Cinéma mérite un sort particulier. Annoncée dès 1920, cette dernière a été créée en février 1921 pour contrôler la distribution et l'exploitation des films ainsi que la distribution des nouveaux appareils. Pathé Cinéma n'en est qu'un des trois principaux actionnaires avec Bauer et Marchal et les familles Gounnouilhou-Bourregas. Alors qu'il n'était pas prévu d'activité de production, son premier dirigeant, Denis Ricaud se lance dans des projets ambitieux comme *les Trois Mousquetaires* (Henri Diamant-Berger). Ces écarts provoquent des conflits qui se concluent par la démission, au sein du conseil d'administration, des six représentants de Pathé Cinéma mis en minorité, dont Charles Pathé lui-même. Pressions financières, coups bas et autres… une guerre riche en rebondissements, tantôt larvée, le plus souvent ouverte, va ainsi se poursuivre entre Pathé Cinéma et Pathé Consortium ; cette dernière sera même contrainte, en 1928, de changer son nom en Paris Consortium Cinéma. Rappelons que cette société est en charge de l'exploitation ou plus précisément des contrats par lesquels sont liées un certain nombre de sociétés d'exploitation à travers la France (Omnia, Cinéma-Moderne, Cinéma-Monopole, etc.).

Pas de production Pathé, pas de réseau de salles Pathé, l'image que l'on peut avoir de la célèbre firme au coq ne correspond guère à la réalité de ces années vingt. Qui plus est, une des activités étendard, la fabrication de films vierges, se dissout dans la fondation de la société Kodak Pathé en 1927.

Toutes ces opérations (maintien des activités les plus lucratives, vente des sociétés basées hors de France, la création de Kodak Pathé) ont permis de substantielles rentrées d'argent frais dans les caisses de Pathé Cinéma et le maintien d'une distribution régulière de dividendes aux actionnaires.

Quand Bernard Natan entre en scène, Pathé Cinéma est certes riche en liquidité et en renommée, mais son activité est réduite à trois branches : l'usine de tirage de Joinville, la Pathé-Baby et le Pathé Rural. Comment dire mieux l'écart entre ce que Pathé était, sa situation à la fin des années vingt et l'image que cette société s'est forgée par la suite. **J.K.**

PÉGUY Robert (1883-1953)
Avant de devenir le célèbre créateur de dessins animés que l'on connaît, Émile Cohl travaille comme scénariste pour les films d'Étienne Arnaud chez Gaumont entre 1908 et 1909. Peu après avoir été engagé, Cohl propose à « Monsieur Léon »

de faire travailler aussi pour la maison à la marguerite son gendre, Robert Péguy, lequel, poète comme son cousin, le célèbre Charles Péguy, avait pris le pseudonyme de Marcel Robert. Chez Gaumont, Robert écrit, à partir des *Agents tels qu'on nous les présente,* qui lui rapportent quinze francs, beaucoup de scénarios pour Louis Feuillade. Francis Lacassin, ignore quels ont été les autres apports de Robert, d'autant que le nom des scénaristes est habituellement négligé ; de toute façon, il s'agit de films produits entre la fin de 1908 et le début de 1909, puisque au cours de cette année, Robert se met à travailler pour la Lux où il est acteur : il est Christian dans une des toutes premières versions de *Cyrano de Bergerac*. Le protagoniste au grand nez est Roger Karl, Jean Durand assure la mise en scène. En 1909 encore, Robert dirige, avec Marcel Vibert, un film intitulé *le Fils de l'esclave*. En 1910, Gérard Bourgeois lui confie deux films avec la vieille actrice Jeanne-Marie Laurent, *la Fille du pêcheur* et *le Secret de l'X mystérieux*, puis avec Jean Durand il signe *Jim Crow*, film dans lequel, aux côtés de Joe Hamman et Gaston Modot, débute à dix-sept ans un Charles Vanel prometteur. Dans les années qui précèdent le conflit mondial, Péguy, en tant que scénariste toujours sous le pseudonyme de Marcel Robert, et sous son nom véritable lorsqu'il est directeur artistique, réalise plusieurs films avec Yvette Andreyor, le chouchou très populaire du public français, *Une fantaisie de Miss Édith*, *Madame Satan*, *Au pays de la mort*, *l'Homme aux deux visages*.

Nous retrouvons Péguy après une longue parenthèse – le service militaire – en 1920 seulement, quand son nom apparaît comme metteur en scène de *Etre aimé pour soi-même*, film défini comme « une aventure dramatique de la vie parisienne en quatre actes », suivi l'année d'après par un film en huit épisodes truffé des téméraires aventures aériennes de deux aviateurs, Lucien Dalsace, le héros positif, et Gabriel Rosca, un excellent méchant, l'un et l'autre rivaux en amour. *L'aviateur masqué* connut un grand succès auprès du public plus populaire, succès qui ne se répéta pas l'année suivante avec *le Crime de Monique*, avec Simone Sandré et à nouveau Dalsace, confuse imitation du prolifique Guy de Téramonde. Avec Joe Hamman, Péguy part en 1922 tourner en Italie un film coproduit par la société Chimera de Rome et la Phocéa de Marseille. *Una strana aventura*, tel est le titre, subit une interruption dans son élaboration quand Hamman est arrêté suite à des intempérances et interné un moment. De plus, dans un incendie qui se déclenche dans l'hôtel où la troupe est logée (et qui se sauve en sautant par les fenêtres), tout le négatif impressionné est détruit. Hamman retourne les scènes et le film, en Italie au moins, après quelques ennuis avec la censure qui fait éliminer la scène de la fumerie d'opium, de l'injection du liquide nocif, de la strangulation et autres violences contre le personnage principal, obtient un visa, mais l'on n'a aucune trace d'une programmation, aussi bien en Italie qu'en France (Raymond Chirat le place parmi les « incertitudes »). En 1924, Péguy se rend sur l'île Maurice pour tourner *Paul et Virginie* sur les lieux où se déroule le roman de Bernardin de Saint-Pierre. Malheureusement, et même si une musique est composée spécialement pour le film, le résultat s'avère peu convaincant.

Péguy tourne un film par an avec des résultats variables: *600 000 francs par mois*, avec Nicolas Koline, personnage principal et co-réalisateur, rencontre les faveurs du public, alors que *Muche* est décevant. Au moment où le cinéaste se lance dans la réalisation des *Mufles* arrive le parlant. L'œuvre stigmatise avec force la petitesse d'une certaine société, racontant comment des héritiers cupides réussissent à littéralement mettre en pièces l'empire laissé par leur père, mort soudainement.

Cinéaste des bons sentiments, comme on le définit, Péguy a continué aussi à l'époque du parlant une activité constante sans grandes envolées, mais sans jamais tomber dans la facilité. De cette période, on se souvient d'au moins un film, *Notre-Dame de la Mouise* (1940), édifiante parabole sur un prêtre qui délaisse sa paroisse d'un quartier riche pour se consacrer à une humanité en banlieue, plus en attente de sa mission.

Filmographie ◆ *Être aimé pour soi-même* (1920); *Nine ou la jeune fille au masque* (id.); *L'Aviateur masqué* (en huit épisodes, 1921); *Una strana aventura/L'Étrange Aventure* (1922); *Le Vol* (1923); *Kithnou*, *Paul et Virginie* (id.); *600 000 francs par mois* (co. Koline, 1925); *Muche* (1926); *Paris-New-York-Paris* (1927); *Embrassez-moi* (1928); *Les Mufles* (1929). **V.M.**

PERRET Léonce (1880-1935)

Une grande figure du cinéma français muet dont on a redécouvert surtout les films antérieurs à 1914 lors des récentes restaurations de la Cinémathèque française, en particulier *le Chrysantème rouge* (1911), *le Hâleur* (1911) et *l'Enfant de Paris* (réalisé en 1912).

C'est un des pionniers les plus productifs et les plus novateurs du cinéma français. Il va être l'un des piliers de la maison Gaumont en incarnant le personnage comique de Léonce dans la série du même nom. Né à Niort en 1880, il débute pour Gaumont comme acteur en 1907 en Allemagne, puis réalise en France à partir de l'année suivante.

C'est en 1917 qu'il part pour Hollywood où il reste jusqu'en 1921 et y réalise dix-huit films depuis *The Silent Master* (1917) jusqu'à *The Money Maniac* (1921). Dès son retour à Paris, il reprend le chemin des studios pour y réaliser *l'Empire du diamant* (1922) et *Rolande ou le Démon de la Haine* (1922) puis *l'Écuyère* (1922).

On connaît *l'Empire du diamant*, film policier aux multiples rebondissements, avec Léon Mathot et Lucy Fox car il a été restauré par la Cinémathèque française en 1989. C'est une coproduction franco-américaine marquée par une grande diversité de lieux de tournages : Paris, la côte méditerranéenne, le château de l'île aux mouettes. Le scénario était adapté d'un roman de Valentin Mandelstamm avec une certaine richesse dans l'usage des intertitres et des caches en forme de losange. Perret avait préalablement voulu adapter *l'Atlantide* que Feyder réalise alors à sa place. Il choisit un autre roman de Pierre Benoit, *Koenigsmark*, dont il va signer la première adaptation en 1923. Le film aura, à la suite du roman, un immense succès. Il est brillamment interprété par Jaque-Catelain et Hugette Duflos. Perret se spécialise alors dans les adaptations littéraires et théâtrales. En 1925, il met en scène pour la Paramount la pièce de Victorien Sardou et Émile Moreau *Madame Sans-Gêne* avec la star américaine Gloria Swanson dans le rôle titre. « Ce fut donc la France tout entière avec toutes ses ressources artistiques et historiques qui fut mobilisée au service de la star. Comment, ayant à sa disposition la grande galerie Henri II du palais de Fontainebleau, comment Léonce Perret aurait-il pu résister à la tentation d'y faire évoluer un cortège de cinq cents personnes en grand habit de cour et de tirer un feu d'artifice devant l'étang des carpes puisque celui-ci était là, attendant le bon plaisir des opérateurs ? » (René Jeanne et Charles Ford).

Après *l'Écuyère*, (1922, avec Jean Angelo et Marcya Capri), où il adapte Paul Bourget, ses quatre derniers longs métrages muets sont des adaptations de Henry Bataille (*la Femme nue*, production Natan, 1926, avec Louise Lagrange, Nita Naldi, Ivan Petrovitch et André Nox ; et *la Possession*, 1928, avec Francesca Bertini, Jane Aubert, Pierre de Guingand et André Nox), du romancier Charles Le Goffic (*Morgane la Sirène* avec Claire de Lorez et Ivan Petrovitch), de Jean-Jacques Renaud (*la Danseuse orchidée*, 1928, avec Xénia Desny, Louise Lagrange, Ricardo Cortez, Gaston Jacquet.

Léonce Perret joue alors la carte du *star system* international en donnant les premiers rôles à Gloria Swanson, Francesca Bertini et Ricardo Cortez qu'il confronte aux acteurs français tels Renée Héribel, Louise Lagrange et André Nox. En 1929, la Gaumont-Franco-Film-Aubert le choisit pour réaliser son premier film partiellement sonore et parlant, une comédie sentimentale qui adapte un roman d'Huguette Garnier, *Quand nous étions deux*, avec André Roanne, Maurice de Canonge, Alice Roberte et Suzy Pierson. Il s'agit d'un des huit seuls films sonores français de l'année 1929. **M.M.**

Filmographie ◆ *Rolande ou le démon de la Haine* (1922) ; *L'Empire du diamant* (id.) ; *L'Écuyère* (id.) ; *Koenigsmark* (1923) ; *Après l'Amour* (1924) ; *Madame Sans-Gêne* (1925) ;

La Femme nue (1926) ; *Morgane la Sirène* (id.) ; *La Danseuse orchidée* (1928) ; *La Possession* (id.) ; *Quand nous étions deux* (1928-1929).

PERROT Victor (1865-1964)
Entre 1911 et 1919, Victor Perrot pense en juriste de formation et en passionné d'iconographie parisienne, l'assise juridique, administrative et pratique des archives cinématographiques de la Ville de Paris. Il s'agit de constituer une collection de documents dans laquelle les générations à venir pourront lire l'histoire de la cité. Il est chargé en 1920 par la Commission du Vieux Paris d'un rapport sur la conservation des films, puis il s'attachera, à la demande du Conseil municipal à la faisabilité matérielle du projet. Ses soucis sont alors la conservation de la pellicule – il ira ainsi se documenter à la Cinémathèque Gaumont aux Lilas – et la consultation par le public des films. Perrot étudiera alors les mérites du film papier et du procédé au charbon, préconisé par Georges Cromer, permettant tirage pour « collection de sécurité » et contretype pour tirages de diffusion. Cette enquête le conduit également à dresser le catalogue idéal de l'institution rêvée à partir des fonds des différents producteurs comme Pathé, Gaumont, Éclair, mais aussi des premiers centres d'archives naissants : collection Albert Kahn ou service cinématographique des armées abrité par le ministère de l'Instruction publique et des Beaux-Arts. Cette mémoire cinématographique de Paris, à l'état de liste de films, est un constat rédhibitoire qui met en évidence les lacunes, les documents disparus pourtant programmés dans les salles parisiennes entre 1895 et 1915.

Si cette démarche est tendue vers une instrumentalisation du cinéma au bénéfice de l'historien, elle n'en repose pas moins sur l'affirmation de l'écriture cinématographique comme art. Le « Nouveau Verbe des yeux » est, pour Perrot, une écriture vivante, restaurant l'écriture idéographique des premiers âges de l'humanité. L'association du cinéma et du phonographe, recouvrant la forme même de la pensée, en devient l'expression idéale. Alors que les mots sont inertes et muets, le film, véritable « révolution », est une « sténo-idéographie » « naturelle, simple, rapide, universelle ». Il a donc droit à sa bibliothèque : une cinémathèque, d'autant que Perrot le voit prophétiquement supplanter le livre amené à disparaître comme a disparu la voiture à chevaux. **B.d.P.**

PLAISSETTY René (1889-1955)
D'origine italienne, René Plaissetty (ou parfois Plaissety) est né le 7 mars 1889 à Chicago, fils d'Achille Plaissetty et d'une aristocrate française, Corinne Bonnecaze de Pardaillan. Il arrive en France vers 1907, se marie, et à l'âge de vingt-quatre ans, fonde sa propre société de production, *Filma*, avec le concours d'autres administrateurs. Il

est entreprenant et crée aussi parallèlement une autre société *Plaissetty et Cie* qui produit son premier film, *la Trace*, premier épisode du célèbre détective Harry Wilson. À la déclaration de guerre, il est rapatrié aux États-Unis en tant que citoyen américain et vit avec sa famille à New York et Philadelphie où il met en scène son premier film outre-Atlantique, *Her Great Match*. Vers 1916, il revient en bateau à Bordeaux. À Paris, il prend contact avec Charles Pathé et commence une carrière de metteur en scène à la Société cinématographique des auteurs et gens de lettres, avec la grande actrice Gabrielle Robinne dans *le Vol suprême*, puis Claude Garry dans *l'Heure sincère*. Il réalise alors des films qui dénotent un goût pour la culture populaire américaine, fait preuve d'une certaine indépendance et d'une faculté d'adaptation peu courante à l'époque. Lorsqu'il met en scène son premier long-métrage *Vers l'argent* avec Mary Massart, il n'a que trente ans et possède déjà une solide connaissance du métier. Pour l'heure, il a abandonné la production, mais se jure d'y revenir : en 1919, il fonde une entreprise à Vincennes. *L'Usine René Plaissetty* se charge de perforer, développer, tirer, virer, teinter monter les films, titres, photos d'art et agrandissements. Aidé du jeune réalisateur Jean Caussade, il prend la direction technique et artistique de sa société.

En janvier 1920, laissant son usine aux mains de son assistant, il part pour Londres (on l'appelle alors Plaisetty) où il reprend le chemin des studios avec Mary Massart, qui devient son égérie. Se succèdent plusieurs longs-métrages remarqués par les critiques pour leurs qualités esthétiques et thématiques comme l'étrange *Yellow Claw*, d'après une histoire de Sax Rohmer.

Dès lors, le cinéaste-producteur va mener toute sa carrière entre la France, l'Angleterre et les États-Unis car il revient deux ans plus tard à Paris et tourne chez Gaumont (dans la série Pax) *Mon p'tit* avec Léontine Massart, sœur de Mary. Auteur du scénario, Plaissetty en tire une œuvre peu originale, dans la lignée du cinéma français traditionnel, mais se rattrape avec son film suivant. Toujours chez le même producteur, avec Mary Massart, il met en scène une adaptation du roman de Maurice Level, *l'Île sans nom*. Ce film mouvementé (on y voit notamment un naufrage) reçoit un accueil public et critique très positif, en raison de l'originalité du sujet et de l'utilisation dramatique d'un nouveau mode de communication, la TSF.

René Plaissetty estime alors que le cinéma français ne lui convient pas et repart alors aux États-Unis, où il rencontre le réalisateur et producteur Edwin Carewe, à qui il propose l'adaptation d'un roman de Louise Gérard *A Son of the Sahara* publié en 1922 à New-York. Plaissetty, Carewe et leur équipe quittent l'Amérique et arrivent en Algérie : après de multiples problèmes avec la population locale, le film (une épopée à travers le désert avec Claire Windsor, Bert

Lytell et dans un petit rôle, Joe Hamman) sortira en avril 1924 outre-Atlantique et restera inédit en France. Plaissetty poursuit sa production américaine avec deux films jusqu'en 1925, date à laquelle il revient à Paris pour tourner tout d'abord un court film qui surprend tout le monde, *J'ai fait du pied pour avoir la main*, comédie interprétée par quatre acteurs dont l'actrice Nicole Robert… dont on ne voit que les pieds et les mains ! L'année suivante, le metteur en scène retrouve Nicole Robert pour *le Faiseur de statuettes* tourné dans les studios Gaumont, reconstituant les décors d'un Montmartre d'artistes et de noceurs. En 1927, son film *Chignole* datant de 1919 ressort avec un nouveau prologue sous le titre *la Grande envolée*. Le cinéaste tente ensuite de monter des projets en France puis en Amérique. En désespoir de cause, il reprend le chemin de la France et réalise son dernier film en 1932 à l'âge de quarante-trois ans : *Chair ardente*. Ce film tiré d'un roman de Lucie Delarue-Madrus raconte la liaison violente entre une bourgeoise et un voyou durant trois jours : œuvre ultime, en marge du cinéma conventionnel qui clôt la carrière d'un cinéaste encore jeune. *Chair ardente* est un échec public, aussi René Plaissetty décide-t-il de rentrer en Amérique où il disparaît dans le plus strict anonymat. **É.L.R.**

Filmographie ◆ *Yellow Claw* (1920) ; *Mon p'tit* (1922) ; *L'Île sans nom* (id.) ; *A Son of the Sahara* (1923) ; *J'ai fait du pied pour avoir la main* (1925) ; *Le Faiseur de statuettes* (1926) ; *La Grande Envolée* (1927).

POIRET Paul (1879-1944)
La contribution de Paul Poiret à l'histoire de la mode féminine est bien connue : on sait qu'il fut avec Gabrielle Chanel l'artisan essentiel de la libération du corps féminin, notamment par l'élimination du sacro-saint corset. Sa collaboration au cinéma fut épisodique. Il faut sans doute y voir un signe de la curiosité que les artistes de tout bord des années vingt manifestaient à l'égard des disciplines autres que la leur. Paul Poiret s'intéresse à l'art de la représentation, ce qui le pousse dès 1908 à monter sur scène pour interpréter un rôle dans une pièce de théâtre ; en 1932, on le retrouve, comédien, au cinéma cette fois. Entre ces deux dates, il est sollicité à une dizaine de reprises par le septième art, par exemple dès 1919 pour *l'Appel du sang* de Louis Mercanton et pour *Quand on aime* d'Henry Houry. Certaines de ces contributions relèvent d'un calcul pratique sinon commercial. Ainsi, en 1920, *Irène* de Marcel Dumont présente Émilienne Dux dans un rôle de dessinatrice de mode : il est tentant de la faire habiller et de lui faire produire des vêtements issus de l'imagination d'un des couturiers les plus en vogue ; ou encore, quand Edna Purviance a terminé sa carrière américaine (essentiellement chaplinienne), elle accepte de tourner en

France *Éducation de prince* sous la direction d'Henri Diamant-Berger, cinéaste très soucieux d'une certaine qualité plastique, comme l'atteste sa collaboration suivie avec l'architecte Robert Mallet-Stevens: la faire habiller par Paul Poiret, c'est au fond une manière de dérouler devant elle le tapis rouge.

Le Fantôme du Moulin Rouge de René Clair et *l'Inhumaine* de Marcel L'Herbier restent sans doute les meilleures occasions que Paul Poiret ait eues de donner libre cours à son imagination dans un film, et surtout à travailler en symbiose dans une entreprise culturelle multidisciplinaire. Dans le premier film, il imagine pour la gracieuse Sandra Milowanoff des tenues, fluides bien sûr, qui doivent tenir l'équilibre entre la sophistication du milieu (et de Poiret lui-même) et le caractère plus conventionnel du personnage, exercice de style dont le couturier s'acquitte avec panache. La demi douzaine de tenues qu'il doit inventer pour Georgette Leblanc (moins gracile que Milowanoff) le laisse plus libre d'une inspiration extravagante: Poiret se surpasse dans une débauche de drapés affinés par d'interminables traînes et auxquels le tissu lamé donne un éclat quasi-métallique, ou encore dans un vaste assortiment d'amples manteaux et capes, souvent complétés de capuches ou d'étonnant couvre-chefs, et bordés de fourrure, qui présentent également l'avantage de dissimuler les formes mûres de l'actrice-cantatrice. Une réelle réussite qui reste la trace la plus tangible de la rencontre de Paul Poiret et du cinéma. **C.V.**

POIRIER Léon (1884-1968)
Il débute sa carrière en montant avec succès plusieurs spectacles à La Renaissance, au Théâtre Réjane et aux Bouffes-Parisiens, avant de devenir directeur des théâtres des Champs-Élysées et du Gymnase. À la veille de la Grande Guerre, à laquelle il participe comme engagé volontaire, il se tourne vers le cinéma qu'il perçoit alors, comme beaucoup d'autres de sa génération, comme une création d'avenir. Promu directeur artistique de la firme Gaumont en 1919, il réalise durant la décennie suivante ses films les plus intéressants. Il attire l'attention des critiques avec *le Penseur*, d'après un scénario d'Edmond Fleg, à l'affiche du Gaumont-Palace en mars 1920. Ce film, comme celui de L'Herbier *le Carnaval des vérités* qui sort en même temps, est présenté comme une œuvre hardie, fourmillant de trouvailles ingénieuses et d'effets de lumière, notamment de nombreux clairs obscurs dont Poirier joue avec beaucoup d'habileté. Fasciné par les horizons lointains et les récits légendaires des splendeurs exotiques, il contribue en 1920, avec *Âmes d'Orient* (avec Madeleine Sévé et André Nox) à relancer la mode orientaliste dans le cinéma français (*la Sultane de l'amour* de René Le Somptier fait alors également sensa-

tion). Il lui redonne même toute son épaisseur en tournant dans des décors très soignés et des ambiances raffinées qui plaisent au public. Cette attirance prononcée pour une esthétique pleine de verve et haute en couleurs se confirme dans ses films suivants, notamment dans *Narayana* (1921), adapté de *la Peau de chagrin* de Balzac, *l'Ombre déchirée* (1921), *le Coffret de jade* (1921) et *Jocelyn* (1922), inspiré de l'œuvre homonyme de Lamartine ; une évocation « d'un romanesque mystérieux au charme de laquelle on ne peut pas ne pas se prendre » écrit Jean-Louis Croze dans un compte rendu. Son goût pour les grands maîtres de la littérature classique l'amène encore à porter à l'écran *la Brière* (1925) d'après Alphonse de Châteaubriant. On pourrait dire, pour simplifier, que le cinéma de Léon Poirier est traversé par deux tendances, *a priori* contradictoires, qu'il s'efforce parfois de concilier : un penchant pour l'irréel, voire le fantastique, et une approche documentaire. Interrogé sur son style par la revue *Ciné Pour Tous* en avril 1923, il répond en élargissant le propos sur la visée artistique de ce qu'il appelle la cinégraphie : « Chaque art, dès sa naissance, s'est nourri du lait de l'irréel. Or, la cinégraphie est un art qui vient de naître, plus qu'un autre, il a besoin d'irréel et c'est précisément en raison de son jeune âge qu'il faut lui donner en abondance cet aliment nécessaire à sa formation. Si vous voulez qu'il grandisse, qu'il embellisse, qu'il plaise, élevez-le donc dans la poésie – faute de quoi il risquera fort de rester mesquin comme un procédé sans que jamais lui poussent des ailes. Et qu'on n'aille pas dire que la cinégraphie étant l'art des foules, il faut la maintenir dans le domaine du vulgaire où la poésie n'a pas cours. Cette parole que j'ai entendue souvent, hélas ! est un non-sens. Oui, le cinéma est le spectacle de la masse ; oui il faut qu'il touche le plus grand nombre : c'est là sa raison d'être, c'est à cause de cela qu'il est un grand moyen d'échange de pensée, un facteur puissant de progrès moral, par-dessus les frontières sociales, économiques, intellectuelles, ethnologiques – et pour cela, justement, il ne peut s'éclairer que d'une seule lumière : la Poésie !… Enfin, nul art mieux que la cinégraphie ne peut par sa technique – non pas exprimer l'irréel, ce qui est impossible – mais en faire pressentir l'existence. La surimpression, le fondu, le diaphragme, les jeux de la lumière et de l'objectif sont d'incomparables moyens pour exprimer le temps, la distance, la limite, la forme, tous ces lourds voiles de réalité que les mots soulèvent avec peine… ». De la même manière que L'Herbier et Gance, Poirier, imprégné de culture littéraire et picturale, s'évertue à légitimer cet art nouveau qu'est le cinéma. Ses recherches plastiques, souvent originales, qui contribueront à sa renommée, rendent admirablement compte de la dimension symboliste du courant formaliste se développant au début des années vingt. Un courant, il est vrai, dont le maniérisme est parfois contesté.

En 1926, Léon Poirier fait un détour par le documentaire pour explorer d'autres limites. Le résultat: *la Croisière noire*, un film d'excellente facture sur l'expédition Citroën à travers le continent africain. Il revient à la fiction deux ans plus tard avec *Verdun, visions d'Histoire* (1928) qui reste son titre le plus connu. Réalisé dans un contexte commémoratif (le dixième anniversaire de l'armistice), ce film, selon son auteur, vise à fixer dans l'imaginaire des plus jeunes une représentation critique de la guerre tout en rendant compte du courage et des souffrances des soldats des deux camps. Cet hommage passe par une glorification mythique des affrontements menés devant la citadelle de Verdun en 1916. Conçu dans une perspective didactique, le film pose les jalons d'une esthétique réaliste jusqu'alors inconnue à l'écran. Poirier est en effet l'un des rares cinéastes français à réfléchir à la meilleure façon de filmer la bataille (l'autre spécialiste de la question étant sans aucun doute Raymond Bernard: voir à ce propos la formidable charge de cavalerie figurant dans *le Joueur d'échecs* datant de 1926). Il ne lésine pas sur les moyens, exploitant toutes les potentialités expressives de l'image animée. Sa mise en scène est fondée sur le mouvement et il fait preuve d'une maîtrise parfaite de l'espace. Les séquences de combat, obtenues avec un filmage au rythme soutenu et un montage haletant, submergent par leur puissance d'authenticité. Pour la première fois, le cinéma semble montrer la guerre comme les témoins de l'époque l'avaient si souvent décrite. D'ailleurs, devant cet apparent réalisme, beaucoup d'anciens combattants ont eu le sentiment d'y reconnaître des reflets de leur propre expérience. À tel point, d'ailleurs, que par la suite, plusieurs plans de *Verdun, visions d'Histoire* seront utilisés comme de véritables archives par des documentaristes, pour illustrer la violence du conflit de façon plus spectaculaire et significative qu'avec de simples images d'actualités. **L.V.**

Filmographie ◆ *Le Penseur* (1920); *Âmes d'Orient* (id.); *Narayana* (1921); *L'Ombre déchirée* (id.); *Le Coffret de jade* (id.); *Jocelyn* (1922); *Geneviève* (1923); *L'Affaire du courrier de Lyon* (id.); *La Brière* (1924); *La Croisière noire* (documentaire) (1926); *Verdun, visions d'Histoire* (1923).

POUCTAL Henri (1859-1922)
Henri Pouctal est d'abord acteur au Théâtre Libre dirigé par André Antoine. Ensuite, engagé par Paul Gavault, il débute sa carrière cinématographique au sein de la prestigieuse société du Film d'Art pour laquelle il tourne *Vitellius* (avec Polin) en 1910. L'année suivante, Louis Nalpas, devenu directeur, le nomme metteur en scène principal.

Il réalise alors, jusqu'en 1914, de nombreux films, portant à l'écran des œuvres littéraires, notamment *la Dame aux camélias* (1912) avec Sarah Bernhardt, ou des sujets historiques. Pendant la Grande Guerre, il participe à l'abondante production patriotique avec *l'Infirmière* (1914), *Dette de haine* (1915), *la Fille du Boche* (1915), *la France d'abord* (1915), *Alsace* (1916) et *Chantecoq* (1916). Mais, durant cette période, c'est surtout sa transposition du roman de Dumas *le Comte de Monte-Christo* (1917), en huit épisodes, qui mérite le détour et consacre sa réputation. Sa rencontre avec Antoine, le maître à penser du naturalisme sur scène puis au cinéma, explique sans doute son goût du réel, qu'il s'attache à reproduire avec un surprenant souci du détail, notamment dans l'excellente adaptation de *Travail*, d'après Émile Zola. Le premier des sept chapitres de cette fresque à l'esthétique réaliste sort en salle le 16 janvier 1920 à Paris.

Ce film ambitieux (les capitaux engagés sont importants pour l'époque) est très intéressant parce qu'il révèle l'existence d'un cinéma français populaire de qualité. Tandis que Charles Pathé incite fortement les metteurs en scène à copier le modèle venu d'Outre-Atlantique qui bientôt sera mondial, Pouctal (aux côtés d'Antoine et de Capellani) apporte la preuve que l'on peut avoir recours à certains procédés stylistiques américains tout en gardant une identité culturelle spécifique. Un cinéma qui s'enracine dans une tradition représentative d'inspiration littéraire, aux prétentions humanistes et à l'approche documentaire héritée des films Lumière. Conçu et réalisé au lendemain de la guerre, qui a fait des ravages considérables et laissé de terribles cicatrices, *Travail* est une étonnante vision contrastée mais progressiste du milieu ouvrier français. Et cela sans tomber dans la caricature et la facticité qui guettent habituellement ce genre de tentative. La mise en scène de Pouctal n'est jamais une plate reproduction du roman de Zola puisqu'elle renvoie constamment à l'actualité. Sa démarche est en effet ancrée dans la réalité sociale contemporaine. Ce qu'affirme d'ailleurs une publicité du Film d'Art parue dans *la Cinématographie Française*: « Ce sont les misères d'hier, les luttes d'aujourd'hui, mais aussi les promesses du Progrès et les lumineuses réalités de Demain… Au moment où, dans la Paix renaissante, les grands problèmes sociaux se posent devant l'humanité, au moment où le monde entier, dans un élan irrésistible et généreux, ne poursuit plus qu'un but: reconstruire, ce film tout vibrant d'un enthousiaste appel à la solidarité, à la concorde, vient à son heure et trouvera un écho dans tous les cœurs » (n° 47 du 27 septembre 1919). L'inscription dans le récit de Zola de ce contexte d'après-guerre (qui, en dépit des désordres socio-économiques graves liés au conflit, annonce l'espoir d'une société meilleure et l'utopie pacifiste des années suivantes) donne au film sa véritable signification et sa cohérence propre. Faisant jaillir de cette accumulation réaliste, âpre et tragique, une représentation qui éclaire l'état de la société, à la fois pessimiste et porteuse d'espérance. De surcroît, Pouctal use de divers effets pour accentuer l'intensité dramatique de sa peinture sociale, notamment en mélangeant des éléments modernes avec ceux de l'époque du livre, en tournant tous les extérieurs en décors naturels, et surtout en se démarquant des conventions théâtrales. À l'instar d'André Antoine, il va jusqu'à mettre en situation ses acteurs sur place, en l'occurrence dans de vraies usines métallurgiques au Creusot et à Decazeville (on découvre ainsi par moment, en arrière-plan, d'authentiques ouvriers qui regardent vers la caméra en passant), y compris à proximité de hauts-fourneaux en activité. Les scènes de foule sont particulièrement maîtrisées : voir à ce propos le très beau rendu du mouvement des passants dans les rues du quartier populaire de Beauclair, et le grouillement des consommateurs dans l'atmosphère enfumée du cabaret Caffiaux. Le film est d'ailleurs très remarqué par les critiques pour toutes ses qualités esthétiques, notamment par Louis Delluc qui en fait l'éloge. Il est vrai qu'il est difficile de ne pas être frappé par sa richesse formelle (la précision des cadrages, le recours au flash-back, au montage parallèle et alterné), en partie inspirée du cinéma de Griffith et de ses collègues. Autre trait caractéristique de l'influence américaine, Pouctal filme à diverses reprises les visages de ses comédiens en gros plan, surtout celui du personnage principal, Luc Froment, interprété par Léon Mathot, dont le jeu, d'une très grande sobriété, sans aucune fausse note, est absolument remarquable. Le peintre Jean Galtier-Boissière, fondateur pendant la guerre du journal satirique *Le Crapouillot*, habituel pourfendeur de la médiocrité de la production cinématographique française, est enthousiasmé par *Travail* qu'il considère comme une révélation et une référence. Les deux aspects qui le marquent le plus concernent justement l'approche picturale et la subtile direction d'acteurs : « La très grande difficulté de la mise en scène de *Travail* consistait à faire alterner deux genres jusqu'ici séparés sur l'écran : le film documentaire et le film à scénario, ou dramatique. […] M. Pouctal a vaincu la difficulté. Il a réussi à fondre si intimement les deux genres que l'illusion de vie réelle est parfaite. C'est à la probité de ses interprètes, sinon à la discipline par lui imposée, qu'il doit cet admirable résultat. Pour la première fois peut-être sur l'écran français aucun personnage ne semble jouer un rôle ; les ouvriers n'ont point l'air de cabotins déguisés, mais de véritables travailleurs ; ils n'ont point de maquillage et de poudre sur les joues, mais de la suie et de la sueur ; et lorsque nous apercevons les protagonistes mêlés aux ouvriers à la sortie de l'usine, aucun ne fait tache, nous ne les identifions dans cette foule que parce qu'ils nous ont été précédemment présentés. *Travail*, c'est l'épopée de l'usine, et le calvaire du travailleur manuel. [...] Toutes les scènes réalistes de Zola sont transposées par M. Pouctal avec un tact parfait, sans outrance démodée. [...] Nous voyons les hauts fourneaux, les coulées d'acier incandescent, le marteau pilon aveugle, toute cette gigantesque mécanique, autour de laquelle grouillent, parfois illuminés par l'éclair d'une flamme pourpre, les pygmées humains, forçats de l'usine. Voilà un spectacle inoubliable, grandiose, d'une intense poésie et que nulle photographie, nul tableau, nulle page de littérature, nulle mise en scène théâtrale ne pourra réaliser avec plus de force et plus d'émotion que l'Art de l'image en mouvement. Ce n'est pas dans le passé, c'est dans les manifestations les plus modernes de la vie humaine que le cinéma, art de demain, doit désormais chercher la source de ses inspirations » (1er février 1920). On comprend tout l'intérêt que présente ce film pour les historiens (dont ils ne donnent généralement qu'un aperçu restreint) si l'on songe, au regard de l'évolution artistique du cinéma français, à la place singulière qu'il occupe dans la généalogie du courant réaliste. On mesure alors à quel point Henri Pouctal, dont l'apport a été curieusement minimisé avec le temps, est un cinéaste à redécouvrir de toute urgence.

En revanche, ses films suivants sont de moindre importance. *Gigolette* (1921) est un drame réalisé à partir d'un texte de Pierre Decourcelle. Puis, après avoir fondé sa propre société de production, « Les Films Pouctal », il se lance dans l'adaptation d'un roman de Georges de la Fouchardière dont il tire un drame comique avec le comédien Tramel: *le Crime du Bouif* (1922). Le Bouif, pittoresque vendeur de tuyaux sur les champs de courses faussement accusé d'un meurtre, est un roublard dont les pitreries rappellent celles du personnage comique de Chantecoq mis en scène six ans auparavant. Le succès de ce film aux saynètes burlesques un peu désuètes incite Pouctal à poursuivre la série avec *la Résurrection du Bouif*. Mais il meurt subitement peu de temps après le début du projet. **L.V.**

Filmographie ◆ *Travail* (1920); *Gigolette* (1921); *Le Crime du Bouif* (1922); *La Résurrection du Bouif* (id.).

PROTAZANOFF Jakob (1881-1945)

Né à Moscou en 1881 dans une famille de marchands mais très tôt lié au milieu théâtral, Yakov Protazanov suit une formation à l'École de Commerce et travaille quelque temps dans une entreprise avant de partir à l'étranger à la faveur d'un petit héritage. En 1907, à son retour à Moscou, il entre dans une nouvelle maison de production cinématographique, Gloria. Quand celle-ci fait faillite et est absorbée par Thiemann et Reinhardt, il participe à la « Série d'or du cinéma russe » comme réalisateur. Son premier film date de 1911 (*la Complainte du bagnard*) bientôt suivi d'une abondante production parmi laquelle on retient la version russe de *Lonely Villa* de Griffith (elle-même tirée d'une pièce de De Lorde, *Au téléphone*) en 1914. L'année suivante, il fonde avec Gardine sa propre firme puis entre rapidement chez Ermoliev qui entend concurrencer Khanjonkov et s'est déjà assuré l'exclusivité de Mosjoukine. Dès lors Protazanov va être le metteur en scène privilégié de ce dernier. Protazanov qui a connu l'influence de l'écrivain Leonid Andreiev réalise plusieurs films ambitieux qui font sa réputation, comme une adaptation des *Possédés* de Dostoïevski ou *la Dame de pique* d'après Pouchkine. Mais par ailleurs, il tourne beaucoup des drames policiers, des farces, des comédies de boulevard ou des mélodrames et, après février 1917, des films révolutionnaires. Après l'abolition de la censure tsariste, il réalise deux films qui le rendent célèbre à l'étranger: *Satan triomphant* et *le Père Serge*, tous deux avec un Mosjoukine en personnage tenaillé par le démon de la chair, en proie à des délires oniriques et des visions obsessionnelles qui hantaient déjà le Herman de *la Dame de pique*. Le premier s'inscrit dans une thématique à la Ibsen, le second est adapté de Tolstoï. Cette première période de la carrière de Protazanov compte des dizaines de films jusqu'à son départ pour la France, avec la troupe Ermoliev.

À Paris prend place la brève carrière française de Protazanoff, liée pour partie seulement à Montreuil. Il y réalise *l'Angoissante Aventure* dont le scénario est écrit en collaboration avec Mosjoukine et Volkoff qui sort en décembre 1920. On a beaucoup glosé sur la nature « autobiographique » de ce film qui aurait été commencé sur le bateau même de l'exil entre Yalta, Constantinople et Marseille. Mais en réalité ce drame mondain où un aristocrate est prisonnier de sa maîtresse, actrice de théâtre, qui l'amène à tuer son père pour le dévaliser, s'inscrit dans la suite des productions russes « sulfureuses », hantées par la déchéance sociale et le péché qui se résout cependant ici par une pirouette puisque… tout n'était que cauchemar !

Il tourne ensuite un *remake* d'une production russe de 1917, *Prokuror*, sous le titre *Justice d'abord* (1921) avec Mosjoukine, Lissenko, Orlova, Koline. Puis pour Thiemann, *le Sens de la mort* (1921) d'après Paul Bourget – où René Clair joue un petit rôle auprès de Diana Karenne, André Nox et Vladimir Strijevski – et *Pour une nuit d'amour;* enfin *l'Ombre du péché* (1922) pour Visions d'Art, toujours avec Diana Karenne qui a écrit le scénario et van Daële. Autant de films dont ne subsiste pas de copie et qu'il est donc difficile d'apprécier. Après quoi Protazanoff se rend en Allemagne où il tourne *Der liebe Pilgerfahrt* à l'UFA (1923). C'est à Berlin qu'il est approché par Aléïnikov, directeur de la Rouss – chargé par les autorités soviétiques de développer la maison de production que les fonds du Secours ouvrier allemand alimenteront, la Mejrabpom-Rouss – qui sollicite son retour en Russie. Il le fait dans des conditions telles qu'on lui confie la première « superproduction » soviétique chargée de relancer la production de fiction: *Aelita*, adaptation d'une nouvelle d'un autre émigré de retour au pays, l'écrivain Alexis Tolstoï. Film de science-fiction, décors et costumes « futuristes » dus notamment à Alexandra Exter en font un film prestigieux que les émigrés de Montreuil salueront dans leur revue mais que les cinéastes d'avant-garde en URSS n'auront de cesse de critiquer.

Après cela, Protazanov reprend une carrière inégale jusqu'à sa mort en 1945 (où il travaillait à un dernier projet avec Barnet) qui compte bon nombre de réussites commerciales dans le domaine de la comédie en particulier. **Fr.A.**

Filmographie ◆ *L'Angoissante Aventure* (1920) ; *Pour une nuit d'amour* (1921) ; *Justice d'abord* (id.) ; *Le Sens de la mort* (1922) ; *L'Ombre du péché* (id.).

PUBLICS

Dans les journaux spécialisés des années vingt, ainsi que dans les rubriques sur le cinéma des grands quotidiens, on distinguait souvent plusieurs « publics » du cinéma au pluriel, et non pas un seul « public ». On définissait le cinéma comme « un spectacle populaire, accessible à toutes les bourses » (*Cinémagazine*, 1921), mais on n'allait pas toujours dans les mêmes lieux ni de la même façon. Un texte précise que : « [Le cinéma] peut recevoir toutes les clientèles : les riches en des fauteuils ou des loges de velours ; les modestes en des sièges bien garnis ; les humbles d'une manière convenable et en rapport avec leurs moyens. Mais il mêle volontiers toutes les classes, soucieux d'être par excellence, même à des tarifs élevés, le spectacle démocratique »(G. Michel Coissac, 1929). Qui sont les spectateurs ? Comment se comportent-ils ? Comment attirer de nouveaux publics ? Ces questions étaient au centre des écrits sur le cinéma à une époque où seule une minorité de Français fréquentait les salles obscures. Des rubriques comme « Salles et publics », « Les propos de l'ouvreuse », « Le public et le cinéma » où l'on décrivait ce qui se passait dans les salles, plutôt que ce qui se passait sur l'écran, étaient courantes.

La classe ouvrière composait la plus grande partie du public, appelée alternativement « le public du samedi soir », « le public des cinés », « le public des quartiers », « le public populaire », « le public des habitués », et « le gros public ». La majorité des gens qui allait au cinéma faisait partie de ce public des faubourgs, surtout parisien. C'était un public qui achetait les places les moins chères et qui allait au ciné à côté de chez eux chaque semaine, sans se soucier du programme. C'était un public dont « les hommes étaient *en casquettes* et les femmes *en cheveux* » (Delluc). Dans les cinémas populaires, on parlait, on lisait les intertitres à haute voix, on mangeait, on fumait, on emmenait les enfants et les chiens.

Il est bien connu que le discours autour du cinéma (le « septième art ») développé par les intellectuels avait pour but (en partie atteint) d'attirer un public plus raffiné, de donner au cinéma une meilleure réputation. Les nouveaux « Palaces » le long des Grands Boulevards proposaient le même luxe que les grands théâtres, et certainement plus de confort et un meilleur orchestre que les petites salles de quartier. Un nouveau « public des boulevards » fréquentait ces immenses cinémas, beaucoup plus chers pour certains fauteuils et même au poulailler. Certains ouvriers pouvaient s'offrir une place au prix le plus bas dans un palace: « Le cinéma triomphe [...] par le luxe de ses salles, si brillantes au sortir du bureau ou de l'atelier » (Charles Pichon, 1927). Comme au théâtre, il y avait des « galas », pour certains nouveaux films, et à partir du milieu des années vingt, les exclusivités, ce qui permettait à cet « autre public » de marquer sa différence par rapport au public populaire. Ils regardaient les films au « fond d'une loge, près de l'Étoile » (Delluc), ou dans un autre « Cinéma de Luxe, » où « [les] voisins ne parlent pas », et tout est agréablement calme, et les gens polis et « bien éduqués » (*Ciné-Miroir*, 1928). Cette pudeur des émotions sert aussi à marquer une différence par rapport au public populaire.

Les classes supérieures étaient donc les dernières à venir au cinéma, et parmi ses membres, il y avait encore beaucoup de détracteurs. La presse catholique et une certaine droite continuaient à s'inquiéter de la mauvaise influence du cinéma, « l'école du crime », sur le public populaire. Les défenseurs du cinéma contre-attaquaient les positions catégoriques d'une partie de la haute société, et même de la classe moyenne, qui propageaient la mauvaise réputation du cinéma. C'est la faute « à une certaine classe de la bourgeoisie, qui a répété, sans se lasser, autour d'elle que le cinéma était un spectacle pour les ignorants » (*Ciné-Miroir*, 1927). Pour le critique Vuillermoz, c'est du fait de « son humble origine » que le cinéma a du mal à être accepté par certains français: « [le] plus petit bourgeois de Paris ou de province ne pardonne pas au cinéma son extraction populaire ». Les classes moyennes ne vont pas au cinéma « considéré comme un parent pauvre du théâtre, bon pour l'amusement des foules, mais rival dangereux qu'il convient plutôt de combattre » (R. Guy-Grand, 1927). Encore en 1929, *Ciné-Miroir* se plaignait de « cette guerre que l'élite livre sans merci et sans profit à l'art cinématographique ».

Les journaux spécialisés comme *Ciné pour tous*, *Cinémagazine*, *Mon*

Ciné, et *Ciné-Miroir* se donnaient la double tâche de plaire au public populaire déjà fidèle au cinéma, et de faire évoluer les idées de la société « officielle ». Ils stigmatisaient les vieilles habitudes d'une certaine élite et d'un snobisme pas en phase avec la société d'après-guerre. *Ciné-Miroir* se moque des mondains : « Notre mondain déteste le cinéma, parce qu'il ne le trouve pas « chic ». Il est de bon ton, juge-t-il, de se montrer, le jeudi, à l'Opéra et, le vendredi, au Français ; mais dans une salle de cinéma, où l'on risque de rencontrer son bottier et sa cuisinière, quel homme de la bonne société oserait y faire une apparition ? ». C'est la vieille société qui refuse de s'ouvrir à ce nouveau spectacle démocratique où l'on peut croiser sa femme de ménage, où « plusieurs espèces de public s'entremêlent ». Souvent, ce sont les « gens de province » qui sont dépeints comme les ennemis du cinéma, figés dans leur façon d'être, et en retard par rapport à la capitale. Vuillermoz explique le fait que la majorité des gens de la haute société provinciale ne vont pas au cinéma : « La promiscuité des spectateurs de toutes classes y est beaucoup plus grande que dans les théâtres. Les dégagements y sont organisés de telle sorte qu'une aimable familiarité y réunit les occupants du paradis et ceux des loges. [...] Le snobisme des salons n'y trouve pas son compte ».

Au lieu de blâmer le snobisme de certaines classes pour la mauvaise réputation du cinéma, certains blâment la mauvaise qualité des films ainsi que l'ambiance dans les salles. Ils réclamaient un cinéma qui s'adresse à l'élite, pour que cette élite vienne au cinéma. Louis Delluc milite pour que le cinéma devienne universel. Selon lui, « il faut s'adresser à la haute société et non pas seulement au « peuple », au « populaire », ou plus explicitement, « [il] faut seulement penser que l'écran-à-images n'appartient pas plus aux gens de Belleville qu'à ceux de Monceau ». Certains appelaient à la création des salles spécialisées pour montrer des beaux films dirigés vers un public d'élite. *Cinéa* proclame qu'il devrait y avoir deux cinémas : « Considérer comme urgent l'établissement d'une « hiérarchie des salles » telle qu'elle existe au théâtre : Salles populaires et Salles d'élite, afin de mettre un frein à l'invasion totale et avilissante de la production feuilletonesque. Et ce, pour attirer au Cinéma les innombrables intellectuels qui s'en détournent. »

Des critiques de cinéma essaient d'éduquer les spectateurs sur leur façon d'aller au cinéma. Ils fustigent les gens qui dorment, ceux qui arrivent en retard et font du bruit, ceux qui gardent leur chapeau sur la tête, ceux qui parlent pendant le film. Ils souhaitent en fait que le public populaire se comporte comme le public du théâtre bourgeois. Une loi au théâtre interdit les chapeaux, et le même débat commence au cinéma. Les femmes sont présentées comme étant les pires spectateurs, les moins « cinéphiles » : « Il y a dans toute salle de cinéma des spectateurs, ou, plus généralement, des spectatrices qui lisent le texte des sous-titres à haute voix ». De nombreux articles se plaignent de « la dame » qui ne sait pas bien lire, l'autre qui fait des commentaires mais qui ne comprend rien, etc.

Il y a aussi le mythe que certains films bannissent les différences entre tous les publics présents dans une même salle. Certains films sont censés plaire à « tous les publics », une déclaration courante. Les rires unissent le public « de l'orchestre aux galeries ». Ils sont ainsi supposés unir les riches de l'orchestre qui ont payé leurs places vingt francs, et les pauvres des « galeries » qui ont payé leur place cinq francs. On dit souvent d'un film qu'il va plaire aux publics de différentes salles: « [Ce film] est public. Il plaira sans conteste aussi bien au spectateur critique du boulevard qu'au brave homme de la périphérie » (*Cinémagazine*, 1921).

Des films ou des genres sont décrits comme ayant un gros succès avec un public et non pas l'autre. *Cinémagazine* critique l'attitude des snobs qui ne décident d'aller au cinéma que pour se plaindre: « Un beau film pourtant, et, alors qu'il a été bien accueilli dans un quartier de chiffonniers, il a été hué dans un établissement « chic » parce que les « snobs » aiment bien siffler. Pour Delluc, cette façon de siffler les beaux films « permettent aux êtres raffinés de signaler publiquement leur supériorité » (Delluc). Au sujet du film en séries, un critique écrit: « Si l'on peut constater qu'il déplaît à l'élite des spectateurs, on ne peut faire autrement que de constater aussi qu'il continue à plaire dans les salles populaires » (*Cinémagazine*, 1923). À quelle date peut-on situer un certain embourgeoisement du cinéma? Alors que certains proclamaient que la haute société boudait le cinéma, d'autres affirmaient qu'elle était convertie. Il y avait certainement un public d'artistes et d'intellectuels dont une minorité commençait à fréquenter les salles spécialisées, ou les ciné-clubs. Mais la mise en place d'une série de lois est peut-être plus indicative des changements dans les mœurs sur une plus grande échelle. En janvier 1927, une loi était abrogée qui prohibait le port des chapeaux, de fumer, et n'importe quelle attitude qui nuisait au bon déroulement de la projection du film. Des normes architecturales et sécuritaires ont été mises en place, et la permission de projeter des films a été refusée à des établissements hors normes. En 1928, la censure était centralisée et restructurée. Tous ces changements ont été à la fois la résultante et la cause d'un certain embourgeoisement des publics du cinéma. Alors que le cinéma entrait dans la vie quotidienne d'une partie grandissante de toutes les classes de la population, une forme de conduite a été imposée sur les spectateurs par des moyens architecturaux, légaux, et discursifs, ce qui menait à l'homogénéisation de ces « publics » du cinéma si divers.

J.L.

R

RAVEL Gaston (1878-1958)
Au début des années vingt, Gaston Ravel se trouve en Italie. Ce cinéaste très actif, sur la brèche depuis environ dix ans, d'abord comme scénariste et ensuite, à partir de 1914, comme cinéaste pour Gaumont durant quatre ou cinq ans, puis pour la société Charlotte qui relève en définitive de Pathé, rejoint la péninsule suite au succès d'un film produit en France par la Cines, *la Geôle*, distribué en Italie avec comme titre *L'ergastolo* (1918). Les critiques portent le film aux nues: le critique de *Film*, Aurelio Spada, en plus de l'énumération qu'il fait des différentes qualités de la mise en scène, du décor, de l'interprétation et de la photographie, conclue ses considérations sur le film en y voyant « une étude de l'âme » parfaitement réussie.

Mais ce n'est pas le seul motif qui puisse justifier, de la part de la Cines, l'engagement de Ravel: le cinéma italien commence à accuser les coups décochés par les films qui arrivent toujours plus nombreux d'outre-atlantique et, parmi les stratégies mises en place pour contrecarrer l'avalanche de pellicules hollywoodiennes, il y a aussi celle d'appeler des artistes étrangers de prestige pour revitaliser le tissu plutôt exsangue de la production nationale. Ce ne fut pas une idée très féconde: divers cinéastes et acteurs vinrent travailler de la France, de l'Allemagne et de l'Amérique, c'est le cas de Herbert Brenon, Henry Kolber, mais les résultats ne correspondirent pas aux attendes.

Mais avec Ravel, même si quelques-uns des films qu'il tourne en Italie n'obtiennent pas un très bon résultat, le bilan définitif peut certainement être considéré comme positif. Comme premier film lui est confié un projet plutôt ambitieux, la version cinématographique de *Cosmopolis*, un roman de Paul Bourget, dans lequel l'écrivain français observe sans pitié la corruption dans une métropole moderne, la Rome contemporaine. Les moyens mis à la disposition de Ravel sont exceptionnels: la distribution ne comprend pas moins de quatre actrices de premier plan et beaucoup de seconds rôles, à commencer par le ténébreux Alberto Capozzi qui dans le film est une sorte de Virgile qui guide le spectateur-Dante dans son voyage dans l'enfer social d'aujourd'hui. Ravel travaille sans s'accorder un moment de répit, il tourne beaucoup de prises. Au moment du montage, il décide de diviser le film en deux parties qui sont intitulées *la Bataille des races* et *Victimes expiatoires. Cosmopolis* remplit les salles à sa sortie, il obtient d'excellentes critiques et est vendu dans de nombreux pays étrangers.

Entre temps, Ravel a déjà réalisé deux autres films durant l'année 1919, *Il gioco*, un sujet qui affronte un débat clinique très discuté à l'époque : le caractère d'un individu est-il le produit du milieu où il vit ou bien dépend-il de facteurs ataviques ? Avec trop d'intertitres, le film est un échec et le problème de la Cines demeure irrésolu. Le joli visage de Théa, la jeune protagoniste, ne réussit pas non-plus à rendre le film moins indigeste. *La volata*, de son côté, tiré d'une pièce de Dario Niccodemi, plusieurs fois interprétée au théâtre par Vera Vergani, n'obtient pas à l'écran la même approbation qu'à la scène : Vera Vergani apparaît, de l'avis général des critiques, plutôt mal à l'aise face à la caméra.

De la Cines, Ravel passe à la Caesar : Barattolo lui a offert un contrat avantageux pour qu'il orne de sa signature prestigieuse deux films avec Francesca Bertini. Mais que ce soit *Il nodo* ou *Fatale bellezza*, ces œuvres n'ajoutent rien aux déjà abondantes filmographies de l'actrice et du cinéaste. De plus, la censure intervient de façon importante, notamment sur le second film, amputé de trop de « scènes de séduction, de menace et de morbidité complaisante ».

C'est alors la Medusa Film du marquis Alfredo Capece Minutolo di Bugnano qui fait appel aux services de Ravel. La Medusa, fondée en 1916, avaient eu des moments de gloire à ses débuts avec de très bons films de mœurs (*Redenzione*, *I Borgia*) et les brillantes comédies de Lucio D'Ambra (*La signorina Ciclone*, *Il re, le torri e gli alfieri*), mais depuis lors elle vivotait avec des productions mineures. L'arrivée de Ravel devrait lui faire retrouver ses anciennes splendeurs, telle est plus ou moins l'intention. On donne carte blanche au cinéaste français et Ravel se met à tourner plusieurs films les uns après les autres. Sans grand intérêt est *La rupe Tarpea*, avec la gracieuse, mais inapte comme actrice, Lucy di Sangermo, alors que *Temi* et *la Madonna errante* se révèlent d'une certaine épaisseur, construits sur mesure pour Linda Pini, une actrice aujourd'hui oubliée – du reste ses films ont été perdus – mais qui selon les jugements des critiques de l'époque était une femme naturelle, d'une élégance raffinée, capable d'une interprétation délicate et jamais outrancière.

La rencontre avec D'Annunzio est en revanche moins heureuse : l'adaptation de *Forse che si, forse che no* est mal accueillie aussi bien par le public que par la critique qui accuse Ravel d'avoir littéralement massacré un des romans les plus évocateurs du poète de Pescara, avec une réalisation honteusement plate.

Mais les critiques acerbes, qui pour certaines se transforment en insultes – Ravel est taxé d'homosexualité hystérique – ne touchent guère le cinéaste. Du reste, Ravel est à nouveau au travail sur Paul Bourget, non plus l'écrivain dénonciateur des mœurs, mais le Bourget spirituel et romantique de *Idillio tragico*, que suit *Saracinesca*, tiré d'un roman de Francis Marion Crawford qui a pour cadre la Rome pontificale de 1865, un film dans lequel Ravel sait habilement éviter les mailles de la censure pour une histoire qui se déroule à l'ombre du Vatican, dont on évoque, avec les précautions nécessaires, les vices secrets et les vertus publiques.

La dernière réalisation italienne de Ravel est *Rabagas*, un drame de Victorien Sardou, dans lequel il imagine un coup d'État dans la principauté de Monaco organisé par un aventurier du nom de Rabagas. Il s'agit presque d'un film d'aventures, avec pour le rôle principal une erreur de casting: Totò Majorana et un acteur sicilien, particulièrement habile dans l'utilisation du dialecte, mais certes non idéal pour un travail de ce type. De plus, la censure fait éliminer toute référence à la principauté de Monaco et impose que le drame se déroule dans un pays imaginaire.

L'examen des thèmes traités par des films comme *Cosmopolis*, *Temi*, *Saracinesca* ou *Rabagas*, donne l'impression que Ravel a, à plusieurs reprises, montré une certaine prédilection pour la critique sociale, position plutôt insolite pour le cinéma de cette époque, même si cet aspect est contrebalancé par la présence au cœur des récits d'actrices séduisantes comme Vera Carmi, Elena Makowska, Vera Vergani, Lindi Pini, probablement à la demande des producteurs.

Ces thèmes sociaux apparaissent en revanche beaucoup moins présents dans les films qu'à partir de 1923 Ravel réalise de retour dans sa patrie. *Ferragus* (1923) d'après *Histoire des treize* d'Honoré de Blazac, *On ne badine pas avec l'amour* (id.) d'après Alfred de Musset, *Jocaste* (1924) d'après Anatole France, *le Roman d'un jeune homme pauvre* (1926) d'après Octave Feuillet, *le Fauteuil 47* (id.) d'après la pièce de Louis Verneuil, *Figaro* (1928) d'après les pièces de Beaumarchais *le Barbier de Séville, le Mariage de Figaro* et *la Mère coupable*, à en juger par les comptes rendus publiés en France et à l'étranger, ne sont que des versions cinématographiques correctes d'autant de romans ou de pièces de théâtres. *Taô* (1923) est un habile feuilleton fait de dix épisodes, dans la lignée de ceux de Feuillade dans lequel on retrouve André Deed aux côtés de Joe Hamman. *Madame Récamier* (1927) offre à Marie Bell un grand rôle de composition. *L'Affaire du collier de la reine* (1929) n'est pas encore un film parlant, mais de larges parties en sont sonorisées.

À l'époque du parlant, Ravel tourne encore quelques films, des adaptations de Dumas fils avec *l'Étrangère* (1930) et de Molière avec *Monsieur de Pourceaugnac* (1932), et un *Fanatisme* (1933), avec Pola Negri, qui connaît une circulation très limitée. **V.M.**

Filmographie ◆ *Cosmopolis* (1919); *La volata* (id.); *Il giogo* (id.); *La rupe tarpea* (1920); *Temi* (id.); *Il nodo* (connu aussi comme *Oltre la legge, 1921*); *Saracinesca* (id.); *Forse che si forse che no* (1922); *Fatale belezza* (id.); *Idillio tragico* (id.); *Rabagas* (id.); *Taô* (10 épisodes, 1923), *Ferragus* (id.); *On ne badine pas avec l'amour* (id.); *Le Gardien du feu* (1924); *Jocaste* (id.); *L'Avocat* (1925); *Chou-Chou poids plume* (id.); *Le Fauteuil 47/Parkettsessel 47* (1926), *Mademoiselle Josette ma femme/Fraulein Josette meine Frau* (production franco-allemande, id.), *Le Roman d'un jeune homme pauvre*/Mitgiftjäger (production franco-allemande, id.); *Le Bonheur du jour* (1927); *Madame Récamier* (id.); *Figaro* (1928); *L'Affaire du collier de la reine* (1929).

RAY Man (1890-1976)

Emmanuel Rudnitsky se consacre très tôt à ses deux grandes passions: la peinture, d'abord vaguement cubiste, balançant ensuite entre dada et surréalisme; et la photographie, qu'il commence à étudier et pratiquer dès 1915, l'année où il fait la connaissance de Duchamps, avec lequel il publie, en 1921, le premier et seul numéro de *New York Dada*, avec une intervention de Tristan Tzara. Mais le milieu artistique new-yorkais n'est pas fait pour les aventures d'avant-garde de style européen. Lorsque Marcel Duchamp décide de partir pour Paris, en 1921, Man Ray comprend que pour lui aussi le temps est venu de quitter les États-Unis pour la France.

Arrivé à Paris en juillet 1921, précédé de la réputation d'être un grand esprit dada, il est accueilli favorablement par le groupe des futurs surréalistes. C'est précisément le moment où la présence dada s'affaiblit alors que le projet de Breton prend de l'envergure. Grâce à ses nouveaux amis, Man Ray a la possibilité d'exposer presque aussitôt à la librairie Six, une petite librairie appartenant à Philippe Soupault. L'exposition subit le même sort que l'exposition Max Ernst l'année précédente: les ventes sont nulles. Pour vivre, il fait alors de la photographie, surtout de tableaux pour des marchands d'art, les mêmes qui refusent ses œuvres dans leurs galeries. C'est à cette occasion qu'il invente les rayogrammes, un procédé photographique à contact direct, et qu'il exploite d'une façon nouvelle la solarisation.

Tout en se consacrant à la photographie, aux rayogrammes et à ses objets, il n'arrête pas pour autant de peindre ou de dessiner un peu chaque jour. Le succès atteint en tant que photographe lui permet de faire des expériences nouvelles en peinture qui frôlent tantôt le surréalisme, tantôt une *action painting* avant la lettre, tantôt un symbolisme tardif. Quoi qu'il en soit, quelques-unes parmi ses toiles les plus réussies, demeurent un sommet de l'imaginaire avant-gardiste de l'époque, comme *À l'heure de l'observatoire-les amoureux* (1934), *le Portrait imaginaire de D.A.F. de Sade* (1938), *les Tours d'Éliane* (1936), *Beau Temps* (1939), etc.

Lorsque la guerre éclate, Man Ray rentre aux États-Unis. Il abandonne Hollywood en 1951 et s'établit définitivement à Paris.

Inlassablement curieux, Man Ray a tout essayé dans les différentes techniques artistiques : de la peinture au dessin, de la photo aux ready-mades, du collage au design industriel, etc. Il était impossible pour lui de se dérober au charme du cinéma, avec ses immenses possibilités pour la plupart encore inexplorées. L'activité de Man Ray dans le cinéma fut brève mais très productive : dans la période 1923-1929, il réalise quatre films qui demeurent encore aujourd'hui un point de repère pour le cinéma d'avant-garde des années vingt.

Poussé par les possibilités qu'il voit dans les rayographies, Man Ray décide de s'acheter une petite caméra et quelques mètres de pellicule qu'il utilise pour des essais de prise de vue, sans aucun projet ni souci expressif. Tristan Tzara lui ayant demandé un film pour la soirée dada du « Cœur à barbe », la soirée qui marquera d'une manière définitive le rapport entre dada et les futurs surréalistes, Man Ray y fait projeter les images qu'il vient de tourner, sous le titre ironique de *Retour à la raison*. Pendant cent secondes on ne voit qu'une spirale mobile en papier, des bouts de pellicule constellés de flocons de neige produits en réalité par la chute d'allumettes et de punaises, un jeu de lumière sur la poitrine d'une femme nue, et presque rien d'autre. René Clair y voit le film dada par excellence.

Son second film est financé par un jeune *fan*, Arthur Wheeler, qui veut à tout prix que Man Ray fasse du cinéma, bien plus important à ses yeux que la photographie. Le film s'appelle *Emak Bakia* (1926), en basque : « Fous-moi la paix ». Le principe est le même que celui de *Retour à la raison*, mais à partir d'un projet plus organisé, tout en gardant néanmoins un ordre plutôt illogique. Après une suite d'images incohérentes, « soudain apparaissent sur l'écran les mots : "La raison de cette extravagance" et le spectateur cartésien se rassure en espérant qu'une explication rationnelle lui sera donnée. Mais il ne s'agit là que d'une nouvelle provocation [...]. Voilà les images qui suivent, en guise d'explication : un homme descend d'un taxi. Cet homme qui n'est autre que le grand poète Jacques Rigaud [...] tient à la main une petite valise. Il entre dans un studio, ouvre la valise qui contient des dizaines de faux-cols et très calmement les déchire un à un. Après s'être regardé dans un miroir, il déchire son propre col qu'il jette par terre où se trouvent d'autres cadavres de faux-cols. Ceux-ci se mettent à danser [...]. Le film se termine sur d'admirables photos de femmes, dont la dernière dort les yeux grands ouverts. Elle relève la tête et fixe les spectateurs qui se rendent compte qu'elle les regarde avec des faux yeux peints sur ses paupières fermées. Celles-ci se relèvent et les faux yeux cèdent leur place aux vrais. L'effet est extraordinaire (ceci est une pièce supplémentaire à verser au dossier des trouvailles que Cocteau s'appropria). » (Ado Kyrou). Le film, projeté Au Vieux Colombier en novembre 1926, a un remarquable succès de public : il est programmé tout de suite à New York, Londres, Bruxelles, puis en Allemagne.

Un soir, avant son départ pour les Indes, Robert Desnos lit à Man Ray un poème qui lui donne l'idée d'un film. C'est en 1928 et le film s'appelle *l'Étoile de mer*, le plus beau film de Man Ray et le plus beau film surréaliste, avec *l'Âge d'or*. *L'Étoile de mer* marque le passage de l'expérimentation-provocation dada à un assemblage d'images auquel n'est pas étranger le sentiment analogique du récit de Desnos. Man Ray y ajoute une très libre utilisation des sous-titres et une technique de flous et de déformations ayant pour but de créer un temps, un espace, une narration que le cinéma n'avait jamais connus auparavant. Comme le dit Ado Kyrou : « Poème et images forment un nouveau poème, qui parlera à chaque spectateur une langue différente et infiniment libre ».

Son dernier film, *les Mystères du château du dé* (1929), est réalisé sur proposition du vicomte de Noailles qui souhaitait qu'un film soit tourné dans sa villa d'Hyères construite par Mallet-Stevens, avec ses invités comme acteurs. Avec son opérateur Boiffard, Man Ray passa deux semaines à la villa de Saint-Bernard, cherchant à adapter ses images à un canevas suggéré par la phrase de Mallarmé « un coup de dés jamais n'abolira le hasard ». L'improvisation fut à la base de ce film, où Man Ray exploita avec finesse les beautés bizarres de la villa, le désir des invités de pas être reconnus (il couvrit leurs visages de bas noirs), leurs essais de gymnastique, le long voyage de Paris à Hyères, etc.

Noailles, enthousiasmé par le film, demanda à Man Ray de tourner un long métrage, mais il refusa, désormais moins intéressé par le cinéma que par la photographie, et conscient que l'introduction du son, rendant le cinéma toujours plus semblable à la vie, n'était pas fait pour l'inouï, le jamais vu, l'étonnement, l'expérimentation.

Malgré cela il continua de temps en temps à s'occuper de cinéma, surtout lorsque la situation prenait l'allure d'une aventure sans issue : il collabora à des projets avec Prévert, avec le groupe des surréalistes (de ce film, qui aurait dû s'appeler *Essai de simulation du délire cinématographique*, ne restent que sept photogrammes), avec Picasso et Eluard, avec Hans Richter, etc. **S.T.**

Filmographie ◆ *Retour à la raison* (1923) ; *Emak Bakia* (1926) ; *L'Étoile de mer* (1928) ; *Les Mystères du château du dé* (1929).

RENOIR Jean (1894-1979)
À première vue, l'initiation cinématographique de Jean Renoir rejoint celle de bon nombre d'apprentis cinéastes à l'orée des années vingt (et par exemple celle de René Clair, son cadet de quatre ans mais qui s'assurera bien avant lui une « situation » de premier plan) : lui aussi, soldat de la Grande Guerre, voit dans le cinéma américain une terre promise et un refuge merveilleux – où les vrais poètes s'appellent Chaplin, Griffith, Stroheim… Lui aussi se désintéresse du cinéma français « de prestige », fût-il autoproclamé d'avant-garde, pour fixer son désir sur des objets plus populaires. Mais là s'arrêtent les traits de ressemblance, car pour le reste son parcours est des plus excentriques : tout aussi étranger aux chapelles d'esthètes qu'à la loi du marché, il bricole dans son coin, entouré d'une poignée de fidèles (de son scénariste Pierre Lestringuez jusqu'à son opérateur Jean Bachelet, de son *alter ego* Jacques Becker jusqu'à son propre frère Pierre Renoir), et comme si le cinéma était moins un métier qu'un compagnonnage artisanal. Il rappellera d'ailleurs qu'en délaissant son activité de céramiste, en s'aventurant derrière une caméra, en sacrifiant ce qui lui restait de l'héritage d'Auguste Renoir, il poursuivait une envie toute personnelle : mettre en valeur les talents de sa jeune épouse, Catherine Hessling… Et de fait tous leurs premiers films semblent débordés par l'énergie incontrôlable de cette poupée fébrile, à la fois artificielle et trop réelle, à laquelle le cinéaste lui-même impose un double excès de sophistication et de présence charnelle. La femme fatale de *Nana* n'est évidemment pas Louise Brooks, mais elle s'impose comme une figure programmatique de toute l'esthétique de Renoir (le naturel retrouvé au cœur de l'artifice), en même temps qu'elle inaugure, bien trop tôt avant la Nouvelle Vague, une singulière dialectique de l'auteur et de son actrice filmée comme corps insaisissable.

Pris au jeu, Renoir ne va pas cesser de traquer toutes les formes de ce naturel, de ce mouvement perpétuel, en se fiant moins à des formules arrêtées qu'à des découvertes empiriques… En 1927, pour *Marquitta*, il met au point un système de travelling capitonné qui lui permet d'accompagner le plus souplement possible les déambulations de son modèle ; il imagine une reproduction miniature du métro Barbès, dans le cadre de laquelle ses comédiens évoluent comme autant de marionnettes vivantes. En 1928, dans *la Petite Marchande d'allumettes* (tourné au Vieux-Colombier avec la complicité de Jean Tedesco), il peaufine l'usage de lampes survoltées et d'une pellicule panchromatique, afin de gommer les contrastes excessifs et de suggérer une profondeur – au risque, lorsqu'il dirige l'année suivante *le Bled*, de laisser s'évanouir l'arrière-plan dans une luminosité uniforme… Toujours, les expériences techniques de Renoir vont dans le sens d'une *honnêteté*, qui consiste à montrer au spectateur qu'il est au spectacle, à dévoiler la matérialité du rêve et l'humanité du fantasme. C'est ce que marquera bien André Bazin, en écrivant à propos de *la Petite Marchande*: « [...] Ce qui amuse Renoir, c'est de faire de l'impressionnisme sur l'expressionnisme. Les truquages ne sont pas ici pour leur illusion féerique, mais pour leur réalisation mécanique ou leur matière optique. Ce sont des jouets au second degré. »

Si *Nana* ou *la Petite Marchande* remportent des succès d'estime, ces partis pris non spectaculaires condamnent Renoir à une position de franc-tireur, obligé pour se renflouer de donner des gages à l'industrie (mais même dans une comédie de garnison comme *Tire-au-flanc*, en 1929, il parvient à insuffler une bouffonnerie anarchisante qui préfigure *Boudu sauvé des eaux*, et scelle sa fraternité avec Michel Simon...). À sa manière, le cinéaste renvoie dos-à-dos les simulacres d'une production commerciale et les raffinements d'une création plus cérébrale – sans pour autant s'associer au compromis tenté alors par un Epstein ou un Feyder... Chez lui, on ne rencontre aucune séparation entre le quotidien et l'idéal, entre la simplicité du récit et « l'effort d'art » : sans complexe, les éléments les plus disparates du monde se retrouvent impurement mêlés, imbriqués, inextricables. Cette alchimie n'opère encore qu'à moitié dans *Catherine*, film qu'il co-réalise en 1924 avec Albert Dieudonné – et où l'on reconnaît trop de tics de montage à la Griffith ou à la Gance (avec les *topoi* de la danse endiablée ou du train affolé). Mais déjà, ce « journal d'une femme de chambre » met en scène une innocence sacrifiée, sans que personne soit coupable plutôt qu'un autre de la diffusion confuse du mal. Si Renoir reprend d'une manière obsessionnelle (qui s'estompera un peu dans la polyphonie de ses films parlants) le motif mélodramatique et naturaliste de la jeune femme victime de la société, s'il accompagne ainsi cette nostalgie de l'innocence qu'inaugurent dès 1923 des films comme *Cœur fidèle* ou *Crainquebille*, il le fait d'emblée sur un mode anti-idéaliste, qui l'empêche d'entrer dans la logique naissante du réalisme poétique... Son pessimisme n'est pas fait d'une noirceur que viendrait adoucir l'idée du paradis perdu: il repose sur une lucidité intégrale, qui découvre la beauté au fond de la déchéance et la déchéance au-delà de la beauté, qui n'invoque jamais quelque *fatum* métaphysique, poétique ou même politique – mais seulement une acceptation sans limites de ce qui est. On pourrait bien citer dans son premier film (*la Fille de l'eau* en 1924), telle scène où Catherine Hessling semble écrasée par les murs de sa chambre comme par une ogive monumentale; mais ces nouvelles « infortunes de la vertu » obéissent moins à une vision morale qu'à l'affrontement des éléments (l'eau, le feu), au retournement des apparences, à la simple observation du monde comme il va. Dès le début, la métaphore fluviale s'impose comme celle du cinéma même, perçu comme une continuité sans rupture, un reflet imperturbable de la totalité. En quoi Renoir s'avère peut-être moins proche de Zola que du Huysmans d'*À vau-l'eau*, et d'un naturalisme réduit à l'essentiel (dont il a pu trouver chez Stroheim l'exemple cinématographique le plus marquant) : s'il adapte en 1926 *Nana*, c'est avec un mélange de cruauté et de tendresse qui dépasse l'étude de mœurs, et qui fait voir l'instinct sexuel à l'œuvre autant que le déterminisme social.

De même, son prétendu « réalisme » ne craint pas de flirter avec l'onirisme – mais celui-ci n'est jamais qu'un reflet de celui-là, son double fraternel : ainsi la fameuse séquence du rêve, dans *la Fille de l'eau*, anticipe-t-elle le merveilleux artisanal de Cocteau, non seulement à cause d'effets similaires (le ralenti, la course à travers les voiles), mais parce que l'imaginaire y apparaît comme un prolongement évident et naïf de la vie réelle. Et c'est ce qui fait la beauté insolite de *la Petite Marchande d'allumettes* : à l'envers d'une noirceur trop théâtrale pour être vraie, la fantasmagorie acquiert une vérité seconde, l'excès de la caricature révèle enfin la nature – au point qu'on se demande si Catherine Hessling s'est délestée de son humanité, ou si les soldats de bois sont devenus à leur tour des personnes... Le petit théâtre de Jean Renoir est là tout entier : dans une outrance libératrice, qui se moque du bon goût et de la vraisemblance, qui accentue les traits du masque pour faire surgir le visage. Si par là il affirme bel et bien sa filiation impressionniste, c'est aux antipodes de l'impressionnisme filmé par Delluc, par Dulac ou par L'Herbier : loin de prétendre explorer une intériorité à l'aide d'analogies plus ou moins rhétoriques, le cinéaste s'implique dans le courant même de la vie ; loin d'aspirer à l'image pure, il accueille les excès les plus contraires, il assume la coexistence de la pensée et du mouvant. Dès lors, on conçoit qu'il ait passé sans trop d'états d'âme le cap du parlant : il n'avait pas sacralisé le silence, il n'avait pas cherché dans le cinéma une sublimation de l'Histoire, mais d'entrée de jeu (et avec trente ans d'avance) son incarnation intégrale.

N.H.

Filmographie ◆ *La Fille de l'eau* (1924) ; *Nana* (1926) ; *Charleston* (1927) ; *Marquitta* (id.) ; *La Petite Marchande d'allumettes* (co. Tedesco, 1928) ; *Tire-au-flanc* (id.) ; *Le Tournoi* (1929) ; *Le Bled* (id.).

RIMSKY Nicolas (1890-1941)
D'origine polonaise, Nicolas Rimsky – de son vrai nom Kourmacheff – joue au théâtre à Saint-Pétersbourg dès l'âge de 12 ans puis au cinéma depuis 1912. On trouve son nom aux génériques d'un grand nombre de films russes – une cinquantaine – dont *l'Enterré vivant* – avant qu'il

n'entre chez Ermoliev. Il joue dans plusieurs films dirigés par Protazanov, réalisateur « phare » de la maison (*À qui l'enfant?*) qu'il suit dans l'exode vers le Sud (Kiev, Yalta) durant la guerre civile.

En 1920, il quitte la Crimée avec Mosjoukine, Lissenko, Protazanov, Volkov et autres et se rend à Paris. Il proclame alors être un admirateur de Gance et Griffith et de l'acteur Séverin-Mars.

Son premier film français est *l'Échéance fatale* de Volkoff en 1921 puis *les Mille et une nuits* de Tourjansky (1922), *la Fille sauvage* d'Etiévant (1922). Tourjansky le dirige à nouveau dans *la Nuit de carnaval* (1922) et *Calvaire d'amour* (1923) puis *Ce cochon de Morin* la même année, mais ce sixième film représente un tournant dans la carrière de Rimsky. D'une part il est associé au scénario, d'autre part la critique et le public le remarquent et en font une vedette comique et l'artisan d'un « renouveau de ce genre ». Cas rare, en effet, dans le cinéma français de cette époque (comme de nos jours d'ailleurs), Rimsky « pousse à fond une situation », en exploite les potentialités comiques, développe une logique de gag. On le comparera sous cet angle à Keaton (dans *Cinéa*) quoique son jeu s'en distingue car il s'appuie sur force gesticulations et grimaces.

Dès lors Rimsky prend une part croissante au « montage » des films où il joue : il participe au scénario et devient son propre metteur en scène. Contrairement à son collègue Koline cependant qui crée un personnage de comique « persécuté » et reste le plus souvent un comparse, il interprète d'une part les « méchants » ou les « villains » (jusqu'à la perversité) et poursuit la veine comique ou de vaudeville de l'autre. Il est ainsi le Chinois maléfique de *la Dame masquée*, le cynique Lord Hampton de *la Cible*, mais aussi l'écrivain ridicule de *l'Heureuse mort* et le grotesque Moluchet de *Jim la Houlette.* Au croisement de ces deux aspects, on trouve la figure pitoyable du *Chasseur de chez Maxim's.*

Associé aux scénarios de *la Cible* et de *l'Heureuse mort* de Nadejdine, il passe à la réalisation avec *le Nègre blanc* en 1925 et pour trois autres films. Mais dans chacun des cas il est associé à un co-réalisateur : successivement Henry Wulschleger (*le Nègre blanc*), Pière Colombier (*Paris en cinq jours)* et Roger Lion (*Jim la Houlette* et *le Chasseur de chez Maxim's*), cinéastes peu « encombrants » – alors que des projets avec Cavalcanti puis Epstein restent sans suite – et qui se bornent à un rôle technique. Dans ces films centrés sur son personnage et sa personne – souvent dans deux rôles –, on peut légitimement accorder à Rimsky un rôle moteur dans la mise en scène elle-même tout en notant également la place que prend l'écrivain humoriste russe émigré, Michael Linsky, dont Kamenka rêvait sans doute de faire un dialoguiste ou scénariste comique à Albatros.

Dans cette veine comique ou même burlesque, *Paris en cinq jours* est l'une de ses plus manifestes réussites. Le groupe de touristes américains emmenés à toute allure dans une visite-éclair de Paris en car découvert garde toute son acuité. La visite du Louvre à la course que reprendra Godard dans *Bande à part* n'est que l'un des moments forts de ce film « enlevé » qui en comporte plus d'un. L'ironie à l'endroit des « hauts lieux » de la capitale n'est pas absente : de la Tour Eiffel qui se « casse » dans le regard ennivré de l'Américain comme en un Delaunay irrévérencieux, aux bouges à Apaches du côté des Halles conçus pour épater le bourgeois (déjà présent dans *Jim la Houlette*).

À la fin de la décennie, il est dirigé par René Hervil dans *Minuit Place Pigalle* (1928) dans une tonalité plus tragique. Au début des années trente, il co-réalise *Pas sur la bouche* (1931) avec le grand metteur en scène russe émigré Nicolas Evréïnoff, auteur auparavant d'un méconnu *Fécondité* d'après Zola avec des décor d'Alexandra Exter.

Fr.A.

Filmographie ◆ *Ce Cochon de Morin* (RÉAL. Tourjansky. Scénario, 1923) ; *La Cible* (RÉAL. Nadejdine, 1924) ; *L'Heureuse mort* (RÉAL. Nadejdine, id.) ; *Le Nègre blanc* (1925) ; *Paris en cinq jours* (id.) ; *Jim la Houlette* (1926) ; *Le Chasseur de chez Maxim's* (1927).

ROUDES Gaston (1878-?)

Au début des années dix, Gaston Roudès travaille à la société Éclipse. D'abord scénariste et acteur, il réalise son premier film, *le Pouce*, en 1911 tout en continuant à apparaître comme comédien dans d'autres films. C'est un réalisateur à tout faire que l'on retrouve aussi bien dans des œuvres aux prétentions artistiques affichées que dans des films davantage orientés vers le public populaire. Roudès participe à des entreprises inspirées d'œuvres historiques : il dirige Sarah Bernhardt dans *Adrienne Lecouvreur* (1912) et *la Reine Elisabeth* (id.) – films attribués à tort, si l'on en croit Henri Fescourt dans *la Foi et les montagnes*, à Louis Mercanton –, avant de réaliser en 1913 une œuvre très ambitieuse, *la Légende d'Œdipe* avec Mounet-Sully qui a également participé à l'adaptation. Roudès se fait également apprécier comme metteur en scène, en alternance avec Jean Durand, des films de la série *Arizona Bill* interprétés par Joë Hamman et destinés à concurrencer la production américaine.

Dans les années vingt, Roudès continue à être très actif. Il crée même sa propre société de production, dénommée tantôt Gallo Films tantôt Films Roudès, et tourne des œuvres dans lesquelles dominent une ligne mélodramatique et un souci de réalisme qui retiennent l'attention. D'abord attaché à Rachel Devirys, il devient le metteur en scène attitré de France Dhélia, à laquelle il donne souvent pour partenaire Lucien Dalsace ou Constant Rémy. Il dirige la comédienne dans *Pulcinella* (1923), *les Rantzau* (id.), *l'Ombre du bonheur* (1924), *les Petits* (1925), *la Maternelle* (id.), – le sujet sera à nouveau mis en scène par Jean Benoit-Lévy en 1933 –, *Oiseaux de passage* (id.), *Visage d'aïeule* (1926), *la Maison du soleil* (1928). À la fin des années vingt, Roudès produit un moyen métrage de Jean Epstein, *Sa tête*, avec France Dhélia et René Ferté.

Le cinéaste poursuit sa carrière dans les années trente, signant des œuvres populaires comme *Roger la Honte* (1932), *l'Assommoir* (1933) où l'on retrouve France Dhélia aux côtés de Line Noro, *la Maison du mystère* (1935), *la Joueuse d'orgue* (1936) ou *la Tour de Nesle* (1937) avec Tania Fédor. **J.A.G.**

Filmographie ◆ *Maître Evora* (1920); *Prisca* (1921); *La Voix de l'Océan* (1922); *Pulcinella* (1923); *Les Rantzau* (id.); *Le Petit Moineau de Paris* (id.); *L'Ombre du bonheur* (1924); *Les Petits* (co-réalisation Marcel Dumont, 1925), *La Maternelle* (id.); *Oiseaux de passage* (id.); *Visage d'aïeule* (1926); *Le Prince Zilah* (id.); *La Maison du soleil* (1928); *La Maison des hommes vivants* de Marcel Dumont (supervision, 1929).

ROUSSELL Henry (1875-1946)
Henry Roussell gagne d'abord sa vie comme employé chez un marchand de vin de Bercy. Ses goûts le portent à aller tous les soirs à l'Odéon où, ayant réussi à se faire engager dans la claque en compagnie d'Antoine et de Firmin Gemier, il peut se griser à son aise de théâtre. Il prépare le Conservatoire, devient jeune premier et est engagé dans la troupe française du théâtre Impérial de Saint-Petersbourg où il devient l'ami de l'Empereur Nicolas II. De retour en France, il se tourne vers le cinéma et a le mérite de comprendre le parti illimité qui peut être tiré de cet art. À cet égard, Abel Gance est un grand admirateur des grosses productions historiques réalisées par Henry Roussel comme *les Opprimés* ou *Violettes impériales*.

Occasionnellement acteur, par exemple dans *les Nouveaux Messieurs* de Jacques Feyder, au temps du muet et du parlant, Roussell fait ses débuts dans la mise en scène en 1918 avec *Un homme passa* et *l'Âme du bonze*. En 1925, il est président du salon des Arts Décoratifs. Pour la Lutèce Films, première société entièrement niçoise fondée en juillet 1925 par Barbier, Henry Roussell réalise *Destinée*, une épopée napoléonienne. Kevin Brownlow, après en avoir vu une copie en 17,5 mm au Musée du Film de Buckingham, parle de *Destinée* en termes élogieux : « Ce film est étrangement saisissant, l'attention portée aux costumes et aux extérieurs est remarquable et bien que le film demeure au niveau de la romance historique, il vaut la peine d'être vu. Ce film correspond à l'approche américaine de l'histoire – les grands événements sont le résultat d'histoires d'amour turbulentes –, mais c'est un meilleur film que bien des épopées hollywoodiennes du même genre. Ce n'est pas un aussi bon film que *Violettes impériales* car il lui manque le cameraman Jules Kruger, Raquel Meller et une histoire de premier ordre. Cependant, ces deux films se ressemblent énormément par leur contenu. »

Cinea loue sans réserve Henry Roussell, artiste et poète, d'avoir réhabilité le paysage et d'être allé vraiment en Corse pour tourner en 1926 *l'Ile enchantée*. Il ne suffisait pas d'y aller, encore fallait-il en rapporter quelque chose. Dans ce film, restauré par les Archives du Film à partir de différentes copies 35 mm et 9,5 mm, on ne peut qu'admirer la force narrative d'Henry Roussell et sa vision pertinente de deux mondes : le Parisien civilisé et artificiel, le Corse naturel et sauvage – tradition et modernité, deux thèmes dont l'actualité est toujours évidente.

Henry Roussell occupe une place non négligeable dans le cinéma français des années vingt. Sa production est abondante et diverse. Le succès de sa rencontre avec Raquel Meller a à l'époque un grand retentissement : après trois films (*les Opprimés*, 1922 ; *Violettes impériales*, 1923 ; *la Terre promise*, 1925), ils se retrouvent au temps du parlant pour un *remake* de *Violettes impériales* en 1932. Roussell tourne encore quelques films dans les années trente dont en 1934 son œuvre la plus singulière, *Arlette et ses papas*. **J.-P.M.**

Filmographie ◆ *Visages voilés, âmes closes* (1920) ; *La Vérité* (1922) ; *Les Opprimés* (id.) ; *Violettes impériales* (1923) ; *La Terre promise* (1925) ; *Destinée* (id.) ; *L'Île enchantée* (1926) ; *La Valse de l'adieu* (1929) ; *Paris Girls* (autre titre : *Champagne Girls*, id.).

S

SALLES

Les salles de cinéma ont été beaucoup moins étudiées que la production de films. Les premiers ouvrages importants sur ce sujet datent de 1995 et traitent surtout de l'exploitation avant 1918 ou après 1939. Ce constat est aussi celui de l'historien américain Douglas Gomery, qui rappelle à juste titre l'importance de l'exploitation en estimant la part de ce secteur à 94 % du volume total des investissements dans l'industrie du cinéma américain. Les sommes investies en France pour adapter les salles au parlant sont certainement supérieures à une décennie de production de films mais le secteur de l'exploitation reste encore mal connu. La faible concentration de cette activité ne favorise pas les analyses d'ensemble. C'est pourtant, dans l'entre-deux-guerres, la base de toute industrie du cinéma.

Sans l'appareil statistique des grandes compagnies américaines et en l'absence de données officielles, comment esquisser une description du parc de salles en France à la fin des années vingt, avant le passage au parlant?

La presse corporative et plusieurs études des années trente tentent de décrire l'évolution du parc de salles. Les archives des Finances et divers fonds d'archives privées conservent des comptabilités de salles et des bilans d'entreprises cinématographiques. Ils permettent d'appréhender le passage du muet au parlant pour ces salles qui doivent mobiliser des centaines de millions pour satisfaire la demande de « parlant français ».

Le succès du spectacle cinématographique

Le chiffre le plus souvent cité est celui de 3 502 salles en 1928, auquel il faudrait ajouter 700 salles de patronage. Ces 4 202 salles proposent deux millions de fauteuils aux spectateurs d'une France de 40 229 000 habitants en 1926. L'auteur de « La note sur l'industrie cinématographique française », datée d'octobre 1929, reprend pour le Crédit Lyonnais des estimations assez voisines: « À la fin de 1928, on comptait en France, dans les Colonies et pays de protectorat, 4 325 salles de cinéma en pleine exploitation, gérées par 2 500 exploitants environ. »

Le spectacle cinématographique s'impose au cours de la décennie d'après-guerre. En 1921, le cinéma représente le tiers des recettes des spectacles à Paris. En 1929, ses recettes atteignent 230 millions de francs et dépassent celles des théâtres parisiens. À partir de 1931, les recettes des cinémas représentent plus de la moitié des recettes des spectacles à Paris (360,9 millions sur un total de 708,7 millions de francs). Cette tendance semble encore plus nette en province. En 1928, Montpellier, ville de 85 000 habitants, compte six salles de cinéma dont trois salles de plus de mille places. Béziers en compte quatre dont trois de plus de mille places. Cette période apparaît comme décisive pour l'exploitation de salles en France. En dix ans, de 1918 à 1928, le nombre de salles a presque triplé en passant de 1444 à 4200. À la même date (1928), les États-Unis comptent 22 200 salles pour 65 millions de spectateurs par semaine (soit 3 380 millions dans l'année !). En France, aucune statistique globale ne permet de chiffrer avec précision la fréquentation, mais Georges Sadoul et Pierre Billard s'accordent pour évaluer à 200 millions le nombre de spectateurs en 1930.

On peut avoir un aperçu de l'implantation des salles au niveau des grandes régions cinématographiques, quelques années plus tard, au 1er juin 1932 : 197 à Paris, 724 à Lyon, 862 en région parisienne, 625 à Marseille, 489 à Lille, 543 à Bordeaux, 405 à Nancy et Strasbourg, 364 à Nantes, soit 4 209 salles auxquelles s'ajoutent 255 salles en Afrique du Nord.

Le nombre de salles a peu évolué depuis 1928. L'effort des exploitants se porte alors sur l'équipement et l'adaptation des salles au parlant qui se révèlent très coûteux. Quelques dizaines de salles se transforment dès 1929, dont plusieurs salles Aubert à Paris et des salles Richebé à Marseille. Roger Richebé raconte sa découverte du parlant en 1927 et souligne l'importance de l'engagement financier : 500 000 francs pour une location de dix ans. Malgré le succès de *la Route est belle* dans la salle de 2 500 places du Capitole de Marseille (d'après Roger Richebé les recettes de ce seul film auraient permis d'amortir le coût de l'appareil Western Electric), on ne compte que 45 salles équipées pour les projections sonores en février 1930. Les investissements avoisinant le million de francs pour équiper et adapter une salle au parlant expliquent la prudence des exploitants. *La Cinématographie française* du 27 décembre 1930 recense 552 salles équipées. Les deux tiers des exploitants ont choisi les appareils Western Electric, Gaumont Radio et R.C.A. Le sud-est de la France apprécie le parlant. L'hebdomadaire annonce que 103 salles de cette région ont acquis un appareil de projection sonore, alors qu'à Paris 108 salles projettent en « parlant » en cette fin 1930. Deux ans plus tard, plus de 2 500 salles continuent à projeter des films muets ou des films parlants sans le son. La présence de ces films dans les catalogues de distribution de la GFFA et dans les listes de films présentés à la censure en 1932 indique qu'un marché du « muet » perdure encore quelques années en France.

Le temps des palaces

Les théâtres cinématographiques, comme on disait alors, sont de véritables temples de ce cinéma qui recherche alors reconnaissance, respectabilité et égalité avec le théâtre que la Chambre des députés lui refuse sur le plan fiscal. La moyenne de 476 places par salle indique bien l'ampleur de ces bâtiments. Roger Moris, dans sa thèse, donne une répartition de ces salles selon leur taille : 75 de plus de 1 500 places, 184 de 1 001 à 1 500 places, 670 de 601 à 1 000 places, 2 129 de moins de 600 places.

On obtient alors un total de 3 058 salles à plus de 3 représentations par semaine. Ce chiffre de 3 058 salles réapparaît pour 1930 dans l'ouvrage de Georges Sadoul.

Dans la presse, de nombreux articles sont consacrés à l'ouverture ou à l'aménagement des plus grandes salles. Ainsi à Limoges, pour l'ouverture du Tivoli en mai 1921 : « La foule fit fête au spectacle et exprima une admiration très sincère pour le bel agencement de cette salle de cinéma merveilleuse par son architecture originale et le bon goût de ses peintures. La disposition des sièges, l'éclairage intense, les nombreuses sorties de secours en font un modèle du genre. » En 1928, la publicité de l'Odéon, nouvelle salle de mille fauteuils qui s'ouvre à Montpellier, assure que « de n'importe quelle place, on voit l'écran sans tourner la tête ! »

Les 259 salles de plus de 1 000 places drainent une grande partie des spectateurs et des recettes. En 1929, les 20 salles parisiennes qui constitueront une partie du circuit Gaumont Franco Film Aubert totalisent 58 251 000 francs de recettes, soit environ 9,7 % du total des recettes françaises estimées par les Finances à 598 millions de francs.

Le triomphe du cinéma américain

La fin des années vingt est marquée par la domination du cinéma américain sur les écrans français. Les salles programment surtout des films américains. Les majors américaines créent des filiales françaises pour l'exploitation de salles. La Loew Metro Goldwyn reprend en gérance les douze salles Gaumont à partir de 1925, la Paramount gère huit salles au début du parlant.

Si l'on prend l'année de référence du rapport de Carmoy (1926), le constat est évident : les films français représentent environ 9,5 % des films présentés à la censure. Si l'année 1926 est un point bas de la production française, le pourcentage des films français pour les six années ne dépasse pas, en moyenne, 11,8 %. Entre 1913 et 1926, la part des films français sur le marché national serait passée d'environ 36 % à 11,8 %. Bien que les deux

Le marché français de 1924 à 1929

Années	FRA	EU	ALL	ITA	ANG	URSS	Totaux
1924	68	589	20	9	1		693
1925	73	577	29	13	7		704
1926	55	444	33	14	2	1	581
1927	82	368	91	10	8	10	581
1928	94	313	122	7	23	4	583
1929	52	211	130	3	23	9	437

chiffres n'aient pas exactement la même signification, la tendance au déclin de la production française sur le marché national est nettement mise en évidence.

L'hégémonie américaine apparaît clairement. En 1926 les films américains atteignent plus de 76 % du total, mais leur part décline dans les années suivantes. En cumulant les quatre dernières années, les films en provenance d'Amérique représentent 61 % des 2 182 longs métrages présentés à la censure. La conquête du marché par ces films apparaît clairement en comparant ce pourcentage à l'évaluation pour l'année 1913 : 34-35 %. La part des films américains a presque doublé. Le cinéma américain est devenu dominant sur les écrans français. Ce phénomène perçu par les contemporains provoque de vives réactions et une résistance.

La présence américaine massive ne doit pas occulter le rôle nouveau du cinéma allemand. Si le pourcentage de films allemands présentés à la censure est relativement faible en 1926 (5,6 %), la part des films allemands est supérieure à celle des films français en 1927, 1928, et 1929. Pour ces quatre années de référence, les films en provenance d'Allemagne représentent plus de 17 % du total. C'est un phénomène nouveau car l'Allemagne n'apparaît pas dans le tableau établi par Thierry Lefebvre pour l'année 1913 (entre-temps s'est créée la puissante UFA). À l'inverse l'Italie, qui exportait 18 % des films en circulation en France en 1913, ne totalise que 1,5 % des films entre 1926 et 1929.

Les limites des grands circuits

L'étude du Crédit Lyonnais en 1929 souligne la rentabilité de ce secteur de l'exploitation : « Dans l'ensemble les résultats obtenus par les entreprises dont les comptes sont publiés, ont été favorables dans les dernières années. Malgré la nécessité d'amortissements assez élevés, les bénéfices ont généralement permis de rémunérer largement les capitaux investis. Pour l'année 1928, la majorité des entreprises d'exploitation ont distribué à leur capital-actions des dividendes compris entre 10 % et 20 % brut. » Ces résultats s'expliquent par des frais d'exploitation peu élevés, « la location des films ne représentant qu'une proportion extrêmement faible des recettes produites ». L'auteur de la note du Crédit Lyonnais force un peu le trait. Les locations de films représentent 28,4 % des recettes brutes du Kursaal de Béziers en 1928 et 30,5 % des recettes brutes des salles parisiennes de la GFFA (sans le Gaumont-Palace) en 1931 alors que les taxes atteignent 16,4 % pour la salle de Béziers et 22,1 % pour celles de Paris.

Dans cette note de la banque, la rapide description du secteur au début de 1929 met en évidence quelques grandes sociétés dont Les Établissements Aubert (23 salles), la Société Gaumont (12 salles exploitées par la Loew-Métro-Goldwyn), la Société Cinéma-Exploitation (une dizaine de salles), la Société des cinémas Monopole (16 salles en province). Il faut y ajouter le « Groupement Lutetia », appelé aussi « circuit Fournier » (20 salles principalement parisiennes).

Dès octobre 1929, le mouvement de concentration suscité par l'arrivée du parlant et la perspective de résultats intéressants sont soulignés par l'analyse du Crédit Lyonnais. À cette date, le groupe Pathé compte 45 salles acquises à prix élevé et se constitue la Aubert-Franco-Film qui part à la conquête de la société Gaumont (fusion officiellement réalisée entre décembre 1929 et juin 1930).

La forte croissance des recettes laisse espérer des profits substantiels. Entre 1928 et 1930, les recettes de dix des grandes salles parisiennes de la GFFA ont augmenté de 48 % ! Entre 1929 et 1931, les sociétés de cinéma investissent des centaines de millions de francs dans l'acquisition et la rénovation de salles. Les grandes compagnies s'endettent pour acquérir ces salles devenues indispensables au financement du cinéma parlant, perçu comme une nouvelle chance pour le cinéma français.

L'étude de l'ingénieur-conseil Jules Simonet sur la GFFA, datée de septembre 1932 mais décrivant une situation au premier semestre 1932, nous permet de dresser un tableau de l'exploitation française au début du parlant et de mesurer l'ampleur et les limites du mouvement de concentration intervenu dans l'exploitation dans cette période 1929-1931.

Le plus important des groupes de salles appelés « circuits » est sans conteste Pathé-Natan, ou plus exactement : La Société de Gérance des Cinémas Pathé, filiale de Pathé-Natan. Ce circuit compte 64 salles (40 à Paris et en banlieue, 24 en province). Cet ensemble de théâtres cinématographiques Pathé propose, en 1932, 80 690 places selon l'expert Jules Simonet. Le second circuit est celui de la GFFA, avec 31 salles en France et 4 à l'étranger (le groupe en a cédé 11 entre 1930 et 1932). Les 19 salles à Paris et 12 salles en province offrent 46 500 places. La moyenne des salles Pathé est de 1 260 places et la moyenne des salles GFFA atteint 1 500 places. Le 3e circuit est un groupe spécialisé dans l'exploitation de salles : le circuit Brézillon qui comporte 18 salles pour 29 100 places à Paris et en banlieue. La moyenne des salles Brézillon est encore plus élevée puisqu'elle s'établit à 1616 places. Pour le circuit Braunberger-Richebé, les sources diffèrent: 7 ou 17, laissons le dernier mot à Roger Richebé lui-même, qui cite 13 salles dans le midi de la France. Ces salles sont gérées ou programmées par l'exploitant marseillais en liaison avec d'autres familles comme les Rachet et Eyguesier.

D'après Jules Simonet, il faut compter aussi avec les circuits Paramount (8 salles pour 13200 places offertes), Cousinet dans le Sud-Ouest (9 salles pour 7000 places), Corniglia à Paris (9 pour 6000 places). L'ingénieur-conseil, soucieux de décrire avec précision les concurrents de la GFFA, poursuit sa liste des circuits offrant plusieurs milliers de places en citant encore le circuit Jacques Haïk (6 salles dont 3 à Paris, parmi celles-ci, le fameux « Rex »), les 6000 places pour 6 salles à Paris et en province du circuit Astraux, les 7 salles en province du circuit Siritsky et les 6 salles de la Compagnie Française des Cinématographes.

Toutes les études des années trente s'accordent pour conclure comme l'auteur de la note du Crédit Lyonnais: « Mais la grande majorité des salles en France appartiennent à des particuliers ou à des sociétés indépendantes des sociétés productrices ». En juillet 1936, Guy de Carmoy précise: « Par ailleurs, beaucoup d'entreprises de spectacles cinématographiques ont un caractère artisanal et familial très marqué, et sont dirigées sans constitution préalable de société. » La concentration dans ce secteur de l'industrie cinématographique apparaît faible.

La description des principales sociétés françaises au début du parlant met en évidence un monde de petites et moyennes entreprises. Le plus puissant des circuits, le circuit Pathé ne représente qu'environ 1,5 % des salles françaises, 3,5 % des salles équipées pour les projections sonores et 4 % des fauteuils alors que le second groupe, la GFFA se situe à 0,6 % des salles, 1,7 % des salles équipées et 2,3 % des places. Le circuit Brézillon regroupe 0,4 % des salles, 1 % des salles équipées et environ 1,5 % des sièges. Les trois premières sociétés françaises d'exploitation cinématographique ne contrôlent que moins de 8 % des places pour environ 6,3 % des salles équipées. Aux États-Unis, les Big Five réussissent à collecter « les deux tiers de recette-guichet » en contrôlant environ 3000 des 22000 salles alors que Pathé-Natan et Gaumont-Franco-Film-Aubert ne captent qu'au maximum 25 % des recettes françaises.

Cette différence essentielle cumulée à un écart encore plus manifeste dans le secteur de la distribution explique en grande partie les difficultés des deux grandes compagnies françaises au moment de la baisse pourtant limitée des recettes françaises à partir de 1933. L'acquisition et la rénovation de centaines de salles à la fin des années vingt sont à l'origine des faillites et scandales qui ont défrayé la chronique des années trente.

J. Cho.

SAPÈNE Jean (1867- ?)
« M. Sapène ? Un industriel heureux. Un homme d'un goût très sûr [...]. Entre deux idées, il choisit toujours la plus stupide. Il est le roi du cinéma en France. Il dicte ses volontés à toute l'industrie cinématographique française. Grâce à lui, les Cinéromans portent l'imbécillité jusqu'au fond des campagnes », écrit Robert Desnos dans *Le Soir* en 1928. Au même moment, la revue *Filma* dresse un portrait du même homme en « grand bienfaiteur de la cause nationale », et compare l'effet produit par son arrivée à la tête de la société des Cinéromans au « réconfortant souffle de confiance » qui est passé sur la France lors du retour au pouvoir du Président du Conseil Raymond Poincaré, en 1926. Peu de producteurs français des années vingt peuvent se vanter de provoquer des passions si violentes et si contradictoires...

Né en 1867 à Bagnères-de-Luchon, ce *self-made man* souvent caricaturé pour sa corpulence, sa voix tonitruante et son autoritarisme domine le paysage cinématographique français des années vingt. Son modèle non avoué est l'homme d'affaires allemand Alfred Hugenberg, magnat de la presse et propriétaire de la toute-puissante UFA, firme de production et de distribution en situation de quasi-monopole dans son pays et en position de faire concurrence aux *majors* hollywoodiennes. Comme lui, Sapène est d'abord un patron de presse : directeur général des services du quotidien *Le Matin*, il préside en outre le Consortium des Grands Quotidiens de Paris, qui regroupe les journaux à plus fort tirage de la capitale. Comme lui encore, il comprend l'importance du cinéma, à la fois comme secteur économique et comme enjeu de pouvoir : en 1922, il prend la suite de René Navarre à la direction de la société des Cinéromans, dont il fait l'une des plus puissantes firmes de production de France. Comme lui, enfin, il entretient des rapports étroits avec les milieux du pouvoir en collaborant à la politique de propagande du ministère du Commerce et de l'Industrie en faveur du redressement économique français.

Son action à la tête des Cinéromans lui vaut, durant toute la décennie, les louanges d'une presse spécialisée désarçonnée par les déboires du film français à l'étranger et sur son propre marché, impressionnée par cet homme à poigne et peu encline, de toute façon, à critiquer les industriels du cinéma. Dès son arrivée, il entreprend de rationaliser la production de la firme, qui est encore, à cette époque, centrée sur les films à épisodes. Il crée ainsi un département des scénarios pour relever le niveau de ces films. Usant par ailleurs de son influence au sein de la presse parisienne, il instaure le système de la parution, parallèlement à la projection des *serials*, des feuilletons correspondants dans les grands quotidiens de la capitale. Il impose aussi à sa firme une discipline drastique, de manière à établir une programmation annuelle de la production. Surtout, il se lance dans une politique d'expansion destinée à construire une holding à concentration verticale dont l'ambition affichée est de concurrencer les rivaux d'outre-Rhin et d'outre-Atlantique. C'est ainsi qu'il dote, tout d'abord, les Cinéromans de studios en rachetant ceux de Joinville, qu'il fait agrandir et perfectionner de manière à en faire les plus modernes et les mieux outillés de France. En aval, il profite des difficultés financières de la société de distribution Pathé-Consortium, avec laquelle il a passé un accord dès 1922, pour en prendre le contrôle dès 1924. Il dispose ainsi non seulement d'un ensemble de production et de distribution de premier plan, mais aussi d'un réseau d'exploitation, puisque Pathé-Consortium est liée au circuit des salles Lutetia, le meilleur de Paris. Sapène se retrouve ainsi à la tête d'un groupe intégré, capable d'assurer la relève des deux géants fatigués que sont Gaumont et Pathé.

Mais cela ne suffit pas à son ambition, qui exige qu'il établisse son emprise sur la corporation. Il se fait ainsi le premier pourfendeur de la concurrence américaine, et l'un des principaux hérauts des producteurs français, qui réclament aux pouvoirs publics un contingentement des films étrangers sur le marché national. En 1925, il tente même de créer sa propre structure corporative, destinée à remplacer la toute-puissante Chambre syndicale française de la cinématographie, en fondant essentiellement son programme d'action sur cette revendication. Il échoue dans cette entreprise, mais lorsque, à la fin 1927, le ministre de l'Instruction publique et des Beaux-Arts Édouard Herriot met en œuvre une réforme du statut du cinéma, Sapène prend à nouveau la tête des partisans du contingentement et se charge de la rédaction des rapports officiels sur ce sujet. En 1928, à l'heure où sa notoriété est à son apogée, il inaugure en grande pompe les studios rénovés de Joinville, qu'il fait visiter aux officiels et à une presse éblouie par tant de munificence et d'organisation. « Nous étions mûrs, paraît-il, pour la dictature et l'on réclamait un chef énergique, l'empereur à pouvoirs absolus qui nous sortirait du sommeil et de la ruine. La majorité se tourna vers Jean Sapène… », peut-on lire encore dans *Filma* en 1928: Sapène, ou le héros national au chevet d'une identité française menacée par l'envahisseur yankee.

L'homme a cependant ses zones d'ombre, dénoncées par une autre presse. Non seulement ses goûts artistiques sont jugés exécrables par la presse indépendante, mais son caractère ombrageux supporte difficilement la critique. En 1928, il attaque en justice Léon Moussinac pour avoir osé publier dans *l'Humanité* une critique très négative de *Jim le Harponneur*, médiocre film américain distribué par Cinéromans-Pathé-Consortium. La condamnation de Moussinac entérine la puissance absolue des industriels, Sapène en tête, face à une critique indépendante qui ne peut que protester contre cette atteinte à la liberté de la presse, d'autant plus inique, d'ailleurs qu'elle est le fait du directeur d'un grand quotidien. Dans un tout autre registre, et sans, cette fois, que cela se soit su à l'époque, Sapène aurait un temps été soudoyé par Hollywood pour faire cesser sa campagne en faveur du contingentement. Les archives du Département d'État américain recèlent ainsi un rapport révélant que Sapène aurait vendu son silence et celui des journaux qu'il contrôle, en 1926-1927, en échange de l'achat par une firme américaine d'un scénario rédigé par sa femme. Le prix demandé – 150 000 dollars – ayant été jugé trop élevé par cette firme, Sapène reprit de plus belle son combat…

Adulé ou détesté, craint ou méprisé, Jean Sapène est non seulement une des personnalités-clés de l'industrie cinématographique française des années vingt, mais peut-être aussi la figure idéale dans laquelle se serait reflété l'espoir de redressement d'une France menacée sur les plans commercial et identitaire. Le Hugenberg français n'a cependant pas réussi à se hisser au niveau de son modèle : la montée en puissance, en 1929, d'hommes comme Bernard Natan ou Louis Aubert, l'échec de la politique de contingentement et surtout l'arrivée du cinéma parlant ont raison de l'entreprise Sapène, qui restera donc indissolublement liée à la France des années vingt. **D.V.**

SAUVAGE André (1891-1975)
Né le 12 juillet 1891 d'une famille bordelaise d'origine aristocratique, André Sauvage suit l'éducation stricte des Jésuites. À la mort de son père (Adrien Sauvage, employé de banque de son état), le jeune André, alors âgé de dix ans, intègre le petit séminaire de Larressore (dans les Basses-Pyrénées). En 1912-1913, ses études brillantes le mènent jusqu'à la faculté des sciences de Bordeaux, où il obtient une licence de Lettres. Très doué pour l'écriture, ce qui se verra à travers sa poésie, il décide de « monter » à Paris en 1916. Il travaille d'abord comme employé aux assurances maritimes, puis passe de société en société en tant que commissaire aux comptes. Il se marie en 1918 et commence à se lancer dans une vie artistique.

Sous le pseudonyme d'Adrien, ses premiers textes se voient encouragés par André Gide en 1922, il entretient avec ce dernier une correspondance importante jusqu'en 1927. Marc Allégret (proche d'André Gide) fait de Sauvage son professeur de cinéma avant la réalisation de *Voyage au Congo* (1927). La passion que le cinéaste entretient pour la nature, le conduit vers le documentaire. C'est en 1923 qu'il tourne son premier film : *la Traversée du Grépon*. Constituant un véritable exploit sportif dans le massif du Mont Blanc, ce moyen métrage est accueilli par Jean Tedesco au théâtre du Vieux Colombier avec triomphe. Au même titre que Ruttmann, Cavalcanti, Grémillon, L'Herbier,

Gance…, Sauvage se voit reconnu et apprécié par l'avant-garde des années vingt. C'est à cette occasion qu'il fait connaissance de Man Ray, avec qui il élabore un projet de film surréaliste nommé *Fugue* en 1928, mais aussi de Robert Desnos et de Max Jacob qui deviendront ses plus fidèles amis. *La Traversée du Grépon*, considéré alors comme le premier film d'alpinisme, se voit confisqué puis perdu par son distributeur américain. Parallèlement à ses procédures pour récupérer son œuvre et à la poursuite de ses autres projets filmiques, il s'adonne à une autre de ses passions, la peinture. Il suit les cours du plasticien Edouard Goerg et expose ses toiles en 1926 grâce au concours d'Elie Faure qui le soutient.

Un an plus tard, *Portrait de la Grèce*, dont on ne connaît plus le montage initial, constitue une grande fresque filmique, truffé de plans d'une beauté indéniable. Ce documentaire avant-gardiste mêle les formes épurées des sculptures antiques aux regards illuminés des moines orthodoxes, le tout illuminé par un soleil méditerranéen éclatant. Ce travail, d'une qualité remarquable et qui fait toute la différence avec les documentaires traditionnels et purement scientifiques, est confirmé par le seul film de Sauvage qui à l'heure actuelle ne soit ni perdu, ni mutilé, ni trahi, *Études sur Paris* (1928). Les longs panoramiques précédemment vus sur les monts grecs laissent la place à des plans courts et rapides, exaltant la dynamique parisienne. Ici, pas de contemplations douces portées par un œil de verre langoureux, mais un *patchwork* de bâtiments, de trottoirs, de corps, défilant les uns après les autres. Sans répit pour le spectateur qui aimerait parfois s'arrêter s'asseoir sur un banc pour apprécier le décor, Sauvage le force à aller plus loin, l'entraînant vers les petites gens, du clochard étonné à l'ouvrier, en passant par la marchande de quatre saisons, et cela en marchant parfois à reculons. Seul le passage du canal Saint Martin le ramène à la douce tranquillité de l'écoulement des minutes sereines. La torpeur du moment, la plongée dans les fonds parisiens fait remonter à la surface la réalité quotidienne du travail des toueurs. Le réalisateur prouve l'existence d'une abstraction pure (avec les prises de vues du canal souterrain subissant les percées blanches provoquées par la lumière extérieure provenant des bouches d'aération) au sein même d'un monde le plus réaliste et matérialiste qui soit. On ne peut s'empêcher de penser que ses magnifiques plans auraient dû constituer les plus belles œuvres documentaires, si l'industrie cinématographique n'avait broyé et réduit en charpie André Sauvage.

Un court métrage de fiction, *Pivoine* en 1930, avec Michel Simon dans le rôle d'un clochard (idée reprise par Renoir dans *Boudu sauvé des eaux)* n'aboutit pas à cause de son procédé sonore, Synchronista. Il ne subsiste que quelques rushes.

Mais l'entreprise majeure de Sauvage reste *la Croisière jaune*. Ce film commandité en 1931 par la société Citroën, sous des auspices simultanément publicitaire et scientifique (mission archéologique, ethnologique… suivie entres autres par le Père Teilhard de Chardin) va permettre à l'artiste de mettre en œuvre son génie descriptif au cours d'une expédition de Beyrouth à Pékin, traversant l'Iran, la Chine et l'Indochine. Cette réalisation représente pour lui une sorte de consécration, un aboutissement dans sa carrière. Il y travaille sans relâche, recherchant toujours à mettre en valeur les hommes et les paysages, les cultures et les esprits rencontrés à travers cette fabuleuse expédition. Alors que Sauvage est employé par la maison Pathé-Natan, Citroën rachète le film et le remet sans vergogne entre les mains d'un autre cinéaste, Léon Poirier. La tragédie commence. André Sauvage se voit dépossédé de ses images et de son montage. La version de Poirier assassine l'esprit du film d'origine : la mission scientifique se transforme en une vaste publicité Citroën teintée de colonialisme. Pourtant, dans ce qu'il reste du montage d'origine, et en particulier dans une annexe du long métrage intitulée *Dans la brousse annamite*, éclate à chaque instant une exigence plastique, un humanisme attentif caractérisant le style de Sauvage.

Découragé par les procédures judiciaires qui n'aboutissent pas, par les trahisons, par le monde du cinéma subordonné à l'argent, le cinéaste se retire avec sa famille. Il s'installe dans l'Eure et Loire et devient agriculteur. Il continue la peinture et l'écriture de poèmes, de romans et de scénarios, mais renonce définitivement à la réalisation de films. Il meurt en 1975 à Paris, très loin de son amour perdu, le cinéma. **I.M.**

Filmographie ◆ *La Traversée du Grépon* (1923) ; *Portrait de la Grèce* (1927) ; *Édouard Goerg à Cely* (1928) ; *Rue de Pré aux clercs* (id.) ; *Études sur Paris* (id.) ; *Bibendum* (1929).

SERIALS ET FILMS À ÉPOQUES

Il faut commencer par rappeler que le film à épisodes ou *serial* peut presque passer pour une invention française. On a coutume de dater la naissance du genre de *The Perils of Pauline*, présenté sur les écrans newyorkais le 23 mars 1914 et qui est, on le sait, une production de Pathé Film Company, filiale américaine de la firme au coq, la bande ayant été dirigée par le Français Louis Gasnier. (On doit à la vérité de signaler les douze épisodes antérieurs de *What Happened to Mary?*, produits par la Kinetoscope Company de Thomas Edison à partir d'août 1912 ; mais laissons-là ces questions de préséance). Il est bien connu que c'est pour anticiper l'arrivée sur les écrans français de ces *Mystères de New-York* (titre adopté en France pour le *serial* Pathé, remanié et déjà condensé) que Léon Gaumont demanda à Feuillade de concevoir un « ciné-roman » qui deviendra *les Vampires*, dont le premier épisode sera présenté au Gaumont Palace le 13 novembre 1915, soit trois semaines avant la sortie du film Pathé. On sait aussi que Jasset avait réalisé pour la compagnie Éclair la série des *Merveilleux exploits de Nick Carter* dès juillet 1908, qu'Éclipse avait déjà lancé en 1911 *Nat Pinkerton* et *Arizona Bill*, et que Feuillade, déjà nommé, s'était fait la main en 1913-1914 sur les cinq épisodes de *Fantômas*. Autant que la question de l'antériorité, l'existence de ces films pose le problème de la définition même de ce qu'on appelle « film à épisodes ». Nous y reviendrons.

Quoi qu'il en soit, on voit bien que dès l'origine, le film à épisodes français se présente avant tout comme une réaction à l'existence potentielle, puis réelle, du *serial* américain. D'où une question que l'on doit se poser d'emblée: était-il une simple imitation de ce modèle d'outre-Atlantique? Ou, au contraire, voulait-il proposer une alternative à celui-ci?

Ce débat, latent pendant la guerre, va rebondir avec plus de force dans les années vingt. « Le public français [...] manifeste son dégoût des films américains d'aventures, d'une monotonie incroyable malgré le nombre d'exploits réalisés par ses héros », écrit le chroniqueur de *Mon Ciné*, Pierre Desclaux (n° 64 du 10 mai 1923), auquel répond en écho celui de *Cinémagazine*, Abel Bonneau: « Le *serial* américain, moins rationnel et plus impossible que nos films à épisodes, [est] actuellement plus en défaveur » (n° 30 du 27 juillet 1923). 1923 est une date charnière de l'histoire qui nous occupe, nous le verrons. Les débats se cristalliseront autour de cette période. Mais auparavant déjà, on avait recherché une *voie française* du film à épisodes; et peut-être le cinéma français des années vingt l'a-t-il trouvée en s'inspirant des traditions narratives venues du XIXe siècle encore vivaces dans le public de cette époque. Le *serial* français a pu ainsi représenter pendant un temps une alternative au modèle dominant qui était en train de se mettre en place à l'échelle de la planète au lendemain de la Première Guerre mondiale.

Combien de « *serials* » le cinéma français aurait-il produits dans les années vingt? Répondre à une telle question est moins facile qu'il n'y paraît. En effet, le décompte est relatif à la définition que l'on donne du phénomène. Si l'on s'en tient à une définition simple: un film diffusé en au moins deux soirées, et en s'appuyant sur le catalogue actuel le plus fiable, celui de Chirat et Icart, on aboutit à un chiffre de 90 environ sur les 973 titres de la production recensés de 1919 à 1929, donc moins de 10 % de celle-ci, mais en tenant compte de cette considération triviale qu'un film à épisodes n'est décompté qu'une fois sous son titre générique, alors que chacun de ses épisodes possède son propre titre... Pour comparaison, le cinéma américain aurait compté 260 *serials* entre ces mêmes dates, soit environ trois fois plus. Mais, justement, un film à épisodes, ou à parties, ou à chapitres, ou un « ciné-roman », n'est pas exactement la même chose qu'un *serial*.

Retenons donc, pour clarifier les choses, les définitions sur lesquelles les historiens sont à peu près d'accord et que formule ainsi Jean-Pierre Jackson. « Une *série* est constituée d'épisodes autonomes de durée variable, mettant en scène des personnages ou des situations communes. Une intrigue complète est développée dans chacun des segments » (lesquels peuvent donc être visionnés indépendamment les uns des autres). Exemple: *Fantômas*. « Un *ciné-roman* est une succession d'*épisodes* (ou *époques*) non autonomes, généralement de durée fixe, mettant en scène des situations et des personnages communs. L'intrigue est continue et les segments [sont] comparables aux chapitres d'un livre ». Exemple: *Rouletabille chez les Bohémiens*. Un *serial* est « un cinéroman à suspense. Chaque épisode [...] s'achève sur une situation très périlleuse, voire mortelle, pour le héros. Cette "chute" dramatique est désignée en anglais par le mot *cliffhanger* ("suspendu à la falaise"). » Exemple: *The Perils of Pauline*.

Ne nous cachons pas que cette belle typologie est le résultat d'une clarification après-coup. Si l'on s'adresse aux écrits de l'époque, la plus grande confusion règne entre les termes employés, aussi bien pour désigner le feuilleton que ses sous-parties. Relevons aussi le recours à des termes anglais, qui trahit chez ceux qui les emploient (comme J.-P. Jackson) une vision « nationale » de la répartition des catégories. Les critiques français des années vingt étaient plus scrupuleux dans leur recherche d'équivalents en langue française. Ajoutons, enfin, l'existence des versions condensées des films à épisodes, qui fut une pratique assez répandue (même *Judex* subit ce traitement, en mai 1923), ce qui ne fait que compliquer l'analyse. Réduit à un film unitaire, un *serial* est-il encore un *serial*?

Pour y voir plus clair dans cet imbroglio, il est nécessaire de prendre en considération l'évolution diachronique de la production en parallèle avec la production des discours critiques qu'elle a suscitée.

La première période, que l'on pourait appeler « archaïque », est celle du *film en séries* qui va de *Nick Carter* à *Fantômas* (avant la guerre). La formule sera modifiée par la suite, ce qui ne veut pas dire qu'elle cessera complètement d'être productive. En 1920, par exemple, Aubert lance *Nick Winter*, une série en dix épisodes (évidemment démarquée de celle de Jasset) dont les premiers fonctionnent de manière autonome. Plus tard, *Rouletabille* suscitera la réalisation de plusieurs films autonomes dont les deux de L'Herbier en 1930, (en attendant les *Maigret* de la télévision)...

La deuxième période est celle du *film à épisodes* proprement dit. C'est la phase « classique », qui s'étend de

1920 à 1925 avec une pointe en 1921 (24 films à épisodes produits en France) et en 1922 (chiffre de production: 14). Calquée sur la technique du feuilleton, la publication du film à épisodes s'appuie d'ailleurs sur la parution conjointe dans la presse (ou sous forme de fascicules) des épisodes en question, selon la technique inaugurée par *les Mystères de New York* (aux USA, puis en France). Les puristes seraient fondés à réserver le terme à ces film-là. Cela réduirait la filmographie d'autant.

En 1923, le genre traverse une petite crise (12 films produits seulement) qui correspond à un débat qui s'ouvre dans la presse. Les milieux professionnels s'inquiètent de l'invasion des productions américaines, mais ils se préoccupent aussi de la médiocrité qu'ils reprochent aux *serials* français. Les critiques des intellectuels contre le genre commencent à les ébranler. Dans un premier temps, ils tentent de prendre la défense d'un genre injustement méprisé; mais progressivement leur conviction se fait qu'il faut renouveler l'inspiration feuilletonesque en la tirant « vers le haut ». En février 1923, *Mon Ciné*, revue « grand public », lancera une contre-offensive sous forme d'une enquête auprès de ses lecteurs. Il semble en ressortir que le public réclame désormais deux choses: d'abord, un nombre moins élevé d'épisodes; ensuite, des intrigues plus « vraisemblables », qui se réorienteraient vers le patrimoine littéraire national. Il est difficile de savoir dans quelle mesure cette seconde conclusion n'était pas téléguidée; mais elle aura un impact indiscutable sur la production.

Dans la seconde moitié des années vingt, la production n'atteindra plus les sommets de la première moitié. Après un pic plus modeste en 1925 (11 films), elle décline inexorablement ensuite (4 en 1926, 2 en 1927, 1 en 1928).

On peut néanmoins définir une troisième période (qui s'est amorcée déjà avant 1923), celle du *film à époques ou à chapitres*. On parlera alors volontiers de « ciné-roman » ou de « roman-cinéma ». Quelle différence y a-t-il entre « épisodes », « époques » et « chapitres »? Louis Feuillade lui-même apporte la réponse en 1923 dans un entretien avec Montchanin paru dans *Mon Ciné* le 3 mai 1923: « Les « époques » ne sont pas les tranches nettement déterminées qui contiennent chacune leur propre exposition et leur propre dénouement. L'« époque » est analogue à l'acte d'une pièce. Trois, quatre ou cinq époques forment un tout et correspondent à une courbe logique qui aboutit au dénouement prévu. On ne saurait ajouter ou retrancher une époque à un film sans nuire à la conception de l'auteur [...] mais je ne sache pas qu'on ait meurtri un ciné-roman en lui retranchant six épisodes »... Le modèle de référence passe ainsi, on l'aura noté, du roman au théâtre. C'est dans cette dernière phase que l'on verra apparaître les versions condensées, jugées sans doute plus conformes à la nouvelle norme dramaturgique ; alors que, dans le même temps, on voit certains revenir au modèle de la « série ».

À vrai dire, on parlait déjà en « époques » vers 1921 (*l'Agonie des aigles* de Bernard-Deschamps est en deux époques ou chapitres, *les Mille et une nuits* de Tourjanski est en trois chapitres, *Roger la Honte* de Baroncelli est en 2 époques) mais cela semblait signifier une démarcation par rapport à des films aux subdivisions plus nombreuses, donc une certaine sobriété. Après 1925, le terme de « chapitre » se charge de connotations littéraires (*les Cinq sous de Lavarède* de Maurice Champreux, *le Juif errant* de Luitz-Morat, *Mylord l'Arsouille* de René Leprince, *Fanfan la Tulipe* du même) : il s'applique plutôt à des films en costumes. « Époque » aurait, peut-être, une couleur plus historique : *Un drame sous Napoléon* de Gérard Bourgeois (1921), *le Roi de Paris* de Charles Maudru, *Sans famille* de Georges Monca (1925), *Monte Cristo* de Fescourt (1928).

La lecture des titres est instructive : les scénaristes vont chercher leur inspiration dans la littérature nationale. À côté des classiques du siècle dernier : Hugo, Alexandre Dumas, Eugène Sue, Hector Malot, Paul Féval, Michel Zevaco, les cinéastes s'adressent à des auteurs contemporains. Xavier de Montépin (mort en 1902), grand spécialiste du mélodrame centré sur une victime innocente : *la Joueuse d'orgue* (Charles Burget, 1924), *la Porteuse de pain* (Le Somptier, 1923) ; Georges Ohnet (mort en 1918), peintre du monde frelaté de l'argent : *le Roi de Paris* (Maudru, 1923) ; Jules Mary (mort en 1922), spécialiste des erreurs judiciaires : *Roger la Honte* (Baroncelli, 1922), *la Pocharde* (Etiévant, 1921) ; Pierre Decourcelle (mort en 1926) : *Gigolette* (Pouctal, 1921), *les Deux gosses* (Mercanton, 1924) ; Gaston Leroux, (qui mourra en 1927), père du « detective story » français et maître des atmosphères insolites : *la Nouvelle aurore* (Édouard-Émile Violet, 1918), *Tue-la-Mort* (Navarre, 1920), *Sept de trèfle* (Navarre, 1921), *Rouletabille chez les bohémiens* (Fescourt, 1922), celui-ci étant le plus prolixe des fournisseurs de sujets de films. On retrouve aussi des spécialistes de la génération précédente, comme Marcel Allain, l'auteur de *Fantômas* (*les Parias de l'amour*, 1921), et Arthur Bernède, collaborateur de Feuillade (*Imperia*, 1919 ; *l'Homme aux trois masques*, 1921 ; *Vidocq*, 1922 ; *Surcouf*, 1924 ; *Jean Chouan*, 1925), qui se collent à l'écriture de fresques plus ou moins historiques…

Quelles sont les thématiques privilégiées par ces films ? Et dans quelle mesure s'écartent-elles de celles du *serial* américain ? Même un examen superficiel révèle combien elles s'en éloignent. Il y eut peut-être une période probatoire où le ciné-roman français chercha à s'installer dans le film d'action, policier ou d'aventures. Mais il semble avoir trouvé une voie spécifique au long des années vingt. Sociologiquement, la majorité des *serials* français se placent aux deux extrémités d'une sociologie très largement fantasmée : une aristocratie (ou une haute bourgeoisie) plus ou moins décadente et la « pègre », cette dernière s'inscrivant dans la droite ligne de la mythologie des *Mystères de Paris*. Classes fatiguées et classes dangereuses se font face autour de couches moyennes plus ou moins laminées, que le héros représente néanmoins parfois (Rouletabille), mais dont la représentation est plutôt confiée à des comparses (voir les films tardifs de Feuillade comme *Tih Minh* ou *Barrabas*). Les bouleversements provoqués par la Grande Guerre sont à lire « en creux » sous l'enveloppe de ces intrigues rocambolesques.

Quant aux thématiques qui soutiennent la narration, elles sont en petit nombre et il serait sans doute possible d'en dresser un catalogue comparable à la *Morphologie du conte* de Vladimir Propp. Il faut dire que les films les empruntent à leur modèle, la littérature feuilletonesque, sans beaucoup les retoucher. L'ordinaire de ces intrigues est constitué d'enlèvements d'enfants, de substitutions d'identité après disparition d'un protagoniste, de trajectoires de déchéance sociale, ou à l'inverse d'ascensions fulgurantes et discutables, de frères ou sœurs séparés que leur destin conduit dans des sphères sociologiques antinomiques, de recherche du père ou de l'enfant disparu… Le drame familial, comme dans le mélo, y tient une place disproportionnée et évidemment symbolique. Le *serial* français emprunte encore au mélodrame son moralisme. Il n'y a qu'à consulter les titres des épisodes : *le Crime*, *le Secret de la tombe*, la *Justice des hommes*, *le Stigmate*, *l'Expiation*, *la Grâce du roy*, *le Pardon d'amour*… Tout est affaire de péché, de chute et de rachat, de rédemption. Il faut sans doute voir là le trait distinctif d'une culture latine marquée par le catholicisme.

Dans le *serial* français, surnaturel et irrationnel occupent une place plus que résiduelle. Voyance, hypnose, apparitions, messages cryptés, encre sympathique, télépathie forment l'ordinaire des grands feuilletons de Feuillade, mais on les trouve aussi chez Gaston Leroux et ses adaptateurs et chez bien d'autres encore. On peut y voir une représentation métaphorique du fonctionnement de la narration elle-même : celle-ci ne se préoccupe guère d'inscrire les événements sous le signe d'une causalité « rationnelle », et je pense que c'est l'un des points qui éloignent le film à épisodes français du suspense anglosaxon. D'autre part, cette invasion de l'insolite et de l'irrationnel transcrit des inquiétudes collectives consécutives aux bouleversements de la Grande Guerre. Déjà, pendant la guerre de 1914, le *serial* avait servi de support aux obsessions de complot et des sociétés secrètes. En France, dans les années vingt, elles révèlent (dans une moindre mesure que dans l'Allemagne contemporaine, mais quand même) l'angoisse de révolutions possibles et redoutées. On peut expliquer ainsi la persistance de thèmes comme celui des espions et la rémanence des héros masqués, qui existait déjà dans les années dix (Protéa, Fantômas, Judex, Irma Vep…) mais qui « connait une véritable floraison » dans les années vingt (Jacques Mandelbaum). *Belphégor*, de Bernède et Desfontaines (1926), en exprime la quintessence : « [son] intérêt est de figurer cette confrontation du bien et du mal comme une sorte de compétition dans l'art du travestissement. […] Son goût des passages secrets, son culte du complot et du camouflage, maintiennent un lien avec une tradition occulte qui évoque l'inclination de la cinéphilie moderne pour les mystères initiatiques et l'apologie de la contre-culture ». Le *serial*, au moment de son extinction, aura la chance de rencontrer l'enthousiasme des Surréalistes.

La structure du film à épisodes français repose d'abord sur la soudaineté au sein même de la prévisibilité. Jacques de Baroncelli défendait ainsi, intelligemment, le caractère arbitraire des relances et rebondissements : « Notez que l'imprévu, l'accident surgit souvent de la façon la plus paradoxale. Il n'a cure de règle ou de vraisemblance. Les Anciens le savaient bien. Au milieu de leur vie béate, ils redoutaient la jalousie des dieux… » et d'ajouter : « La fatalité n'est pas le privilège des Atrides ni des tyrans, elle frappe bourgeois, financier, commis, rustre, marchand… » Soudaineté et arbitraire, disais-je, mais non pas imprévisibilité : car le feuilleton repose beaucoup sur le plaisir de l'attendu. Telle rencontre, tel châtiment du traître, telle reconnaissance sont incluses dans le programme narratif de départ, et le spectateur le sait bien.

Il faut donc qu'il trouve une autre forme de tension dramatique que celle que le *serial* américain est en train de mettre au point. Celui-ci, nous l'avons dit, est obsédé par la recherche du *thrill* : en conséquence, il se structure sur l'attente angoissée concentrée dans le segment final (*cliffhanger, last minute rescue*). Le film français à épisodes repose sur d'autres structures, du moins dans sa période classique. Le *clou*, d'abord, qui est un *climax* placé non pas vers la fin de l'épisode, mais au centre de celui-ci, ce qui rapproche notre feuilleton de la structure de l'épopée traditionnelle. Les systèmes d'enchaînement, ensuite, qui reposent sur trois procédés principaux : les *relances* ou reprises d'un élément laissé de côté, les *rebondissements* ou inversion de donnée de la situation précédente, les *ouvertures* par introduction arbitraire d'un élément entièrement adventice. La tension narrative n'est pas évacuée pour autant, loin s'en faut, mais elle est d'une autre nature. Ainsi, avant que les versions condensées remanient ce matériau pour le rendre plus conforme au schéma dramatique qui est en train de l'emporter à la fin des années vingt, le film à épisodes français a pu représenter une alternative qui a retardé l'adaptation du cinéma européen aux modèles venus d'outre-Atlantique. **F.d.l.B.**

SPARTACUS

Le mouvement ouvrier, en France comme dans d'autres pays, cherche très tôt à utiliser le cinéma pour exprimer ses propres idéaux et combattre l'idéologie dominante véhiculée par le cinéma commercial, aux mains des puissances d'argent. Les premières réalisations connues sont dues au Cinéma du Peuple, société coopérative anonyme de tendance anarchiste, créée en 1913. Une demi-douzaine de films de faible métrage sont alors produits dont la diffusion semble toutefois limitée.

Après la Première Guerre mondiale, l'essor du cinéma, les exigences de qualité de la part du public et l'augmentation du métrage des films élèvent beaucoup les coûts de production. D'autres moyens d'action, moins coûteux et plus directs sont généralement préférés par les syndicats et partis politiques. À défaut de pouvoir jouer un rôle dans la production cinématographique, le PC et la CGTU invitent leurs lecteurs et adhérents, surtout à partir du début de l'année 1927, à empêcher ou au moins à perturber la représentation de certains films: *la Grande Parade* (King Vidor), jugé militariste, *Verdun, visions d'histoire* (Léon Poirier), considéré comme chauvin, etc. Sifflets, cris, couplets de l'Internationale retentissent alors dans maintes salles de quartier.

Antérieurement, les organisations ouvrières ont tenté à plusieurs reprises d'utiliser le cinéma, mais la rareté, sinon l'absence, d'œuvres propres à soutenir la propagande syndicale et politique limitait l'intérêt de tels efforts qui ont toujours été éphémères. Au cours de la seconde moitié des années vingt, l'organisation de la cinématographie en URSS et le début d'une production régulière et relativement abondante ouvrent au PC de nouvelles possibilités. Tandis que s'établit dans les cercles restreints des ciné-clubs la haute réputation de la cinématographie soviétique, l'idée d'utiliser ces films pour la propagande, tant en direction du prolétariat que des couches moyennes et des intellectuels, fait son chemin dans le PC français et ses diverses organisations. Le critique cinématographique de *L'Humanité*, Léon Moussinac, en est l'un des principaux protagonistes. De son côté, le maire d'Ivry-sur-Seine Georges Marrane, qui a fondé et dirige la Banque ouvrière et paysanne (BOP), a l'occasion de prendre connaissance de la production soviétique au cours de ses voyages à Moscou. Comme il cherche alors à développer les initiatives pour faire fructifier dans divers secteurs économiques les dépôts des clients de la Banque, l'intérêt commercial que peut présenter l'exploitation en France des films soviétiques s'ajoute à la motivation idéologique. De fait, il semble que la fondation de la « Société anonyme cinématographique Spartacus », destinée à atteindre ce double objectif, résulte davantage d'une initiative de Marrane et de la BOP, en concertation avec l'Internationale communiste et avec les spécialistes communistes du cinéma (essentiellement Léon Moussinac et son beau-frère, le réalisateur Jean Lods), que d'une décision longuement réfléchie et discutée au sein de la direction du PC. C'est en juin 1927 que Marrane fonde la Société anonyme cinématographique Spartacus dont le but officiellement déclaré est défini de façon très large : « La création, l'achat, l'exploitation et la vente de toutes salles de spectacles cinématographiques, théâtrales ou autres, ainsi que la réalisation, l'achat, la vente ou la location de films de toutes provenances ». Le capital se monte à un million et demi de francs, divisé en 15 000 actions dont 8 400 sont attribuées en rémunération de ses apports à Pierre Saint-Léger, propriétaire du fonds de commerce du cinéma « Le Casino de Grenelle », dans le XVe arrondissement (86 avenue Émile Zola). C'est en effet cette salle de quartier de 2 000 places qui va devenir le centre parisien des activités de Spartacus. Les actionnaires de Spartacus font partie du conseil d'administration de la BOP et/ou y occupent des fonctions de premier plan ; les capitaux engagés dans la société sont en fait ceux de la Banque. Selon une note de police datée du 1er juin 1928, la direction technique de Spartacus est confiée à Marceau Gitton (administrateur et ancien directeur de la BOP), profitant de l'expérience que celui-ci aurait acquise en exploitant pour le compte de ses beaux-parents un cinéma rue de Tolbiac, dans le XIIIe arrondissement de Paris.

Le Casino de Grenelle n'est pas exploité immédiatement d'une façon militante, sinon à l'occasion de quelques projections sporadiques, et l'on voit encore à l'affiche au début du mois de mars 1928 des titres comme *Cœur de Viennoise*, *la Rose blanche*, etc., avec accompagnement d'orchestre (huit musiciens) et attractions. L'équipe de Spartacus est, en effet, en train de mettre sur pied une association de type « loi de 1901 », « Les Amis de Spartacus », afin de pouvoir présenter en séances privées des films qui n'ont pas reçu de visa de censure. Cette association, qui est déclarée officiellement le 9 mars 1928, est dirigée par un conseil d'administration de onze membres élus par l'assemblée générale : Émile Dutilleul (président), Pierre Langlois (secrétaire-trésorier), Francis Jourdain, Georges Marrane, Marius Seux, Marceau Gitton, Jean Garchery, Léon Moussinac, Julien Racamond, Armand Pillot, Eugène Galopin. Tous appartiennent au PC, à l'exception de Francis Jourdain qui y adhérera en 1944. Les Amis de Spartacus éditent un journal, *Spartacus*, dont le premier numéro est daté du 15 avril 1928. Le numéro 3 (15 juin 1928) donne la composition, quelque peu remaniée, du conseil d'administration à la tête duquel Jean Lods assume la fonction de secrétaire général et Pierre Langlois la présidence. Les Amis de Spartacus proclament leur intention de lutter contre les « mercantis » du cinéma (« Nous voulons que *l'industrie du cinéma crève* », lit-on en manière de provocation) et d'assurer « la diffusion des hautes œuvres du cinéma français, allemand, américain, soviétique ». Il est clair que Spartacus a l'ambition de toucher à la fois un public ouvrier et les couches moyennes par le biais de la cinéphilie. Bien que cités en dernier, ce sont surtout les films soviétiques non autorisés par la censure qui vont créer l'événement avec *le Cuirassé Potemkine* (S. M. Eisenstein, 1925), *la Mère* (V. Poudovkine, 1926), *la Fin de Saint-Pétersbourg* (V. Poudovkine, 1927), *Octobre* (S. M. Eisenstein, 1927).

La première séance des Amis de Spartacus a lieu le 15 mars 1928 en soirée, devant 1 500 spectateurs environ selon les Renseignements généraux, avec *la Mère*, accompagné d'un documentaire, *la Vie en Russie soviétique*. Les autres films soviétiques cités plus haut sont programmés ainsi que *Charles XII*, film suédois de 1925 réalisé par John W. Brunius (qu'il ne faut pas confondre avec Jacques B. Brunius). L'association développe aussi son action en banlieue, en louant pour une soirée des cinémas locaux (malgré les pressions, voire les menaces, exercées par la Préfecture de police sur les exploitants concernés) et jette des ponts en province (Strasbourg, Marseille, Clermont-Ferrand, etc.). Le succès est au rendez-vous puisque l'association peut se prévaloir dès le mois de juin de 10000 adhérents; ils seraient en octobre de 15000 à Paris et 19000 en province.

Spartacus a une existence brillante, mais courte. En octobre 1928, le gouvernement entend mettre fin aux projections, sous le couvert d'associations privées, de films non autorisés. Le mercredi 10 octobre 1928, la police fait savoir aux directeurs de cinémas de Vitry-sur-Seine, Malakoff et Puteaux que les projections qui doivent avoir lieu dans leurs établissements le soir même, sous l'égide des Amis de Spartacus, sont interdites. À Paris, la direction du Casino de Grenelle est avisée le 11 octobre par le Commissaire de police que la séance du soir, qui comporte pour la seconde fois *Octobre*, ne doit pas avoir lieu, sous peine de « mesures coercitives ». Les projections prévues par les Amis de l'URSS sont également victimes d'interdictions. Dans cette affaire, le préfet de police a un allié: le « Syndicat français des Directeurs de théâtres cinématographiques ». En effet, le bureau dudit syndicat a dénoncé lors de sa séance du 3 octobre « la concurrence faite aux exploitations régulières par des représentations soi-disant privées de films non censurés » [c'est-à-dire n'ayant pas reçu de visa de censure] qui, par leur caractère, « échappent à toutes les taxes qui grèvent les exploitations régulières ».

Les Amis de Spartacus poursuivent encore quelque temps leur activité en banlieue et projettent au Casino de Grenelle des films autorisés (*l'Opinion publique* de Ch. Chaplin; *le Trésor d'Arne*, film suédois de M. Stiller; *le Voleur de Bagdad* de R. Walsh; etc.). Puis, Spartacus renonce à toute activité et ses actions sont vendues à un exploitant bien connu sur la place de Paris (un des « mercantis » que dénonçaient les Amis de Spartacus), Marcel Rocher.

On peut s'étonner que le groupe Spartacus et le PC qui se montrent habituellement plus offensifs, n'ont eu qu'une réaction assez molle après le coup de force gouvernemental. Certes une pétition circule, mais rien de plus. Il semble qu'il y a deux raisons à cela, l'une économique et l'autre politique, que dévoile un rapport saisi notamment dans le bureau de Pierre Semard, secrétaire du PC jusqu'en septembre 1928 puis membre du secrétariat collectif ensuite, lors des perquisitions effectuées le 24 juillet 1929 au siège du 120 rue Lafayette. Ce document non signé et non daté, a probablement été écrit vers la fin du premier semestre 1928 ou peu après. Il passe en revue les diverses entreprises liées au PC par l'intermédiaire de la BOP et la BOP elle-même. Concernant la société cinématographique Spartacus, il indique que la Banque a dépensé environ un million et demi de francs pour l'exploitation du Casino de Grenelle et que la direction n'envisage pas la possibilité d'en tirer des bénéfices pendant les trois premières années. Plus grave peut-être est la seconde constatation du rapport, selon laquelle la société Spartacus a manqué son but avec l'établissement de l'avenue Émile Zola. « Il fut procédé à cette création afin de procurer un point de rassemblement au Parti, ainsi que pour mettre une salle à sa disposition, attendu qu'il est très difficile à Paris de se procurer des salles pour des réunions. [...] Les camarades se plaignent de ce qu'on n'a pas réussi jusqu'à maintenant à lier un cercle d'ouvriers à ce théâtre, car il se trouve assez retiré. Ils se plaignent, en outre, qu'il soit difficile de présenter des pièces à tendances prolétariennes, le chiffre des auditeurs diminuant à la suite de ces représentations, car les auditeurs sont pour la plupart issus des couches petites bourgeoises. » (Il est probable que « pièces » désigne ici des films car Spartacus n'a pas œuvré dans le domaine théâtral). En conclusion, le document préconise de vendre l'affaire « dès qu'une occasion avantageuse se présentera » À une époque où commence à se dessiner la politique « classe contre classe » lancée par le VIe congrès de l'Internationale communiste réuni à Moscou en août 1928, le PC ne trouve probablement plus d'intérêt majeur à toucher les couches moyennes, d'autant que le Casino de Grenelle a nécessité un assez lourd investissement qui ne semble pas près d'être amorti. Ce n'est pas la fréquentation insuffisante des séances de Spartacus au Casino de Grenelle qui est responsable de l'insuffisance du rendement financier de l'établissement – tout indique au contraire que ces séances remportaient un franc succès – mais leur nombre est beaucoup trop faible. Alors qu'un cinéma de quartier est exploité en principe à raison de 7 à 9 séances hebdomadaires, au Casino de Grenelle Spartacus n'en donne que deux. L'organisation, qui tient à être présente aussi en banlieue et même en province, ne dispose pas des moyens humains et matériels (copies multiples de chaque film notamment) permettant, d'assurer des représentations quotidiennes dans la salle de la rue Émile Zola.

L'action du PC en matière de cinéma ne s'éteint pas avec Spartacus. Tandis que la diffusion des films à sujets sociaux et notamment soviétiques, un temps mise en sommeil à la suite du durcissement du gouvernement, reprend progressivement dans les organisations du PC, une coopérative de consommation gérée par les Communistes, la Bellevilloise, ouvre un cinéma dans ses locaux, 25 rue Boyer (Paris XXe) à la fin de l'année 1929. La sortie progressive du PC de sa période sectaire après 1931, la création dans sa mouvance en 1932 des AEAR (Association des Artistes et Écrivains Révolutionnaires), puis de Ciné-Liberté en 1936, ouvriront de nouvelles perspectives tant à la diffusion des films qu'à la réalisation d'œuvres de courts ou longs métrages. **J.-J.M.**

STUDIOS

L'évolution des studios en France nous amène à prendre des libertés avec la rigueur du découpage décennal. En effet, les deux moments saillants se situent aux extrémités de la période, très légèrement en deçà et au-delà : entre 1918 et 1923, au lendemain de la Première Guerre mondiale ; entre 1929 et 1931 avec la révolution du « parlant ».

À la fin des années dix, les studios français sont poussiéreux et désuets. La guerre a évidemment joué un rôle dans ce délabrement : destructions (des obus de la « grosse Bertha » ont endommagé la « cage de verre » des Buttes-Chaumont), réquisitions, démantèlement des équipes dû à la mobilisation…

Mais les raisons profondes de la crise sont ailleurs : elles tiennent à la sclérose de professionnels français enfermés dans des pratiques artistiques et techniques périmées, à la désillusion de capitaines d'industrie comme Pathé et Gaumont qui ne croient plus guère à la viabilité d'une production nationale et surtout au raz-de-marée de la production américaine dont la jeunesse et la modernité impressionnent les spectateurs du monde entier.

La paix revenue, la plupart des studios reprennent ou poursuivent leurs activités. Citons les plus importants : à Paris, les Studios Gaumont des Buttes-Chaumont ; à Vincennes, les Studios Pathé de la rue du Bois et de la rue du Cinématographe ; à Épinay-sur-Seine, les studios de l'avenue d'Enghien et de la rue du Mont ; à Montreuil-sous-Bois, le studio de la rue du Sergent Bobillot mis à la disposition des Russes blancs par

Charles Pathé en 1920; à Boulogne-Billancourt, le Studio de l'Éclipse, rue de la Tourelle; à Saint-Maurice, le Studio Aubert, rue des Réservoirs, repris par Edmond et Jean Benoît-Lévy en 1919; à Nice, le Studio Gaumont dans le quartier de Carras et le Studio Pathé, route de Turin.

Les studios, ces grandes cages de verre éclairées principalement par le soleil – la lumière artificielle n'est qu'un complément, n'ont bénéficié d'aucun entretien, *a fortiori* d'aucun investissement. Louis Delluc a plusieurs fois souligné dans ses écrits leur laideur, leur crasse, leur inconfort (serres chaudes l'été, glacières l'hiver). Mais leur défaut majeur réside désormais dans des déficiences fonctionnelles.

Le langage cinématographique a considérablement évolué en quelques années: aux « tableaux » des débuts se substitue dorénavant le découpage en plans; le décor traditionnel filmé frontalement – les toiles peintes en « trompe-l'œil » tendues sur trois cadres de bois disposés à la façon d'un triptyque pictural presque entièrement ouvert – est remplacé par un décor en trois dimensions, construit à l'aide de matériaux rigides, qui peut être filmé à différentes distances et sous différents angles; la lumière naturelle, au studio du moins, laisse la place à la lumière électrique plus stable, mieux maîtrisable, plus facile à régler et à modeler.

Les cinéastes français qui ont fait le voyage aux États-Unis évoquent avec envie les grands studios édifiés autour de New York et d'Hollywood qui sont autant de lieux symboliques de la nouvelle puissance américaine. Le studio de Famous Players-Lasky (Paramount) à Long Island (N.Y.) comporte un plateau de 150 mètres sur 80 exclusivement éclairé par la lumière électrique. Tous les studios américains sont dits « obscurs » en ce sens qu'ils sont entièrement clos et n'utilisent plus les ressources de la lumière solaire.

En France, compte tenu du repli prudent des bailleurs économiques, il est hors de question de remodeler les bâtiments vitrés existants. On se contente de mesures de circonstance: on obscurcit les verrières en les peignant en bleu, on développe le matériel d'éclairage électrique – lampes à arc ou tubes à vapeur de mercure disposés en nombre, soit en plafonniers, soit au sol sous forme de « casseroles », diffusant une lumière d'ambiance; pour les effets, projecteurs sur trépieds, ainsi les tout récents arcs électriques baptisés « sunlights » munis d'un miroir parabolique permettant le réglage du faisceau lumineux.

Les quelques initiatives positives et importantes sont le fait de personnalités indépendantes et dynamiques. Dans la région niçoise, Georges et Rose Pansini créent les studios de Saint-Laurent-du-Var en 1919 (ils fonctionneront jusqu'en 1944). La même année, à Nice, Louis Nalpas utilise le cadre de la Villa Liserb, avenue du Brésil, pour tourner *la Sultane de l'amour*. À l'étroit, il rêve de disposer d'un studio plus vaste.

Parallèlement, le producteur Serge Sandberg veut introduire un mode d'activité intégré qui suivrait le film de la conception à la diffusion. Les deux hommes, mis en contact par Charles Pathé, s'entendent pour créer la société des Ciné-Studios. Sandberg achète en 1919 les terrains de la Victorine dans le quartier de Saint-Augustin et Nalpas prend en charge la construction et la direction des studios de 1919 à 1921. Ceux-ci connaissent une histoire pleine de rebondissements: location par la société des Cinéromans, installation de Rex Ingram de 1925 à 1930, rachat par Édouard Corniglion-Molinier en 1927 qui cède les studios à la Franco-Film-Distribution en 1928 (transformée en Gaumont-Franco-Film-Aubert en 1930).

Dans la région parisienne, Edmond et Jean Benoit-Lévy équipent dès 1920 les Studios de Saint-Maurice qui deviennent les premiers studios obscurs de l'hexagone. En 1923, Henri Diamant-Berger utilise les vastes hangars d'une ancienne usine aéronautique pour édifier les Studios de Billancourt, quai du Point du Jour. Toujours en 1923, un certain Henri Levinski, loueur de meubles et fabricant de décors, installe un autre studio obscur avenue Galliéni, à Joinville, à proximité de l'usine Pathé. Cet équipement sera repris et agrandi par Pathé l'année suivante. Entre 1924 et 1928, on ne compte aucune construction nouvelle hormis une poussière de petits studios sur la Côte d'Azur, dans la banlieue parisienne et à Paris – ainsi le Studio bâti rue Francœur par Émile Natan en 1925.

La fin des années vingt connaît par contre de profonds bouleversements. Les deux grands capitaines de l'industrie du cinéma français se retirent des affaires: Léon Gaumont cède la « firme à la marguerite » à la Franco Film en 1928 et en 1929 Charles Pathé vend ses nombreuses sociétés à Bernard Natan. Aux États-Unis, le succès public inattendu du *Chanteur de jazz* (présenté en 1927, commercialisé en 1928) met un terme brutal au cinéma muet. Dès la fin de l'année 1929, la révolution du « *talky* » s'est opérée sur le territoire américain. Le développement du cinéma sonore dans le monde entier nécessite des investissements considérables. Les studios doivent être insonorisés, pourvus en matériels d'enregistrement coûteux et en éclairage approprié (les arcs électriques provoquent des modulations stridentes intolérables; ils sont remplacés par des lampes tungstène à incandescence de forte puissance – 500 à 10000 watts – qui s'accordent bien avec l'émulsion panchromatique dont l'usage se généralise). De grands trusts radio-électriques propriétaires de brevets sonores s'introduisent dans l'univers du cinéma, entraînant avec eux les banques et les milieux d'affaires et remettant en cause les vieilles structures industrielles.

En France, la reconversion au « parlant » commence dès 1929 par l'équipement des studios. Les Studios Pathé-Natan qui regroupent Francœur et Joinville sont équipés avec le système R.C.A. Une émanation française du trust européen Tobis rachète le studio de la rue du Mont à Épinay. Gaumont rénove les Buttes-Chaumont et rachète le Studio de Saint-Maurice loué l'année suivante à la Paramount. Trois nouveaux studios destinés au sonore sont construits à Courbevoie : en 1929, le Studio Ciné Alliance de Noé Bloch et Gregor Rabinovitch, place de la Défense, et le Studio Jacques Haïk, rue Armand Sylvestre ; en 1930, le Studio Photosonor créé par C.W. Roberts, quai de la Seine. La même année, Pierre Braunberger et Roger Richebé acquièrent et transforment les studios de Billancourt. Enfin, en 1931, on note l'ouverture des Studios de Neuilly, boulevard du Château. Mais nous sommes désormais dans les années trente et dans l'ère nouvelle du « parlant ». **V.P.**

Billancourt

En 1922, Henri Diamant-Berger tourne *Vingt ans après*. Pour ses décors désormais construits « en dur », le réalisateur utilise le contreplaqué que lui fournit la Société Art et Industrie située au 50 quai du Point-du-Jour, à Billancourt. Cet atelier de construction de décors, créé par M. Niepce, occupe une toute petite partie des vastes terrains et bâtiments de l'ancienne usine Niepce et Fetterer qui fabriquait des ailes et des fuselages d'avion en contre-plaqué lors de la Première Guerre mondiale. Diamant-Berger profite de la disponibilité de l'immense cour de l'usine pour construire le décor de la façade de Notre-Dame de Paris. Le jeune cinéaste, fort de son expérience américaine, rêve d'installer un studio moderne dans les bâtiments quasi désertés de l'usine. Le succès commercial des *Trois Mousquetaires* (1921) lui permet de passer à l'action dès 1923.

« Niepce [...] m'accorde de grandes facilités pour y installer mon studio, raconte Henri Diamant-Berger. Mallet-Stevens établit les plans avec de nombreuses astuces et des audaces qui nous font passer pour des jeunes fous : nous installons des douches, un restaurant et un foyer pour les artistes qui ne savent jamais où aller quand ils ne tournent pas ; leurs loges sont minuscules et leur présence constante sur le plateau est plus encombrante qu'utile (ce foyer, considéré comme une extravagance, sera supprimé par mes successeurs...). Lorsque j'avais équipé les studios Pathé en 1921, j'avais inventé des lumières en plafonniers glissant sur des rails, idée reprise dans le monde entier. À Billancourt, l'installation d'un véritable « jeu d'orgues » électrique – une commande centralisée de tous les projecteurs – en fera le studio le plus moderne et le mieux équipé d'Europe. » (1977).

Henri Diamant-Berger n'a guère le temps de profiter de ces belles installations. En difficulté économique, il doit les céder dès 1924 à Noë Bloch et Simon Schiffrin. Leur société, Ciné-France-Film, s'associe au consortium multinational Westi qui réunit le producteur russe Wladimir Wengeroff et le financier allemand Hugo Stinnes. Quelques films estimables sont tournés à Billancourt : *le Miracle des loups* (1924) de Raymond Bernard, *Âme d'artiste* (1924-1925) de Germaine Dulac, *le Prince charmant* (1924-1925) et *Michel Strogoff* (1926) de Viatcheslav Tourjansky. Mais la production de prestige du consortium est bien entendu *Napoléon* (1925-1927). Dès 1925 les bâtiments arborent fièrement leur nouvelle dénomination : Studio Abel Gance. Cependant, cinq mois après le début du tournage, le « krach Stinnes » consécutif à la mort de ce dernier (juin 1925) entraîne l'arrêt de la réalisation. Elle reprend sept mois plus tard après la constitution de la Société Générale de Films qui devient propriétaire du film en même temps que du studio.

Parmi les autres films muets de quelque prestige tournés à Billancourt, citons *les Nouveaux Messieurs* (1928-1929) de Jacques Feyder, *Gardiens de phare* (1929) de Jean Grémillon et surtout *la Passion de Jeanne d'Arc* (1927-1928), le chef d'œuvre de Carl Dreyer. C'est à l'occasion du tournage de ce dernier film que le directeur technique du studio (et l'inventif collaborateur de Gance pour *Napoléon*), Simon Feldman, met au point le « gril », cette structure métallique à claire-voie qui surplombe le plateau et permet l'accrochage du matériel d'éclairage. L'innovation de Feldman équipera bientôt tous les studios français.

En 1930, les Studios de la Société Générale de Films prennent le nom de Studios de Billancourt en devenant la propriété des Établissements Braunberger-Richebé. Le producteur et distributeur Pierre Braunberger et l'exploitant, producteur, distributeur et réalisateur Roger Richebé se sont associés pour acquérir cet ensemble, insonoriser les plateaux et les équiper en matériel d'enregistrement Western Electric. Un nouveau chapitre s'ouvre pour les studios de Billancourt qui vont apporter une riche contribution au cinéma parlant des années trente. Le seul énoncé de leur lieu d'implantation, quai du Point-du-Jour, a déjà un parfum de réalisme poétique… **V.P.**

Épinay-sur-Seine

En 1907, une petite révolution secoue le cinéma français : les films ne sont plus vendus mais loués aux exploitants de salles. Les pionniers entament leur mutation : nous voici à l'aube de l'industrie cinématographique. Pathé et Gaumont ont préparé le terrain. La troisième grande firme qui va rivaliser avec le Coq et la Marguerite sera l'Éclair. Le site d'Épinay est riche de nombreux atouts : la proximité avec Paris, les rives de la Seine, des implantations industrielles… Le Théâtre (comme on nommait alors les studios) et l'usine naissent au Château de Lacepède, qui est acquis en avril 1907. Par une brève missive qu'il adresse au Maire de la ville, Charles Jourjon assure vouloir « élever sur la propriété un théâtre vitré modèle […], usine qui ne fera ni bruit, ni fumée, ni odeur et n'occupera qu'un très petit nombre d'ouvriers » avant de conclure que « c'est une industrie de luxe et d'art ».

Une organisation se met en place, permettant une expansion peu commune : on produit fictions, documentaires et actualités. Caméras, studio, et laboratoire sont leurs corollaires. La ville d'Épinay devient alors la scène des premières bandes tirées de la littérature populaire américaine et française, des adaptations littéraires, des films comiques, des films scientifiques puis des premières actualités. Les studios assistent également à la naissance du dessin animé…

À Épinay-sur-Seine, la rue est aussi un décor obligé pour mettre en scène de nombreux films auxquels participent les habitants. Les studios d'Épinay, à partir de 1912 esquissent un tournant : il y a moins de films, mais ils sont plus longs et plus ambitieux.

On construit des décors moyenâgeux pour *l'Ombre de l'aimée*, on puise les premiers sujets de cape et d'épée pour captiver et émouvoir le spectateur avec Alexandre Dumas (*la Dame de Monsoreau*, 1913). Chautard tente de créer un style Épinay et adapte pour la première fois Honoré de Balzac (*Eugénie Grandet*), puis porte à l'écran la lutte ouvrière et les problèmes sociaux dans *Gerval, maître de forges* dont la ville d'Épinay, avec ses forges, sert de toile de fond à une intrigue amoureuse.

Par ailleurs, de 1911 à 1918, Éclair a dirigé une société pour réaliser des films scientifiques de vulgarisation et promouvoir un genre cinématographique encore récent. Sur le site des usines d'Épinay-sur-Seine, une infrastructure fut installée, permettant de filmer toutes sortes de phénomènes, à travers des étuves, en micro cinématographie où encore en grandeur nature. L'histoire du cinéma est jalonnée de films inachevés, de pertes. Les studios d'Épinay n'ont pas échappé à ces catastrophes volontaires ou non. Ainsi, dès 1910, un autodafé a été célébré aux laboratoires Éclair, une annonce percutante ayant rappelé que « les personnes désireuses d'assister à cette destruction des vieux films trouvent des cartes aux bureaux de l'Union des grands éditeurs […] une voiture attendra les invités à la gare d'Épinay et les conduira aux usines de l'Éclair où aura lieu l'autodafé ». Cette proclamation met le feu aux poudres. On s'émeut, on se réjouit aussi car détruire des films à cette époque ne paraît être qu'une œuvre de salubrité. Il faudra attendre de nombreuses années pour que l'on s'aperçoive de ces pertes irrémédiables. Hormis ces incendies volontaires, les accidents sont dus, le plus souvent, au danger du film nitrate qui s'embrase en quelques secondes. En 1930, le cinéaste, acteur et producteur Donatien perd dans un incendie au laboratoire Éclair le négatif original de son film *Pogrom* qu'il a tourné avec difficulté. Donatien était un habitué d'Épinay. Il y a tourné, monté et développé un grand nombre de films de 1920 à 1930.

La Première Guerre mondiale a provoqué un coup d'arrêt brutal à l'expansion d'Éclair. Au seuil des années vingt, Serge Sandberg, aux commandes de la société, décide de réorganiser la stratégie d'Éclair autour de trois axes.

Les studios, bien équipés et servis par des équipes de techniciens remarquables, accueilleront producteurs et réalisateurs. Les laboratoires à la pointe du progrès de la photochimie traiteront des films de plus en plus nombreux selon des techniques de plus en plus sophistiquées. Enfin, des caméras Éclair performantes et perfectionnées apporteront aux professionnels les outils indispensables à leur travail. Il n'est pas étonnant de retrouver à Épinay, dix ans plus tard, un des pôles les plus avancés d'Europe dans la production de films sonores, avec notamment des studios équipés du système Tobis-Klang-Film.

La crise profonde issue de la Grande guerre a profondément ébranlé Éclair mais deux hommes, Charles Jourjon et surtout Serge Sandberg croient à la reprise. Ils décident alors, à contre-courant, de se lancer dans un combat commun de défense et de relance de l'industrie cinématographique française. Épinay devient alors un lieu incontournable pour les professionnels. Peu à peu, la ville prend forme et se modèle autour du monde cinématographique. Metteurs en scène, acteurs et autres notoriétés de l'écran se succèdent à Épinay.

Avec Charles Jourjon et Serge Sandberg, Épinay s'équipe d'un nouveau studio, celui de la rue du Mont dit « Menchen », du nom d'un industriel autrichien qui y avait installé ses studios en 1913. Tourner à Épinay ne veut pas seulement dire tourner chez Éclair. En effet, la participation des habitants est habituelle pour la figuration. Le cinéma fait donc partie intégrante des habitants d'Épinay qui le vivent au quotidien. Il est à la fois un art, une industrie, un gagne-pain et une distraction. La presse dès 1920 vante les qualités de la ville et de ses infrastructures : « L'Éclair a aménagé ses locaux d'Épinay avec tout le modernisme qu'exige maintenant la mise en scène cinématographique. Un troisième studio va être ce mois-ci mis à la disposition des cinématographies ; une installation électrique parfaite, un répertoire de décors sans cesse renouvelé donneront satisfaction aux ouvriers de l'art muet et permettront de réaliser les films les plus divers et les plus somptueux. Ces studios situés se trouvent au milieu de parcs qui offrent toutes les ressources nécessaires pour tourner les extérieurs. Voilà les moyens : aux metteurs en scène de défendre le film national ». En 1923, c'est à Georges Clemenceau, qui a quitté la scène politique, de venir à Épinay pour assister au tournage du film *le Voile du bonheur* de Édouard-Émile Violet, dont il est l'auteur du roman. Sa présence est immortalisée par de nombreux photographes et par la presse qui a assisté à la visite du Tigre dans les décors chinois reconstitués. L'année suivante, le célèbre cinéaste Jean de Baroncelli y tourne en partie la première adaptation du roman de Pierre Loti *Pêcheur d'Islande*, avec Charles Vanel dans le rôle de Yann. Certains plans sont pris au bord de la Seine, censée représenter la Lande bretonne… Plus tard, il n'est pas rare d'emprunter le décor de la ville et de ses environs pour un tournage de film au sujet bien éloigné: *la Terre promise* est mise en scène par Henry Roussell de mars jusqu'à l'été 1924. Les intérieurs se font à Épinay: les scènes du ghetto y sont remarquablement rendues. Les extérieurs trouvent leurs paysages dans la campagne environnante, à l'Île Saint-Denis et à Paris: la scène de l'incendie des puits de pétrole est, par exemple, l'un des moments inoubliables de ce film par la qualité de sa reconstitution. De même, l'ancien village des Balkans est fidèlement reproduit dans les plus infimes détails.

En 1926, Jean de Mirbel, journaliste à *Cinémagazine*, décrit l'ambiance d'un tournage et célèbre les qualités d'Épinay: « Les jardins qui entourent l'église et la mairie d'Épinay semblent une oasis. Les arbres commencent à bourgeonner, c'est presque le printemps! Dans ce coin charmant, au milieu d'un petit parc, s'élève le studio Menchen, où s'élaborèrent plusieurs des œuvres qui firent le renom de la cinématographie française. Nous savions que Donatien tournait à ce studio les intérieurs de son prochain film, *Simone*, et nous étions curieux de voir au travail le décorateur, le réalisateur et l'interprète que nous avions applaudi la veille. […] Sur le plateau même, deux loges spacieuses, confortables (comme c'est rare en France!) ont été édifiées […] et nous pénétrons dans le studio où s'élèvent quatre magnifiques décors. […] Il est tard lorsque nous quittons le studio, et Donatien nous dit qu'après un léger dîner, on continuera à tourner, de nuit, jusqu'à onze heures, peut-être minuit, car il faut terminer aujourd'hui les quelques scènes qui restent à réaliser dans ces décors… et nous quittons le studio… » Comme Donatien, les cinéastes apprivoiseront l'atmosphère d'Épinay: il y est plus aisé de réaliser des films en alternant studio et extérieurs sans changer de lieu et en profitant de l'habitude des habitants au monde cinématographique.

Peu de temps après, en 1928, ce sera au tour d'André Hugon pour *la Marche nuptiale* avec Pierre Blanchar, de tourner dans le centre ville d'Épinay et d'en extraire tout le charme d'une ville de province: on y reconnaît le magasin de bonbons, l'église, la place, les jardins…

Après la séparation entre Charles Jourjon et Serge Sandberg, Éclair redémarre avec la grande transformation technologique du septième art que représente l'apport du son. Les studios d'Épinay-sur-Seine furent, en 1929, à la pointe de cette nouveauté technique en étant les tous premiers équipés en matériel d'enregistrement sonore. La société Tobis choisit certains plateaux des studios Éclair pour installer un de ses trois centres européens, les autres étant Londres et Berlin. De Jean Renoir à René Clair, les plus grands cinéastes se succédèrent à Épinay.

Commencé en muet, le film *le Requin*, réalisé par Henri Chomette (frère de René Clair) a été sonorisé après le tournage en 1929 afin d'être à la pointe de la modernité : le film se termine même à la fin par quelques paroles... Aussitôt, tous les moyens sont mis en œuvre pour obtenir ce que le public attend : entendre parler les stars. La production renaît par la Tobis. De tous les films les plus connus tournés à cette période à Épinay sont les œuvres de René Clair entre 1930 et 1934. Mais d'autres cinéastes renommés sont venus à Épinay pour y réaliser des œuvres qui font désormais partie de notre patrimoine cinématographique : Michel Simon, Edmond T. Gréville, Jacques Feyder ou Jean Renoir.

Pendant une quarantaine d'années, la société Éclair était géographiquement située en deux lieux : le groupe Lacepède comportant les plateaux A, B et C totalisant une superficie de 45 000 m^2 et les plateaux D et E, de 18 000 m^2 au groupe Du Mont ainsi que 15 000 m^2 d'espaces extérieurs. Depuis 1907, les infrastructures se sont modifiées en fonction des nouvelles technologies. Désormais subsiste seulement le groupe Du Mont et quatre plateaux (C, D, E, et F) ainsi qu'une superficie extérieure de 4 500 m^2.

Bertrand Dormoy, qui a commencé à travailler chez Éclair en 1976, est président-directeur général d'Éclair depuis 1990, a succédé à son père Philippe Dormoy au moment de sa retraite qui était lui-même gendre de Jacques Mathot (qui a dirigé Éclair de 1934 à 1971), gendre de... Charles Jourjon : Éclair est donc une affaire de famille depuis l'origine.

É.L.R.

Joinville

Baptisés à l'origine « studios Levinsky » (du nom de leur premier propriétaire, fabricant de décors), ces locaux construits en 1923 sont rachetés, un an plus tard, « par Charles Pathé qui les loua pour dix ans à la Société des Cinéromans » (Jean Mitry, 1987). Jean Sapène, directeur général du quotidien parisien *Le Matin* et de la Société des Cinéromans, fait réaménager le site, afin de le mettre en conformité avec les hautes ambitions qu'il a pour sa compagnie. L'ensemble constitue à Joinville une sorte de triangle isocèle, dont les deux côtés égaux sont bordés, à gauche, par l'avenue Joyeuse et, à droite, par l'avenue du président Wilson, tandis que le troisième côté s'étend le long de l'avenue Galliéni. C'est justement par l'avenue Galliéni que l'on accède au site. Les bureaux de la direction des Cinéromans se trouvent immédiatement sur la droite, à cette position stratégique qui permet de surveiller les déplacements du personnel. Une petite allée les sépare du réfectoire et des loges, dans lesquelles les comédiens sont coiffés et habillés. En empruntant l'artère principale du site, on accède ensuite à un bâtiment réservé à la figuration (qui, donc, ne se mélange pas aux « vrais » artistes), au magasin de meubles, aux ateliers de mécanique et d'électricité et aux garages (contenant notamment quatre camions photoélectriques pour les prises de vues extérieures). Le sommet du triangle est constitué de deux bâtiments de plus de 4 500 m^2 : le premier sert à la fabrication des décors et le second à leur stockage. Il semble que ces deux édifices abritent également les ateliers de couture, de lingerie, ainsi que d'immenses vestiaires où sont entreposés les costumes.

Les lieux de tournage se divisent en deux. Le grand studio occupe l'angle inférieur droit du triangle, juste derrière le bâtiment de la direction. Sa superficie atteint 1 200 m^2 (50x24), dont une petite partie est réservée à une piscine de 16 mètres de long sur 12 mètres de large (et 2 mètres de profondeur). La particularité de ce bassin réside dans son ingénieuse conception : « Dix larges baies vitrées, réparties sur le pourtour, permettent soit d'éclairer l'eau par-dessous, soit de prendre de la galerie même des vues sous-marines, l'éclairage du haut étant spécialement calculé à cet effet » (G.M. Coissac, 1929). Un autre studio, regroupant trois théâtres, de 450, 750 et 875 m^2, se trouve de l'autre côté du bâtiment de la direction, à gauche de l'entrée. L'un de ces trois théâtres est également équipé d'une piscine, de dimensions plus modestes que celle du grand studio. Chaque théâtre a été conçu comme une unité autonome prête à accueillir une équipe entière de tournage. Le metteur en scène peut y trouver tous les aménagements nécessaires à son travail :

1° Deux bureaux, un pour lui, l'autre pour son assistant ou son régisseur ; ces bureaux sont munis du téléphone.
2° Un laboratoire permettant le chargement des appareils de prises de vues, le développement des photographies et des bouts, pour essais de lumière [...].
3° Une salle de projection.

De plus, chaque théâtre dispose d'une puissance d'éclairage à la fois variée et considérable : on peut y choisir des projecteurs à arc automatiques ou manuels, de 90 à 300 ampères, des tubes à mercure de toutes dimensions, etc. « Un système d'éclairage par lampes à incandescence, destiné spécialement aux prises de vues avec pellicule panchromatique, complète cette magnifique installation ». Ce matériel est susceptible de fonctionner en toutes circonstances, grâce à l'appoint d'un groupe électrogène de secours.

Au cours de l'année 1929, la Société des Cinéromans débute l'édification de deux nouveaux théâtres, au centre du site. Leurs dimensions sont de 20 mètres sur 40 et de 26 mètres sur 50. Le plus grand accueille une piscine supplémentaire. Ces deux théâtres contigus ont la particularité d'être séparés par une cloison amovible. Ils peuvent donc être réunis afin « de faire des prises de vues de 100 mètres de longueur ». Mais ils ne sont pas conçus uniquement à cet effet. En fait, la société manque tout simplement de locaux. Le tournage de *Belphégor*, en 1927, l'illustre parfaitement : l'équipe ne s'installe à Joinville qu'une seule semaine, sur quatre mois de travail, sans doute faute de place suffisante. En effet, la société des Cinéromans loue fréquemment ses théâtres pour des productions extérieures. Ainsi, durant le tournage de *Belphégor*, Henri Diamant-Berger occupe les lieux (avec d'autres cinéastes) pour mettre en scène *Rue de la paix*. Bref, plus qu'un site refermé sur sa compagnie, les studios de Joinville sont donc, à cette époque, un lieu ouvert aux tournages de tous horizons, c'est-à-dire un des outils de production indispensables du cinéma français.

L.L.F.

Montreuil

Début 1904, Pathé ouvre deux nouveaux studios à Vincennes – où la production était réalisée, jouxtant les laboratoires de tirage, les usines – et à Montreuil où la firme possédait un entrepôt.

Montreuil était jusqu'alors attachée aux noms d'Émile Reynaud, inventeur du praxinoscope et de Georges Méliès et la Star Film. C'est là qu'en 1897 le directeur du Théâtre Robert Houdin avait bâti sa « maison de verre ». Zecca prend la tête des studios Pathé de Montreuil avec Nouguet, Gasnier, Heuzé, Velle, etc.

C'est l'époque où Méliès est à l'apogée de sa carrière (1902-1906) mais aussi celle où l'on passe de l'artisanat à l'industrie. Les studios se multiplient, à Vincennes d'abord, puis Montreuil, Belleville, Joinville-le-Pont. Il y a sept studios en 1908 avec Nice et Marseille, des « filiales » en Russie, Amérique, Italie, Belgique.

Pathé, première maison de production du monde, produit des films, gère des salles, fabrique des appareils (caméras et projecteurs) et de la pellicule. À la veille de la guerre, Pathé Frères représente « un empire décentralisé… Il a abandonné sa prétention au monopole. Sa structure en holding… doit lui assurer un niveau régulier de gains et de dividendes en dispersant les risques financiers… à travers une constellations de « filiales » quasi indépendantes » (Abel). La production diminue et devient accessoire. Abandonné pendant la guerre, le studio de Montreuil n'est pas remis en activité. Après négociation avec Joseph Ermolieff – ancien directeur de Pathé-Russie et qui demeure lié à la maison française à qui il a cédé les droits de distribution de ses films à l'étranger – qui, en 1919, vient négocier son installation en France, le studio désaffecté est loué aux Russes qui s'installent ainsi rue du Sergent Bobillot. Ils créent alors l'une de ces maisons de production indépendante en s'appuyant sur un studio leur assurant l'autonomie, « Ermolieff-Cinéma ». En juillet 1920, Ermolieff signe avec Pathé un bail de location du studio de Montreuil, assorti d'une promesse de vente.

Les Statuts de la Société anonyme Ermolieff-Cinéma (capital 1 000 000 de Francs) portent sous le titre « Apports de M. Ermolieff » ce « droit au bail d'un théâtre de prises de vues cinématographiques, sis à Montreuil-sous-Bois, 52 rue du Sergent-Bobillot, concédé par la Société Pathé-Cinéma, et les dépendances dudit théâtre, locaux et terrains, etc. [loyer annuel de 40 000,00 F + 1 000 de charges] en date à Paris du 27 avril 1920... En outre la promesse de vente que la Société Cinéma Pathé a consenti à M. Ermolieff de l'immeuble loué », etc. Au départ d'Ermolieff, Kamenka poursuit la location au nom d'Albatros, en revanche la vente n'a pas lieu.

Matériellement parlant le studio de Montreuil n'est ni très vaste ni très moderne. V. Tourjansky dit en 1924 qu'il a été « frappé en France, [par] le peu de commodités que possèdent [les] studios; en Russie, il y en a très peu, mais ce sont des palais... » Cependant il permet aux Russes qui forment un ensemble cohérent et complet (des vedettes aux metteurs en scène, des électriciens aux décorateurs, maquilleurs, rédacteurs d'intertitres, etc.) d'en tirer des ressources spectaculaires. Le contraste entre les productions de qualité qui en sortent et l'état des lieux suscite régulièrement des louanges dans la presse. Au moment du tournage du *Lion des Mogols,* on trouve une formule qui fera florès: « Petit par sa superficie, mais grand par sa production... » De fait l'Ermolieff s'impose dans plusieurs genres cinématographiques par des décors convaincants et une qualité du travail technique et artistique qui paraît « transcender » l'exiguïté des lieux et la pauvreté des installations. Ce sont les *Contes des 1001 nuits* de Tourjansky, tournés à Montreuil, qui s'imposent et qu'on exporte aux États-Unis. *Le Chant de l'amour triomphant*, de même offre un festival de décors exotiques qui impressionne. C'est que la pauvreté matérielle si elle est une limitation indéniable est compensée par la cohésion et la compétence de l'équipe technique: « Le studio d'"Albatros" nous offre son refuge d'art, et nous convie à le voir s'animer, tous feux allumés, machinistes qui s'affairent et volière vitrée qui retentit joyeusement de cris d'appellations dans cette douce et chantante langue russe ».

Tout le monde insiste sur le contraste entre l'intérieur et l'extérieur: « [...] C'était un quartier pouilleux et l'ensemble ressemblait plus à une usine qu'à un studio de cinéma, à l'extérieur. Mais à l'intérieur, c'était la féeerie » (C. Vanel). « Studio curieux: pour y parvenir, il faut traverser une banlieue sale et boueuse, suivre des rues enfumées et médiocres. C'était grande animation cet après-midi-là au studio. On tournait les derniers intérieurs de *Feu Mathias Pascal* dans un décor très simple... C'est la magie de l'ombre et de la lumière cela » (*Cinémagazine*).

« "Le grand-père du cinéma français", ainsi qu'on appelle le studio de Montreuil, a vu naître autour de lui plusieurs petits bâtiments où sont logés les bureaux, les accessoires, le laboratoire, la salle de projection, la salle à manger, etc. Tout cela porte un caractère provisoire car bientôt "Albatros" aura son grand studio moderne, une véritable petite ville près d'une porte de Paris.

En attendant l'activité bat son plein dans la modeste verrière... Malgré le progrès évident, c'est quand même avec un peu de tristesse qu'"Albatros" déménagera dans son nouveau studio quand celui-ci sera terminé. » (*id*)

En 1926, en effet, alors qu'Albatros a sous contrat trois metteurs en scène (Rimsky, Feyder et Clair), un projet ambitieux de reconstruction du studio à Malakoff est formé. Un terrain de 7000 m^2 est acquis à cet effet. De ce « grand studio moderne, [...] véritable petite ville près d'une porte de Paris », il ne reste que le plan très audacieux de l'architecte Jean Fidler qui l'apparente à un planétarium et rompt avec la structure en verrière héritée des premiers âges. Puis on envisage sérieusement de quitter Montreuil et de ne plus conserver la formule du studio tel qu'il fonctionne depuis 1920. Des contacts sont pris avec Joinville en juin 1927 pour la location à périodes fixes et l'on envisage d'y déposer une grande partie du matériel. Or le studio de Joinville ne peut abriter le matériel, et la location à périodes fixes s'avère difficile. En septembre néanmoins, le studio est loué.

À l'Assemblée générale des actionnaires de mai 1928, la résiliation du bail du studio de Montreuil en juin de la même année, est annoncée par le Conseil d'administration de la Société des Films Albatros car il ne répond plus aux nécessités de la production moderne ; du même coup il octroiera une liberté d'action qui facilitera des accords avec des producteurs français et étrangers et permettra de réaliser des films dans des conditions plus avantageuses.

En octobre, Albatros vend les 7000 mètres carré de terrain qu'elle possède à Malakoff.

Le studio qu'on comparait plaisamment à une usine devient une fonderie ; il est conservé jusqu'à nos jours sous cette forme, « redécouvert » en 1995 à l'occasion de l'exposition « Albatros, l'École russe de Montreuil » au Musée de l'Histoire vivante de la ville. **Fr.A.**

T

TECHNIQUES

Film

Fabriquant – Depuis l'abandon de la fabrication du film cinématographique par la société Lumière, Pathé-Cinéma est le seul grand manufacturier français. Dans ses usines de Vincennes et de Joinville, l'entreprise s'efforce de rivaliser avec l'Américain Eastman Kodak et l'Allemand Agfa. Deux nouveaux venus viennent s'ajouter au trio en 1926 : le Belge Gevaert et l'Américain Dupont de Nemours. En 1927 cependant, Charles Pathé vend cette activité à George Eastman : c'est la naissance de Kodak-Pathé.

Format – Le film Edison 35 mm avec ses quatre perforations de chaque côté de l'image est devenu le format universel du cinéma, timidement contesté aux États-Unis à la toute fin de la décennie avec l'arrivée du parlant et les premières tentatives de film large (en 1929 et 1930 : 70 mm de la Fox et de la M.G.M., 65 mm de la R.K.O. et de la First National). Sans remettre en cause le format standard, Pathé propose des formats réduits conçus pour des usages spéciaux : en 1922, le « Pathé-Baby » 9,5 mm, à perforations centrales, destiné au public enfantin et aux cinéastes amateurs ; en 1927, le « Pathé-Rural » 17,5 mm, qui divise par deux les cotes du film standard, réservé à l'usage de la petite exploitation.

Support – La quasi-totalité de la production commerciale utilise le support traditionnel en nitrate de cellulose qui présente des atouts (qualité mécanique, prix de revient relativement modeste) et de graves inconvénients (sa fulgurante inflammabilité l'apparente à un explosif). Pathé propose (et impose pour les formats réduits) un support « non flamme » à base d'acétate de cellulose qu'il dénomme *acétoïd*. Sans doute en raison de son coût plus élevé, ce film de sécurité ne connut pas un succès significatif dans le domaine du format standard.

Émulsion négative – Pendant presque toutes les années vingt, l'*émulsion orthochromatique*, « l'ortho », sensible au bleu, au jaune et au vert, insensible au rouge, est la seule utilisée pour la négative. Ainsi les ciels bleus des films muets sont-ils désespérément transparents à l'écran tandis que les lèvres rouges des actrices y apparaissent curieusement noires (à moins qu'on y ait remédié par un maquillage approprié !).

L'émulsion panchromatique, « la panchro », sensible à la quasi-totalité du spectre, figure au catalogue des grandes marques dès le milieu de la décennie ; elle pose cependant quelques problèmes pratiques (renouvellement du matériel d'éclairage au studio, développement dans l'obscurité et non plus sous la traditionnelle lumière rouge à moins d'une désensibilisation préalable) qui retarde son emploi dans le cinéma de fiction.

En France, elle est enfin utilisée pour les tournages du *Diable au cœur* de Marcel L'Herbier (1926-1928), de *la Passion de Jeanne d'Arc* de Carl Th. Dreyer (1927-1928) et de *la Petite Marchande d'allumettes* de Jean Renoir et Jean Tédesco (1927-1928) ; son emploi se généralise au début des années trente.

Le catalogue Pathé-Cinéma de l'année 1926, comme celui des autres grandes marques, propose trois types d'*émulsion négative* : la *standard*, ortho dite de sensibilité normale (environ ISO 20/14° en mesure moderne) ; l'*extra-rapide S*, ortho destinée au studio (environ ISO 40/17°) ; la *spéciale panchromatique* (environ ISO 20/14°).

Autres émulsions – Pathé propose deux autres types de film : l'*inversible* qui permet d'obtenir une image positive sur le support même qui a servi à la prise de vues (principalement destiné aux amateurs pour le 9,5 mm, l'inversible est cependant disponible en format standard) et, bien entendu, le *film positif* destiné au tirage des copies, doté d'une émulsion ordinaire uniquement sensible au bleu, très lente et d'un contraste élevé.

Il manque une émulsion au catalogue Pathé, celle qui précisément apparaît sur celui d'Eastman Kodak en 1926 : la *duplicating*, elle-même diversifiée en positive et négative, qui permet de contretyper une image pour reconstituer un négatif détruit, pour doubler un négatif existant ou pour mener à bien certains trucages.

Certes, la documentation technique de Pathé donne la marche à suivre pour assurer le contretypage d'une copie ordinaire à l'aide du film positif très généreusement surexposé (4 fois !), mais la délicatesse du mode opératoire laisse peu d'espoir sur la qualité finale du résultat qui se traduit généralement par le délabrement du contraste et une forte montée du grain. L'image dégradée du contretype est souvent donnée de façon caricaturale dans les films de fiction des années soixante ou soixante-dix pour évoquer le passé en citant des images documentaires anciennes…

L'absence de film spécialement destiné au contretypage explique la présence surprenante de deux opérateurs tournant leur manivelle côte à côte dans les studios de cinéma à l'époque du muet : le deuxième opérateur enregistre un négatif de sécurité et fournit le matériel destiné à constituer la matrice des versions étrangères.

Coloration de l'image – Pour déguiser

l'apparence austère des images en noir et blanc, différents moyens sont utilisés. Le *teintage* consiste à immerger le film dans un bain colorant (bleu, jaune, ambre, ambre clair, rouge feu, vert-bleu, vert lumière, rose, violette, orangé, rose...) qui affecte tout autant le support que l'image. Très vite, les fabricants proposent des films à *support teinté* qui simplifient la procédure (bleu, vert, rouge, jaune, rose, orange, lavande, ambre...).

Teintages et supports teintés sont souvent utilisés par le cinéma muet à des fins expressives plus ou moins subtiles (le vert pour la campagne, le bleu pour les extérieurs nocturnes, l'ambre pour les intérieurs de nuit, le rose pour les scènes d'amour, le rouge pour les incendies...).

Le *virage* résulte d'un traitement chimique qui substitue un composé coloré à l'image argentique sans affecter le support (bleu au fer, brun à l'urane, rouge au cuivre, sépia...), le *virage par mordançage* transforme l'image argentique en sel métallique incolore (le *mordant*) susceptible de fixer une grande variété de matières colorantes. En combinant habilement teintages et virages, on peut parvenir à des résultats intéressants. Cependant, toutes ces pratiques disparaissent avec la généralisation des machines à développer en continu et le cinéma parlant y met un terme définitif.

Au cours des années vingt, on utilise encore avec une grande efficacité les *machines à colorier* fonctionnant sur le mode du pochoir mises au point aux alentours de 1905. En témoignent *la Sultane de l'amour* de René Le Somptier et Charles Burguet dans sa réédition coloriée de 1923, les séquences en couleur du *Michel Strogoff* de Viatcheslav Tourjansky (1926) et du *Casanova* d'Alexandre Volkoff (1926-1927).

Appareils de prise de vues

Modèles – Tout au long du muet, la fabrication des caméras représente l'apport le plus brillant de la technologie française. La fameuse caméra *Pathé type Professionnel* commercialisée en 1910, avec son mode d'entraînement par griffes repris du brevet Lumière, est encore en usage sur les plateaux du monde entier, des États-Unis à la Russie, jusqu'au milieu des années vingt. La caméra la plus utilisée du muet est à l'origine des films fondateurs de David W. Griffith, Cecil B. De Mille, Maurice Tourneur et Henry King aussi bien que de ceux d'Evguéni Bauer et Jakob Protazanov...

Mais des appareils de prise de vues plus performants voient le jour au cours de la décennie. Muni d'une tourelle à objectifs, le *Caméréclair*, système Méry, conçu pour la société Éclair est commercialisé en 1921 et connaît de nombreux perfectionnements au cours des années suivantes. Le nouveau *Parvo*, mis au point par les établissements Debrie en 1921, permet le fondu automatique. Dès 1922, tous les modèles sont logés dans un boîtier métallique, ainsi le *Parvo J.K.*

(1924), le *Parvo L* (1926) et le *Parvo T* (1928).

Caméréclair et *Parvo* connaissent la rude concurrence des appareils américains *Bell Howell* et *Mitchell*. Conçue par John E. Leonard, la caméra *Mitchell* apparaît en 1921 mais, équipée de contre-griffes en 1927, devient l'appareil de prise de vues le plus perfectionné au monde. Les marques américaines ont le seul tort d'être coûteuses, ce qui permet aux marques françaises de bénéficier d'un très important marché.

À côté des caméras de studio relativement encombrantes qui peuvent recevoir des bobines de 120 mètres de film, les industriels français proposent de petites caméras 35 mm portatives susceptibles de répondre à la fois aux besoins des amateurs et des professionnels : la *Cinex* de Bourdereau (1925) accepte 60 mètres de film, la *Ciné-Sept* de Debrie (1921) seulement 5 mètres. Ce dernier appareil, d'une compacité étonnante, est entraîné par un moteur à ressort. Gance l'utilise dans la séquence de la bataille de boules de neige au début de *Napoléon*. Il demande aux enfants de la jeter en l'air pour donner à voir le point de vue d'une boule de neige !

Entraînement – Dans un premier temps, les caméras sont mises en mouvement par une manivelle et sont censées enregistrer 16 images par seconde, fréquence conseillée par toutes les notices des appareils, du moins si l'on souhaite une restitution réaliste du mouvement. Mais cette fréquence n'est pas toujours respectée par l'opérateur, involontairement ou volontairement pour des raisons techniques (on « retient la main » lorsque la lumière devient insuffisante) ou expressives (les effets d'accéléré ou de ralenti sont très prisés à l'époque du muet).

Dès 1924, André Debrie conçoit un système d'entraînement électrique substituable à la manivelle. Dans les années qui suivent, le moteur électrique (ou le moteur mécanique à ressort pour les caméras portables) est intégré directement à l'appareil et amène la disparition progressive du tournage manuel. Le parlant, avec son exigence de synchronisme absolu, impose définitivement la solution du moteur électrique.

Visée – Les caméras disposent d'un système de visée indépendant de l'objectif avec l'inconvénient du problème de la parallaxe pour la prise de vue rapprochée. On tente d'y remédier à l'aide de systèmes correcteurs plus ou moins satisfaisants modifiant l'axe de visée en fonction de la distance du sujet principal.

Debrie, repris par d'autres fabricants, innove avec la pratique de la visée directe sur le film lui-même, à travers le support, grâce à un prisme redresseur remettant l'image « à l'endroit » et à un oculaire grossissant situé à l'arrière de l'appareil. L'opérateur de cinéma retrouve le geste du photographe d'antan en cachant sa tête sous un voile noir pour prévenir le risque de voiler la pellicule. Ce système de visée d'une simplicité remarquable est remis en cause par l'accroissement de la sensibilité des émulsions et par l'utilisation nouvelle de différents traitements qui opacifient la face dorsale du film (antihalo, « x-back » destiné à prévenir les effluves, ces décharges d'électricité statique qui se traduisent sur le négatif par de fines arborescences noires).

Faute de pouvoir utiliser la visée directe au cours de la prise de vues, un système alternatif est mis au point qui permet de l'utiliser à l'arrêt de l'appareil. Le couloir de défilement est écarté afin de mettre à la place exacte du film un dépoli de visée. Il est ainsi possible de déterminer avant la prise de vues un cadrage précis (dans le cas d'un plan fixe) et d'effectuer une mise au point minutieuse. Mais le tournage s'effectue ensuite sous le seul contrôle d'une visée extérieure, approximative si l'appareil effectue le plus modeste déplacement. Jusqu'à l'arrivée de la « visée reflex » (1947, mais sa généralisation dans la production de fiction n'intervient qu'aux années soixante), le problème de la visée reste un grand souci pour les opérateurs.

Objectifs – Dès lors que la caméra quitte l'anonymat de l'enregistrement du « tableau » et que le découpage multiplie les variations du point de vue, l'usage de focales différentes de la normale trouve une justification technique et expressive. Abel Gance utilise ainsi un objectif de 14 mm pour certains plans de son *Napoléon* (1925-1927) tandis que Jean Grémillon emploie exclusivement un 25 mm pour le tournage de *Gardiens de phare* (1928-1929).

La principale innovation de la décennie est l'*Hypergonar* mis au point par Henri Chrétien et breveté en 1927. L'Hypergonar est un système optique qui utilise le principe de l'anamorphose : l'image large, comprimée à la prise de vues dans un seul sens, s'inscrit dans le cadre d'une image standard ; décompressée à la projection, elle est alors restituée dans toute son amplitude.

Claude Autant-Lara expérimente l'invention dans un court-métrage, *Construire un feu* (1927-1929). Le film est vite retiré de l'affiche sous le prétexte qu'il est projeté « avec un procédé particulier et non mis dans le commerce, ce qui constitue une concurrence déloyale » ! Il faut attendre 1953 pour voir le dispositif optique réapparaître aux États-Unis, sous le patronage de la Fox, et sous le nom de *CinemaScope* avec le succès que l'on sait.

Mobilité – Dès les premières années de la décennie, la caméra s'anime comme en témoignent les films de Jean Epstein (*l'Auberge rouge*, 1923), d'Abel Gance (*Au secours !*, 1923-1924) et de Louis Delluc (*l'Inondation*, 1923-1924). Elle tourne autour de son axe, suscitant les premières *plate-formes* orientables dans toutes les directions à l'aide de manivelles. Elle bouge dans l'espace et l'on voit apparaître les *chariots de travelling* montés sur pneumatiques ou sur rails. En France, la tradition de la débrouillardise et du bricolage défendue par d'ingénieux machinistes se substitue souvent, dans ce domaine, à un matériel perfectionné. Jean Renoir raconte dans ses souvenirs, avec un plaisir non dissimulé, comment il a tourné le long travelling au-dessus de la table du banquet pour *le Tournoi dans la cité* (1928-1929) à l'aide d'une caméra suspendue à un pont mobile muni de quatre roues de bicyclette ! Cependant, la palme revient une fois de plus à Abel Gance qui, au service de son *Napoléon* (1925-1927), expérimente tous les mouvements possibles et jusqu'à la caméra portée. Dans *l'Argent* (1928-1929), Marcel L'Herbier n'est pas en reste avec ses vertigineux travellings aériens !

Insonorisation – La caméra est un appareil ordinairement bruyant. À l'arrivée du « parlant », pour les premiers tournages, on se contente de la séquestrer dans une cabine étroite (« *booth* »), phoniquement étanche et munie d'une glace frontale. Plus tard, on enferme mécanisme et pellicule dans des caissons doublés de parois absorbantes (« *blimp* »). Mais ces évolutions appartiennent dorénavant aux années trente.

Laboratoires

Disponibles dès 1911, les machines à développer, qui assurent le traitement en continu du film négatif ou positif, équipent de plus en plus souvent les laboratoires jusqu'à s'imposer totalement à la fin de la décennie. Cependant, la pratique du développement sur châssis reste la plus répandue en France dans le courant des années vingt car elle répond à un mode de travail (prise de vues et montage) privilégié par le cinéma muet.

Dans le développement sur châssis, l'opération s'effectue en lumière rouge, inactinique en ce qui concerne l'ortho. Le film négatif, l'émulsion en dehors, est enroulé autour d'un grand châssis de bois susceptible de recueillir un maximum de 60 mètres de pellicule. Précédemment, lors de la prise de vues, l'opérateur a pris soin, entre chaque changement d'éclairage, de percer le négatif à l'aide d'un poinçon intégré dans son appareil. La perforation sert de repère au moment du chargement du châssis et indique généralement l'emplacement de la coupe.

Le châssis est ensuite immergé successivement dans les cuves remplies des bains qui assurent son développement : eau de mouillage, révélateur, eau de rinçage, fixage, eau de lavage souvent renouvelée. Le passage dans la cuve de révélateur est le plus critique : la personne chargée du développement soulève de temps à autre et très brièvement le châssis pour examiner le négatif, surveiller la « venue » de l'image et conduire ainsi le développement, ce qui requiert évidemment un œil averti et une certaine expérience. Il est ainsi possible de corriger dans une large mesure les approximations de l'exposition.

Dans l'autre pratique, celle du développement en continu, le film entre d'un côté de la machine et en ressort à l'autre bout après avoir effectué un long trajet sinueux en parcourant les bacs contenant les bains soigneusement contrôlés et renouvelés. Le traitement (composition des bains, entretien, température, temps de passage du film) respecte strictement (en principe) la procédure technique du fabriquant de la pellicule.

On comprend alors ce qui sépare ces deux pratiques. Le développement au châssis relève d'un processus artisanal qui joue sur l'expérience de l'opérateur de prise de vues et sur celle du développeur. Le premier règle l'exposition « au jugé ». Le second corrige empiriquement les approximations du premier en jouant sur le temps de développement et en modifiant sans cesse, de cette façon, le facteur de contraste, ce qui n'est pas sans inconvénient pour la continuité photographique du film.

Le développement en continu oblige le responsable de la prise de vues à une plus grande discipline dans son travail. En jouant avec l'ombre et la lumière, il doit désormais tenir compte des limites et des possibilités de la courbe sensitométrique de l'émulsion. L'usage des instruments de mesure de la lumière se répand dans la deuxième moitié de la décennie : les directeurs de la photographie arborent désormais un actinomètre ou un photomètre, ou encore la toute récente cellule photoélectrique. Cette nouvelle rigueur ne les empêche pas d'ajouter une précaution avant de prendre le risque du tournage : ils font développer sur place un bout d'essai de quelques images à chaque changement de lumière.

Truquages

En France, les années vingt sont peu prolixes en matière de films de truquages – la bien médiocre *Cité foudroyée* de Luitz-Morat (1924) est l'exception qui confirme la règle). Science-fiction, fantastique et fantaisie, si importants dans le cinéma français des débuts, ne sont plus à l'ordre du jour. La plupart des truquages utilisés dans les films concernent le décor et reprennent des techniques éprouvées depuis Méliès (maquettes, double-exposition, cache/contre-cache). Sans oublier les effets de liaison et d'encadrement (fondus, iris, caches circulaires…) très prisés à l'époque et qui, rétrospectivement, apportent aux films un charme indéniable. Ils sont effectués directement à la prise de vues et les toutes récentes caméras facilitent leur réalisation (ces effets deviennent l'activité du laboratoire dès l'apparition du sonore).

Deux nouveaux dispositifs techniques importants voient cependant le jour à la fin de ces années. La *Truca* sort des Établissements Debrie en 1928. Cet instrument qui met face à face un appareil de projection et un appareil de prise de vues est une tireuse perfectionnée aux multiples usages (recadrage, correction de fréquence, inversion du mouvement, travelling optique, surimpression, effets de liaison, caches mobiles…). La Truca utilise les nouvelles ressources offertes par les émulsions intermédiaires (ainsi la *duplicating* de Kodak).

La même année, la *transparence* mise au point par Yves Le Prieur est un procédé promis à un certain succès. Une image en mouvement est projetée sur un écran translucide devant lequel jouent les interprètes, l'appareil de projection étant situé à l'exact opposé de l'appareil de prises de vues. La transparence est expérimentée dans *la Tentation* de René Leprince et René Barberis (1929).

Montage

Le montage des films muets est déterminé par des facteurs spécifiques au cinéma de cette époque : le développement, le teintage et les intertitres. En effet, les négatifs des films muets ne sont pas montés en bobines de 300 mètres (environ) comme c'est le cas pour les films sonores. La technique du développement sur châssis ne permet de traiter que des éléments d'une longueur maximum de 60 mètres.

Les petits bobineaux de film ne sont pas classés chronologiquement dans les boîtes, mais rangés par coloris en vue des traitements de teintage, virage et mordançage souvent pratiqués. La confection des copies d'exploitation sous forme de bobines montées s'effectue donc à partir des bobineaux positifs teintés. La monteuse les colle bout à bout en suivant une « conduite » et en intercalant éventuellement les intertitres dans une langue ou dans une autre selon la destination prévue de la copie. Les intertitres sont tournés directement sur une émulsion positive pour économiser le négatif et obtenir d'emblée un contraste élevé.

La généralisation des machines à développer en continu, qui précède de peu l'arrivée du sonore, met un terme à ces pratiques et impose la formule évidemment plus économique du montage en bobines.

Projection

Dès le milieu des années vingt, les principaux fabricants d'appareils de projection (Aubert, Gaumont, Pathé…) équipent leur matériel d'un moteur électrique. Se pose dès lors le problème de la fréquence de la projection qui, auparavant, avec la manivelle, reposait sur l'humeur du projectionniste. Théoriquement, cette fréquence est fixée à 16 images par seconde depuis le Cinématographe Lumière.

Mais il apparaît que les films présentent d'assez étonnantes variations de cadence, d'un film à un autre bien sûr, mais aussi, plus surprenant, au sein d'un même film. Variations en fonction des nations d'abord (de 1919 à 1928, les films américains passent en moyenne de 16 à 24 images par seconde, les films français de 16 à 21 images par seconde). Variations en fonction des genres (une fréquence rapide soutient presque toujours les comédies). Variations en fonction des scènes (les scènes d'amour jouent sur le ralenti, les scènes d'action ou de suspense sur l'accéléré).

D'une façon générale, il semble que les films muets aient toujours été présentés à l'époque à une cadence supérieure à celle de la prise de vues. En fait, nous devons comprendre que les spectateurs du muet n'étaient pas esclaves de ce réalisme dans la restitution du mouvement qui nous paraît aujourd'hui le critère absolu, habitués que nous sommes à la représentation exacte apportée par le cinéma sonore depuis soixante-dix ans. Ajoutons que les accélérations et les ralentissements des films modernes ne nous gênent pas car ils sont clairement donnés et reçus comme tels.

Les distorsions dans le traitement du temps immédiat ne semblent pas perturber les spectateurs du muet qui y trouvent au contraire un plaisir certain. En témoignent les réflexions de Louis Delluc allant jusqu'à saluer le bon projectionniste comme un *interprète* du film, celui qui sait ralentir ou accélérer la projection aux moments opportuns…

Certes la présentation de *tous* les films muets à la fréquence du film sonore, 24 images par seconde, relève du massacre. Mais la *remise à cadence* chère aux restaurateurs de films doit être pratiquée avec une certaine prudence sous peine d'aplatir le film, de réduire son mouvement propre, son rythme, au seul critère subalterne du réalisme des mouvements.

Couleur

En 1921 s'achèvent les projections en première partie de programme du procédé *Chronochrome* sur le grand écran du Gaumont-Palace. La fin de l'exploitation du procédé breveté par les établissements Gaumont dès 1911 marque une pause dans les recherches de la société. Elles reprennent en 1929 en direction d'une autre technique additive, celle du *film gaufré*, des contacts étant pris, sans suite semble-t-il, avec des savants comme Berthon ou Nordmann.

Différents procédés de reproduction des couleurs sont expérimentés en France durant la décennie : le procédé *Audibert* (1923), le *Dufaycolor* (1923), le *Keller-Dorian* (1925), le procédé *Hérault* (1927), tous fondés sur le principe additif, tous trichromes, le dernier utilisant une technique proche du Chronochrome, les trois autres un réseau lenticulaire ou des trames de couleur. Aucun d'entre eux ne connaît une exploitation réelle.

Son

De la même façon que pour la couleur, la France, pionnière dans la recherche du cinéma sonore dès les premières années du siècle grâce à Léon Gaumont, n'est pas sérieusement présente au rendez-vous décisif de la fin des années vingt.

Le *Chronophone* est abandonné au début de la guerre de 1914. Gaumont, dès 1920, suit avec un indéniable flair une nouvelle piste riche de promesses : l'enregistrement optique du son. Ses laboratoires accueillent le Suédois Arnold Poulsen et le Danois Axel Petersen, futurs co-fondateurs de la puissante firme allemande Tobis. En 1925, un contrat est passé avec une société de Copenhague, l'Electrical Fono-Films, qui aboutit à la création du procédé G.P.P. (Gaumont-Petersen-Poulsen), à densité fixe, utilisant une technique « double-bande » (les modulations sonores occupent toute la largeur de l'un des deux films).

Alertée au début de 1928 par le succès outre-Atlantique du *Chanteur de jazz*, la société Gaumont sonorise rapidement à l'aide de son procédé le film *l'Eau du Nil* de Marcel Vandal qu'elle présente la même année dans une salle parisienne. Mais en 1928, le système double-bande apparaît lourd et compliqué; le G.P.P. reste sans lendemain, du moins au niveau de l'exploitation commerciale.

Au début de l'année 1929, Léon Gaumont propose un aménagement particulièrement ingénieux avec le « film rationnel » : les bandes image et son tirées sur des supports minces séparés, sont ensuite accolées pour constituer une copie de projection unique. Un traitement spécial a rendu les inscriptions acoustiques transparentes aux radiations du spectre visible mais opaques à un rayonnement ultraviolet.

Cet ultime sursaut arrive trop tard alors qu'un début de normalisation intervient déjà entre les grands groupes internationaux pour créer le standard du cinéma sonore. La société Gaumont ne tarde pas à s'y rallier et propose à la fin de l'année 1929 le projecteur *Idéal sonore* permettant le passage de tous les standards du cinéma sonore de l'époque (disque, piste optique latérale)... à l'exception des systèmes mis au point au sein même de l'entreprise.

Faute d'avoir pris les initiatives qui s'imposaient, faute aussi des énormes moyens économiques qui étaient nécessaires, la France perd ainsi la bataille du son malgré l'avance technologique qui fut longtemps la sienne. **V.P.**

TEDESCO Jean (1895-1959)
Critique cinématographique, directeur de revue, et plus tardivement cinéaste, Jean Tedesco demeure surtout l'inventeur du « Répertoire du film » mis en œuvre au cinéma du Vieux-Colombier, première salle spécialisée à ouvrir en France. C'est à *Cinéa*, aux côtés de Louis Delluc, que Tedesco débute comme critique cinématographique; il en prend la direction en novembre 1922, après le départ de Delluc et reste à la tête de la revue lors de sa fusion avec *Ciné pour tous* en novembre 1923. Proche du mouvement des ciné-clubs, il reprend pour une ultime saison la programmation du Club des Amis du Septième Art (CASA) fondé par Ricciotto Canudo.

Éditorialiste et codirecteur de *Cinéa-Ciné pour tous* avec Pierre Henry, il s'illustre par une attention toute particulière portée à l'histoire du cinéma. Il est l'un des premiers à constater que la découverte du cinéma américain dans les années dix, puis l'arrivée sur les écrans français des productions suédoise et allemande, constituent autant de phases de l'évolution du cinéma. Il s'étonne, à l'instar de nombre de cinéphiles, de ne pouvoir revoir ces œuvres anciennes qu'il ne tarde pas à qualifier de « classiques ». Comment dans ces conditions exercer un nécessaire travail de pédagogie à l'égard du cinéma, susceptible d'améliorer la production courante à la lumière des œuvres anciennes? Dès le mois de mai 1924, Tedesco se met donc en quête d'un lieu où il soit susceptible d'exploiter commercialement des films de répertoire; il loue alors le théâtre du Vieux-Colombier, prestigieuse salle d'avant-garde théâtrale fermée depuis le départ de Jacques Copeau au printemps de la même année. Après quelques travaux, le cinéma ouvre ses portes le 14 novembre.

La grande force de Jean Tedesco est de se placer à la confluence d'une réflexion sur les classiques de l'écran et de la prise de conscience progressive d'une nécessaire réorganisation de l'exploitation: contre les « programmes-salade » conspués par les critiques de l'époque, Tedesco et ses confrères réclament une spécialisation des salles à l'image de celle des théâtres. Pour donner un écho à son entreprise, Tedesco s'appuie largement sur *Cinéa-Ciné pour tous* et son réseau de relations tissé au sein du CASA puis du Ciné-club de France, ce qui donne à l'ensemble l'allure d'une entreprise cohérente de promotion du cinéma classique et d'avant-garde. Au cœur de ce pôle cinéphile se place le « Répertoire du film » dont la dimension programmatique présidera aux destinées de la salle jusqu'aux années trente. Le « Répertoire du film », actualisé tous les deux ans, est constitué de « films de qualité dont l'exploitation commerciale n'a pas permis à la majorité du public de les voir », c'est-à-dire d'œuvres d'avant-garde et de « films de grande valeur qui méritent une seconde vision à titre de classiques du cinéma ». Dans cette dernière catégorie figure une majorité de films français, immédiatement suivie par un ensemble d'œuvres américaines comprenant des Chaplin, des Griffith et des William Hart. Toujours mû par le désir d'expliquer le cinéma, mais aussi d'en démontrer la légitimité artistique à un public que l'on qualifiait alors « d'élite », soucieux également de rentabiliser la location de sa salle, Jean Tedesco et Léon Moussinac organisent pendant la saison 1925-1926 un cycle de conférences qui donnera lieu à la publication de 1926 à 1931 de *l'Art cinématographique* chez Félix Alcan, première véritable encyclopédie du cinéma en huit volumes.

À cette activité de programmateur s'ajoute la promotion du cinéma documentaire grâce au « laboratoire du Vieux-Colombier », qui aide à la production et au montage de quelques documentaires ou films scientifiques importants de la décennie. Le plus célèbre d'entre eux, bien que d'un genre très particulier, est le *Voyage au Congo* de Marc Allégret et André Gide (1927). Tedesco étend cette part de son activité à la fin de la décennie en coproduisant *Brumes d'automne* (Dimitri Kirsanoff, 1928), *Études sur Paris* (André Sauvage, 1928) et *Tour au large* (Jean Grémillon, 1928). Mais surtout il s'associe à la réalisation de *la Petite marchande d'allumettes* de Jean Renoir, tourné en grande partie dans le grenier du Vieux-Colombier, de mai à décembre 1927.

Après deux premières saisons difficiles, le succès de *Ménilmontant* (Dimitri Kirsanoff, 1924) et la reprogrammation de films classiques de Chaplin lui permet d'acheter la salle du Vieux-Colombier en février 1926 et d'en ouvrir une seconde le 31 décembre de la même année : le Pavillon du cinéma se spécialise alors dans le répertoire tandis que le Vieux-Colombier joue davantage la carte du film d'avant-garde. Mais l'expérience, peut-être trop ambitieuse à l'heure où se multiplient les salles spécialisées à Paris (Carillon, Studio des Ursulines, Studio 28, etc.) est sans lendemain et Tedesco est dans l'obligation de fermer le Pavillon en juillet 1928. La tentative de création d'un « Cinéma-club international » au printemps 1928 se solde également par un échec : son but était de fédérer l'avant-garde internationale en organisant des séances régulières de films non visés par la censure. Trop précoce (elle anticipe sur les conclusions du congrès de La Sarraz en septembre 1929), cette initiative se heurte à celle, concurrente, des Amis de Spartacus.

Si le cinéma du Vieux-Colombier ferme ses portes en 1934, Jean Tedesco n'en reste pas moins une personnalité majeure de la cinéphilie des années vingt qui sut mêler la promotion de l'avant-garde et celle des classiques de l'écran. « Cinémathécaire » avant l'heure, il fut aussi le premier d'une longue lignée de programmateurs – au premier rang desquels figure Henri Langlois – pour qui l'histoire du cinéma est indissociable de l'inlassable *ré-vision* de ses œuvres majeures ou mineures.

C.G.

THÉORIES ESTHÉTIQUES

Musicalisme

L'« analogie musicale » constitue un des modes de discours dominants sur le film dans le cadre des débats autour de la légitimation du cinéma comme art. Particulièrement en France, avec les prises de position de Ricciotto Canudo, Émile Vuillermoz, Paul Ramain ou Léon Moussinac, la musique sert en effet souvent de modèle pour le film. À côté d'une première tendance qui utilise dans un sens métaphorique certaines notions empruntées au domaine musical (mélodie, harmonie ou symphonie), on peut identifier dans la mouvance musicaliste un courant plus radical pour lequel les fondements cinématographiques sont régis par des éléments d'ordre musical. La notion de rythme s'avère alors centrale dans le sens où elle sous-entend une structuration particulière de la temporalité également capable de définir l'organisation de la spatialité. Le terme préexiste en effet dans le domaine des arts plastiques (peinture, sculpture) que le cinéma est censé réunir aux arts du mouvement.

En fait, la musique se retrouve très tôt considérée comme un modèle de dynamisme et d'autonomie formels, capable d'organiser un film entier selon des principes autres que narratifs. Ricciotto Canudo se situe ainsi dans la perspective d'un projet de synesthésie des arts, d'inspiration romantique, visant à la détermination d'une nouvelle forme d'expression plastique, dramatique et musicale. Déjà en 1911, dans un de ses premiers articles sur la place et le rôle du cinéma au sein d'un système des Beaux-Arts, Canudo avait défini le nouvel art comme la future « conciliation des Rythmes de l'Espace (les Arts plastiques) et les Rythmes du Temps (Musique et Poésie) ». Quant à Émile Vuillermoz, critique de cinéma et musicologue de formation, il prône dès 1919 une analogie stricte entre composition musicale et cinématographique, en soutenant que « la composition cinématographique [...] obéit sans doute aux lois secrètes de la composition musicale. Un film s'écrit et s'orchestre comme une symphonie. Les phrases lumineuses ont leurs rythmes ».

Cette idée trouve un défenseur en la personne de Moussinac, qui consacre un chapitre entier de *Naissance du cinéma* (1925) à une étude comparative entre rythmes cinématographique et musical, sous le titre « Rythme ou mort ». Dans ce qui s'apparente parfois à une approche d'ordre socio-psychologique, Moussinac avance l'idée d'une « prénotion du rythme cinégraphique, comme nous possédons celle du rythme musical et poétique ». En outre, il propose, schémas à l'appui, un système de notation particulier, attribuant des « coefficients de durée » aux plans et proposant le recours à des « mesures cinégraphiques ». Dans la même mouvance, Paul Ramain, spécialiste de musique et psychiatre, publie de nombreux articles sur le cinéma dans des périodiques spécialisés comme *Cinémagazine*, *Cinéa-Ciné pour tous* ou *le Courrier musical*. Dans ses essais, où il se prononce en faveur d'un cinéma d'auteur figuratif et narratif, Ramain procède à une mise en relation de la technique cinématographique avec les domaines respectifs du rêve et de la musique. Il aboutit à une série de distinctions entre des éléments d'ordre rythmique, mélodique et harmonique, tous liés à des procédés cinématographiques particuliers. À l'instar de beaucoup d'autres critiques et théoriciens de son époque, il pose une condition paradoxale à la découverte des moyens spécifiques de l'art cinématographique, affirmant qu'il est « avantageux et indispensable pour l'avenir et l'autonomie du Cinéma *de créer un film d'après une partition symphonique* » (*les Cahiers du Mois*, 16/17, 1925).

Aux propos des théoriciens s'ajoutent les interventions de certains cinéastes. Abel Gance, pour lequel le cinéma constitue une « musique de la lumière », souligne par exemple qu'« un grand film doit être conçu comme une symphonie, comme une symphonie dans le temps et comme une symphonie dans l'espace ». Quant à Germaine Dulac, qui défend l'idée d'une « cinégraphie intégrale » dans une série d'articles publiés dès 1925, elle permet à l'analogie musicale de s'affirmer et de connaître une large diffusion.

Du côté des objections portées à l'analogie musicale, il faut signaler l'intervention du réalisateur Henri Fescourt et de son collaborateur Jean-Louis Bouquet. Dans un article virulent paru en 1926 dans *Cinéa-Ciné pour tous*, les deux auteurs s'étonnent de la récurrence de notions musicales dans le lexique des tenants du film abstrait (selon les termes d'Élie Faure dans son essai de 1920 « la Cinéplastique »), qu'ils rejettent du côté de la peinture. Fescourt et Bouquet stigmatisent le recours au modèle musical dans le domaine filmique, en raison de la nature « intuitive » du cinéma, très éloignée de la rigueur quasi-scientifique de la musique.

En définitive, l'analogie entre cinéma et musique permet de soutenir, en particulier par le biais de la notion de rythme, l'apparition et le développement d'une théorie du montage, comme chez Moussinac ou encore chez le célèbre critique de danse André Lévinson. Ce dernier soutient que le rythme d'un film, « cette notion quasi ésotérique » peut se résoudre à « une succession de cadres de longueur variée faite pour tenir notre attention, notre sensibilité, notre imagination et notre mémoire constamment en éveil, sans longueurs, vides, ni lacunes » (*l'Art cinématographique*, 1927). **L.G.**

Cinéma pur

La notion de « pureté » associée au cinéma occupe, dans le discours critique français, une place de choix, fût-ce en raison de l'éloge de « l'impureté » ou du cinéma « impur » que revendiqua André Bazin dans les années quarante-cinquante. On risquerait pourtant un contresens en envisageant le « cinéma pur » à partir de son « retournement » bazinien bien que celui-ci procède assurément d'une volonté de récuser la nébuleuse du cinéma « d'avant-garde » du muet. En effet la notion de « pureté » ou de « pur » connaît des significations variées selon les auteurs et les applications durant les années vingt. Aragon conclut, avec des accents mallarméens, son article de 1918 intitulé « Du décor » par les mots : « Ô pureté, pureté ! » Son appel à voir « le cinéma [prendre] une place dans les préoccupations des avant-gardes artistiques… si l'on veut ramener quelque pureté dans l'art du mouvement et de la lumière » n'est en rien un appel au cinéma « abstrait » ou « absolu » – selon la terminologie allemande du moment. Il vise à sortir le cinéma de ses compromissions mercantiles, le prévenir des facilités démagogiques qui le guettent. Une année plus tôt, la revue de Picabia, *391* publiait sous le titre

« Cinématographe » un article de Gabriele Buffet faisant l'éloge du cinéma, « élément essentiel de la vie moderne », mais s'achevant sur la crainte que « déjà s'y infiltrent des éléments de décadence et d'impureté. » La pureté pour ces auteurs – qu'ils trouvent chez Charlot, Feuillade ou Thomas Ince – c'est la saisie des apparences et des mouvements, l'extériorité, l'immédiateté, la littéralité. Il s'agit donc moins de « purifier » l'image pour n'en retenir que ses constituants matériels, à la façon dont le modernisme américain a voulu penser la peinture (C. Greenberg), et aboutir de la sorte à un minimalisme voire à l'écran blanc, que de laisser au phénomène de l'enregistrement filmique sa puissance d'accueil. « La porte d'un bar qui bat », écrit Aragon.

Dans le film, l'inféodation commerciale prend la forme du scénario. Après avoir réalisé *Entr'acte* en 1924, Picabia comme René Clair tiennent des propos éclairants à cet égard sur les notions d'« image en liberté », « image valeur intrinsèque » chez l'un et de « thèmes purement visuels » chez l'autre. De même Léger qui explicite : « On avait déjà, les peintres, *détruit le sujet.* Comme dans les films d'avant-garde on allait détruire le scénario descriptif ». Le scénario inflige au film une contrainte : descriptive, narrative, illustrative, édifiante ; il est le principe prosaïque par rapport aux potentialités poétiques de l'image et des relations d'images. Quand Reverdy observe dans *Nord-Sud* en octobre 1918 : « Si on montre une femme qui regarde à la fenêtre et, séparément, un ciel de nuages, à côté de moi un tout jeune enfant peut dire : “C'est le ciel qu'elle regarde”... Il peut même rester toute la poésie de ce regard sur le ciel et on a évité l'écœurement de l'attitude que la comédienne aurait cru devoir prendre si elle avait dû paraître en même temps que le ciel qu'elle regarde. Cela est énorme » (*Cinématographe*).

C'est alors une idée admise à cette époque, dans le milieu cultivé, que celle de l'inutilité de l'« intrigue » ou du scénario : un André Maurois ne préconise-t-il pas un « cinéma pur qui serait composé d'images ordonnées suivant un rythme sans aucune intrigue » (*l'Art cinématographique*, 1927) ? Epstein tient déjà ce type de propos dans sa conférence aux étudiants de Montpellier en 1924 et Henri Chomette intitule l'un de ses films *Cinq minutes de cinéma pur* en 1925.

Deux propositions nous font pourtant sortir de ces difficultés en inscrivant la pureté dans une perspective dialectique.

René Clair traitant de la question la place d'emblée sous cette contrainte : « cinéma pur et cinéma commercial ». Le second a-t-il « dévoré son double » comme le dit Charensol pour qui, en 1925, « le cinéma se meurt » ? Clair fait une proposition plus pragmatique que ce constat navré : s'il est « vain de prévoir l'existence d'un “cinéma pur” tant que les conditions matérielles d'existence du cinéma ne seront pas modifiées [...], la principale tâche du "réalisateur" actuel consiste à introduire, par une sorte de ruse, le plus grand nombre de thèmes purement visuels dans un scénario fait pour contenter tout le monde » (*les Cahiers du Mois*, 1925). La pureté est donc moins que jamais absolue puisqu'elle se module par morceaux, « fragments ».

Deuxième proposition, celle de Moussinac dans *Naissance du cinéma*: il oppose le descriptif, qui expose et commente des actes et des gestes, au poétique, qui expose et commente des états d'âmes; il valorise le poème contre le roman et appelle « expression suprême – ou la plus pure – de cet art nouveau, le rythme plastique », mais tient à réaffirmer qu'au fondement du cinégraphique, du « cinéma cinématographique », il y a « la technique », qui est enregistrement de la vie. Le cinéma « pur » ne va donc pas vers son évanouissement blanchotien; si « les images doivent avoir en elles-mêmes, en dehors de leur signification par rapport à l'ensemble, une beauté et une valeur propres, cette beauté et cette valeur peuvent être singulièrement amoindries ou accrues suivant le rôle que l'on fixe à ces images dans le temps, c'est-à-dire l'ordre dans lequel elles se succèdent ». C'est le montage que Moussinac appelle « rythme extérieur » ou « composition ». Dès lors ses exemples peuvent être *le Lys brisé* ou *Pour sauver la race* car la « pureté » (dont il admet le cas particulier des « rythmes colorés » à la Survage, « formes et couleurs sans lien anecdotique..., la réalisation la plus pure que nous connaissions encore dans le domaine imaginatif ») se tient dans l'organisation des plans qui double et accompagne – qui formule – leur valeur propre et leur fonction narrative. **R.N.**

Photogénie

Le terme – repris à Canudo – est lancé par Louis Delluc qui en fait un emploi généreux mais imprécis, un signe de ralliement sinon un article de foi: « La photogénie, voyez-vous, est la loi du cinéma. Il faut pour la reconnaître des yeux – qui soient réellement *des yeux* ». Le plus souvent le mot est adjectif (« dons photogéniques », « science photogénique », « idéalisme quasi photogénique », « chair photogénique », etc.). Delluc constate le phénomène de la photogénie en observant que des êtres, des objets ou des lieux sont ou ne sont pas photogéniques. Il n'explique pas pourquoi. Parmi les nombreux commentaires autour de la notion, deux hommes développent les intuitions de Delluc: Moussinac et Epstein. Ce dernier avoue que ce mot « qui parut un temps magique... reste, même aujourd'hui encore, mystérieux ». Sa fonction en revanche ne fait pas de doute, il agit comme un discriminant afin de délimiter le domaine propre au cinéma: « La photogénie est au cinéma ce que la couleur est à la peinture, le volume à la sculpture, l'élément spécifique de cet art ». Dans un deuxième temps, Epstein assigne une qualité plus précise à la photogénie et surtout la rend solidaire de la machine de prise de vue: « J'appellerai photogénie tout aspect des choses, des êtres et des âmes qui accroît sa qualité morale *par la reproduction cinématographique.* Et tout aspect qui n'est pas majoré par la reproduction cinématographique n'est pas photogénique et ne fait pas partie de l'art cinématographique ». La caméra agit en conséquence comme un transformateur ou à tout le moins un révélateur. Tandis que Delluc insistait sur le choix d'objets photogéniques à disposer devant l'appareil (locomotive, meuble...), Epstein déplace le photogénique dans le « cerveau en métal » de la Bell Howell « qui transforme le monde extérieur à lui en art. La Bell Howell est un artiste et ce n'est que derrière lui qu'il y a d'autres artistes: metteur en scène et opérateur ». Mais tout ce que saisit l'objectif n'est pas « majoré » et donc n'est pas photogénique. Dans *Bonjour cinéma !*, il écrivait déjà: « Je n'ai jamais vu de photogénie pure durant une minute entière..., il faut donc admettre qu'elle est une étincelle et une exception par à-coups ».

Moussinac repart de ces formules d'Epstein dans *Naissance du cinéma* et tire la conclusion de cette disparité du matériau filmique – du « matériau photogénique »: il faut envisager un niveau supérieur à ce phénomène, celui de la composition. Au niveau de la partie (chaque image: sa valeur propre), au niveau de l'ensemble (le tout: la valeur propre du film). La conviction de Moussinac concernant la place primordiale de la technique dans le cinéma « laïcise » en quelque sorte la « photogénie »: il n'est plus question de mystère et de révélation. On énumère les différents procédés techniques – en perpétuelle modification et invention – à l'œuvre dans le travail de filmage (ralenti, accéléré, surimpression, iris, fondu, etc.) et l'on aboutit de la sorte à une photogénie du rythme c'est-à-dire du montage (« monter un film n'est pas autre chose que rythmer un film »).

R.N.

Montage

Signalons tout de même que dans ce paysage « théorique » dominé par le rapport à l'image et au rythme, fondamentalement de l'ordre de l'*aisthésis*, un critique, André Levinson, fait entendre une voix différente, singulière. Son étude publiée en 1927 dans *l'Art cinématographique,* « Pour une poétique du film », s'apparente plutôt à une démarche proto-sémiologique telle que les Russes, alors, l'ont entreprise sous différents aspects – en particulier dans la série d'études entreprises dans la mouvance du formalisme et de l'Opoïaz qui sont réunies dans *Poétika kino* (1927).

Son but est de « jeter les fondements d'une poétique du film par l'analyse du montage et donner une base et un objet à la critique qui s'en tient généralement à la transcription de l'argument et aux louanges décernées tant au jeu des acteurs qu'à la qualité des photographies. » Pour ce faire il rompt avec ce qu'il appelle « la surenchère allant jusqu'à l'idolâtrie » qui fait du cinéma l'« agent cosmique » censé « changer la face du monde et transfigurer la vie morale de l'humanité ». Récusation du prophétisme gancien comme de la « photogénie » de Delluc dont Levinson veut bien admettre qu'elle désigne le « sens nouveau » qu'aurait créé le cinéma mais à condition de dégager sa « technique propre » et ce qui appartient « aux données générales de l'esthétique ». Les prémisses de son étude s'apparentent à celles de Rudolph Arnheim dans *Film als Kunst* quelques années plus tard: l'artisticité est fonction des opérations de sélection des données naturelles, regroupement selon un choix arbitraire, ordonnance interne: soit son abstraction (ou stylisation). Le cinéma, comme la photographie dont il procède, comme la peinture à laquelle il s'apparente sous certains aspects, relève-t-il de conventions – quoique la main du peintre soit remplacée par le regard de verre de l'objectif? Oui, car il procède à des choix, un ordonnancement arbitraire, imprime une forme, limite le champ visuel en un cadre, accuse les disproportions dans l'échelle des plans, projette des volumes sur une surface plane, évoque espace et consistance de manière illusoire, etc. Levinson n'oublie pas la part proprement technique de l'image filmique qu'il saisit au niveau de la *projection*: le quadrilatère de quatre centimètres carrés (le photogramme) – ce que Levinson appelle le « cadre » dans les termes mêmes des théoriciens soviétiques, et qu'il qualifie, comme eux, de « molécule du film » – est mis en mouvement en un déroulement en série et il est agrandi au centuple, bouleversant tous les problèmes d'échelle.

En parlant de « molécule » pour qualifier l'unité minimale du film, puis en distinguant cette « unité abstraite » (le 16e de seconde) du « cadre de montage » – « série d'images prise sur le même plan, sous le même angle et dont rien n'interrompt l'écoulement continu » –, Levinson engage la question du montage hors des ambiguïtés coutumières aux théoriciens français qui l'envisagent à travers la notion de rythme – quand ils l'envisagent! Sa référence au traité de Timochenko paru l'année précédente à Leningrad (qui sera traduit en allemand en 1928) indique clairement où puise sa réflexion. Le montage est en effet mis au centre du fonctionnement du film dans une perspective qui est moins musicale que linguistique: « L'image ou la scène, écrit-il, unité de vision et d'expression, n'atteint sa véritable portée que par ses rapports avec les autres unités du discours cinématographique. » Il en énumère ensuite les différents principes et procédés: le changement de plan et l'alternance de cadres. Le premier renvoie aux changements d'échelles dont le gros-plan est le point fort (concentration ou amplification de la vision selon qu'on s'approche ou s'éloigne avec comme corrélats toute une série de paramètres: changement d'angle, d'éclairage, de visibilité, de tempo, surimpression) ; le second renvoie aux enchaînement de cadres (figurant des actions différentes, pris en des lieux différents introduisant un flash-back, une anticipation, un parallélisme, un retardement, voire l'attraction eisensteinienne).

Les préoccupations cinégraphiques ne manquent pas dans la théorie et la critique françaises – Epstein a l'ambition d'établir la « grammaire » et la « rhétorique » du film – et Vuillermoz comme Moussinac tentent d'appréhender le montage, mais aucun n'adopte cette approche qui envisage les constituants filmiques – sa morphologie – et leurs procédés d'articulation – sa syntaxe. La comparaison que fait Levinson du film et du roman – plutôt que de la poésie plus convenue alors – est en quelque sorte la vérification de cette démarche. Récusant l'analogie « idéographique » qu'on a pu évoquer, il rapproche ces deux modes d'expression sous la catégorie du cinématique : l'un et l'autre sont perçus en une succession continue d'images-émotions ou de mot-significations au gré d'un tempo comparable – continuité et compression du temps. L'un et l'autre s'adressent à l'imagination, jouent de l'ubiquité, de l'intermittence des thèmes, de la narration descriptive ou intérieure selon des modalités qui relèvent du montage.

Quoique restée sans postérité immédiate, « l'ébauche » de Levinson mérite donc d'être réévaluée.

Fr.A.

TOURJANSKY Viatcheslav/ Victor (1891-1976)
Né à Kiev, Tourjansky débute comme acteur chez Stanislavski puis passe au cinéma dès 1912. On trouve son nom au générique de *Frères* de Tchardynine (1913) où il côtoie Mosjoukine. Son activité de réalisateur se développe surtout dans les années 1918-1920 où il travaille pour Kozlovski, Iourev & Cie (*Suis-moi, Marchands d'âmes et de corps, le Bal du Seigneur, la Honte de la Maison Orlov*). On remarque, dès cette époque, la présence de Natalia Kovanko qui est son épouse et à laquelle une bonne partie de son œuvre est associée. Ses films sont le plus souvent des drames, des « chansons tristes » à la Vertinski comme on dit alors. Il quitte Moscou pour Kiev puis Yalta où les studios se sont repliés pendant la guerre civile et tourne jusqu'à la défaite des armées blanches. *Péché et rédemption*, son dernier film sera distribué en URSS en 1922. Il se rend ensuite à Constantinople avec sa femme et son beau-frère Boris Fastovitch qui est à la tête d'une troupe de théâtre, puis à Athènes enfin à Paris via l'Italie. Rejoint-il d'emblée les Russes de Montreuil regroupés autour d'Ermolieff et Mosjoukine ? On le retrouve en tout cas au Théâtre des Champs-Élysées où il monte deux opéras dont *la Dame de Pique*, et à Montreuil où il tourne *l'Ordonnance* d'après Maupassant avec Nathalie Kovanko en vedette féminine. Le film (aujourd'hui perdu) sort en février 1921 et lui assure une recon-

naissance sur le marché français. Le film suivant est d'une plus grande envergure et connaît une distribution internationale – notamment aux États-Unis –, c'est *les Contes des mille et une nuits*. Dans le genre alors en vogue de l'orientalisme, Tourjansky s'impose. La conception du décor (dû à Lochakoff) et des costumes (de lui-même), héritière de la tradition des Ballets russes, contraste avec les réalisations françaises contemporaines comme *la Sultane de l'amour* de Le Somptier. Là où ce dernier ne filmait que des fragments de décors, Tourjansky fonde sa mise en scène sur des constructions d'ensemble, centrées, symétriques qui donnent l'illusion d'un monde féerique. La magnificence décorative, la danse, la mise en scène paraissent à la critique de nature à concurrencer enfin Hollywood sur ce terrain. Le film suivant de Tourjansky est d'une tout autre facture, il s'agit d'un drame familial avec le sombre André Nox et, bien sûr, Nathalie Kovanko. *Le Quinzième prélude de Chopin* (1922) débute pourtant avec une curiosité, une séance de cinéma, dans le salon de la propriété, où l'on projette un Charlot… tourné pour l'occasion par Tourjansky ! La même année, le cinéaste tourne *la Riposte* avec Nathalie Lissenko cette fois et Jean Angelo. L'histoire est située dans un cirque et comporte son lot de scènes alternant prouesses physiques, comédie et drame. *Calvaire d'amour* attire à nouveau l'attention de la critique pour ses qualités « de mouvement et d'action », la capacité du « réalisateur russe » à conjuguer « drame d'action et drame de sentiment » propre à en remontrer aux Américains ! *Le Chant de l'amour triomphant* (1923), vaguement inspiré d'un poème de Tourguéniev, renoue avec l'exotisme le plus débridé. Situé d'abord à Ferrare au XVIe siècle, le film s'évade au gré des souvenirs de voyage d'un soupirant malheureux de la belle Valeria (jouée par Kovanko). Nous voici aux Indes mais tout autant dans un village nègre où le narrateur sauve de la mort un Hindou qui devient son fidèle serviteur. Celui-ci, à son tour, le ramènera à la vie après que Valeria, envoûtée par un collier magique, l'aura poignardé. Rêve, poursuite, serpents, statue magique, rien ne manque à cette fantaisie où Anatole Litvak fit ses premières armes comme assistant.

Ce Cochon de Morin en 1923-1924 opère une nouvelle volte-face en revenant à Maupassant. Ce film assure à Tourjansky à la fois la reconnaissance de « l'avant-garde » et du grand public. Germaine Dulac apprécie les prouesses de montage rythmique de la première partie où Morin, commerçant de province, s'adonne à la débauche dans un cabaret de Montmartre. Les vues nocturnes de la ville, l'enseigne du Moulin Rouge introduisent à une séquence endiablée où le champagne gicle, les jambes de femmes s'agitent, un pianiste, se déchaîne sur son clavier. La transition entre Paris et La Rochelle où Morin rentre grisé se fait par une alternance de banjo furieusement gratté et de roues de locomotive jusqu'à provoquer le passage à l'acte du rêveur qui se jette sur sa voisine de compartiment… et se fait arrêter. La suite du film est nettement plus calme, parfois même conventionnelle, rehaussée pourtant çà et là de trouvailles visuelles liées à des cauchemars ou des souvenirs. Grâce à Nicolas Rimsky, la critique voit par ailleurs dans ce film « un renouveau du film comique » et l'acteur oriente sa carrière du côté du vaudeville en devenant lui-même son metteur en scène.

La Dame masquée (1924) est la dernière production Albatros de Tourjansky. Ce ciné-drame use de toutes les ressources du studio de Montreuil : Toporkoff et Mundwiller sont à l'image, Lochakoff et Gosch au décor, les acteurs sont Kovanko, Koline et Rimsky. Hélène, sensible jeune fille qui aspire à faire du théâtre, perd brutalement sa mère dans un incendie. Elle est recueillie, à Paris, par une tante qui ne l'aime pas et la force à épouser son fils noceur et joueur quand elle apprend qu'elle va hériter. Bal masqué, amours contrariées, viol dans un cabaret chinois, tout s'achève tragiquement par la mort d'Hélène atteinte par une balle perdue dans la bagarre finale.

Sollicités par Ciné-France-Film (Westi Consortium), Tourjansky et Kovanko quittent Montreuil et – avec Koline, Lochakoff, Bilinsky, Toporkoff et Bloch – tournent *le Prince charmant* en 1924 (avec Charitonoff-Films), inaugurant une « série Kovanko-Films ». Ce départ massif est lié à la proposition de Gance de co-réaliser avec Tourjansky et Volkoff son *Napoléon* et au « débauchage » des Russes de Montreuil par Noe Bloch qui est passé d'Albatros à Ciné-France-Film. Le personnage principal du *Prince*, un héritier de la couronne du Bengale qui dissimule son identité lors d'une croisière mondaine sur un yacht, est interprété par Jaque Catelain ; Nathalie Kovanko est une princesse captive dans le harem d'un kalife que le prince voudra délivrer avec l'aide de Koline, comparse drôlatique. Cet orientalisme désenchanté, qui se réclame de Pierre Loti, croise, en mineur, celui du *Lion des Mogols* où l'on confronte le monde moderne à une féerie « résiduelle ».

Après la malheureuse expérience avec Gance qui le relègue, ainsi que Volkoff, au second plan puis le licencie en cours de route pour cause de faillite, Tourjansky tourne son film le plus important des années vingt, *Michel Strogoff*. Le projet de cette adaptation du fameux roman de Jules Verne, avait été engagé en 1924 par Léonce Perret. Une année plus tard c'est Tourjansky qui le tourne avec un certain brio. Mosjoukine (avec qui il n'a jamais tourné) y est le partenaire de Kovanko. Outre les vedettes, l'équipe technique et les acteurs secondaires sont majoritairement russes (à l'exception de Burel, co-opérateur avec Bourgassoff et Toporkoff qui faisaient déjà équipe à Ermoliev-Moscou-Yalta…) ce qui légitime la fiction de Verne. C'est une grosse production (le réalisateur parle de « crédits illimités ») dont le tournage en Lettonie – afin de s'approcher des lieux qu'évoque le roman – est couvert par la presse. Le film est vendu à l'avance aux États-Unis.

Le début du film est brillamment monté en plans courts et parfois insolites (très gros plan d'oreille, plongée verticale sur des danseuses), développant sans tarder le parallèle entre la révolte des Tartares mettant à sac les villages sibériens et une soirée théâtrale dans la capitale, l'alerte donnée au tsar. La suite n'est pas toujours à la hauteur, alternant des scènes plus convenues, voire maladroites (lutte avec l'ours) avec des morceaux d'anthologie comme la fête chez l'émir Féofar et l'aveuglement du héros, que le coloriage du film exhausse encore, ou la bagarre finale entre Ogareff (Chakatouny) et Strogoff (Mosjoukine) d'une rare violence.

Après cette réussite, Tourjansky – comme Mosjoukine – est appelé à Hollywood. L'expérience cependant tourne court après *The Adventurer* (ou *The Gallant Gringo*) pour la MGM (1927), film de cow-boy qui est une mise à l'épreuve, et un commencement de travail sur *The Tempest* (avec John Barrymore) qu'il quitte quand on veut lui imposer des changements aux deux tiers du tournage. En 1969 il prétendra avoir collaboré à *The Volga Boatman* de DeMille, mais l'information demeure sujette à caution. À son retour en Europe en 1928, il tourne deux films en Allemagne (*Wolga, Wolga* et *Manolescu*) puis un *Aiglon* en France (1931). Sa carrière prolifique se poursuit jusqu'en 1962 surtout en Allemagne; en 1961, il tourne en Yougoslavie *le Triomphe de Michel Strogoff* avec Curt Jurgens et Valéri Inkijinoff. **Fr.A.**

Filmographie ◆ *L'Ordonnance* (1920) ; *Les Contes des mille et une nuits* (1921) ; *Le Quinzième prélude de Chopin* (1922) ; *La Riposte* (id.) ; *Calvaire d'amour* (1923) ; *Le Chant de l'amour triomphant* (id.) ; *Ce cochon de Morin* (id.) ; *La Dame masquée* (1924) ; *Le Prince charmant* (id.) ; *Napoléon* (RÉAL. : A. Gance. Collaboration, 1925) ; *Michel Strogoff* (1926) ; *The Adventurer* (ou *The Gallant Gringo*, 1927, E-U) ; *The Tempest* (interrompu, 1927, E-U) ; *Wolga, Wolga* (1928, All.) ; *Manolescu* (1929, All.).

TOURNEUR Maurice (1876-1961)

Maurice Tourneur (de son vrai nom Maurice Thomas), « le grand Français du cinéma » d'après Louis Delluc, est, à l'instar de nombreux réalisateurs des années dix, issu du théâtre où il a débuté non pas comme metteur en scène mais comme acteur. Après des études au lycée Condorcet, il aborde une carrière artistique en illustrant des ouvrages de luxe puis devient le collaborateur de Rodin et du peintre Puvis de Chavannes. En 1900, il abandonne la décoration théâtrale pour la comédie et débute aux « Bouffes du Nord » dans la *Tour de Nesle*. Réjane l'engage en 1901 comme acteur et régisseur. 1903 est l'année de sa rencontre avec André Antoine (ils se brouilleront en 1909) et 1904 celle de son mariage avec Fernande Van Doren, comédienne dans la troupe, qui lui donne un enfant, Jacques, lequel fera à son tour une notoire carrière de réalisateur en France et aux États-Unis. Il débute au cinéma, toujours en tant qu'acteur, à l'Éclair et au Film d'Art aux alentours de 1910.

Ce serait donc en 1913 que Maurice Tourneur aurait véritablement accédé à la mise en scène, après avoir été assistant d'Émile Chautard et Victorin Jasset chez Éclair. Maurice Tourneur se souvient alors avoir enchaîné film sur film. En revanche, c'est principalement l'homogénéité de ses thèmes et de leur inspiration (notamment l'attrait pour le Grand-Guignol, l'aventure, le policier, les auteurs « en marge ») qui permettent de dégager une ligne directrice. La firme « Éclair » lui confie la réalisation de *serials*, de mélodrames, de comédies (*le Mystère de la chambre jaune*, *Jean-La-Poudre*, *les Gaietés de l'escadron*, *le Système du docteur Goudron et du professeur Plume*, *Mademoiselle Cent Millions*, *le Corso rouge* et *le Puits mitoyen*, *l'Affaire Lerouge*, etc...) avant de l'envoyer aux États-Unis en 1914, où elle a une succursale avec mission d'y diriger en moyenne un film par mois.

Comment pouvait s'en sortir un cinéaste si inspiré par la culture française, qui a tant marqué ses premières œuvres et la production Éclair par sa personnalité et sa grande éducation ?

Louis Delluc avait répondu dès 1919 : « M. Maurice Tourneur [...] est évidemment le metteur en scène français qui a le mieux travaillé en Amérique. Il a usé des procédés techniques américains avec une aisance brillante et parfois avec virtuosité, ce qui est tout de même un éloge. Mais il est demeuré français. Il a conservé sa nature et le ton de sa race. Le cocktail de cette personnalité et des éléments nouveaux adoptés par elle, est tout à fait séduisant. C'est le seul reproche que je ferai à Maurice Tourneur : il est toujours séduisant. Je ne me souviens pas d'avoir vu dans ses films quelque chose de laid. Dommage pour le relief ! Tant pis, un Français est un Français, et bravo s'il sait l'être avec toute la grâce qu'il a ». Sa carrière, durant les années vingt, est très limitée en France, le cinéaste étant installé essentiellement aux États-Unis où il a mis en scène un nombre considérable de films à cette période.

Classé en 1918, par le magazine américain *Photoplay*, quatrième plus grand metteur en scène mondial (après Griffith, Ince et De Mille) Tourneur retrouve la France en 1926, suite à une brouille avec les dirigeants de la Metro Goldwyn. Il laisse le souvenir d'un metteur en scène avant tout soucieux d'esthétisme. Pour Maurice Tourneur, le cinéma est un art consistant à « créer des effets qui suscitent des réactions émotionnelles ou intellectuelles » comme il le déclarait en 1918 dans un article du *Motion Picture Magazine*.

Mais ce retour en France est placé sous le signe de la déception. En plus de ses amis qui lui reprochent son absence durant la Première Guerre mondiale (Tourneur était objecteur de conscience), il est victime d'une virulente campagne de presse qui l'oblige à interrompre momentanément le tournage de *l'Équipage* d'après Kessel (1928). Il se rend en Allemagne où il réalise *le Navire des hommes perdus* (1929), un drame naval dans lequel Marlène Dietrich trouve l'un de ses premiers grands rôles. *L'Équipage* qu'il achève ensuite est son dernier grand film muet. Sa contribution au cinéma français des années vingt est donc minime, et sans réel éclat.

Avec l'avènement du parlant, Tourneur devient très inégal, avec des films policiers, des comédies parfois réussies (*Avec le sourire*, 1936) mais aussi épaisses (*les Gaietés de l'escadron*, 1932), des mélodrames, des adaptations historiques et même une œuvre fantastique (*la Main du diable*, 1943).

Il signe aussi *les Deux Orphelines*, considéré comme la meilleure version cinématographique de ce classique. Son dernier film, réalisé en 1948 est aujourd'hui un « classique » de série : *l'Impasse des deux anges*. Il meurt le 4 août 1961. **É.L.R.**

V W

VANEL Charles (1892-1989)
Trente-quatre rôles pendant les années vingt ! Un aperçu de ce qu'allait être la carrière de Charles Vanel, la plus longue du cinéma français et l'une des plus longues de l'histoire du cinéma tout court (il tournera son dernier film en 1987, sous la direction de Claude Goretta, *Et si le soleil ne revenait pas !*, il a alors 95 ans). Les quelques films muets que l'on peut connaître confirment ce que l'on soupçonnait : massif, le visage sombre et granitique taillé au ciseau, Charles Vanel n'a jamais eu l'air jeune. Trapu, large poitrine, cheveux et sourcils bien fournis et bien noirs, ce physique impressionnant va signifier alternativement la menace et la protection solide. Vanel ayant toujours été taciturne, l'avènement du cinéma sonore ne va guère bouleverser sa personne cinématographique : une telle constance est vraiment exceptionnelle. Dans un ensemble conséquent, on isolera ses deux prestations en 1922 pour Robert Boudrioz (*Tempêtes, l'Âtre*) et surtout une collaboration fournie avec Jacques de Baroncelli (six films) dont le point culminant est peut-être *Pêcheur d'Islande* en 1924 où Vanel imprègne le film d'une présence très forte (d'autant qu'il est absent d'une grande part de la narration et que c'est son souvenir qui s'installe).

En 1929, à la toute fin du muet, Charles Vanel joue et réalise *Dans la nuit*, film qui souffrit de sortir en pleine effervescence sonore. Passé quelque peu inaperçu, il s'agit pourtant d'une œuvre réellement remarquable qui brasse des influences très diverses en un ensemble cohérent : après une ouverture dans un décor de mine qui joue avec virtuosité du montage rythmique cher à Abel Gance ou à Fernand Léger, une longue séquence de noce campagnarde, magnifiquement éclairée, évoque le vérisme d'un Antoine. Le conflit lui-même est ramassé sur deux tiers du film, dans un style économe de *kammerspiel* allemand. Très expressif (un décor presque unique qui, à mesure que le personnage principal, défiguré par un accident, sombre dans la solitude brutale, s'englue dans une ombre de plus en plus épaisse) et veillant à la sobriété de son propre jeu et de celui de Sandra Milowanoff, pratiquement seule face à lui, Vanel le cinéaste réussit à raconter l'histoire en n'ayant recours qu'à une douzaine de sous-titres gravés sur l'image (et non d'intertitres). Revoyant le film à la fin de sa vie, Charles Vanel l'acteur jouait les modestes quand on vantait la beauté visuelle du film : « C'est ce que l'on dit quand le film est mauvais », disait-il. On ne sera pas d'accord avec lui car la beauté visuelle du film n'est jamais joliesse mais puissance et cette énergie pulvérise un scénario de mélodrame en lui donnant une force symbolique peu commune. *Dans la nuit*, qui en cette fin du muet occupe une place assez comparable à celle que l'on doit assigner au magnifique *Au bonheur des dames* de Duvivier, est bien une œuvre marquante de cette période cruciale en France.

C.V.

VIOLET Édouard-Émile (1880-1955)

Né Édouard-Émile Châne, Édouard-Émile Violet se découvre très jeune des qualités artistiques : à moins de vingt ans, sans l'accord paternel, il entame une carrière d'acteur à la Comédie-Française et prend le pseudonyme de Violet. De 1905 à 1908, il est acteur à l'Odéon puis à Lyon, directeur artistique du Théâtre des Célestins, de 1909 à 1912.

Entre-temps, il se marie avec une actrice, voyage en Chine, en Inde et en Turquie. D'autres séjours, aussi exotiques que peu conventionnels, lui apportent cette personnalité étrange, fascinée par le surnaturel, la cruauté et la mort qui seront des constantes dans toute son œuvre.

Mobilisé durant la guerre, il revient à Paris et tourne des films pour le ministère des Finances et débute au cinéma en 1915 comme acteur à l'Éclair avec *le Baiser de la Sirène*, alterne comédies et drames. Il poursuit sa carrière chez Gaumont, sous la houlette d'Henri Fescourt, Charles Maudru ou Léonce Perret puis se lance dans la mise en scène avec des comédies : *l'Héritier des Dagobert*, *Renoncement*, *la Grande vedette*, etc. Avec Lucien Rozenberg, il crée la série *Lucien* en 1917 et rencontre Donatien au Théâtre Michel. Les deux hommes vont bientôt s'associer.

Un *serial*, *la Nouvelle Aurore*, est une nouvelle étape dans la carrière de Violet grâce à René Navarre : le film est tourné dans la région niçoise, en seize épisodes d'environ trente minutes chacun, présentés toutes les semaines en même temps que le roman raconté dans *Le Matin*. Le triomphe de ce film est tel que Violet se permet de se lancer seul dans la production avec Donatien : l'année suivante, il fonde la société *Les Films Lucifer* qui produira ses films et dirigera les Studios Lucifer jusqu'en 1923 avec Jacques Ollendorff, publiciste, Louis Aubert, le célèbre joailler Salomon Arpels, et Émile-Bernard Wessbecher dit Donatien.

Après avoir supervisé *Tue-la-mort*, un *serial* réalisé en 1920 par René Navarre, le cinéaste tourne une courte adaptation de Maupassant, *la Main*. Avec ce film, Violet marque son terrain : cette histoire fantastique, proche de l'épouvante, est une sorte de préfiguration de son œuvre à venir. On dénote déjà une prédilection de Violet pour les événements étranges, proches du surnaturel, frôlant l'horreur. Son cinéma sera l'un des plus torturés des années vingt, et sa démarche individuelle (dans le même esprit que Donatien, mais sans la diversité de créativité) prouve une exigence peu commune.

Après la comédie *Papillons*, il met en scène *Li-Hang le cruel* d'après André de Lorde. Ce film est l'occasion pour Violet et Donatien de conjuguer leur passion commune pour la Chine, par le truchement d'un scénario signé du prince de l'horreur. Violet obtient une pluie d'éloges de la presse qui vante les mérites et la singularité du film. Il est vrai que jamais auparavant on n'avait osé aller, en France, aussi loin dans le domaine si particulier du « Grand Guignol ». Violet et Donatien sont servis par un travail étonnant sur l'image et le cadre mis au point par un jeune chef opérateur, Louis Dubois, qui suivra les deux hommes durant quelques années. Plans d'ensemble, gros plans de visages ou d'objets, tout va à l'excentricité, à la terreur que Violet provoque. Mais le caractère monstrueux du film déroute. La présentation d'un Chinois assassin et dangereux provoque une plainte des autorités chinoises en France. S'ensuivent une bataille juridique et diplomatique reprise par la presse, Violet étant contraint de faire des coupes. Après ce coup de maître, *les Mains flétries* est une œuvre mineure, mais d'une noirceur peu commune, dans le ton de son metteur en scène. La peur de vieillir, l'amour fou et la mort s'y déploient. La fin morbide (le suicide du couple), peu courante dans la production française, dilate la création de Violet. Produit par les *Films Lucifer*, *l'Accusateur* est un sujet passionnant, proche des pièces et nouvelles d'André de Lorde. Il aborde un thème original, celui de l'expérience d'un savant sur la persistance rétinienne et la possibilité de photographier la dernière image fixée dans l'œil d'un homme assassiné…

En 1921, avec la complicité de Donatien, Violet récidive avec *l'Épingle rouge*. Le film a pour cadre la Riviera où s'affrontent un assassin et un Chinois, par l'entremise d'une mystérieuse épingle rouge. L'unanimité se fait sur la singularité de l'œuvre, qui ne ressemble à aucune autre de la production française et vaut une palme aux *Films Lucifer* : « Aubert et Lucifer ont bien fait les choses ; Violet est un diable d'homme bougrement adroit et c'est avec le plus grand plaisir que nous lui donnerions le prix d'honneur, s'il avait encore l'âge où cette distinction a le don de rendre très heureux ».

L'Auberge, adaptation de Maupassant, véritable conte fantastique, voit se confronter un guide isolé dans la montagne, avec le souvenir de son ami gelé et mort dans une crevasse. Le récit tourne au fantastique et à l'épouvante et, lorsque l'on retrouve le guide, il a sombré dans la folie.

Le film, assez court, est une réussite. Fidèle à Maupassant, ce drame, qui frôle le fantastique, est filmé d'un point de vue réaliste. Il est tourné durant l'hiver 1921-1922 en équipe réduite et dans des conditions difficiles (grand froid, tempêtes de neige au cœur des montagnes ce que révèlent les images. Après *la Ruse*, c'est avec *les Hommes nouveaux* que Violet obtient de nouveau un triomphe public : réalisée avec Donatien, cette œuvre tirée de Claude Farrère reçoit tous les éloges publics et critiques. Coproduction *Dal Film/Violet-Donatien*, la présence d'Alexis Dal Medico est déterminante pour ce film que les deux hommes tournent au Maroc avec le soutien du gouvernement français. Aussi *les Hommes nouveaux* obtiennent-ils un vaste succès public et critique, et des applaudissements durant les projections. Violet et Donatien se séparent à la suite de ce succès.

En 1923, Violet rencontre Georges Clémenceau et obtient l'autorisation d'adapter au cinéma *le Voile du bonheur*, qu'il tourne aux studios Éclair avec des interprètes chinois recrutés sur place.

Le sujet colle à la peau du cinéaste habité par l'angoisse de la mort, la perte des sens : à l'époque des Ming (1320-1620 de l'ère chinoise) le noble poète Tchan-I recouvre la vue grâce à un guérisseur et constate la trahison de l'amour (sa femme le trompe devant ses yeux) et de l'amitié (son fils se moque de lui). Il repart dans la nuit en s'arrachant les yeux. Cette adaptation d'une vieille légende chinoise (nous dit-on) rejoint des thèmes abordés dans d'autres films de Violet : celui du *regard* et une forme de dégénérescence aboutissant au suicide. Pour tourner cette œuvre originale, le cinéaste demande à l'artiste Manuel Orazi de composer les décors à partir de documents chinois authentiques. Rompant avec les habitudes du cinéma national, le metteur en scène ne choisit aucun acteur français mais des non professionnels dans la communauté chinoise… Une fois passée une enthousiaste réception de la presse, la déception est de mise car le film ne fera qu'une carrière estimable, sans plus. Cependant, le nom de Violet reste décidément associé à la curiosité, l'exotisme, l'étrange et l'original. Cet intérêt marqué pour l'Extrême-Orient apporte même ces quelques lignes spirituelles à Louis Delluc au moment de la présentation du *Voile du bonheur* : « Édouard-Émile Violet, un charmant garçon, certes, victime d'une étrange déformation physiologique, car à force de réaliser des films chinois, sa peau a jauni, ses yeux se sont tirés et ses cheveux se sont nattés sans prendre de conseil de personne ».

Puis, c'est *la Bataille* de Claude Farrère, avec Sessue Hayakawa dans le rôle principal. L'acteur japonais suit de près l'ensemble du tournage et particulièrement les décors. Le film obtient un record de recettes inégalé. Néanmoins, Violet se lasse du milieu cinématographique. Après *le Roi du cirque* qu'il réalise en Autriche avec Max Linder (qui tentera de se suicider pendant le tournage), il quitte Paris et s'installe dans une ferme dans l'Eure pour y faire de l'élevage. Par la suite, il part dans le Midi, se remarie, vend des voitures de luxe, revient au cinéma en 1933 comme assistant sur *Ciboulette* (Claude Autant-Lara), puis s'installe comme maraîcher, avant de terminer sa vie à Perpignan où il tient un magasin de produits exotiques. **É.L.R.**

Filmographie ◆ *La Nouvelle Aurore* (1919) ; *L'Accusateur* (1920) ; *Li Hang le cruel* (id.) ; *Les Mains flétries* (id.) ; *Papillon* (id.) ; *Tue La Mort* (réal René Navarre, supervision d'Édouard Émile, id.) ; *L'Épingle rouge* (1921) ; *La Ruse* (id.) ; *L'Auberge* (1922) ; *Les Hommes nouveaux* (id.) ; *La Bataille* (1923) ; *Le Voile du bonheur* (id.) ; *Le Roi du cirque* (1925).

VOLKOFF Alexandre (1885-1942)

Volkoff appartient à cet ensemble de cinéastes, scénaristes, acteurs et techniciens qui quittèrent la Russie après la défaite des armées blanches et qu'on a appelé, par commodité, « l'école russe » de Montreuil ou de Paris, parfois identifiée avec la seule maison de production Albatros. Cette « école » joua un rôle important en France où une bonne partie des émigrés se rendirent dans un premier temps avant d'essaimer dans d'autres pays d'Europe et aux États-Unis. Volkoff eut donc une carrière française dans les années vingt dont la courbe d'abord ascendante connut un infléchissement régulier jusqu'à son départ pour l'Italie où il meurt pendant la Deuxième Guerre mondiale.

En Russie, Volkov est baryton à l'opéra avant de passer au cinéma où il joue dès 1910, écrit des scénarios puis dirige les studios Thiemann à Tiflis (1912-1915). Revenu grièvement blessé de la guerre, il entre chez Ermoliev en 1916. En 1917-1918, il dirige la production Ermoliev-Khanjonkov à Yalta où les studios ont été évacués. On trouve son nom au générique du *Père Serge* comme scénariste, et il met en scène deux films, avant d'émigrer en France en 1920 avec Mosjoukine, Protazanov, Lissenko, Rimsky et quelques autres.

À Montreuil où se trouve le studio Ermolieff, Volkoff peine à retrouver sa place. Il collabore au scénario de *l'Angoissante aventure* que tourne Protazanoff à peine les émigrés ont-ils pris pied sur le sol français, puis interprète un rôle dans *la Pocharde* d'Etiévant (d'après Jules Mary) avant de mettre en scène *l'Échéance fatale* d'après un scénario écrit en Russie. Le film sort en 1921 (aucune copie conservée). C'est l'année suivante avec *la Maison du mystère*, film en dix épisodes adapté à nouveau du feuilletoniste Jules Mary, qu'il s'impose. Mosjoukine y joue un rôle central et la réussite de Volkoff est désormais inséparable de celui qui domine alors le monde des acteurs français. Ce film offre en effet à ce dernier l'occasion de déployer toutes les facettes de son talent puisque son personnage, injustement condamné au bagne dont il s'évade, outre que son histoire se développe sur un long temps qui le ramènera vieillissant chez lui, est conduit à se déguiser fréquemment. Mais la part de la mise en scène et de la mise en image compte également beaucoup dans la réussite de ce film qui paraît renouveler un genre fort méprisé. Volkoff sait ménager des « morceaux de bravoure » proprement esthétiques, en particulier par la maîtrise dont il fait montre de jeux d'ombres et de lumières. La collaboration technique des opérateurs – comme Mundviller et Bourgassoff – et des décorateurs russes (Lochakoff) donne une unité très efficace qu'on ne trouve pas toujours dans les films français contemporains. Le film suivant de Volkoff est à nouveau construit autour de l'acteur prodige, Mosjoukine, c'est *Kean désordre et génie* (1923) d'après la pièce d'Alexandre Dumas, centré autour de la question même du « paradoxe du comédien ». Outre cette thématique élevée qui valorise le metteur en scène comme l'interprète, Volkoff adopte en partie dans ce film un style accordé aux courants esthétiques de « l'avant-garde » française. Dans une scène d'anthologie où Kean noie son désespoir dans l'ivresse et la danse en un bouge à marins, il recourt avec brio au montage rythmique : la musicalité de la séquence s'appuie sur un montage court, un morcellement du corps s'efforçant de donner un équivalent visuel à la gigue endiablée de l'acteur. Ce morceau de bravoure fait entrer Volkoff au « panthéon » du cinéma pur ou presque : Fernand Léger et Germaine Dulac citent la séquence comme exemplaire. *Les Ombres qui passent* en 1924, toujours avec Mosjoukine (qui co-signe le scénario), est la dernière production Albatros de Volkoff. Le film est nettement en retrait par rapport au précédent et semble mêler au mélodrame « à la russe » à la fois les fétiches d'une modernité du type Paul Morand (automobiles, trains et voyages) et une propension au grotesque qui tente le comédien dont les « modèles » sont Fairbanks et Chaplin. Volkoff sollicité par Ciné-France-Films où l'a précédé Noe Bloch (administrateur d'Albatros), quitte la « colonie » russe pour une collaboration avec Germaine Dulac sur *Âme d'artiste* puis une co-réalisation de *Napoléon* avec Abel Gance et Tourjansky. En réalité Gance réduira le rôle des deux Russes à celui de « collaborateurs » voire d'assistants et la faillite de la production laissera Volkoff quelque peu amer. En entrant alors chez Ciné-Alliance puis à l'UFA au gré de co-productions européennes, il lie désormais son nom au film historique à grand spectacle et à l'orientalisme : *Casanova*, *le Diable blanc*, *la 1002[e] nuit*, tous construits sur Mosjoukine qui offre un festival de ses dons de Fregoli, alternant la superbe et l'humiliation. *Casanova* (1927) est sans doute le plus brillant de cette dernière période. Costumes, fêtes vénitiennes, plaines et palais russes offrent un feu d'artifices d'effets décoratifs tandis que les astuces alchimiques, les cavalcades et les duels à l'épée rehaussent du piquant de l'aventure les péripéties de l'irrésistible amant. Le savoir-faire de Volkoff est ici à son comble : déjà dans *la Maison du mystère* puis dans *les Ombres qui passent* il affectionnait les ombres chinoises, les transparences et de très maîtrisés effets plastiques d'ombres et lumières. Ici, bien secondé par Bilinsky, il accompagne les prouesses de Mosjoukine jusqu'à une séance de Casanova en travesti, essayant pour la souveraine russe Catherine II, les robes qu'il vient lui proposer.

Volkoff qui ne parvient pas à acquérir la nationalité française après deux tentatives essaie de monter une maison de production en 1931, Gloria Films, avec des financiers baltes qui l'escroquent et dont il ne reste qu'un film qu'il a produit, réalisé par Vladimir Strijevski, *Sergent X*. Puis il retrouve Ermolieff en Allemagne, tourne encore un remake sonore de *l'Enfant du carnaval* et une *Sheherazade* avant de se rendre en Italie où il meurt pendant la Deuxième Guerre mondiale, laissant inachevé son dernier film, *Amore imperiale*. **Fr.A.**

Filmographie ◆ *L'Angoissante Aventure* (RÉAL. J. Protazanoff. Scénario, 1920) ; *L'Échéance fatale* (1921) ; *La Maison du mystère* (1922) ; *Le Brasier ardent* (RÉAL. Mosjoukine. Supervision, 1923) ; *Kean désordre et génie* (id.) ; *Les Ombres qui passent* (1924) ; *Âme d'artiste* (RÉAL. G. Dulac. Collaboration, 1925) ; *Napoléon* (RÉAL. A. Gance. Collaboration, id.) ; *Casanova* (1927) ; *Sheherazade* (1929, All.) ; *Der weisse Teufel/le Diable blanc* (1930, All.).

VUILLERMOZ Émile (1878-1960)

En 1929, le journaliste Henri Béraud écrit qu'« Émile Vuillermoz est un de ces esprits infiniment rares et précieux qui, toute leur vie durant, devancent de quelques années les contemporains », avant d'ajouter : « Demain, l'on pourrait bien proposer à Vuillermoz son propre enseignement. Ce ne serait pas la première fois. Cinéastes et debussystes l'ont bien montré. Mais Vuillermoz ne s'en est même pas aperçu. Il est dans son jardin solitaire. »

Ce n'est qu'une soixantaine d'années plus tard que l'importance primordiale d'Émile Vuillermoz dans la reconnaissance du cinéma comme art, nécessaire à sa légitimation auprès des milieux intellectuels, fut non seulement affirmée, mais aussi démontrée avec rigueur. C'est lui, en effet, qui publia, dès novembre 1916, dans le journal *Le Temps*, les premières véritables chroniques du film qui aient paru dans la presse quotidienne.

Ce simple fait d'avoir pris l'initiative de consacrer au cinéma une chronique régulière indépendante dans la presse d'information générale (et qui plus est dans un journal jouissant d'un grand crédit) conférait au « cinquième art » la légitimité qui lui manquait encore. La preuve était apportée qu'un intellectuel le prenait réellement au sérieux, puisqu'il allait jusqu'à considérer qu'il fallait prendre les films pour objet de recension, jusqu'à considérer que même les plus faibles d'entre eux, et plus seulement quelques « événements » comme *L'Assassinat du Duc de Guise*, *Forfaiture* ou *Intolérance* étaient dignes de se voir analysés et discutés. Il n'est à cet égard pas indifférent que cet acte fondateur ait été accompli par un journaliste qui était à la fois une personnalité extérieure au monde cinématographique et une personnalité dont la réputation était déjà établie dans un autre domaine, puisqu'Émile Vuillermoz était déjà dans les années 1910 l'un des critiques musicaux les plus célèbres de la presse parisienne. Son impact s'en trouvait renforcé.

De surcroît, Émile Vuillermoz ne se contentait pas de passer en revue les films nouveaux. Il examinait à peu près tous les aspects du spectacle nouveau, la plupart du temps avec une grande pertinence. Les rapports entre musique et cinéma ont bien sûr retenu tout particulièrement son attention, « La Musique des images » est ainsi par exemple le titre qu'il donna à une conférence prononcée au Vieux-Colombier. Il s'est également intéressé de près aussi bien aux problèmes techniques (de l'invention du cinéma à l'adoption du parlant), économiques (de la production à l'exploitation et aux conditions de projection des films) et institutionnels (du statut du cinéma à la censure), qu'à leurs implications esthétiques (par exemple l'intérêt qu'il y aurait à effectuer des tournages en extérieurs, souligné en 1917, ou la querelle des sous-titres), etc.

Dans les années vingt, Émile Vuillermoz continue à écrire dans *le Temps* de brèves chroniques hebdomadaires. Toutefois, c'est désormais dans *Cinémagazine* (à partir de 1921), dans *Comœdia* (1922-1923), mais surtout dans *L'Impartial français* (à partir de 1924) et, dans une moindre mesure, dans *La Revue des vivants* (à partir de 1927) qu'il donne ses articles les plus riches. Le discours sur le cinéma d'Émile Vuillermoz, qui a désormais acquis une grande réputation dans les milieux cinématographiques – au moins dans les cercles cinéphiliques (en témoigne la reprise fréquente de ses articles dans la presse spécialisée), aux activités desquels il participe en franc-tireur solidaire, mais sans doute aussi au-delà –, ne connaît pas alors de profonds renouvellements. Il véhicule au fur et à mesure du temps toutes sortes d'idées que l'on pourrait dire reçues, tout simplement parce qu'elles sont littéralement devenues des lieux communs tant elles ont été reprises, au point d'imprégner le discours général de la critique française. Cependant, son propos demeure soutenu par un style éblouissant, qui le distingue de celui de la plupart de ses confrères, malgré sa facture apparemment très classique. La richesse des analogies et la diversité des images, la profusion des néologismes, le souci pédagogique et cette propension inouïe à « rendre poétiques jusqu'aux discussions les plus techniques sur les procédés de synchronisation de la musique et de l'image », malgré la rapidité d'écriture propre au journaliste, ont valu à Émile Vuillermoz d'être qualifié à juste titre de « styliste hors pair ». C'est cela aussi qui a rendu nécessaire sa reconnaissance. **P.M.H.**

WAHL Lucien (1874-1967)
Le journaliste Lucien Wahl est principalement, et presque exclusivement, connu pour avoir réclamé l'inauguration de « la critique des cinématographes » en 1911, dans *Le Petit Bleu*, journal parisien d'informations générales, modeste par le tirage mais influent dans les milieux politiques et financiers. Le texte de cet appel, très précoce et non suivi d'effet, fut repris en 1922 dans *Cinéa*, revue dont l'existence témoignait que les « auteurs » et « opérateurs » (appelés depuis peu « cinéastes » par certains) étaient sortis de l'anonymat et que leurs films étaient désormais « analysés », « discutés », « soupesés » par « des aristarques », comme l'avait souhaité Lucien Wahl onze ans plus tôt. Lui-même officiait alors dans *Cinéa*, où il rendait compte des films. Doit-on déduire de cette participation à la revue conçue par Louis Delluc pour soutenir le mouvement d'avant-garde naissant que Lucien Wahl appartenait à cette mouvance? Peut-être, mais pas forcément.

En effet, durant toute sa carrière de critique – qu'il interrompit en 1938 pour aller se réfugier en province, quand il sentit que, la guerre venant, ses origines pourraient lui valoir de sérieux ennuis –, Lucien Wahl prêta simultanément sa plume à des supports multiples et de toutes tendances, le contenu de ses articles ne semblant guère dépendre des titres auxquels il collaborait:
– des journaux quotidiens: *L'Information*, journal spécialisé dans les affaires économiques (et notamment boursières), où il inaugura l'une des premières chroniques cinématographiques indépendantes en juillet 1920, puis *le Journal des Débats*, *L'Intransigeant*, mais aussi *Le Quotidien* et *L'Œuvre*, classés à gauche, où il écrit sur le cinéma à partir du milieu des années vingt, et enfin *Le Populaire*, organe de la SFIO, de la fin des années vingt à la fin des années trente;
– des revues politiques et/ou littéraires: en particulier *La Connaissance*, à partir de juillet 1920, *La Renaissance politique, littéraire, artistique* – pour laquelle il mena en 1921 une vaste enquête sur « L'Avenir du cinéma français », la « crise » de ce dernier suscitant déjà bien des inquiétudes –, *Le Molière* et les *Chroniques du jour* (numéro spécial prenant la défense de « Charlot », vol. 73, n° 7/8, 31 décembre 1926).

Souvent sollicité par la presse spécialisée pour répondre à diverses enquêtes (notamment dans *Mon Ciné* ou *Cinémonde*), Lucien Wahl collabore surtout aux revues *Cinémagazine*, puis *Pour Vous*. À l'instar de ses chroniques de *L'Information*, les « Libres propos » qu'il donne chaque semaine à *Cinémagazine* tout au long des années vingt constituent une mine d'informations: tous les sujets touchant au monde du cinéma pouvaient y être abordés, Lucien Wahl privilégiant cependant la discussion des opinions de ses confrères (y compris provinciaux ou étrangers) et le relevé le plus exhaustif possible des occurrences du cinéma dans les romans ou essais qu'il recevait en tant que critique littéraire (principalement de *L'Information*).

En revanche, s'il donne quelques articles à la presse corporative (notamment *La Cinématographie française*), il semble qu'il n'y ait jamais écrit de façon régulière, ce qui tend à confirmer son absence d'inféodation à l'industrie cinématographique, très vite reconnue par ses pairs et jamais prise en défaut. Aussi Lucien Wahl était-il presque immanquablement cité comme l'un des rares « véritables critiques », Jean Mitry l'associant par exemple, en 1927, à Léon Moussinac, René Jeanne et Émile Vuillermoz pour les opposer aux « marchands de publicité » qui prospéraient à ses yeux dans la grande presse. Comme Jean Epstein le lui écrit en 1946, Lucien Wahl mena, dans ses articles mais aussi au sein des ciné-clubs (CASA, Club Français du Cinéma), un « long », « loyal », « intelligent combat en faveur du cinéma-art », libéré aussi bien des censures économiques qu'institutionnelles.

Ses comptes rendus étaient de facture très classique, puisque Lucien Wahl s'attachait à replacer les films dans leur contexte, à en résumer l'intrigue, à évaluer l'apport du réalisateur et le jeu des acteurs, avant d'émettre un jugement circonstancié. Il n'adoptait jamais dans ses textes un style flamboyant propre à faire valoir leur auteur aux dépens des films considérés, mais, au contraire, entendait *rendre compte* avec sobriété, honnêteté, rigueur – ce qui, à défaut de méchanceté, n'excluait pas l'ironie.

Enfin, et sans doute est-ce là son principal mérite, Lucien Wahl se montra soucieux des conditions d'exercice de son métier, dès le début des années vingt (par exemple dans un article intitulé « La critique aussi est difficile », paru dans *Cinéa*, n° 29, 25 janvier 1921). Aussi a-t-il dressé en 1925, dans *Les Cahiers du mois* (n°16/17), un inventaire des questions, aussi élémentaires que fondamentales, qui se posaient au critique de films. Est-il nécessaire de « connaître les classiques de l'écran » pour parler des films nouveaux ? Peut-on avoir quelque « intérêt, direct ou indirect, dans des entreprises cinématographiques » ? « Doit-il parler des films à ses lecteurs quand ces films sont présentés au public ou quand ils viennent de l'être aux membres des corporations du cinéma » ? « Doit-il parler de tous les films ? » « Ne doit-il parler que des films ? » « Se charge-t-il de conseiller au lecteur d'aller voir tel ou tel film ? » « Faut-il être sévère ou doux ? » L'article de Lucien Wah1 se concluait ainsi:

« Quant aux auteurs, les sincères se rendent compte de la sincérité d'autrui. Ceux qui ne se livrent pas au bas commerce, je veux dire à la flatterie facile des laids instincts, prennent d'autant plus en considération les compliments des critiques qu'ils les savent désintéressés. Parmi les auteurs qui fabriquent de la marchandise sur commande et en tas, plusieurs ne manquent ni d'intelligence, ni d'esprit et ne mésestiment pas les critiques, ils déplorent que des circonstances les obligent à un métier sans art, voilà tout. D'autres, enfin, méprisent la critique, mais, lorsqu'un mot les blâme, ils récriminent. Le fait est rare, car la place manque, en général, aux critiques pour s'étendre sur des produits trop vils. » **P.M.H.**

WULSCHLEGER Henri (?-1939)
On ignore les origines et la formation d'Henri (parfois orthographié Henry) Wulschleger. Son nom apparaît pour la première fois comme réalisateur d'une série comique produite par le Cosmograph et interprétée par Zinel, *Snob*, dont 21 films sont tournés par Wulschleger en 1913-1914. En 1918, on retrouve Wulschleger comme opérateur – et sans doute plus – d'un film mis en scène par les comédiens Maurice de Féraudy et Gaston Leprieur, *Après lui*.

Dans les années vingt, Wulschleger est le collaborateur attitré d'Alfred Machin dans les studios Pathé de Nice que le cinéaste belge rachète en 1921 pour fonder sa propre société de production, Les Films Alfred Machin. Les deux hommes signent ensemble *Pervenche* (1921) – Wulschleger est également opérateur sur ce film –, *Bêtes... comme les hommes* (1923), *Moi aussi j'accuse* (id.), *l'Énigme du Mont Agel* (1924), *les Héritiers de l'oncle James* (id.), *le Cœur des gueux* (1925), *le Manoir de la peur* (1927), *Fakirs, fumistes et cie* (id.). Dans cette période, Wulschleger co-signe également un film avec Nicolas Rimsky, *le Nègre blanc* (1925), produit par la société Albatros dans ses studios de Montreuil.

Après avoir arrêté sa collaboration avec Machin (qui meurt en 1929), Wulschleger poursuit seul sa carrière. En 1929, il écrit avec Alberto Cavalcanti l'adaptation du *Capitaine Fracasse* et assiste le cinéaste dans la mise en scène du film, initialement prévu pour Maurice Tourneur à son retour des États-Unis.

Dans les années trente, Wulschleger reprend sa carrière de metteur en scène et devient un spécialiste des comédies militaires parmi lesquelles on peut relever *Tire au flanc* (1933), *Sidonie Panache* (1934) où, aux côtés de Bach, Antonin Artaud joue le rôle d'Abd-El-Kader, *le Train de 8 h 47* (1934), ainsi que le « classique » *Tout va très bien Madame la Marquise* (1936) avec Noël-Noël et Ray Ventura et ses collégiens. **J.A.G.**

Filmographie ◆ *Pervenche* (CO Alfred Machin, 1921); *Bêtes... comme les hommes* (co. Machin, 1923); *Moi aussi j'accuse* (CO. Machin, id.); *L'Énigme du Mont Agel*

(CO. Machin, 1924) ; *Les Héritiers de l'oncle James* (CO. Machin, id.) ; *Le Cœur des gueux* (CO. Machin, 1925), *Le Nègre blanc* (CO. Nicolas Rimsky, id.) ; *Le Manoir de la peur* (CO. Machin, 1927) ; *Fakirs, fumistes et Cie* (CO. Machin, id.) ; *Le Capitaine Fracasse* (CO. Alberto Cavalcanti, 1929).

BIBLIOGRAPHIE

I. SOURCES IMPRIMÉES

A. Principales revues spécialisées

Cahiers du mois, [numéros spéciaux consacrés au cinéma] :
– « Tendances » (tendances artistiques du cinéma français en 1924), 1924.
– N° 16-17, 1925.

Cinéa, Hebdomadaire illustré, dir. et réd. Louis Delluc, mai 1921-novembre 1923.

Cinéa-Ciné pour tous, Hebdomadaire illustré, dir. et réd. Jean Tedesco et Pierre Henry, 1923-1932.

Cinégraphie [mensuel], dir. et réd. Jean Dréville, 15 septembre 1927-janvier 1928.

Ciné-Journal [hebdomadaire, bi-mensuel, mensuel], dir. Georges Dureau, 1908-1938.

Cinéma, Première revue de grand luxe du cinéma français [mensuel], dir. Edmond Epardaud, 1927-1931.

Le Cinéma et l'écho du cinéma réunis [hebdomadaire], dir. Georges Lordier (1912-1922) et Jean Sartori (Jean Corse, 1922-1923).

Cinémagazine [hebdomadaire], dir. Georges Loiseau, puis André Tinchant en 1921, réd. Jean Pascal et Adrien Maître, 1921-1935.

La Cinématographie française [hebdomadaire], dir. Paul de la Borie, puis Paul-Auguste Harlé en 1924, réd. Marcel Colin-Reval, 1918-1966.

Ciné-Miroir [hebdomadaire], dir. Jean Sapène, 1922-1953.

Cinémonde [hebdomadaire], dir. Gaston Thierry, 1928-1946.

Le Cinéopse [mensuel], dir. et réd. Georges-Michel Coissac, 1919-1939.

Le Cinéphile [hebdomadaire], dir. Henri Astier, 1929-1930.

Ciné pour tous [hebdomadaire, puis bimensuel], dir. et réd. Pierre Henry, 1920-1923.

Le Courrier cinématographique, Organe hebdomadaire indépendant de la cinématographie, des arts, sciences et industries qui s'y rattachent, appartenant à la société Pathé-frères, dir. et réd. Charles le Fraper, 1913-1937.

Le Crapouillot [numéros spéciaux consacrés au cinéma] :
– « Le Crapouillot parle du cinéma », mars 1920.
– « Le Cinéma », mars 1923.

– « Histoire du cinéma », novembre 1932.
La Critique cinématographique [mensuel], dir. Paul de la Borie, puis en 1927 Pierre Heuzé, réd. Jean Arroy, 1927-1938.
Le Film, Hebdomadaire illustré cinématographique; théâtre, concert, music-hall, dir. Henri Diamant-Berger puis Georges Quellien en 1918, réd. Louis Delluc (jusqu'en 1918), 1914-1921.
Filma, revue cinématographique [mensuel], dir. et réd. A. Millo, 1917-1937.
La Gazette des Sept Arts [parution irrégulière], dir. Ricciotto Canudo, 15 décembre 1922-mars 1924.
Hebdo-Film, Revue indépendante et impartiale de la production cinématographique [hebdomadaire], dir. et réd. André de Reusse, 1916-1934.
Le Journal du Ciné-club [bimensuel], dir. et réd. Louis Delluc, janvier 1920-mars 1921.
Mon Ciné, Le premier et véritable journal cinématographique pour le public, [hebdomadaire], réd. Pierre Desclaux, 1922-1937.
Mon Film [bimensuel], dir. Paul Perret, créé en 1923.
Le Nouvel art cinématographique [parution irrégulière] dir. et réd. Maurice Noverre. Brest, juin 1925-avril 1930.
On tourne, L'éducation corporative et la critique de films [supplément bimensuel à Cinégraphie], dir. Jean Dréville, mai-décembre 1928.
Photo-ciné [mensuel], dir. Jean Dréville, réd. Jacques de Layr, 15 janvier-sep*tembre 1928.*
Pour vous, L'hebdomadaire du cinéma, dir. Léon Bailby, réd. Alexandre Arnoux puis René Lehmann, 1928-1940.
La Revue du cinéma [*Du cinéma* puis *la Revue du cinéma*, mensuel], dir. Robert Aron, réd. Jean-Georges Auriol, 15 octobre 1929-1er novembre 1931.
La Revue fédéraliste, État du cinéma en 1927, [numéro spécial], n° 103, novembre 1927.
Le Rouge et le Noir [numéro spécial], juillet 1928.
Schémas, dir. Germaine Dulac, février 1927 [un seul numéro paru].
La Semaine de Paris, puis *Paris-guide. Tout ce qui se voit, tout ce qui s'entend à Paris; théâtres, cinémas*[hebdomadaire], dir. Charles de Saint-Cyr, 1922-1944.
Spartacus, Bulletin mensuel des « Amis de Spartacus » [devient *Les Amis de Spartacus* à partir du n° 3, 15 juin 1928], dir. Société des Amis de Spartacus, 15 avril-1er octobre 1928.
Spectateurs, Revue des spectateurs d'avant-garde [parution irrégulière], dir. Jean-Paul Dreyfus, 1928-1932.
Vous avez la parole, Organe des publics de cinéma [supplément mensuel de *Mon Ciné*], 1924-1926.

B. Monographies, anthologies de textes critiques des années vingt, choix d'articles

ALBERT-BIROT (Pierre), *Cinémas.* Paris: éditions Jean-Michel Place, 1995.

AMIGUET (Frédéric-Philippe), *Cinéma! Cinéma!* Paris: Payot, 1923.

ARAGON (Louis), « Du Décor », *Le Film*, n° 131, 16 septembre 1918; repris dans *l'Œuvre poétique*, tome 1. Paris: Club Diderot du Livre, 1974, p. 63-70.

ARAGON (Louis), « Du Sujet », *Le Film*, n° 149, 22 janvier 1919; repris dans *ibid*, p. 89-98.

ARNAUD (Étienne), Boisyvon, *Le Cinéma pour tous.* Paris: Garnier, 1922.

ARNOUX (Alexandre), *Cinéma.* Paris: Crès, 1929.

L'Art cinématographique. Paris: Félix Alcan, 1926 à 1930, 8 volumes.
- Tome 1, 2, 3, 4: « Esthétique ».
- Tome 5: « Hollywood »
- Tome 6: « Techniques ».
- Tome 7 et 8: « Cinémas nationaux ».

L'Art dans le cinéma français (exposition, Paris, Musée Galliéra). Paris: Musée Galliéra, 1924.

ARTAUD (Antonin), *Œuvres complètes*, tome 3 (scénarios, À propos du cinéma, Lettres, interviews). Paris: Gallimard, 1961; rééd. augmentée 1970.

BARONCELLI (Jacques de), *Écrits sur le cinéma* suivis de *Mémoires*, Perpignan: Institut Jean Vigo, 1996.

BILINSKY (Boris), « L'Affiche moderne », *Cinémagazine*, n° 16, 22 avril 1927.

BILINSKY (Boris), « La suggestion, élément essentiel du décor cinégraphique », *Cinéma*, 1er janvier 1929

BILINSKY (Boris), « Le Costume », *L'Art cinématographique*, vol. VI (voir supra).

BOISYVON, « Le Cinéma français », *L'Art cinématographique*, vol. VII (voir supra).

BOUQUET (Jean-Louis), FESCOURT (Henri), *L'Idée et l'écran, opinions sur le cinéma.* Paris: imprimeries G. Habaschill et A. Sergent, 1925-1926, 3 vol.

BUFFET (Gabriele), « Cinématographe », *391*, n° 3, février 1917, p. 4.

CANUDO (Ricciotto), *L'Usine aux images.* Genève: Office central d'édition, 1927. (Préface de Fernand Divoire); éd. revue, corrigée et augmentée, (édition et préface de Jean-Paul Morel). Paris: Arte – éditions Séguier, 1995.

CAUVIN (Gustave), *Vouloir. Rapport sur l'activité et le développement de l'office régional du cinéma éducateur de Lyon en 1927*. Lyon: Office régional du cinéma éducateur, 1928.
CAUVIN (Gustave), *Persévérer. Rapport sur l'activité et le développement de l'Office régional du cinéma éducateur de Lyon en 1928*. Lyon: Office régional du cinéma éducateur, 1929.
CAUVIN (Gustave), *Dix ans après... Rapport sur l'activité et le développement de l'Office régional du cinéma éducateur de Lyon en 1930*, Lyon: Office régional du cinéma éducateur, 1931.
CENDRARS (Blaise), *L'ABC du Cinéma*. Paris: Les Écrivains réunis, 1926; rééd. dans: *Aujourd'hui 1917-1929 suivi de Essais et réflexions 1910-1916*. Paris: Denoël, 1987 et *Hollywood, la Mecque du cinéma*. Paris: éditions Ramsay Poche Cinéma, 1987.
CHARENSOL (Georges), « Le Cinéma français », *Le Rouge et le Noir*, juillet 1928, p. 125-128.
CHARENSOL (Georges), *Panorama du cinéma*. Paris: éditions Kra, 1930.
CHOMETTE (Henri), « Cinéma pur, art naissant », *Cinéa Ciné pour tous*, n° 71, 15 octobre 1926.
CHOMETTE (Henri), « Réponse au questionnaire "le film sonore, qu'en pensent nos réalisateurs"? ». *Ciné pour tous*, n° 138, 1-16 août 1929.
CLAIR (René), *Réflexion faite. Notes pour servir à l'histoire de l'art cinématographique de 1920 à 1950*. Paris: Gallimard, 1951; rééd. augmentée et remaniée *Cinéma d'hier, cinéma d'aujourd'hui*. Paris: Gallimard « idées », 1970.
COISSAC (Georges-Michel), *Histoire du cinématographe des origines à nos jours*. Paris: Cinéopse-Gauthier Villars, 1925.
COISSAC (Georges-Michel), *Le Cinématographe et l'Enseignement*, « Nouveau guide pratique ». Paris: Cinéopse, 1926.
COISSAC (Georges-Michel), *Les Coulisses du cinéma*. Paris: éditions Pittoresques, 1929.
COISSAC (Georges-Michel), *L'Évolution du cinématographe et la réalisation de quelques grands films*. Paris, 1931.
COLETTE, *Au cinéma. Chroniques, dialogues, scénarios*, (éd. Alain et Odette Virmaux). Paris: Flammarion, 1975.
COUSTET (Ernest), *Le Cinéma*. Paris: Hachette, 1921.

DELLUC (Louis), *Cinéma et Cie*. Paris: Grasset, 1919.
DELLUC (Louis), *Photogénie*. Paris: Brunoff, 1920.
DELLUC (Louis), *La Jungle du cinéma*. Paris: la Sirène, 1921.
DELLUC (Louis), *Écrits cinématographiques*, (éd. Pierre Lherminier). Paris: Cinémathèque française, 1985-1990, 4 vol.
DELONS (André), *Chronique des films perdus*, (éd. A. et O. Virmaux).

Limoges : Rougerie, 1995.
DELPEUCH (André), *Le Cinéma*. Paris : Gaston Douin, 1927.
DESNOS (Robert), *Cinéma* (éd. et préface d'André Tchernia). Paris : Gallimard, 1966 ; rééd. augmentée : *Les Rayons et les Ombres, cinéma*, (présentation de Marie-Claire Dumas). Paris : Gallimard, 1992.
DIAMANT-BERGER (Henri), *Le Cinéma*. Paris : Renaissance du livre, 1919.
DULAC (Germaine), dir., *Les Spectacles à travers les âges*, tome 3 : *Le Cinéma des origines à nos jours*, (préface de Henri Fescourt). Paris : éditions du Cygne, 1932.
DULAC (Germaine), *Écrits sur le cinéma* (1919-1937), (éd. et préface de Prosper Hillairet). Paris : Paris-expérimental, 1994.
DULAC (Germaine), « Les Esthétiques, les entraves, la cinégraphie intégrale », *L'Art cinématographique*, vol. II (voir supra).

EPSTEIN (Jean), *Bonjour Cinéma*. Paris : la Sirène, 1921. Rééd. [fac-similé]. Paris : Maeght éditeur, 1993.
EPSTEIN (Jean), *Le Cinématographe vu de l'Etna*. Paris : Les Écrivains réunis, 1926.
EPSTEIN (Jean), *Écrits sur le cinéma* (1921-1953), (éd. Marie Epstein). Paris : Seghers, 1974-1975. 2 vol.

FAURE (Élie), *L'Arbre d'Eden*. Paris : Crès, 1922 ; rééd. dans Œuvres complètes d'Élie Faure, tome 3. Paris : Éditions Jean-Jacques Pauvert, 1964.
FAURE (Élie), *Fonction du cinéma. De la cinéplastique à son destin social* (1921-1937). Paris : Plon, 1953 ; rééd. *ibid.* [avec d'autres textes sur le cinéma] ; et *Fonction du cinéma*. Paris : Gonthier « Bibliothèques Médiations », 1964 (nombreuses rééd. Denoël-Gonthier).
FONDANE (Benjamin), *Écrits pour le cinéma, le Muet et le Parlant*, (préface de Michel Carassou). Paris : Plasma, 1984.
French film theory and criticism. A history anthology (1907-1939), (éd. Richard Abel). Princeton : Princeton University Press [Anthologie de textes critiques français], tome 1 : 1907-1929, 1988.

GANCE (Abel), « Le temps de l'image est venu ! », *L'Art cinématographique* vol. II (voir supra).
GANCE (Abel), *Prisme* (préface d'Élie Faure). Paris : Gallimard, 1930 ; rééd. Paris : Samuel Tastet, 1986.
Le Grand Jeu et le cinéma, (éd. A et O. Virmaux). Paris : Paris expérimental, 1996. [Anthologie de textes critiques sur le cinéma]
GRIMOIN-SANSON (Raoul), *Le Film de ma vie*. Paris : Henry Parville, 1926.
GUY-GRAND (René), « Faut-il croire au cinématographe ? », *Pages libres*, février 1927.

JALABERT (Louis), *Le Film corrupteur*. Paris: éditions Spes, 1921.

LANG (André), *Tiers de siècle: hommes de théâtre, lettres, cinéma*. Paris: Plon, 1935.

LEBLANC (Georgette), « Propos sur le cinéma », *Mercure de France*, 16 novembre 1919, p. 275-290.

LEVINSON (André), « Pour une poétique du film », *L'Art cinématographique*, vol. IV (voir supra).

L'HERBIER (Marcel), « Le Cinématographe et l'espace », *L'Art cinématographique* vol. II (voir supra).

MALLET-STEVENS (Robert), « Le Décor », *L'Art cinématographique*, vol. IV (voir supra).

MALLET-STEVENS (Robert), *Le Décor moderne au cinéma*. Paris: Charles Massin, 1930; repris dans Dominique Deshoulières, Hubert Jeanneau, Maurice Culot, Brigitte Buyssens (dir.), *Rob Mallet-Stevens. Architecte.* Bruxelles: Archives d'architecture moderne, 1980; et rééd. *Le Décor au cinéma*. Paris: Séguier « Carré Ciné », 1996.

MILLAUD (R.), *Encyclopédie par l'image: le cinéma*. Paris: Hachette, 1925.

MOUSSINAC (Léon), *Naissance du cinéma*. Paris: Povolovsky, 1925; rééd. Paris: « Les Introuvables » éditions d'Aujourd'hui, 1983.

MOUSSINAC (Léon), « Cinéma: expression sociale », *L'Art cinématographique* tome 4 [voir supra].

MOUSSINAC (Léon), *Le Cinéma soviétique*. Paris: Gallimard, 1928.

MOUSSINAC (Léon), *Panoramique du cinéma*. Paris: Le Sans Pareil, René Hilsum, 1929.

MOUSSINAC (Léon), *L'Âge ingrat du cinéma*, [reprise des précédents – avec quelques coupures et un texte supplémentaire donnant son nom au recueil; préface de Georges Sadoul] Paris: Les Éditeurs Français Réunis, 1946; rééd. 1967.

NOVERRE (Maurice), *La Vérité sur l'invention de la projection animée, Émile Reynaud, sa vie et ses travaux*, Brest: chez l'auteur (imprimerie Huau), 1926.

PICHON (Charles), *Le Film d'idées est-il possible?* Paris: Spes, 1927.

POULAILLE (Henry), *Défense du cinéma*, numéro spécial des « Cahiers Henry Poulaille », n° 2-3. (éd. Jean-Paul Morel). Bassac: Plein-chant, 1990.

RAY Man, « Emak Bakia », *Close Up*, n° 1, août 1927, p. 40.

REVERDY (Pierre), « Cinématographe », *Nord-Sud* n° 16, octobre 1918 (n.p.).

RIM (Carlo), *Le Grenier d'Arlequin. Journal (1916-1940). Paris*: Denoël, 1981.

SCHWOB (René), *Une mélodie silencieuse*. Paris: Grasset, 1929.
SOUPAULT (Philippe), *Écrits de cinéma*, (éd. A. et O. Virmaux). Paris: Plon, 1979, tome 1: 1918-1931; rééd. Paris: Ramsay Poche Cinéma, 1988.
Les Surréalistes et le cinéma, scénarios, textes et documents, (éd. A. et O. Virmaux). Paris: Seghers, 1976; rééd. Paris: Ramsay, 1988 [Anthologie de textes surréalistes sur le cinéma].

VUILLERMOZ (Émile), « La Musique des images », *L'Art cinématographique* vol. III (voir supra).

II. ORIENTATION BIBLIOGRAPHIQUE

Principales études monographiques, articles majeurs, recueils de souvenirs, références utilisées dans le Dictionnaire

ABEL (Richard), *French Cinema: The First Wave*, 1915-1929. Princeton: Princeton University Press, 1987.
ALBERA (François), *Albatros, des Russes à Paris, 1919-1929*. Paris-Milan: Mazotta-Cinémathèque française, 1995.
ALBRECHT (Donald), *Designing Dreams. Modern Architecture in the Movie*. New York: Harper & Row-The Museum of Modern Art, 1986.
AMENGUAL (Barthélémy), « Muet, années vingt: trois visages de l'avant-garde », *Travelling*, n° 56-57, avril 1979, p. 23-41.
ARNOUX (Alexandre), *Du muet au parlant: souvenirs d'un témoin*. Paris: la Nouvelle édition, 1946.
AUMONT (Jacques) dir., *Jean Epstein, cinéaste, poète, philosophe*. Paris: La Cinémathèque française, 1998.
AMIARD-CHEVREL (Claudine) dir., *Théâtre et cinéma des années Vingt: une quête de la modernité*. Lausanne-Paris: l'Âge d'homme, 1990, 2 vol.
AUTANT-LARA (Claude), *La Rage dans le cœur*. Paris: éditions Henri Veyrier, 1984.

BENOÎT-JEANNIN (Maxime), *Georgette Leblanc. Biographie*. Bruxelles: Le Cri Edition, 1998.
BERNARD (Youen), « La Société Eclipse ». Mémoire de Maîtrise, Université Paris VIII, 1993.

BENGHOZI (Pierre-Jean) et Delage (Christian), *Une Histoire économique du cinéma français (1895-1995)*. Paris: L'Harmattan, 1997.

BEYLIE (Claude) dir., *Une histoire du cinéma français*. Paris: Larousse, 2000.

BORDE (R.), PERRIN (Charles), *Les Offices du cinéma éducateur et la survivance du muet, 1920-1940*. Lyon: Presses universitaires de Lyon, 1992.

BORDWELL (David), *French Impressionnist Cinema: Film Culture, Film Theory and Film Style*. Ph D. dissertation, University of Iowa, 1974.

BORDWELL (David), « The Musical Analogy », *Yale French Studies*, n° 60, 1980, p. 141-156.

BOSCHI (Alberto), « Ascesa, fortuna e declino dell'analogia musicale », *Teorie del cinema. Il periodo classico 1915-1945*, Roma: Carocci, 1998, p. 83-122.

BOULANGER (Pierre), *Le Cinéma colonial*. Paris: éditions Seghers, 1975.

BRAUNBERGER (Pierre), *Pierre Braunberger producteur. Cinémamémoire*. Paris: Centre Georges-Pompidou-CNC, 1987.

BRETÈQUE (François de la), « Les Films en tranches. Les mutations des films à épisodes ». *Les Cahiers de la Cinémathèque*, n° 33-34, 1981.

BRUNIUS (Jacques-Bernard), *En marge du cinéma français*. Paris: Arcane, 1954; rééd. (éd. et préface de Jean-Pierre Pagliano) Lausanne: l'Âge d'homme, 1987.

BUACHE (Freddy) dir., *Le film indépendant et d'avant-garde à la fin du muet; le Congrès de La Sarraz (1929)* Lausanne: Travelling-Documents Cinémathèque suisse, n° 55, 1979.

BUACHE (Freddy) dir., *Le Cinéma indépendant et d'avant-garde à la fin du muet* Lausanne: Travelling-Documents Cinémathèque suisse, n° 56-57, 1980.

BUÑUEL (Luis), *Mon dernier soupir*. Paris: Laffont, 1982.

CANZIANI (Alfonso), *Il cinema francese negli anni difficili. Dalla fine della prima guerra mondiale all'avvento del sonoro*. Milan: Mursia, 1976.

CHARENSOL (Georges), *D'une rive à l'autre*. Paris: Mercure de France, 1973.

CHÂTEAU (Dominique), « Le rôle de la musique dans la définition du cinéma comme art: à propos de l'avant-garde des années vingt », *Cinémas*, vol. 3, n° 1, 1992, p. 79-94.

Le cinéma français muet dans le monde, influences réciproques, symposium de la FIAF, Paris 1988. Perpignan: institut Jean Vigo, 1989.

« Le Cinéma muet français », *Positif*, n° 383, janvier 1993.

COSANDEY (Roland), Tode (Thomas), *Quand l'avant-garde projetait son avenir. Le 1er congrès international du cinéma indépendant*, La Sarraz, septembre 1929. *Archives* n° 84, Perpignan, avril 2000.

DAVRAY-PIEKOLEK (Renée) dir., *Paris Grand-Écran, splendeurs des salles obscures, 1895-1945* (exposition, Paris, Musée Carnavalet). Paris: musée Carnavalet, 1995.

DIAMANT-BERGER (Henri), *Il était une fois le cinéma.* Paris: Jean-Claude Simoën, 1977.

DUTHEIL DE LA ROCHÈRE (Anne-Élizabeth). *Les Studios de la Victorine, 1919-1929.* Paris-Nice: AFRHC-Cinémathèque de Nice, 1998.

FESCOURT (Henri), *La Foi et les Montagnes ou Le septième art au passé.* Paris: Paul Montel, 1959; rééd. Paris: « Les Introuvables » éditions d'Aujourd'hui, 1980.

FRANCIS (Ève), *Temps héroïques.* Gand: À l'enseigne du chat qui pêche-Denoël, 1949.

GAUTHIER (Christophe), *La Passion du cinéma. Cinéphiles, ciné-clubs et salles spécialisées à Paris de 1920 à 1929.* Paris: École nationale des chartes-AFRHC, 1999.

GHALI (Nourredine), *L'Avant-garde cinématographique dans les années vingt, idées, conceptions, théories.* Paris: Paris expérimental, 1995.

GIRAUD (Jean), *Le Lexique français du cinéma des origines à 1930.* Paris: CNRS, 1958.

GROLLERON (Anne), « Le Cinéma vu par les communistes de la région parisienne, du Congrès de Tours au Front populaire ». Mémoire de Maîtrise, Université Paris I, 1987.

GUIBBERT (Pierre), dir. « Retour aux années vingt », numéro spécial des *Cahiers de la Cinémathèque*, n° 49, 1988.

HERPE (Noël) et TOULET (Emmanuelle) dir., *René Clair ou le cinéma à la lettre.* Paris: AFRHC, 2000.

HOGENKAMP (Bert), « Workers. Newreels in the 1920's and 1930's », *Our History*, n° 68, 1977.

HOGENKAMP (Bert), « Le Mouvement ouvrier et le cinéma », *La Revue du cinéma*, n° 366, novembre 1981.

ICART (Roger), *La Révolution du cinéma parlant.* Perpignan: Institut Jean Vigo, 1982.

JEANCOLAS (Jean-Pierre), MEUSY (Jean-Jacques), PINEL (Vincent), *L'Auteur du film. Description d'un combat.* Lyon-Arles: Institut Lumière-Actes Sud, 1996.

JEANNE (René), FORD (Charles), *Histoire encyclopédique du cinéma. I. Le cinéma français, 1895-1929.* Paris: Robert Laffont, 1947.

JEANNE (René), FORD (Charles), *Le Cinéma et la presse 1895-1960.* Paris: « kiosque », Armand Colin, 1961.

JEANDER, *Le Cinéma par ceux qui le font.* Paris: Arthème Fayard, 1949.

KERMABON (Jacques) dir., *Pathé: premier empire du cinéma* (exposition, Paris, Centre Georges-Pompidou). Paris: CNAC-Georges-Pompidou, 1995.

KOVACS (Yves), « Surréalisme et cinéma », *Études cinématographiques*, n° 38-39, 1965.

LACASSIN (Francis), *Pour une contre-histoire du cinéma*, Lyon-Arles: Institut Lumière-Actes Sud, 1994.

LAPIERRE (Marcel), *Les Cent visages du cinéma.* Paris: Grasset, 1948.

LEFEBVRE (Thierry), dir. « Images du réel. La non-fiction en France (1890-1930) », *1895*, n° 18, été 1995.

LEGLISE (Paul), *Histoire de la politique du cinéma français.* T. I: *Le Cinéma et la Troisième République.* Paris: Filméditions, 1976.

LEPROHON (Pierre), *Cinquante ans de cinéma français.* Paris: éditions du Cerf, 1954.

LEPROHON (Pierre), *Histoire du cinéma: vie et mort du cinématographe.* Paris: éditions du Cerf, 1961; rééd. sous le titre *Histoire du cinéma muet, 1895-1930*, Plan de la Tour: éditions d'Aujourd'hui, 1982.

LE ROY (Éric), Billia (Laurent) dir., *Éclair: un siècle de cinéma à Épinay-sur-Seine.* Paris: Calmann-Lévy, 1995.

L'HERBIER (Marcel), *La Tête qui tourne.* Paris: Belfond, 1979.

LHERMINIER (Pierre) dir., *Armand Tallier et le Studio des Ursulines. Paris*: Association française des Cinémas d'Art et d'Essai (AFCAE), 1963.

LODS (Jean), « Avec Jean Lods, sur "les Amis de Spartacus" » (propos recueillis par Robert Grelier). *Écran 74*, n° 25, mai 1974.

MANNONI (Laurent), « Ciné-clubs et clubs » dans: A. et O. Virmaux (dir.), *Dictionnaire du cinéma mondial.* [n.l.]: édition du Rocher, 1994.

MEUSY (Jean-Jacques) dir., *La Bellevilloise 1877-1939. Une page de l'histoire de la coopération et du mouvement ouvrier français.* Paris: Creaphis, 2001.

MITRY (Jean), *Histoire du cinéma, art et industrie.* Paris: éditions universitaires,
- Tome 2: 1915-1925, 1969.
- Tome 3: 1923-1930, 1973.

MITRY (Jean), *Le Cinéma expérimental. Histoires et perspectives.* Paris: Seghers, 1974.

MOUSSINAC (Léon), *Mallet-Stevens.* Paris: Crès, 1931.

MOUSSINAC (Léon), « Les Amis de Spartacus », *Cinéma 74*, n° 189, juillet-août 1974.

OMS (Marcel), dir. *Le Cinéma des années folles*, numéro spécial des *Cahiers de la cinémathèque*, n° 33-34, automne 1981.

OMS (Marcel), dir. « Le Cinéma des surréalistes », numéro spécial des *Cahiers de la cinémathèque*, n° 30-31, 1980.

PERRON (Tanguy), « La croisière clandestine du Cinéma-Potemkine ou les tribulations des images rouges au pays du capitalisme » in Bruno Drweski (dir.), *Octobre 1917. Causes, impact et prolongements*? Paris: « Actuel Marx-Confrontations », Presses Universitaires de France, 1999.

PLOT (Bernadette), *Un manifeste pour le cinéma: les normes culturelles en question dans la première* Revue du cinéma. Paris-Montréal: L'Harmattan, 1996.

QUATTRONE (Bruno), « Regards sur *Cinéa-Ciné pour tous*, 1923-1932 », *1895*, n° 15, décembre 1993, p. 31-55.

REDI (Riccardo) dir., *Il cinema francese degli anni venti*. Rapallo: Cineteca nazionale, 1980.

ROBINSON (David), dir. *Musique et cinéma muet* (exposition, Paris, Musée d'Orsay). Paris: Réunion des Musées nationaux, 1995.

ROELENS (Maurice), « *Mon Ciné*, 1922-1924, et le mélodrame », *Cahiers de la Cinémathèque*, n° 28, 1979, p. 201-214.

SADOUL (Georges), *Histoire générale du cinéma*. Paris: Denoël,
- Tome 3: *Le Cinéma devient un art (l'Avant-guerre), 1909-1920*, 1951; rééd., 1973.
- Tome 4: *Le Cinéma devient un art (la Première Guerre mondiale)*, 1952; rééd. 1974.
- Tome 5: *L'Art muet (l'Après-guerre en Europe), 1919-1929*, 1975.

SADOUL (Georges), *Histoire mondiale du cinéma*; Paris: 1949 (nombreuses rééditions).

SADOUL (Georges), *Le Cinéma français*. Paris: Flammarion, 1962 (nombreuses rééditions).

SADOUL (Georges), « À la recherche de quelques fils conducteurs », *Le Point, Revue artistique et littéraire*, « Constantes du cinéma français », LIX, 1962.

SAYAG (Alain) dir., *Cinéma dadaïste et surréaliste* (exposition, Paris, Centre Georges-Pompidou). Paris: Musée national d'Art moderne-CNAC Georges-Pompidou, 1976.

TRIMBACH (Pierre), *Quand on tournait la manivelle... il y a 60 ans*. Paris: éditions CEAG, 1970.
TOULET (Emmanuelle), Belaygue (Christian), *Musique d'écran: l'accompagnement musical du cinéma muet en France, 1918-1995*. Paris: Réunion des musées nationaux, 1994.
TOULET (Emmanuelle), dir. *Le Cinéma au rendez-vous des arts. France, années vingt et trente* (exposition, Paris, BNF). Paris: Bibliothèque nationale de France, 1995.

ZENDEL (José), « 25 ans de ciné-clubs », *l'Écran français* 1946-1947 (13 livraisons n° 80 à 105).

Christophe Gauthier

LE CINÉMA FRANÇAIS DES ANNÉES VINGT DANS LA REVUE *1895*

1895, varia

ARIES (Paul), « Visions policières du cinéma: la ligue, le Maire et le Préfet. La censure locale pendant l'entre-deux-guerres », n° 16, juin 1994.
AZOURY Philippe, « Remonter les bords de la fiction (aspect documentarisant et restauration dans *l'Hirondelle et la Mésange*) », n° 18, été 1995.
BORGER (Lenny) et CHIRAT (Raymond), « Filmographie française de Gaston Ravel », n° 4, juin 1988.
BRUNEAU (Adrien), « Un film sur l'enseignement du dessin par le cinéma (1921) », n° 18, été 1995.
DELMEULLE (Frédéric), « Production et distribution du documentaire en France (1909-1929). Jalons pour une étude quantitative », n° 18, été 1995.
DELMEULLE Frédéric, « Le monde selon l'Encyclopédie Gaumont », n° 20, juillet 1996
DROUZY (Maurice), « À qui appartient la *Jeanne d'Arc* de Dreyer? », n° 3, novembre 1987.
DUEZ (David), « Pour en finir avec une rumeur: du nouveau sur le scandale de l'Âge d'or », n° 32, décembre 2000.
GIEURE (René), « "Mon" Ciné muet (Souvenirs d'un cinéphile bordelais) », n° 15, décembre 1993.
GOZILLON-FRONSACQ (Odile), « Le cinéma en Alsace après 1918 : son utilisation politique », n° 20, juillet 1996.

IANGUIROV (Rachid), « Autour de *Napoléon*: l'emprunt russe », n° 31, octobre 2000.

LE ROY (Éric), « Dossier sur Camille de Morlhon » (articles de Raymond Chirat, Christiane de La Valette de Morlhon, Francis Ambrière, Éric Le Roy), n° 5/6, mars 1989.

LEFEBVRE (Thierry), « Deux montages de films hygiénistes: *Comment on contracte les maladies contagieuses* (Jean Comandon et O'Galop, vers 1919) et *L'Hygiène en images* (Jean Benoit-Lévy, vers 1928) », n° 18, été 1995.

LENK (Sabine), « *Le Fond de la mer* », hors-série « Exotica, l'attraction des lointains », mai 1996.

LINSDAY (Vachel), « Le film de splendeur féerique (1922) », n° 27, septembre 1999.

MANNONI (Laurent), « Notes sur l'histoire économique de la société Éclair (1907-1938) », n° 12, octobre 1992.

MARTINELLI (Vittorio), « La carrière italienne de Gaston Ravel (1919-1922) », n° 4, juin 1998.

MICHAUD (Philippe-Alain), « *Croissance des végétaux* (1929), *La melancolia* de Jean Comandon », n° 18, été 1995

MITRY (Jean), « De l'origine des ciné-clubs », n° 3, novembre 1987.

SEGUIN-VEGARA (Jean-Claude), « La Légende Promio (1868-1926) », n° 11, décembre 1991.

TAILLIBERT (Christel), « Le Pathé-Rural ou les aléas du 17,5 mm », n° 21, décembre 1996.

VITTADELLO (Eva), « La France et les divas italiennes du cinéma muet », n° 26, décembre 1998.

WEBER (Alain), « Les films muets de Jean Grémillon », n° 16, juin 1994.

1895, numéros monographiques

«Antoine cinéaste», n° 8-9, mai 1990.
«Du côté de chez Pathé», n° 21,décembre 1996.
«Jean Grémillon», Hors-série, octobre 1997.
« René Clair», n° 25, septembre 1998.
«Jacques Feyder», Hors-série, octobre 1998.
«Abel Gance», n°31, octobre 2000.
«Louis Feuillade», Hors-série, octobre 2000.

Achevé d'imprimer sur les presses de Plein Chant à Bassac (Charente) en juin 2001.
Dépôt légal : deuxième trimestre 2001.